中国社会科学院年鉴

一九九五年

中国社会科学出版社

(京)新登字 030 号

图书在版编目(CIP)数据

中国社会科学院年鉴　1995/吴介民主编. —北京：中国社会科学出版社，1997.8
ISBN 7-5004-2148-6

Ⅰ. 中…　Ⅱ. 吴…　Ⅲ. 社会科学-科学研究事业-中国-年鉴-1995
Ⅳ. G322.22-54

中国版本图书馆 CIP 数据核字(97)第 18040 号

中国社会科学出版社出版发行
(北京鼓楼西大街甲 158 号)
北京兆成印刷厂印刷　新华书店经销
1997 年 8 月第 1 版　1997 年 8 月第 1 次印刷
开本:787×1092 毫米 1/16　印张:26.75　插页:8
字数:626 千字　印数:1—1200 册
定价:65.00 元

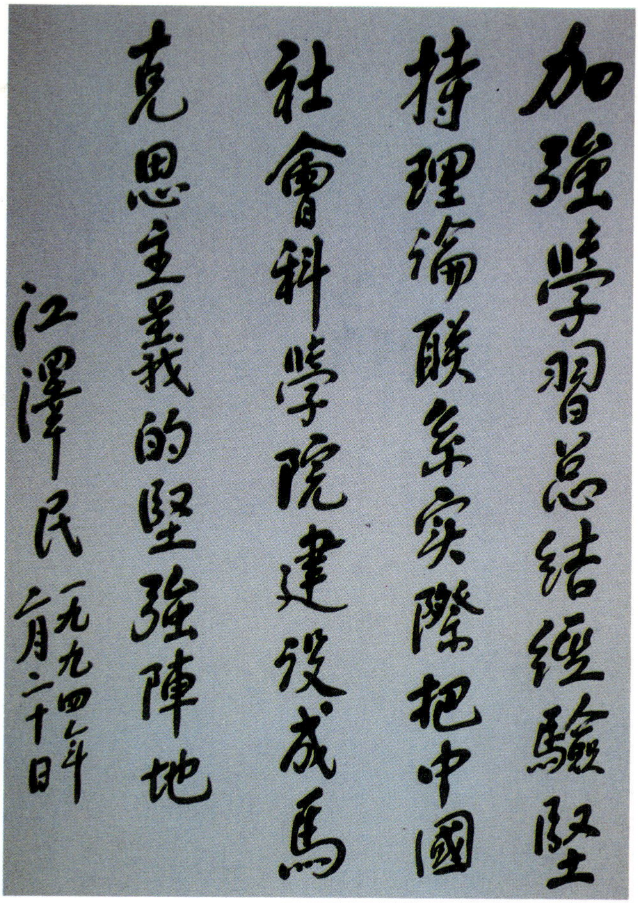

1994 年 2 月 20 日，江泽民同志为我院 1994 年工作会议的题词。

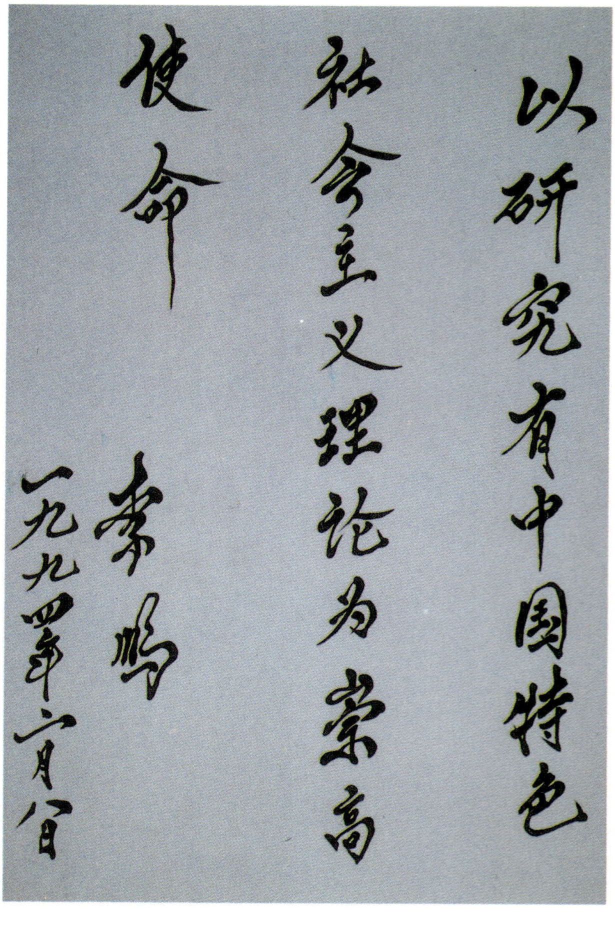

1994 年 2 月 8 日，李鹏同志为我院 1994 年工作会议的题词。

1994年12月26日，中国毛泽东诗词研究会在人民大会堂举行成立大会，胡绳、王忍之、郭永才同志出席。

1994 年 2 月 21 日，我院 1994 年工作会议隆重开幕。

1994 年 6 月 28 日，胡绳院长会见著名美籍华人学者赵浩生先生。

1994年12月7日，王忍之同志代表我院与朝鲜社会科学院副院长金哲式签订学术交流协议。

1994年12月8日，我院与共青团中央联合举行首届全国青年优秀社会科学成果奖颁奖大会，胡绳、王忍之、汝信、滕藤、龙永枢等同志出席。

1994年7月1日，我院党委召开纪念中国共产党成立73周年大会，王忍之、龙永枢、汪文风等同志出席。

1994年10月23～25日，我院在学术报告厅举行邓小平建设有中国特色社会主义经济理论研讨会，王忍之、刘吉、龙永枢同志出席。

1994 年底，王忍之、汝信等同志在文献信息中心新开图书馆检查工作。

1994 年 10 月 22 日，我院中国社会科学杂志社举办《历史研究》创刊 40 周年座谈会，胡绳、龙永枢等同志出席。

1994年11月11～13日，我院与财政部在北京联合举办（数量经济与技术经济研究所具体承办）“2000年中国经济前景分析与预测”国际会议，汝信、王洛林、刘国光、李京文等同志出席。

1994年5月26日，我院办公厅、社会科学文献出版社在学术报告厅举行《中国农村现实经济研究丛书》首发式。

1994年10月31日至11月2日，我院亚洲太平洋研究所与欧洲研究所共同举办"世界新格局中的东亚与欧洲"国际学术研讨会。

1994年10月10～14日，我院世界宗教研究所在北京举办"基督教文化与现代化"国际学术研讨会，汝信同志出席。

1994 年 10 月 31 日至 11 月 4 日，我院民族研究所在湖南长沙召开中国民族语言学会第六届年会。

1994 年 5 月 26 日，我院世界经济与政治研究所举行该所成立 30 周年庆祝大会，滕藤同志到会并致词。

1994年11月2～5日，我院中国拉丁美洲学会和天津南开大学拉美研究中心在南开大学联合举办“庆祝中国拉美学会成立十周年暨中拉关系学术讨论会”。

1994年8月5日，我院在外宾接待室召开中韩学术讨论会，汝信同志出席。

1994 年 10 月 14 日，我院世界历史研究所举行该所成立 30 周年庆祝大会，王忍之同志到会祝贺。

1994 年 7 月 6 日，我院研究生院九四届部分博士毕业生合影。

1994 年 8 月 16～18 日，我院世界宗教研究所在北京举办“海峡两岸中国传统文化与儒道会通”学术研讨会，图为刘吉同志与 A 组部分学者座谈。

1994 年 5 月 4～8 日，我院在密云干部培训中心召开老年科学研究会第二次学术讨论会，会议主题是老年权益保障问题。吴介民、阎金生等同志出席。

1994 年 9 月 23 日，我院在学术报告厅隆重举行庆祝建国 45 周年职工文艺汇演。

1994 年，我院考古研究所安徽工作队第七次发掘安徽蒙城尉迟寺原始聚落遗址。图为一区的部分红烧土房基、墓葬和灰坑。该遗址发掘被评为当年全国十大考古新发现之一。

编 辑 说 明

一　《中国社会科学院年鉴》（1995 年卷）收录了我院 1994 年的组织机构以及科研、对外学术交流、行政后勤、党务等工作和活动情况的综合性资料，较全面、系统地反映了全院以学术研究活动为中心的各项工作的进展状况。因此，它是了解中国社会科学院 1994 年全貌的一部内容比较丰富翔实的综合性资料书。

二　全书共分为八编，即：综述、组织机构、工作概况、科研成果及学术活动、学术人物、重要规章条例、统计资料、大事记。第一、六编收录了本院年度工作会议文件和政策性管理资料；第二编介绍了本院机构设置及其领导人，同时将院专业技术职务评审委员会名单列入这一部分；第三、四、五编分别收录了院属各部门的工作概况、研究所的科研成果及学术活动、建院以来的博士生导师名单和本年度晋升正高级专业技术职务人员情况；第七编收录了本年度主要的统计资料；第八编是本年度大事记。

三　一如继往，本卷的编辑工作仍是在院领导的关心和指导下进行的，并得到编委会和全院各研究单位及各职能部门的关注和支持。各类资料的提供本着谁主管、谁负责的原则，院属各所局单位分别指定了供稿人和审稿人。在此我们对各方面的大力支持和合作表示衷心的感谢。

四　编辑出版《中国社会科学院年鉴》仍属草创阶段，缺乏经验，疏漏和不妥之处谨请读者批评指正。我们一定要不断总结经验，做好工作，把《中国社会科学院年鉴》一本比一本编得更好、出得更好。

《中国社会科学院年鉴》编辑部

一九九七年五月

目　录

第　一　编

综　　述

一 一九九四年基本情况

1. 人员、机构

(1) 机构：1994 年末，全院有局级单位 43 个，其他单位 7 个。其中，科研所 30 个，职能局 8 个，院直属单位 10 个，代管单位 1 个，派驻单位 1 个。

(2) 人员：1994 年末全院总人数 6180 人。其中，在职人员 4384 人，离退休人员 1796 人。在职人员中，专业人员 3471 人，占在职人员的 79.2%；行政人员 430 人，占在职人员的 9.8%。

(3) 专业人员结构：专业人员中，研究人员 1949 人，编辑人员 548 人，翻译人员 140 人，教学人员 68 人，财会人员 148 人，工程技术人员 74 人，图书资料人员 480 人，其他专业人员 64 人。专业人员中，高级研究人员 1575 人，占专业人员的 45.4%；中级研究人员 1302 人，占专业人员的 37.5%。

(4) 工资：1994 年度，全院在职职工月平均工资 431 元。其中，管理人员月平均工资 413 元；专业技术人员月平均工资 452 元；工人月平均工资 314 元。

(5) 政府特殊津贴：至 1994 年末，全院共有 1358 人享受政府特殊津贴。其中，各研究所享受政府特殊津贴 1011 人。

2. 科研

(1) 科研成果：1994 年度，全院完成科研成果，专著 456 部，论文 4027 篇，调研报告 567 份，译著 70 部，教材及普及读物 160 部，工具书 105 种，累计总字数 24639 万字。

(2) 学科调整：1994 年度全院进行了学科调整，将原来 300 个左右的二、三级学科调整为 260 个；210 个与二、三级学科相对应的研究室调整为 180 个；调整后使原有的 100 个重点学科增至 120 个。

(3) 清理科研项目：全院检查清理各类研究项目 864 项（国家重点课题、中华社科基金课题、院重点课题、院青年基金课题等）。其中，按计划完成的 338 项，占 39.2%，正在按计划执行的 320 项，占 37%，未能按计划完成的 206 项，占 23.8%。

(4) 试行课题招标：为建立竞争和激励机制，引导科研人员加强对有中国特色社会主义理论及与其相应的热点、难点和敏感问题的研究，院确定了 12 个院重点课题在全院试行招标，并制订了“院招标管理条例”（试行）和“1994 年招标课题指南”。全院有 25 个课题组投标，12 个课题均中标，倾斜资助课题费 68 万元。

(5) 研究中心：全院共有研究中心 36 个，其中院属 26 个（当年新建 11 个）；所属 10 个（当年新建 7 个）。院属有中国特色社会主义理论研究中心成立于 1993 年 10 月，是全国研究“特色理论”的五大基地之一，主要做了以下工作：1 月 31 日成立了中心学术委员会；研究落实了一批重大研究课题；向全国“特色理论”研讨会推荐了 8 篇论文，6 篇入选；10 月 19～23 日召开全国社科院系统的“邓小平经济思想学术研讨会”，会议收到学术论文 120

余篇，入选 60 余篇，70 余位专家学者参加了会议。

（6）中华社科基金：中华社科基金组织实行了对基金课题采用分块管理、限额推荐的办法。我院 1994 年度被限额推荐 104 个项目，受理申请 273 个项目，经专家评议、表决、确定了推荐课题，以计算机软件形式上报了基金会。

（7）出版资助：一年中，各单位推荐资助书稿 75 部，经评审和报院领导批准，实际资助书稿 56 部，金额 99 万元。

（8）期刊工作：全院共有正式学术期刊 79 种。

（9）学术社团：我院主管的学术社团共有 107 个，另有 71 个社团我院不主管但由我院给予经费资助，共资助经费 98.9 万元。

3. 对外学术交流

（1）交流量：1994 年度，全院对外交流的总量为 872 批 2050 人次，其中，派出 508 批 847 人次，来访 364 批 1203 人次。

（2）学科和地区分析：在交流的学科中，经济学科 527 人次（派出 252 人次，来访 275 人次），占首位。在交流的地区分布中，与亚非国家的交流 848 人次（派出 353 人次，来访 495 人次），与美大地区的交流 319 人次（派出 196 人次，来访 123 人次），另外与台港澳地区的交流 326 人次（派出 96 人次，来访 230 人次）。

（3）国际研讨会：一年中，院举办了 6 个多边国际学术讨论会和 6 个双边学术研讨会。

（4）留学和研修：我院 1994 年派出出国长期研修人员 46 人，回国人员 63 人。到 1994 年末，全院长期在国外留学、研修人员 225 人。

4. 行政事业经费

（1）总经费和总支出：1994 年度，财政部对我院事业行政经费限额拨款为 12875 万元（含当代中国研究所 495 万元）。全院年度实际支出合计 12558 万元。

（2）支出结构分析：在总支出的 12558 万元中：

人员经费支出 5258 万元，占总支出的 41.8%；

公务费支出 1384 万元，占总支出的 11%；

设备购置费支出 1383 万元，占总支出的 10.6%；

修缮费支出 2157 万元，占总支出的 17.2%；

业务费支出 2109 万元，占总支出的 16.8%；

其他费用支出 317 万元，占总支出的 2.6%。

（3）支出项目分析：社会科学管理机构经费（含院直机关人员经费、全院修缮费、万元设备购置费等）支出 3420 万元，占总支出的 27.2%；社会科学研究机构经费 7476 万元，占总支出的 59.5%；研究生院经费支出 431 万元，占总支出的 3.4%；国际学术交流经费支出 468 万元，占总支出的 3.7%；其他社会科学事业费支出 772 万元，占总支出的 6.2%。

（4）基本建设：1994 年基本建设实际完成额 3920 万元。已交付使用财产 2125 万元，在建工程费用 1795 万元。

（5）固定资产：1994 年末，全院固定资产原值 21570 万元，其中，房屋和建筑物 20902 万元。到 1994 年末，我院拥有房屋总面积 39 万平方米。

（6）三产实体：1994 年末，院所两级共有开发创收实体 31 个。

5. 出版社图书出版

1994 年度，我院出版单位出版本版图书 464 种，总印数 276.3 万册，定价总金额 4061.65 万元。其中，中国社会科学出版社出版本版图书 227 种，总印数 111.88 万册，定价总金额 1667.42 万元；社会科学文献出版社出版本版图书 77 种，总印数 22.44 万册，定价总金额 268.51 万元；经济管理出版社出版本版图书 160 种，总印数 141.98 万册，定价总金额 2125.72 万元。

6. 文献馆藏

1994 年末，全院各图书馆藏书总计 580 万册，馆舍面积合计 22806 平方米。1994 年我院图改实现全院图书统一采购、统一编目工作，节约资金 86 万元，增订新报刊 186 件，统建了五大阅览室。

二　一九九四年院工作会议文件

胡绳同志在院工作会议上的工作报告

（一九九四年二月二十一日）

同志们：

现在我代表院党委和院务会议做工作报告。

这次工作会议的主题是，继续贯彻落实党的十四大和十四届三中全会精神，解放思想，深化改革，集中精力抓科研，多出高质量的成果和高水平的人才，为建设有中国特色社会主义的宏伟事业，做出新的更大的贡献！

（一）关于1993年的工作回顾和总结

我院的上一次工作会议是在1993年2月23～25日召开的，那次会议明确提出我院各项工作必须以科研为中心，并围绕这个中心，部署了1993年必须集中精力做好的六个方面的重点工作。在过去的一年里，全院职工认真学习邓小平同志建设有中国特色社会主义理论，贯彻执行党的“一个中心、两个基本点”的基本路线，团结奋进，各方面的工作都做出了很大的成绩：

——坚持以科研为中心，按照既确保以改革开放和经济建设为主攻方向，又促进各学科共同繁荣的指导思想，调配和组织科研力量，无论基础理论研究还是应用理论、对策研究，都取得了一批重大成果。首先，建设有中国特色社会主义理论的研究生气勃勃，所取得的部分高水平成果，为中央决策起到了咨询作用。如由院领导直接主持的《关于社会主义市场经济的大思路、大原则和大框架》研究报告，受到中央领导同志的重视，被称赞为“是一个很好的研究报告，提出了不少新的理论观点、思路和见解”，并被印发中央政治局同志和财经小组传阅；关于《建立社会主义市场经济法律体系的理论思考和对策建议》的研究报告，在社会主义市场经济法律体系研究方面取得重大进展，中央领导同志在听取这一研究成果汇报后评价说：“社科院的这个课题完成得很好，也很快，报告写得相当深入。社科院在社会主义市场经济体制方面做出了贡献。希望今后继续从知识上为建立社会主义市场经济体制做出贡献。”由院领导主持的其他重点项目，也进展顺利，并已经推出成果，如《1994年中国：经济形势分析与预测》、《1992～1993年中国：社会形势分析与预测》、《1993年的国际形势、今后趋势及对策建议》等，均受到中央有关部门及学术界的关注。由各所组织实施的一批重点项目，包括国际学科片、人文诸学科，也陆续推出了一批具有较高学术水平的成果。为纪念毛泽东同志诞辰一百周年，同湖南省社会科学院联合举办了“毛泽东对马克思主义发展的贡献”学术讨论会。科研管理工作在引进竞争、激励机制方面也有所发展。1993年院里成功地举办了“中国社会科学院第一届优秀科研成果评奖”活动，在院内外引起了较大的反响。还建立了青年研究基金，出版了青年文库。

——顺利地完成了所局领导班子的换届工作。为保证所局领导班子换届工作顺利进行，院党委成立了专门的领导小组，对换届工作实行直接领导和具体指导。在换届过程中，特别注意解决好以下几个问题：(1)坚持干部“四化”标准和德才兼备原则，努力使所局新班子既忠于马克思主义、在政治上同党中央保持一致，又精通科研业务、具有开拓进取精神。(2)广泛听取群众的意见。从1993年6月开始，院党委派出考察组到44个所局逐一进行考察，主要采取个别谈话方式倾听群众意见，征求意见面达60%以上，从而使换届方案具有较为深厚的群众基础。(3)注重新班子整体素质的合理组合，力求党政领导、科研管理、行政后勤管理诸方面人才的合理搭配，以提高班子整体的政治素质、业务素质和管理素质。(4)优化班子成员间的年龄梯次结构，选拔了一批能够跨世纪的中青年干部。据初步统计，换届以后，全院在职所局干部共150人，平均年龄52.3岁。其中55岁以上的70人，占47%；45～55岁的57人，占38%；45岁以下的23人，占15%。在这次换届过程中，全院有32位50岁以下的中青年充实进了所局班子。在此，我们殷切期望，新走上领导岗位的同志谦虚谨慎，勇于开拓进取，勤政廉政，不辜负党和群众的重托。同时，我还代表院党委和院务会议，向多年在领导岗位上尽职尽责，为我院建设做出了贡献的、在此次换届中从领导岗位上退下来的老同志，表示诚挚的敬意和深切的谢意！

——改革取得新的进展。1993年我院在改革方面抓了以下几项工作：(1)按照“小管理、大服务”的原则，调整、改革院部职能机构，撤销了原院机关党委，成立了院直机关党委，同党办合署办会；纪检、监察合署办公。(2)行政后勤管理按照服务职能与管理职能分开的原则，将服务部门组建为服务总公司，逐步转变经营机制，向社会化过渡；院直保留一个精干的行政管理班子。通过以上两项调整和改革，院部机关编制由539人减为300人。(3)在人事管理方面，实行研究室与行政级别脱钩，向研究所下放了研究室的设立、撤销、调整权以及研究室负责人的任免权，扩大了研究所的部分进人权。(4)在改变研究所机构设置“小而全”方面迈出了重大步伐。结合班子换届，有10个研究所即：哲学所与马列所、文学所与少数民族文学所、法学所与政治学所、日本所与亚太所、美国所与西欧所组建联合党委，为这些所下一步精简行政、后勤、图书资料等机构和人员，集中人力、物力支持科研打下了基础。

——党的建设取得成效。1993年我院在党的建设方面重点抓了三方面的工作：一是结合换届，选配、组建各所新党委班子。随着换届工作的完成，全院各所全部完成了向党委领导下所长负责制体制的过渡。二是通过举办各种形式的读书班，组织干部、党员和科研骨干学习党的十四大和十四届三中全会文件及《邓小平文选》第三卷，通过学习，对党的“一个中心、两个基本点”的基本路线，对“稳定压倒一切”，对“解放思想，抓住机遇，加快发展的战略”，对建立社会主义市场经济体制的目标模式等基本精神加深了理解，增强了在政治上、行动上同中央保持一致的自觉性。三是加强了反腐倡廉建设。自9月中旬起，院党委和各所局领导班子陆续召开了廉洁自律民主生活会，对照中央的五条逐一进行了检查。院党委还制定了“副处长以上党员干部廉洁自律的规定”。与此同时，集中力量查处了一批违纪违法案件。

——对外学术交流有了新的发展。1993 年的交流总量为 790 批 2026 人次，其中派出 485 批 975 人次，来访 305 批 1051 人次，交流总量、派出量、来访量分别比 1992 年增加 36%、37%和 34%，无论交流总量还是年增幅度，都是建院以来最高的一年。对外交流的效益也有所提高。根据科研和学科建设的需要，确定了拓展同周边国家和发展中国家的学术交流、搜集散失在国外的珍贵历史资料、举办重要的国际学术讨论会、加强与台港澳地区学术交流等 6 大类、19 个重点交流项目。在执行过程中，优先保证重点交流项目的经费需要，使绝大多数项目按期执行。这些重点交流项目的实施，对于促进我院的科研和学科建设，起到了较好的作用。

——行政后勤部门坚持一手抓改革，一手抓服务，以改革促进服务，为改善科研、生活条件做出了新的成绩。1993 年，是我院行政管理部门迈出较大改革步伐的一年。广大职工团结奋斗，机构调整进展顺利，服务质量也有明显提高。据初步决算，全年共完成基建 3415 万元，比 1992 年增长 12.3%；其中用于住宅建设 3167 万元，比 1992 年增长 17.3%。基建投资完成数是建院以来最多的一年。组织完成了安贞、霞光里新房及芳城园 5000m^2 乙级房的进住工作，使全院 324 户职工喜迁新居。接收了方庄芳古园 1 号楼 9500m^2、129 套商业住宅，并初步落实分配方案，预计还将有 200 来户职工缓解住房困难。完成了国有资产清查登记工作，查明了我院固定资产家底。机关财务部门推出了机关经费和用车包干办法，较 1992 年节支 78 万元，遏制了院直经费增支趋势。第三产业的开发工作也已起步，1993 年共审批各类公司 20 个，其中 14 个已取得了营业执照。应该指出的是，上述成绩是在我院经费极为紧张的条件下取得的，这里面的每一项成绩都凝聚着行政后勤职工的辛勤劳动。

一年来，其他各方面的工作也都有进步。老干部、共青团、工会、妇联、统战等系统根据各自工作对象的特点，组织了各种形式的有意义的活动；保卫部门为保障良好的科研、生活环境进行了不懈的努力；审计部门加强财务监督，为理好财、用好财和廉政建设做出了贡献。

1993 年我院各项工作虽取得一定成绩，但用党和国家对我院的期望和要求来检查，我们的工作还存在很大的差距，突出的表现在：科研成果虽然数量不少，但真正学术水平高、社会影响大的成果还不够多；学科调整尚未起步；建立竞争机制的工作没有实质性进展；摊子大，队伍臃肿、人浮于事的问题远未解决；科研手段现代化建设进展缓慢；开发创收工作刚刚铺开，成效不大，等等。在回顾和总结 1993 年的工作时，应引起我们特别注意的是，1993 年的改革发展不平衡，有些方面改革步伐不大，除客观原因外，还在于我们在改革过程中对困难想得多、顾虑多，魄力、决心不大。而实践已经或正在证明，改革的任务解决得不好，我们就举步维艰。所以，这次会议很有必要分析一下我们所面对的形势以及我们应该做出的战略选择，以进一步统一关于我院改革的认识。

（二）社会科学面临的形势及我院的战略选择

我们到底面临怎样的形势呢？大家知道，邓小平同志视察南方的重要谈话发表后，我们党先后召开了十四大和十四届三中全会，做出了解放思想，抓住机遇，深化改革，加快发展的战略决策。经济体制、政治体制及其他各方面改革的力度明显加大，现代化建设的速度明显加快。不断深化的改革和快速发展的现代化建设提出了大量的新问题。如何解决这些问题，没有现成的经验和答案，需要我们去研究、去探索。党、国家和人民在这方面对我们社会科学工作者寄予厚望。江泽民同志在最近召开的全国宣传思想工作会议上提出，宣传思想工作要紧紧围绕建设有中国特色社会主义理论这一根本指针，以科学的理论武装人，以正确的舆论引导人，以高尚的精神塑造人，以优秀的作品鼓舞人。大变革的时代正在呼唤社会科学工作者从事创造性的理论研究，为改革开放和现代化建设服务，用科学理论武装人，用健康的高层次的精神食粮引导人、塑造人和鼓舞人，发挥重大的历史作用。同时，要看到，我国的改革开放和现代化建设事业，是数亿人民群众参加的伟大革命实践，其间蕴藏着极为丰富的经验。运用马克思主义的世界观、方法论，对这些经验进行科学的分析、研究、抽象、升华，必将大大促进社会科学、人文科学各学科的基本理论建设。所以，正在我们眼前展开的具有中国特色的社会主义建设确是为社会科学开辟了广阔的天地，为在社会科学、人文科学领域内耕耘的学者提供了肥沃的原野，为造就出一批饮誉国内外的学者、专家提供了难得的历史机遇。

“机不可失，时不我待”。我们要牢牢地把握住这一历史机遇，坚持以马克思主义为指导，把我院建设成为学科布局合理而又重点突出的、人员精干而又高水平的、开放而又充满活力的全国哲学社会科学研究中心，以更好地为改革开放和两个文明建设服务，当好党中央和国务院的参谋和助手。我院凡有志于社会科学事业的科研人员、干部和职工，都应奋发精神、埋头苦干，为实现这一发展战略目标而努力奋斗。

为了尽快实现我院的这一发展战略目标，院党委和院务会议经反复研究后决定，本届任期内，在院所建设中坚定不移地贯彻以下几条方针：

第一，加强重点学科的建设。根据改革开放和两个文明建设的客观需要，我们要继续重视基础理论研究，大力加强应用理论和应用研究、对策研究，以既确保为改革开放和现代化建设服务的主攻方向，又促进各学科共同繁荣。为此，在学科布局和科研力量的配置方面，要继续保持人文学科已经形成的某些优势学科，大力加强和拓展有中国特色社会主义理论相关的学科，大力加强以至增设改革开放和两个文明建设所迫切需要的学科，并尽快形成新的学科优势，以扭转我院学科布局和科研力量配置同现代化建设不适应的局面。

应该强调指出的是，在学科建设的问题上，既要考虑客观需要，又要量力而行。在经费紧张、编制有限的情况下，集中必要的人力、物力、财力向重点学科倾斜，这就势必要对现有学科（主要是二、三级学科）进行适度调整。有所舍弃才能有所加强，要有所加强就必须有所舍弃，这是一个问题的两个方面。我们必须清醒地看到，社会科学院不可能包打天下，对社会科学领域中的问题都去研究；而且，像学部时期和建院初期那样，用行政手段调集全国哲学、社会科学各学科最优秀的人才的做法，现在已经行不通，因而也不可能保证所有学科的优势都集中于我院。如果我们继续搞“大而全”，将有限的人力、物力、财力分散配置，不仅不可能形成新的优势学科，而且已有的优势学科也会逐渐丧失优势。所以，继续铺摊子，搞“大而全”是没有前途的。

第二，建设一支精干的、高水平的、可以流动的科研队伍。要抓住机遇，使社会科学理论研究跃上新台阶，最关键的是要解决人才问题。从我院队伍现状看，我们聚集了一批国内外知名的专家、学者，因而总的来说是好的或比较好的。但另一方面，全院在职职工近五千人，不能说队伍不庞大；同时我们却又深感科研骨干、学术带头人断层（至少是有些学科），科研行政管理人才不足。多年来的实践表明，无论在科学研究方面，还是在行政后勤管理方面，我院产生的社会效益同这支庞大的队伍不是很相称。原因可能是多方面的，其中重要原因之一，就是在科研队伍中，有一些人不适合于搞科学研究，有一些人多年不出成果，他们也许在别的岗位上更能发挥他们的能力；而行政后勤管理战线则因研究所机构设置“小而全”以及定编定岗不严，人浮于事的现象比较严重。队伍臃肿，既造成低效率，又导致经费紧缺。近两年为确保“人头费”，图书、调研经费的缺口越来越大，已严重影响科研。1993年经费更为紧张，至当年10月份，相当多的单位因职工医药费无从报销、职工工资无从开支而纷纷向院里告急，不得不请求财政部紧急追加拨款。这是一个明确的信号：如此庞大、臃肿的队伍再也不能维持下去了，必须采取有效措施逐步精练队伍。首先，要防止队伍进一步膨胀。从1994年开始，行政、后勤、科研辅助及编辑人员除个别特殊情况外，一律不调进，由院内调剂解决；补充科研人员也必须选调具有硕士以上资历的合格的人员。其次，也是最要紧的，就是要通过精简机构，以及强化竞争机制、激励机制、优升劣汰机制，分流富余人员，促使不适合于搞研究工作的、多年不出成果的人员向院外流动。大力裁减临时工队伍，有些工种由分流富余人员顶替。通过精练队伍，将腾出的部分财力、物力向科研骨干倾斜，为他们创造较好的科研、生活条件。同时，要办好研究生院，培养出高质量的科研后备人才。

第三，创造良好的学术环境。具备良好的学术环境，就能提高我院研究人员的工作效率，增强我院对于优秀研究人才的吸引力、凝聚力，有可能吸引院外甚至国外优秀学者来院进行客座研究，使我院真正成为全国社会科学、人文科学研究中心。为创造这样一种环境，我们务必从“软件”和“硬件”两个方面做出巨大努力。所谓“软件”，就是各级党委、各级领导干部要有针对性地做过细的思想工作，及时化解科研队伍内部的妨碍科研工作的各种矛盾，减少“内耗”。要倡导并发扬为科学献身的精神，潜心于科学研究。要采取多种形式，活跃院、所学术空气。要全面地、准确地贯彻执行党的“双百”方针，既坚持正确的理论方向、坚持以马克思主义为指导，又保障学术民主、学术自由；鼓励、支持学者在艰苦探索的基础上提出新的理论观点和学术观点，开展讨论和争鸣，以在全院形成一个民主、活跃、和谐的学术氛围。所谓“硬件”，主要的就是要大力推进科研手段现代化建设。我院要想形成并保持学术优势，既要靠有一流的学者队伍，还要靠丰富的图书信息资料和先进的研究手段。从现在起，我们要将图书信息资料馆（室）和科研手段现代化建设作为一项基本建设来抓。为使有限的资金发挥最大的效益，图书信息资料和科研手段现代化建设必须实行全院一盘棋，统筹规划，统一调配人、财、物，坚决打破各研究所自成体系的封闭格局。

第四，加快改革步伐，以改革为动力，推动科研及其他各项工作。要朝着明确的目标逐步地解决我院目前存在的摊子过大、学科布局不尽合理、研究手段落后，以及队伍臃肿、人浮于事等问题。必须下大的决心，对现有管理体制加以改进。首先，要从建立科研成果评估制度入手，强化业绩考核制度、专业职务评聘制度和以双向选择为主要内容的聘任制度，构建奖勤罚懒、优升劣汰机制。在学科建设、图书信息资料和科研手段现代化建设方面，要打破“大而全”、“小而全”自成体系的现有格局。行政后勤管理则既要通过改革医疗、用车、住房分配等方面的管理制度，以及实行经费使用承包责任制等措施挖潜节支，又要大力开展开发创收、募集基金等活动，多渠道筹措经费以弥补财政拨款之不足。总之，从今年开始，我们一方面要组织力量，进一步对我院改革的总体目标模式和具体实施方案进行系统研究和设计；另一方面，要在实际工作中适当加大改革力度和步伐，陆续出台改革方案，将我院的体制改革一步步引向深入。

改革从一定意义上讲，是对现有利益格局的一种调整。从全局、从长远看，改革必将使绝大多数人受益。但从眼前看，每一项改革措施不可能使所有人同等受益，有一部分人甚至可能吃点亏、受到点损失。这就要求我们的党员、干部和职工，特别是领导干部自觉地克服个人主义、本位主义，切实做到个人利益、局部利益服从整体利益，眼前利益服从长远利益，以统一步伐，统一行动，令行禁止，保证改革顺利进行。应该说明的是，院党委和院务会议关于我院发展战略目标的设想，以及为实现这一战略目标所确定的工作方针，还是粗线条的。我们这次会议对此可以畅所欲言，充分讨论，以达成共识。由于我们前进的道路上存在不少困难和障碍，上述发展战略目标不是一年、两年就能实现的。但一旦大致目标确定之后，就应该行动，逐步为此创设条件。我们新一届领导班子应该在这方面有所作为，力争在本届任期内使改革取得显著成效，为最终实现我院的发展战略目标，开创我院工作的新局面打下坚实的基础。

（三）1994年应集中精力做好的几项主要工作

“抓住机遇，深化改革，扩大开放，促进发展，保持稳定”是1994年全党、全国工作的大局，我们要结合我院实际，围绕这个大局来安排全年的工作。面对新形势、新任务，院所两级领导班子要以更加昂扬的精神状态和务实高效的工作作风，扎扎实实地抓好以下几项重点工作：

1. 集中力量，突出重点，推出一批高水平的、有重大社会影响的研究成果。

科研战线过长，立项过多，力量分散，是目前我院科研管理存在的突出问题。要通过对原有重点项目的检查、清理，适当收缩战线，以集中部分力量去研究急需解决的重大理论问题和实践问题，同时保障有重要学术价值的基础研究和学科基本建设。各学科在确定今年的重点项目、调配科研力量时，要特别注意从不同角度，拓宽和深化对邓小平同志建设有中国特色社会主义理论的阐发和研究，为丰富和发展马克思主义做出贡献。要敢于并善于运用马克思主义的立场、观点和方法，去探索和回答现实生活提出的难点、热点问题，主动地、切实地为改革和发展服务，既要为中央决策提供理论依据，也要面对群众，作出使人信服的论述。要充分发挥我院多学科、综合能力强的优势，对一些难度大、且关系全局的重要课题进行多学科协作攻关，推出一批有重大社会影响的高水平成果。经院党委和院务会议研究决定，1994年院里将直接抓好六七个跨所、跨学科的重点科研项目。各所领导也要亲自抓1～3个重点项目。科研局对院所领导亲自抓的重点项目在经费上要予以倾斜，并加强检查、督促。从1994年开始，要将重点项目的完成情况，作为对各所政绩进行年度考核的重要内容。

对外学术交流要将提高效益放在首位，切实根据院所重点研究课题、重点学科建设，以及实现科研手段现代化和培养人才的需要，安排交流项目。

2. 研究和制定学科调整方案。

调整好学科布局，是我院的一项基础性建设。学科调整的总的指导思想，就是根据需要和可能，有所加强，有所保持，有所合并，有所舍弃，以突出重点，既确保主攻方向，又兼顾各学科共同繁荣。鉴于学科调整本身就是一件学术性和政策性很强的工作，为保证这项工作顺利进行，各所要组建专门班子，从全国乃至全球这个大视野对本所涉及的诸学科的发展状况（前沿、趋势），以及本所在其中所处的位置等进行认真分析、研究，在此基础上提出本所学科调整意见。科研局要对各所调整意见加以协调和汇总，并拟定全院学科调整方案，报院务会议审查批准，然后逐步加以实施。

3. 建立和健全科研成果评估制度。

对科研成果进行评估，为业绩考核和职务评定提供可靠依据，是实行优升劣汰、促进人才流动的基础性环节。由于至今未建立起较规范的经常的科研成果评估制度，给业绩考核、强化优升劣汰机制增加了难度。为尽快改变这种状况，今年要将建立、健全成果评估制度作为科研、人事管理的一项基本建设来抓。各所要充分发挥所学术委员会在对科研成果进行评级分等工作中的作用，并组织力量根据本学科的特点拟定各自的评估指标，尽可能使科研成果评估工作经常化、制度化、规范化。

4. 加速科研手段现代化建设。

研究手段、管理手段、图资信息处理与开发手段的现代化，已迫在眉睫。为了推进科研手段现代化建设，院里决定成立以汝信、郭永才两位同志为正副组长的院科研手段现代化领导小组，文献信息中心兼领导小组办公室。这个小组今后一段时间内应重点抓好以下五项工作：（1）拟定出全院科研手段现代化规划方案；（2）分期分批地对全院职工特别是45岁以下的中、青年职工进行计算机使用技能培训；（3）充分开发利用现有电脑设备，各所要抽出一定人力，建立信息资料库、数据库；（4）协调、指导学科相关的研究所合并图书资料馆（室），相应调整图书资料经费的分配办法；（5）推行统一的图书分类和编目工作，为建立院中心图书资料馆做好准备。文献信息中心的工作重心要坚定不移的转向图书资料、科研信息的收集、处理和开发。各所局要立足全局、着眼未来，在院科研手段现代化领导小组的指导之下，统一步伐，协调行动。

5. 搞好“三定”工作，逐步实行工资总额包干，分流富余人员，促进人才流动。

根据国家的规定，今年我院要在院直机关完成“三定”的基础上，结合学科调整着手各所的“三定”工作。在完成“三定”的前提下，实行工资总额包干，增人不增工资，减人不减工资，发挥工资总额的宏观调控作用。要以“三定”和实行工资总额包干为契机，切实精减机构，实行人员分流。已经建立联合党委的十个研究所，其党务人事、行政后勤、图书资料等机构要逐步加以合并，并按规定额数配置干部和工作人员。其他单位也应本着精干高效的原则，按规定比例严格核定行政后勤和科研辅助人员，分流富余人员。对于科研和编辑、翻译队伍的消肿，可分两步进行；第一步，核定总量，在总量之内调剂增减；第二步，结合学科调整，制定科研力量配置方案。

分流富余人员、促进人才流动，要同完善考核制度、以双向选择为主要内容的聘任制度及定职升级、住房分配办法等配套进行，逐步建立能上能下、能进能出、奖勤罚懒、优升劣汰的竞争机制。今年要在这方面出台一些新的改革措施，并切实付诸实践。精减机构和分流富余人员政策性很强、难度很大，既要积极，又要稳妥，院所要积极配合。为了保证这项工作顺利进行，院里将成立中国社会科学院人才交流中心，专司富余人员的转岗培训、技能培训及人才供需信息交流等工作。

6. 要注意发现、培养、任用优秀中青年科研骨干。

近两年来，院所两级采取切实措施，加强对中青年科研人员的培养、教育和提高工作，取得了较好效果。今后要继续在承担院所重点项目、成果出版、专业职务评聘、住房分配以及出国考察、进修等方面，对中青年科研骨干实施倾斜政策。要注意发现近几年涌现出来的思想政治品德好、业务上崭露头角的优秀中青年科研骨干，结合所局领导班子后备干部队伍建设，积极培养、大胆任用他们；要适当加强对他们的宣传工作，提高其知名度，为他们尽快成长为学术带头人创造条件。

7. 行政后勤部门要加强管理，为全院职工多办实事。

我院行政后勤工作面临很大困难，经费紧张、住房紧张在一定意义上成为我院发展的制约因素。我们正在如实向上反映情况，争取国家增加投入。但我们也要看到，国家正处于深化改革、加速发展的关键时期，各方面增支因素很多，大幅度增加对我院拨款的可能性不会很大。因此，我们不能只是眼睛向上，要同时眼睛向内。在新的一年里，行政后勤要重点做好以下三个方面的工作：(1) 在去年管理与服务分开的基础上，进一步深化改革，整章建制，提高综合管理水平。对于今年拟出台的"住房管理办法"、"预算分配管理办法"、"医疗费管理办法"等项改革措施，要在组织实施上多下功夫。(2) 加强对财、物使用的监督、管理，用好钱，管好物。我院有些方面、有些单位存在着比较严重的浪费现象。管理部门要研究节流挖潜、堵塞漏洞的办法。对各所局的预算执行要逐步实行责任制，没有正当理由而出现赤字的，要追究行政负责人的责任；对预算执行得好的，要予以表扬、奖励。(3) 进一步提高服务意识，改善服务质量，利用各种可能为全院职工办实事。

8. 积极创收，开辟财源。

为了缓解经费紧张的局面，改善职工的科研和生活条件，必须在继续主要依靠国家财政拨款的前提下，积极开发创收。院部今年要调集必要的力量，重点搞好院内用地开发，提高人文公司、中咨公司和服务总公司的经营创收能力，筹建图书资料出版发行公司，开展募集海内外资金的工作，力争形成一两个具有一定创收能力的创收集团。各研究所也要根据自己的条件，积极开发创收。开发创收的政策要进一步放开，对创收单位应给予相应的权力和责任，凡对创收贡献大的单位和个人，可给予重奖，以调动创收积极性。

9. 做好设立院士制度的前期准备工作。

设立中国社会科学院院士制度是提高我国社会科学在国际学术界的声望和地位、扩大我国社会科学在国际学术界的影响、实现我院的发展战略目标的一项重要措施，也是院内外广大社会科学工作者的强烈愿望和迫切要求。院党委和院务会议认为，设立中国社会科学院院士制度是必要的；但鉴于这项工作在实际操作上难度较大，决定尽快着手研究方案。有关部门要组织力量尽快提出实施方案，上报中央、国务院。

10．切实加强党的建设和领导班子建设。

加强党的建设和领导班子建设，是实现我院发展战略目标的根本保证。根据我院的实际情况，今年在这方面要着重抓好以下几方面的工作：(1) 继续把组织学习《邓小平文选》第三卷和十四届三中全会决议作为党的思想建设的头等重要任务，用建设有中国特色社会主义理论武装广大干部、党员、科研人员和职工，指导科研工作和其他各项工作。(2) 巩固和健全党委领导下的所长负责制。所党委要始终坚持正确的政治方向和理论学术方向，坚持民主集中制，注意处理好党、政关系，维护领导班子内部的团结；要不断改进思想方法和工作方法，提高组织、领导艺术和工作层次。(3) 深入开展反腐败斗争，加强廉政勤政建设。党政领导成员都要带头严格遵守中央和院党委关于廉洁自律的规定，集中主要精力治院治所。(4) 认真贯彻执行党的知识分子政策和“双百”方针。要同科研人员广泛交朋友，做到政治上爱护，科研上支持，生活上关心。要注意改善和加强学术领导，努力创造民主、活跃、和谐的学术环境。(5) 结合改革和科研实际，做好思想政治工作，为维护安定团结，深化改革提供思想保障。

同志们，当前我们正面临着大变革的时代。这个时代正呼唤着中国的社会科学工作者回答它所提出的各种理论和实践问题。一种理论、一个学科的命运取决于它满足时代发展需要的程度。因此时代既向我们提出了严峻的挑战，也为我们提供了难得的机遇。我们要奋发图强，苦干实干，为实现院党委和院务会议关于我院的发展战略目标，创造出无愧于这个时代的伟大业绩而努力奋斗！

王忍之同志在院工作会议闭幕时的讲话

（一九九四年二月二十五日）

同志们：

院工作会议开了四天，就要结束了。这次会议，是在院领导班子做了比较大的调整、所局领导班子换届以后召开的第一次院工作会议。对这次会议，中央和国务院的领导同志很关心，很重视。江泽民总书记、李鹏总理题了词，朱镕基、丁关根、李铁映同志来了信和电话，对我院的工作、对社会科学研究，指明了方向，提出了要求，寄予厚望。中央和国务院领导同志的题词、贺信和贺电，对社科院广大职工是个鼓舞，对我们改进工作、发展社会科学研究是个有力的推动。胡绳同志代表院党委和院务会议作了报告，按照这个报告的精神，汝信、滕藤、永枢、永才同志分别就我院的科研、人事、对外学术交流和研究生培养、行政管理和后勤开发创收等方面的工作讲了意见，院职能部门也向大会提交了有关今年工作安排的书面材料，制订了一些规定、条例和办法。

从简报上看，出席会议的同志普遍对这次会议比较满意，认为会议的内容和开法都是好的。大家赞成胡绳同志的工作报告，认为符合我院的实际，适应形势的要求，有改革创新精神，有明确的发展目标和方针，有可操作的措施。通过这次会议，大家增强了信心，认为切切实实地按照中央领导同志的指示、按照胡绳同志的工作报告去做，我们院是能够出现新气象、新局面的。

会议讨论中大家也提了许多意见，包括对报告的修改意见，更主要的是怎么执行报告的一些具体的意见和建议。对这些意见和建议会后要认真地研究，吸收到报告中去，体现到今后的工作中去。

胡绳同志的工作报告已经讲得很全面了，而且是经过全体院党委成员讨论的，几位副院长又分别就各方面的工作讲了话，进一步阐述、论证了胡绳同志报告中提出的目标、方针的正确性，提出了落实的具体意见，讨论中大家也没有对报告提出原则性的不同意见，所以我就没有多少话讲了。我想再强调几点：

（一）明确方向，锐意改革

这次会议，大家之所以比较满意，主要是因为这次会议是一个明确方向、任务和发展目标，致力深化改革、积极进取的会议。

我们院的发展方向、任务是什么？这在几位中央领导同志的指示中讲得很明确。江泽民同志在题词中指出："加强学习，总结经验，坚持理论联系实际，把中国社会科学院建设成马克思主义的坚强阵地。"江泽民同志这个题词是对社科院建院以来的经验总结，又指明了前进的方向；既重申了中央对社科院的一贯要求，又体现了党的十四大和不久前召开的全国宣传思想工作会议的精神。社会科学院是中国共产党领导下的社会科学院，是直属于国务院的社会科学院，无疑应当成为马克思主义的坚强阵地。要成为马克思主义的坚强阵地，包含着很高的要求和丰富的内涵。它要求我们认真学习马列主义毛泽思想，认真学习邓小平同志建设有中国特色的社会主义理论，了解实际，包括各个学科研究的实际。它要求社会科学院不能让一些违反马克思主义基本理论的错误思想和观点侵蚀、泛滥，当社会上出现政治风波的时候不能从错误的方向卷进去。它更要求社会科学院以研究邓小平同志有中国特色社会主义理论为崇高使命，研究改革开放和两个文明建设中的重大理论和实际问题，研究社会科学领域中的重大问题，用正确的理论武装人，为党和国家的科学决策，为建设有中国特色的社会主义，提供更多更好的研究成果。

按照中央领导同志指明的方向前进，把崇高的使命担当起来，把交付的任务完成好，社会科学院就能够对我们国家的发展起积极的推动作用，就能够越来越受到党和国家的重视，受到社会的重视。我们常常要求人们重视，有时候还抱怨人们不重视，其实关键在自己。去年我刚到院里来，在院工作会议上引过一句话："天助自助者"。怨天尤人，无济于事，反求诸己，才能前途光明。

反求诸己，我们应该怎么行动呢？胡绳同志的工作报告，分析了社会科学面临的形势，分析了我们院的实际情况，针对存在的问题，提出了我院发展的战略目标、具体方针和今年就要起步的几项工作。这是我们今后五年乃至更长一段时间的行动纲领。

社会科学院作为全国最高的社会科学研究机构，承担的任务是很繁重的。要完成上面讲到的党和国家交给社会科学院的任务，我们既要继续重视基础研究，又要大力加强应用研究；既要在主攻方向方面不断取得进展，又不能忽视其他必须的研究。这里不能有这样或那样的片面性。任何一种片面性，都不利于社会科学的发展和繁荣，都会导致不能很好地为建设有中国特色的社会主义服务。这么说，决不是意味着社会科学领域中的所有问题都要去研究。如果那样，就必须把规模已是世界之最的中国社会科学院再扩大多少倍。这在现在固然没有条件这么办，就是将来也没有可能这么办。不但没有可能这么办，而且也不应该这么办。我们只能在客观条件允许的范围内做文章。

在学科建设上，无论是基础研究还是应用研究，无论是主攻方向还是其他方面，都要加强重点，突出重点，同时合理布局。也就是要有所加强，有所保持，有所舍弃。江泽民同志在今年1月4日就自然科学的前沿课题设置问题有个批示。他说，当今科技发展十分迅速，我们对于前沿的科技项目要有所赶、有所不赶，对于可以充分利用我们的长处或我们在这一领域已有相当积累，相对来说不需要巨大投资，而一旦突破可以带动产业革命的项目就应该赶，在稳住一头中也要抓住重点。江泽民同志虽然是对自然科学讲的，对我们社会科学院工作，这个精神也是适用的。有条件的、原来有优势的、有积累的，而意义又特别重大的学科我们应该加强，其他学科则有所保持，有所舍弃。加强是积极的，保持和舍弃也是积极的，是实现加强所必须的。现有的摊子统统保持，一个也不舍弃，分散力量，拖下去，不但不可能形成新的优势，原有的优势也难以为继。

在人员结构上，我们要大力稳定和吸引优秀人才。同时要把不适合做研究工作的人员，把行政后勤、科研辅助方面的富余人员逐步地分流出去，使我们的队伍成为一支精干而又高水平的队伍。稳定和吸引高水平的人才是积极的，调整一部分人的工作，精简一些人也是积极的，会使这些同志在别的岗位上、别的单位里更好地发挥作用，更好地实现他们的价值。人总是各有长短，做这种工作不胜任，做别的工作就可能大显身手；在这个单位没多少事情可做，到别的单位可能就有了用武之地。对这样一些同志，也是为了更好地发挥他们的作用。

在学科布局、人才结构上即使做了这样的调整、改革，要完成社会科学院所承担的任务，也还是不够的。于是我们提出，吸引院外甚至国外的学者来我院作研究，或者通过研究中心这类形式组织院内外学者共同进行研究。边疆史地中心在会上做了一个发言。他们共16个人，行政人员只有一人，但是因为他们是开放的，真正是一个研究中心，不但靠他们十几个人，而且吸引了院外的研究人员一起来研究，出了许多成果。他们的成果与他们的队伍比较起来，是相当大的。这是一个好的经验。

根据上面这些想法，胡绳同志的工作报告提出了我院发展的目标：建设成为一个学科布局合理而又重点突出的、队伍精干而又高水平的、开放而又充满活力的马克思主义的坚强阵地。经过会上的讨论，形成了共识。大家认为，选择这样的发展模式是正确的，要朝着这个目标努力，逐步构建和完善有中国特色的社会科学研究机构的新模式。

实现我院发展战略目标，就必须改革，不能墨守成规。要对现行的科研、人事、分配、行政、后勤方面的管理体制、管理办法进行改革，建立和完善竞争机制、激励机制、淘汰机制。工作报告中已经提出了方向性的意见。有关部门拟订了一些改革措施，经过党委和院务会议同意后已经提交工作会议讨论，在听取大家意见作适当修改后就要贯彻执行。在大会发言中，有的单位介绍了它们已经进行的改革，我想对其他所会有启发。希望各单位根据自己的情况，提出改革的措施。会后院职能部门要继续研究并提出一些改革措施。已经提出来的、准备今年内实行的改革，步子不小，一一落实不是轻而易举的。我们一定要采取积极的态度，把经过党委和院务会议讨论，经过这次会议讨论，已经定下来的事情切实地付诸实施。要有所突破，有所前进，在实践中不断探索，积累经验，逐步加大改革力度，力争经过五年的努力，通过改革，为实现我院发展战略目标开辟道路，奠定一个比较好的基础。

（二）坚定不移，狠抓落实

大家都认为会议开得不错，那就要狠抓落实。要落实好会议精神，必须坚定决心，面对困难，制定办法，稳步前进。

首先要坚定决心。对于我院只有改革才能发展，同志们的认识是一致的。现在看，院领导是有决心的，所局领导也是有决心的。但是一旦要动真格的，要将改革的蓝图付诸实施，是不是有决心，决心大不大，坚定不坚定，就不一定了。这样说不是没有根据的。过去，对院所存在的问题，同志们不是不知道，也不是不想解决。但是真要解决，又顾虑多端，觉得这也不成，那也不行，最后还是下不了决心，见不了行动。今后要避免只是原则赞成，而不实际行动。决不能把已经决定了的改革措施只停留在文件上、纸面上，而要把它变成行动，变成现实。院领导决心是坚定的，如果以后不坚定了，大家就批评、督促、帮助；如果所局领导的决心以后不坚定了，院里也要批评、督促、帮助。对于各所符合中央方针和院工作会议精神的改革，我们一定坚决支持。这方面大家提了一些意见，说过去所里一改，有的同志就告状，院里就说再研究研究，弄得所里很被动。我们一定很慎重地处理这一类告状的事情。同时我们也要求各所局领导对院里已经决定了的事情，务必坚决地贯彻执行，做到令行禁止，不要犹豫推诿。不仅如此，各所还应当发扬主动性、创造性。因为许多改革办法需要从实际出发，由所里提出来，由所里来实行，如果所里不动，左顾右盼，先看看别的单位怎么办再说，免得冒了尖，自己找麻烦，这也不行。所里有了决心，院里没有决心办不成事；院里有了决心，所里没有决心也办不成事。大家一齐来下决心，上上下下，齐心协力。院所两级有了共识，齐心协力了，还要通过传达会议精神，在广大职工中反复讨论，使报告成为全院同志的共识。大家都来努力，朝这个目标前进。

其次要面对困难。要按照办院方向实现发展目标，在改革的道路上必然会遇到困难，遇到阻力。有的是由于客观条件的限制而来的，有的是因为触及到人们的利益而来的。困难是相当大的，要有足够的估计。不承认实际存在的困难不是唯物主义者。我们当然要有承认困难的科学态度，但是更要有战胜困难的勇气和魄力。要直面困难，做知难而进的改革者，而不能知难而退，临阵退却。我们应该是有能力克服困难的。克服了困难，就“柳暗花明又一村”；不去克服困难，我们将面临更大更多的困难。

第三要制定办法。有了决心，有了克服困难的勇气和魄力，同时还要有切实可行的实施办法。否则决心和勇气也要落空。今年要进行的改革，前面已经讲了，步子不小，但还不是全面的、配套的、完善的。我们要组织力量，对我院的改革进行专题研究，提出全面的具体的方案。更重要的是要靠大家在实践中去研究、去探索，反复讨论，集思广益才能定出办法。要倾听广大职工的意见，倾听专家学者的意见，充分地论证，使改革方案具有科学性和可行性。当然讨论也不一定都一致，只能择其善者而从之。只要基本合理，大多数人赞成，就定下来实行。在实行过程中，不断改进，不断完善。

第四要稳步前进。改革既要坚决积极，又要慎重稳妥，精心组织，有步骤、有秩序地进行。不讲稳妥，不讲有步骤，就可能出点事。不能指望在两三年内就把应兴应革的事情都办成，只要能做到年年有进步就不错。今年要有一个好的开端，要在有些点上有所突破。院里要这样做，各所局也要这样做。力争今年有个小变化，三年有比较大的变化，五年有更大的变化。在这届领导班子期满时，使我们院的工作上一个新的台阶。

（三）对所的班子提几点希望

我们完成了所局领导班子的换届，同时完成了向党委领导下所长负责制的过渡。实践证明，实行党委领导下的所长负责制是正确的。我们要总结经验，巩固完善这个制度。所党委要成为坚强的领导集体。要在这届任期内，作出成绩，不负重托，不负众望。这里提几点希望：

1. 加强学习，总结经验。所党委首要的职责是坚持正确的政治方向和理论学术方向。为此必须像江泽民同志指出的那样，加强学习，总结经验。要学习马克思主义的基本理论，特别是要学习邓小平同志建设有中国特色社会主义的理论。《邓小平文选》三卷不是学一次就行的，要继续深入地学。三卷中关于意识形态、关于宣传战线的工作、关于社会科学方面的论述是很多的，内容丰富，十分精辟。我们要掌握好它的精神实质，并且联系实际思考一下，过去做的哪些是符合的，哪些是不符合的，有什么经验，有什么教训。认真学习，认真总结经验，就一定能够提高政治思想水平，提高执行党的基本路线的自觉性，提高执行党在意识形态领域、社会科学研究领域中的各项方针政策的自觉性，保证方向的正确。

2. 勤政廉政，锐意进取。中央和院党委关于廉洁自律的规定要严格执行。古人云："公生明，廉生威。"清正廉洁，严以自律，说话才有人听。所领导要治所，有些活动、会议、出访，可参加可不参加的尽量少参加，可去可不去的尽量少去，腾出时间来抓科研，抓改革，抓人才培养，特别是对中青年培养。所党委要认真实行民主集中制，大事由党委讨论决定，所长在党委领导下充分履行自己的职责。一届任期五年，似乎很长，但是不抓紧，一晃就过去了。没有开拓精神、创新精神，不抓住时机、扎实工作，就难以取得明显的成绩。希望新的领导班子在贯彻这次工作会议精神的时候，首先要抓好部署今年的工作，同时也要考虑、研究一下五年任期内抓些什么实事。要立下一个志愿，到任期结束时，自己也好，群众也好，都认为不虚此任，的确使所里工作出现了新的局面，上了新的台阶。

3. 团结一致，依靠群众。新的领导班子要努力搞好党政之间、领导班子成员之间以及干部和群众之间的团结。党委书记和所长要做团结的模范。一班人中间在工作上有不同的意见是正常的，那就多沟通、多交换意见，以求取得一致，即使不一致也不要形成疙瘩。要互相信任，互相理解，互相支持。不但领导班子要团结，而且要把全所的同志都团结起来。不但要团结和自己意见一致的人，还要团结和自己意见不一致的人，团结反对过自己并且反对错了的人。职工之间有矛盾，有纠葛，要做化解工作，减少内耗。处理事情要公道，不能有亲疏之分。领导要联系群众，有事多同群众商量，听取大家的意见，发挥大家的积极性、主动性。总之，要创造一个安定和谐、团结融洽的环境，使人们能够专心致志、心情舒畅地工作。

4．加强思想工作，树立良好的风气。党委要做思想工作，书记要做，所长也要做。要组织大家学理论，学小平同志的著作，这是一项根本的思想政治建设。要提倡用马克思主义的立场、观点和方法研究问题，提倡刻苦严谨的学风，引导大家老老实实地做学问。要做好细致的思想工作，保证各项改革的顺利推进。在新的形势下，在社会科学院这样的单位，怎样结合科研、结合改革、结合各项工作，做好思想工作，有待大家努力去探索，希望能够创造出好的经验，取得好的效果。

汝信同志在院工作会议上的讲话

（一九九四年二月二十二日）

胡绳同志代表院党委和院务会议做的工作报告，对去年的工作进行了回顾和总结，分析了社会科学当前面临的形势，论述了今后一个时期内我院改革任务和建设的目标，并提出了1994年应集中精力做好的几项主要工作。胡绳同志的这个工作报告对于我院今年乃至今后相当长的一个时期的工作具有重要的指导作用，我们大家经过讨论取得共识后就要付诸实施。现在我就工作报告中涉及科研工作的几个问题谈一些粗浅的意见，同时提出一些为贯彻工作报告而准备在科研管理方面采取的具体措施和办法。我的发言未经院党委审定，仅供大家在讨论工作报告时参考，如有不妥之处欢迎批评指正。

（一）加强重点学科建设，建立学术优势

工作报告中提出，我们的发展战略目标是："坚持以马克思主义为指导，把我院建设成为学科布局合理而又重点突出的、人员精干而又高水平的、开放而又充满活力的全国哲学社会科学研究中心，以更好地为改革开放和两个文明建设服务，当好党中央和国务院的参谋和助手"。这是经过院党委认真讨论研究后确定的建院的根本方向，我认为建成这样的社会科学研究机构既符合国家长远的需要，也切合我院当前的实际。当然这需要经过改革和多年的努力才能达到，而要实现这一发展战略目标，目前首先要从抓重点学科建设、建立我们的学术优势入手。

我院现有31个研究所，几乎覆盖哲学社会科学各主要学科领域，从学科分类来看，以研究室的设立为基本标志，全院约有二、三级学科三百多个，可以说得上"门类齐全"。这些学科有相当一大部分是1977年建院后新发展起来的，反映出我院十几年来的迅速发展和研究领域的不断拓展，是全院同志共同努力的结果，由此也奠定了我院作为全国最大的综合性社会科学研究机构的地位。对这些成绩应该充分肯定。但经过这些年的发展形成的目前我院的格局确实存在许多问题，与国家改革开放新时期对社会科学的要求和我们拥有的现实条件很不适应，已经到了非改不可的时候了。我院进一步发展决不能再照以前的路子走下去了。

目前的格局存在的主要问题是：（1）战线过长，摊子铺得太大，造成人力物力过于分

散，无法保证重点学科的建设。其结果是原有的学科优势近年来有的已经丧失或正逐步丧失。由于力量平均使用，一些新拓展的学科成长缓慢，没有收到显著成效，而国家现代化建设所迫切需要的学科则无力建立或得不到应有的加强。(2) 学科设置越分越细，各学科之间互相隔绝，缺乏沟通协作，各自为战，人员的知识结构也越来越窄，一些综合性、多学科或跨学科的重大科研课题难以组织实施。(3) 各单位从各自学科需要出发考虑多，院里缺乏通盘协调安排，造成某些研究领域互相交叉重叠，力量更加分散，形成不了研究整体力量。(4) 这些年来在学科设置方面求多求全，只有加法，没有减法，某些学科随着形势的变化显然已经陈旧过时，某些学科研究力量凋零星散，已无法正常开展研究工作，也仍未及时调整。(5) 由于力量分散，没有重点更新和充实队伍，使一些原来具有优势的学科出现青黄不接、人才断档、后继无人的局面。

目前我院机构庞大，人员众多。像我院这样完全依靠国家拨款“吃皇粮”的单位，从整个国家的财力和我院物质保障能力来说，要继续向前发展，再要铺摊子追求规模的增长是根本不可能的，即使要维持目前已有的摊子也是极其困难的。所以必须探索新的发展道路，集中力量加强重点学科的建设，创造高水平，把有限的人力、物力、财力用在刀刃上，保持和新创我们的学术优势。当然，这样做必然要对重点有所倾斜，过长的战线必然要适当收缩，有所舍弃。但这不是因财政困难而实行收缩的消极方针，而是集中力量重点发展争取第一流的积极方针。

抓重点学科建设，重新合理配置力量，进行必要的学科调整，是十分复杂细致的工作，需要先进行认真的调查研究，确定方案，然后逐步实行。1994 年主要做好调查研究，各所要根据办所的方向、目标、任务和现有条件，通过对本所各有关学科研究的评析，在 6 月底以前提出重点建设初步方案，上报各分工负责的副院长和院科研局。院科研局综合各所意见，考虑总体布局并进行协调，和各所共同商量制定全院重点学科的发展规划，经院批准后，争取明年开始执行。各所所内有些必要的调整，可以自行决定，不必等待，今年就可结合“三定”和处室调整进行。

确定重点学科，要经过全面的分析论证，一是要看客观需要，二是要看我们拥有的条件，量力而行。首先要考虑当前社会主义现代化建设主战场的需要（中央领导同志的题词和贺信指出，就是要把有中国特色的社会主义理论、改革开放和两个文明建设中重大理论与实际问题放在首要位置加以考虑），其次要考虑对社会科学发展有重大意义的学科（即使离当前的迫切需要较远也不可偏废）。但是光考虑客观需要来确定重点学科建设是不行的，客观需要很多，应在全国范围内通盘考虑解决，不可能由我院包下来。所以还必须结合我们现有的能力和条件来确定重点。条件主要有：(1) 这方面已有的研究基础；(2) 现有的研究力量和水平；(3) 拥有的资料和研究手段。重点学科一定要既符合客观需要，又有较好的条件（或确有把握可创造较好的条件），可以形成学术优势，经过努力可创一流水平。我们不可能把学科优势、一流人才都集中到院里（如体育界国家队从全国调人），但应力争把经过选择的重点学科都建设成全国一流水平。有了一批具有学术优势的重点学科，我院才能在竞争中立于不败之地，才能在学术界树立威望，对优秀人才具有吸引力，才能办成开放而又充满活力的高水平科研中心。

目前我院大小三百多个学科（包括二级和部分三级学科），情况很不一样，需具体分析。

大致可分几类：(1) 基础雄厚，实力强大，在国内甚至国际上占优势的学科；(2) 具备一定的基础和实力，经过重点扶植和发展，可能形成学术优势的学科；(3) 实力平平，多年来成效不大，一般化水平，难以形成学术优势的学科；(4) 由于各种原因，人员散失，长期不出成果，已难以为继的学科。因为没有进行全面调查研究，说不出各类占的比例。第一类学科不很多，是我院的宝贵财富，一定要力保，不使优势丧失。第二类要力争早日搞上去，确立优势。这两类是我们要抓的学科建设重点，要从各方面实行倾斜和优惠的政策。第三类恐怕占相当大的比重，要根据具体情况加以适当调整，不能再盲目发展，特别是国内其他许多单位都在搞、院外单位又占明显优势的学科，可考虑适当逐步收缩。第四类只占很少数，要坚决撤并。

要做好这一工作，在观念上一定要改变“大而全”、“求全配套”的想法，实际上“求全配套”是无底洞，根本做不到也无必要，如不改变这种观念就无法突出重点。全院三百多个大小学科，能作为重点发展的只能是一部分，不可能得到同等的支持。当然，重点与非重点的区分也不是绝对的、一成不变的，还取决于我们自身的努力。重点学科虽得到较多的支持，但几年搞不上去，在竞争中失败，也可能成为非重点；非重点经过艰苦奋斗，做出卓越成绩，取得优势，也可成为重点支持的对象。随着情况的变化和发展，重点建设的学科也将适当调整。

（二）集中力量抓一批重点课题，推出一批高水平、有重大社会影响的研究成果，提高质量，出“拳头”产品。这个问题实际上和前一个问题有密切联系

从近几年全院完成的各种科研成果来看，数量上呈上升趋势。据初步统计，去年共完成专著 464 部，调研报告 532 份，论文 3532 篇，共 1.5 亿字（不包括翻译、工具书、学术资料等）。应该说成绩很大，数量空前。但其中真正有很高学术水平、有创造性、社会影响大的成果却只占很小的比重，绝大多数只具有一般水平，甚至有不少是低水平的重复。因此我们当前迫切需要抓研究质量的提高，而不应再追求数量的增加。听有一个所的领导说，去年他们所完成的各种成果超千万字，打破过去纪录，可是却举不出多少真正过硬的高质量的学术著作。产生这种现象是和我们科研战线过长，力量分散，立项过多有直接关系的。目前我院承担国家“八五”重点课题 41 项，中华社会科学基金课题（含青年基金）227 项，院重点课题（含青年）309 项，再加上“七五”期间未完成的一批延续课题，总计共约 700 项之多，这还不包括各所的重点课题和一般课题。这样多的课题对于我院能独立完成研究任务的科研人员人数来说，确已达饱和状态，甚至可能说有些同志是超负荷的，特别是科研骨干负担过重，常常一人兼顾几项课题，限于精力，势必影响完成的质量。因负担过重许多课题不能按时完成，成了“胡子工程”。为什么上这么多项目？一方面说明我院在承担基金项目方面有较强的竞争力，另一方面是因为各单位科研经费短缺，在争取基金项目上表现出很大积极性。但是，把 700 多个项目都列为重点，实际上就没有什么重点了。尽管由于大家的努力，完成了课题，产生不少成果，但真正高质量的不多，也就是难免的了。

为了改变这个局面，打算结合重点学科建设，对现有的各类重点课题进行一次全面的检

查和清理。对那些学术意义不大或已失去时效或长期拖延、实际上已无法完成的课题，要予以撤销；对未能按期完成的课题要检查原因，如果还是能够完成的，要调配力量限期完成。同时要实事求是，根据需要和可能，适当控制新增项目的规模；对已上的项目要加强管理，检查进度，及时帮助解决问题，保证按计划完成。同时要从中选择和新确立一批重大课题，真正作为重点来抓，精心加以组织，切实给以各种必要的条件，保证产生一批能代表我院学术水平的高质量研究成果。各所都要确定1～3项重点课题，由各所领导亲自来抓。这些重点项目请于4月中旬以前报院科研局，4月底以前完成审核，5月份将资助的课题经费全部到位。

除了各所抓的重点课题外，院科研局将协助院领导继续抓好一些跨所、跨学科的具有重大意义的重点课题。近年来在这方面已经有组织这类重大课题的经验，取得了较好的效果，产生了较大的社会影响。

为了保证重点学科建设和重点课题的顺利进行，将在资助上实行倾斜政策。要充分发挥经济杠杆的作用，用好院掌握的重点项目基金300万元和出版基金99万元（另有100万元直接拨出版社）。

为了加强公平竞争和激励机制，今年还打算试行部分课题招标制。1994年新增补的院重点课题（十项左右）试行招标，由科研局发布指南，实行公平竞争、择优资助的原则，对投标者的课题设计报告及承担课题的学术能力和水平进行严格评审后正式签订合同。招标课题的经费资助强度适当加大，经费使用允许有较大灵活性，课题完成后要对成果严格进行鉴定验收，优秀者将获得奖励。课题招标是新的尝试，要总结经验逐步改进完善后再视情况推广。

在重点学科和重点课题方面，要特别注意发现、培养和大胆使用中青年优秀人才，要选一批政治思想好、优秀的有学术发展前途的中青年50～100名作为培养重点，要压担子，对他们实行倾斜政策，加速他们的成长，让他们早日脱颖而出。到下世纪初，目前作为学科带头人的高研大多将退下来，届时能否有人接替是关系到我院未来发展的大事。如果到本世纪末下世纪初，我院能建立起一批真正占优势的学科，从优秀中青年科研人员中培养出50～100位真正高水平的学科带头人，那我院就能立于不败之地。为此我们在重点课题经费中专门划出30万元用于资助青年科研人员，此外还组织青年科研人员研究成果的评奖活动，希望各所领导关心和支持。

（三）关于建立有效的科研评估制度和激励机制问题

科研成果的评估是科研管理工作的一个重要环节，没有有效的评估，要建立公平竞争、奖勤罚懒、优升劣汰的激励机制就将是空谈。评估的重要性大家都明白，这几年来各所都在这方面作了一些探索和尝试，一些所取得了成功的经验，如农村发展所搞得比较好，已经制订出比较详细具体的评审试行章程。但就全院来说，这还是没有解决的老问题。全院每年完成的大量成果基本上都没有经过认真的评估，有的虽然作了成果鉴定，也比较笼统抽象，难以作为依据，有的鉴定会则流于形式，说好话的多，花钱不少，意义不大。看来从评估的标准、方法等方面来说都还没有成熟的经验，有待于研究改进。

社科成果的评估确实比较难，比自然科学成果评估更难。一是某些不定的因素较难掌握，著作出版周期长，易受形势变化的影响；二是有不同学术观点的影响，有些学术上是非曲直一时难以分辨，有的要经过较长时期的实践来证明；还有社科成果的评估难以规定硬指标，难以量化。各学科的情况也不同，人文与社会、基础与应用之间也难以用统一的标准和办法去进行评估。因此要制定一套公正、客观、比较科学的评估制度是不容易的，但总也有一些共同适用的、比较客观的学术标准可用来衡量，比如某一成果的学术意义如何，是否有创造性、新见解，是否有丰富资料为依据，论证是否严密，在学术界和社会上的反映和影响如何等等。请各所根据各自的情况研究和制定评估的标准和方法，可先试行，总结经验逐步改进。院科研局准备把社科成果评估作为专门课题来研究，吸收所里的同志参加，共同来拟定评估的规章制度，同时要组织各所的经验交流，争取在今后二三年内把评估制度建立起来。

有了评估的办法，关键还在于严格执行，而且要把评估结果同激励机制挂起钩来。现在虽然还没有严密的章程，但大致上评个等级，分优等、中等、不合格，总还是可以办到的。其实只要抓住两头，把真正优秀的和比较差的、不合格的评出来，并严格地把这作为评职称、聘任、晋级，给研究和出版资助以及发奖金的根据，就可以起到激励的作用。这两年实行年终考核，有的单位做得比较好，起了一些激励的作用，有的就差一些。总的来说，失之过宽，主要是对不称职的科研人员不能如实地考评。在职称评议中，有些不称职的也作为基本称职，还评上了职称，而有些在考评中被评为优秀的反而评不上，这怎么能起激励先进的作用呢？我建议今后评估工作一定要严，实事求是，该是什么就评什么，不要搞照顾，评为优秀的一定要落实倾斜政策，否则评估就无意义。有人建议重点课题基金中提一定比例作为奖金，如果能征得有关部门同意，我是赞成的。但我认为只能对那些通过评估被评为优秀的成果予以奖励，不能把课题经费的节余部分分掉而不看评估结果，那样只能鼓励偷工减料或有意多报课题经费，不能起到奖优的作用。

学术评估应是一项经常性的工作，每年应定期进行，搞好了可以对科研起很大作用。所的领导同志要重视抓好评估，同时要充分发挥所学术委员会的作用。现在各所领导班子换届已完成，上半年要改组学术委员会，将由院人事局和科研局另行布置。在成立职称评议组后学术委员会的职能有所变化，条例要作适当修改，学术评估是学术委员会的主要工作，要切实负起责任。

（四）关于图书馆工作和研究手段现代化

图书馆工作存在许多问题和困难，研究手段现代化多年来进展缓慢，图书、信息网络迟迟未建，严重地落后于国际国内水平。当前国外先进国家正在准备信息高速公路，现代化手段发展极为迅速。国内经济信息（证券、期货）、自然科学在使用现代化手段方面都比社科先进得多。这个问题到了非解决不可的时候了。院馆的建设计划多年，一直未能上马。这方面工作虽然有许多客观上的困难，如缺乏经费等等，但主观上来说，改革的力度和决心不大，有些能够办的事一直拖而未办，这主要应由我负责，我要向大家作检讨。

这方面的工作将由文献信息中心李惠国同志作专门发言，所以我不准备多讲，只是简要地讲一点情况。

这几年我院各图书馆面临极大困难，陷入危机，这不是耸人听闻。图书报刊价格飞涨，外文书刊价格更是奇昂，虽然院里竭力保证图书经费，不仅不减而且每年增加，1993年达512万元，但还是远远不能满足需要，缺口越来越大。不少馆买不起新书，都是靠老本吃饭。有一些具体调查的例子：1986年全院订外刊5700种，现减到2640种，减少一半以上。具体如文献中心图书馆1986年订外文期刊1600多种，到今年降到400种，只占1/4；外文图书1986年购买5000多册，今年降为200册，只占1/25；中文图书1986年购买6000多册，今年根本没有钱订。哲学所图书馆1984年购中文图书3381册，1993年降为1300多册，外文图书1984年购买1435册，1993年降至600多册。但图书经费还是大量增加，1984年哲学所全部图书经费84000元，去年支出29万元，增加了二三倍，但订购的图书大量下降。世经所研究世界经济、政治，主要依靠外文报刊，但1990～1994年订的刊物也在逐步下降，1990年订外文报刊401种，1994年只能订253种，但图书经费由1990年的15万元增加到1994年的37万元。上个月图书进出口公司正式通知，资本主义国家图书今年上涨55%以上，独联体国家图书上涨39%。据测算，如维持1993年水平，今年购国内外图书经费需增300万元，这是根本办不到的。现代图书馆不是过去私人藏书楼，也不是历史档案馆，它需要不断补充新血液，否则就会萎缩、枯死，另一方面又存在巨大浪费，大小34个馆各搞一摊，经费分散，重复购置。大院范围内各所订外刊1506种，所谓合理的重复达35%（527种），约浪费40多万元。工具书重复购置更严重，利用率极低。一方面是遇到严重的经费困难，另一方面由于管理体制问题又存在着严重的浪费。由于各搞一摊，互相隔绝，图书利用效率很低。我院总藏书量512万册，在国内也名列前茅，有些馆收藏稀有珍本和很有价值的档案资料，但我院科研人员就根本不了解院内究竟有哪些图书资料，长期不能很好开发利用，这是最大浪费。有的所去年借书共150册，好几个图书馆工作人员，人力浪费惊人，是误人青春，误人子弟。有的所花很多钱订了外文报刊，但利用率甚至不足1%，有的语种只有一二人懂，也花很多钱订了这些语种的报刊。我院拥有很强的图书资料优势（外文学术刊物两千多种，专业图书在许多领域内首屈一指），但因为管理体制落后未能充分发挥作用。现在已经到了非改革不可的时候了。

改的根本办法是要集中使用图书经费，进行必要的合并，搞好几个中心图书馆。以有限的经费，求得最大的效益。打破所际森严壁垒，做到资料共享。哈佛是私立大学，各学院财政相对独立，但图书证统一，在几十个图书馆都通用。我们是全民所有制的社会主义国家科研机构反而实行不了，岂非怪事！我院应有统一的图书馆证，方便读者借书，但总是实现不了。合并图书馆，一定要方便读者，简化手续，同时加强管理，防止丢失。要加强图书人员服务意识，不要怕增加工作量，怕人来借阅，而要怕人家不来借。办图书馆不是办藏书楼，把书藏起来，而是要充分发挥图书的作用，为科研服务。今后要根据工作效率、借书率、服务态度、管理等方面来评奖、评职晋级，奖励先进。

现在图书馆同志的意见是一致的，就是必须进行改革，而且是幅度较大的改革。因为图书馆的同志亲身感受到不改革是不行了。只有合并、集中使用财力。改革的关键是各所领导的支持。我请求大家从全局出发，全力支持图书馆的改革。这件事不容易，有难度，如果有个好的办法，又能得到各所领导的支持，今年图书馆的改革就可以迈出比较大的步子。

图书馆是我院的重要基本建设，关系到是否能实现我院建设的战略目标。我院要成为开放的富有活力、能吸引高水平人才的全国社科研究中心，当然要具备一定的条件。我们不可能像 AC Milan 队那样重金聘请球星，只能一靠研究的高水准和良好的学术环境和气氛，二靠丰富的图书资料和便利的、现代化的研究手段。如果搞好了这方面的工作，对我院的未来建设确实能起重要作用。

滕藤同志在院工作会议上的讲话

（一九九四年二月二十二日）

中央领导非常重视这次我院工作会议，江泽民、李鹏同志题词，朱镕基同志的信，丁关根同志的电话以及李铁映同志的来信充分表达了中央领导同志对我院工作的关怀和期望。我们一定要加强学习，总结经验，坚持理论联系实际，把中国社会科学院建设成为马克思主义的坚强阵地；以研究有中国特色的社会主义理论为崇高使命，深入研究我国改革开放和两个文明建设中的重大理论和实际问题，为党和国家的科学决策提供更多更好的研究成果；并着重围绕“以科学理论武装人”这一重要任务，加强对人文、社会科学领域中重大问题的研究，为改革开放和现代化建设服务，这应是我院各方面工作的指导方针。

下面就外事工作和研究生培养工作讲一点补充意见。

（一）关于外事工作

在胡绳同志报告的第一部分“关于1993年的工作回顾和总结”中指出对外学术交流有了新的发展；在报告的第三部分“1994年应集中精力做好的几项主要工作”中强调了“对外学术交流要将提高效益放在首位，切实根据院所重点研究课题、重点学科建设，以及实现科研手段现代化和培养人才的需要，安排交流项目”。此外，外事局又向会议提供了参阅文件——“外事局1994年工作设想”，对如何落实胡绳同志报告中的有关精神，推动国际学术交流工作的进一步发展，做好外事工作的几项改革已经写得很详尽，我没有多少话需要补充的了。

我想就今后如何进一步改进工作的指导思想谈一点意见。

总的说来，在改革开放方针的指引下，我们应该大力发展国际学术交流，有些重要领域的科研合作还需进一步开拓。只要是真正有效益的，对我院的科研工作有积极作用的国际学术交流，我们都支持。

但在开展国际学术交流活动方面有一个重要的制约因素，就是财力限制。我院的外事经费是全院经费的一个组成部分，不可能高速、大量增长。1993年我院对外交流总量为2026人次，比1992年增长近36％，显然超过我院的承受能力。要增加交流只有靠争取外面的经费支持，这需要院、所以及和国外联系广的科研人员个人三个层次都发挥能动作用。尤其是我们的所长和学术带头人，不能只是联系和安排自己的出国访问交流，要努力为所内的重点课题寻求国外相应机构作为合作对象。我们和国外的著名学术机构或专家教授进行合作研究是比较容易得到国外各种政府和非政府组织（NGO）、各种基金会的支持的，合作研究也是对我最有效益的交流方式。凡外国对研究中国历史、文学、哲学、经济、政治、法律有兴趣的单位和个人，和我国对国外文、史、哲、政、经、法的比较研究的单位和个人，有的是不难成为合作伙伴的，甚至可以成为较长时期内稳定的伙伴。就外事局对交流项目审批来说，只要是全部国外资助，不需院或所解决出访经费的，我们一般都批准；要我们自己全部或部分出资的，若非纳入全年交流计划的项目，要从严审批。国外学术会议活动很多，不能都去参加。国外学术机构也有不同种类，有的只要交钱就可能参加的学会，不能用公费参加，有的需要有名专家参加的荣誉性学术机构，则应适当支持。当然，并不是说只要有了资助就可以出去，对其中涉及敏感问题和敏感人物等问题的，还是要十分慎重，要在我国总体外交方针和政策的框架内，开展对外学术交流。

所级领导同志出国访问，要考虑国内工作安排，不宜时间过长或次数过频，我们已经听到有的所群众对领导出国过多有不少反映，不能不引起注意。国家有关规定是领导同志出访一般一年一次，特殊情况下，最多不超过两次，一次不超过两周，顺访不超过两国。关于领导干部出访问题，院里已有明文规定，总的精神还是很宽松的，希望所级领导能够遵照执行。但专门从事外事工作的干部，应视工作需要，不在此规定之列。

要重视培养优秀的科研骨干和接班人，为他们创造一定的国际联系和学术交流条件。这些人应是真正的骨干和接班人，出国后一定能回来，回来后能发挥重要作用的德才兼备的同志。一般青年科研人员，长期出国进修的回收率不高，这已是多年来各单位共同的经验教训。在选择国家公派，或院所按协议送出去培养的同志时，一定要考察其德才两个方面，要派那些志在国内、院内工作的人，否则不如吸收那些过去派出、已经学成、确有才能的留学人员来补充我们的队伍。对于长期滞留国外不回的人，外事局拟定了一个处理办法，无非一个是房子，一个是编制。这两个问题院内矛盾较大，要作适当处理，但态度要热情，合情合理，留有余地，人走人情在，一般按自动离职处理，本人要求退职可以同意按退职处理，退职了或自动离职又要求复职的按双向选择办理。与国外单位签订协议时不能都用对等的办法，否则国外按协议对等派人来，我们的经费也接待不起。对一些发达国家、有钱的单位也可采取我们去他出钱，他们来也由他们自费的办法，我们只做力所能及的、必要的接待，设法为他们安排一些收费公允的住所即可。现在我们的接待往往超过国际普遍适用的标准。其实中国还是贫穷的发展中国家，社科院是不富裕的基础研究单位，外国人大多是理解的，给人家造成铺张浪费的印象并不好，只要热情周到，尽可能为他们着想、排忧解难就可以了，这样我们反而能交更多的朋友。

在国内召开国际学术讨论会，一般不应要求院里补贴，否则数量、规模要受很大限制。我们在开国际会议时往往招待过分，其实按一般国际惯例即可，适当收取会费，争取收支平衡。

（二）关于研究生培养工作

胡绳同志在报告的第二部分“社会科学面临的形势及我院的战略选择”中指出“要办好研究生院，培养出高质量的科研后备人才”。这个问题十分重要，因为没有展开，也未要求研究生院向会议提供参阅文件，我就做一点说明。

一般说来科研机构总是肩负着出科研成果和培养人才的双重任务，世界各国尽皆如此，只有商业性的应用研究机构除外。美日等国都把科研机构设在大学中，一般不另立基础性的专门研究机构（大科学中心例外），欧洲传统虽有单独的科研院所，一般也都培养研究生。中国科学院和社科院均设有研究生院，可以博采欧美不同体制之所长。这样做的必要性在于科研与教学结合是最有效的方式。我国自古就有教学相长的名言，这也是现代科研机构和教学机构的共同经验。一个科研集体中有一批思维活跃的专心致志的青年学者，会带来学术上的生机和创见。

我院有这么多的专家学者，许多是博士生和硕士生导师，理应为院为国家的发展多做贡献。我院研究生院自创办以来，成效是显著的，已有多届毕业生，我院新生力量中至少 1/4 是我院研究生院毕业的，其中许多人已是研究骨干，所长、副所长、室主任、课题负责人比比皆是，许多分配到国家重要部门的也都已肩负重任，其中有的已担任了省部级领导等要职。

现在广大研究人员、博士生导师、硕士生导师强烈要求我院多招研究生，我们是否可以大量扩招呢？从导师力量看是可以的，但制约因素也不少。就国家宏观制约因素看，国家能供养的研究机构和编制有限。尤其是我们人文科学，文史哲各专业，毕业生分配有困难，超水准培养，学用不一是全社会的浪费。其次是生源有限，市场经济条件下，有专于学，愿从事基础研究的人不多，许多报考者是考地区考职业，尤其是许多师范大学毕业生，有的是以此作为出国的跳板。

这些问题各重点大学同样存在。我院的特殊性还在于我院财力不足，研究生院条件太差。一是经费所限。按我国现行财政体制，各部门分灶吃饭，教委直属高校经费由教委拨，地方院校由地方政府拨，国务院其他部委或事业单位的院校经费统由各部门拨教育和各种人才培养经费。我们研究生院的经费是社科院的包干经费，教育培养经费年年涨，博士生一年已达七八千元，硕士生人均经费也要五六千元。学生的津贴也不敷个人伙食所需，各高校的导师都忙于为自己的学生找钱，贴补生活费。二是办学条件不足。我院研究生院一共只有 47 亩地，宿舍容纳学生总数只有四五百人，教室数量也不足，超过 80 人以上的大教室也没有。新生入学，毕业典礼，形势报告，大型学术活动竟没有地方可以开会。学生几乎没有文体活动场所，这对几百个二三十岁的年轻人的生活是不可想象的事，严重妨碍了学生德智体诸方面的全面发展。图书设备条件较差，计算机条件还不如重点中学。据说还要在研究生院盖社科院的家属宿舍，虽然社科院宿舍是紧缺的，不能不盖，但这样一来研究生院就一点发展、改善的余地都没有了。第三是教学条件不能满足需要。按照国家教委培养硕士、博士生和办研究生院的条件，我们基本上不能达到要求，经不起检查。无论课程设置、教学计划、大纲、教材、教学、教学检查等等，都不规范化。像中世纪手工操作生产条件下师傅带徒弟那样小量培养研究生，已经远远不能满足现代化需要大批量高层次、高质量、规范化建设人才的要求。尤其是硕士生，课程学习的比重极大，论文的要求相对较低。外国有些专业，硕士生不要求写论文，修满学分就可毕业，国外研究生院的硕士课程从学校课程表看往往好几百门，量大而广，我们研究生院加上各所的力量应当说可以满足这个要求，但难度很大。所以有关方面建议我院扬长避短，多招博士生，少招硕士生也有一定道理。

怎么办？一是要全院重视，二是要深化改革。现在院内有些同志已有一种议论，花这么多钱，办研究生院是否值得，不如不办，要人可到大学里招，人才供求关系和几年前不一样了，导师也可到大学兼职。这个办法恐怕不行，按照这个逻辑，引申一下也可按美日办法把研究所分到各大学去倒简单。我们还是要坚持研究机构既要出科研成果、又要培养人才的方向发展的我国自己的模式和经验。

研究生院一定要办好，胡绳同志指出要把研究生院按高等学校来办。我们聘请了南开大学负责研究生院工作的方克立教授来当院长，请曾长期在兰州大学做过党委领导工作的廖世伦同志任书记，采取切实措施，下决心把研究生院办好。

第一，在条件有限的情况下，积极开展联合办学。研究生院的规模按400名学生考虑，也就是一年招120人到140人。这样，一方面我们要认真把好招生关，招生的质量要宁缺勿滥，应尽量招收一些有志于社会科学研究、有培养前途的人，发挥我院培养人才的优势。另一方面，我们有这么多博士、硕士生导师，又只能招这么点学生，怎么充分发挥这么多导师的作用呢？我们想在目前条件下先走联合办学的路。比如，现在许多外国学生愿意到中国来学习中国历史、中国文学、中国哲学、中国经济、中国法制等等，而且，许多人是想来拿学位。我在西班牙就碰到一位青年汉学家，他把老舍、赵树理的作品翻译成西班牙文出版了。他很想到西班牙的大学里去当一名中文教师，但是由于他没有博士学位，按规定不能当教授，所以他又到意大利的一所大学的汉学系去混了一个学位，而实际上中文的学习全部都是在北京语言学院学的。北京语言学院的长处是汉语教学，其历史、哲学、文学等方面不具备条件培养研究生，如能两者结合，用我们的名义招生，让学生在语言学院住宿，那儿又有留学生活动的场所，由我们的导师指导，授我们的学位，我看也是可行的。其次，我们也在考虑，跟香港的高校联合办学。因为1997年快到了，我们急需培养一些爱国的、高层次的港澳人士。假如我们现在招生，1997年刚好毕业。和香港高校联合培养研究生，采取港人就地学习，让他们提供必要的经费等条件，我们的专家去讲学，或定期叫学生到北京接受指导。我想通过这样的方式，对于我们今后加强国际联系会有好处。再次，国内其他一些水平比较高的、跟社科院研究生院层次相当的一些以工为主的学校，如清华、上海交大这类学校，他们现在也强烈希望在学科建设中增加人文科学、社会科学的成分，这是学校发展的客观规律的要求，因为一些重点大学仅局限在工科范围里，从长远看将限制它的进一步发展。而这些学校在人文社会科学方面的基础是比较薄弱的，因此这类学校也会乐意和我们合作。所以，我认为这条路还是可行的。

第二，加强领导，建立合理机制，使办学尽快走上科学化、规范化的道路。现在研究生院按所设系，有的所对研究生培养工作比较重视，有的所不是很重视。有的所形式上很重视，所长自己兼系主任，但很少花时间去过问这方面的工作；有的系秘书连大学文化水平都没有，且不熟悉教学规范的要求，致使这项工作往往落不到实处。我们从研究生院的角度出发，希望各所主管业务的副所长兼系主任，把系里面有关的业务交给科研或人事主管部门来做。同时可以考虑给兼系主任或系秘书的同志计入一定的工作量，给予适当的岗位津贴。虽然31个研究所情况很不一样，但是为了办好研究生院，大家应各自负起责任来，希望凡是办学上要求所里做的，一定要做好。就院里来说，要进一步加强院一级的职能和领导。现在下决心在研究生院搞一个教学研究部。它不是作为一层组织，而是在学科片的基础上成立诸如文学部、史学部、国际部、法学部等六个部。教学研究部设一个部主任，请院内各所学术地位比较高，又重视、关心研究生培养工作的研究人员来担任。这些同志的人事关系还在所里，但他应花一定的时间主持研究部的工作，协助院长分片把关指导。研究生院再配备一位副教授以上的副主任协助工作。对于这些同志，也可以比照系主任、系秘书的办法给予适当的补助。

这样做主要是出于以下几方面考虑：

其一，现在各系的课程不够规范，教师力量分散。起码应按博士生、硕士生培养的基本要求设置必修课，限定选修课；要把这套课程的教学计划、教学大纲、教材选编、教师聘任、教学组织等作统筹安排。

其二，研究生的培养从学位授予来看是按学科的，而我们系的设置大多不是按学科的。比如说，我们国际片八个所中的日本、亚太、美国所等等，我们就叫它日本系、亚太系、美国系，从研究生培养来看，我们没有日本学、亚太学、美国学，只有国际政治和世界经济，所以八个系的研究生都要去申请国际政治和世界经济的学位。

另外，我们在申请硕士或博士点的时候常常会碰到困难，世经政所是个大所还好办，但美国所、日本所等小所就很困难。一般一个点要求有三个导师，几个研究方向，但小所就凑不上，一投票就给投掉了，如果我们把国际片八个所集中起来，无论是世界政治或世界经济都是全国最强的，但现在分散的方式就较被动。

其三，现在国家教委已经同意给中国社科院和中科院的研究生院以和重点高等院校一样的政策，这就是说我们有权自己增加博士导师，但问题是首先要有博士点，而这个博士点不是咱们自己能定的。鉴于这种情况，我们还会碰到某位导师谢世之后，其主持的博士点就可能被取消的问题，虽然有的年轻同志的水平完全可以指导博士生了，但他没有取得博士点的资格，所以在争取新的博士点的同时，还要注意现有博士点的巩固。

我院博士点、硕士点、博士生、硕士生的水平多数应该处于全国同学科的较高地位，现在我们要切实把内部的力量集中起来，改变按系而不是按学科设博士点、硕士点的办法。比如说，国际片八个所如果能联合搞两个学科：一个国际政治、一个世界经济，我院就可自己定博导、硕导，我们的工作就会方便得多。还有在外国语言文学方面如英国语言文学、法国语言文学，有的学科导师只有一两个人，若设点的话就较困难，但如果把外国文学所、其他所相关的几方面力量相互结合一下，就可以站住脚。所以我们要按片统筹来考虑，我们的教学研究部作为一级学科，博士、硕士点一般作为二三级学科。

第三，把住教学质量关，培养德才兼备的人才。我院在国内的学术地位很高，而我们招生的数量又有限，因此，应该有条件做到对学生的精心培育，使得我们培养的学生都是高水准的、德才兼备的社会主义建设的接班人。所以我们一定要把住教育、培养这一关，尤其要强调，不仅要精心抓好对学生的业务教学，更要加强对他们思想政治教育。江泽民同志给我们提出要“把中国社会科学院建设成马克思主义的坚强阵地”。我想我们的研究生院应当首先达到这个要求，因为它是国家社科研究中心培养骨干和接班人的园地，如果这个关口没把好，将来对我们的事业是不利的。要把研究生院建成马克思主义的坚强阵地，这不仅仅是马克思主义理论教学的任务，还包括在文学、历史、经济等有关学科教学中用马克思主义的立场、观点、方法来治学，培养高水平的人才。我们应努力按这个方向去做。最近研究生院马列主义教研室对学生的马克思主义理论课的考试做了一次创新性的尝试——口试，对学生到底读过原著没有了解得一清二楚。总之，可以采取细些的方法，高些的要求，一层层把好教学关。要抓好对学生的日常管理和思想政治教育，做好党团工作，发挥导师的模范作用，力争使我们研究生的培养工作达到一个比较高的水平。

最后，再讲一个具体问题。今年9月份，研究生院开学后，在校生就要达到400人的规模，必须将全部宿舍用于研究生的培养。但是目前还有部分学生宿舍被一些单位租用着，希望各单位通力合作，设法在9月份以前将这部分房子腾出来，保证研究生院顺利开学。

龙永枢同志在院工作会议上的讲话

（一九九四年二月二十二日）

我完全同意胡绳同志所作的工作会议报告。特别是报告中提出的我院在新形势下面临的挑战和机遇，以及由此而确定我院今后的发展战略目标。我们要经过一段时间的努力，按照中央领导同志的指示，把我院建设成为坚持以马克思主义为指导、学科布局合理而又重点突出、人员精干而又高水平、开放而又充满活力的全国哲学社会科学的研究中心，以更好地为建设有中国特色的社会主义服务，当好党中央、国务院的参谋和助手。

下面，我就为实现这一战略目标，今年以至明、后年人事工作需要抓好的几方面工作，讲点意见。

第一，适应当前形势的发展，加快我院人事制度的改革。

小平同志多次指出，正确的政治路线要靠正确的组织路线来保证。1992年初，小平同志在一次重要谈话中又进一步强调："中国的事情能不能办好，社会主义和改革开放能不能坚持，经济能不能快一点发展起来，国家能不能长治久安，从一定意义上说，关键在人"。从人事工作这个角度上说，要使改革开放和社会主义现代化事业取得成功，最根本的，是取决于大批优秀人才的培养和合理使用，取决于各类人员积极性、创造性的充分发挥。所有这些，只有通过深化人事制度改革，建立起一套科学合理、适应改革开放和现代化建设需要的人事制度才能做到。

我院的人事工作，要根据改革和发展的新形势要求，紧紧围绕以多出优秀成果和人才为中心，加快人事制度改革步伐，积极探索有利于大批优秀人才脱颖而出、合理使用和能够充分发挥科研人员和管理人员积极性、创造性的新机制，逐步建立起为实现我院发展战略目标相配套的人事管理的体制和制度。这就是我院当前一段时间人事工作的中心任务。

第二，完成“三定”工作，确定发展规模。

为了实现我院的战略目标，今年内要完成“三定”方案，确立院今后发展的规模，走“控制规模、压缩编制、合理布局、发挥优势、确保重点”的路子。

我院现有在职职工4782人（参加工改数），加上离退休人员达到6300多人。但由于每年约有120至130人离退休，约有20人自然减员，有的学科要补充专业人员，还有的单位需要补充行政人员，虽然人事局一再压减各单位申请调入人员，但每年还要调入120～130人。以这个增幅计算，到2000年，我院就可能达到7000多人。这个增长幅度，使我院的经费无法负担。近两年来，财政部对我院经费拨款，每年增加八九百万元。但由于物价上涨和支出的增加，从 1991 年起，每年实际支出大于收入，年年动用前几年的经费包干结余，今年已到了没有可动用的程度了。从经费使用的比例看，人头费的开支逐年增大，工资、补贴、福利、医药等开支占全部经费的开支，从 1990 年的 25.7%上升到 1993 年的 34.5%。今年由于工资改革增加工资，比例还要扩大。再加上公务经费，如水电、供暖、修缮、办公、交通、通讯等开支，比重将要增加到近 70%。而用于科研的调研费、书刊费、外事经费等业务费开支，虽然绝对数是逐年增加的，但相对比例是下降的，从 1990 年占 32.9%下降为 1993 年的 20.2%。开支增幅最大的是医疗费，1993 年开支达 453 万元，较前两年增加了一倍多。还有一项开支大的是期刊亏损，1993 年 315 万元，加上出版补贴 190 万元，合计约 500 万元。如果人员继续增加，工资福利增加，人头费开支的比例继续扩大，用于科研的经费比重，将要从 20.2%继续下降，不但科研手段现代化谈不上，就连必需的图书资料的购置、书刊的出版、必要的出差费用都不能保证。住房的困难更为突出。要解决目前的无房户、困难户，大体要新建 1.7 万 m^2，约需经费 6658 万元。加上每年要进 100 多人，他们中有一半以上的人要解决住房问题，还要增加 2500m^2，需投资 1000 万元。每年各类人员晋升职务、职称，需新建 4500m^2，需投资 1800 万元。以上三项合计共需 9458 万元，这是目前无法解决的。因此，从现在起，必须下决心控制规模，压缩编制，精简人员，社科院才能得以生存。在胡绳同志的工作报告中，针对上述情况，讲了三条措施，并提出要通过今年的“三定”工作，确定我院的发展规模。

三条措施是：

第一条，凡是行政、后勤、科研辅助人员，除个别经过院领导特批以外，一律不准调入，由院内调剂解决。这个进人的门一定要关住。

第二条，补充科研人员，也只能是当前研究工作急需的骨干或者是具有硕士以上学位的青年专业人员。选调的具体人选由所决定，但进人的指标，还必须由院审批。这第二个进人的门也要管好。

第三条，精简机构，分流多余人员。“三定”之后，会出现一部分富余的科研人员和行政管理人员。这部分人员要逐步分流，分流的方向：一是自找院外单位调出去；二是向院内办的公司分流；三是通过培训，向今后需要人员的行业转移，如录入员、会计、营业员、服务员等；四是大力裁减临时工，由在职人员顶岗；五是提前退休。对不服从分配、分流的，逐步减发津贴和工资。

这三条措施从现在起就执行。

除这三条措施外，为落实院的发展战略，一个很关键的工作，就是实行“三定”。

我院的“三定”工作，去年已经开始。根据国家编委的部署，先搞院直机关的“三定”，现已大体完成。各职能厅、局、室，按实有人数 10%压缩。管理局按管理与服务分开的原则，成立了服务中心，从职能部门分离出来，实行企业化管理。院直机关的编制从 539 人减至 300 人。局级机构也进行了合并，院党委办公室与机关党委合署办公；监察室、机关纪委，还有审计室合署办公。局级机构由原来的 10 个减少至 8 个。会后还准备到国家编委汇报一次，有几个问题定下来后就发“三定”的批文。除院直机关实行机构改革之外，去年院党委决定，对 10 个专业相近的研究所，成立了 5 个联合党委，党委所辖两个所的行政、人事、党办、科研、图书资料等机构，将逐步合并或合署办公，已经提出了一个方案，会后继续组织实施。

今年，待编委批准我院机关“三定”方案后，准备逐个研究所进行“三定”。从总体上说，所的机构总数不变，但所的人数一般按1993年底实有人数（达到离退休年龄而未经组织批准留任的人不包括在内）的10%的比例压缩。当然，对各个所还要考虑到每个所历年减人多少的情况以及今后学科发展的大体趋势，先确定一个数。有的所可能多减一些，有的少减一些，有的还可能增加一些，互相之间有不可比的因素，不是一刀切。这个数与实际需要相比，各所都会说不够，但也只能先定下来，经过一段时间运转再说。人员要精简，还要更好地完成科研任务，就必须提高科研人员的素质，集中力量，抓住重点课题，发挥自己的优势，拿出高质量的成果。只此一条路，没有其他办法。至于所内人员的安排，在所编制数内，按比例确定科研人员、辅助人员及行政管理人员等各类人员的人数。所内各研究室或各课题组人员的人数，由各所根据学科的发展、课题确定的情况决定。各所的职能处室的设置及人数，要报院审批。

第三，深化人事制度改革，建立和完善竞争和激励机制。

我们现在的人事管理制度，有很多问题需要通过深化改革加以解决。例如各单位的干部、工人只能进不能出，职务只能升不能降，工资只能加不能减，这种封闭的、固定不变的现象如果不改变，工作人员的积极性就不能很好发挥，不利于人才的成长，不利于人员的交流，不利于实行按劳分配。特别是今后，社科院的规模要压缩，人员要精简，就必须建立竞争、激励机制，充分发挥人的积极性和创造性；就必须建立一种“能进能出、能上能下、奖勤罚懒、优升劣汰”人事管理制度。

今年，我院准备出台的改革措施比较多。大的措施有如下几条：

第一个措施，是完善考核制度。专业人员的考核条例1991年已经颁布执行。今年要制定管理人员的考核条例，年底开始实行。专业人员的考核工作，在执行中有两个问题未能解决好。一是标准不好掌握，优秀、称职、基本称职、不称职的标准缺乏量化，有些人评定的等级不够准确，有的人本来是“不称职”也被划入“基本称职”中去。二是考核之后，未能按条例规定的奖惩办法去做。这两个问题的解决办法：一是各所要根据条例规定考核的四个方面内容，针对本单位、本学科的实际情况，提出一个尽可能“量化”的具体标准。这个标准，不可能一下子很科学、合理，尤其是社会科学的成果质量高低、效益大小，很难用分数、等级反映出来。但总是要用相对“量化”的形式表达出来，以便操作。先试行，边实践边改进。二是对被划定为“不称职”者，今年已提出一个暂行处理规定，可以配套实施。这是给各所的权力，所领导如果是按规定去做，有人有意见反映到院里，我们是不会干预的。

考核工作是每个人评定职称、晋升职务、确定奖励工资等级、发给政府特贴的依据，一定要搞好。

第二个措施，是完善聘任制度。“三定”之后，人员要精减，原有的科研人员、管理人员就有富余；还有的人员不胜任现职，适合做别的工作。因此，在新机构组建的时候，就需要通过聘任的办法，确定人员的去留。今年准备搞“双向选择”聘任制的试点。所领导对室主任（包括课题组），课题组对研究人员，采取“双向选择”的办法组合。落聘人员有如下几个去向：一是克服缺点和不足，争取被聘上；二是自找出路；三是改做别的工作，低聘或转行。待聘时间超过一年的，奖金、工资、待遇要相应减少。

这个办法，院外有的单位已经实行，我院的农村发展所正在着手试行。今年要总结经验，逐步试点推广。

聘任制度还有一个问题是，各所“三定”之后，高级、中级、初级职称都有一定控制数，如果超出各自的控制数，就有一个“评聘分开”的问题。今年也要进行试点。

第三个措施，是试行工资总额包干。“三定”之后，先选择几个有代表性的所试行工资总额包干，具体办法另行制订。这是属于用经济的办法约束机构膨胀，调动大家的积极性，以达到既减人又能提高工作质量的目的。有的所长说，如果真正实行起来，我们所减人之后，还是可以出好的成果。但还要注意另一方面，精减的是富余人员，而不能减研究骨干，更不能认为工资包干后，该进的骨干也不进了，忽视学科和研究所未来的发展，把自己封闭起来。

第四个措施，是实行工资奖励部分与工作实绩挂钩。这次工资改革中，按人事部规定，每个人的工资总额中，有30％要与工作表现挂钩，不能平均分配。今年因为未能及时制定出具体实施办法，现在是按平均方式分配的。从明年开始，就要按年终考核的等级，把30％的部分划成四等或三等（包括行政管理干部），按等发放。这也是一种奖勤罚懒的措施。但这事与个人利益相关，难度很大，准备下半年找几个单位进行测算，提出具体办法，明年开始执行。今年，还需要研究一些专门津贴的发放办法，如课题津贴，导师津贴，行政职务津贴，工人苦、脏、累、险岗位津贴等，以实行按劳分配、多劳多得。

第五个措施，是建立院的人才交流中心。具体办法已经印发，准备上半年就筹建起来开始工作。需要说明的是，中心建立后，并不是各所局把富余人员都交到中心来。分流人员，院里、所里、个人都有责任，请大家很好研究。

还有一些改革措施正在研究制定。例如“专业技术人员实行限期晋升职务制度”，一方面规定现任职务达到一定年限后就可以申请晋升评审，但同时也规定到一定年限仍然晋升不上去，就取消晋升的资格，不再年年申请了。这些人员如果工作需要，本人也愿意，可以在原职务岗位上继续工作，工作表现好的，工资也能增加，甚至可以达到上一级职务的工资标准。我们要改变现有的一种观念，就是每个研究人员，都要晋升到研究员才算完。这实际上是做不到的。

今年人事制度改革的任务很重，一定要加强领导，既要解放思想，又要实事求是；既要积极开拓，又要慎重对待。工作中一定有矛盾、有阻力，要做好思想工作，保持稳定。

第四，加强对两支队伍的建设。

第一支队伍是管理队伍，特别是现任的领导班子。

去年全国组织部长会议上，江总书记、胡锦涛同志的讲话，都十分强调领导班子的建设。根据他们讲话的精神，结合我院的实际情况，各级领导班子自身建设，应做到以下几个方面：

1．认真学习和掌握小平同志建设有中国特色社会主义理论，每个领导成员都力求学得更深透些、系统些，领会得更全面些、准确些，运用这一理论去指导研究、指导工作的水平更高些。

2．全面贯彻党的基本路线，坚定不移地走有中国特色的社会主义道路，坚持正确的政治方向和理论学术方向，努力做到解放思想与实事求是的统一，开拓进取，努力做到与党中央在思想上政治上高度一致，组织上行动上高度统一。

3. 结合本单位实际，学习和掌握按照科学发展的规律，实施正确领导，有效地组织科学研究，促进人才成长，推动科学事业发展。

4. 坚持党的集体领导，严格执行民主集中制，处理好党政关系，分工合作，互相支持，搞好团结。

5. 坚持党的组织生活制度，按期召开领导干部民主生活会，认真开展批评与自我批评，互相有意见摆到桌面上，不搞自由主义，严格执行党的纪律，做廉政勤政的模范。

6. 坚持党的群众路线，密切联系群众，深入实际调查研究，听取群众意见，关心群众疾苦，要求群众做到的自己首先要做到。

各所局这届班子成员中，新提任的 41 人，由副职提正职的 19 人，继任原职务的 90 人。为了使新任职的同志更快地了解和掌握进入领导岗位必备的管理知识和管理技能，准备举办所局级领导干部研修班。通过学习，交流经验，提高领导水平。

除了建设好现任的领导班子队伍之外，从现在起，还要抓好后备干部队伍的建设。从这次换届情况看，新班子的年龄结构还不够理想，主要是后备干部不足。因此，今年准备采取院、所两级结合的方式，经过必要的考察、选拔，建立后备干部队伍。

所局级后备干部队伍，以现有的职数，建立 1 比 1 的后备干部。针对各人的优缺点，进行考察、培养。培养的方式是多方面的。一是压担子，把他们放到一定的岗位上锻炼，增长组织领导能力。如有的所可以设所长助理，进一步培养锻炼；二是进党校，凡是提任党委书记、副书记、所长、副所长的，都必须进党校学习。这是一条规定。提拔前不进，提拔后还要补课。三是到基层锻炼。提拔所局级干部，要有三年的基层工作经历。不足三年的，要到对口的基层挂职或任职。四是组织短期进修，更新知识。对后备干部，所局领导要分工专人培养，从政治、思想、作风、业务等各方面，定期考察，发扬优点，克服缺点。相对成熟时，就要加以任用。

第二支队伍是专业队伍。

我院在一些学科所以占有优势，就是因为在这些学科中有一支好的专业队伍，拥有该学科的著名学者。所以，学科建设也好，出高质量的成果也好，关键是要建设一支高水平的专业队伍，特别要培养高层次的学科带头人。我们在加强所局班子建设的同时，也要建立一个学科带头人的干部名单。要针对各所学科发展的情况，先排列出现有的学科带头人的名单，以建立一支专业骨干队伍。在选拔建立所局领导班子后备干部的同时，也要精心选拔培养各所学科带头人后备干部，这是一个十分重要的战略性、历史性的任务。各所局级领导干部要为他们创造必要的条件，如让他们担任重大课题组的负责人；主持重要的学术会议；介绍他们的学术成果，提高他们的知名度；外语水平低的要进修；有重点地出国培训；评定专业职称、政府津贴、工资津贴和住房方面，不要论资排辈，给予倾斜等等。培养学科带头人方面的经验，要不断加以总结。

社科院今后的发展，在一定意义上说，关键在于我们能否抓住当前的机遇，培养出一批专家（包括管理专家）。小平同志十分重视发现人才、使用人才，这是事业成败的关键。他说："一个人才可以顶很大的事，没有人才什么也搞不好。"现在真是机遇难得，人才难得，社科院人事工作的一个重要任务，就是要发现和培养出经济、社会、法学、哲学、史学、文学、国际问题等一大批专家。一个学科有一个“大学问家”，就顶很大事。我们一定要为此努力。

今年人事工作任务很重，改革的任务很重。请各所局的党委、所长加强对人事工作的领导，上下共同努力，加强调查研究，及时总结经验，顺利地完成各项任务。

以上意见，没有经过院党委研究，仅供大家讨论院工作报告时参考。有不对的地方请批评指正。

郭永才同志在院工作会议上的讲话

（一九九四年二月二十三日）

胡绳同志在院工作报告中，对今后我院的后勤工作方向和任务提出了明确要求。我们一定要克服种种困难，认真落实。下面我想就后勤有关的一些问题，谈几点意见，仅供大家参考。

（一）关于行政后勤改革问题

去年院工作会议后，院直后勤部门，根据院里要求，加大了改革步伐。首先，撤销了机关事务管理局，按照服务社会化的总思想，调整了管理机构，把管理职能与服务职能分开，另设财务基建计划局和服务总公司。尔后，根据实际工作任务，又进行了内部调整。现在院直后勤方面，已初步形成了“小管理，大服务”的格局。

今年，是全院后勤改革的重要时期，院直后勤部门要在服务与管理职能分开的基础上，积极创造条件，向定额补贴阶段过渡。为了达到这一目的，年内后勤部门，要着重抓好以下几项工作。

1. **理顺核算关系，不断提高有偿服务的效益。**后勤服务单位开展对内服务经营后，已建立经济核算机制，进行成本核算。今后收费时，定价要准确，取价要合理，严格收支审核制度，防止滥支滥收，作到既有经济效益，又要保证服务质量。

2. **兴办经营实体，发展第三产业。**服务单位只搞内部有偿服务，收入有限，难于发展。因此，还要积极创造条件，兴办经营实体，面向社会，开展对外经营服务，广开财源，努力增加收入。

3. **财政上要给政策，积极扶持。**后勤服务单位转向经营后，起步阶段，应允许有偿使用机关自有资金和预算内各种专项资金，给予必要的财政扶持。院里有条件时，要安排一定数额的经营资金，提供有偿使用，加强它们的创收能力。

4. **要论功行赏，奖金兑现。**对于经营好、收益高的部门和个人，要多奖或重奖，以鼓励和提高大家的创收积极性。

以上四个方面，主要是解决下一阶段改革的后劲问题，这是一项基础工作，必须认真抓实。如果抓不好，服务单位由行政拨款向定额补贴过渡就很难实现，将使我院后勤改革处于滞后状态。所以，今年我们一定要抓好这几项工作。

我院各所的后勤改革，因受种种条件限制，多数处于准备阶段，少数单位已在起步。为了搞好这方面的工作，我们将遵照1993年院工作会议的要求，先在一个所或一个片上搞试点，取得经验后，再逐步推开。争取在今明两年，把院所两级后勤改革推向一个新阶段。

（二）关于经费问题

我院经费一直紧张，多年以来财政支出都超过了实际拨款。例如，1992、1993两年财政连续超支，一共动用包干结余691万元。

今年我院经费支出概算为12721万元，首次突破一亿元，比去年财政拨款增加3668万元，实际支出数增加3501万元。估计一些重头开支，可能在执行中还会有新的突破，会出现更大缺口，所以今年经费紧张程度很可能超过往年。

首先，医疗费用，直线上升，居高不下。从我院近几年医药费用支出情况看，1991年支出225.2万元，1992年为317.6万元，1993年为450万元，支出数以百万元递增，年增加幅度远远超过了其他开支项目。尽管如此，不少单位还连年告急，个别所甚至出现药费无法报销的情况，今年国内各种医药行价仍在看涨，我院病号有增无减，年内医药开支可能将不断加大，所需经费估计在600万元以上。

其次，书刊购置费，增长过猛，难以为继。从近三年的全院书刊购置情况看，虽然订购种类和数量，一压再压，逐年递减，但支出费用，因价格上涨，却逐年递增。据不完全统计，1991年全院书刊支出费为528万元，1992年为552万元，1993年约为600万元，三年之间，支出额就增加一百余万元，年均递增30余万元。今年，图书市场前景暗淡，从年初的行情看，中外书刊都在看涨，特别是外文书刊，增幅过大。据中图公司预测，国家实施税制改革和外汇汇率并轨后，书价已随之上涨了55%，尚未加上西欧、北美、亚洲通膨10%。图书市场的这种变化，将使我院书刊经费支出大大超过往年，如保持去年订购数额，估计所需费用要在800万元以上，上增二百多万元。

其三，业务费用，成倍翻番，包袱越来越重。以差旅费为例，现在收价，同1979年相比，已上涨15倍，其间旅馆费上涨20倍，交通费上涨6倍。估计税制改革后，差旅费的增长幅度还会加大。除此之外，有关研究业务项目标准，因受市场价格上浮等诸因素影响，也在成倍提高。如考古发掘项目标准，将会再涨，逐年增加。仅以西安考古队为例：1985年民工工资，每人每天1.72元，1993年增到10元，上涨581%。1985年填土每方支出0.20元，1993年为4元，上涨2000%。业务费用如此飞涨，将给我院科研经费带来很大冲击。同去年支出相比，今年全院业务费用，估计要突破2300万元，多增400万元。

综上所列，今年我院各项重头开支将会大大超过往年，其增加部分，可能接近一千万元。可见，今年我院的财政形势，不容乐观，前面的困难还相当大，因此，希望大家要做好过紧日子的思想准备，多想办法，克服困难。

为了克服今年财政困难，我院可以着重通过以下三个方面去努力：

1. **求助财政部。**今年我院过亿元的支出概算盘子估计财政部难以接受。所以，必须将我院的经费紧张状况，及时反映和汇报上去，让上级主管部门和领导，对于我们的财政困难，有一个全面的了解，以便给予我院更多些支持和帮助。

2. **要广开财源，增加收入**。我院外联关系广，门路多，各单位应多多利用自己的外联渠道，搞点境外赞助和募集基金活动等，扩大经费来源。同时，还要发挥各自的优势，在保证科研工作正常进行的情况下，多创造些条件，积极开展创收工作，小钱小收，大钱多收，不断开辟新财源，用以弥补我院科研经费的缺口。

3. **要坚持勤俭办院的方针**。各单位都要挖潜节支，珍惜财力，尽量使用好现有的物资设备等，不要盲目上项目，滥铺摊子。经费支出，要从严掌握，精心审核，精打细算，可花可不花的，就不要花；可买可不买的，就不要买；可请可不请的，就不要请；有些会议能在北京开的，就不要到外地开；能小办的，就不要大办。大家动手，堵塞浪费，将节约下来的经费，用在急需上。

我想，只要大家开动脑筋想办法，齐心协力渡难关，今年的紧日子，一定会闯过去的。

（三）关于创收工作

今年我院创收工作，任务量很重，院所两级创收单位，都要加大开发力度和步伐，努力提高创收能力，多搞些收入。但工作重点，我们还是要着重抓好院属各公司及有关部门的创收效益，力争使我院预算外收入有一个新的突破。

院财务基建计划局，是实权单位，应一马当先，积极调动现有创收手段，大力开展事业性的有偿服务活动，要在去年收入的水平上，力争本财政年度内，创利200万元。

院服务总公司，内部建制基本就序，目前，要集中全力，抓紧开展经营性的创收工作，开辟新财源，年内要保证上缴纯利200万元。

人文公司，正在转变经营机制，加大外贸经营的活力，近期内，公司营业额虽然不会出现较大的增长，但正在发挥部门优势，扩大项目经营，通过小投入多产出的方式，力争突破去年的收入，争取上缴30万元。

中咨公司，应尽快扭转亏损局面，变亏为盈，力争年内为全院的收入增加做些贡献。

我们估计，如果今年创收政策无异常变化，各单位的经营计划安排得当，操作正确，院所两级年内创收可能有五百万元的收入，这个数字大大超出了以往水平，我们怕叫冒了，所以，经过再三分析，反复测算，小心求证，觉得还有些把握。当然，商场即战场，创收形势有时变幻莫测。所以，对于年内五百万元收入，我们不敢说死，只能说是力争做到。

今年全院预算外收入，根据院领导的意见，主要用来解决以下几个问题：

1. 用以解决工改后部分职工收入偏低的问题，增加他们的个人收入，稳定队伍。

2. 用以支持各单位的开发工作，为他们提供有偿的经营资金。

3. 用以增加全院职工福利，今年除了百斤大米照发外，逢年过节，视情况再多发点补贴。

目前，我院共有30多个公司和实体，各单位创收能力，高低不均，经营收入有多有少，发展很不平衡，我们希望收入少的单位，多下点工夫，多想点办法，多找点项目，在大家帮一点，自己出一点，通力合作下，尽快把创收工作开展起来。

（四）关于住房问题

我院职工住房，长期紧张。但在上级主管部门和院历届领导的关怀下，特别是我院后勤部门职工的积极努力下，近年来，我院住房建筑面积，都以较大的幅度逐年增长。全院住房紧张状况，开始趋于缓解。以1988年以来六年间的住房投资和分配情况为例。六年中，我院建房投资共计14965万元，年均投资2494万元，人均投资约23000元；交付住房面积82784m^2，共得新房1147套。年均新房约200套。截止去年年底，我院无房户，已由先前1700余人，缩减到540余人。可见，我院住房紧张状况，趋于缓解，绝非虚言。

但是由于前些年全院忙于铺摊子，人员有进无出，增加过多，造成了缺房底数大，历史欠账多，所以，尽管近年我院住房务件有所改善，但尚无根本改变，全院住房状况，仍然赶不上发展需要，供求矛盾仍很尖锐。

眼下的行情是：谁有住房，谁就有人才；谁有住房，谁就有成果。住房、人才和成果，成了互补关系。所以住房问题，已经成为我院事业发展的制约因素。而解决住房困难则成了后勤部门面临的一项刻不容缓的紧迫任务。为此，我们遵照院领导的要求，决定今明两年，在郎家园等地，自建住宅20000m^2，以应急需，另外考虑到我院青年科研人员住房难的问题，我们还调整了基建投向，拟建5000m^2青年公寓，向年轻人倾斜。目前，有关部门正在抓紧选址、立项等前期准备工作，一俟准备就序，即可动工。

我院住房的发展趋势，可以说是前景看好，问题不少，紧张状况还要持续一个时期。近期内，我们还是重点解决无房户，特别是科研人员无房户、缺房户，同时也要加大住房改革力度，强化管理，努力改善现有住房条件和环境，以使大家各得其所。

（五）关于我院用地开发问题

去年，我院决定对考古所、贡院东街、院直大院等三处用地进行开发。此后，我们集中人力，分头进行，积极开展了工作。目前，考古所开发已取得进展，去年底与瑞士天河公司正式签订带有协议条款的意向书，本月中，报国家计委立项，现在后续工作正在加紧进行。如开发成功，不仅考古所办公条件大为改善，而且也会为我院提供很大效益。贡院东街的开发工作，时断时续，已有多年，不少客户因拆迁费用高达两亿元以上，望而却步。去年年中，我们经过反复论证，改变了思路，决定引进外资，将东街与院直大院合并开发。这一方案，报请院领导批准后，国内外客户纷纷前来接洽，去年底，经过多方验证审核，最后确定与香港某公司合作开发。上月初，双方已签订了意向书，其他工作正在着手进行。我们估计，如无意外原因，开发很有希望。

东街、院直大院的开发，引起了全院上上下下的普遍关注，本着对我院事业的高度负责精神，我们将选择适当时机，向全院作出详尽报告，交付大家讨论审议。

另外，原太阳宫印厂的征地工作，在社科出版社、人事局和财务基建计划局等单位的通力合作下，已经顺利完成，我院征得新地22亩多，这里交通方便，是一个很好的开发地段，目前，我们正在赶制规划方案。

我院用地开发工作，关涉到全院利益，可以预见，一旦开发成功，将会给我院带来极大的收益，全院办公条件、住房条件和科研环境，将会大为改观，多年的经费紧张状况，也将会得到改变。这项工作尽管工作难度极大，成功率可能很低，但我们有责任、有信心把它办好，不达到目的绝不罢休。我们希望各级领导和全院职工的帮助和支持。

后勤工作是一项艰辛的工作，任务相当繁重。我们决心克服困难，搞好我院后勤工作，为我院科研事业的发展，做出自己的努力。

我们后勤职工，都是些普通人，我们像大家一样，都需要“爱心”，我想如果全院同志人人都献出一份爱，我院的后勤事业将会变成一个美好的事业。

第　二　编

组 织 机 构

一　中国社会科学院机构设置

中国社会科学院领导及其分工

院党委书记、副书记、委员

党委书记　王忍之
副书记　滕　藤　龙永枢
党委委员　胡　绳　王忍之　汝　信　滕　藤
王洛林　刘　吉　龙永枢　郭永才
李英唐（纪检组长）

院长、副院长、顾问、秘书长

院　长　胡　绳（主持全院工作）
副院长　王忍之（主持全院工作并分管历史学科片工作）
汝　信（负责常务工作并分管文学片、政法社会学片及科研管理工作）
滕　藤（分管国际片、研究生院及外事工作）
王洛林（分管经济学科片工作）
刘　吉（分管哲学片工作）
龙永枢（分管党政后勤工作）
特邀顾问　钱钟书
刘国光
秘书长　郭永才（协助副院长负责行政后勤工作）

中国社会科学院机关

办公厅

主　任　秦其明
副主任　解延德　崔智友

科研局

局　长　何秉孟
副局长　葛良志　黄浩涛

人事教育局

局　　长　单天伦

副局长　廖自力　韩乃锦

外事局

局　　长　姜汉章

副局长　李明德　丁敬平

财务基建计划局

局　　长　朱锦昌

副局长　王亚田

老干部局

局　　长　阎金生

副局长　章丽君

保卫局

局　　长　郭永才(兼)

副局长　康树漪　谷　峰

党委办公室

主　　任　张显清

副主任　孙叔林　张卫峰

机关党委

书　　记　孙叔林

中纪委驻院纪检组

组　　长　李英唐

副组长　张联瑜

机关纪委

副书记　周兆富

审计署驻院审计特派员办公室

副审计特派员　林中兴

中国边疆史地研究中心

主　　任　马大正

中国地方志指导小组办公室

秘书长　郦家驹

副秘书长　孔令士

服务公司

总经理　张巨功

中咨公司

总经理　陈栋生

副总经理　张文阁

中国人文科学发展公司

总经理　白莲蓉

社会科学文献出版社

社　　长　沈恒炎

中国社会科学院研究所

经济研究所

所　　长　（暂缺）
副 所 长　于祖尧　吴太昌　王振中
　　　　　樊　纲
党委书记　于祖尧
党委委员　于祖尧　吴太昌　王振中
　　　　　樊　纲　刘迎秋　江太新

工业经济研究所

所　　长　张卓元
副 所 长　陈佳贵　吕　政　孟昭宇
党委书记　陈佳贵
党委委员　陈佳贵　张卓元　吕　政
　　　　　丁敬平　孟昭宇

农村发展研究所

所　　长　陈吉元
副 所 长　刘文璞　邓英淘　张晓山
党委书记　刘文璞
党委委员　刘文璞　陈吉元　邓英淘
　　　　　张晓山　杜晓山　李日煥

财贸经济研究所

所　　长　杨圣明
副 所 长　刘溶沧　郭东乐
党委书记　（暂缺）
副 书 记　刘溶沧
党委委员　刘溶沧　杨圣明　郭东乐
　　　　　李　昭　李　扬

数量经济与技术经济研究所

所　　长　李京文
副 所 长　靳汉生　郑友敬　刘树成
党委书记　李京文
副 书 记　靳汉生
党委委员　李京文　靳汉生　郑友敬
　　　　　郑玉歆　齐建国

人口研究所

所　　长　田雪原
副 所 长　刘国珍　蔡　昉
党委书记　刘国珍
党委委员　刘国珍　田雪原　蔡　昉
　　　　　胡伟略　张世生

哲学研究所

所　　长　陈筠泉
副 所 长　姚介厚　李景源　王茂珍
（哲学所、马列所联合党委）
党委书记　傅青元
副 书 记　王秀奎
党委委员　傅青元　王茂珍　陈筠泉
　　　　　姚介厚　李景源　安　京
　　　　　王秀奎

马列主义毛泽东思想研究所

所　　长　靳辉明
副 所 长　安　京

（哲学所、马列所联合党委）
党委书记　傅青元
副书记　王秀奎
党委委员　傅青元　王茂珍　陈筠泉　姚介厚　李景源　安　京　王秀奎

世界宗教研究所

所　长　吴云贵
副所长　戴康生　卓新平　曹中建
党委书记　戴康生
党委委员　戴康生　吴云贵　曹中建　李富华　张新鹰

考古研究所

所　长　任式楠
副所长　乌　恩　张国宝　刘庆柱
党委书记　王立邦
副书记　张国宝
党委委员　王立邦　张国宝　任式楠　乌　恩　郭振禄　莫润先

历史研究所

所　长　李学勤
副所长　李新达　童　超　陈祖武
党委书记　卢钟锋
副书记　李新达
党委委员　卢钟锋　李新达　李学勤　童　超　刘荣军

近代史研究所

所　长　张海鹏
副所长　王庆基　耿云志　齐肇业
党委书记　王庆基
副书记　齐肇业
党委委员　王庆基　齐肇业　张海鹏　耿云志　姜　涛　章百家　韩志远

世界历史研究所

所　长　廖学盛
副所长　雷中庆　吴恩远　武　寅
党委书记　雷中庆
副书记　武　寅
党委委员　雷中庆　武　寅　廖学盛　吴恩远　赵家吉

文学研究所

所　长　张　炯
副所长　董乃斌　曹天成
（文学所、少文所联合党委）
党委书记　冯志正
党委委员　冯志正　张　炯　董乃斌　曹天成　郎　樱　扎拉嘎　许　明

少数民族文学研究所

所　长　张　炯
副所长　冯志正　郎　樱　扎拉嘎
（文学所、少文所联合党委）
党委书记　冯志正
党委委员　冯志正　张　炯　董乃斌　曹天成　郎　樱　扎拉嘎　许　明

外国文学研究所

所　长　吴元迈
副所长　黄宝生　赵一凡　陈辉海

党委书记　吴元迈
副 书 记　陈辉海
党委委员　吴元迈　陈辉海　黄宝生
　　　　　赵一凡　陈众议

语言研究所

所　　长　刘　坚
副 所 长　江蓝生　孟庆海
党委书记　李　利
副 书 记　孟庆海
党委委员　李　利　孟庆海　刘　坚
　　　　　江蓝生　董　琨

法学研究所

所　　长　刘海年
副 所 长　刘　瀚　王保树　郑成思
　　　　　张友坤
(法学所、政治学所联合党委)
党委书记　刘　瀚
党委委员　刘　瀚　张友坤　刘海年
　　　　　吴大英　郑成思　王保树
　　　　　杨海蛟　信春鹰　顾卫东

政治学研究所

所　　长　吴大英
副 所 长　张友坤
(法学所、政治学所联合党委)
党委书记　刘　瀚
党委委员　刘　瀚　张友坤　刘海年
　　　　　吴大英　郑成思　王保树
　　　　　杨海蛟　信春鹰　顾卫东

民族研究所

所　　长　杜荣坤
副 所 长　郝时远　史金波　道　布
党委书记　李　希
党委委员　李　希　道　布　杜荣坤
　　　　　黄　行　蔡曼华

社会学研究所

所　　长　陆学艺
副 所 长　李培林　张　健
党委书记　陆学艺
副 书 记　张　健
党委委员　陆学艺　张　健　李培林
　　　　　马贵明　黄　平

新闻研究所

所　　长　喻权域
副 所 长　孙旭培　张秉意
党委书记　张秉意
党委委员　张秉意　喻权域　孙旭培
　　　　　宁　新

世界经济与政治研究所

所　　长　谷源洋
副 所 长　徐文渊　司马军　徐更生
党委书记　徐文渊
副 书 记　司马军
党委委员　徐文渊　司马军　谷源洋
　　　　　路爱国　戎殿新　王德迅
　　　　　张宇燕

东欧中亚研究所

所　　长　张文武
副 所 长　李静杰　张　森　马维先
党委书记　张文武
副 书 记　张　森

党委委员　张文武　张　森　李静杰
　　　　　马维先　李正乐　钱玉柱

欧洲研究所

所　　长　裘元伦
副 所 长　周荣耀
(美国所、欧洲所联合党委)
党委书记　杜文亮
副 书 记　周荣耀
党委委员　杜文亮　周荣耀　王缉思
　　　　　裘元伦　陶文钊

西亚非洲研究所

所　　长　赵国忠
副 所 长　邵长厚　谈世中
党委书记　邵长厚
党委委员　邵长厚　赵国忠　唐宇华

拉丁美洲研究所

所　　长　苏振兴
副 所 长　南世昌　徐世澄　李文举
党委书记　南世昌
党委委员　南世昌　苏振兴　徐世澄
　　　　　李文举　江时学

亚洲太平洋研究所

所　　长　张蕴岭
副 所 长　邵心洁　孙士海
(日本所、亚太所联合党委)
党委书记　孙景超
副 书 记　俞焕灿
党委委员　孙景超　俞焕灿　张蕴岭
　　　　　邵心洁　赵阶琦　孙士海
　　　　　冯昭奎　高连福

美国研究所

所　　长　王缉思
副 所 长　杜文亮　陶文钊
(美国所、欧洲所联合党委)
党委书记　杜文亮
副 书 记　周荣耀
党委委员　杜文亮　周荣耀　王缉思
　　　　　裘元伦　陶文钊

日本研究所

所　　长　(暂缺)
副 所 长　孙景超　赵阶琦　冯昭奎
(日本所、亚太所联合党委)
党委书记　孙景超
副 书 记　俞焕灿
党委委员　孙景超　俞焕灿　张蕴岭
　　　　　邵心洁　赵阶琦　孙士海
　　　　　冯昭奎　高连福

台湾研究所

所　　长　姜殿铭
副 所 长　余克礼　曹治洲
党委书记　姜殿铭
副 书 记　余克礼
党委委员　姜殿铭　余克礼　戴文彬
　　　　　刘映仙　王景顺　樊绍民
　　　　　朱卫东

中国社会科学院直属单位

文献信息中心

主　　任　（暂缺）
副 主 任　李惠国　黄长著　张保民
党委书记　刘　铁
党委委员　刘　铁　李惠国　张保民
　　　　　李树东　黄育馥　殷世才

研究生院

院　　长　方克立
副 院 长　廖世伦　李茂生
党委书记　廖世伦
副 书 记　翁杰明
党委委员　廖世伦　翁杰明　方克立
　　　　　李茂生　李彦冬　王清海

中国社会科学出版社

社长兼总编辑　郑文林
副 社 长　盛存义　吕张华
副总编辑　王俊义
党委书记　盛存义
党委委员　盛存义　郑文林　吕张华
　　　　　王俊义　刁守朝

中国社会科学杂志社

总 编 辑　赵振英
副总编辑　宋德金　秦　毅　李存山
党委书记　赵振英
副 书 记　秦　毅
党委委员　赵振英　秦　毅　宋德金
　　　　　李存山　陈文桂

二　中国社会科学院高级专业技术职务评审委员会（第二届）

研究系列正高级评审委员会

经济片研究系列正高级评审委员会

主　任　王洛林

委　员　王洛林　刘国光　于祖尧　经君健
赵人伟　樊　纲　周叔莲　张卓元
陈佳贵　陈栋生　杨圣明　刘溶沧
陶　琲　何振一　杨重光　陈吉元
刘文璞　邓英淘　张留征　李京文
周　方　汪同三　金周英　田雪原
蔡　昉　张曙光

哲学片研究系列正高级评审委员会

主　任　刘　吉

委　员　刘　吉　陈筠泉　徐崇温　叶秀山
陈　瑛　贾泽林　童天湘　蒙培元
姚介厚　张家龙　吴云贵　吕大吉
杜继文　卓新平　金宜久　马西沙
杨曾文　蔡声宁　靳辉明　喻权域
李惠国　王兴成　陆象淦　秦麟征
方克立　黄心川　陈力丹

史学片研究系列正高级评审委员会

主　任　王忍之

委　员　王忍之　林甘泉　李学勤　陈高华
黄宣民　郭松义　童　超　王庆成
张海鹏　陈铁健　杨天石　蒋大椿
耿云志　张椿年　廖学盛　陈启能
陈之骅　施治生　徐革芳　任式楠

孟凡人　王世民　张长寿　刘一曼
马大正

文学片研究系列正高级评审委员会

主　任　汝　信
委　员　汝　信　张　炯　钱中文　樊　骏
邓绍基　杨　义　杜书瀛　刘世德
侯敏泽　刘　坚　李临定　江蓝生
熊正辉　林茂灿　贺　巍　吴元迈
吕同六　黄宝生　柳鸣九　董衡巽
张　黎　李辉凡　刘魁立　郎　樱
仁钦道尔吉

社会政法片研究系列正高级评审委员会

主　任　汝　信
委　员　汝　信　杜荣坤　道　布　史金波
孙宏开　夏之乾　郝时远　卢　勋
照那斯图　满都尔图　王家福
刘海年　王保树　肖贤富　郑成思
梁慧星　张庆福　刘楠来　韩延龙
刘　瀚　吴大英　白　钢　陆学艺
李汉林　李培林　苏国勋　朱庆芳

国际片研究系列正高级评审委员会

主　任　滕　藤
委　员　滕　藤　李　琮　徐更生　谷源洋
王金存　张文武　李静杰　陆南泉
张　森　张也白　资中筠　冯昭奎
赵阶琦　高增杰　苏振兴　陈芝芸
张宝宇　陈宗德　谈世中　赵国忠
魏燕慎　程毕凡　张蕴岭　裘元伦
杨祖功　王缉思

编辑系列正高级评审委员会

主　任　陈筠泉

委　员　陈筠泉　李祖德　郑国琦　刘其昌
张思骞　刘　奔　王　信　陈骏涛
韩耀成　侯精一　梁尚贤　沈永兴
章伯锋　刘　勋　龚荣进　陈公元
杨文炬　郑文林　季寿荣　沈恒炎
余顺尧　赵振英　宋德全　李存山
王俊义

翻译系列正高级评审委员会

主　任　黄长著
委　员　黄长著　高　铦　王炳文　郭官义
莫润先　廖学盛　李　芒　高　莽
罗新璋　阮西湖　黄曰炤　张达楠
朱世达　杨祖功　白凤森　冯世则
杨　炽　赵国琦　吴安迪　黄育馥
李明德　章国锋　林国本

图书资料系列副高级评审委员会

主　任　李惠国
委　员　李惠国　周新民　胡广翔　陈晓旭
吴裕宪　马德荣　王玉欣　刘湘生
朱希淦　吴碧云　孙国智　黄国政
王宽成　郑海峰　张毓熙　商志蓉
胡　翠　王义盛　莫作钦　吕其苏
刘　铁　刘明正　周文骏　袁名敦
辛希孟　王正义　刘金利

第　三　编

一九九四年工作概况

一 研究所工作

经济研究所

1994年经济所领导班子换届，2月份，院党委任命下达后，所新领导班子与上届所领导一起召开座谈会，顺利完成了交接工作。在院党委领导下，所内各项工作均已逐步走上轨道。新一届领导班子，根据科研发展和学科建设的需要，调整更改了部分研究室的名称；资料室与图书馆合并；后勤部门从办公室中分离出来，成立了服务公司，部分后勤工作试行企业化经营；建立了离退休人员办公室，专管离退休人员服务工作。同时，根据“基本稳定、部分调整”的精神，对少数处室干部作了调整。经过全所同志的努力，科研和其他方面工作都取得了一定的成绩，有些方面较为显著。

为贯彻中央对我院工作的重要指示，落实院党委关于社科院发展战略目标和今后工作的方针、任务，经济所制定了关于发展战略和今后工作计划的初步规划和设想。全所同志对面临的形势和挑战，对经济所的发展方向和任务基本取得了共识。这个初步规划吸取了过去的经验和教训，对改善和促进所的科研和其他工作起了积极作用。

（一）科研工作

1994年，经济所始终紧紧抓住科研这个中心，排除干扰，集中精力抓好科研，强调其他工作都要为科研服务。全年共完成出版专著54部、发表论文261篇，举办中小型研讨会4次，另外，还组织了云南思茅地区、贵州毕节地区关于禁毒和发展贫困落后地区经济的调查研究，调查报告受到了中央有关部门的重视。

此外，许涤新、吴承明主编的专著《中国资本主义发展史》（人民出版社1985、1990、1993年版）获1994年度孙冶方经济科学著作奖；张问敏的论文《马克思主义政治经济学在中国的传播和发展》（《经济研究》1991年第6期），赵人伟、李实的论文《中国居民收入分配研究》（序言，中国社会科学出版社1994年2月版），获1994年度孙冶方经济科学论文奖。

1994年进行了学科调整工作，在组织研究人员认真学习院有关指示的基础上，各学科分别就本学科的历史、现状作了细致的调查分析，并对本学科的发展前景作了预测。在此基础上，根据所今后发展方向和任务作出了学科调整初步方案。同时，又全面清理了科研项目，撤销和合并了一些项目，充实了重点课题，又争取到9项院级国家社科基金项目。经过清理和调整，科研战线有所缩短，基础理论研究得到加强。

为活跃学术气氛，开展高层次和高时效性的学术交流，举办了“经济学午餐系列讲座”，邀请所内外学者介绍本人或国内外经济学最新研究成果。1994年已举办21次，在学术界和社会上造成了相当影响，不少单位派人来听讲。这个讲座虽然不定期，但已基本形成制度，受到广泛好评。

（二）对外学术交流

本年度经济所积极开展学术交流，并开辟了一些新的交流渠道。全所接待外国专家、学者235人，派出27人次。

（三）刊物

经济所主办的刊物有：《经济研究》，主编张卓元；《经济学动态》，主编王振中；《中国经济史研究》，主编李根蟠。《经济研究资料》改由《经济研究》编辑部编辑出版后，质量显著提高，受到有关部门的重视和学术界的广泛好评。《经济研究》在编辑人员不足的情况下，经过全体人员努力，保证了刊物质量。《经济学动态》编辑部经过努力，增加了发行量，并与有关单位合作减少了亏损。

工业经济研究所

全年共完成专著36部，约407万字；论文498篇，约195.9万字；研究报告50篇，约94.9万字；译文6篇，4.9万字。

（一）主要科研活动

1994年工经所新承担国家社科基金课题2项：陈栋生研究员主持的“社会主义市场经济条件下区域经济政策的目标与手段研究”，陈乃醒研究员主持的“中国中小企业产业定位与网络制度建设研究”；社科院重点课题5项：王洛林研究员、陈佳贵研究员主持的“中国建立现代企业制度的难点与对策”，吕政研究员主持的“有中国特色的社会主义专题——我国所有制结构与公有制实现形式研究”，汪海波研究员主持的“新中国工业经济史研究”，郑海航研究员主持的“严重亏损的国有企业的现状及出路研究”，张承耀副研究员主持的“组织与发展我国控股公司的基本途径”。此外，该所还先后完成了国家经贸委委托课题“当前企业技术改造中的若干问题”，哈尔滨市政府委托“老工业基地改造研究报告”，海南“洋埔产业发展选择及产业政策”，深圳“南山区高科技工业园发展规划”，常州市“江苏国际机电产品交易城引进外资可行性报告”等研究项目。

根据院部学科调整的要求，认真进行了学科调整，明确了本所的两大学科，即：工业经济、企业经济。并在此基础上相应地调整了研究室的设置，加强了企业经济学科，进一步突出了本所学科优势的研究领域。目前全所共设6个研究室，即：工业发展研究室、工业投资与市场研究室、工业布局与区域经济研究室、企业制度研究室、企业经营管理研究室、中小企业研究室。还组织各研究室对各自研究领域的学科状况进行了认真的调研，分析了各室在学术研究方向、领域的优势，基本状况，前沿及发展措施。

1994 年该所科研活动非常活跃，围绕当前经济发展和体制改革中的热点问题，如：“工业经济形势分析”，“建立现代企业制度的难点与对策”，“中国复关后的对策”等，组织全所科研人员进行有创见的深入研究，发表高质量的文章。吕政研究员主持撰写的《国有企业与市场经济兼容性和矛盾性》论文和马泉山研究员撰写《毛泽东独特视角——农业就是工业》的论文入选了全国学习《邓小平文选》和建设有中国特色社会主义理论研讨会。由王洛林、陈佳贵研究员主持的“中国建立现代企业制度的难点与对策”课题已经取得了不少中间成果，在院内外发表了多篇论文、研究报告，7 月份还召开了“建立现代企业制度难点与对策研讨会”，围绕现代企业制度的特征、前提条件、难点与对策进行了深入地研究，在社会上产生了很好的反响。该所承担的国家经贸委“当前企业技术改造中的若干问题”，是为国家制定“九五”规划及国有企业技术改造重大政策提供依据的，该课题形成的研究报告受到国务院领导的重视，有些政策建议被政府有关部门采纳。结合课题研究，先后组织研究人员深入上海、南京、武汉、淄博、石家庄、天津、沈阳、哈尔滨等地的国有大中型企业调查研究，比如研究人员到山东淄博一企业调研后撰写的《关于企业流动资金补偿问题》的研究报告，受到国务院领导的重视，朱镕基副总理立即批转有关部门解决报告中反映的问题，受到企业的欢迎。10 月份召开了“中国工业经济改革与发展”研讨会，国内六十多位知名经济学者和政府官员出席了会议，提出了一些新的理论见解和政策建议，受到社会各界的重视。

该所还成立了“中小企业研究中心”，推动在中小企业领域研究的深入。还制定了“科研成果年度量化考核试行办法”，调动研究人员的科研积极性，鼓励先进，鞭策后进，实践效果很好。

此外，郑玉歆的论文《正确认识我国工业经济效益的总体趋势》(《中国工业经济研究》1994 年第 6 期）获 1994 年度孙冶方经济科学论文奖。

（二）对外学术交流

今年该所共接待境外学者 98 人次，其中由本所主接待学者 10 批 42 人次，出访 20 批 30 人次，其中长期出访 2 人。由本所主办的“第五次中日经济学术讨论会”在北京举行，三十多位著名中日经济学家就中国宏观经济管理、中国经济展望、中国企业制度改革、中国投资体制改革、中国复关前景等问题进行了广泛的交流和探讨，取得了较好的效果。

（三）图书、刊物出版工作

经济管理出版社本年度出版图书 165 种，图书质量在社会上有较好的声誉。其中《市场经济与现代企业制度》一书被《经济日报》评为 1994 年度全国十佳经济读物。《中国工业经济研究》、《经济管理》圆满完成了全年的编辑出版任务，《经济管理》继续保持了自己的特色。《中国工业经济研究》做了一些开创性的尝试，在刊物减亏方面迈出了可喜的一步。

附录　经济管理出版社

1994 年度，经济管理出版社遵照新闻出版署“扎扎实实按照新时期宣传思想工作的基本思路指导工作，坚持正确的政治方向，增强依法管理的意识和力度，抓住有利时机，深化出版改革，突出重点，分类指导，逐步实现新闻出版工作由规模数量的增长向质量效益的提高转移，促进新闻出版事业的健康、繁荣”的指导思想，调动全社广大职工的积极性，克服种种困难，取得了显著的成绩。

（一）坚持正确的政治方向，实现由数量型向提高质量为主转移

1. 认真学习贯彻《新闻出版署1994年工作要点》和于友先在全国新闻出版局长会议上的讲话。

经济管理出版社非常重视《要点》和《讲话》的学习与贯彻。在提高认识的基础上，提出了《经济管理出版社关于优化选题的若干意见》，强调要“逐步形成具有本社特点的图书系列，亟需动员全社工作人员在优化选题上狠下功夫”。并突出了以下几点：（1）持续着力抓经济或社会经济生活急需、市场需要量大、销路有保证的图书；同时，还要配合体制改革措施的出台，抓紧、抓好这方面的选题。（2）在近几年本社已经出版的《经济师知识手册》、《会计师知识手册》和《统计师知识手册》的基础上，继续出版这类图书，以便逐步形成《经济管理和企业人员知识手册》丛书；同时，要抓紧已经出版的上述几本知识手册的重印或再版工作，并草拟了《关于出版各类经济工作人员知识手册丛书的意见》。（3）在近几年本社已经出版的《中国商业百科全书》、《中国金融百科全书》、《中国税务百科全书》的基础上，继续出版这类图书；同时，还要抓紧已经出版的上述几本百科全书的重印或再版工作，并草拟了《关于出版〈各类产业百科全书〉系列丛书的意见》。（4）逐步出版理论性与实用性相结合的企业管理专著和经济管理专著丛书，并草拟了《关于出版〈现代经济管理〉丛书的意见》。这类图书一般要同出版补贴的国家重点或院重点课题的出版结合起来，达到学术水平高和亏损少的双重目的。（5）在近几年已经出版的经济、工商、银行、会计、经纪人、工会和法律等行业教材或辅助教材的基础上，继续抓好这类图书的重印或再版工作，还要扩大这类图书选题。（6）继续出好本社“八五”重点图书，即马洪、房维中主编的《中国经济开发——现在与未来》丛书和汪海波主编的《中国工业经济史》（四卷本）。

经济管理出版社在学习、贯彻《要点》和《讲话》的过程中，加强了出版队伍的建设，开展了反腐败斗争。为此，对全社职工进行了职业道德教育，并且印发了中国出版工作者协会制定的《中国出版工作者职业道德准则》，做到了人手一册；贯彻了中纪委三次全会和国务院反腐败工作会议精神以及《新闻出版署1994年反腐败工作实施意见》。

2. 认真学习贯彻了新闻出版署《关于对书号使用总量进行宏观控制的通知》。

经济管理出版社把书号使用总量进行宏观控制当作一件大事来抓，进一步修订了年度出版计划，调整了图书选题结构，减少了书号使用量。由1993年的199个减少到1994年的160个，减少了39个。在此基础上，进一步调整各编辑部及编辑年度使用书号的数量。研究了在书号比较紧张的情况下，如何保证高质量的学术著作出版问题，并制定了措施。

3. 认真学习了新闻出版署《关于对国际文化出版公司等18家出版社20种编校质量不合格图书的处理决定》。

经济管理出版社虽然不在这18家受处罚的出版社之内，但是为了全面贯彻党和国家的出版方针，切实加强图书质量管理，结合这个《决定》，深刻认识到图书质量的重要性，特别是与全体职工切身利益的关系，对出版社全体职工进行了一次生动的活的图书质量教育。

并根据新闻出版署关于《图书质量管理规定》(试行)，对各编辑部的图书进行了抽查，将抽查的结果向全社职工通报。抽查通报结果表明：总的看图书编校质量是好的和比较好的。但是，可以看出各编辑部，特别是各位编辑和校对的工作质量、工作态度是有差别的。对图书编校好的有关人员提出了表扬；对图书编校质量差的有关人员进行了批评教育。

后来，又结合新闻出版署《关于加强书刊产品印刷质量管理的意见》，对图书印刷质量进行了抽查，也收到了较好的效果。

4. 认真学习贯彻了新闻出版署《关于禁止中国标准书号“一号多用”规定》。

经济管理出版社通过学习《决定》，弄清了“一号多用”的涵义及其危害。在这个基础上对近几年出版图书使用书号的情况进行了清理、检查。检查结果表明，没有发现“一个书号多次使用”的问题，并向新闻出版署写出了《贯彻执行〈关于禁止中国标准书号“一号多用”的规定〉的报告》。

5. 认真学习贯彻了新闻出版署《关于防止在出版物中泄露国家秘密的通知》。

经济管理出版社通过学习、贯彻《通知》，重新学习了《中华人民共和国保守国家秘密法》和《新闻出版保密规定》，特别是结合上级主管中国社会科学院保密委员会派工作组来出版社检查出版社的保密情况，对出版社近几年来出版的二百多种图书进行了检查。集中检查了《中国经济年鉴》(1993)、《中国经济开发——现在与未来》丛书等十多种书刊，最后写出检查报告，上报工经所和社科院。

出版社对自己出版的图书，经常进行自查。例如，1991～1992 年的总编室设一专人检查图书 88 种。1994 年社外教授检查图书 12 种。通过检查，既看成绩，又注意发现问题，尤其是分析存在问题的原因，从中吸取教训。这对保密工作和提高图书质量起了促进作用。

建立健全保密制度。近几年来，随着对外开放的不断扩大和国际交往的增加，出版社不仅经常对编辑和职工进行保密教育，而且制定了本社《关于保密工作规定》和《关于书稿送审和发行范围的若干规定》。坚持保密制度也是做好保密工作的一个重要因素。

(二) 选题、图书种类

1994 年，经济管理出版社出版图书 160 种，其中，经济类 158 种，政治、法律类和文化、科学、教育、体育类各 1 种。新排字数 6655 万，定价总金额为 2125 万元。这些图书大体上有以下几个特点：

1. 50 万字以上（最多三百多万字）的较大和大型图书较多，共三十多种，占全年出版图书总数的 20%左右。这类图书多是工具书，价格高，一般个人不买，具有保存价值，销路尚可。20 万字以下的（最少五万多字）小型的较小型图书也较多，近四十种，占全年出版图书总数的 25%左右。这类书实用性比较强，价格低，个人和单位都可购买，销路多数较好。

2. 重印图书数量较少，仅十多种，占全年出版图书总数的近 10%。这说明本出版社长版书较少，“看门书”较少，今后应在这方面狠下功夫。

3. 体现经济体制改革，包括财会、税务、金融、贸易、企业等体制改革的图书很多，共五十多种，占全年出版图书总数的 30%。这表明本出版社出版图书内容比较新，出版社为改革服务做得比较好，出版方向端正。

4.出版的行业、部门的图书较突出，特别是工业企业、商业、财贸、税务、金融、会计等方面的书所占比重很大。这类图书的作者大多数都是专家、教授和行业部门领导，理论联系实际较紧，具有很强的可操作性，很受广大读者欢迎。

农村发展研究所

（一）科研工作

1.1994年农发所承担各类重点课题和中外合作课题共22项，其中，国家“八五”重点课题两项，分别是“中国农村宏观经济监测与分析系统”、“中国农民生活由温饱向小康转变对策研究”；国家自然科学基金课题一项，即“中国农村组织的管理行为的研究”；国家社科基金课题两项，分别是“农户经济行为量化研究”、“我国农村经济所有制与结构研究”；院重点课题五项，分别是“中国农村经济发展与财政税收体制”、“生态产业案例研究”、“商洛山区贫困问题研究”、“农村经济体制改革研究”和“农村合作组织行为的比较研究”。院青年基金课题两项，分别是“中国农业保护的理论与实证的分析”和“股份合作制与农村产权制度变革”。农业部委托课题两项，分别是“农村经济结构变动与农民收入增长关系的研究”、“本世纪末农村富裕劳动力转移的研究”。中外合作研究课题六项，分别是“乡镇企业领导与决策——中国农村经济与文化变迁”、“河北易县扶贫经济合作社试验”、“中国农村工业化”、“中国贫困山区生态恶化与经济开发之关系的研究”、“国家森林公园和自然保护区对社会环境的影响”和“反贫困对策研究”。

继1993年第一部《中国农村经济发展年度报告（1993年绿皮书）》后，1994年农发所又完成了第二部绿皮书，并举办了“绿皮书”学术研讨会。此书的发行在国内外的反响进一步扩大。该书已由世界粮农组织资助译成英文版，并获得外方好评，进一步扩大了在国外的影响。另一项院资助的所重点管理课题“农村经济实体案例研究”，已完成10个典型案例的调查研究。其中，“辽宁大洼县西安生态养殖场”的案例报告写得尤为成功，为该课题的扩大延伸打下良好基础，提供范本。与河北易县合作创办的“扶贫经济合作社”是一项行动研究项目，是科研与实践结合，为实践服务的良好的尝试，也取得较好的扶贫实际效果，获得有关中外方的肯定。

此外，陈吉元、胡必亮的论文《中国的三元经济结构与农业劳动转移》获1994年度孙冶方经济科学论文奖。

2.初步完成学科调整任务。根据院工作会议精神，在分析客观需要和现有条件以及所的任务、目标和诸学科状况的基础上，本着对现有的分支学科“有所加强、有所保留、有所合并和有所舍弃，突出重点”的原则，以既确保主攻方向，又兼顾旁侧研究领域进展为指导思想，确定了所重点优势学科，并进行了室组和人员的调整和归并。目前，所拟保留和加强的重点学科及相应的研究室由过去的八个调整为现在的五个。

（二）对外学术交流

1994年农发所在以往外事工作的基础上，继续广泛开展了多渠道、多形式的对外学术交流活动，并取得一定成效。据不完全统计，1994年派出学者17批、27人次，接待来访学者81批、118人次。其中由所接待半个月以上的外宾团组9批、14人次。在出访人员构成中，高级研究人员出访17人次，占63%，中初级研究人员出访10人次，占37%。在出访中，长期（半年以上）出访的有3人次。出访学术交流活动涉及11个国家和地区，接待来访学者涉及22个国家和地区及国际组织。此外，还与中国农科院农经所及美国斯坦福大学粮食研究所罗斯高副教授等共同举办了“中国贫困问题”研讨会若干次。

财贸经济研究所

1994年财贸所共出版专著20余部，发表论文和研究报告400余篇。其中，通过院办公厅向上反应的研究成果20篇。这些成果，对我国的经济改革和经济建设发挥了积极的作用。

（一）科研组织工作

财贸所学科众多，包括财政、税收、金融、国内贸易、对外经济、城市经济、价格、会计、旅游和服务等。

针对所承担的任务重与研究人员相对不足的矛盾，确定了科研工作“面对主战场，突出重点，兼及一般，内外结合”的方针。在安排科研工作时，始终注意妥善处理好三个关系：

1. 处理好基础理论研究和现实问题研究的关系。在选择课题时，对于那些既有理论价值、又有现实意义的课题给予特别的重视，力求使理论和实践紧密结合。

1994年是我国推出财政、税收、金融、外贸、外汇等一系列重大举措的一年。在年初院召开的“1994年经济改革形势分析会”上，所科研人员就针对财政、金融、外贸、外汇等方面改革的难点及注意的若干问题，撰写了比较有分量的研究报告。在此之后，又针对财政、税收、金融、外汇、外贸改革所遇到的问题，撰写了一系列论文和报告。这些成果先后通过院办公厅或其他途径上报，受到了国家体改委、财政部、中国人民银行等部门的重视。

1994年是我国通货膨胀形势极为严峻的一年。年初，所科研人员就实事求是地指出：我国通货膨胀率将达18%左右，大致相当于1988年的情况，同时也慎重地建议，各种新闻媒介不宜过多宣传“将物价上涨率控制在10%以内”的观点，以免到时被动。此建议受到了中央的重视。9、10月份，所科研人员还受国家体改委之托，收集整理了世界19个国家和地区治理通货膨胀的经验和措施。这些成果，为政府治理通货膨胀提供了决策依据。

1994年的股票市场起伏动荡，而且总体上处于低迷、萎缩之中。在院领导的组织下，所科研人员根据多年跟踪研究和长期调查的成果，针对有关部门做出的“救市”决策，写出了“‘救市’政策不足取”的研究报告，并通过院办公厅上报有关部门。

1994年5月，受财政部委托，研究事业单位财务体制改革问题。至年底，已完成《事业单位财务体制改革大思路》的研究报告。该报告上报后，得到了财政部主管部长和主管司局的高度评价和充分肯定，并在“1994 年全国文教财务改革工作会议”上作为重要参考文件下发。

同时，科研人员参加了财政部组织的地方财力分布和地方体制调查，参加了中央财经领导小组组织的个人所得税征收管理情况的调查等。除此之外，还参加了《中央银行法》、《商业银行法》、《证券法》、《票据法》、《中国利用外资基础知识》等的修改讨论工作。

1994 年，组织了近十次全国性的理论研究会，对我国经济体制的总体改革、宏观调控体系的改革、证券市场的发展、金融业分业管理、国债市场的发展、外贸体制的改革与发展等重大问题进行了深入的探讨。

2. 处理好吸收国外最新成果与中国国情密切结合的关系。1994 年，我国国债发行额达 1028 亿元。如此大量的国债能否顺利发行，各界感到担忧。针对这一问题，所科研人员在长期研究积累的基础上，借鉴国外的成功经验，进行了较充分的研究和论证，多次撰写报告向有关部门提出了改变发行方式、调整国债期限结构和品种结构、拓宽国债二级市场、注意国债保值以及研究国债管理政策的建议。这些意见受到了财政部和国家体改委部门的重视，并在社会上引起反响。

1994 年，我国外汇管理体制进行了举世瞩目的改革。这项改革在取得重大成果的同时，也给我国宏观经济调控带来了我们所不熟悉的新问题。所科研人员在全国研究世界各国从外汇管制走向汇率并轨直至货币自由兑换的经验的基础上，写出了《外汇体制改革对金融宏观调控的挑战》的论文。中国人民银行和外汇管理部门的领导对这项研究十分重视，它们不仅发表了这项成果，而且同所达成了进一步深入研究的意向。

另外，所科研人员在参加中国人民银行建立中国货币统计体系的研究过程中，结合国外经验，写出了既有理论深度、又有实践意义的研究报告，对完善我国的货币统计做出了一定的贡献。

3. 处理好以所内研究力量为基础和充分利用所外研究力量的关系。1994 年，在院领导的大力支持下，所成立了“金融研究中心”和“对外经贸国际金融研究中心”，并依托这些中心开展了一系列卓有成效的活动。这些活动不仅大大拓宽了研究领域，提高了研究质量，而且有助于解决紧缺的科研经费和所内科研人员不足的问题。激发了科研人员的积极性，调动了社会科研力量。

（二）科研成果与课题进展情况

1994 年，经过全体科研人员的努力，财贸所的科研工作取得了丰硕的成果：

1. 全年出版学术专著（含与外单位合著）20 部；发表学术论文、研究报告 310 篇；计 700 余万字。

2. 在认真学习《邓小平文选》的基础上，结合财贸所的学科特点，深刻领会和深入研究邓小平同志的经济思想尤其是财贸经济思想，对邓小平同志的市场理论等进行了全面的学习，发表了一批高质量的研究成果，其中一篇论文《论市场经济的双重效益及其对策》入选中共中央宣传部组织召开的“学习《邓小平文选》和建设有中国特色的社会主义理论研讨会”，受到理论界的广泛好评。

3. 紧密结合我国建立社会主义市场经济体制的实践尤其是经济体制改革的实践，围绕我国经济生活中尤其是财贸经济领域的一些热点、疑点和难点，进行了深入的调查研究，取得了一大批受到中央有关领导和部门的重视、也得到社会好评的研究成果。比如在地方财力分布和地方财政体制改革、机关事业单位财政体制改革、金融体制改革、国债市场和股票市场、外汇体制改革、货币计量统计、治理通货膨胀等问题上，都提出了许多好的意见和建议，有些已被有关部门采纳。对于90年代中后期的外贸发展战略、边境贸易、边境旅游、农副产品市场、流通规模与交易成本、城市住宅制度、原油价格的并轨、公共产品收费价格等课题也作了深入的研究，并发表了最终成果或阶段性研究成果。

4. 发表了一批有价值、有分量、高水平的研究成果。全所全年在院有关刊物上发表文章20余篇，如《关于治理通货膨胀的若干对策建议》、《世行东亚太平洋地区经济学家希望中国作为东亚经贸发展的火车头》及《昆山市国有土地全面实行有偿使用（出让）的研究与实践》等。

此外，袁振宇、杨瑞龙、王军的专著《当代中国经济发展中的政策选择》（浙江人民出版社1994年版）获北京市第三届哲学社会科学一等奖；何德旭的论文《中国国债市场规模经济分析》（辽宁《财政问题研究》1992年4月号）获1994年我院与共青团中央联合举办的第一届全国优秀社会科学成果二等奖。

（三）主办和合办学术研讨会

一年来，为了推动财贸所学术研究和加强与外单位的学术交流，由该所主办或与外单位合办的学术研讨会达二十余次。其中主要的有：

1. 9月和12月，由该所主办、德国诺曼基金会资助的两次会议："中国经济体制改革理论研讨会"和"中国宏观经济调控理论研讨会"在京召开。两次共邀请所外财政、金融、外贸、企业制度、社会保障等方面的专家五十余人。会议交流的情况及成果已在有关报刊上发表。

2. 由挂靠在所的金融研究中心主办，6月、8月和11月，分别就证券市场发展、金融体制改革与银行业分业管理、国债市场与宏观调控等主题召开了三次理论研讨会，每次会议参加者少则五六十人，多则百余人，参加者十分踊跃。会议成果有的在新闻媒介上反映，有的通过院办公厅送中央有关部门。三次会议尝试将政府部门、理论界、实业界结合起来，沟通信息，已取得很好的社会效益，受到各个方面的欢迎。

3. 由挂靠在该所的对外经贸国际金融研究中心主办的"90年代对外经贸发展战略研讨会"，3月份在北京召开，参加会议者约100人次。

4. 作为主办单位之一，该所同有关部门联合组织召开了"市场经济与区域经济理论研讨会"（温洲）、"股份制理论研讨会"（成都）、"中国城市经济理论研讨会"（太原）、"城镇住房发展与住房金融研讨会"（乌鲁木齐）、"全国商业企业产权制度改革"（山西）、"周口味精厂基本经验总结和发展战略研讨会"（河南）等会议。

5. 为了活跃所内学术气氛，加强所内各学科间的交流，下半年开始不定期地请各学科的研究人员就最新研究成果或者大家共同关心的问题进行"所内学术讨论"。已进行了四次，讨论主题分别是：货币计量统计、地方财政体制改革、期货市场的问题与出路、收入分配体制改革。这为所内科研人员提供了一个交流信息、发表观点和相互切磋的讲坛。

（四）对外学术交流

1994 年，该所科研人员参加和出席了一系列国际研讨会并提交了学术论文。如，“中日市场经济比较国际研讨会”、“2010 年中国经济分析与预测国际研讨会”、“90 年代后期中国对外经贸国际研讨会”、“中国旅游圆桌讨论会”、“消除国际旅游障碍国际研讨会”、“北京国际期货研讨会”等。

1994 年，同美国、英国、澳大利亚、荷兰等国的经济学家进行了广泛的交流与合作，全年共接待来华访问学者 45 人次，派出访问团组 4 个，8 人，出国访问团组的有些考察报告已通过院《学术交流》内刊发送中央有关部门。

为了加快人才的培养，还先后派出两人到美国、荷兰长期进修。

除上述以外，还与国外学者进行了合作课题的研究。

（五）所管学术刊物情况

1.《财贸经济》

主编：杨圣明　编辑部主任：房汉廷

1994 年共出版 12 期，计 120 万字，主要做了以下工作：

（1）配合学习《中共中央关于建立社会主义市场经济体制若干问题的决定》，推出了一批高质量的文章，为社会主义市场经济新体制的建设提出了许多具有建设性和操作性的意见，推动了理论向实践转化的过程。如第一期刊出的张卓元等十位所内专家学习《决定》的笔谈，刘溶沧的《论市场经济条件下国民经济的持续快速稳定增长》、戴根有的《中国社会主义市场经济体制中的宏观经济调控体系》等。

（2）结合财税体制改革，刊发了一批有影响的专家学者的理论文章，从理论到实践，阐述了财税体制改革的必要性。如黄达的《财税体制改革漫谈》、李晓西的《试论推行“分税制”的意义及条件》等文章，受到了理论工作者和实际工作者的好评。

（3）配合学习《邓小平文选》和建设有中国特色社会主义理论，《财贸经济》组织发表了一批高质量的论文。

（4）对社会上广泛关注的通货膨胀问题，《财贸经济》在今年给予了突出报道，刊登了近八篇有关这方面的理论文章，还专门整理刊出了《近年来经济学界关于我国通货膨胀问题的讨论》，以期引起社会的广泛关注。

2.《证券研究》

总编辑：刘溶沧　社长：傅桃生

杂志于 1994 年 5 月 20 日创刊，16 开、48 页，出刊 8 期后，于当年 8 月改出周刊，出刊 20 期，全年出刊共 28 期。《证券研究》在普及证券知识、传播证券信息、研究证券理论、评析证券市场方面做出了积极的努力，并取得了良好的社会效益。

（六）所管学会

中国市场学会

负责人：贾履让　秘书长：任林书

1994 年，市场学会除召开了全国性的学术研讨与企业营销经验交流会外，还与香港、台湾市场学会联合主办了海峡两岸市场拓展研讨会。为更好地交流与推动市场学的学术研究成果与企业营销实践，学会创办了《市场营销导刊》（双月刊）。学会与国务院发展研究中心合作完成了“长江商贸走廊”的研究课题。

中国成本研究会

负责人：邵循明

中国成本研究会是全国性研究成本和成本管理的学术团体。1993 和 1994 年在院领导的支持下做了以下几方面工作。

为适应我国财务管理制度与会计核算制度的重大改革，配合财政部颁发的《企业财务通则》和《企业会计准则》的规定，研究会曾集中部分成本专家学者，从事有关成本管理丛书的撰写任务。两年来先后出版了《新财务制度应用》、《新财会账务操作实例》、《企业全面成本管理》和编写了一部《现代管理会计手册》，修改补充出版一部《新成本管理大辞典》，这些书的出版，对促进我国财会制度的改革和推动成本管理的贯彻执行，做出了有益贡献。

《成本与价格资料》刊物。随着社会主义市场经济的发展，为适应这方面的需要，1993 年起该刊物增加并拓宽介绍有关资金、房地产、期货、劳务和技术市场等栏目，受到广大读者的欢迎。

组织财务成本专家，从事社会公证和财务咨询服务。具有高级职称的理事，相继在北京、上海、天津、河北、四川、大连等地成立会计师事务所。协助政府作好各项审计工作，并收到客户的信任和表彰。

中国城市经济学会

负责人：杨重光　秘书长：刘维新

中国城市经济学会除了日常工作外主要举办了以下活动：1994 年 8 月在太原召开了全国“城市经济与市场经济理论研讨会”，全国约有四十多名城市经济学家参加；1994 年，中国城市经济学会与中国房地产协会金融委员会在新疆乌鲁木齐市联合举办了“房地产金融问题研讨会”；1994 年 11 月在陕西省汉中市召开“第七次中等城市发展研讨会”，着重讨论中等城市财政体制改革问题；1994 年，中国城市经济学会所属公共经济专业委员会在广西桂林市召开了“公共经济研讨会”。研讨会在会后出版论文集，在社会上和学术界产生了良好的社会影响。

数量经济与技术经济研究所

根据 1994 年院工作会议提出的进一步深化科研管理体制改革的要求，该所认真结合学科调整，明确所科研工作的总目标，即：集中优势力量，发挥学科特长，使主要科研成果和科研骨干的科研能力达到国际同类水平和国内领先水平，优势学科达到国内领先水平，进入世界同类科研院所的先进行列。为此，全所各项工作紧紧围绕这个总目标，一手抓学科建设与学科调整，一手抓重大现实经济的研究，积极与国外一流科研单位进行合作。1994年本所取得了较大成绩，共发表研究成果189.8万字，其中专著3本，67万字，论文112篇，98.3万字，研究报告35篇，21.7万字，译文4篇，2.8万字。

1994年是该所科研工作任务较繁重的一年，承担研究课题34项之多（不包括研究室课题），其中国家重点课题6项，部委级重点课题11项，国家基金课题6项，国际合作课题6项，所重点及其他课题5项，上述课题中1994年度按计划完成9项，均取得了较高质量的成果，其余均按计划正常进行，并取得了阶段性成果。

（一）研究工作

本所承担的国家重点课题和部委级课题较多，经过全所上下的共同努力，1994年度各项科研工作得以顺利完成。其中的国家专项重点课题“经济形势分析与预测”，应用国家财政部的无偿资助购置了一批计算机和配套设备及软件，实现科研手段现代化，为提高预测结果的精确度提供了技术保证。1994年该课题取得两项进展：（1）对季度模型进行了重新设定和估计，使其精确度进一步提高，并开始提交和发表季度预测及分析报告；（2）基本完成了模型软件的中文界面开发，使之达到实用化，同时完成了统计资料数据库和文字资料库的软件开发等项工作。在基础工作取得进展的同时，《1995年中国经济形势分析与预测》蓝皮书按时完成并出版发行，质量进一步提高，在国内外的影响越来越大。

其他几项国家级重点课题，由国家科委和外交部直接委托的国家重点课题“京沪高速铁路的经济评价”已全部完成，并向国家科委和外交部提交了研究报告，该报告得到专家评审组的好评和有关领导的肯定。两项社科“八五”国家重点课题“中国生产率理论、测算与对策研究”、“中国经济稳定增长的机制分析与定性研究”均按计划进行并取得部分阶段成果。国家“863”计划重点课题“CIMS工程综合评价技术和方法研究”完成第一阶段的课题总体报告及评价模型，部分成果达到国际领先水平，已完成专著《CIMS工程综合评价指南》。

部委级重点项目中，由李京文所长负责的（经济片合作）“1991～2010年中国经济发展思路和政策选择”课题，是由国家计委委托，并由我院立项的院重点课题，是为国家制定至2010年长期发展规划进行先行研究的课题，已基本完成，研究成果上报后受到国家计委的高度重视和好评，并在国内外引起强烈反响。能源部交办的“中国2050年经济、社会发展前景”、水利部委托的“大江大河防洪投资体系研究”两项课题均已全部完成。分别为我国制定能源发展战略和大江大河防洪战略提供了科学依据。国家科委委托的“我国企业进步的多元化格局与政府科技管理职能转换”课题已取得较大进展。院重点课题“超大型建设项目评价研究”、“中国经济周期研究”、“90年代中后期我国科技进步战略研究”、“产业政策与经济增长”、“体制转轨中的一般非均衡模型和政策模拟”都按计划正常进行，有的已出版专著，其余均已进入专著撰写阶段。此外，在我院第一次试行的课题招标中，“亚太经济合作中的中美日”由该所中标，已进行资料收集和分析处理阶段。

国际合作与基金课题项目进展顺利。与TIDE2000合作的“信息化与经济发展”课题已完成并出版了研究文集，自然科学基金课题“技术进步跟踪系统研究”也已完成并出版专著，与韩国基金会合作的“环渤海地区经济发展趋势与中韩经济技术合作前景研究”，不仅受到院内重视，而且得到了该区域各省市的热情支持，各地方研究写作提纲已拟出并已实施。由加拿大国际开发署资助的中加合作研究“人力资源开发和管理实践的综合研究”，派出4名研究人员赴加拿大进行研究与培训工作。该课题已发表数篇论文，得到加方的高度评价。此外，中加合作项目“江苏、浙江中外合资企业的技术引进及项目评价”、中澳合作项目“中国沿海地区生产率研究”、中日合作项目“中国能源调研”、中法合作项目“中国电力规制问题研究”均正常按计划进行，部分项目还派出研究人员赴国外进行研究工作。

所内承担或合作的“广东罗定市政府年度调控方案”、“延边朝鲜族自治区安图县经济社会发展规划基本方案”、“长江流域经济发展”、“舟山宏观经济模型”、“中国职工就业监测与决算支持系统”、“影子工资的理论方法与测算”等6项课题已完成5项，其余按计划进行。

所内对基础理论研究予以适当倾斜，确定了两项数量经济技术经济基础理论研究重点课题为长期滚动项目。

编辑部在工作严格遵守国家、院、所的有关规定，保证刊物准时正常发行的前提下，同时积极采取扩大发行、减少亏损等多项措施，与院内外有关单位合作出版多本书刊，协助召开“经济形势分析与预测”春、秋两次座谈会，并协助出版《1995年中国经济形势分析与预测》蓝皮书。

此外，王慧炯主编的专著《产业组织及有效竞争——中国产业组织的初步研究》获1994年度孙冶方经济科学著作奖；刘树成的论文《“经济形势分析与预测”1994年春季座谈会综述》获我院1994年度好信息二等奖；曾力生的论文《直接消耗系数的变化对总产品结构的影响》（《数量经济技术经济研究》1988年第5期）获1994年第三届北京青年优秀论文鼓励奖。

（二）对外学术交流

1994年本所对外学术交流工作紧紧围绕科研工作的总目标，采取“走出去，请进来”的方法，积极与世界一流的科研院所及学者进行学术交流，主要包括：

出访交流：派出国外访问、考察、讲学四十多人次，对美国、加拿大、日本、澳大利亚、德国、俄罗斯等国进行了广泛的学术访问与交流，与加拿大会议局、工商院、多伦多大学，美国的沃顿、宾夕法尼亚大学、哈佛大学、日本东京大学等著名大学与研究院所进行了学术交流，派人参加了国际计量经济大会（西班牙）及在澳大利亚举行的中国经济国际研讨会等国际会议。

来访交流：共邀请来自十几个国家的著名学者和企业界人士一百多人次，来所参加学术研讨会和进行学术交流，世界计量经济学会主席、法国图卢兹大学拉丰教授5月份来所进行学术访问，作了5次讲演，而且在与国内多家单位接洽后，认为本所是与其合作进行规制理论研究的最佳中方合作伙伴，并已与本所合作开展“中国电力工业规制理论”课题的研究。英国牛津大学沃克教授应邀于3月份来所，并与本所研究人员共同探讨季度模型的设计及模型软件的界面，对本所经济形势分析与预测的精确度及实用性有很大的帮助。本所为新加坡报业集团举办的“中国的经济改革与开放”讲座班，对宣传中国改革开放成就，让世界更多的人了解中国起了积极的作用。

本所还分别与牛津大学经济预测中心、美国战略与国际研究中心、日本长期信用银行等合作，分别召开了“2000年中国经济”、“中国电讯产业论坛”和“中日汽车零部件及中国汽车工业"国际会议。特别是11月份与财政部合作举行的"2000年中国经济前景分析与预测"国际研讨会，有16名外国代表和30名国内代表出席、2名诺贝尔奖获得者克莱茵教授和阿罗教授出席了会议，并对中国经济存在的问题提出了独到的见解，其材料上报后，得到江泽民总书记的重视。

人口研究所

人口所全年完成专著8部，228万字；论文37篇，41.4万字；研究报告9篇，12.2万字；资料书2本，140万字；编辑《中国人口科学》杂志6期，61万字；编辑《中国人口年鉴》一本，180万字。

（一）科研工作情况

1. 认真落实院工作会议精神，进行课题清理和学科调整。1994年院工作会议之后，人口所即着手对"六五"、"七五"时期以来所进行的各项课题进行清理，对所有进行中的课题进度提出了明确的要求，并分类排序，确定了所长亲自抓的重点项目。按照"有所加强，有所保留，有所合并，有所舍弃"的原则，确立了以市场经济条件的人口控制机制转变，人口与可持续发展，老年人口社会保障，农业剩余劳动力转移，人口史学，人口分析技术及其在计算机的应用等作为今后一段时期内的重点研究方向。

2. 坚持以科研为全所各项工作的中心，集中全所主要的人、财、物力，抓重点课题，突出组织重点项目进度和提高成果质量。

课题重点集中在院重点项目。有联合国人口基金资助项目"中国家庭经济与生育研究"，"当代中国妇女地位研究"；院重点招标项目"我国大城市吸纳农村剩余劳动力的现状、问题、前景和对策"。两项联合国资助项目分别完成了抽样调查数据集的编辑和出版工作，其中《中国1992年家庭经济与生育10省市抽样调查资料》，国务委员兼国家计生委主任彭佩云作序，认为取得了"比较完整的资料，填补了这方面的空白，是一项具有开创性的成果，对于探讨家庭生育数量同家庭经济之间的关系，如何运用利益导向原则建立人口调控机制很有意义"。当代中国妇女地位抽样调查资料用中英文对照出版，扩大了国际影响，联合国人口基金会驻华代表处表示满意。"吸纳剩余劳动力"课题已进行了理论准备并对现有相关研究成果进行了搜集整理，力争在人口城市化研究中取得新的成果。

3. 兼顾其他重点课题和一般项目，1994年完成了部委招标项目"中国生育率转变研究"、"早婚早育研究"，所重点"改革开放中的人口问题研究"，院重点项目"中国历代人口统计研究"完成了全部8卷的初稿，国家社科基金项目"沿海人口与经济发展研究"，年底完成了专著初稿。"中国现代家庭结构与养老模式研究"完成了三省抽样调查及数据汇总。除了一项青年项目因承担人出国进修经批准延期外，其他课题基本上完成了年度计划。

4. 在首届中国人口科学优秀成果奖评选中，人口所共有7项获奖，其中荣誉奖1项，一等奖3项，二等奖1项，优秀奖2项。

（二）对外学术交流

人口所全年共派遣长期进修6人次，短期学术访问、合作研究5批11人次。接待日本、美国、德国、法国、瑞典、越南、印度和一些国际组织的人口学者和官员20批30人次。不仅巩固了该所以往同美国、日本、西欧、联合国人口基金会等的联系，而且拓展了与北欧、澳大利亚、越南、泰国等学术交流，为提高研究水平奠定了基础，也开辟了新的合作研究项目。

（三）编辑工作

完成了《中国人口科学》与《中国人口年鉴》的分工与分制，理顺工作关系，落实聘任制；二是坚持高标准、高质量、学术性的原则，努力工作，较好地保持了两刊在学术界的信誉，发挥学术窗口和阵地的作用。

《中国人口科学》杂志社，主编田雪原，人员5人，社长杨子慧，副社长徐莉。

《中国人口年鉴》，主编田雪原，编辑部主任高春燕，人员4人。

哲学研究所

（一）科研工作

1994年，哲学所认真贯彻院工作会议精神，进一步调动了科研人员的积极性，密切结合改革开放的形势，有成效地开展各项研究工作，取得了较好的成绩。1994年，该所共发表研究专著29部，译著9部，编辑类图书1部，论文262篇，译文27篇，以及其他科研成果，共计1970.9万字。其中有一些是有影响的集体项目成果，如《中国大百科全书》“自然辩证法”卷和“逻辑”卷。

6月份，该所作为院的试点单位，率先进行了制定“学科调整方案”的工作。这项工作关系到所科研工作发展的大局，得到所领导和全体科研人员的重视。该所成立了学科调整领导小组，并组织各研究室从国内外学科发展的大视野对本学科的发展现状、趋势、本室在此领域中的学术地位和本室的学科布局进行了认真的讨论、研究，分别制定了各室的学科发展研究报告。在此基础上，经过学科调整领导小组和所学术委员会的研究，制定出所的学科调整方案。该方案确定如下四个方面为本所研究工作的重点：

（1）建设有中国特色社会主义理论的哲学基础（哲学分析）；

（2）科技革命与当代社会发展；

（3）哲学与文化；

（4）对当代外国哲学的跟踪研究，以及中国传统哲学与现代文化研究。

并确定以下二级学科为所重点学科：马克思主义哲学；中国哲学；西方哲学；科学技术哲学；伦理学。

根据学科调整的基本设想，该所对各室的学科规划做了相应的调整和补充。为使调整方案有可操作性，还制定了相应的制度和保证措施。

上半年，该所对所内承担的“六五”和“七五”遗留项目、“八五”国家重点项目、社科基金项目以及院所重点项目进行了全面的清理检查。共检查项目116项，其中已完成41项，计“七五”重点项目7项，“七五”一般项目17项，“八五”一般项目3项，院重点项目11项，所重点项目3项。正在进行（未到期）的50项：计“八五”重点项目3项，“八五”一般项目6项，院重点项目7项，所重点项目24项。即将完成的11项，计“七五”重点项目2项，“七五”一般项目5项，青年基金项目1项，院重点项目2项，所重点项目1项。另有14项需要延期或完成有较大困难。

1994年该所申请到国家社科基金项目5项，院重点项目3项。国家社科基金项目是：“儒家思想与东西社会发展模式”，“伊斯兰宗教哲学史”，“自然语言的语义学和语用学”，“关于当代中西审美文化的格调及趣味的比较研究”，“西方马克思主义新动向探析”；院重点项目是“转型时期伦理道德建设的难点与对策”，“20至21世纪社会主义回顾与展望”，“市场经济和文化建设”。

经推荐，该所有6部学术专著获得院的出版补贴。

1994年，该所召开了三次较大的学术讨论会，即：“社会主义社会辩证法讨论会”，“邓小平哲学思想讨论会”，“形式逻辑与逻辑史讨论会”。

1994年，该所共招收硕士研究生2名，博士研究生3名。为了提高研究生质量，组织所内有关专家学者开办了“哲学前沿问题”的专题系列讲座（共16讲），力求学生在学习一开始就能在学术上有一个较高的起点。1994年共有6名研究生毕业，还有一人在职申请学位，7人均通过论文答辩获得博士学位。还组织了博士生导师的申请工作。共有6人获得了博士生导师的资格，他们是：余谋昌、蒙培元、聂振斌、景天魁、刘培育、王树人。

（二）对外学术交流工作

1994年，哲学所共派遣出访35人次，基本与1993年持平。其中较大的出访项目有：10月，以傅青元、靳辉明为团长的4人代表团访问俄罗斯科学院远东所，参加“第四届中国问题国际学术讨论会”，会议主题为“中国，中国文明与世界、历史、当代、背景”。10月，以李景源副所长为团长的4人代表团访问日本伦理学所，参加“中日第八届实践伦理学讨论会”。会议主题为“经济、环境、生命和伦理”。12月，以陈筠泉所长为团长的5人代表团访问澳门，参加“冯友兰哲学思想研讨会”。

1994年该所接待外国和港、澳、台地区的来访学者共33人。根据现有财力，突出重点保证计划协议项目的执行。其中特别应当提到的是，本年度的中英澳哲学暑期学院，该所和上海复旦大学哲学系共同作为中方主办单位。这次合作由于双方互相支持，工作十分顺利。而且由于今年的主题为“哲学和应用伦理学”，十分切合当前经济建设的实际，学员人数大大超过了往年，取得了很好的效果。

马克思列宁主义毛泽东思想研究所

马列所全年共完成专著1部、普及读物1本、工具书1部、学术论文52篇、调查报告2篇、研究报告3篇，共计181万字。

（一）科研工作

1994年新领导班子到任后，根据马克思主义学科发展的需要和我国社会主义现代化建设实践的迫切要求，结合马列所的实际情况，确定了该所的研究方向与任务是："研究马克思主义的基本理论和基本实践，研究科学社会主义问题。重点研究当代马克思主义、社会主义和有中国特色的社会主义理论"。围绕这一研究方向，确定该所的重点学科为：(1)建设有中国特色的社会主义理论；(2)当代社会主义理论与实践。同时，也必须兼顾马克思主义基础理论的研究，通过重点学科建设，推动基础理论研究的深入和拓展。

根据该所的学科调整，相应进行了研究机构的调整。将原有的马克思主义基本理论研究室与毛泽东思想研究室合并，成立马克思列宁主义毛泽东思想研究室；将原有的当代国外马克思主义和社会主义研究室与国际共运室合并，成立当代国外马克思主义、社会主义研究室；新增设有中国特色社会主义理论研究室。在该所图书馆并入院图书馆后，设立文献资料编译室。

为落实该所重点学科建设，1994年新立项三个重点研究课题，课题的研究工作正在进行。(1)关于国外社会主义问题跟踪研究。这是中央交办的、具有连续研究性质的课题。该所的任务是对国外，包括苏联、东欧各国关于社会主义的理论、思想、观点的变化及发展进行跟踪研究，撰写年度研究报告，并进行某些专题的研究。这项课题目前已编发《国外社会主义研究动态》简报19期，增刊2期。关于1989～1994年国外社会主义理论、思潮的综合性学术报告正在草拟中。(2)有中国特色社会主义理论的形成及科学体系。这是院重点课题。已召开过三次小型理论讨论会，初步形成研究框架，并撰写一篇《有中国特色社会主义的理论体系》的论文初稿，有待进一步加工修改。(3)建设有中国特色社会主义的实践类型研究。这是院重点项目。该课题组制定了详细的调查提纲，并已分赴北京市昌平县百善乡、顺义县、河南临颍县、甘肃嘉峪关市、酒泉市、浙江湖州地区进行深入调查。现已完成阶段性成果：北京昌平县百善乡调查报告。河南、甘肃、浙江湖州地区的调查报告已完成初稿。另外课题组成员还参加了农业部组织的"全国农村改革试验区"学术讨论会。

除新立项课题外，延续课题都已按计划完成。(1)院重点项目"从毛泽东到邓小平：中国特色社会主义理论和实践的探索"，已完成30万字的专著《从毛泽东到邓小平——中国特色的成功之路》，由湖北人民出版社出版。(2)院重点项目"马克思主义与中国特色社会主义"，已完成专著《当代中国的马克思主义——马克思主义与中国特色的社会主义》，约三十余万字，目前正在申请院出版基金。

1994年，马列所还召开了"马克思主义与建设有中国特色社会主义"学术研讨会，"马克思主义研究现状与发展趋势学术讨论会”，恢复和加强了与国内学术界的学术联系。

（二）对外学术交流

马列所接待了美国纽约大学教授、马克思主义研究方面的专家奥尔曼。他在该所做了“当代国外马克思主义研究状况”学术报告，介绍了当前国外马克思主义研究的十大流派，并就国外社会主义问题，特别是苏东剧变后如何看待社会主义，与所内学者进行了座谈，收到很好的效果。还先后接待了英国伦敦大学、英国《新左翼评论》、越南社科院等来访学者四批。在出访方面，该所所长靳辉明赴俄罗斯参加国际学术讨论会，了解了当前俄罗斯的一些社会经济现状及理论思潮的新动态，与有关学术机构建立了学术联系。该所还派出一名高访学者赴澳大利亚进修。

（三）恢复所刊《马克思主义研究》

经院党委和新闻出版署批准，马列所主办的学术理论刊物《马克思主义研究》将复刊，1994年进行了刊物出版的筹备工作，将于1995年元月正式出刊。该刊以专门研究、宣传马克思主义整体理论体系为宗旨，本着“坚持、发展、研究、创新”的原则，刊发研究马克思主义基本理论和基本实践的高质量的理论文章和调研报告，特别是有关中国特色社会主义理论和当代社会主义问题的研究文章，同时评介当代国外马克思主义、社会主义思潮，介绍国内外研究马克思主义、社会主义的动态、信息等。本刊为16开本双月刊，逢单月出刊。主编靳辉明。

世界宗教研究所

1994年是我院开展学科情况调研、制订学科调整方案的一年。这一年我院改革力度明显加大，通过改革来促工作、促发展、促稳定，取得了重要成绩。1994年初我院召开了年度工作会议，对全年工作作了部署。宗教所主要工作是以贯彻院年度工作会议精神展开的，全年工作情况包括如下八个方面：

（一）课题清理

该所科研骨干素质较好，治学态度严谨，多年以来成果丰硕，得到院领导和社会上的好评。但因承担课题较多，兼项不少，造成很大压力，也使重点项目不够突出。为此，1994年根据院里指示，对“六五”以来承担的课题完成情况作了全面的评估，分别情况，提出处理意见。课题清理结果表明，全所承担的29个课题中，按时和正常逾期完成的占62%，正在进行的占31%，未完成和撤销的占7%。基本情况良好。清理后，除继续加强对课题的监督管理外，确定了三个关于现状研究的所重点项目，予以扶持。

（二）改组学术委员会

按院工作会议的要求，今后应充分发挥学术委员会在指导学术研究方向、评估科研项目科研成果、职称评聘、培养科研人才等方面的作用。鉴于旧的所学术委员会任期已满，在广泛征求意见基础上，根据任职条件提出新的学术委员会人选，经院里批准，得以成立。新建学术委员会由 13 人组成，体现了老中青相结合、以中青年学者为主的特色和学科代表性，增强了活力。

（三）学科调整

宗教学在我国属新兴人文学科，兼具社会学科、国际学科某些特色。原有七个二级学科、一个三级学科、一个课题组，基本上是按照研究工作的需要设置的。根据需要与可能的原则，对学科设置作了必要的调整，在保留八个学科基础上，撤销条件较差的藏传佛教课题组，同时采取倾斜政策，扶持世界三大宗教和中国道教研究，重视宗教学原理和当代中国宗教现状研究的开展。为此，已将学科调整方案呈报院科研局，待提出修改意见后进一步予以完善，并在今后工作中付诸实施。学科调整旨在人、财、物许可的前提下，扶持优势学科，加强薄弱环节，增强所综合研究的实力。结合学科调整，进一步明确建所方向，在确保历史研究优势的同时，尤应加强理论研究、应用研究、对策研究，从总体上提高现有研究水平。

（四）建立科研成果评估制度

以往的年终考核和晋职考核多流于形式，未与职务评聘挂钩，而职务评定则因僧多粥少和缺少可操作的评定标准而带有一定程度的不合理性。为改变这种状况，按院里要求，在借鉴外单位经验基础上，初步拟定出“科研成果评估暂行办法”，朝着科研成果评估科学化、制度化、经常化的目标前进了一步。由于精神产品的复杂性与学科的多样性，暂行办法也只是粗线条的，缺乏实施细则，肯定是不健全的，其不足之处只能在今后的实践中予以完善。

（五）改进刊物

该所现有两个刊物，为活跃学术生活、培养人才队伍、加强与社会的联系起到了很大作用。但因刊物性质所限和商品经济的冲击等原因，刊物发行量较小，亏损连年上升，对财政支出造成沉重压力。今年院里专门召开了刊物工作会议，强调提高刊物质量、减少亏损。为此，该所多次举行会议，研究解决办法。眼下除要求《世界宗教研究》提高质量外，已将《世界宗教资料》易名为《世界宗教文化》，企望加强与企业界、宗教工作部门、宗教界联系，广开财源，依靠社会支持把刊物办活办好，以走出困境。眼下正在寻找具体可行的办法。

（六）关于“三定”工作

定编、定岗、定职，关系办所的规模、建制和方向，关系到有限的人财物的合理配置。1994 年院里明确提出“三定”问题，旨在引进竞争、激励机制，逐步做到奖勤罚懒、优升劣汰。要求对不超岗多余人员分流、转岗，使建制合理，提高工作效率，克服人浮于事的现象。目前图资人员分流已经完成，4名图书管理人员调转到院图书馆工作。由于种种原因，“三定”工作将持续到1995年才能有明确的结果。

（七）科研工作

科研是所的中心工作。所科研工作是以研究室为中心展开的，各学科带头人起的作用很大，所领导主要是从宏观上把握科研方向、制订科研规划、协调跨学科的科研活动。虽经过课题清理，科研骨干仍感到繁重的压力。据不完全的统计，1994年全所共出版学术专著11部（330万字）、译著2部（20万字）、工具书6部、古籍整理1部（20册）、普及读物5部（125万字）、论文集1部，共发表论文111篇（85万字）、译文5篇和内部报告1篇。其中较重要的专著和工具书有《中国佛教思想史》、《基督教词典》、《中国伊斯兰教百科全书》、《社会主义中国与宗教》、《西方宗教学说史》等。由于科研成果的出版带有周期性，待“八五”前承担的课题陆续完成后将有一批重要成果面世。此外，为开展学术交流，该所主办了有国内外学者同仁参加的多次多学科学术研讨会，其中规模和影响较大的两次学术活动是海峡两岸的“中国传统文化与儒道会通”学术研讨会和“基督教文化与现代化”国际学术研讨会，效果反映良好。规模较大的学术实地考察活动有对西北地区伊斯兰教与民族团结问题的调查研究，引起有关部门的重视。一些研究室还经常举行室际或室内的学术座谈与报告活动。同院内外兄弟单位、宗教工作部门、爱国宗教团体的横向联系继续增强，本所许多学者分别被邀参加各种重要的学术会议与学术活动。

1994年是宗教所成立30周年，为了检阅成果，继往开来，增强凝聚力，12月1日举行了有230人参加的招待会，并举办了学术成果展览会，达到了预期的目的。

（八）外事工作

宗教所外事活动一直是围绕着增进友谊、扩大学术交流这一明确目标进行的。1994年外事活动仍然繁忙，全年学者出访（含公派出国进修）15批18人次，以对韩国、美国和台湾的学术出访较多。应邀和顺访的外国及港澳台学者47批191人。交流数量为历年之最，其中包括院交流项目、来华参加学术会议代表和顺访人员。外事活动中，以前述两次规模较大的学术会议更为重要，起到了增进友谊、加深了解、促进学术交流与合作的积极作用。此外，由外交部安排的宗教所部分学者与联合国人权报告员的座谈及其后外交部新闻司安排的就我国宗教状况的非正式“吹风会”（对外国驻京记者）也取得了良好效果。受到外交部的赞扬。

总体上说，1994年全所工作较有起色，新的领导班子及党政关系是团结融洽的，既有分工又有合作，有序地开展工作。全所基本上是安定的，具备了一个比较宽松的团结合作的科研环境。但由于本所遗留的一些问题，加之现实利益的冲突，人际关系中仍有不够协调的一面，今后如何进一步加强团结、理顺关系，健全各项制度、增强纪律约束、从严治所，仍有大量工作要做。

考古研究所

（一）科研工作

1994年度田野发掘项目16项，大部分完成。本年度考古所列入重点发掘的项目均取得了良好效果：配合三峡工程在四川巫山县调查87个遗址和墓地，完成了3000平方米发掘任务，取得重要收获；安徽蒙城县尉迟寺原始聚落遗址继续进行发掘，取得了一批新资料，山东队在滕州前掌大商末周初墓地有重大发现，发掘墓葬11座，出土青铜器数百件，其中20余件带有铭文。河南偃师商城遗址今年在西城墙中发掘一座保存较好的城门遗迹。陕西麟游唐九成宫37号殿址发掘工作圆满结束。此外，该所还在西藏贡嘎县昌果沟遗址、河南偃师二里头遗址、西安汉长城遗址、洛阳汉魏故城永宁寺西门遗址及胶东半岛贝丘遗址等调查和发掘，以及配合丹江水库工程的调查，京深高速公路工程在邺城范围内的发掘，安阳殷墟、洛阳唐城等遗址配合基建的发掘工作，都取得了较大收获。现将1994年获得全国十大考古新发现的三项成果简介如下：

尉迟寺新石器时代聚落遗址　共清理出大汶口文化时期房屋遗址31间，墓葬156座、灰坑及窖穴147座，获得陶、石、骨等类文化遗物近万件。该聚落外绕以围沟，房屋多作连间排房式，既排列有序，又形式灵活，墙体厚重坚实，制作时一般先挖基槽再植木柱，以红烧土块拌泥抹砌成墙体，最后经火烧烤；居住面大都反复打磨光滑并抹白灰，有的还涂有红彩；屋顶作一面坡式。室内遗物大多原状保存，种类略有不同。这些发现，不仅是中国古代建筑史研究的宝贵实物资料，填补了大汶口文化发现三十多年来聚落研究的空白，对复原苏、鲁、豫、皖相邻地区史前文化的聚落形态也有重要价值。1989～1994年由我院考古研究所在安徽蒙城县毕集村尉迟寺8次大规模发掘。

前掌大商周贵族墓地　共发掘商周之际薛国贵族墓11座，基本未被后代扰乱，结构完整，随葬器物组合清晰，但墓葬之间等级差别较明显，共出土文物近千件，其中青铜器200余件，玉器20余件，漆器近20件，大都工艺精湛，保存完好，鼎、爵、卣、角等数十件青铜器上还铸有铭文，为研究商周之际薛国历史文化、埋葬制度提供了完整的实物资料。其中规模最大的11号墓出土铜胄13件，数量多，形制特殊，在同时期墓葬中罕见，对中国胄类兵器研究意义重大。2件提梁卣、2件提梁壶和1件罍中还封存有清澈透明的液体，可能是当时的酒，亦较为难得。这项由我院考古研究所于1994年10～12月在山东滕州市前掌大遗址进行的发掘，还清理殉马坑2座、祭祀设施及水井各1处。

麟游隋仁寿宫、唐九成宫37号殿址　为隋、唐时期离宫仁寿宫及九成宫中部偏东的一座宫殿基址，初建于隋，毁于唐开成元年（836），至今保存完整，雕饰精美，不仅填补了中国建筑史上隋代宫殿建筑的空白，对复原隋代建筑也有重要参考价值。殿址由我院考古研究所于1989～1994年在陕西麟游县城全部揭露，其坐北朝南，东西42.62、南北31.72米，面阔9间，进深6间，殿身中间设一面阔5间、进深2间的内殿，殿阶基内用纯净黄土夯筑，四壁用石材堆砌，阶基下四周设散水，南壁设登殿用的分作3部分的踏道，中部石阶为专供皇帝使用的“陛”；西、北、东壁各设2条与6条回廊相接的踏道。该殿基址柱础大都置于原位，榫卯、腰铁固定等细部做法亦十分清晰，实属难得，同时大部分石构件均雕刻“绶带玉环忍冬”等纹样，纹饰古朴大方，线条流畅，颇具北朝遗风，为隋代雕刻艺术杰作。

此外，《苏秉琦考古学论述选集》荣获1994年国家图书奖。

本年度出版专著15部，281万字，学术论文94篇，112万字，研究报告26篇，33万字，学术资料两部，4万字，编辑《考古》12期，《考古学报》4期，258万字。

（二）对外学术交流

1994年派出15批，27人次，其中包括美国、英国、日本、印度的进修项目，涉及8个国家和地区。本年度接待来访学者27批，172人次，涉及7个国家和地区。本年度在日本举办“中国王朝诞生展”。

历史研究所

1994年，历史研究所围绕年初院工作会议的部署，以学科调整为中心，推动全所各项工作的开展，初见成效。

历史研究所作为全院学科调整的试点单位，自2月底开始传达动员，经过整整半年的努力，到8月末，学科调整方案已报请院领导批准。本所进行学科调整的基本原则是：稳定科研队伍规模，以断代史为基础，把专门史作为学科发展的前沿和生长点，既不缺环，又突出重点，从而集中优势力量，多出优秀成果和人才。经过学科调整，研究力量适当集中，研究室由原11个缩减为9个，初步建成研究室与研究中心相结合的研究体制。现有研究室为，断代史室4个：先秦史、秦汉魏晋南北朝史、隋唐宋辽金元史和明清史；专门史室5个：思想史、中外关系史、历史地理、文化史和社会史。原有甲骨文与商代史研究中心和徽学研究中心保留，分别隶属于先秦史和明清史两研究室，经报院科研局批准近期又将成立研究中心两个，即古代服饰研究和简帛研究中心，此两中心分属文化史研究室和秦汉魏晋南北朝史研究室。鉴于敦煌学研究的重要地位和本所的客观条件，原敦煌文书研究课题组仍以旧有形式予以保留，隶属于隋唐宋辽金元史研究室。经院人事局批准，年内，本所各研究室及研究中心负责人的聘任工作已经大体就绪。

为深化体制改革，实现科研管理工作的规范化，这一年，本所以学科调整为中心，深入进行调查研究，认真抓了科研制度建设。截至1994年底，《科研管理条例》、《研究室工作条例》、《科研人员年度考核量化办法》，在广泛征求群众意见的基础上，已陆续付诸实施。

历史研究所素以学风严谨、笃实著称，这样一个好传统，是四十年来本所全体成员辛勤劳动的结果。所里十分珍视这样的传统，所领导一直在各种场合强调学风建设的重要性，今年所制订并出台了《科研人员年度考核量化办法》。针对近期学术职称评定工作中出现的片面追求学术成果数量的倾向，也考虑到忽视完成集体科研计划项目的现象，根据把学术评估与学风建设相结合的思路，制订本条例。条例内容重视代表作质量，对承担集体项目的科研人员政策倾斜，进行鼓励。所领导希望以此发扬光大老一辈史学家开创的优良传统，弘扬爱国主义、集体主义的时代主旋律，并贯彻于业务工作中。

经科研人员一年兢兢业业，艰苦奋斗，取得了可喜的成绩。截至12月中旬，该所科研人员已出版专著17部，论文198篇，译著5部，学术性普及读物和工具书、资料汇编等3部，诸多研究成果中，尤以《睡虎地秦简日书研究》、《中国学案史》、《夏商社会生活史》、《资治通鉴疑年录》等，具有开拓意义。

1994年历史所主办的《中国史研究》、《中国史研究动态》共编辑出版16期。其中《中国史研究》第四期作为建所40周年庆祝专刊，将本所部分老中青研究人员的学术心得汇编成册，大体反映了本所目前的研究水准，相信能够引起史学界的重视。作为献给建所40周年的礼物，科研处全体同仁编辑出版了《中国社会科学院历史研究所》(1954～1994)，本书就历史所的简史、机构、图书收藏及科研人员主要论著目录加以介绍。

历史所1994年承担的国家社科基金项目、院重点项目有25项。其中1994年前开始承担，沿袭下来的项目，有《中国古代经济史断代研究》，负责人林甘泉；《中国历史文物图集》，负责人李学勤，《中国老一辈马克思主义史学家的史学思想》，负责人施丁；《西域佛教文明》，承担者吴焯；《中国沿海城市发展史》，承担者傅崇兰；《中西艺术纹饰的比较研究》，承担者芮传明；《汉唐寺院文化史》，承担者张弓；《殷商史》，承担者胡厚宣；《清代的家庭规模、职业结构和婚姻状况》，承担者郭松义；《古文字与古代社会》，承担者张政烺；《彝族史要》，承担者易谋远；《先秦两汉魏晋南北朝与西域关系史研究》，承担者余太山；《唐朝与西域关系史研究》，承担者吴玉贵；《中日中国古文字与古史研究之比较》，承担者王震中；《明清海外政策比较研究》，承担者万明；《中国古代国家的起源与形成》，负责人王宇信；《中国古代军事制度史》(10卷本)，负责人陈高华；《徽州文书研究》，负责人周绍泉，《英藏敦煌文献研究》，负责人宋家钰；《中国历代彩色服饰图录》(6卷本)，负责人王孖。1994年新立项的课题，有《蒙藏文化关系史》，承担者丁守璞；《尹湾简牍研究》，负责人谢桂华；《中国地名学源流》，承担者华林甫；《长江三峡历史地理研究》，负责人陈可畏。

根据院科研局的部署，今年上半年，本所对计划课题做了一次认真的清理。原所重点项目“文化热”的反思尚不具备完成条件，为确保其他计划课题的进行，该所果断地将此课题予以撤销，同时遵照院科研局的安排，国家社科基金原赞助的四个项目也予以撤销。这四个项目是：《中国古代社会生活史》、《西周封国制度研究》、《明末清初的中西文化交流史》和《理学与社会生活》。与此同步，该所采取有力措施，缩短战线，分工负责，对尚在进行的重点计划课题加强管理。由于措施得力，责任明确，课题进展情况迅速好转。《中国历史文物图集》魏晋南北朝、春秋战国两卷已陆续交稿；《中国古代社会生活史》中的夏商卷已出版，其他各卷大都已加快速度；《中国古代经济史断代研究》亦正加紧进行中。

1994年是历史所建所40周年，12月23日，历史所建所40周年的庆祝大会在院学术报告厅成功举行。为筹备此会，自年初以来，各职能处室皆抽调大量人力，不间寒暑地工作。在开展学术活动和对外学术交流方面，从本年始，每月由各研究室主办学术月会，请本所或外单位人员做专题学术报告。此外，以本所青年研究人员为骨干的“史学沙龙”季会曾以

“中国文明的起源”为题，成功地举办了学术报告会。

历史所对外学术交流方面，1994 年全年共派出访问学者 32 人次，接待国外和港澳台地区来访学者 14 人次，截至 12 月中旬，尚有外国学者 6 人在本所访问和进修。我院委托本所承办的首届国际汉学会议，将于明年一月初在海南省海口市举行，目前准备工作已就绪。届时将有来自国内和欧、美、日、韩等国及港台地区的高层次学者八十余人出席。

挂靠在历史所的学会有五个，具体为先秦史学会、殷商文化史学会、秦汉史学会、魏晋南北朝史学会、中外关系史学会。先秦史学会会长李学勤，副会长孟世凯等六人，秘书长孟世凯。殷商文化史学会会长胡厚宣，副会长李学勤、田昌五、李民等，秘书长田昌五，副秘书长杨升南、王宇信。秦汉史学会会长高敏，副会长李祖德、张荣芳、熊铁基、刘修明、葛剑雄、张传玺、黄今言，秘书长田人隆。魏晋南北朝史学会会长朱大渭，副会长黎虎，秘书长周伟洲，副秘书长童超、许辉、王光祖。中外关系史学会会长缺，副会长陈高华、夏应元等，秘书长耿昇。

近代史研究所

（一）科研组织工作

为适应形势发展，有利于多出人才、多出成果，1994 年根据院工作会议精神和部署，近代史所在科研组织方面主要进行了课题清理与学科调整工作。课题清理，即对历年承担的国家、院、所重点项目和中华社科基金项目、青年社科基金项目共 60 个，逐一进行检查、清理。总的做法是：从实际出发，凡按计划进行的，在人力、时间上给以保证；限期能够完成的，要求制定切实可行的完成计划的具体措施，加快进度；无法继续进行、难以完成或限期仍无法完成的，则按规定予以撤销。经过清理，在听取项目负责人意见和反复论证的基础上，共撤销了 9 个项目，9 个项目中，两个为项目承担人病逝；4 个因项目负责人年事已高或人员不齐或对项目难度估计不足难以完成；其余 3 项系限期无法完成。对限期无法完成的 3 项，即《中华民国史》、《中国国民党史》、《中国近代史学理论的发展》，虽撤销其社科基金或国家重点项目名义，但仍在继续进行，所里也将继续给以支持，以促其完成。

学科调整是保证把我院建设成为学科布局合理而又重点突出的、人员精干而又高水平的、开放而又充满活力的马克思主义坚强阵地的重大举措。根据院的部署，近代史所在 1994 年始终把做好学科调整作为一件大事来抓。通过召开各种座谈会和发动全所就客观需要和实际可能进行认真讨论，大家进一步明确了办所目标和研究方向，并由此确定了所学科调整应本着保持并加强原有学科优势，培植新的优势学科，调整个别学科专业设置的思想进行，实行保持稳定、局部调整、减少震荡的方针。同时，根据各研究室的发展历史及其在学术界的地位，学科带头人的情况，人才的结构，及承担重点研究课题等情况，确定三个学科（含六个研究室）作为本所学科重点，即属于近代政治史学科的近代政治史研究室、中华民国史研究室、近代中外关系史二室，属于近代经济史学科的经济史研究室，属于近代文化史学科的近代思想史研究室、史学理论研究室。对继续保留的学科，将尽可能创造条件予以扶持，并积极稳妥作好合并学科的工作。由于大家认识比较明确，普遍感到学科调整有利于进一步调动研究人员的积极性，有利于所的发展，整个工作未引起大的波动。

（二）重要科研成果

1994年，近代史所出版和完成专著25部，约784.7万字；个人论文集2部，约65.5万字；译著4部，约90万字；资料书10部，约629.5万字；普及读物3种，约28.6万字；发表论文124篇，约148.2万字；一般文章30篇，约14.09万字；译文14篇，约56.42万字；撰写书评、杂文以及各类工具书辞条，共约14万字。科研成果比上年有明显增加。较为重要的有《中国通史》出齐全10卷，《晚清兵志·陆军志》、《晚清兵志·军事教育志》，《天朝的崩溃——鸦片战争再研究》，《淮军史》，《梁启超》，《中国新民主主义革命史长编》第6卷《从内战到抗战》，《二十世纪中国史纲》，《中国托派史》，《十九世纪的香港》，《抗战期间的中外关系》，《胡适遗稿及秘藏书信》等。其中，余绳武、刘存宽主编的《十九世纪的香港》为“七五”国家重点项目，33万字，由北京中华书局和香港麒麟书业有限公司在京港两地出版，颇获社会好评。新华社和中国新闻社专门发了通迅稿，香港中文大学历史系指定该书为教学参考书。由耿云志主编的《胡适遗稿及秘藏书信》，是一部大型资料书，42册2万余页，影印出版后引起海内外极大兴趣。

此外，为配合爱国主义和国情教育，还应《北京日报》约稿，组织本所研究人员开辟“勿忘国耻”专栏的编写，引起社会强烈反响。其中茅海建《请不要重修圆明园》，提出为让人们永远记住帝国主义侵略中国的残暴行径，应该“让那些残破颓败、触目惊心的废墟，昭示着国耻！时刻让人们警醒：到底是什么，使昔日的万园之园，变成了今日的一片残垣”？刊出后曾由《报刊文摘》等报刊转载或摘登。张海鹏接受《北京日报》记者采访，在“勿忘国耻”专栏发表专访20多篇，连续半年，获得社会各界好评，专访在国内外多种报纸上转载。

由于重视和加强计划管理，1994年无论集体项目还是个人承担的专题研究，也大都能按年初制订的计划进行。这是取得较多成果的重要原因之一。有的还提前完成了预定的进度计划。如由章伯锋、庄建平承担的院重点项目《抗日战争史资料》，共800万字，原定1995年底完成，预计在1995年4月底将编好，比原计划可能提前8个月时间。由李新主编、民国史研究室承担的《中华民国史》为多卷本专著，前些年进展缓慢，以致未能按原计划完成而被取消了社科基金项目名义。但该室仍决心全力完成，并为此召开会议，制定详尽计划，进一步明确了各卷作者的责、权、利。由于统一了思想，加强计划管理，《中华民国史》将会加快进度。

（三）对外学术交流

1994年，近代史所共有8人出国参加学术讨论会或进行学术访问。访问回国后，都按要求写了较详细的“出访汇报”，并在研究室或较大范围内介绍了他们的访问情况。从“汇报”和反映看，他们都十分珍惜出访机会，在有限的时间同不少学者、学术机构建立了学术联系，查阅并发现了许多珍贵的资料，可以说都取得了较大收获。

1994年，接待美国、澳大利亚、俄罗斯、日本、韩国、印度等国和香港、台湾地区的来访学者共23人，对来访学者，无论是新识，还是旧交，都热情接待，对其合理要求，均尽量予以满足，同时尽可能多地安排他们同本所研究人员座谈，并请其就研究的课题或其所在国学术界的情况作学术讲演，借以增强相互了解，促进学术交流。

需要特别提出的是，在23名来访学者中，有4人是该所主动邀请来访问的，时间均为两周。其中，1人访问期间费用由院负担，3人由该所负担。尽管该所外事经费紧张，仍邀请他们来访，以期同海外有影响的学者建立更直接、更紧密的学术关系。实践证明，主动邀请和一般接待的效果是不一样的。今后，在经费许可的情况下，将继续安排邀请一些与本所学科建设关系密切，在海外有较大影响的学者来所访问。

（四）刊物

1994年，《近代史研究》、《抗日战争研究》均按时出版。《近代史研究》为双月刊，共出6期，1～3期主编为夏良才，副主编梁尚贤：自第4期起主编为曾业英，副主编雷颐。《抗日战争研究》为季刊，由中国抗日战争史学会主办，近代史研究所编辑，共出4期，1～2期主编张海鹏，副主编曾景忠；自第3期起主编张海鹏，执行主编曾景忠。

1994年《近代史研究》发表的论文对中国近代的社会经济、政治、军事、文化、思想、外交和人物等方面作了较深入探讨。其中第2期皮明勇《海权论与清末海军建设理论》一文，从以往人们所忽略的中国近代海权观的发生、发展与海军建设的关系作了开拓性探索与研究；第4期徐宗勉《关于近代中国政治民主化进程的几点认识》一文，对民主观念在近代中国演进尤其是与“革命政治文化”的关系作了深入研究。这些文章受到学术界普遍好评和重视。

1994年《抗日战争研究》针对日本内阁成员永野茂门发表否认日本侵华罪行的谬论，组织部分学者（编委）笔谈，予以批驳；结合纪念中日甲午战争100周年，发表了北京、大连、威海和台北等地举办的甲午战争研究学术讨论会的综述文章，共5篇；组织了对日军编制军衔译名问题（为日本的“师团”、“旅团”、“联队”，要不要改译为“师”、“旅”、“团”，“大将”、“少佐”要不要改译为“上将”、“少校”）不同意见的讨论，多数学者认为日军编制有其特殊性，有些字词借用日文汉字已约定俗成，似宜保持旧译不改为好；继续引导加强抗战时期经济、文化和社会生活等比较薄弱环节的研究，共发表这方面内容的文章12篇，其中包括抗战时期中国的铁路运输、上海孤岛与大后方的贸易、国民政府与日伪的金融战、晋察冀边区的救灾渡荒工作和香港的内地难民等问题；发表抗战时期中外关系研究的论文资料13篇，内容包括中英美交涉西藏问题和纳尔逊访华的史料，中美平等新约谈判、国民政府支持韩国独立运动等；全年共组织发表书评10篇。此外，还新开辟了“抗战时期报刊”栏目，发表了介绍《救国时报》、《救亡日报》、《抗战》等报刊的文章。

（五）学会

中国史学会：会长戴逸，副会长丁伟志、王庆成、齐世荣、李侃、张磊、张椿年、林甘泉、金冲及，秘书长张椿年。1994年，主要组织了下列活动：（1）积极组织中国历史学界代表团，参加1995年在加拿大蒙特利尔召开的18届国际历史科学大会。（2）申办2000年第19届国际历史科学大会在北京召开的筹备工作，并为此两次派代表出访国际历史科学委员会秘书长，在京接待了该委员会的主席及成员国的代表。(3) 参加举办9月在山东威海召开的甲午海战100周年国际学术讨论会，5月在江苏常熟召开的甲午战争与翁同龢学术讨论会，11月在湖南邵阳召开的纪念魏源诞辰150周年国际学术讨论会。(4) 编辑出版《中国历史学年鉴》一本，《中国史学会通讯》试刊两期。

抗日战争史学会：会长刘大年，执行会长白介夫，秘书长白介夫兼，副秘书长张海鹏、张春祥、张承钧等。1994年主要集中精力组织“抗日战争史丛书”的编写，于5月、8月先后召开两次书稿审定会。同年，并编辑出版6期《中国抗日战争史通讯》。

中国中俄关系史研究会：会长余绳武，副会长吕一燃、刘存宽、孟宪章、罗明、特布信，秘书长薛衔天。1994年除开展一般性学术活动外，主要筹备1995年与黑龙江省社会科学院、中国史学会东方历史研究中心联合举办的中俄关系史学术讨论会。

中国现代文化学会：会长丁守和，副会长耿云志、杨天石、陈昊苏、高占祥、张椿年等，秘书长杨天石。1994年，协助陈独秀研究专业委员会于年底在四川江津召开陈独秀讨论会。组织编写《中国文化史》、《近代中国国情百科》等书。

世界历史研究所

1994年，世界历史所从主客观的实际出发，对研究课题进行了认真的清理、调整和增设，并坚持开展经常性学术活动。该所承担国家、院重点项目共20项。已完成拉美资本主义发展、赫鲁晓夫时期的苏联、英美科技政策史研究、早期奴隶占有制社会比较研究、德意日法西斯体制研究、日本传统文化与现代化6项，其中已出版专著《法西斯体制研究》，5项均交出版社。其他14个项目都按原定计划进行。增设了一个院重点课题“西欧北美工业化时期农业劳动力的转移问题”。

该所紧密结合课题研究，组织了12次全所性学术报告会。报告的专题有古代王权与专制主义、欧洲工业革命、当代伊斯兰运动、苏联演变的原因与历史教训等。计有350余人次参加上述报告会。

1994年发表各类科研成果，计有专著1部，论文62篇，论文集1部，研究报告4篇，编著1部，译著1部，工具书1部，普及读物3种，文章45篇，译文3篇，共计700.47万字。

对外学术交流：1994年世界历史所接待来访外宾10批14人次，安排本所人员出访11人次。

文学研究所

按照院1994年工作会议精神，文学所和少文所本年度做了如下几方面的工作：

（一）建立联合党委，调整有关机构和配备处室干部

根据院党委的决定，实行党委领导下的所长分工负责制，文学所和少文所联合党委于本年4月正式成立，共有党委委员七名，由冯志正任书记。联合党委的运作，按院制定的党委工作条例执行。两所各党支部也进行了改选；还建立了两所党的纪律检查委员会，有委员5名，冯志正兼任书记，樊发稼为副书记。党委建立后按照革命化、专业化和年轻化的要求和精简机构的精神，首先研究处室干部配备与机构调整问题。至6月完成了这项工作，新任命处室干部文学所3名。两所行政、人事、科研管理机构于6月完成合署办公，分头管理。两所图书馆于12月进行合并，各保留专业阅览室。少文所撤销理论室、西北室和内蒙东北室，建立北方室、南方室、当代室、蒙文室、藏文室。文学所撤销鲁迅研究室，将资料室改为学术动态研究室（对外称中国文学信息交流中心），其他理论室、民间室、比较室、当代室、现代室、近代室、古代室、台港室维持原建制。《文学评论》、《文学遗产》和《民族文学研究》编辑部保留，《中国文学年鉴》编辑部归学术动态研究室。由于离退休人员近百，文学所还成立了老干部服务部。原两所图书馆上调院图书馆的人员已在12月全部完成调动，余下人员组建两所图书分馆。

（二）深入学习邓小平有中国特色社会主义理论和中央有关会议精神

按院党委的部署，两所所级领导干部参加了院举办的《邓小平文选》第三卷的读书班，对邓小平建设有中国特色的社会主义理论进行学习讨论，其后又组织处室干部和工作人员进行学习，着重弄清什么是社会主义，何谓中国特色，如何建设等几个问题。另选派两名处级干部进党校分校学习三个月。请有关领导同志到两所作过辅导报告两次。此外，还组织了对党的十四届四中全会文件的学习，以加强党员和全体工作人员的思想建设，提高建设有中国特色社会主义的自觉性和健全党的基层组织建设的自觉性。

（三）清理课题，调整学科

为使科研管理规范化、科学化，按院的统一要求，首先进行现有科研课题的清理工作，检查各课题的完成情况，重新审定计划完成的时间，对延期多次仍未能完成的课题予以撤销。其次，进行学科调查和调整，先召开全所大会进行动员，其后又召开老干部和青年研究人员等各种会议，广泛征求意见，各研究室均写出调查报告，全所又经学术委员会和所长办公会、联合党委会讨论，制订和通过了两所的学科调整方案，听取院科研局意见后又作了修改，现已上报。根据两所具体情况分别制定了科研管理条例和科研成果评估方案，也经反复讨论修改，上报了人事教育局。经调整的两所学科重点是：（1）文学所以文艺理论、古代文

学、现当代文学为重点学科，所领导本年抓的重点科研项目为中国文学通史系列、马克思主义美学思想史、中国当代文学史；（2）少文所以史诗研究、各民族文学关系研究和当代民族文学研究为重点，所领导抓的重点科研项目为各少数民族文学史和清代蒙汉文学关系研究。全年两所完成的科研成果如下：两所出版专著24部，计560万字，发表论文364篇，出版的工具书4部，289万字，作品选集、资料集78部2324万字。此外，《文学年鉴》编出两卷。《文学评论》、《文学遗产》各出6期。《民族文学研究》出版4期。

（四）开展学术交流，培训学术人才

文学所有关单位本年独立举办和参与举办的大型学术会议计有：世界华文文学国际讨论会、赵淑侠作品国际讨论会、文化市场与文化建设研讨会、近代文学研讨会、现代文学讨论会、世纪之交文学选择研讨会、建设有中国特色的马克思主义文艺理论研讨会、近代戏曲研讨会、儒学与文学研讨会等；少文所独立或参与举办的大型学术会议有：《玛纳斯》史诗国际研讨会、纳西族20世纪文学研讨会。两所派出人员参加国内各种学术会议共56人次，参加境外举办的学术会议14人次。到国外的出访进修学者共8人次。接待来访的学者、作家共16人次。由所科研处与理论室举办的学术讲座共19次。由所组织召开的学术信息交流会共4次。通过上述学术交流活动，扩大了两所人员的学术视野，并积极吸收了当前各学科的研究新成果。此外选派学习电脑操作人员1名。由研究生院文学系举办作家班一期，以文学所名义举办的培训和辅导文学爱好者的各种研讨会共3次，计有学员260人。

评定提升1993年度正高职称7名，副高职称13名，中级职称1名；本年度提升正处干部2名，副处干部1名，新增人员1名，调出人员3名。为加强博士点建设，新增博士导师二名。

此外，刘跃进的论文《论竟陵八友》（《文学遗产》1992年第3期）获1994年我院与共青团中央联合举办的第一届全国青年优秀社会科学成果二等奖；李洁非的论文《死与美——对古典戏曲命运的理性认识》（《上海戏剧》1993年第1期）获第八届华东田汉戏剧奖二等奖；杨镰的专著《贯云石评传》（新疆人民出版社1989年版）获第一届中国古代散曲论著优秀奖。

从上述完成和进行的工作看，两所存在的主要问题是：（1）两所总体上保持了思想稳定与安定团结的局面，但在新的历史条件下，如何进一步加强思想政治工作，特别是加强工作纪律，加强学术思想的领导，还有待进一步努力。思想涣散、工作松懈的现象仍然在各部门不同程度地存在，一些人员胸中无大志，不能刻苦，视科研计划如儿戏，玩忽职守等表现必须逐步设法整顿，以保证全所各项工作的正常运转和科研任务的完成。（2）有些环节管理不严和管理不善。尤其是涉及财务、物资和图书资料的管理部门以及创收部门均有一定疏漏。文学所人数多、部门多，这方面存在的问题尤不应忽视。在财物管理和创收中出现的若干责任事故，就与管理不严和不善相关。（3）由于通货膨胀人头费和医疗费所占比重过大，创收方面一时也难以开拓大的财源，两所科研工作均受到影响。正常工作出差已无法保证，民间文学和民族民俗文化调查已实际停止。文学所自本年4月后已停发全所岗位津贴，只维持坐班人员的津贴。去年文学所占用的课题经费22万元，至今尚无法全部归还。明年如不增加拨款，预计开支将更加困难。（4）两所职能部门合署办公虽已实行，但少文所意见较多，研

究人员深感不便，害怕两所走向实际合并。这方面的问题如何解决，尚须进一步研究。(5) 档案工作虽然取得了一定的成绩，但尚未作到集中统一管理，因而还有些薄弱环节有待改进。

附录： 中国毛泽东诗词研究会

成立于1994年12月26日，由中国社会科学院文学研究所主办。

本会宗旨：本会遵循党的基本路线，以马列主义、毛泽东思想和邓小平建设有中国特色社会主义理论为指导，组织会员开展毛泽东及老一辈无产阶级革命家诗词研究，为推动具有中国特色社会主义文学艺术事业的发展，提高整个中华民族文化素质，建设社会主义物质文明与精神文明作出积极的努力。

业务范围：独立或协助有关部门开展对毛泽东及老一辈无产阶级革命家诗词实践及有关革命实践文献资料的征集、搜集、考证、修订、研究、整理、注释、编辑、出版工作。开展对毛泽东及老一辈无产阶级革命家诗词实践及有关革命实践的调查和研究工作，建立毛泽东诗词学学科研究体系，编辑出版学术刊物、学术论著和研究论文。承担毛泽东及老一辈无产阶级革命家诗词研究方面的重点研究项目，组织重点研究项目协作，总结研究经验，评选优秀研究成果。举办毛泽东及老一辈无产阶级革命家诗词实践及有关革命实践展览会、报告会、学术讨论会。开展同国内国际有关学术团体的学术交流与合作。

会　　长：贺敬之
常务副会长：何其任等3人
副 会 长：杨子敏等5人
秘 书 长：陶国斌
副秘书长：李捷等3人
通讯地址：北京市建国门内大街5号文学所
邮政编码：100732

少数民族文学研究所

1994年在联合党委的领导下，少文所认真贯彻、落实院务工作会议精神，解放思想，深化改革，集中精力抓科研。年内全所进行了学科调整，确定了今后科研工作的重点和整体发展目标。对所承担的国家、院、所三级重点课题进行了全面的检查和清理，加强了对课题的管理。通过所科研管理工作条例和量化考核试行方案的制定，促进了科研管理工作的规范化与科学化。

1994年是少文所建所15周年，15年来全所科研队伍的整体水平不断提高，科研骨干发挥着越来越重要的作用，学科优势也日益明显。这些都为今后的科研工作新发展提供了重要条件。

1994年在科研工作上取得显著成绩，具体情况如下：

（一）1994年科研工作完成情况

1994年，全所在编科研、编辑、图资、会计各系列总计42人。其中，研究员5人、副研究员、副编审、副研究馆员14人，助理研究员、编辑、图书馆员22人。年内长期出国进修2人，合作研究1人，停薪留职2人，调外所1人，调院图书馆2人，调文学所图书馆2人，年底实际参加考核人员36人，其中研究人员22人，编辑人员7人（包括一名暂借人员），图资人员6人，会计1人。

全所全年完成并出版各类科研成果72项，约251.44万字。其中出版专著5部，计112.1万字；译著2部15.6万字；学术论文44篇37.84万字；学术资料1部14万字，译文8篇9.6万字；普及读物1部15万字；一般文章9篇7.3万字；编辑《民族文学研究》4期，40万字。

（二）制定学科调整方案

1994年院工作会议确定了我院的发展模式，以及为实现这个模式必须采取的措施，学科调整便是其中重要的一项工作。

根据科研局的统一布置，少文所在各研究室对本学科现状发展趋势以及在本学科所处地位进行分析的基础上，广泛听取所内外科研人员、专家学者的意见，在确定今后办所方针的基础上制定了学科调整的原则即：（1）扬长避短，发挥优势，突出重点学科；（2）大力扶持有发展潜力的新学科；（3）在突出重点学科的同时，要兼顾各学科的发展与繁荣；（4）要突出重点，就要收缩战线，对于一些基础薄弱的学科要坚决予以舍弃；（5）对重点学科今后在进人、立项目、经费分配、出版补贴诸方面予以倾斜。

根据这一原则确定了三项一级重点学科，即少数民族史诗研究；中国当代少数民族作家文学研究；中国各民族文学关系研究。

在"九五"期间，该所将对蒙、藏、满、维、彝语支（彝、纳西）六个民族的文学进行重点研究。

为确保上述重点学科任务的完成，本年对研究室也作了相应的撤并和调整，并且修订了研究方向。调整后的研究室为六个：即蒙古族文学研究室、北方民族文学研究室、南方民族文学研究室、藏族文学研究室（格办）、当代少数民族文学研究室、《民族文学研究》编辑部。

学科调整以后，将对所的科研工作产生积极的影响，并将尽快形成新的学科优势。

（三）加强重点课题的管理

"八五"期间，少文所共承担各类重点课题17项。其中"八五"国家级课题2项，社科青年基金课题3项，院级重点课题4项，所级重点课题6项，此外还有"七五"国家重点课题1项，院级重点课题1项。

1994年上半年，对重点课题进行了清理，并且逐项落实完成要求。根据目前承担的17项课题，基本上都应在1993～1995年内完成，因此1994、1995年是关键，本年重点课题完成情况较好，已经完成的有4项，并已出版或陆续出版。

(1)“七五”国家重点课题已完成的有《中国少数民族民族史诗研究》，设计最终成果为5部专著，现已出版4部：《〈玛纳斯〉论析》、《〈格萨尔〉与藏族文化》、《原始叙事性艺术的结晶——原始性史诗研究》、《〈江格尔〉论》，根据这一课题的完成情况，本年已办理了结项手续。

(2)“七五”院级重点课题《中国少数民族当代文学研究》，设计最终成果为2部专著，1993、1994年已分别完成和出版，即《历史的足迹——论民族文学与文化》、《多重选择的世界——当代少数民族作家文学的理论描述》。

(3)社科青年基金课题《藏族原始信仰与神话研究》(1990～1992)，承担人谢继胜，设计最终成果为1部专著《风马考》，1994年正在联系出版，并将办理结项。

(4)所级重点项目《满族萨满神歌译注》(宋和平承担，1993年已完成)、《中国多民族文学史论》(邓敏文承担，1992～1994)，1994年已完成并即将出版。

即将完成的课题有2项，《彝、纳西族经籍文学研究》(白庚胜、巴莫承担，1991～1993)最终成果为2部专著，现已完成一部，另一部1995年上半年完成，并准备于1995年上半年办理结项。《蒙古胡尔齐故事研究》(斯钦孟和承担，1991～1993)，最终成果为1部专著，1995年上半年完成并办理结项手续。

1995年应完成的课题目前进展情况：

“八五”国家重点课题《中国少数民族文学史·文学概况丛书》(刘魁立、邓敏文承担，由少文所牵头，组织全国民族文学研究力量协同完成的项目)，该课题“七五”期间已经完成20个民族卷的撰写与终审工作。“八五”期间计划再完成25个民族卷。1994年末已经出版的有侗、毛南、布依、纳西、仫佬、京、蒙古、赫哲、鄂伦春、藏、保安、东乡、羌等13个民族卷。

已评审的有：傣、塔吉克、乌孜别克、阿昌、普米、布朗、哈尼、拉古、珞巴、黎、满等11个民族卷。

已完成但尚未评审的有：土家、水、回、彝4个民族卷。计划1995年一季度召开表彰会，以促进编写和出版工作。

《〈格萨(斯)尔〉艺人说唱本》也是由该所牵头，协同全国〈格萨(斯)尔〉研究人员、艺人共同完成的项目，计划“八五”期间出版10位艺人的说唱本，1994年已完成6部的编撰整理工作，其中已审定2本，1995年将继续按计划执行。

院级重点课题4项：《清代蒙汉文学关系研究》(扎拉嘎承担，1992～1995)、《中国南方各民族文学关系研究》(刘亚虎承担，1992～1995)、《环渤海湾少数民族古代文化研究》(苑利承担，1992～1996)、《中国少数民族古代文论研究》(汤晓青承担，1991～1994)，上述课题各设计为1部专著，目前正在进行之中，除个别课题承担者有特殊原因外，其余均正按计划进行中。

所级重点课题3项：《突厥语族史诗、叙事诗母题研究》(原西北室集体承担，1992～1995)、《锡伯族萨满教考察》(孟慧英承担，1993～1995)、《哈萨克民间文学与东西文化》(木塔里承担，1993～1995)，前两项各为一部专著，后一项为系列论文。目前正在进行之中，1995年应按计划完成。

（四）出版补贴、重点项目的申报

为了解决我院学术著作出版难的问题，我院于1991年底发布了《中国社会科学院出版基金试行条例》，少文所积极利用这一途经，为重点项目成果申请出版补贴，收到了显著的成果，1993、1994两年获院出版基金资助并出版的课题有：

院重点课题：

《中国少数民族当代文学》课题专著2部：

《历史的足迹——论民族文学与文化》 作者：丁守璞

《多重选择的世界——当代少数民族作家文学的理论描述》 作者：关纪新、朝戈金

个人课题3部：

《没有国王的王国——侗族研究》 （合作）作者：邓敏文等

《满族萨满神歌译注》 作者：宋和平

《民间诗神——格萨尔艺人研究》 作者：杨恩洪

重点项目申请工作：

1994年少文所根据个人申请和今后学科发展的要求，经所学术委员会讨论和院科研局批准，向社科规划办公室上报了四个项目：

（1）“蒙古语族人民的英雄史诗比较研究”，项目承担人，仁钦道尔吉；

（2）“卫拉特英雄故事研究”，项目承担人，丹布尔；

（3）“中国通古斯民族文学与萨满文化”，项目承担人，孟慧英；

（4）“阿尔泰语系满-通古斯语族萨满神歌研究”，项目承担人，宋和平。

目前社科规划办公室已经评审，《卫拉特英雄故事研究》一项已获通过。

（五）外事工作

1994年少文所共有8人出访（其中美国1人、韩国2人，日本1人，巴基斯坦和尼泊尔2人，台湾1人，印度1人，来访5人；其中蒙古1人，德国2人，日本2人。本所先后出国进修、出席国际会议、进行合作研究和学术访问过的人员共有24人，占科研编辑人员总数34人中的70.5%，其中曾进修过1年的人数有10人，占28.5%。已先后与日本、韩国、蒙古、俄罗斯、哈萨克斯坦、尼泊尔、巴基斯坦、印度、匈亚利、台湾、德国、瑞士、美国、澳大利亚等14个国家和地区建立了学术往来。

（六）开展的学术活动

1.1994年年内该所共组织了五次学术交流会，对活跃所学术空气、交流所内外学术信息、开阔科研视野起到积极的作用，这几次学术交流会分别是：

（1）“国际萨满文化信息交流会”，主持人孟慧英、宋和平。

（2）“民间故事类型研究学术讨论会”，主讲人刘魁立。

（3）“国际中国少数民族民族文化研究信息交流”，主持人杨恩洪、白庚胜。

（4）为贾芝同志参加革命文艺工作60周年举办的学术研讨会。

（5）降边嘉措、杨恩洪出访巴基斯坦、尼泊尔情况汇报。

2.1994年是本所建所15周年，为了展示所取得的成就，科研处对15年来的科研成果进行了搜集和清理，并对各类成果作出了统计（1986～1993），全所共完成专著26部，473.6万字；论文集6部，160万字；译著7部，159.5万字；论文538篇，351万字；工具书4部，130万字；《民族文学研究》出版51期，736万字；图资索引13册，270万字；并将主要成果进行了陈列。

（七）建立科研管理制度和制定量化考核方案

随着科研工作的发展和改革的深入，科研管理的规范、科学化问题已提到日程上。为此，该所制定了科研管理条例，并经所务会讨论后于9月10日起实施。

科研管理条例由总则及以下十二个部分构成：

一、科研管理组织体制的基本结构

二、研究室主任职责

三、研究室的设置及研究方向

四、编辑部与图书资料室的设置与方向任务

五、科研管理学术秘书职责

六、课题管理条例

七、科研成果的评估与年终业务考核（暂缺）

八、学术交流活动制度

九、科研人员国内调研活动规定

十、所内外事工作补充规定

十一、科研档案管理制度

十二、关于科研成果的购留决定

这些条规颁布以来，得到了科研人员的支持，如出差调研人员回所后都能按时提交调查报告，回国人员还在全所会上进行汇报。本年申请社科基金课题，该所也能严格按规定逐级讨论上报。

总之，这些制度的建立，使该所科研工作逐步走上规范化、科学化的道路，使该所科研工作，也使科研管理工作能做到有章可循。

（八）少数民族文学系工作

1994年根据研究生院统一布置，该系进行了博士生导师的推荐和申报工作，经博士生点评议推荐，院务会议批准新增郎樱为博士生导师。目前该系已有2名博导（仁钦道尔吉、郎樱），这将为本系今后培养高层次研究人员创造了必要的条件。

另外根据研究生下达的招生指标，本年该系将分别招收一名硕士生，一名博士生。

外国文学研究所

1994年度外文所贯彻1994年院工作会议精神，进行了学科调整工作，由原来的八个研究室、三个编辑部调整为六个研究室、两个编辑部，确定了各研究室近期的研究范围和重点。俄罗斯文学研究室的重点为俄罗斯文学历史和现状研究、苏联文学反思研究和俄罗斯文学创作理论研究。英美文学研究室重点为英国文学史（包括断代和文类）研究和英美现当代文学研究。南欧拉美室为法国小说研究、意大利文学研究和拉美文学研究。中北欧室的重点为德国古典文学和现代文学研究、古希腊罗马文学研究。东方文学研究室今后的重点为日本、印度、波斯和阿拉伯的古代和现代文学研究。文艺理论研究室今后的重点为马克思主义文艺理论、西方现当代文学理论和文化理论研究、比较诗学研究和跨文化研究。东欧文学室主要的任务是完成《东欧当代文学史》集体项目。1994年科研任务列入所科研计划的共53项，其中国家与院、所重点项目24项。国家“八五”重点项目《20世纪国别文学史》、社科基金项目《西方后现代主义思潮研究》和《爱默生研究》等课题完成了阶段性成果。院重点项目《法国文学流派的变迁》一书提前完成获院出版基金资助。全年共发表专著8部：《印度古典诗学》、《肖洛霍夫的艺术世界》、《苏联文学最后七年》、《再登巴比伦塔——巴赫金的对话研究》、《当代苏联小说的嬗变——主要倾向、流派及其他》、《爱·美·死》、《苏联文学史》（五卷本）和《东方现代文学史》（两卷本）。论文集两部：《美国文化批评集》和《中国社会科学院外国文学研究所三十年文选》。译著和编著8部：《红与黑》、《伊利亚特》、《叶芝抒情诗全集》、《金棺》、《梅耶荷德谈话录》、《当代英雄》、《纪伯伦全集》、《世界散文精华》等。论文约50篇。

此外，申慧辉的论文《也谈斯泰因的语言实验》（《外国文学评论》1991年第4期）获1994年我院与共青团中央联合举办的第一届全国青年优秀社会科学成果优秀奖。

本年度学术活动比较活跃。为了活跃所内学术气氛，促进青年研究人员加强理论学习，由文艺理论室组织了理论研讨班，定期举办文艺理论学术讲座。另外邀请所外专家讲“后现代建构”问题，举办了中日双方学者参加的“川端康成创作”研讨会，以及“战后文学”座谈会。在对外学术交流方面，共派出3人前往日本、德国、越南，应邀出访7人次，分别前往意大利、加拿大、英国、保加利亚、黎巴嫩和香港进行短期学术访问。接待日、德、美、法、澳、加、以色利、韩国、意大利、越南等国学者，进行座谈或作学术报告。

外文所刊物《外国文学评论》主编吴元迈，常务副主编韩耀成，副主编盛宁，1994年共出4期，编发文章75篇，学术动态30条，并为读者提供了全国外国文学研究文章索引，全年共发稿88万字。本年度刊物适当加了外国古典文学研究的分量，全年共发16篇。本年度开展的关于外国文学研究方向与方法问题的讨论引起广泛兴趣和重视。在“西方文学中的‘异化’主题和社会批判意识”的栏目下发表的一组关于西方文学中的异化问题的文章有新意。《世界文学》杂志社主编金志平，副主编申慧辉、许铎。本年度《世界文学》编辑部在译介外国文学时，在国别、不同的文学流派及各种文学体裁更注重多样化的反映，推出了一批有助于我国读者借鉴并有审美价值的作品。例如重点介绍了俄国作家皮里尼亚克、哥伦比亚作家阿·穆蒂斯、日本作家黑井千次、长谷川泉、美国黑人女作家莫里森等，介绍了外国作家重要散文和从事不同体裁创作的加拿大当代英语作家专辑；并以专辑形式介绍韩国当代文学和以色列当代文学，弥补了长期存在的空白。在栏目设置上仍保持着独有的优势。“文坛新作”介绍国外文坛的热门话题和发展新态势，资料丰富新颖，得到读者的好评，常被国内其他报刊转载。《外国文学动态》主编金志平，副主编林一安、严永兴，全年发稿6期50万字。丛书丛刊编辑室1994年完成《世界文论》第5、6两辑编辑、发稿工作，共40万字，并继续进行“六五”、“七五”计划两套资料丛书编辑工作，共完成6期，出版9部（345万字）。

1994年外国文学所的各学会活动积极，取得较大成果。中国外国文学学会召开了第五届年会，讨论面向“二十一世纪的外国文学”，并选举了新的理事会。学会会长季羡林，副会长吴富恒、叶水夫、王佐良、吴元迈，秘书长赵一凡，副秘书长夏仲翼、陶洁、宁瑛。俄罗斯文学学会会长叶水夫，副会长陈冰夷、孙绳武、包文棣，秘书长张羽，副秘书长刘宁、陈敬咏、石南征。3月4～9日召开“二十世纪的苏联文学向何处去?”的学术讨论会，提出要坚持“二为”“双百”方针，采取历史主义态度，把苏联文学作为一个整体研究，展现出苏联文学研究中国学派的面貌。代表们就苏联文学的历史进程、社会主义现实主义理论问题广泛交换了意见。法国文学学会会长柳鸣九，副会长金志平、郑克鲁、江任生、吴岳添，秘书长金志平，副秘书长余中先、张容、韦遨宇。6月召开了“存在文学和20世纪文学中的存在”问题学术讨论会。德语文学学会会长张黎，副会长高中甫、范大灿、余匡复，秘书长叶廷芳，副秘书长李昌珂。5月30日至6月3日召开了第六届学术讨论会，讨论德国流亡文学及统一后的德国文学问题。在会上还举行了第三届冯至德语文学研究奖颁奖仪式。日本文学学会名誉会长（兼秘书长）林林、楼适夷，会长李芒、吕元明、金中、高慧勤，副秘书长魏大海、谭晶华、李明非、张明辉。8月26～31日召开了日本文学研究会第六届年会暨学术研讨会，主题是“日本文学中的爱·美·死”。与会者从国民性、心理学、审美意识方面多角度深入探究了这一主题。印度文学研究会会长季羡林，副会长刘安武、石素真，秘书长倪培耕。西葡拉美文学研究会会长沈石岩，常务副会长林一安，副会长赵德明、尹承东、施永龄。8月召开了“西葡拉美文学在中国”专题讨论会并隆重庆祝该学会成立十五周年。阿拉伯文学研究会名誉会长冰心，会长刘麟瑞，副会长伊宏（兼秘书长）、朱凯、仲跻昆、陆孝修、周顺贤、郅溥浩。上半年召开埃及新闻参赞的文学报告会，11月3日埃及新闻办公室主任贾多丁·塞义德博士作埃及短篇小说艺术发展报告。意大利文学会会长吕同六，秘书长吴正仪，9月召开第六届意大利文学研究会年会，中心议题为20世纪的意大利文学。北欧文学研究会会长冯至，副会长任溶溶、石琴娥。

语言研究所

（一）科研工作情况

1994年列入语言所科研计划的项目有70项，其中国家与院、所重点项目有18项，包括国家“八五”重点项目《现代汉语方言大词典》、《人机对话中的语音学问题》；中华社科基金项目《现代汉语话语关系》、《现代汉语方言音库》；中华社科基金青年项目《汉语方言计算机处理系统》、《北京口语句式研究》；院重点项目《现代汉语句型研究》、《唐宋语言研究》、《白话小说语词研究》、《现代汉语大词典》、《现代汉语一千词》等。各类重点项目全部按计划完成了阶段性任务。全年共完成专著3种（36.5万字），学术论文61篇（60.54万字），学术资料1种，译著1种，译文8篇，普及读物1种，工具书5种（385.9万字），一般文章8篇，软件11种，硬件1种，编审书9本（400万字），编辑期刊14期（168万字）。

（二）对外学术交流

1994年语言所接待国外及港台地区学者、进修生共34人次，来访渠道包括院级协议、所级项目以及临时来访等。交流国家和地区有日本、韩国、法国、俄罗斯、瑞典、澳大利亚、香港及台湾。交流方式有长期进修、短期访问以及临时参观座谈等。交流内容涉及理论语言学、语音学、汉语研究等。全年出访学者共7人次，出访地区和国家有香港、日本、塞浦路斯等。其中4人为参加国际会议（日本国立语言研究所举办的“第一届国际学术讨论会”、联合国教科文组织的“丝绸之路的语言文化研讨会”、日本东京理科大学举办的“第三届国际言语处理学术会议”）。参加以上国际会议，一方面扩大了语言所的学术影响，同时也获得不少新的学术信息。还有两人是通过院级协议前往日本东京、大阪等地进行学术访问，收到良好交流效果。另有一人是与香港大学计算机系合作研究有关语音识别方面的工作，这项合作有利于发展语言所语音实验室的语音识别系统。

法学研究所

（一）科研工作情况

1. 积极完成中央和国家交办的任务。在构建市场经济体制的过程中，我国急需确立与之相适应的法律体系。受中央领导的委托，在理论研究和实际调查的基础上，撰写并提交了《关于我国文化市场法制建设的思考与建议》，参加了中宣部主持的《宣传文化领域法制建设五年规划纲要》（草案）的起草工作，以及中央政策研究室主持的“全国社会治安对策研究”

课题，并向中央领导提交了《当前我国社会治安状况及对策》的报告。一年来，共向中央领导和国家机关提交研究报告34篇。同时，还积极参加立法工作，先后参加了《合同法》、《广告法》、《担保法》、《破产法》、《节约能源法》、《大气污染法》、《证券法》以及《商业秘密保护法》等十几部法律的起草工作。部分同志参加了刑法和《水污染防治法》的修改工作，对《警察法》、《监狱法》、《检察官法》、《法官法》等二十多部法律的起草提供了书面咨询。另外，还主持了受中央和我院委托的1995年世界妇女大会筹备工作，完成了作为其中一部分的“妇女与人权”论坛的整体设计；有的专家参加了中美知识产权的谈判活动，发挥了重要作用。

2．科研成果情况。1994年，共完成各类课题17项，其中国家社科基金课题2项，院重点课题7项（包括3项青年基金课题），所重点课题6项，与院机关合作课题2项。重点课题4项（其中招标课题1项）。1994年，取得了可喜的研究成果，共出版专著35部，学术论文136篇，研究报告34篇，一般文章12篇，译著7部，译文28篇，工具书11部，搜集整理法律方面的珍稀古籍5部。1994年科研成果总计约达3782万字。其中一些专著、论文学术水平较高，并具有重要的现实意义。例如《中国社会主义民主与法制》、《国际环境法导论》、《民商法论丛》、《中国人权建设》、《权利相对论》、《各国残疾人权益保障比较研究》、《商业秘密的法律保护》等专著和论文集，涉及我国法制建设急需解决的重大理论和实践问题，对我国法制建设具有一定的推动作用。《秦汉法制论考》、《中国珍稀法律典籍集成》（甲、乙、丙三篇14册）等专著，具有重要的学术价值和资料价值。《秦统治者的法律思想》、《市场经济与经济民主》、《诚实信用原则与漏洞补充》、《论个人人权与集体人权》等论文，具有较高的学术价值和实践意义。

（二）认真进行学科调整

为了落实院关于学科调整突出重点，有所加强，有所收缩，有所舍弃的精神，对学科作出了重要调整。对于具有优势的法理、民法和商法经济法以及知识产权法，作为重点加强的学科，使之继续保持在国内的领先地位；对于原先处于领先地位但因人员调动和退休等原因已经不具有领先地位的学科，加强领导，予以扶持，使之在近几年内成为国内领先的学科；对于力量薄弱、近期难以形成有影响成果的学科，决定予以撤销。经过调整，撤销了比较法研究室和不是独立学科的台港澳法研究室，并根据需要决定成立诉讼法与律师法研究室。此外，在学科调整之前，鉴于所内有国内著名的知识产权法专家，为了形成整体研究力量，成立了知识产权法研究室。

（三）研究中心工作

原有研究中心4个，1994年成立1个，即院属知识产权研究中心。在对外合作交流方面，人权研究中心接待了二十多批国外人权专家学者和负责人权事务的政府官员，其中一些接待工作是受我国外交部的委托，在对外解释我国的人权立法、人权政策和取得的成就方面，以及在进行人权理论的交流方面，发挥了重要作用，受到了外交部等政府部门的好评。人权研究中心和日本法研究中心对外建立了广泛的联系，获得国外图书资料方面的援助。人权中心接受了大量国外机构和个人的赠书，一个现代化的国际标准的人权图书资料中心正在筹建中，并已有一定基础。日本法中心去年接受日本赠书1200多册，加上以前的受赠图书，其资料室已经初具规模，目前所收日本法方面的书籍，其质量和数量在国内都堪称一流。另外，人权中心和日本法中心在设备现代化方面已经达到国内研究机构的较高水平。德国和欧共体法研究中心也已经开展工作，由其组织的“市场经济与宪政研讨会”正在加紧筹备；与德国及欧共体的合作前景较为乐观。

（四）扩大对外交流，推动科研工作

1994 年，所对外合作交流工作取得重要成绩，派出 18 批，共 28 人次；邀请外国专家学者 15 批，计 43 人；接待临时来访外国专家学者约 40 批，150 人次。在派出接待工作中，与外国学者进行了广泛的学术交流。例如，与加拿大哥伦比亚大学东亚法律研究中心和泰国学者举行了题为“不同文化背景国家人权观”的讨论会，与日本学者举行了“中日公务员贿赂犯罪问题国际学术讨论会”，与荷兰学者举行了“中荷法学学术讨论会”等。受外交部委托，接待了瑞典人权代表团、挪威人权大使等外国人权官员和学者，参加了同美国助理国务卿沙塔克、美国参议员以及澳大利亚议会代表团的会谈。通过上述外事活动，圆满地完成了外交部交办的任务，为维护我国人权立场，有理、有利、有节地同世界各国进行人权领域的国际对话做出了贡献。

（五）努力办好两个刊物

《法学研究》和《外国法译评》两个学术刊物在国内法学界一直很有影响。1994 年，《法学研究》出版 6 期，登载文章 90 篇，计 90 万字；《外国法译评》出版 4 期，登载文章、译文、法律文件 76 篇，计 70 万字。

《法学研究》（双月刊）为向国内外发行的学术理论性刊物，宗旨是结合我国社会发展，特别是民主法制建设的实际，发表研究立法、司法以及各法学学刊建设有关理论的高质量学术论文，提倡广泛借鉴各国进步的法学理论和立法经验，理论联系实际，为我国法律现代化服务，并注意扶植培养年轻学者。

《外国法译评》（原《法学译丛》）为季刊，国内外发行。本刊的宗旨是促进我国对外国法律和法学的了解和研究，为我国的法学研究和教学服务，为我国的法制建设服务。

本刊的内容主要包括：（1）外国法学各领域的最新发展动态；（2）外国法专题研究；（3）法学各个学科和领域中的比较研究；（4）外国现行法律研究；（5）外国重要判例研究；（6）重要国际法律学术会议报道；（7）专门研究外国法的学术著作和外国人士的法学著作的书评；（8）外国重要现行法律。

政治学研究所

（一）科研工作

1994 年，政治学所根据院工作会议的精神，结合本所的实际情况，以马克思主义、毛

泽东思想和邓小平建设有中国特色社会主义理论为指导，以培养高水平的人才和多出高质量的科研成果为目标，集中精力搞科研，抓了以下几项工作：

第一，修订了年度科研工作计划，将政治学应用理论和应用研究、对策研究方面的课题放在较突出的位置，同时继续重视基础理论的研究。

第二，在客观地分析了优劣势和主客观条件的基础上，对该所承担的科研项目进行了认真清理，废止了三个项目，以确保按时保质地完成重点项目。

第三，为争取多出高质量的成果，培养优秀科研人才，所长亲自抓了“有中国特色社会主义民主政治建设和政治体制改革”及“西方国家政治制度研究”两个重点课题，参加课题的同志均在认真工作，其中第一个项目正按计划进行，第二个项目已完成阶段性成果，即将全部完成。

第四，根据院里的布置，对该所二、三级学科进行了调整。搞好学科调整是我院的一项基础性建设，对此该所领导十分重视，组成专门的学科调整领导班子，在广泛调查研究的基础上，经反复讨论，并依据现状和需要，提出了该所的学科调整方案。同时还提出，在今后相当长的一段时间里，以“一个中心、两个方向”为该所的科研工作方针，以“培养队伍，积蓄力量，稳步发展”为办所目标。所谓“一个中心”，就是以研究有中国特色的社会主义民主政治为中心。所谓“两个方向”，一是研究民主政治理论，一是研究民主政治建设实践中的问题。

第五，根据国家社科规划办“关于开展哲学社会科学现状与发展调查的意见”的要求，本所负责主持政治学方面的组织调查和统稿工作，为此制定了调查计划，拟定了调研提纲，并发函或派人委托上海、广州、武汉、天津、北京等十几个政治学研究基础较强的单位进行分头调查，1995 年上半年组织有关专家学者座谈、讨论，最后要形成一个较全面、准确反映政治学研究现状的报告。这项工作对促进该所的学科建设和科研工作具有重要意义。

第六，积极支持、鼓励中青年科研人员参加优秀成果的评选，培养年轻人勇于参加竞争的意识。

第七，为了配合院、所重点课题研究，1994 年 11 月在扬州由本所与中国政治学会共同发起，联合江苏省社科联、江苏政治学会举办了“有中国特色社会主义民主政治建设和政治体制改革”研讨会。会议收到论文六十余篇，与会者近六十人。参会者普遍认为，会议开得紧凑，主题明确，论述较深刻，学术性强，对我国民主政治建设有重要意义。本所准备将参会的优秀论文以文集形式编辑出版。

第八，院党委已同意《政治学研究》尽快复刊。为此，该所对编辑部的人员组成、编辑力量等方面均作了相应的安排。

第九，结合院“三定”方案，该所根据科研人员的专业方向和特长，对研究室的人员作了调整。

第十，1994 年研究生院政治学系恢复招生，对此所领导及有关人员十分重视，报名、试卷等工作都已如期完成。

第十一，在全所同志共同努力下，1994 年该所的科研工作也取得了一定成绩，主要表现在：承担的重点课题比以往抓得紧，其负责人都很重视。《改革开放的利益分化，利益协调》已完稿，年底交出版社；《西方国家政治制度研究》、《西方当代民主理论与思潮剖析》、

《东盟六国政治发展模式比较研究》、《有中国特色社会主义民主政治与法治》等课题均在按计划进行。

政治学所1994年已完成的科研成果主要有：专著2部，约38万字；学术论文41篇，约29万字；译著3部，约60万字；译文6篇，约2万字；评论、访谈等一般性文章9篇，约3万字；此外，1986年和1993年两次学术讨论会的论文集《行政体制改革与转变政府职能》已于10月份出版，约43万字，得到政治学界同仁的好评。

（二）对外学术交流工作

政治学所1994年派出和接待来访的学者共约十余人次。在这方面本所认真贯彻国家及院的有关规定，坚持“以我为主，为我所用”的原则，尽可能积极开拓对外学术交流渠道。

1. 配合院的交流协议项目，组织本所学术造诣高的科研人员或中青年科研骨干接待了俄罗斯、德国、韩国、瑞典、匈牙利等国和台湾地区的来访学者。

2. 1994年初，吴大英、徐功敏结合重点课题研究，访问了日本。访日期间，与日本一些知名学者开展了学术交流，收益匪浅。回国后，将访日所得写了两份材料，供院办公厅有关部门采用和参阅。

3. 在选择公派培养对象时，能坚持德才兼备。1993年出国深造的潘小娟已学成回国。沈蕴芳也已于10月初赴德研究考察，将于1995年3月回国。

4. 1994年8月份，本所积极参加了院组织的“海峡两岸第二届中国现代化学术研讨会”。大陆方面向会议提交的有关政治学的论文均由本所组稿。会议得到了国务院台办的高度重视。本所吴大英、张明澍、杨海蛟等出席了会议，并在会上作了发言。皎京敏积极配合院外事局为会议做了大量的组织工作，受到外事局有关领导的好评。

（三）图书资料工作

图书资料工作是科研工作必不可少的基础。因经费有限，图书人员采购尽量精选有关书籍。1994年政治学所共购进中文图书970余册，外文书55册。除了保证图书借阅工作的正常运转外，图书馆人员还挤时间做好《政治学书目》编辑工作，争取早日出版。

虽然政治学所在过去的一年中做了一些工作，也取得了一定成绩，但离院工作会议提出的要求还有相当的距离，如建立和健全科研成果评估制度，加速科研管理现代化建设，积极创收，开辟财源等方面都面临许多困难，基本未起步。希望院有关部门多给予指导和帮助。

民族研究所

1994年民族所共完成专著23种，358.6万字，学术论文208篇，253.19万字，研究报告22篇，29.4万字，学术资料，77.6万字，译著3种，61.5万字，工具书8种，447.5万字，辞条，6.3万字，一般文章23篇，17.22万字，软件，11件，影视组拍摄和编辑了2个专题共计19集文化人类学（民族学）录像片。

（一）科研工作

根据1994年院工作会议精神，为集中使用有限的人力物力，科研工作必须收缩战线，突出重点，确保主攻方向。该所压缩调整了科研计划，撤销了三项课题研究。各研究室都着力于对现实问题和重点课题的研究。如着重抓了院重点项目《中国少数民族现状与发展调查》，各课题组把1993年6个调查组在民族地区所收集的、自本世纪50～60年代第一次民族调查以来，尤其是改革开放建立市场经济体制以来所发生的变化和存在的问题，以《简报》的形式，向有关部门做了汇报，通过院办公厅等有关渠道向中央反映民族地区存在的问题，并布置编著《中国少数民族现状与发展系列丛书》。1994年又有两个课题组和多批同志深入民族地区调查研究，这些都有利于推动民族研究学科的发展，促进少数民族地区的两个文明建设。世界民族研究室抓了国家“八五”重点项目“世纪之交民族主义浪潮及其发展趋势”，为有关部门了解国际民族冲突热点问题，做好我国民族工作提供了具有针对性的参考资料。其中期成果《冷战后的世界民族主义浪潮及其对我之影响》（郝时远著），已得到中央有关部门的重视。语言研究中心承担的国家“八五”重点项目“我国新创与改进民族文字试行工作经验总结与理论研究”，从理论上和实践上总结了建国以来民族文字工作的经验和存在的问题，对促进民族地区的文化教育事业和经济建设工作的发展起了积极的作用。历史研究室1994年主要抓重点项目的落实，如“中华民族凝聚力的形成与发展”、“中国少数民族法制史”、“中国断代民族史”、“中国民族史大辞典”、“中国民族分布与迁徙图集”等等；1994年为配合当前爱国主义教育，还与外单位合作撰写了《民族百花园》丛书。民族学研究室1994年主要参加“中国少数民族现状与发展调查”、“西藏人权问题”等四个重点项目的工作。民族理论研究室1994年全力实施“九十年代我国民族关系发展趋向和对策”、“社会形势分析与预测”等两个重点项目。该所还完成了两个院长基金项目，一个是郝时远负责的《“驯鹿之乡”敖鲁古雅鄂温克族猎民现状研究》，一个是任一飞负责的《北京的“新疆村”（维吾尔族村）调查》。

根据院统一部署，该所认真进行了各学科的调查研究和调整工作。各研究室都对本学科的现状和发展，进行系统和多方面的收集资料，对本学科近几年的发展和科研成果进行了总结，对本学科研究的对象、范围、问题和今后发展的重点与方向，进行了认真的讨论和分析。有的研究室发动全室人员讨论，广泛征求意见。各学科都写了详细的调研报告，并多次修改。在此基础上，该所撰写了《民族所学科调整方案》，总结了本所各学科发展成就，指出当前存在的问题和今后的发展方向。《方案》强调：本所是一个与现实社会发展紧密联系的科研实体，因而其科研工作既要注重基础理论研究以求学科自身的发展，更要关注现实的社会实际，深入研究，提出解决当前我国民族问题的对策建议，成为国家民族工作的助手和参谋。

（二）学会工作

民族所主管七个学会的工作：（1）中国民族理论学会，会长伍精华，常务副会长果洪昇；举办了两次学术讨论会，出版学会刊物《民族理论研究》4期。（2）中国世界民族学会，会长赵延年，常务副会长郝时远；举办了两次学术研讨会，出版学会刊物《世界民族研究》4期。(3)中国民族史学会，会长白寿彝，秘书长卢勋；举办了一次学术讨论会，出版学会刊物《中国民族史研究通迅》2期。(4)中国民族语言学会，会长马学良，秘书长周庆生（代理）；举办了一次学术年会。(5)中国民族学学会，会长宋蜀华，秘书长夏之乾；举办了一次学术座谈会，出版学会刊物《民族学通讯》3期。(6)中国民族古文字研究会，会长史金波，秘书长白滨；举办一次学术讨论会，出版了学会刊物《中国民族古文字文献研究信息》1期。(7)中国突厥语研究会，会长哈米提，秘书长赵明鸣；举行了三次学术讨论会，出版学会刊物《突厥语研究通讯》4期。

学术会议中，“波黑内战学术讨论会”、“中国民族语言学会第六次年会”、“中国民族古文字第五次学术讨论会”、“中国民族史第五次讨论会”、“社会主义市场经济与民族问题”、“《民族区域自治法》颁布十周年座谈会”等六次学术会议属于较重要的会议，出席会议的共有350人次。

（三）刊物

刊物出版情况：

《民族研究》　主编杜荣坤，双月刊，共出版6期，每期18万字；

《民族语文》　主编照那斯图，双月刊，共出版6期，每期12万字；

《民族译丛》　主编郝时远，双月刊，共出版6期，每期12万字；

（四）对外学术交流

1994年民族所有10人访问了英国、瑞士、法国、俄罗斯、泰国和台湾、香港地区；接待了来自日本、泰国、墨西哥、俄罗斯、德国、越南和台湾、香港地区的32位学者，该所与俄罗斯、美国、加拿大有关机构的合作研究项目正在继续进行；与德国哥廷根科学影片研究所共同召开影视人类学国际会议的筹备工作即将完成。

（五）图书资料工作

1994年民族所图书资料室共收集各种文字的书籍、报刊、资料3533册（种），编辑专题资料汇编11种，接待读者3960人次。本年4月成立的文献信息研究室编印了12期5万多字的《民族研究信息交流》简报，为科研人员提供了大量的资料和信息。

社会学研究所

（一）科研工作

1994年社会学所完成学术著作25种，387万字；学术论文140篇，144.5万字；译著1种，27万字；译文12篇，28.5万字；调研报告15篇，85.5万字；学术资料5种，34.7万字；工具书3种，58万字；编辑著作1种，30万字；编辑各种期刊24期，281万字。承担各级各类课题共计 33 项。“八五”课题 5 项，社科基金课题 6 项，院重点课题 10 项，国家各部委委托课题 5 项，国际合作课题 7 项。各级各类课题均按原订计划顺利进行。

1994 年主要抓了以下几方面工作：

1. 拓宽科研项目来源渠道，严格课题规范化管理。除力争国家基金课题、院重点课题和院长基金课题外，还依靠科研实力，争取了多项部委委托、国际合作、院外基金课题，新增课题达到 13 项。还派员参加中央和国家部委课题，写出一批优秀研究报告。

2. 所、室领导带头抓重点，突出攻坚方向。除认真抓好所负责实施的“社会形势分析和预测”课题外，还由所长、副所长分别牵头，重点抓了“市场经济条件下的社会结构”和“现阶段我国阶级结构研究”课题。并发表了有较好影响的成果，如李培林撰写的《新时期阶级阶层结构和利益格局的变化》一文，是“现阶段我国阶级结构研究”课题的初期成果，被选为全国“学习《邓小平文选》建设有中国特色社会主义理论研讨会”的入选论文。

3. 深入城乡调查研究，提高量化研究水平。在所领导的支持下，中青年科研人员深入城乡社会，足迹踏遍十余省，其中大部分是到贫困地区进行调查研究工作，如中青年科研人员黄平、郭于华、杨宜音等，长期在青海牧区、四川和安徽的贫困地区从事调查工作，退休研究员张雨林长期在江苏太仓调查蹲点。除鼓励深入实际调查研究外，还进一步加强了对科研人员调查研究方法，特别是定量研究方法的培训工作。

4. 加强科研队伍建设，积极进行学科调整。较大幅度的调整研究室班子。调整后的研究室主任年龄一般在 50 岁，副主任年龄在 40 岁左右；制订规划，鼓励现有科研骨干分期、分批地在职攻读博士、硕士学位，年度内已有 2 人攻读学位；对不称职研究人员，坚决地、有计划地实行分流，年内对于 4 名不按照有关规定从事科研工作的科研人员，实行了停发、减发工资的处理。

在原所计算机房的基础上，组建了社会调查和方法研究室。方法室建立后，已先后配备了配置较高的计算机十余台，开发了一批有国际先进水平的统计分析软件包，出版了有关计算机在社会科学中的应用的技术专著。还承担着国际合作课题和在所内推广计算机使用技术的任务。目前，能独立进行定量研究的科研人员比例已大为提高。

5. 大力培养学术带头人，把中青年科研骨干推向主持课题研究的第一线，使他们脱颖而出。年度内又吸收留学归国的博士 1 名、副研究员 1 名充实了科研队伍。

在思想工作方面，组织全所人员集中学习了《邓小平文选》第三卷和党的十四届四中全会文件，要求科研人员和科研工作必须坚定不移地以马克思主义为指导，把正确的政治方向放在第一位。

6. 制订、重申了有关规章制度。如“出国人员规定”、“职工培训规定”、“打印复印资料收费办法”、“工作考勤制度”、“公费医疗改革方案”、“印章管理办法”、“财务票据管理办法”、“科研成果量化考核暂行办法”等项规章制度，推动了所内各项工作的规范化。

7. 加强研究生的培养、教育工作。该所现有在校博士、硕士研究生 12 名。年内制订了培养计划、课程安排和讲授，进行了在校学生的学业审查。完成了对 5 名博士生和 1 名硕士生的考试、录取工作。与香港树仁学院建立了合作培养香港硕士研究班的有关教学工作，9 月研究班正式开课。经国务院学位办公室博士生导师审定会议通过，苏国勋研究员被批准为博士生导师。

（二）主要科研成果

《1994～1995 中国社会形势分析与预测》 30 万字 中国社科出版社 江 流 陆学艺主编

《生育与中国村落文化》 17 万字 牛津大学出版社 李银河

《中国城乡居民家庭生活——调查报告》 14 万字 中国大百科出版社 折小叶等

《国家与文化变迁——东亚视角》 英文专著 40 万字 联合国大学出版社

《中国青年发展报告》 59 万字 辽宁人民出版社 单光鼐 陆建华主编 魏章玲等

《美国中国学手册》 论著式工具书 3 万字 中国社科出版社 魏章玲等

《国人社会心理研究论集》 30 万字 金城出版社 心理室集体

《中国国情丛书——香河卷》 40 万字 中国大百科出版社 张厚义

《房干村变迁》 14 万字 中华工商联合出版社 陆学艺 张厚义 陈斗仁 王 颉等

《关于私营企业主阶层的调查报告》 2 万字 张厚义

此外，李培林的论文《另一只看不见的手——社会结构转型》（《中国社会科学》1991 年第 2 期）获 1994 年我院与共青团中央联合举办的第一届全国青年优秀社会科学成果一等奖；沈杰的论文《中国社会结构转型过程中的社会凝聚力建构》获国际社会学协会举办的“第二届世界青年社会学家论文竞赛”优胜奖，沈杰并因此应邀出席在德国召开的“青年社会学家学术研讨会”和“第十三届世界社会学大会”。

（三）对外学术交流

对外学术交流本着“对我有利，以我为主，内外有别”的方针，取得了明显进展。年内接待了来自美国、日本、瑞典、荷兰、匈牙利、菲律宾，以及香港、台湾等九个国家和地区的四十余名学者。与美国芝加哥大学、杜克大学学者共同举办有关中国当代城乡家庭生活学术研讨会；参与组织了“第二届海峡两岸促进中国现代化学术研讨会”的“国民现代化”专题讨论会；与台湾大学合作举办了第四期“全国社会心理学高级研讨讲习班”。积极筹备将于 1995 年 11 月在北京召开的“第六届亚洲社会学大会”。通过学术交流，提高了该所在国际学术界的知名度，巩固和建立了一批稳定的学术合作关系。

（四）刊物

编辑出版期刊 4 种：

《社会学研究》，双月刊，主编 张琢，邮局征订发行；

《青年研究》，月刊，主编 单光鼐，征订发行；

《国外社会学研究》，双月刊，主编 苏国勋，内部发行；

《社会心理学研究》，季刊，内部发行，由中国社会心理学会主办，主编 沈德灿，编辑部主任 李庆善。

这些学术刊物对反映国内社会学界科研成果、联系国内社会学界各方人员和开展对外学术交流起了非常重要的作用。

（五）学会

中国社会学会：

会　　长：袁　方

副 会 长：陆学艺　王　辉等5人

秘 书 长：陆学艺（兼）

副秘书长：张　健（常务）等6人

中国社会学会接受各省、自治区、直辖市社会学会、有关科研单位、学术团体为团体会员。入会需该团体提出书面申请，经中国社会学会常务理事审议批准。中国社会学会现有团体会员29个。

会刊：《中国社会学会通讯》，1994年出刊4期，至12月底已累计出刊19期。

主要学术活动：

（1）召开中国社会学会1994年年会。自1990年8月中国社会学会第三届第一次理事会议定“每年召开一次学术年会，每次年会定一个题目，进行学术交流”以来，学术年会如期召开，这已形成了一种制度。至1994年已召开学术年会4次。

（2）加强对社会学专业委员会的建设和领导，积极开展学术活动，促进社会学分支学科的建设和发展。

截至1994年年底，中国社会学会已正式成立并在民政部备案的专业委员会有：教育社会学专业委员会、人口与环境专业委员会、社会调查研究方法专业委员会、青年社会学专业委员会、社会发展与社会保障专业委员会、农村社会学专业委员会、体育社会学专业委员会。

人口与环境专业委员会1994年5月在南宁召开了“中国人口与环境科学研讨会”，并向全社会发出“人口与环境倡议书”，呼吁全社会动员起来，人人都关心我们的人口与环境，受到社会各界的高度重视。

农村社会学专业委员会1994年5月在河北邯郸召开专业委员会成立暨学术研讨会，会议就农村城市化、民工潮、农村基层组织等农村经济社会发展中的主要问题展开了深入研讨。

体育社会学专业委员会1994年6月在福建福州召开成立暨学术研讨会，会议就我国体育社会学具有中国特色问题、体育社会学研究扎根实践问题、体育社会学研究的对象和范畴等进行了研讨。

（3）坚持搞好社会学双月座谈会，由本院研究生院社会学系博士王春光主讲了《城乡社会流动对社会整合的影响——有关浙江村的调查研究》，北大博士生主讲了《从妇女热线电话谈婚姻家庭问题》等。

中国青少年犯罪研究会：

会　　长：张黎群

副 会 长：郭　翔　徐　健

秘 书 长：皮艺军

副秘书长：张潘仕等

会刊：《青少年犯罪研究》(内部发行，月刊)

主要学术活动：在北京召开“全国青少年犯罪研究先进集体表彰大会”，表彰和奖励了129个在青少年犯罪研究工作中做出突出成绩的先进单位。积极开展学术交流：“重新犯罪控制研究专业委员会”在邯郸召开了“全国控制重新犯罪现场会暨学术研讨会”到会七十余人，提交论文五十余篇，会议对90年代重新犯罪的现状、特点、趋势及对策展开讨论；“港澳台犯罪比较专业委员会”在广州召开成立大会暨学术研讨会，到会八十余人，提交论文二十余篇，会议研讨跨境犯罪及其对策。指导地方成立青少年犯罪研究会，目前，全国有23个省、直辖市、自治区、4个计划单列市和经济特区、8个省辖市成立了青少年犯罪研究团体。积极发展会员，截止1994年12月底，中国青少年犯罪研究会累计发展会员2600多人。每月编辑出版一期会刊《青少年犯罪研究》，组织编辑出版“中国青少年犯罪研究丛书”4部。

中国社会心理学会：

会　　长：沈德灿

副 会 长：章光志　王庆基等

秘 书 长：李庆善

副秘书长：张喜棠等

会　　刊：《社会心理研究》(内部发行，季刊)，1994年编辑出版4期。

1994年8月24日在内蒙古呼和浩特市召开了第二届中国人社会心理研讨会，会议收到并交流论文68篇。

筹备学会换届改选工作。

出版发行《社会心理研究》4期，发表论文、调研报告40余篇。

新闻研究所

1994年，根据党中央、国务院提出的“抓住机遇，深化改革，扩大开放，促进发展，保持稳定”这一全党全国工作的基本方针，新闻所按照院工作会议要求，从制订学科调整方案入手，对本年度和今后一个时期内的科研基本方向和任务进行了规划调整，以适应改革开放的需要，适应社会主义市场经济建设的需要。

该所确定的科研基本方向和任务是：以马克思主义为指导，按照江泽民同志在全国宣传思想工作会议上提出的“以科学的理论武装人，以正确的舆论引导人，以高尚的精神塑造人，以优秀的作品鼓舞人”的要求，坚持正确的政治方向，坚持改革开放，在继续加强基础理论研究的同时，逐步加大与实践密切相关的应用研究，力争多出成果，出优秀成果，出学科带头人，力争尽快使该所与新闻传播学研究的“国家队”地位相符，更好地为我国新闻与传播事业的发展服务，为社会主义精神文明建设服务。

（一）调整学科和规划研究内容

年初，组织科研人员对建所以来研究成果情况、国内外本学科发展状况和趋势、该所的学科优势与不足以及科研队伍现状等问题，反复进行了深入细致的分析，同时邀请一些大专院校知名学者参与论证，在此基础上形成了该所学科设置方案。根据我院关于学科调整应“有所加强、有所保持、有所合并、有所舍弃，以突出重点”的方针，提出了取消新闻史研究室，将原有各研究室分别调整合并为新闻学、传播学和新闻事业研究三个室的意见。在课题设置上，按展开研究的时序和投入力量的多寡，分三种类型进行了规划。一是立即集中力量研究的近期项目，如马克思主义新闻思想、新闻业宏观管理、媒介经营管理、新闻界现实问题研究、舆论学、传播心理学、媒介与青少年发展、传播学基本原理、新闻法制、传播技术与社会发展、中国传统文化中的传播等，二是目前不投入较多力量，主要先积累资料的跟踪项目，如新闻伦理、人际传播、组织传播、公共关系、新闻史等；三是数年后待条件具备时再考虑开展的远期项目。

（二）科研成果

学科调整使得我们的科研发展方向更加集中和明确，这在新闻所1994年度的成果中已开始有所体现。经过全所同志的努力，全年发表各类成果205万字，其中出版专著4部、教材1种、译作1种，发表论文和研究报告86篇，专著出版数量为近年来最多的一年。

基础理论研究方面，1994年出版和发表了一批关于马克思主义新闻思想、新闻工作的党性原则、受众权益、传播学理论以及我国古代近代文化传播等问题研究的论著。如专著《比较新闻学》，论文《马克思恩格斯论19世纪的交往革命》、《列宁正式创立了新闻工作的党性原则》、《坚持党性原则，发挥正确舆论导向作用》、《保持新闻工作的正确方向》、《略论我国公民的知情权》、《媒介、符号：谁是信息的载体》、《对新闻传播的反馈与前馈的再认识》、《冲突与合作——认识大众媒介与社会关系形态的独特视角》、《信息技术与信息消费者》、《传播学实证研究的方法论问题》、《论传播学调查报告的分析与评价》、《西方新闻法制沿革的政治学说背景探讨》等。这些论著，有的对尚无人研究的课题进行了探讨，提出了创新性的见解，有的系统阐述了马克思主义在新闻学领域内的基本原理。对于学科发展，对于坚持我国新闻事业的正确方向，都是十分有益的。例如，关于新闻工作如何坚持党性原则的问题，今年发表了7篇专题研究文章，对于从国际共产主义运动史中的马克思主义报刊和我党在战争年代的党报工作，一直到当前社会主义市场经济建设中新闻事业的基本性质、特征和要求，进行了深入系统的研究和论述。关于马克思恩格斯在上一世纪即论述过的与工业革命同时存在的交往革命，也就是交通通信革命，研究者指出，这实际上是革命导师对20世纪信息革命的预言，并且已被历史的发展所证明。关于传播学中广泛使用的实证研究，科研人员从方法论的角度出发，论证了进行调查研究时从框架分析、问卷设计直到统计分析全过程的规范化要求及其评价标准，并进而在区分方法和方法论的基础上，提出了由互为循环起点的理论、假说、实证和经验概括这四要素组成的“研究圈”概念，认为实证研究的正确与否有其客观的评估标准，研究的过程和结论要受到起点的限制，否则易出现方法论的错误。这对于避免目前传播学实证研究中较多见的不规范现象，是很有价值的。此外，今年的科研成果，还对本学科其他一些属于基础理论方面的重要问题，诸如不同国家新闻体制间差异的比较，公民知情权的法律保障，新闻传播中的前馈过程，媒介系统与其他社会系统之间的动态平衡，信息消费需求对信息社会发展的制约与促进，以及西方当代新闻法制体系中所隐含的自古希腊时期以来各种政治学说的影响等问题，进行了较为深入的探讨。

应用理论方面，根据逐步加大与实践密切相关的课题研究力度的方针，就当前新闻业发展中社会比较关注的新闻侵权纠纷、传播与青少年发展、媒介经营管理、行业自律、传播新技术、媒介广告以及公共关系学等问题，发表了一批较有影响的论著，如专著《新闻侵权与诉讼》、《进入地球村——中国儿童与大众传播》，论文和调研报告《新闻侵权的双向思考》、《试论媒介内容对儿童现代观念的影响》、《中国的报业经营：机遇与挑战》、《越过迷误：追寻新闻自律的价值意义》、《对“有偿新闻”的若干思考》、《传播技术的发展和作用》、《1993年的中国广告业》、《没有企业形象的全面管理，就没有世界驰名的中国企业》，以及规划城市精神文明与物质文明建设的课题《首都文明工程》等。这些文章和报告将理论研究应用于实践中一些亟待解决的问题，有的引起了社会的广泛关注。《新闻侵权与诉讼》一书是国内较早系统论述这一问题的专著之一，这本书在总结1987年以来我国大量新闻案例的基础上，论述了名誉权、隐私权、姓名权、肖像权及著作权等侵权构成的要件和责任分担方式，用诉讼或非讼方式解决纠纷的方法，同时提出了新闻活动中防止因侵权而涉讼的具体注意事项，具有较强的学术性和应用价值，便于操作，因此出版后有多家报刊作了介绍和评价。大众传播对少年儿童的影响问题，随着媒介使用的日益广泛而愈加突出，无论教育工作者、家长还是传播媒介对此都十分关心。该所出版的《进入地球村——中国儿童与大众传播》一书，是国内第一部研究这一问题的著作（此前曾有一本译自法文的研究电视与儿童的译作出版）。在这部专著以及相关论文中，作者结合大量实证资料，分析了我国儿童的媒介接触状况，探讨了媒介传播对儿童发展的影响及其产生机制后，指出：儿童个人差异和社会差异导致了他们的媒介接触差异，这是制约媒介传播对儿童作用的主要中介条件。在控制了个人和社会差异后，儿童的印刷媒介接触频度和媒介知识性内容的偏好，与其道德发展和观念现代化显著相关。上述研究结论发表后，新华社、《人民日报》、《光明日报》、《新闻出版报》等多家媒介以及英国路透社等海外媒介均给以报道，相关成果也获得全国青年优秀成果奖。此后作者还应邀前往几个部委做专题报告，并受聘为几家电台、电视台和刊物主持专题节目和栏目。针对我国目前许多报社采用市场化经营管理方式，报业经济已成为国民经济重要组成部分这一具体情况，科研人员在有关文章中对报业经营的历史发展和所需的基本条件进行了分析，认为改革开放为报业的繁荣兴旺提供了良好的机遇，但无论管理者还是媒介自身，都应当努力争取更大的发展，以适应经济建设的需要。因此研究者建议：国家在税收政策上应对新闻业给以倾斜，不仅母报可以办子报，而且也应允许大报兼并非机关报的小报，实现集团化经营；发行体制上，在邮发合一的同时支持自办发行和报纸零售；广告管理中，目前应暂取代理制与媒介自主经营并行的方式；报社内部管理体制上，应提高经营部门在社内的地位。此外，科研人员对如何加强新闻职业道德自律，制止社会反应较大的“有偿新闻”问题，也提出了不少具体的分析和建议。

现实应用方面，该所加强了对现实应用研究，提倡结合课题研究发现问题，及时提出建议。由于学科方案的调整，科研人员的研究更加贴近现实，对实际问题更加敏感，这就为加强这方面的工作打下了初见成效的基础。1994 年，该所有三篇稿件被院有关刊物刊登，有的已引起了有关部门的重视。同时，也力争让研究人员更多地接触和了解各类学术信息，增加与同行的交往，全年派出科研人员外出参加学术研讨会 14 次；所内组织了不定期的信息交流会 4 次，介绍国外动态或学术会议等情况。

为了多出成果、多做贡献，本所努力争取到重大科研课题五项。其中有国家社科基金规划办委托课题“新闻学与传播学研究现状与发展趋势”、中华社科基金课题“社会主义市场经济条件下大众传播媒介的舆论导向研究”、院重点课题“我国新闻事业的宏观管理”和“社会科学成果评估指标体系的研究与设计”，以及与外单位合作的联合国教科文组织委托项目“中国女新闻工作者的现状与发展”，项目数量和资助额均为建所以来最多的一年。

（三）对外学术交流

该所先后接待了来自 8 个国家和地区的学者及官员 12 批 57 人次来访，超过了去年接待来访 38 人次的数量；科研人员有 2 人出国访问研究。今年来所访问者，有英国广播标准委员会主席杰弗里·豪夫人（英国前外交大臣夫人），有台湾新闻院校教授访问团、日本新闻学者访问团和美国新闻与传播学教育协会（Association for Education in Journalism and Communication）访问团等，具有层次高、代表性广、组团来访多的特点。其中，美国访问团近三十名教授来自美国设有新闻学和传播学课程的二十余所主要院校，为使他们更好地了解我国新闻教学与研究的实际状况，尤其是广播电视专业教育发展情况，将接待地点设在北京广播学院，与广播学院一起，结合现场展示和参观举行座谈，给来访者留下十分深刻的印象，影响也较大。

（四）刊物

作为一个国家级科学院下属的研究机构，学术刊物应成为本学科内具有最高学术水平的权威刊物，反映学科研究的最新成果，推动学科研究的发展。这是本所应承担的责任，也是几年来一直努力的目标。经过上一年度的改刊和编辑部重组等准备工作后，经有关部门批准，从 1994 年起，原有的以新闻史研究为主的刊物《新闻研究资料》，改为综合性学术季刊《新闻与传播研究》出版，全年共出版 4 期，约六十万字。改刊后的《新闻与传播研究》，在马克思主义新闻思想、新闻工作的党性原则、新闻学和传播学理论、媒介与观念现代化、受众权益、传播新媒介新技术、新闻法制管理与自律、媒介经营管理、新闻业发展史以及国外和海外新闻事业等方面，发表各类文章七十余篇，其中有不少涉及一些重大理论问题。此外，该所另一份工具书性质的大型年刊《中国新闻年鉴》，自 1994 年起也获得正式刊号，不再用书号出版。该刊编辑部改组后，开始重新组建各地资料中心，不仅按期出版了当年的一期刊物，而且还出版了拖期的 1993 版年鉴。这样，该所期刊编辑出版工作经过几年的调整，从 1994 年起将逐步走上正规化发展道路。

世界经济与政治研究所

1994年完成各类科研成果853.416万字，其中完成专著22种318.7万字、学术论文168篇172.186万字、研究报告81篇77.44万字、学术资料9篇（本）14.95万字、译著4种60.7万字、译文40篇32万字、教材2种23万字、工具书7种81.36万字、辞条2.83万字、一般文章166篇70.25万字。此外，编辑书籍6本292.5万字、期刊编辑689.4万字。

从已完成的科研成果和正在进行的科研课题的内容可以看出该所近年来的科研工作进展的几个特点：（1）研究工作的领域和范围广泛。（2）学科交叉性强，既有与社会科学其他学科的交叉，也有与自然科学学科的交叉。（3）理论研究与现实问题研究并举，特别是在重大现实问题研究上有很大进展。如全球化、一体化、地区集团化等问题的研究，既是理论探讨，同时也为决策提供了基础。（4）对建设有中国特色社会主义理论的研究等重大理论问题有所加强。

（一）科研任务及组织工作

1. 研究室调整

根据1994年院工作会议精神及该所近年来研究工作的现状和需要，于1994年2～4月间对研究室的设置进行了调整。调整的原则是：

（1）以学科为研究室设置的基本原则，以利于世界经济与国际政治学科的建设和发展。

（2）根据办所方针，研究室的设置既要考虑到理论性、综合性和战略性问题的研究，更要重视现实性问题的研究，为国家的改革开放服务。

（3）从实际出发，对现有研究人员进行适当的调整，以利于集中力量，突出重点，显现优势。

调整后，研究室的设置为：理论与政策研究室、国际经济关系研究室、发展研究室、统计分析研究室、国际政治研究室、经济比较研究室、世界经济史研究室及世界形势研究组，计七个研究室、一个研究组。

2. 学术委员会换届

按照院务会议决定和科研局的要求，于1994年7月顺利地进行了学术委员会换届工作。经民主推荐，所长提名，与科研局、人事局协商后，所务会议在反复推敲、讨论的基础上，经院务会议审批，由王金存、王诵芬、司马军、刘国平、戎殿新、李琮、沈华嵩、张宇燕、谷源洋、胡有萼、浦山、徐文渊、徐更生、梁东升、熊家文等15人组成所第五届学术委员会。8月4日，新一届学术委员会第一次会议上，与会委员一致推选谷源洋为本届学术委员会主任委员，徐更生、张宇燕为副主任委员，同时任命胡法成为本届学术委员会秘书。

3. 课题清理

于1994年4月共检查清理各类研究课题68项。其中“六五”国家重点课题3项、“七五”国家重点课题4项、“八五”国家重点课题3项、中华社科基金一般课题10项、中华青年基金课题2项、院重点课题15项、院青年基金课题5项、所重点（1992年以后）22项、其他重要课题4项。在68项研究课题中，33项已完成；22项尚未到期课题，按计划进行中；13项到期尚未完成（其中10项提出了逾期完成的调整计划，撤销2项，暂停1项）。

4.学科建设

根据院工作会议的部署，配合“三定”工作，1994年9、10月间，开展了学科情况调研和制订学科调整方案的工作。在对目前诸学科发展状况进行分析研究的基础上，制订了所学科调整方案。

方案提出，今后的办所战略目标是：坚持以马克思主义为指导，坚持理论联系实际的原则，坚持综合性、理论性、战略性、现实性的办所方针，把该所建设成为重点突出、优势明显、学科布局合理、人员精干而又高水平的、开放而又充满活力的马克思主义理论研究阵地，成为居于国内理论研究前沿地位、在国际学术界有一定影响的全国世界经济与国际政治研究中心之一，为建设具有中国特色的社会主义，为改革开放和两个文明建设做出应有的贡献。

为达到上述战略目标，拟加强重点学科建设，形成重点突出的合理科研布局。保持和发展原有的某些优势学科，同时，根据需要和可能，确立新的学科优势。在学科布局和科研力量的配置方面，集中必要的人力、物力、财力向重点学科倾斜。注重提高科研成果的质量，推出一批高水平、有较高理论价值和社会效益的产品。

方案中明确提出，今后研究的重点是，（1）建设有中国特色的世界经济学；（2）世界经济与国际政治发展趋势及我国的对策研究。

方案中还强调亟待加强的某些二、三级学科：如国际贸易、国际金融、统计分析、环境经济和经济比较等学科。

5.课题申报工作

在我院首次研究课题招标中，由徐更生、田春生牵头并组织力量投标的院重点课题“原苏联、东欧国家演变后的现状和前景研究”中标，该课题的最终成果形式为研究报告，完成时间为1995年12月。

由李琮牵头承担的两项院重点研究课题：“建设有中国特色的社会主义的时代背景和国际环境”、“建设有中国特色的社会主义的国际比较”于1994年立项。

共有19项课题申报1994年度中华社科基金，其中一般年度项目申报了16项，青年项目申报了3项。

在该所从事博士后研究工作的潘家华，于1994年9月在联合国亚太环境规划署“经济与环境研究项目”亚太地区公开招标中，以“三峡移民工程的环境成本分析”为题中标。

6.重点课题完成情况

（1）1994年完成的重点课题

中华社科基金一般项目：

《采用购买力平价法的中外经济实力比较研究》　研究报告

《世界主要国家综合国力的比较研究》——“中国的综合国力测度及其在世界格局中地位变化的分析”　研究报告

《九十年代国际债券市场及我们的对策》 专著
《世界国营企业的调整和经营机制的改造》 专著
中华社科基金青年项目：
《战后发达国家金融发展模式比较研究》——“对货币政策和金融机制的研究” 专著
院重点项目：
《90年代世界市场的新动向——综合竞争实力的国际比较》 研究报告
《海湾战争后中东经济形势发展变化与我国对策研究》 研究报告
《东亚地区企业跨国经营的比较研究》 研究报告
院青年基金项目：
《东道国政府对跨国公司政策的比较研究》 研究报告
《论农业的市场调节与国家干预——发达国家与中国的比较研究》 研究报告
《迈向可兑换性货币——人民币汇制改革探讨》 研究报告
所重点项目：
《西方的国家股份制》 论文
《中国市场如何与世界市场接轨》 研究报告
《西方国家农业市场的运转过程及其政策》 研究报告
（2）进行中的重点课题
“八五”国家重点项目：
《走向二十一世纪的西方大国经济关系与国际经济新秩序》 专著
《苏联东欧国家剧变，独联体前景与世界政治经济格局》 研究报告
《第三世界发展的思索——人们关心的25个重大问题系列研究》 专著
中华社科基金一般项目：
《世界经济模型——理论、方法及应用》 专著
《灰色国家模型及其联接的研究》 研究报告
《世界经济周期理论与模型》 专著
院重点项目：
《亚洲新兴工业体的市场模式——市场体系的培育和管理》 研究报告
《建立具有中国特色的综合国力指标体系与评价方法》 研究报告
《九十年代国际信贷市场及我们的对策》 研究报告
《西方金融期权市场经济》 专著
院青年基金项目：
《混沌经济学在世界经济周期模拟系统中应用研究》 专著
《科技成果产业化的历史考察与机理分析》 研究报告
所重点项目：
《世界主要矛盾的转换，美日欧关系变化与我国外交战略》 研究报告
《西方参股制和对我国发展股份经济的建议》 研究报告
《一九九七年后香港经济发展前景与我国的对策》 研究报告
《美国战略贸易政策》 研究报告

《中国与东亚经济一体化》　研究报告
《世界经济体系论》　研究报告

（二）主要科研成果

中华社科基金一般项目：
《世纪之交的世界经济与政治格局》
　　专著　25万字　王怀宁、冯存诚等　中国物价出版社
《采用购买力平价法的中外经济实力比较研究》
　　研究报告　8万字　桑炳彦等
《世界主要国家综合国力的比较研究》
　　研究报告　2.8万字　王诵芬等
《九十年代国际债券市场及我们的对策》
　　专著　29.8万字　郭世贤等　中国金融出版社
《世界国营企业的调整和经营机制的改造》
　　专著　24万字　研究报告　王金存等　中国企业管理出版社
中华社科青年基金项目：
《战后发达国家金融发展模式比较研究》
　　专著　20万字　孙杰、张宇燕
院重点项目：
《对一九九四年世界形势的分析和一九九五年的展望与建议》
　　研究报告　1.1万字（上报中央）　滕藤、谷源洋等（形势组）
《九十年代世界贸易新动向——如何提高中国企业的国际竞争力》
　　研究报告　4万字　司马军等
《海湾战争后中东经济与政治及我国对策》
　　研究报告　专著　20万字　安和芬等　中国物价出版社
院青年基金项目：
《东道国政府对跨国公司政策的比较研究》
　　研究报告　4万字　鲁桐
《迈向可兑换性货币——人民币汇制改革探讨》
　　研究报告　4.5万字　高海红
《论农业的市场调节与国家干预——发达国家与中国的比较研究》
　　研究报告　2万字　彭代彦
所重点项目：
《市场缺陷与政府干预》
　　专著　24万字　李向阳等　中国金融出版社
《中国市场如何与世界市场接轨》
　　研究报告　2万字　庞中英
《西方国家农业市场的运转过程及其政策》

研究报告　3万字　宣杏云

《当代世界经济大全新编》

工具书　330万字　世经编辑部等　中国物价出版社

非重点课题：

《欧洲共同体与世界》

专著　28.8万字　沈骥如　人民出版社

《日本的金融市场及政府的金融政策》

专著　25万字　陈虹　人民出版社

《世界市场经济模式的综合与比较》

专著　22万字　罗肇鸿、田春生等　兰州大学出版社

《当代西方市场经济如何运作》

专著　26万字　佟福全等　中国物价出版社

《转轨型市场经济的宏观调控》

专著　30万字　田春生　中国经济出版社

《印度市场经济体制》

专著　19.5万字　李毅、司马军　兰州大学出版社

《德国市场经济体制》

专著　25万字　张精华　兰州大学出版社

《迈向太平洋新纪元：中韩关系的全面发展》

论文　2万字　谷源洋　《当代韩国》1994年第4期

《九十年代南北矛盾焦点的转向》

研究报告　8万字　中央办公厅交办任务　（发展室）

此外，王逸舟的论文《论"太平洋时代"》（《太平洋论坛》创刊号）获1994年度安子介国际贸易优秀论文三等奖。

（三）对外学术交流

为配合科研工作的需要，1994年派出、出访人员25批37人；接待来访外宾61批131人。举办了多次学术交流讨论会。

通过广泛的对外学术交流，该所与国外学者增进了友谊，沟通了信息，扩大了同国外学术机构的合作关系。7月，该所与日本佐贺大学经济学部续签了学术研究和人才培养方面的交流协议；8月31日至9月2日，该所与韩国KDI和日本的NIRA在汉城共同举办了关于东北亚问题的三方国际研讨会；聘请了日本著名经济学家下河道淳教授为该所名誉教授。

（四）刊物负责人及刊物内容

(1)《世界经济》(月刊)

创刊于1978年，由中国社会科学院中国世界经济学会、世界经济与政治研究所主办。

着重介绍世界经济领域理论性、综合性和战略性的研究成果，主要有理论探讨、国别经济、综合专题等栏目。近两年来，为了更好地为改革开放服务，增辟了跨国经营战略与决策

及世界经济知识栏目。据《人民日报》和《新闻出版报》报道，《世界经济》被列为1993年全国“最有影响力、最具权威”的三大财经期刊之一，并荣登全国世界经济类期刊榜首。

主编：谷源洋

(2)《世界经济与政治》(月刊)　(国内发行)

创刊于1983年，由中国社会科学院世界经济与政治研究所主办。

主要刊登世界经济和国际政治方面不宜公开发表的文章，着重评述世界范围的重大经济和政治事件及动态，力求帮助广大读者比较全面和深入地了解世界、开阔视野。

主编：谷源洋

(3)《世界经济译丛》(月刊)

创刊于1978年，由中国社会科学院世界经济与政治研究所主办。

着重选译国外有关当代世界经济领域内一些重大的理论问题和现实问题的论文、资料，以及世界经济研究方面的学术动态报道。

主编：龚荣进

(4)《世界经济年鉴》(年刊)

创办于1981年，由中国社会科学院世界经济与政治研究所主办。

是一部反映世界各国经济活动，考察世界经济发展动向，追踪世界上各经济部门的发展和介绍国内外企业（公司）的大型实用工具书。主要内容有：世界经济综合性报告；国家和地区经济概况；世界工业；世界农业；各国商业；世界旅游业；世界科技；世界经济特区；国际贸易；国际经济会议与国际经济组织；1992年世界经济活动分类记要；中外工商企业；世界经济统计汇编。

编委会主任委员：谷源洋

(5)《世界经济与中国》(双月刊)　(英文)

创办于1993年，由中国社会科学院世界经济与政治研究所主办。

是我国第一本经济类专业性英文刊物。分为世界经济部分，辟有：理论探讨、经济专题、国别与地区经济、冷战后的新热点、形势与展望等栏目；中国经济部分，辟有：大政方针、百家争鸣、改革热点、国情国力、投资环境、引进外资、走出国门等栏目。信息服务部分，辟有：名人录、新书评介、学术动态、信息之窗等栏目。

主编：谷源洋

（五）学会负责人及主要活动情况

中国世界经济学会简介：

于1980年4月21日成立，在民政部登记注册，由中国社会科学院主管，世界经济与政治研究所主办的中国研究世界经济的全国性学术团体。

宗旨是以马克思主义、毛泽东思想为指导，组织和推动世界经济理论和实际问题的研究，为发展中国的世界经济研究和四化建设，为维护世界和平及促进人类进步事业服务。主要任务是组织和协调有关世界经济重大理论和实际问题的研究，组织和参加国内经济改革开放调研工作，组织和协调世界经济的综合和专题学术讨论会，举办学术报告会、讲座和培训班，组织和提供咨询服务，编辑和出版学会刊物，编选和出版有关研究成果，参加国际学术活动，开展对外学术交流。

现任会长：浦　山

秘 书 长：王怀宁

现有刊物：《世界经济》月刊，不定期编发学会内部刊物《学会工作通讯》。

1994 年主要活动情况：

作为国家一级学会，遵照民政部下发的各有关文件，积极发挥其在世界经济研究与学术交流方面的组织作用。1994 年 5 月 31 日至 6 月 7 日，学会的中青年委员会与云南省国际问题研究所共同主办，召开了主题为“西南开放与世界经济”的研讨会，就世界经济形势、国际经济竞争的新特点、西南地区的开放及参与国际竞争的方式进行了探讨。三十多位来自全国各地科研院所、高校、政府部门和新闻单位的中青年学者参加了会议。1994 年 10 月 26～29 日，中国世界经济学会第五届年会及学术研讨会在大连市举行，会议有近百名来自全国各地的专家、学者中的个人会员、团体会员及理事出席，会议围绕着世界经济形势与前景、西方经济复苏、区域集团化、经济合作与多边贸易等热点问题进行了广泛的讨论，选举产生了新一届的学会负责人及理事。

东欧中亚研究所

（一）科研任务及成果

1994 年东欧中亚所科研工作的重点是：加强研究东欧中亚国家近几年的发展变化情况和发展变化中出现的新问题，以利于更好地了解和掌握这一地区形势和借鉴它们的经验教训；加强研究冷战后原苏东地区和整个欧亚地区的国际形势，以利于更好地了解建设有中国特色社会主义的国际环境，发展同这些国家的关系。1994 年，在形势调研方面共出 64 期《东欧中亚情况》，12 份形势考察报告，和若干期《外事简报》，撰写了《独立以来的俄罗斯外交政策和俄中关系》专题报告。此外，年终为配合完成院上报的国际形势报告，撰写了《东欧中亚 1994 年形势分析和对策建议》。为配合全院关于建设有中国特色社会主义理论的研究和关于社会主义的跟踪研究，承担了“巨变后的原苏东国家及其发展前景”，以及“中国与原苏东国家体制改革的比较”这两个课题的研究。在基础研究方面，为掌握许多新独立国家的基本情况，开始编写内容比较充实的各国概况或概论。在应用研究方面，完成了《西伯利亚与远东的开发及其国际经济合作》的研究报告，以及《中亚五国市场研究》的中期成果《中亚五国的经济》等专题报告。据统计，1994 年该所完成的专著、论文、研究报告、专题资料等各种形式的科研成果，共计 450 万字。

（二）学科调整

1994 年东欧中亚所本着缩小战线、突出重点的精神，对该所的学科建设和研究室进行了调整。把俄罗斯、乌克兰、哈萨克斯坦、乌兹别克斯坦、南斯拉夫联盟和维谢格拉德集团等国家作为该所 27 个国别研究中的重点。此外，在加强国别研究的同时，加强综合比较研究，特别是经济体制改革和经济发展的比较研究。为适当加强对俄罗斯的研究，根据目前的人员状况，调整了研究室的设置，将5个研究室合并为4个研究室：俄罗斯研究室、乌克兰研究室、中亚研究室和东欧研究室。

（三）对外学术交流

1994年东欧中亚所研究人员出国访问、进修和考察达36人次，接待美国、日本、俄罗斯、乌兹别克、塔吉克、吉尔吉斯、匈牙利、波兰、哈萨克、韩国、土库曼等国家的学者55人次；与外单位接待的外宾座谈约130人次；接待外国驻华使馆官员约50人次。

（四）刊物

该所的出版刊物为《东欧中亚研究》，双月刊，负责人李正乐。刊物的主要内容是：刊登研究东欧、俄罗斯和中亚国家的政治、经济、对外关系以及体制改革等内容的文章。

（五）学会

中国东欧中亚学会，会长：徐　葵

1994年学会的主要活动：

1.6月30日，学会与对外经贸部国际贸易研究所、《中华工商时报》共同举办了“中国与独联体各国经贸关系出现的新情况、新问题、新趋势”的学术讨论会。会议讨论了中国与独联体（特别是俄罗斯）国家经贸合作中出现的问题及其原因；以及经贸合作的前景和对策建议等问题。与会的同志认为，开展中国与独联体国家（主要是俄罗斯）的经贸合作，确实面临空前的困难和风险，但由于以前促成中俄经贸发展的基本经济条件，如地缘优势、互补优势依然存在，双方目前仍有强烈的合作愿望，加之俄方最近提出了一系列旨在吸引外资的优惠政策等。从长远和宏观看，中国与独联体国家的经贸合作仍有广阔的前景。到会的还有外交部东欧中亚司、中国现代国际关系研究所、对外经贸大学、中国人民大学、北京社科院外国问题研究所等单位的学者，共计30人。

2.11月3日，学会召开了常务理事会。主要讨论并决定以下四个问题：

（1）定于1995年召开全国年会；（2）增设俄罗斯、中亚、远东和乌克兰等四个研究中心（学会下属）；（3）引导学会会员一方面坚持基础研究，另一方面加强应用研究；（4）根据工作需要，学会增设一名副秘书长。

欧 洲 研 究 所

（一）科研任务及组织工作情况、重要科研成果

1.科研成果

1994年，欧洲所科研成果总计大约达三百万字，全所研究人员平均年度发表的科研成

果为十万字左右。主要有《欧洲联合的蓝图》、《欧洲自由贸易联盟》、《德国社会市场经济运作机制》、《战后英国外交史》、《戴高乐评传》、《世界人权纵横》、《西欧公有企业——历史沿革·国家参股·经济管理·调整改革》等七部专著出版。此外，还有多位同志参与了兄弟单位的合著和译著。发表论文约 80 篇，研究报告 70 篇。

1994 年欧洲所研究成果质量进一步提高。罗红波主译的《缔造意大利的精英》一书篇幅长（近 60 万字）、难度大，获国内外好评；顾俊礼著的《德国社会市场经济运作机制》1994 年底出版时，出版社在武汉安排首发式；周荣耀著的《戴高乐评传》是国内专家评价当代西方资产阶级政治家的有益尝试；马胜利参加的《国际关系中的人权问题研究》，获 1994 年北京社科院一等奖，北京市二等奖；裘元伦在中央党校省部班所作的《怎样借鉴西方国家发展市场经济的经验》报告，获北京市政府二等奖，为政治局委员谢非出访德国提供的研究报告，得到广东省政府专函表扬；刘靖华的研究报告《下世纪 20～30 年代中国面临严峻国际环境》，通过院办公厅上报，受到重视，并在学术界引起较大反响；杨祖功的《法国式社会主义》研究报告，理论联系实际，得到好评；欧洲政治室承担的院“建设有中国特色社会主义研究中心”下达的课题之一《中外社会结构比较研究》，观点有新意，也得到好评。

2. 科研工作方向端正，积极为改革开放和对外工作服务

欧洲所科研工作在历届所领导主持下，一贯强调理论联系实际，学科建设和为现实需要服务结合，既重视历史知识和基础理论，又重视研究国家当前面临的紧迫实际问题。在 1994 年，这方面所作的努力主要表现在：

（1）各研究室进一步明确了本室的研究方向。例如，欧洲经济研究室研究人员对经济改革中的重大理论问题认真学习钻研，注意理论联系实际，积极为我国的改革开放和建立社会主义市场经济体制服务。欧洲社会文化室 1994 年为本室建设和科研方向问题进行了多次讨论，确定了理论与实际相结合，历史与现实相结合，欧洲研究与中国需要相结合的基本方针，并就对社会文化问题的研究必须同对政治、经济问题的研究相结合达成了共识，以此指导全室和个人的科研工作。在上述思想指导下，1994 年欧洲所申报了两个院重点项目，并获得了批准，即“西方国家亚洲政策的调整与中国”（主持人周荣耀）和“欧洲联合进程对外部世界的影响”（主持人裘元伦）。

（2）全所研究人员把主要精力用在完成各级重点课题上。1994 年国家社科基金项目成果《西方外交思想史》最后定稿。该成果由陈乐民主持，全书 35 万字。由欧洲所人员主持的国家社科基金项目“西方国家调节的理论与实践”、“欧美利益群体与压力集团政治的比较研究”正在按计划进行。国家青年社科基金项目“欧洲联盟的政治学研究”也在加紧进行。院重点项目《欧洲变化与世界格局》1994 年完稿。其他院重点，包括“欧洲扩张史”、院青年基金项目“冷战后国际关系理论研究”等，也在按计划进行。此外，还有一批所重点项目，例如，阎小冰撰写的《欧洲议会》一书，22 万字，1994 年已交稿给世界知识出版社准备出版。

（3）在继续重视学术论著、论文的同时，适当加强了内部研究报告的撰写和提供。在 1994 年完成的大约 150 篇文章中，论文（包括一般文章）和研究报告大约各占一半。刘靖华、潘琪昌、顾俊礼、罗红波、裘元伦等为本院《对外学术交流》等刊物积极写稿，有的稿

件还受到重视。

（二）对外学术交流

1994年，欧洲所对外学术交流比较活跃。5月3～15日以裘元伦为团长的中国社会科学院代表团一行11人，应德国阿登纳基金会邀请访问了德国。按照院的协议，1994年欧洲所还派出了6位同志出国进修或访问，还有3位同志随团出访参加国际会议。1994年，欧洲所和亚太所还联合举办了"世界新格局中的东亚与欧洲"国际学术讨论会，1994年邀请了若干重要外宾来所、院作学术报告等活动，意大利参议院前议长斯帕多利尼亲临参加了《缔造意大利的精英》一书中译本的首发式，胡绳院长出席、会见。

（三）刊物情况

对内学术交流方面，主要通过《欧洲》杂志进行。《欧洲》杂志1994年发稿6期，共发稿116篇。此外《欧洲》杂志编辑部1994年还出面组织了两次规模较大的学术讨论会，一次是全国欧洲问题研究中青年学者研讨会，讨论了文化、文明和国际关系及欧洲研究的方法论等问题；另一次是1994年年终欧洲形势讨论会，对1994年的欧洲问题进行比较全面的分析评论。1994年，欧洲所设法筹措资金恢复了内部刊物《欧洲问题参考》，总共出了18期，约15万字。刊登在该刊物上的多篇研究报告被其他内部报刊转载。

西亚非洲研究所

（一）科研工作

1.1994年，根据院务会议精神，西亚非所科研工作以调整学科、深化科研体制改革为中心，加强科研人员的考核和奖励，逐步建立优胜劣汰的激励机制，提高科研成果的质量。

2.1994年西亚非所共出版专著9部，195.4万字；论文46篇，35.1万字；调研报告17篇，6.8万字；其他15篇，84.8万字。其中，国家和中华社科基金项目《南非政治经济的发展》、《非洲社会主义新论》、《现代海湾国家政治体制研究》已出版。《海湾战争后的中东格局》正在统稿、审订中；院重点项目《开拓南非市场：环境与机遇》已出版。《中东动乱的根源》、《以色列经济发展研究》、《商品化过程中津巴布韦社会的演变》、《发展理论与非洲经济发展》、《黑人文化哲学》、《走向21世纪的非洲政治变革》等正按预定计划进行。《简明中东百科全书》和《简明非洲百科全书》也正在按计划进行；所重点项目《南非：富饶多难的土地》、《非洲市场经济体制》、《中东市场指南》已完成并出版。《中东石油：挑战与对策》待出版。还有其他研究成果计25万字。

《西亚非洲》（双月刊）1994年出6期，约90万字。《西亚非洲资料》出2期，约40万字。《1993年西亚非洲大事记》1册，约19万字。

"亚非经济文化咨询公司"1994年出版了《亚非市场》34期，并组织本所科研人员编辑了《世界各国商务指南》中的《中东非洲商务指南》卷；出版了《南非进出口商名录》。

《西亚非洲调研》共向中央领导和有关研究部门提供内部调研报告 17 篇，约 6.8 万字。

3.1994 年，主持了“中东和平进程务虚会”、“中东伊斯兰运动的发展及其对我国的影响”、“一年来中东形势的回顾和展望”、“非洲政治民主化问题”、“南非地区形势”、“1994 年非洲政治经济形势的回顾和展望”等学术研讨会。接待美国、日本和中东、非洲国家的学术来访 94 人次。并邀请中东、非洲国家的驻华使馆或代表机构的官员作学术报告，与之建立了业务联系和资料交换关系。还派出 3 名研究员访问南非，1 名研究员出席美国非洲研究协会年会，并顺访美国。

为培养跨世纪人才，增强学术风气，提高青年科研人员的研究水平，成立了“西亚非洲青年学者论坛”，并举办了“亨廷顿《文明冲突论》”、“冷战结束后国际问题研究思维模式”、“冷战结束对发展理论冲击”等学术研讨会。

（二）学术交流活动

1994 年 6 月 5～17 日，应南非外交部的邀请，西亚非洲研究所谈世中（副所长）、杨立华（研究员）、何丽儿（研究员）3 人，访问了南非的比勒陀利亚、约翰内斯堡、开普敦和德班等四大城市，及其周围的黑人城镇、棚户区和有色人居住区。与南非学术界进行了广泛的接触，访问了南非人文科学研究委员会、韦特沃特斯兰德大学、西开普敦大学和斯泰伦博什大学和南非非洲研究所，与有关的教授学者就南非政治经济形势、中国与南非关系的前景，以及双方学术交流等方面进行了深入的探讨。代表团还会见了南非外交部亚洲司和经贸部门官员，以及工矿商会和农业发展组织的负责人；还与非政府民间团体，如南非基金会、南非民主选举研究会、南非多党民主研究所的代表就南非政治、经济的发展前景进行了广泛的讨论。

（三）学会

中国亚非学会

1962 年 4 月 19 日成立，是全国性学术团体。宗旨是促进对亚非国家当前的政治、经济、宗教和社会状况的研究，开展国内外的学术交流。不定期出版内部刊物《中国亚非学会会讯》。

1994 年 10 月 28 日举行了中国亚非学会第四次会员代表大会。选举了新一届领导班子。

会　长：季羡林

副会长：刘　春　林华轩　葛　佶

　　　　薛谋洪　何肇发

秘书长：谈世中

中国中东学会

1982 年 7 月 15 日成立，是研究中东地区和中东国家的全国性学术团体。宗旨是促进对中东政治、经济、军事、历史、地理、民族、宗教和文化等方面的研究，开展中国与中东国家以及其他国家之间的学术交流和合作，增进中国人民对中东的了解和中国人民同中东各国人民的友好关系。不定期出版内部刊物《中东学会通讯》。

1994年12月22日与西亚非洲研究所联合召开了“一年来中东形势的回顾和展望”研讨会。

会　长：刘　春

副会长：曹克强　刘　竞　万　光

方德昭　沈遐熙　张俊彦

彭树智　朱威烈　赵国忠（常务）

秘书长：张铁伟

拉丁美洲研究所

（一）科研工作进展情况

1994年全所完成各类科研成果共计348万字。其中：著作稿6种，72.9万字；论文98篇，77.75万字；调研报告26篇，16.3万字；文章51篇，17.4万字；工具书61万字；译著2种，20万字；译文13篇，11.8万字。

本年拉美所加强了对重点项目和课题的管理，定期检查督促。全所承担国家社科基金项目三项：《90年代拉丁美洲地区一体化趋势》（专著），已按期完成，送交出版社；《拉丁美洲的共产主义运动》（专著）和《拉美发展模式研究》（专著）正在按计划进行。承担院重点项目五项：《毒品问题与国际社会》（专著）已完成，送交出版社；《巴西现代化之路》（专著）、《经济发展与社会公正——拉丁美洲的理论、实践、经验和教训》（专著）、《拉丁美洲的发展模式和社会冲突》（专著）和《90年代拉美国家对外关系的发展趋势和对发展中拉关系的政策建议》（内部报告）正在按计划进行。院资助项目九卷本《剑桥拉丁美洲史》第一卷已完成，送交出版社，其他各卷正在进行中。所重点项目三项：《战后拉丁美洲教育研究》（专著），已出版；《论北美自由贸易区》（专著）已完成；《秘鲁军政府的改革》（专著），正在按计划进行。

（二）主要学术活动

1994年，拉美所加强对现实问题的研究，进一步注重对一些重要问题的跟踪研究，密切配合形势组织召开一系列学术研讨会，其中主要是：

6月，在京召开“拉丁美洲的腐败与反腐败”学术讨论会，30人出席会议。

8月，在京召开“拉美国家改革开放政策比较”研讨会，30人出席会议。

12月，在京召开“1994年拉丁美洲形势”讨论会，60人参加会议。

组织所内专题学术讲座11讲，题目是：《巴西“从经济奇迹”到经济衰退的经验教训》、《冷战后美拉关系的变化与发展趋势》、《世界贸易新协议与拉丁美洲的选择》、《拉美发展模式中的几个问题》、《第三世界发展的文化再思考》、《拉美经济调整及其成效》、《北美自由贸易区》、《拉美地区一体化中的几个问题》、《拉美初级产品出口模式》和《特殊时期的古巴社会主义》等。

（三）对外学术交流

1994年拉美所开展了一系列外事活动。

4月4日，举行了向拉美国家驻华使馆的赠书活动，将本所编著的《拉丁美洲历史词典》和《拉丁美洲史稿》第三卷赠送给拉美各国驻华使节。

4月21日，秘鲁驻华使馆临时代办吉多·洛艾萨在秘鲁大使馆举行赠书仪式，向本所赠送一批有价值的图书，共95册。

5月16日，拉美所举行隆重的授书仪式。委内瑞拉驻华大使爱德华·多索托先生将委内瑞拉总统卡尔德拉先生赠送的一批珍贵书籍248册赠送本所。

6月16日，本所举行集会，纪念秘鲁杰出的思想家何塞·卡洛斯·马里亚特吉诞生100周年，来自国内一些科研机构、大专院校和新闻单位以及秘鲁驻华使馆的官员、在北京的秘鲁专家、拉美其他国家和西班牙等国的友好人士六十多位代表出席了纪念会。

1994年，拉美所还接待了外国学者、政府高级官员、议员共26批46人次。其中主要的有：阿根廷总统外交顾问沙米斯先生；乌拉圭教育、文化部长安东尼奥·梅尔卡多；拉美经济体系秘书长萨尔瓦多·阿里奥拉；玻利维亚外交和宗教事务部长安东尼奥·阿拉尼瓦尔·基罗加博士；厄瓜多尔前总统罗德里戈·博尔哈；智利社会党议员阿尼瓦尔·佩雷斯·洛沃斯；墨西哥印第安研究所所长吉列尔莫·埃斯皮诺萨·贝拉斯科；阿根廷亚太研究所所长卡洛斯·胡安·莫内塔；西班牙亚洲研究所所长费利克斯·拉塞拉斯和古巴亚洲、大洋洲研究中心研究员何塞·索拉纳等。

1994年，拉美所选派10人次分别赴墨西哥、智利、哥伦比亚、巴西、俄罗斯、西班牙和美国等国家进修、学术考察和参加国际会议。

（四）几项主要工作

1. 完成所内学科调整。拉美所在1993年对学科布局进行初步调整的基础上，本年根据全院的统一部署进行了学科调整。确定以研究拉美国家当代的发展问题和内、外政策为重点，即以研究拉美经济和政治为中心，致力于为我国的经济改革和对外开放服务。实行政治、经济、社会、历史、文化多学科共同发展和突出重点学科相结合，地区性综合研究和重点国家的国别研究相结合。既保证发挥重点学科的优势，又促进多学科共同繁荣，以增加学术研究的深度和广度，提出主要依靠自身力量培养后备人才的思路，以逐步解决学科建设当前面临的核心问题。强调加强科研组织工作，尤其是抓好重点课题设计、立项、力量配备等，力争拿出一些有分量的科研成果。通过调整优化了学科配置，研究室设置由原来的五个减为四个，使科研力量相对集中，使学科设置更加合理。撤销了编译室，停办了内部刊物《拉美问题译丛》，两个国别室合并。现在的设置是：拉美经济研究室、拉美政治研究室、国别研究室和社会文化研究室。

2. 加强对年轻科研人员的培养。采取三项措施加强对年轻科研人员的培养：(1) 举办西班牙语培训班，进行在职培训，为期一年半。(2) 以年轻科研人员为对象组织所内专题学术讲座。(3) 出国进修人员主要从比较优秀的年轻同志中选派。

3. 建立规章制度，加强管理。为使所里各项管理工作有章可循，逐步走向规范化、制度化、科学化。1994 年，拉美所制定和修订了 19 项有关内部管理的规章制度，编印成册。

（五）图书馆工作

1994 年，中外文图书采购共 147 册，中文 101 册，外文 46 册。中外文报刊采购 184 种。剪报 5406 张，装订剪报资料 44 册。出版《1994 年拉丁美洲大事记》11 万字。图书分编中文 101 册，外文 514 册。

（六）刊物及出版情况

《拉丁美洲研究》，双月刊　主编：苏振兴

创刊于 1979 年，由中国社会科学院拉丁美洲研究所主办。本刊是我国迄今为止唯一专门发表有关拉丁美洲研究的学术刊物。主要刊登有关拉丁美洲地区各国的政治、经济、国际关系、社会、历史、文化等方面的学术论文，特别注重对拉美当前重大的现实问题和理论问题专题研究成果的反映。辟有拉美政治、经济和社会发展、国际关系、历史人物、思潮、教育、科技文化、市场揽要、投资环境、学术动态、书刊评介、文摘等栏目，并附有英文摘要和英文目录。1994 年《拉丁美洲研究》出版 6 期，共发稿 50 万字。

（七）中国拉丁美洲学会

本会成立于 1984 年 5 月 15 日，由中国社会科学院拉丁美洲研究所主办。

本会宗旨：团结全国从事拉丁美洲问题研究、教学和开展对拉美地区工作的人士，促进我国对拉美问题的研究，增进中国和拉美各国人民之间的相互了解和友谊，为实现我国社会主义现代化服务。

业务范围：拉丁美洲经济、政治、国际关系、社会、文化、民族问题等方面的研究与交流。

现有会员 254 人，会刊为《中国拉丁美洲学会通讯》。

会　　长：蒋光化

副 会 长：苏振兴

秘 书 长：徐世澄

副秘书长：曹　琳（等）

通讯地址：北京市东城区张自忠路 3 号，拉丁美洲研究所。

邮政编码：100007

1994 年，中国拉丁美洲学会主要开展以下活动：

6 月 29 日，中国拉丁美洲学会和拉丁美洲研究所、古巴驻华使馆在北京联合召开了“古巴的经济开放”研讨会。中国的拉美问题和古巴问题专家、中国企业家代表及古巴驻华使馆官员共六十多人与会。与会代表就目前古巴经济形势、古巴的经济改革和开放政策、中古经贸合作等问题展开了热烈的讨论。《人民日报》、《经济参考报》等报刊对会议作了报道。

11 月 2～5 日，中国拉丁美洲学会和天津南开大学拉美研究中心在南开大学联合举办“庆祝中国拉丁美洲学会成立 10 周年暨中拉关系学术讨论会”。中联部副部长李北海、天津市教工委书记王鸿江、南开大学领导以及来自全国各地研究机构、高等院校、中央党政机关的拉美问题专家共 70 人参加了会议。与会代表对中国和拉美的政治、外交、经济和贸易关系的现状、存在的问题和发展前景展开了热烈的讨论，并提出了许多有益的意见和建议。《天津日报》、《经济参考报》、新华社等报刊和通讯社对会议作了报道。

1994 年，中国拉丁美洲学会还举行了多次报告会、座谈会，邀请访华的拉美知名学者和驻华使馆使节就拉美目前形势及拉美当前的主要问题给会员们作报告。

亚洲太平洋研究所

亚太所 1994 年共完成专著 14 种，172 万字，研究报告 6 篇，6 万字，论文 67 篇，74 万字，工具书 3 种，113 万字。

（一）学科调整工作

1994 年亚太所按照院工作会议精神一手抓调整，一手抓科研，修订办所方针，调整内部研究机构，使由于历史原因形成的偏重于对南亚地区哲学、宗教、民族文化的研究转向于对当代亚太地区的研究，集中力量加强了对现实问题研究的力度，注重对亚太地区重要专题的研究，对亚太地区的政治、经济、国家关系及合作等方面都设立了专项研究课题，重新调整了研究室的设置，将南亚宗教哲学研究室、南亚社会文化室、南亚政治室、东北亚室、东南亚室、综合室六个研究室调整为亚太政治经济研究室、国家关系与合作研究室、宗教哲学研究室和社会文化研究室。研究室重新调整之后，确定了新的研究方向和重点课题。

为填补学科的空白，进一步广泛开展对外学术交流工作，1994 年 6 月成立了澳大利亚、新西兰与南太平洋研究中心。

（二）科研课题情况

1994 年亚太所承接国家社科基金一项：“东盟发展趋势及其在亚太的地位”；院重点项目一项：“南亚地区的国家关系及其安全”。

《亚太经济丛书》是该所与福建鹭江出版社签订出版合同的一套经济类丛书。该套丛书全面反映亚太地区 80 年代以来经济迅速崛起及发展趋势，论述了亚太主要国家特别是一些东亚国家经济腾飞的原因，同时论述了我国同这些国家的经济关系，对我国的改革开放和社会主义市场经济的发展具有理论和实践意义。全套丛书共 10 本。全部由该所科研人员撰写，目前，这一套丛书基本完成。

院重点课题“朝鲜半岛形势与东北亚安全”，该课题以报告的形式分析了近期内朝鲜半岛的内外形势及其对东北亚安全的影响，以及各国对朝鲜问题的政策变化，在此基础上提出了我国在今后一段时间内在朝鲜半岛问题应采取的对策建议。

1994 年内完成了《东盟的战略及与中国的关系》、《东盟地区论坛的成立、影响及对策建议》、《印尼地区政局及苏哈托继任人问题》。还完成了 1994 年《亚太形势分析》等研究报告。

（三）对外学术交流工作

1994年亚太所共接待外国来访团体12起，接待外国专家学者62人次，派出到国外访问和开展学术交流的人员26人次，参加国际学术研讨会24人次。

（四）期刊工作

亚太所公开出版的刊物《亚太研究》（双月刊）以发表当代亚太问题的学术文章为主，1994年出版6期，78万字。《南亚研究》（季刊）是发表研究南亚政治、经济、文化、宗教、民族的综合刊物，1994年出版4期，60万字。内部刊物《亚太参考》（周刊），前身是《亚太资料》，1994年共出版发行（内部）55期，刊载有关亚太地区政经、国家关系的学术论文、研究报告等文章60余篇。

（五）学会工作

中国亚洲太平洋学会（成立于1993年）

上级主管单位：中国社会科学院

业务主管：亚太研究所

会　长：张　磐

副会长：张蕴岭　史　敏　陈鲁直　金德湘

秘书长：高连福

宗旨及业务范围：

以马列主义为指导，团结、组织研究亚太问题的专家学者和实际工作者，开展对亚太地区政治、经济文化、国际关系、中国与亚太地区的关系研究，积极承担中央交办的课题，促进国内、国际学术交流，加强同亚太地区国家学术机构的合作，为我国实施经济改革和对外开放，加速社会主义现代化建设服务。

中国南亚学会（成立于1978年）

上级主管单位：中国社会科学院

业务主管：亚太研究所

会　　长：季羡林

副 会 长：孙士海　黄心川　孙培钧

秘 书 长：孙培钧

宗旨及业务范围：

以马列主义为指导，组织协调和团结全国研究南亚问题的力量，开展和促进对南亚地区各国的政治、经济、历史、宗教、哲学、语言文学、民族以及南亚区域合作、中国与南亚各国关系的研究。积极开展对南亚各国的学术交流，促进中国同南亚各国的关系及人民之间的友谊。

1994年内共组织有关南亚问题的小型学术讨论会三次。举办全国性研讨会一次，题目为“南亚国家的政策走向”。

澳大利亚、新西兰与南太平洋研究中心

本中心于1994年成立，上级主管单位为中国社会科学院，业务主管为亚太研究所。

该中心是研究澳大利亚、新西兰及南太平洋地区的政治、经济、社会、文化及对外关系的学术机构。其宗旨是联合院内外研究澳、新及南太平洋问题的专家和学者，促进对该地区的研究，为促进我国与澳、新及南太平洋国家的经济、政治、文化交流与合作，为我国的改革开放和发展社会主义市场经济服务。

主要领导成员：

名誉主任：滕　藤

主　　任：张蕴岭

副 主 任：李明德

秘 书 长：韩　锋

南亚文化研究中心

本中心成立于1988年，上级主管单位为中国社会科学院，业务主管为亚太研究所。

该中心的任务是开展对南亚地区文化和对外交流工作。联合和组织院内外研究南亚文化的学者共同承担这方面的重点课题，促进中国与南亚国家的友好和学术交流。

主要领导成员：

主　任：黄心川

副主任：王树英　方广锠

美国研究所

（一）科研组织工作

1994年，美国所承担国家社会科学基金项目3项，院重点项目6项，所重点项目3项。总计完成学术专著2部，101万字，学术论文19篇，内部报告9篇，译著4部，编辑出版论文集（中英文版）1部，其他各类文章53篇。

在这一年中，美国所科研管理方面的大动作是根据当年院工作会议精神，对现有处室进行了调整，原美国社会室和美国文化室合并成新的“美国社会文化室”。并确定美国政治室、美国经济室和美国外交室为重点学科处室。

由美国所图书馆主持的、国内几家主要机构图书馆参加的“全国美国学机构图书馆联合目录”编制完成。

除了与其他单位合作召开两次学术会议，美国所还单独主持举办了七次小型学术研讨会。

（二）重要学术成果

1. 内部报告。主要有：《克林顿政府一年来对华政策的调整》，载《世界经济调研》

1994年4月25日期；《欧文·巴乃特关于中国引进外资的报告》，载院内部刊物1994年第7期，等等。

2. 学术著作。主要有：《国有资产管理：理论·方法·实务》，专著，中国财经出版社1994年版；完成长篇专著《战后美国外交史》（上下册）的全部撰稿工作，计60余万字；《冷战后的美国》，论文，《美国研究》1994年第3期；《试论核裁军的几个问题》，论文，《美国研究》1994年第3期；《梭罗政治思想述评》，论文，《美国研究》1994年第4期；《美国人对西方民主制的贡献——代议制民主》，论文，《美国研究》1994年第4期。

（三）对外学术交流

1994年美国所主动邀请来华的美国学者6人，接待美国或其他国家来访的人士47人次。在邀请来华的外宾中，有著名学者拉卡拉皮诺、鲍大可等人。有的外宾还受到其他部委领导同志的接见。

1994年派出长期访问学者3人，短期出访8人次。3位长期访问学者届满回国。

总之，对外交流有所扩大，并且更有成效。

同时，本年参加国内其他单位组织的学术活动达三十多次。有10人，三十多次接受国内外新闻机构的采访。

（四）刊物出版情况

1. 主要刊物《美国研究》季刊，年内调整了编委会，充实了几位近年来崭露头角的青年骨干，《美国研究》的办刊体制也有所调整，增加了信息量。

2. 出版了第一期英文版 *Americam Studies in China*.

3.《美国大观》月刊实现了正常出版，在一年之内订户数超过一万份，费用持平。

4.《美国问题调研》（内部刊物）走上正轨。

（五）学会情况

中华美国学会成立于1988年12月，由中国社会科学院美国研究所主办。

中华美国学会得到福特基金会的资助，设立了美国学著作出版补贴基金，迄今已经过三届评议，资助了39种著作，其中22种已经出版。出版基金每年评审一次。

中华美国学会于1993年成立了中美关系史专业研究委员会，作为二级学会，由资中筠任会长、汪熙、王志刚、蒋相泽任副会长。中美关系史研究会于1994年3月在北京举办了“中美关系史研究：回顾与展望”的学术讨论会。

截至1994年底，中华美国学会有团体会员59个，会刊为《美国研究》。

名誉会长：黄　华

会　　长：李慎之

秘 书 长：陶文钊

通讯地址：北京市建国门内大街5号美国研究所

邮政编码：100732

日本研究所

（一）科研工作

1. 科研成果。1994年共完成专著9部，学术论文106篇，研究报告7篇，学术资料7篇，译著7种，译文15篇，科普读物1种，工具书3种，一般文章14篇，共计713.9万字，编辑刊物12期，140万字。其中有些著作和论文对我国建立社会主义市场经济有直接的参考价值。新近问世的《简明日本百科全书》是一部全面系统介绍日本的工具书，它的出版填补了国内的空白，受到了各界的重视；《日元升值下的日本企业》（论文）、《日本的新技术立国》（论文）两组连载文章，在《光明日报》发表后都产生了较大影响；《走向政治大国的日本》（专著）从战后日本经济、对外经济关系、科技政治思潮、外交以及日本军事政策等方面论述了日本走向政治大国的趋向；《日本政治概论》（专著）以政治学理论为指导对日本的阶级、国家、政党军事等方面进行了研究，是一部有一定理论深度的学术著作。

2. 改进和加强了对科研工作的领导。

（1）进一步明确了所的研究工作方针。在肯定原来所里提出的全面研究二战以后日本政治、经济、社会文化的同时，特别突出强调了重视对冷战后日本政治、经济、社会文化等进行系统性、综合性、战略性研究。在重视基础研究的同时，加强战略动向和对策研究，要求研究工作能密切注意不断发展的新趋势，及时了解新情况、新问题，课题研究要具有鲜明的时代感和现实性。

（2）认真进行了课题清理。根据院提出突出重点的要求，撤销了一些原有的课题，新确定了所重点课题："冷战后的日本经济"、"日本社会思潮研究"、"日本在亚太地区合作中的地位与作用"等。1994年全所保留和新增的课题有国家社科基金课题3项，院重点课题3项，所重点课题5项，国外资助课题3项。

（3）进行了学科调整。根据院关于进行学科调整的工作部署和对日本研究工作的需要及可能，所长办公会、所务会和学术委员会反复论证，充分酝酿，决定在原有综合组的基础上吸收原政治室的部分同志成立对外关系研究室，专门从事日本对外关系的研究，政治室着重进行日本国内政治体制的研究。

（二）对外学术交流

1. 加强和扩大了同国内各研究机构之间的学术交流和合作。1994年，邀请所内外专家学者共同举办了九次学术讨论会，其中，有关日本"政党"、"政局"、"政改"和社会思潮等方面的讨论会有五次，有关日本经济形势和经济体制方面的讨论会四次，通过这些学术研讨大大活跃了所内的学术气氛。其中，由日本所同《世界知识》杂志社联合举办的村山内阁成立意义、背景和内外政策学术讨论会，有关论文在《世界知识》上发表后，受到好评。此外，还有部分同志多次参加了外单位举办的学术研讨会，对推动所的研究工作，密切同兄弟单位的关系，向社会展示所的研究成果，扩大所的对外影响，都发挥了很好的作用。

2．全年先后共接待了35批78人次的外国学者和记者的来访，派出13批17人次出国访问和进修。

接待的来访者中有的身份较高，如以日本自民党总务会长加藤纮一为首的自民党议员访华团一行，有五名自民党议员。通过这些对外学术交流活动，增加了我们对日本各个方面的了解，有效地促进了科研工作。

在同日本学术友好团体和友好人士建立联系方面，除了同日本的松下政经塾、新构想研究会、爱知大学有正式的交流协议，同通口美枝子、根本安雄等人士保持了正常接触外，同日本人文社会科学交流协会、万国博览会基金交流协会的关系在中断了多年后，也得到了恢复。

（三）刊物

《日本学刊》（双月刊）创刊于1985年，是由中国社会科学院日本研究所与中华日本学会共同主办的综合性学术刊物。创刊以来一直以坚持理论联系实际的原则和“双百”方针，为我国的改革开放和现代化建设以及发展中日友好关系为办刊方针，设有专论、学术探讨、研究理论、比较研究、人物、书评、学术动态、访谈录、短评、论文摘要等栏目，主要刊登我国日本研究工作者关于日本政治、经济、社会文化、科技、外交、军事、历史、语言、文学、哲学等诸学科的优秀研究成果。该刊物在国内外公开发行，读者遍于欧、美、亚洲各主要国家，并与有关政府部门、大学、人文社会科学研究机构一些学者保持交换关系，在日本国立国会图书馆、北京图书馆、国际日本文化交流研究中心图书馆等国内外著名的大图书馆中均有馆藏。《日本学刊》所载的文章曾被日本《朝日新闻》、美国学术报刊、中国《人民日报》、《参考消息》等国内外许多刊物转载和介绍，并被中央和地方政府有关决策部门用作重要参考资料。国内许多大学都把它指定为大学生、研究生的必读教材和选读参考书。现在《日本学刊》已成为我国对日本研究工作者进行学术交流的园地，成为我国广大读者了解和认识日本的重要窗口，受到了政府有关部门和广大读者的重视和好评。

《日本问题资料》（双月刊）是日本所主办的内部资料性刊物，刊载有关日本问题的探讨性论文及研究报告，以及有参考价值的译文和资料等。

主编：冯昭奎

台湾研究所

（一）科研工作情况

科研成果：

1．全年共出版专著6部：《台湾研究论文集》第六辑、《当代台湾大事典》、《台湾教育与经济发展》、《点石成金——台湾百大企业集团与老板》、《香港的昨天、今天和明天》、《台湾地理》。

2. 完成中央及有关部门交办的科研任务有：承担国台办委托的研究课题《对李登辉的基本分析》、《2000年台湾经济及两岸经贸关系》等5篇，完成《台湾史纲》“当代部分”初稿的编写。

（二）对外学术交流工作

1. 接待来访：全年接待来所访问的台湾及海外学者60批250人次，其中重要或大型访问团10余批。重点邀请了台湾政治大学国际关系研究中心主任林碧炤等4人来所访问。

2. 派出：进修2人，其中1人到英国、1人到日本，学者访问和参加学术会议2人，其中1人赴台湾访问、1人赴泰国参加学术研讨会。此外，有数十人次参加了国内举办的各种学术讨论会。

3. 学术研讨会：为配合《告台湾同胞书》发表15周年，宣传我对台方针政策，对两岸关系发展进行深入的探讨，该所与全国台湾研究会、全国台联会联合举办第四届海峡两岸关系研讨会，会议主题为“两岸政策互动回顾与前瞻”，来自台湾、香港、美国、日本及大陆的八十多位学者参加了研讨会。该会深受海内外各界人士重视，对推动两岸关系的发展起了积极作用。

（三）庆祝建所十周年活动

1994年是台湾所建所十周年，党和国家领导人江泽民、李鹏、乔石、钱其琛、李岚清、王兆国、汪道涵、程思远及胡绳院长分别慰问祝贺。配合所庆活动，加强对台研究工作，该所举办了“台湾研究研讨会”，会议邀请大陆各地有影响的专家学者就如何进行台湾问题研究进行了深入探讨。本年度还编辑了台研所成立十年来的主要科研成果索引。

随着两岸关系的发展，来所访问座谈的人员逐年增多。由最初的学者型扩大到知识界、政界、文化界、工商界、新闻界；由统派扩大到国民党、民进党及其他在野势力。交流的内容也由过去比较单纯的两岸关系问题转向对两岸的政治、经济、对外关系、法律、历史、文化社会等多领域、全方位的交流探讨。

（四）图书资料建设

为丰富藏书内容，曾几次派人参加大型的图书展销会。共采购图书近千册，提订港、台及海外报纸64种116份，期刊320种369份，采购国内出版物、报纸34种，期刊70余种。

（五）所刊简介

《台湾研究》是由本所主办的综合性学术季刊。本刊以全面、客观研究台湾、促进祖国和平统一为宗旨，以海内外关心台湾问题和祖国统一者为阅读对象，主要刊登台湾政治、经济、社会、历史、文化、法律、对外关系、两岸关系以及大陆对台政策等方面的研究成果。本刊为国内目前研究台湾问题较具权威性的刊物之一，颇受台湾和海外的关注。1994年本刊共刊登各类文章69篇，其中专稿9篇，两岸关系类13篇，政治类8篇、经济类15篇、对外关系类2篇、历史人物类9篇、法律类3篇、文教类5篇、资料类5篇。

二 院机关部门工作

科研管理工作

1994年，在院党委的领导下，科研局同志认真学习《邓小平文选》和中央十四届四中全会文件，积极贯彻院工作会议精神，落实院工作会议提出的科研管理的各项任务，紧紧围绕科研这个中心，努力探索适应社会主义市场经济体制的科研管理新机制和新方法，科研管理工作有了新的气象。1994年我院改革措施较多，力度较大，几乎每项改革都与科研管理工作有关，任务十分繁重。全局同志发扬了无私奉献和敬业精神，鼓实劲，干实事，加班加点，不辞辛劳，较好地完成了任务。主要做了以下工作：

1. 开展学科调查，进行学科调整。

学科调整是院工作会议确定的一项重要工作，是我院改革的重要举措，也是科研局的中心任务。4月制订了《关于开展学科情况调查，制订学科方案的通知》，对全院的学科调整工作作了部署。学科调整大体分三步进行：（1）试点阶段，5～8月在哲学所、历史所和农发所进行了学科调整试点；（2）在试点经验的基础上，于9月上旬在全院铺开，各研究所都在10月底前后提出了本单位的学科调整方案；（3）科研局协助各主管副院长对各所学科调整方案逐一研究，提出具体修改意见并向所反馈。此项工作于年底前做完。在上述工作的基础上，对全院的学科布局进行统盘研究，并将于1995年院工作会议之前提出全院学科调整方案，报院务会议审批。

2. 全面检查清理各类项目，突出重点，抓拳头产品。

根据院工作会议“适当收缩战线，以集中部分力量去研究当前急需解决的重大理论问题和实际问题”的精神，拟订了《关于检查清理各类研究课题的通知》，对全院项目检查清理的范围、方法、步骤作了规定，用两个月的时间，对国家重点课题（包括“七五”、“八五”重点和“六五”遗留课题）、中华社科基金课题（含青年社科基金课题）、院重点课题、院青年基金课题、1992年以后立项并得到院经费资助的课题以及其他重要课题进行了全面检查清理。全院在检查清理范围内的课题共864项，其中完成的338项，占39.1%，正在按计划执行的320项，占37%，未能按计划完成的206项，占23.8%。参照全国哲学社会科学规划办文件及我院有关规定，对未能按期完成的项目，根据不同情况分别作了处理，对53个课题予以撤销，123个课题限1994年底或稍后完成。

在检查清理的基础上，各所都确定了1～3个课题作为重点，由所领导亲自组织实施，这类课题全院共76个。另有12个课题由院领导亲自主持。对上述两类重点课题，院里在人、财、物等方面尽量予以保证，以期产生一批有重要影响的拳头产品。

3．试行部分院重点课题招标。

为了建立竞争和激励机制，引导科研人员研究有中国特色社会主义中的重大理论问题和实际问题，确定12个院重点课题在全院试行招标。这些课题大都涉及热点、难点和敏感点问题。为规范招标工作，制订了《中国社会科学院招标课题管理条例（试行）》和《中国社会科学院一九九四年招标课题指南》。这一措施受到院领导的重视和广大科研人员的支持，指南公布后，全院共有25个课题组投标。经过答辩和专家组评审、表决，12个课题均有人中标。12个课题共资助68万元，资助强度大大高于其他课题。在经费使用上也作了改革尝试，即把经费分成课题实施经费和预留经费两部分，对完成得好的成果将给予物质奖励，对完成不好的也规定惩罚办法。

4．组织有中国特色社会主义理论研究中心的活动。

我院有中国特色社会主义理论研究中心是全国研究有中国特色社会主义理论的五大基地之一，受到中央的重视。该中心以科研局为依托开展活动，主要做了以下工作：

（1）于1月31日正式成立中心学术委员会，由它研究决定中心的重大学术活动。

（2）研究落实了一批重大研究课题。

（3）为由中宣部、中央文献室、国家教委、中国社科院、总政联合举办的全国有中国特色社会主义理论研讨会推荐学术论文。中心共推荐8篇论文，其中6篇入选。

（4）于10月19～23日在京召开了全国社科院系统的“邓小平经济思想学术研讨会”。会议收到学术论文120余篇，入选60余篇，70余位专家学者参加了会议。会议对社会主义所有制、地区经济差别、深化国有企业改革等一系列问题进行了研讨。

5．组织研究所学术委员会的改选工作。

1994年我院研究所学术委员会任期届满。院领导决定，从本年起学术委员会换届及管理工作由科研局负责。为搞好换届，对学术委员会条例进行了修订。在院有关领导主持下，经过细致的工作，于上半年完成了全院各单位学术委员会的换届。

6．召开全院期刊工作会议，加强和改进期刊工作。

我院共有正式期刊79种，这是我院重要的学术理论阵地和对外窗口。经过半年多的调查研究和准备，于9月16日召开了全院期刊工作会议，研讨加强和改进期刊工作的办法。会议确定了今后期刊管理工作的方针：加强领导，提高质量，集中财力，保证重点，改善管理，减少亏损。会议就集中财力办好重点刊物，实行刊物亏损补贴额度控制，原则上停办译丛，改善经营管理等几个方面作出了具体规定。

7．组织评审并推荐中华社科基金申请课题。

中华社科基金会办公室从今年起，对基金课题采用了分块管理、限额推荐的办法。根据规定，我院申请课题的评议和推荐由科研局负责，并限额推荐104个项目。1994年我们共受理申请课题273个，经专家组评议、表决，确定了推荐课题。按基金办的要求，将所有申请课题制成计算机软件于11月上旬及时报送基金办。

8．开展院出版基金的资助工作。

1994年资助受理工作一开始，申请量很大，为了保证书稿质量，专门发了通知，要求各单位按推荐程序严格把关，同时规定，受资助的书稿在出版时要印上审读专家的评语和学术委员会的推荐意见，以提高审读者和推荐者的责任心。各单位根据通知精神重新审核，一共推荐书稿 75 部，经评审并报院领导批准，其中的 56 部获得资助，金额 99 万余元。

9. 负责学术社团的管理工作。

截至 12 月底，我院主管的学术社团共有 107 个，对这些社团，我院实行全面的管理工作。此外，还有 71 个社团虽不由我院主管，但由我院给予经费资助。全年共资助经费 98.9 万元。还有 3 个新成立的社团，及时办理了申报手续。

10. 组织协调县情调查、大中型企业调查及少数民族现状与发展调查。

县情调查：布点 22 个，新出丛书 20 部，总共已出书 60 部。大中型企业调查：科研局负责审定的《玉溪烟厂卷》、《眉山车辆厂卷》和《茅台酒厂卷》已付排。少数民族现状与发展调查：拟定了调查报告编写原则和总体框架；新布西盟佤族和拉祜族两个调查点，并组织调查工作。

11. 审议并办理了一批研究中心的成立事宜。

为适应改革需要，探索科研管理的新形式，经科研局审议并经院领导批准，1994 年我院新成立 18 个研究中心，其中院属中心 11 个，所属中心 7 个。目前我院共有院属中心 26 个，所属中心 10 个。

12. 会同外事局举办科研、外事管理研讨班。

1994 年我院所局班子换届后，科研、外事管理机构人员发生了很大变化，为了使新上岗的同志熟悉业务并探索科研、外事管理工作的改革，会同外事局于 7 月 26～30 日在京召开了研讨班，八十余位同志参加了研讨。

13. 会同人事局做了几项工作。

（1）举办全院所局级干部科研管理研讨班，研讨科研管理改革问题，并帮助新任所局领导熟悉科研管理规章制度。科研局有 4 位同志作了大会专题发言。

（2）享受政府特贴人员及国家、院有突出贡献的中青年专家的选拔工作。

（3）研究所专业技术职务的核岗工作。

（4）院专业技术评审委员会成员的调整工作。

14. 参与全院的三定工作。

根据国务院规定，我院应在今年完成三定工作。在院领导的主持下，科研局和其他职能部门同志一起参与了此项工作。

15. 参与 1994 年对外学术交流计划的实施，并会同外事局审议、制订 1995 年计划。

16. 会同研究生院审定博士生导师。

根据国务院学位委员会《关于开展自行审定博士生导师试点工作的几点意见》和国务院学位委员会 23 号文件精神，科研局会同研究生院对新增博士生导师进行了审议。1994 年我院有 46 位学者增为博士生导师。

附录　中国社会科学院建设有中国特色社会主义理论研究中心

（一）研究中心的方针及任务

建设有中国特色社会主义理论研究中心是为落实江泽民同志在 1993 年全国思想宣传工作会议上的指示精神，经院党委研究决定，于 1993 年 10 月 25 日正式成立的。其方针和任务是：以马克思列宁主义、毛泽东思想为指导，深入学习、研究和宣传邓小平建设有中国特色社会主义理论，并遵循理论联系实际的原则，研究社会主义现代化建设的重大问题。努力取得优秀的科研成果，为我国的社会主义物质文明和精神文明建设服务，为实现党在新时期的基本路线服务。该中心与中共中央党校、国家教委、国防大学、上海市社会科学院所属的建设有中国特色社会主义理论研究中心一起，构成了由中共中央宣传部直接联系的全国五大建设有中国特色社会主义理论研究基地。

（二）机构设置

“理论研究中心”由中国社会科学院直接领导，其研究工作依托于我院各有关的研究所。在“中心”内设立了学术委员会，其任务是策划“理论研究中心的科研工作和学术活动，组织、协调和落实重大的研究课题，研讨重要的学术问题”。“中心”业务代管单位：中国社会科学院科研局。

“中心”主任：王忍之

副主任：刘　吉

朱崇利

“中心”学术委员会主任：王忍之

副主任：刘　吉

朱崇利

成员（21 人）：王忍之　刘　吉　陈筠泉　靳辉明　于祖尧　冒天启　陈佳贵

陈吉元　杨圣明　李京文　吴大英　王保树　李培林　郝时远

吴云贵　张　炯　林甘泉　张海鹏　李　琮　徐　葵　朱崇利

（三）1994 年科研活动

首先，确定和资助了一批研究课题。1994 年，“理论研究中心”的学术委员会论证和审定了十二项研究课题，其内容涉及到建设有中国特色社会主义的经济、政治、文化、法律、对外关系及建设有中国特色社会主义理论形成和科学体系等问题。在这十二项研究课题中，财贸经济研究所杨圣明主持的“社会主义市场经济理论和体制研究”项目，农村发展研究所陈吉元主持的“邓小平农业发展战略思想研究”项目，经中共中央宣传部批准，作为我院“理论研究中心”的重要课题，目前进展情况良好。哲学研究所承担的“20～21 世纪社会主义回顾和展望”，经济研究所承担的“有中国特色社会主义分配制度的理论和实践”，社会学研究所承担的“新时期阶级阶层结构研究”，世界经济与政治研究所承担的“有中国特色社会主义建设与当代世界”和“有中国特色社会主义的国际比较”等几个课题也取得了重要的阶段性成果。

其次，组织学术活动。1994 年 10 月下旬，“理论研究中心”在北京组织召开了全国社会科学院系统的“邓小平建设有中国特色社会主义经济理论研讨会”。会议围绕关于社会主义市场经济、国有企业改革、农业发展战略、区域经济发展、现阶段收入分配问题和私营经济等问题进行了热烈的研讨。会议征集到一百三十多篇论文，其中有六十多篇入选。

附件一：撤销课题一览表

序号	课题名称	负责人	课题类别	立项时间	计划完成时间	剩余经费	备注
经济所							
1	苏东国家经济体制改革理论比较	余大章	社科基金	1987	1990		
2	无锡、保定农村经济调查	李炳俊 陈廷煊	院重点	1987	1989		
3	对经济领域自由化观点的批判	项启源	社科基金	1991	1993		
农村发展所							
4	中国式农业现代化道路研究	邓宏海	院重点	1986	1989		
哲学所							
5	物质论	赵凤岐	国家重点	1981	1985		
6	黑格尔全集翻译	贺　麟	国家重点	1986	1990		
7	“西方马克思主义”各流派	徐崇温	社科基金	1987	1992		
8	谢林选集编译与谢林哲学研究	薛　华	社科基金	1988	1992		
9	承包制与两权分离的辩证法	周隆滨	院重点	1988	1989		
马列所							
10	经济社会体制比较研究	苏绍智	国家重点	1986	1989		1990年撤销
11	政治体制改革研究	彭克宏	国家重点	1986	1989		1990年撤销
12	社会主义国家的政治和经济	苏绍智	院重点	1986			1990年撤销
13	马克思主义在中国四十年	张显扬	院重点	1989			1990年撤销
14	马克思主义发展史	于光远	国家重点	1983	1990		
15	国际共运史	王惠德	国家重点	1983	1990		
16	陈衍著作调研和整理	陈　步	院重点	1989	1992		
宗教所							
17	宗教心理学	张继安	国家重点	1986	1991		
新闻所							
18	新闻法制学研究	孙旭培	社科基金	1990	1992		
19	中国国家行政管理的科学化与现代化	李　方	国家重点	1986	1990		
20	中国市民政治心理研究	胡　杰	社科基金	1988	1990		1989年撤销
21	中国政治文化和政治发展问题	林　英	社科基金	1988	1990		1990年撤销

续表

序号	课题名称	负责人	课题类别	立项时间	计划完成时间	剩余经费	备注
法学所							
22	中国历史上的变法改革与反思	吴建璠	院重点	1988	1990		
民族所							
23	中国少数民族产业结构与对策	马飚	院重点	1992		1.2万	
24	中国南方少数民族市场的形成与发展	卢勋	院重点	1992	1994	2.9万	
25	新中国民族学史	詹承绪	社科基金	1990	1992	1.3万	
文学所							
26	胡风文艺思想研究	陈全荣	社科基金	1988	1989		
27	中国神话学史	马昌仪	社科基金	1990	1992		
28	鲁迅传	唐弢	国家重点	1982	1986		1992年撤销
外国文学所							
29	美国现代小说风格研究	董衡巽	社科基金	1989	1992		
30	当代国外马克思主义文艺研究	宁瑛	社科基金	1992	1994		
31	社会主义现实主义的理论和实践	钱善行	院重点	1990	1993		
32	泛表现主义论	叶廷芳	院重点	1988	1989		
考古所							
33	沁水下川遗址发掘报告	石兴邦	国家重点		1984		
34	元大都遗址发掘报告	徐苹芳	国家重点		1985		
35	杏园遗址发掘报告	赵芝荃	社科基金	1987	1989		
36	偃师商城发掘报告	赵芝荃	院重点	1987	1990		
历史所							
37	中国古代社会生活史	李学勤	社科基金	1987	1992		
38	商代封国制度研究	齐文心	社科基金	1988	1990		
39	明清之际文化交流史	沈定平	社科基金	1988	1991		
40	理学与中国社会生活	黄宣民	社科基金	1989	1993		
近代史所							
41	中国近代史稿	刘大年	国家重点		1985		
42	帝国主义侵华史	丁名楠	国家重点		1990		
43	中华民国史	李新 王学庄	国家重点		1990		

续表

序号	课题名称	负责人	课题类别	立项时间	计划完成时间	剩余经费	备注
44	中苏国家关系史	刘存宽	国家重点	1986	1990		
45	中国近代史学理论的发展	蒋大椿	国家重点	1986	1990		
46	中国国民党史	李宗一	国家重点	1987	1990		
47	近代西学与中国社会思潮	夏良才	社科基金	1988	1990		
48	中国近代爱国主义史学与社会	俞旦初	社科基金	1990	1993		
49	中国近代赔款研究	蔡开松	社科基金	1990	1992		
世界历史所							
50	东欧民主社会主义思潮的历史演变	马细谱	院重点	1990	1992		
51	苏联剧变的历史经验与教训	吴恩远	院重点	1991	1995		
世经政所							
52	世界经济学原理	钱俊瑞	国家重点		1985		这次清理前撤销
欧中亚所							
53	战后苏联对外关系	邢书纲	社科基金	1989	1991		

附件二：承担国家重点、社科基金（含青年基金）项目申请延期完成一览表

序号	课题名称	项目主持人	所在单位	课题类别	立项时间	计划完成时间	拟延期完成时间	延期完成原因
1	中华人民共和国经济档案资料汇编（1953—1957）	董志凯	经济所	国家重点	1991	1995	1997	由于同中央档案馆签订协议推迟到1994年，工作相应推迟
2	中国经济改革与经济发展的政治经济学考察	马家驹	经济所	社科基金	1989	1991	1995	课题难度大，成员变动较大
3	中国商业史	吴慧	经济所	社科基金	1990	1993	1995	课题篇幅大，课题组成员其他任务多
4	传统经济观念与现代化	叶坦	经济所	青年基金	1989	1992	1995	接受临时交办的任务，加上出国一年

续表

序号	课题名称	项目主持人	所在单位	课题类别	立项时间	计划完成时间	拟延期完成时间	延期完成原因
5	西方哲学史上科学与宗教的两种思维方式	叶秀山	哲学所	国家重点	1986	1992	1995	课题组成员从三人减到一人，完成时间相应推迟
6	康德选集编译	王玖兴	哲学所	社科基金	1989	1992	1995	主持人近年出国时间较多、较长且另有任务，译稿要求准确
7	现代哲学中的意义问题	徐友渔	哲学所	社科基金	1991	1993	1995	出国有所耽误，合作者长期不能把时间放在课题上
8	中国佛教史	任继愈	宗教所	国家重点	1986	1990	1997	规模较大，人员较多，且有变动；主编较忙
9	中国哲学发展史	任继愈	宗教所	国家重点	1986	1992	1997	同上
10	当代基督教思潮	卓新平	宗教所	青年基金	1990	1993	1995	近年两次去党校学习，去年又担任所的领导工作
11	中国游牧民族社会经济史	高文德	民族所	社科基金	1990	1993	1995	课题规模难度大，课题组成员其他任务多
12	中国文学史	邓绍基	文学所	国家重点	1981	1990	1995	原来外单位承担，后退出，重新组织编写
13	文学原理	王春元 何文轩	文学所	国家重点	1981	1990	1995	项目承担人，个人有家庭困难，现基本解决，能全力投入
14	英国小说研究	朱　虹	外国文学所	国家重点	1986	1990	1995	项目负责人较长时间出国，改由别人负责，故推迟半年
15	第三世界发展的思索——人们关心的25个重大问题系列研究	谷源洋	世经政所	国家重点	1992	1995	1996	课题本身工作量大，担任所长后用于研究工作时间减少
16	中印关系研究	王宏伟	亚太所	国家重点	1986	1990	1995.12	原课题负责人申健长期病重住院。1992年病逝
17	中国历史文物图集	李学勤	历史所	国家重点	1987	1989	1995	人员较大变动，大量图片需重拍
18	中国古代经济史断代研究	林甘泉	历史所	国家重点	1986	1990	1995.6	人员变动，分散，组织工作困难大

附件三：1994年度各所重点管理的1～3项科研项目一览表（共76项）

单位	项目名称	类别	成果形式	立项时间	项目主持人		完成时间
					姓名	职务	
经济所	中国90年代各种经济成分相互关系及其产权关系改革	院重点	研究报告 专著	1994	樊纲	研究员	1996
	社会主义市场经济条件下国家管理职能宏观调控体系	国家重点	研究报告 专著	1992	何建章	研究员	1995
工经所	组建与发展我国控股公司的基本途径	院重点	研究报告	1994	张承耀	副研	1996.7
	我国地区收入差异与区际协调机制研究	院重点	研究报告	1994	魏后凯	助研	1996.12
农发所	农村经济实体案例研究	院重点	专著	1994	陈吉元 邓英淘	研究员	1995.10
	农村经济年度形势分析（经济绿皮书）	院重点	专著	1994	刘建进	副研	1995.3
财贸所	国内市场与国际市场对接中的若干重大问题研究	院重点	专著	1994	杨圣明	研究员	1996.12
	中国经济体制转型期的财政政策选择	院重点	研究报告	1994	刘溶沧	研究员	1995.12
人口所	生育率微观分析与人口控制机制转变研究	国家重点	专著	1991	田雪原	研究员	1995
	中国家庭经济和生育研究	社科基金	研究报告 专著	1991	田雪原	研究员	1995
数技经所	体制转轨中的一般均衡模型及政策模拟	院重点	研究报告 专著	1994	周方	研究员	1997.6
	中国生产率理论、测算与对策研究	国家重点	研究报告 专著	1991	李京文 郑友敬	研究员	1995
历史所	中国历史文物图集	国家重点	图集	1987	张政烺	研究员	1989
	中国古代经济史	国家重点	专著	1986	林甘泉	研究员	1990
	中国古代社会生活史	社科基金	专著	1987	李学勤	研究员	1992
近代史所	近代中国人对民主的认识	院重点	专著	1990	耿云志	研究员	1993
	清末新政与中国近代化进程	院重点	专著	1988	张海鹏	研究员	1993

续表

单位	项目名称	类别	成果形式	立项时间	项目主持人		完成时间
					姓名	职务	
世历所	中华百年史话丛书	院重点	专著	1994	张海鹏	研究员	1995
	欧美民主史	院重点	专著	1991	张椿年	研究员	1995
	西欧北美工业化时期农业劳动力的转移	院重点	专著	1994	王章辉	研究员	1996
考古所	兴隆洼遗址发掘报告	院重点	发掘报告	1989	杨虎	研究员	1991
	磁县北朝壁画墓	社科基金	发掘报告	1989	徐光冀	副研	1993
	赵宝沟遗址发掘报告	院重点	发掘报告	1994	刘晋祥	副研	1995.6
边疆中心	当代中国边疆系列调研（第二期）	院重点	研究报告 调查资料	1994	马大正	研究员	1996
哲学所	有中国特色社会主义的哲学分析	院重点	专著	1992	傅青元	副研	1994
	1956年以来苏联哲学的演变	国家重点	分析报告 专著	1992	贾泽林	研究员	1994
	中国社会整体发展与结构演变	院重点	专著	1993	景天魅 陈荷清	研究员	1994
马列所	建设有中国特色社会主义的实践类型研究	院重点	专著	1994	靳辉明	研究员	1996.6
宗教所	中梵（蒂冈）关系研究	院重点	内部报告	1994	任延黎	副研	1996.6
	我国周边国家伊斯兰教研究	院重点	内部报告	1993	金宜久	研究员	1995
	犹太教研究	社科基金	内部报告	1993	周燮藩	副研	1996
文献中心	中国社科院图书馆组建、管理模式、运行机制的研究	院重点	系列报告	1994	李惠国	研究员	1995
	为老专家、学者录制声像资料	院重点	专题资料片	1988	刘铁	党委书记	1996
新闻所	资产阶级新闻理论评析	国家重点		1992	徐耀魁	副研	1994
文学所	中国文学史	国家重点	专著	1981	邓绍基	研究员	1995
	马克思主义美学史	院重点	专著	1991	王善忠	研究员	1995
	新中国文学史	院重点	专著	1991	张炯	研究员	1995
少文所	中国少数民族文学史、文学概况丛书	国家重点	丛书	1986	刘魁立	研究员	1995
	清代蒙汉文学关系研究	院重点	专著	1991	扎拉嘎	研究员	1994
外文所	20世纪国别文学史	国家重点	丛书	1992	吴元迈	研究员	1996
	当代资本主义文化研究	院重点	专著	1994	章国锋	研究员	1996
语言所	现代汉语大词典	院重点	词典	1988	单耀海	研究员	1995
	现代汉语方言音库			1992	侯精一	研究员	1996
	现代汉语一千词	院重点	专著	1994	刘坚	研究员	1995

续表

单位	项目名称	类别	成果形式	立项时间	项目主持人		完成时间
					姓名	职务	
政治学所	当代西方民主理论与思潮剖析	院重点	专著	1991	白钢	研究员	1995
	东盟国家政治发展模式比较研究	社科基金	专著	1992	张志荣	副研	1995
法学所	文化市场法制建设	院重点	研究报告 专著	1994	张庆福	研究员	1996.12
	法人犯罪问题研究	院重点	研究报告 专著	1994	陈泽宪	副研	1996.12
	社会主义市场经济中的法律问题	院重点	研究报告 专著	1993	王家福	研究员	1995.12
民族所	世纪之交的世界民族主义及其发展趋势	国家重点	内部报告	1992	郝时远	研究员	1996
	我国少数民族新创文字、改进文字试验推行经验总结与理论研究	国家重点	专著	1993	道布	研究员	1995
	中国少数民族现状与发展	院重点	调查报告	1993	杜荣坤 史金波	研究员	1997
社会学所	十一届三中全全以来中国农村社会变迁	国家重点	专著	1992	陆学艺	研究员	1996
	社会形势分析与预测	院重点	专著	1992	陆学艺	研究员	1997
	社会主义市场经济条件下的社会结构	国家重点	研究报告	1994	陆学艺 张厚义	研究员	1996
世经政所	第三世界发展的思索——人们关心的25个重大问题系列研究	国家重点	专著	1992	谷源洋	研究员	1996
	走向21世纪的西方大国关系与国际经济新秩序	国家重点	专著	1992	李玉平	副研	1995
	90年代世界市场的新动向——综合竞争实力的国际比较	院重点	研究报告	1991	司马军	副研	1994
美国所	从对抗到和解——1950～1972年的中美关系	院重点	专著	1994	陶文钊	研究员	1997.6
	克林顿的治国方略与政治前途	院重点	研究报告 专著	1994	张也白	研究员	1997.6
	美国的全球战略对世界战略格局的影响及我国的对策	国家重点	专著	1992	王缉思	研究员	1995.6
日本所	冷战后的日本经济	院重点	研究报告 专著	1994	张舒英	副研	1996.6
	日本社会思潮研究	院重点	研究报告 专著	1994	高增杰	研究员	1996.10

续表

单位	项目名称	类别	成果形式	立项时间	项目主持人		完成时间
					姓名	职务	
	日本在亚太地区的地位和作用	院重点子课题	研究报告	1994	赵阶琦	研究员	1995
西亚非所	海湾战争后的中东格局	社科基金	专著	1991	赵国忠	研究员	1994
	走向21世纪的非洲政治变革	院重点	专著	1994	谈世中	研究员	1995
	简明国际百科全书——非洲卷和中东卷		工具书	1992	葛佶 赵国忠	研究员	1996.6
拉美所	拉丁美洲的发展模式与社会冲突	院重点	专著	1994	苏振兴	研究员	1997.6
	90年代拉美对外关系发展趋势和对发展中拉关系的政策建议	院重点	研究报告	1994	徐世澄	研究员	1995
欧亚所	俄罗斯外交及中俄关系的现状与前景	院重点	研究报告	1994	朱瑞真	研究员	1994.12
	中亚五国对外关系现状与发展趋势	院重点	研究报告	1994	赵常庆	研究员	1995.10
	乌克兰的国力与战略地位研究	院重点	研究报告	1994	李静杰 董晓阳	研究员 副研	1994.12
欧洲所	欧洲一体化进程及对外部世界的影响	院重点	研究报告	1994	裘元伦	研究员	1995.12
	欧洲国家的亚洲政策调整与中国	院重点	研究报告	1994	周荣耀	副研	1995.12
亚太所	南亚地区国家关系及安全	院重点	专著	1994	孙士海	副研	1995.12
	中国与东南亚地区的关系及其对策	院重点	研究报告	1994	陆建人	副研	1994.12

附件四：1994年招标课题拨款审批表

（万元）

序号	项目名称	主持人	所在单位	成果形式	完成时间	实施经费	预留经费
1	严重亏损的国有企业的现状及出路研究	郑海航	工经所	研究报告	1995年12月	5	1.4
2	国有企业产权交易中国有资产流失问题研究	唐宗焜	经济所	调研报告	1995年12月	5	1.5

续表

序号	项目名称	主持人	所在单位	成果形式	完成时间	实施经费	预留经费
3	各级政府收支的划分及政府间收入的转移研究	刘溶沧	财贸所	研究报告	1995年底	5	1.4
4	我国廉政建设的法律保障	刘海年	法学所	研究报告 专著	1996年6月底 1996年底	4	1
5	我国大城市吸纳农村剩余劳动力的现状、前景、问题和对策	蔡昉	人口所	研究报告	1995年12月	5	1.5
6	企业保障社会化改革的现状、问题和对策	孙炳耀	社会学所	研究报告	1995年12月	5	1.5
7	村级组织与基层社区发展	张厚义	社会学所	研究报告	1996年6月	5	1.2
8	转型时期伦理道德建设的难点与对策	廖申白	哲学所	研究报告	1996年6月	4	1
9	转型时期社会主义精神文明建设若干典型调研	张雨林	社会学所	研究报告	1995年12月	6	1.5
10	在亚太地区经济合作发展中的中、日、美关系研究	张守一	技经所	研究报告	1995年12月	3	1
11	原苏联、东欧国家演变后的现状和前景研究	徐更生 田春生	世经政所	研究报告	1995年12月	3	1
12	社会科学成果评估指标体系研究与设计	卜卫	新闻所	研究报告	1995年6月	3	1

立项时间：1994年8月　　资助总金额：68万元（其中预留经费15万元）

附件五："八五"期间有中国特色社会主义理论研究中心重点项目经费拨款一览表

代号	项目名称	成果形式	单位	项目主持人		完成时间	经费拨款记录（万元）			备注
				姓名	职务		批准总额	1994年	1995年	
特9401	有中国特色社会主义分配制度的理论与实践	论文或研究报告	经济所	王振中	副研	1994年底	2.0	2.0	完	
特9402	有中国特色社会主义市场经济理论研究	研究报告和专著	财贸所	杨圣明	研究员	1996年	4.0	2.0		

续表

代号	项目名称	成果形式	单位	项目主持人		完成时间	经费拨款记录（万元）			备注
				姓名	职务		批准总额	1994年	1995年	
特9403	我国所有制结构与公有制实现形式研究	研究报告	工经所	吕　政	研究员	1994年上半年	4.0	2.0		
特9404	中国农村经济改革与发展道路	研究报告	农发所	陈吉元	研究员	1996年底	5.0	2.0		分3次拨
特9405	20～21世纪社会主义回顾与展望	研究报告和文集	哲学所	江　流 徐崇温	研究员	1994年底	2.0	2.0	完	
特9406	有中国特色社会主义理论形成及科学体系	论文集或专著	马列所	靳辉明	教授	1995年底	2.5	2.5	完	
特9407	中国现阶段阶级阶层结构研究	调研报告集	社会学所	李培林	研究员	1995年底	5.0	3.0		
特9408	建设有中国特色社会主义的时代背景和国际环境	研究报告（多篇）	世经政所	李　琮	研究员	1995年上半年	3.5	2.0		
特9409	有中国特色社会主义的国际比较研究	研究报告（多篇）	世经政所	李　琮	研究员	1994年上半年	3.5	2.0		
特9410	市场经济和文化建设	专著和论文	哲学所	陈筠泉	研究员	1996年初	3.0	1.0		
特9411	有中国特色社会主义法制建设	专著和调研报告	法学所	王保树	研究员	1996年底	3.0	2.0		
特9412	中国特色社会主义民主政治与政治体制改革	专著和调研报告	政治学所	吴大英	研究员	1996年底	3.0	2.0		

附件六："八五"期间院重点项目经费拨款一览表

代号	项目名称	成果形式	单位	项目主持人		参加人数	完成时间	经费拨款记录（万元）			备注
				姓名	职务			批准总额	1994年	1995年	
9401	中国资本市场的培育与发展	研究报告 专著	院部 财贸所	王洛林 李　扬	副院长 副研	8人	1995.	5.6	3.0		
9402	中国建设现代企业制度的难点与对策	研究报告 专著	院部 工经所	王洛林 陈佳贵	副院长 副所长	9人	1996.5	5.6	3.0		
9403	中国经济周期研究	研究报告 专著	院部 技经所	王洛林 刘树成	副院长 研究员	10人	1996.6	5.6	3.0		

续表

代号	项 目 名 称	成果形式	单 位	项目主持人		参加人数	完成时间	经费拨款记录（万元）			备 注
				姓名	职务			批准总额	1994年	1995年	
9404	中国经济体制转型期的财政政策选择	研究报告	财贸所	刘溶沧	研究员 副所长	6人	1995.	4.5	3.0		
9405	国内市场与国际市场对接中的若干重大问题研究	专著	财贸所	杨圣明	研究员 所长	5人	1996.	3.5	2.0		
9406	我国地区收入差异与区际调协机制研究	研究报告	工经所	魏后凯	助研	7人	1996.	4.0	2.0		
9407	组建与发展我国控股公司的基本途径	研究报告	工经所	张承耀	副研	8人	1996.7	4.0	2.0		
9408	中国90年代各种经济成分相互关系及其产权关系改革	研究报告 专著	经济所	樊纲	研究员 副所长	8人	1996.	4.5	2.5		
9409	农村经济年度形势分析	专著	农发所	刘建进	副研	7人	1995.3	2.0	2.0	完	
9410	农村经济实体案例研究	研究报告	农发所	陈吉元 邓英淘	所长 副所长	11人	1995.10	3.5	3.0		
9411	体制转轨中一般均衡模型及政策模拟	研究报告 专著	技经所	周方	研究员	11人	1997.6	5.0	2.5		
9412	建设有中国特色社会主义的实践类型研究	研究报告 专著	马列所	靳辉明 安京	所长 副所长	8人	1995.12 1996.6	3.0	2.0		
9413	中梵关系研究	内部报告	宗教所	任延黎	副研	2人	1996.6	2.0	1.0		
9414	中国社科院图书馆的组建管理模式和运行机制的研究	调研报告 九个专题	文献中心	李惠国	研究员 主任	11人	1995.12	1.5	1.0		
9415	《中华百年史话》丛书	专著 丛书	院部 近代史所	王忍之 张海鹏	副院长 所长	院内外百余人	1995.	12.0	5.0		
9416	西欧北美工业化时期农业劳动力的转移	专著	世界史所	王张辉	研究员	4人	1996.	2.5	1.0		
9417	赵宝沟遗址发掘报告	考古 发掘报告	考古所	刘晋祥	副研	2人	1995.6	3.0	1.5		
9418	当代中国边疆问题系列调研（第二期）	调研报告 调查资料	边疆史地中心	马大正	研究员	5人	1996.	6.0	3.0		
9419	当代资本主义文化研究	专著	外文所	章国锋	研究员	5人	1996.	2.5	1.0		
9420	现代汉语一千词	专著	语言所	刘坚	研究员	7人	1995.	0.5	0.5	完	
9421	文化市场法制建设	研究报告 专著	法学所	张庆福	研究员		1996.	3.0	1.5		
9422	法人犯罪问题研究	研究报告 专著	法学所	陈泽宽	副研		1996.	2.5	1.5		

续表

代号	项 目 名 称	成果形式	单 位	项目主持人		参加人数	完成时间	经费拨款记录（万元）			备 注
				姓名	职务			批准总额	1994年	1995年	
9423	社会主义市场经济条件下的社会结构	研究报告	社会学所	陆学艺 张厚义	所 长 室主任	15人	1996.	6.0	3.5		
9424	西雅图会议后亚太地区经济合作发展趋势和我国对策研究	总报告和专题报告(系 列)	国际片所	滕 藤 张蕴岭	副院长 所 长		1995.12~1996.12	4.0	2.0		
9425	简明国际百科全书(多卷本) ——日本卷	研究性工具书	国济片各所承担日本所	滕 藤 温伯友 郑文林 日本卷编辑小组	副院长 副局秘 社 长		1994.6	1.3	1.3	完	
9426	克林顿的治国方略与政治前途	研究报告	美国所	张也白	研究员	5人	1996.6	2.0	1.5		
9427	从对抗到和解——1950~1972年的中美关系	专 著	美国所	陶文钊	副所长 研究员	2人	1997.6	1.8	1.0		
9428	欧洲一体化进程对外部世界的影响	研究报告 分报告	欧洲所	裘元伦	所 长 研究员	5人	1995.12	2.0	1.0		
9429	欧洲国家的亚洲政策调整与中国	研究报告 分报告	欧洲所	周荣耀	副所长 副 研	6人	1995.12	1.0	1.0	完	
9430	冷战后的日本经济	研究报告 专 著	日本所	张舒英	副 研	4人	1996.6	1.5	1.0		
9431	日本社会思潮研究——国民情绪与政策选择	研究报告 专 著	日本所	高增杰	研究员	7人	1996.10	2.3	1.0		
9432	南亚地区国家关系及安全研究	专 著	亚太所	孙士海	副所长 副 研	6人	1995.12	2.0	1.0		
9433	中国与东南亚地区的关系及其政策	研究报告	亚太所	陆建人	副 研	4人	1995.3	0.8	0.8	完	
9434	俄罗斯外交及中俄关系的现状与前景	研究报告	欧亚所	朱瑞真	研究员	4人	1994.12	0.8	0.8	完	
9435	乌克兰的国力与战略地位研究	研究报告 分报告	欧亚所	李静杰 董晓阳	副所长 副 研	5人	1994.12	1.0	1.0	完	
9436	中亚五国对外关系现状及发展趋势	研究报告	欧亚所	赵常庆	研究员	5人	1995.10	1.5	1.0		
9437	走向21世纪的非洲政治变革	专 著	西亚非所	谈世中	副所长 研究员	9人	1995.12	3.0	1.5		
9438	拉丁美洲的发展模式与社会冲突	专 著	拉美所	苏振兴	所 长 研究员	1人	1997.6	2.0	1.0		
9439	90年代拉美国家对外关系的发展趋势和对发展中拉美关系的政策建议	研究报告	拉美所	徐世澄	副所长 研究员	1人	1996.5	1.2	1.2	完	

续表

代号	项目名称	成果形式	单位	项目主持人		参加人数	完成时间	经费拨款记录（万元）			备注
				姓名	职务			批准总额	1994年	1995年	
9440	国外社会主义跟踪研究	跟踪研究研究报告	院部	滕藤	副院长		长期	1.0	1.0		
9441	中国2020年经济社会前景展望	研究报告及专著	数技经所	姚愉芳	研究员	6人	1997.6	3.0	1.0	1.5	
9442	世界文明丛书	普及读物及专著	跨所	汝信	副院长研究员	5人	1994～1996 1996～1999	10.	2.0	3.0	第一套11 第二套卷待定
9443	中国社会科学院院史	大事记及专著	科研局	王焕宇	研究员	5人	1994～1996	5.0	2.0	2.0	
9444	社会科学评估指标体系设计	条例	科研局	周明俊	研究员	8人	1995.2	1.0	1.0		
9445	我国新闻事业的宏观管理	调研报告	新闻所	喻权域	高编	3人	1995.10	3.0	2.0	1.0	丁关根交
9446	社团与中国近代社会	专著（3册）	近代史所	徐辉琪	副研	6人	1996.	3.0	1.5		
9447	长江三峡历史地理研究	研究报告	历史所	陈可畏	研究员	6人	1996.	4.0	1.5		
9448	国际形势研究	研究报告	国际片	滕藤	副院长	国际片	1994.12	2.0	2.0		经费连续使用
9449	“八五”回顾与“九五”展望	研究报告	经济所	王洛林	副院长	10	1995.	1.0	1.0		

人事教育工作

在院党委的领导下，1994年人事教育工作认真贯彻落实了党和国家有关干部、人事工作方面的方针和政策，进一步深化人事制度改革，在搞好“三定”、健全各类人员的考核制度、建立竞争激励机制、推进专业技术干部和管理干部“两队”建设等方面取得了新成绩。主要工作情况如下：

（一）完成机关“三定”工作和所属事业单位的“三定”方案

我院“三定”工作自1993年底开始由院领导亲自主持，成立了院“三定”领导小组。全院“三定”工作分两步进行。首先对院机关进行“三定”工作。本着“合理布局、精简机构、提高效率、管理职能与服务分开”的原则，把原管理局的服务机构划出成立服务公司，并把原机关9个独立的局级机构减至8个，将原机关539人的编制，减至300人。我院编制并上报的《中国社会科学院机关机构编制方案》于1994年11月获国务院正式批准。

院属事业单位的“三定”工作，在对30个研究所和8个直属单位的内设机构、人员结构、长期出国逾期不归人员、1994～1996年离退休人数等情况进行全面的摸底调查并进行分析研究的基础上，确定院属事业单位的“三定”方针是：“适当精简规模，重点调整结构，优化力量配置”，提出了保持30个研究所和8个直属单位的设置，对各单位的编制作适当调整，着力调整各类人员的结构比例，做到减人不减科研人员。一些需要加强的研究所的科研人员要有所增加，在和各单位磋商之后，编制了我院“事业单位机构编制方案”，经院党委和院务会议正式审定，已于9月份上报中央编制委员会。方案中30个研究所科研人员将由1993年底实有的2060人增加到2317人，由占全体人员的58.7%上升为71.2%；管理人员将由648人减至392人，所占比重由18.5%下降至12%；编辑人员将由410人减至316人，所占比重由11.7%下降至9.7%；图资人员将由341人减至200人（不含转院馆85人），所占比重由9.7%下降至6.1%。对我院“三定”的指导思想和做法，中央编制委员会办公室给予了充分肯定。

（二）完成建立社会科学院院士制度的前期准备工作

进行建立院士制度的前期准备工作是1994年院的重点工作之一。我院完成了《关于建立中国社会科学院院士制度的请示》、《中国社会科学院第一批院士推荐办法》、《中国社会科学院院士章程》等文件的起草，并征求了国家教委、中央党校、总政等部门的意见。同时，为配合建立中国社会科学院院士制度，做了许多资料收集、走访调研工作。

（三）进一步加强了专业干部队伍建设

专业队伍是我院的主体，我院的研究水平能否适应社会发展的需要，完成党中央和国务院给社会科学院的任务，关键在于是否有一支高水平的专业干部队伍。在1994年院工作会议精神指导下，确定了加强两支队伍建设作为人事工作的主要任务，并特别注重加强专业队伍建设。1994年着重做了以下几项工作：

一是完成1993年度的专业人员考核工作，研究制定量化考核办法。1993年度专业人员考核工作延续到1994年初结束，全院共有2708人参加了考核，其中聘任期满考核为798人，年度考核为1911人。优秀的555人，约占实际考核人数的20%；称职的为2121人，约占实际考核人数的78%；基本称职的27人，占实际考核人数的1%；不称职的为5人，占实际考核人数的0.2%。为使专业人员考核工作逐步科学化，提高考核效果，全院各单位，结合各学科特点，研究制定量化考核办法，为了进一步推动这项工作，选择制定得比较好的单位在全院进行了交流，并开始在一部分单位试行，以积累经验，逐步完善专业人员考核办法。

二是完成1993年度专业职务评聘工作，核定1994～1996年度专业技术岗位职数。截至1993年度，全院专业技术职务评审工作延续到1994年初完成。共晋升各级专业技术职务466人。其中晋升正高级专业技术职务134人，副高级专业技术职务181人，中级专业技术职务122人，初级专业技术职务29人。此外，接受外单位委托代评四十多人。

核定了1994～1996年专业技术岗位职数。截止1993年底我院具有高级专业技术职务的1676人，人事部下达我院的控制指标为1310名，已超出366人，而三年中达到晋升高级专业技术职务年限的有1557人，矛盾异常突出。为了做好这项工作，人事教育局进行了全面调查和测算。在此基础上制定了核岗原则，根据测算出的晋评比适当调整了各单位高研岗位职数，尽可能创造平等的竞争环境；并向人才队伍结构较优和要加强的学科作适当倾斜。

三是规范晋升专业技术职务考试制度并认真组织实施。制定了《晋升专业技术职务考试暂行规定》，组织了三次晋升专业技术职务考试。第一次是1993年破格晋升高级专业技术职务外语（古汉语）考试，共3个单位6人参加，两门均及格者1人。第二次是1994年晋升中级专业技术职务马列主义基础理论、外语、古汉语考试，参试105人，72人通过考试，33人不及格（其中一门不及格26人，两门不及格7人），及格率为69%。第三次是首次组织晋升高级专业技术职务（含破格晋升）外语（古汉语）考试。参试237人（含申请破格晋升6人），其中申报正高28人，副高209人，168人通过考试，69人未通过，及格率71%（各主要语种及格率分别为：英语68%，日语61%，俄语68%，法语71%，德语67%，古汉语77.5%）。根据条例"规定"审核申请免试者共451人，其中申请正高级职务者403人，副高级职务者48人。

1994年晋升中级专业技术职务考试的各科及格率比去年均有所提高，马列主义基础理论提高27%，古汉语提高5.6%，外语提高2.3%。这表明实行考试制度确实对促进专业技术队伍素质的提高、建立激励竞争机制、优化专业技术队伍起到了积极作用。

四是认真进行了1994年国家、院级有突出贡献中青年专家和享受政府特贴人员的选拔工作。根据人事部人专发（1994）14号文件精神，认真进行了第六批国家级有突出贡献中青年专家的选拔工作。建立了选拔院级有突出贡献中青年专家制度，制定了评选条例，首次开展了评选活动。全院共选拔国家级突出贡献专家10人，院级突出贡献专家15人。

为了鼓励有突出贡献的中青年专家，在政府特殊津贴人员选拔工作中实行了倾斜政策，全院仅有15个政府特贴指标中4个给了尚未享受政府特贴的突出贡献的人员，其中有国家级突出贡献的1人，有院级突出贡献的3人。

五是扩大博士后工作站，培养社会科学高层次人才。我院1993年建立了四个博士后站，并招收了四个博士进站。1994年度，为了进一步做好博士后站建设，充分利用这一阵地，吸引和培养社会科学高层次人才，主要抓了三项工作：完善博士后站工作制度，制定了《中国社会科学院博士后工作暂行规定》；招收了第二批进站博士后；发挥院所两个积极性，增设新站，扩大博士后站规模，上报六个新站，已获批准两个。

六是对专业技术人员进行培训，积极开展继续教育。根据我院科研工作发展和深化改革的需要，1994年主要开展了三个方面的继续教育活动。一是举办第二期入院教育学习班，对新入院的青年进行如何做人和怎样做学问的教育。参加培训的入院毕业生40人，其中博士生18人，硕士生20人，本科生2人。二是为推进我院科研及管理手段现代化，组织了三期专业技术干部和管理干部的计算机培训班，共培训40人。三是根据晋升专业技术职务考试中反映出来的问题（例如部分干部马列主义基础知识差，外语、古汉语水平低等），按照开展继续教育缺什么补什么的原则，举办了马列主义基础理论、英语阅读理解翻译、古汉语提高培训班各一期，参加培训的专业技术干部122人。

此外，还举办了"英语词汇逻辑记忆法"、"1994年我国重要经济改革措施和经济发展趋势"等专题讲座，以及英语声像培训班等。

七是精心组织青年干部到基层锻炼。1994年4～11月，人事教育局组织全院21名青年干部到河北省香河县进行基层锻炼。临行前进行了有针对性的培训，坚定了青年干部下基层锻炼的信心。经过八个月的基层工作和锻炼，在地方各级领导和锻炼单位的大力协助下，圆满地完成了锻炼任务。锻炼干部普遍反映通过锻炼对国情、民情有了较深入的了解，充实了自己，为今后从事科研工作打下了良好的基础。

（四）积极推进管理干部队伍的建设

管理干部队伍的建设是加强两支队伍建设的一个重要方面，也是做好院各项工作的重要保证。1994年在管理干部队伍建设上，主要进行了下面几项工作：

一是做好换届收尾工作，加强领导班子的组织建设。1994年对9个单位的领导班子进行了充实调整，新任命了13名干部。到年底为止，全院各所局领导班子已基本配齐。现有所局级干部169人（含非领导职务和各公司领导）。其中正职65人，副职104人，平均年龄53.1岁。新提拔到领导岗位上的干部有52人，占所局干部总数36%，平均年龄48.4岁，均具有大专以上学历。

在做好所局级领导班子建设的同时，认真做好处级干部的任免审批和研究室主任的聘任备案工作。全院共有26个单位的职能部门干部进行了调整，按照干部管理权限，由院审批任免的处级干部107人，其中任职83人，免职24人。由所任免、报院备案34人，其中任职26人，免职8人。在8个单位设立了所长助理职务，由院审批任命了11名所长助理，这在我院干部的使用、管理和后备干部的培养上是一种新的尝试。

研究所领导班子换届以后，1994年有20个所对研究室主任、副主任进行了调整，共聘任并经院备案或审批的研究室主任、副主任270人。其中由中级专业职务聘任为研究室主任、副主任的有29人。在聘任过程中，一些单位采取了双向选择的方针选聘干部，打破了论资排辈的观念，使一些优秀的中青年专业干部脱颖而出，担负起科学研究的组织领导责任。

二是组织所局级领导干部和人事干部管理业务研讨班和培训班，提高管理干部素质。领导班子换届后，相当大一部分干部新走上所局或处室领导岗位，是管理工作岗位上的新手；同时由于国家和我院改革工作的逐步深化，各种新的改革措施和管理制度也不断出台，原处于领导岗位的老同志，也需要不断的学习新东西。为了使新老领导干部尽快掌握和运用做好本职工作需要的法规、知识和技能，提高政策水平和管理能力，1994年我院组织了两期所局级领导干部管理工作研讨班，一期为科研、外事管理工作研讨班，一期为人事、行政管理工作研讨班。院领导对此非常重视，党委书记王忍之、秘书长郭永才为研讨班做了动员。研讨班上，还分别请了院职能局同志，就我院重要的规章制度、各职能部门的工作职责和办事程序等内容，进行了专题讲座；学习了与我院科研工作关系密切的“著作权法”、“安全法”等国家有关法规，并结合工作实际进行了研讨。参加两期研讨班的所局级领导干部共86人，其中新上岗的所局级干部47人，占55%。

根据人事部要求和我院的实际，1994年人事教育局还组织了一期全院人事处长普及专业法培训班，由人事教育局、处负责人就我院人事工作特点、改革思路、人事工作的规章制度以及各处的业务范围、工作程序等讲课，人事干部结合工作中遇到的问题进行了座谈。院属38个单位的人事干部共60人参加了培训，其中新上岗或新转人事工作岗位者20人，占33%。

三是制定管理人员考核制度并组织实施。为了加强全院管理队伍的建设，正确评价管理人员的工作实绩，建立激励、监督机制，为管理人员的职务晋升和工资调整以及奖惩、培训、辞退等提供依据，1994年制定了我院“管理人员考核的暂行规定”。“规定”按照中组部、人事部对干部的考核要求，并结合我院实际情况，对管理干部的考核内容和标准以及对不称职人员的处理做了明确规定。

四是设立了非领导职务系列，解决了部分管理干部的待遇问题。为加强对行政管理干部队伍的管理和建设工作，提高全院行政管理人员的素质，制定了《中国社会科学院关于行政管理岗位非领导职务管理暂行规定》，经院务会议通过，已颁布施行。

（五）建制建设向前推进了一步

为加快人事制度改革步伐，提高全院人事工作管理水平，使人事管理工作逐步走上科学化、制度化和规范化，1994年人事教育局结合工作实际，制定了一系列管理工作的规章制度，主要有：《中国社会科学院评选院级有突出贡献的中青年专家暂行条例》、《中国社会科学院关于授予海外学者荣誉称号和聘任客座职务的暂行规定》、《中国社会科学院晋升专业技术职务考试暂行规定》、《中国社会科学院对不称职专业人员处理的暂行规定》、《中国社会科学院关于全日制院校毕业生见习期、初期工资执行期满后定职的规定》、《中国社会科学院人才交流开发中心工作暂行条例》、《关于我院五个联合所党委成立后有关合并职能部门、图书机构的意见》、《关于离开领导岗位的所局级干部待遇问题的暂行规定》、《关于研究所所管干部备案工作的若干规定》、《关于重申“工人不得聘任行政干部职务”的通知》、《关于因公出国人员审查的补充规定》、《关于对我院博士生导师和重点课题主持人延长离、退休年龄的若干规定》、《中国社会科学院关于对不具备规定学历的专业人员评聘专业技术职务的规定》、《关于行政管理岗位不具备大专以上学历人员晋升处级职务的暂行规定》、《中国社会科学院博士后工作暂行规定》、《中国社会科学院管理人员考核暂行规定》、《中国社会科学院关于在行政管理岗位设置非领导职务的暂行规定》等17个。这是我院人事教育整章建制工作成果较多的一年。

（六）完成工资改革工作

根据国发［1993］79号文件和国办发［1993］85号文件的精神，在人事部的统一布置下，于1993年底开展我院工资改革工作。全院人事干部加班加点对全院工资状况进行测算，在此基础上，提出了《我院工资改革测算情况及套改中若干问题的意见》，其主要精神就是保证中低级职务人员也要有一定的增资，经院务会议审议通过后，1994年春节前完成了我院工资改革的增资兑现工作，使得全院4800名正式职工和1600名离退休人员在节前拿到了补发的工资和增加的离退休费。

此后又参照北京市有关文件，提高了增加离退休人员的平均离退休费标准。1994年11月份又根据中组部、人事部、财政部《关于在京中央国家机关及所属事业单位离退休人员增加离退休费标准》文件，及时办理了我院离退休人员增加离退休费工作。

（七）积极做好日常人事工作

一是搞好计划与统计。根据我院申报1994年人员计划和工资总额计划，人事部下达我院1994年底人员计划到达数为5061（含计划内临时工），工资总额计划到达数为2609.52万元，其中工改增资791.52万元。我院根据此计划下达了全院的人员计划和工资总额计划，人员计划原则上要求维持1993年底实有人数，工资总额计划共下达2521.18万元，年底又根据情况追加0.6万元。

根据人事部布置的1994年干部统计和工资统计，中组部布置的退休人员统计。年底开展了统计工作，截止到1994年底，全院在职职工4384人（含从非国家干部中选聘的148人），其中干部3901人，工人483人。

全院专业技术人员3471人（含从非国家干部中选聘的117人），其中：高研级1575人；中级1302人；初级484人；未定职110人。

全院在职职工月平均工资431元。其中：管理人员月平均工资413元；专业技术人员平均工资452元；工人月平均工资314元。

二是做好干部调配。1994年的调配工作，本着原则上不进管理、编辑、图资人员和从严掌握调入人员的精神，重点是加强科研队伍建设。1994年共调干37人（京内调干33人，京外调干4人），接收应届大专院校毕业生42人，共计进院79人。其中研究生64人（博士生22人、硕士生42人），大学本科11人，大学专科3人，中专1人；有高级专业职务的11人，中级专业职务14人，未定职50人，从事党政后勤工作的4人。

1994年解决干部夫妻两地分居21人，其中博士生19人。

三是坚持退离休制度。1994年共办理所局级干部、研究员级院管干部退离休88人（退休65人、离休23人）。其中：所局级干部22人（退休8人、离休14人），研究员（含译审、教授）66人（退休57人、离休9人）。

四是人才交流开发中心工作开始运转。为进一步加快我院机构和人事制度改革，拓宽人员流动渠道，促进人才合理流动，经院务会议研究成立了人才交流开发中心。经几个月的筹备，制定了我院“人才交流开发工作的暂行条例”，确定了机构和人员，对部分专业不对口干部由人才交流开发中心在院内进行了交流；同时还对我院自费出国留学和辞职到三资企业工作的人员办理了档案存储业务。

五是对出国逾期不归人员的情况进行了调查和处理。为加强对出国逾期人员的管理，我院对全院出国逾期不归人员进行了摸底调查。全院出国逾期不归人员共139人，作除名处理的47人；作自动离职处理的78人；作退休处理的1人；因工作需要暂时保留编制的12人；待定的1人。已收回住房21套。

六是对人事档案管理工作进了全面检查。根据中组部关于《干部档案工作条例》的有关规定，1994年人事教育局对全院38个单位人事档案管理工作进行了普查。从检查的结果看，大部分单位领导重视干部档案工作。有18个单位人事部门已完成或大部分完成了干部档案的整理工作。个别单位在干部档案管理方面存在问题较多，有待改进。通过这次检查，各单位领导和人事干部提高了对干部档案管理工作的认识，推动了人事档案工作的业务建设。

七是制定了《关于因公出国人员审查的补充规定》，改进了公出人员政审工作。共办理因公出国人员政审近八百人次。

八是做好工资福利工作。全年共审批职务晋升增资517人，增资12295元。其中：行政人员54人，增资1175元；专业人员463人，增资11120元。

办理了特困补助。春节、国庆节共进行了两次中青年工作骨干特殊困难补助，共补助141人，合计使用金额41100元。

九是开展了工人技术等级考核培训工作。根据中央工人考核委员会的规定，1994年我院首次开展了工人技术等级考核培训，共培训工人301人。其中：司机195人（高级21人、中级168人、初级6人）；打字员58人（中级51人、初级7人）；话务员16人（中级16人）；电工12人（高级3人、中级9人）；管工7人（高级4人、中级3人），胶印铅印13人（均为中级）。以上人员除19人未通过或放弃考核外，其余282人全部通过了考核，并颁发了《工人技术等级证书》，兑现技术等级工资和技术补贴。

十是完成医疗“蓝卡”换证工作。根据卫生部要求，1994年我院享受“蓝卡”医疗的人员，需全部更换医疗证，由于我院享受“蓝卡”的人员多，工作量大，经多次上报卫生部和各合同医院审批、备案和认证，现已换证有1252人，包括新办医疗“蓝卡”的17人。

十一是做好职工大学工作。1994年职工大学共有三个专业（文秘法律、公共英语、外贸会计）的大专毕业生69人，经毕业统考和论文评定后，66人通过，毕业生合格率为96%。

总之，1994年是人事教育工作任务最繁重的一年，是新的政策、制度出台最多的一年，人事教育局的同志和全院人事干部一道，以邓小平同志建设有中国特色社会主义理论和党的基本路线为指导，认真贯彻执行党的十四届三中、四中全会精神，坚持以“四性”（政策性、原则性、纪律性、创造性）和“四种精神”（主动精神、服务精神、协作精神、奉献精神）要求和鞭策自己，积极主动、任劳任怨，较好地完成了工作计划和上级交办的各项工作任务。

对外及对台、港、澳地区学术交流工作

（一）1994年对外学术交流的基本情况

1994年全院对外交流的总量为872批2050人次，其中派出508批847人次，来访364批1203人次。交流量和1993年（790批，2026人次）大体持平，交流效益和质量均有所提高。我院在年初确定的“掌握规模，提高效益”的方针已见成效。

在交流的学科中，经济学527人次（派出252人次，来访275人次），仍占首位。史学、国际关系学、文学、哲学、社会学和法学等也都有比较大的交流量。

在交流的地区分布中，与亚非国家的交流为848人次（派出353人次，来访495人次），

与美大地区的交流为349人次（派出152人次，来访197人次），与欧洲地区的交流为319人次（派出196人次，来访123人次），与国际组织的交流为208人次（出访50人次，来访158人次）。另外与台港澳地区的交流为326人次（派出96人次，来访230人次）。

以单个国家或地区计算，仍是与日本交流最多，为408人次（派出152人次，来访256人次），其次是与美国、韩国，分别为232人次、225人次。另外，同台湾地区的交流量也比较大，达235人次（派出43人次，来访192人次）。

（二）提高了学术交流的质量和效益

1. 进一步注重了对外交流为科研服务，促进了交流效益的提高。

全年从项目审批、经费使用和项目实施，都能够根据“服务科研，注重效益，培养人才”的原则进行，总体交流质量与往年相比普遍有了提高，出国项目中70%以上为学术考察访问，出访报告和接待报告的质量比过去有明显提高。

全年筹备举办了6个多边国际学术讨论会和6个双边学术研讨会，论文质量、讨论水准比往年又有了提高。

全年派出国长期研修人员46人，并有63名往年派出的长期研修人员学成回国工作。

在学术交流成果编辑整理上报和为社会共享上也做出了成绩，全年编发《对外学术交流情况》116期，还汇集编辑出版了一本《中国社会科学院学者出国考察报告集粹》（约40万字），我院各所和社会反映较好。

2. 提高重点派出和接待项目质量，增强了我院在国内外的影响。

一年来，我院在对外交流工作中，注意提高派出和接待任务的质量。年初计划的重点交流项目，如国外市场经济考察、对亚太地区特别是对我周边国家的调研、重点国际问题研究考察、收集俄藏西夏史资料等，都取得了较好的成果。

1994年一些外国重要团（组）、人士应邀来访或举行讲演活动。如荷兰原财政大臣、欧共体前副主席安德里森为团长的荷兰教育代表团、以第一副院长金哲式率领的朝鲜社科院访华团、新西兰“亚洲2000年基金会”董事长富兰克·霍尔姆斯爵士率团来访等。另外，阿塞拜疆共和国总统阿利耶夫、捷克共和国总理克劳斯、美国财长本特森、韩国著名人士金大中等访问我院并作讲演。上述来访和讲演活动，由于我院组织得比较好，外宾和有关方面都很满意，扩大了我院在国内外的影响，提高了我院声望。

3. 扩大对周边国家和亚太地区国家的交流，进一步密切了我院与周边国家的关系。

发展同周边国家的学术交流关系，是我国改革开放、集中力量搞好经济建设的总体战略的需要。为了加强对亚太国家的调研工作，一年来我们派出了一些团组先后对日本、韩国、朝鲜、菲律宾、泰国、印度、澳大利亚、新西兰等亚太国家进行考察访问，其中对新西兰、斯里兰卡、马来西亚是首次互派团组访问，还同朝鲜、澳大利亚等国签定了交流协议。这些交流大都取得了一定的调研成果，既密切了我院与这些国家研究机构的关系，又促进了我国同这些国家总体友好关系的发展。

4. 做好外国驻华使领馆官员、外国驻华机构代表和海外记者以及特殊团组的接待工作，配合了我国对外宣传和外交斗争的需要。

一年来，我院接待或联系安排使领馆官员、外国驻京机构代表来访约五百多人次，海外记者采访约九十多人次。这些会见、访谈均由我院所领导和学者出面接待，向外宾介绍我国改革开放、经济发展的新情况和新成绩，以及对国内外重大问题的看法，这对宣传我国各方面的大好形势、消除海外误解，产生了很好的作用。另外，还接待了联合国人权委员会特别宗教报告员阿莫、瑞典人权专家代表团等特殊团组的来访，由于我们安排的访问和座谈比较成功，从一个侧面配合了我国外交斗争的开展。我院的接待工作受到了外交部的称赞。

5. 通过交流促进了我院一些研究单位的图书资料、办公现代化设备建设。

由于通过学术交流密切了对外关系，每年都有一些海外机构和人士对我院在图书资料、科研设备等方面提供赞助。1994 年，收到日本创价学会会长池田大作捐赠给我院价值约 15 万美元的摄像器材、复印机、日文文字处理机等设备。法学所、研究生院等单位，也得到了日本等国一些研究机构捐赠的图书资料。这对我院图书资料和办公设备建设起了一定的作用。

6. 利用国外资助，为我院科研和交流服务。

按照“以我为主，对我有利，为我所用，政治上无害”的原则，为了缓解我院外事经费紧张的困难，一年来在利用国外资助、为我院科研和交流服务方面做了一些工作：除美国福特基金会常年资助一些项目外，还有韩国国际交流财团资助我院两名学者赴韩各研修 10 个月，还给法学所“中韩涉外经济法比较”课题、技经所“环黄海经济圈合作”课题分别资助 2 万美元和 3 万美元，韩国公报处对我院文献中心出版的《当代韩国》、亚太所编写的《今日韩国》也进行了资助；日本国际交流基金会对我院召开的 4 个学术研讨会、研究生院出版博士论文集、接收博士生赴日研修以及法学所日本法研究中心的建立等，都给予了资助和捐赠。

积极发展对台港澳地区的交流。一年来对台交流，派出 22 批 43 人，接待 18 批 192 人，虽然在总量上因“千岛湖事件”的影响比去年有所减少，但在交流的质量、交流的层次上有所提高。我院与台有关研究机构举办两岸学术讨论会 5 次，“海峡两岸孙逸仙思想与儒家人文精神学术研讨会”、“台湾中小企业与大陆乡镇企业之发展学术研讨会”、“中国中西部经济发展学术研讨会”等，都取得了较好的效果。对港澳交流，派出 34 批 53 人次，接待 7 批 38 人次，我院研究生院与香港树仁学院还签定了联合培养社会学硕士的协议。

财务基建计划工作

1994 年是我院实施行政后勤管理体制改革和职能转变的第一年。在这一年里，我院财务基建计划工作紧紧围绕管理与服务分开后职能转变这一主要特点，在圆满完成各项任务的同时，以制度建设为突破口，牢牢抓住“加强管理，在计划上下功夫”这个龙头，进一步明确了管理部门和服务部门之间的工作关系和经济关系；建立和完善了新的计划管理框架，为财务基建计划工作的顺利展开打下了良好的基础，为管理工作上新台阶做了充分的准备。

1. 财务物资工作。1994 年初财政部核定我院经费预算为 11126 万元，1994 年底又分两次追加调资款 255 万元和经费 550 万元。全年预算总指标为 11931 万元，比 1993 年预算总指标 9053 万元增加 2878 万元，增长 31.8%。其中，社会科学研究机构经费为 7864 万元，占总拨款的 61%，比 1993 年的 6104 万元增加 1760 万元，增长了 28.8%。社会科学管理机构经费为 3387 万元，占总拨款的 26.3%，比 1993 年的 2576 万元增加 811 万元，增长了 31%。

1994 年我院利用财政部核拨的 95 万元专款，购置 386 微机 44 台，为我院二级财务单位配齐了微机和财务软件，使我院财务管理迈上了一个新台阶，实现了电算化管理。1994 年我院更新了 8 辆小轿车和 1 辆面包车，购置了 2 辆大轿车。

2. 基建计划工作。1994 年我院完成基本建设投资 3600 万元，比 1993 年增加 185 万元，增长了 5.4%。其中用于职工住宅和配套设施建设 3341 万元，占投资总额的 92.8%，用于科研办公和其他辅助设施建设 259 万元，占投资总额的 7.2%。

1994 年全院基本建设竣工面积为 4504 平方米，其中西八间房住宅竣工 3088 平方米，郎家园住宅竣工 1416 平方米。太阳宫宿舍区征地工作已经完成。规划设计面积由 15000 平方米上升为 34000 平方米。这样，太阳宫宿舍区将成为我院历史上投资最多、面积最大的宿舍区。太阳宫宿舍区建成后，将会基本上改善我院职工的住房条件。

3. 房产工作。1994 年我院完成房屋设施大中修项目 20 个，其中投资 115 万元对法学研究所办公楼进行了大修；投资 145 万元对国际片文物楼进行了全面维修；投资 68 万元，为考古研究所洛阳工作站和安阳工作站分别新建和改建了文物库。同时，还完成了 13 部电梯的大修，15000 平方米宿舍楼的油漆粉刷，100 多住户防盗门的安装和 7 栋住宅楼的煤气通气工作等等。从而改善了我院职工的工作和生活条件。

1993 年我院成立了服务总公司，后勤部门的管理职能和服务职能初步分开，1994 年经国务院办公厅批准，我院机关事务管理局更名为财务基建计划局，标志着后勤管理体制和机制转换的完成。我院财务基建计划工作在此基础上，以理顺关系和制度建设为突破口，在“加强管理和计划工作”上下功夫。1994 年 3 月，财务基建计划管理部门与我院服务总公司、人文公司、中咨公司及其下属的小区服务公司、生活服务公司、北戴河培训中心和密云培训中心等服务部门之间，制定了新的财务管理办法，从过去这些公司的人员经费、办公经费由院财政负担改为视各公司不同情况，分别实行经费包干、逐年递减和定额补助、逐年递减的财务管理办法。这样既减轻了院财政压力，又有利于后勤服务单位逐步转为自收自支的服务经营实体。

在制度建设上，制定了计划管理各部门的工作职责、办事程序、会议制度、事权划分以及自身建设的有关规定，并将这些规章制度编印成册。使计划管理工作有章可循，有法可依，事有专管，不临期推诿；责权明确，不相互扯皮，提高了工作效率，增强了廉政勤政，使管理工作向制度化、规范化和科学化大大迈进了一步。同时，在财务、住房、开发管理等方面还制定和修订了一系列规定，使管理水平不断提高。其中《研究所经费预算分配管理办法》确定了保证人员经费、照顾业务经费、适当安排公用经费的原则。在社会科学事业经费紧张的情况下，使各研究所的经费分配逐步趋向合理，保证了人员经费开支和科研工作的正常开展。修订的《住房管理办法》提出了加强住房管理的新举措，经过一年的实施，全院共收回长年闲置和不合理住房 20 套。《开发创收管理试行办法》、《国外资助款管理办法》、《经费支出明细科目的核算依据和标准》等规定也在推进财务改革、规范财务管理上起到了一定作用。

党群工作

（一）党的思想建设

院党委把全院党的思想建设作为党的建设的首要任务、把深入学习《邓小平文选》和建设有中国特色社会主义理论确定为全院政治理论学习的主要内容。4月和11月，院党委办公室分别发出了关于深入学习《邓小平文选》第三卷和第一、二卷的通知。对学习的重点、步骤和方法作了部署，要求在认真研读原著的基础上，领会精神实质，把握科学体系，理论联系实际，不断增强执行党的基本路线的自觉性和坚定性。

在学习中，院党委和所局党委、总支成立了中心学习组，在各级中心学习组的帮助和带动下，广大党员、群众的学习也取得了可喜成绩。各所局党委、总支采取办学习班、专题讨论、辅导报告、参观考察、组织课题、知识竞赛等多种形式，把学习引向深入。院党办对各单位的学习情况进行了检查、督促和交流。通过学习，广大党员和群众对什么是社会主义、怎样建设社会主义等一系列基本问题的认识有了进一步地提高，进一步加强了我院党的思想建设，坚定了把我院建设成马克思主义坚强阵地的信念。为了加强对学习的指导，经院党委批准，院党办主办的《党的工作通讯》改版，王忍之同志提写了刊名。

今年还在全院组织了《政府工作报告》、十四届四中全会《决定》、社会主义市场经济理论的学习和“二五”普法教育活动。

（二）党的组织建设

院党委结合换届工作，于4月底以前，对24个所党委、5个联合党委进行了调整和组建。调整后的所级党委班子年龄结构、专业搭配比较合理。5个联合党委建立后，随即进行职能部门的调整。同时，全院290个基层党支部也完成了换届改选。

院机关党委与院党办合署办公后，于4月27日召开了党代会，选举产生了新的一届机关党委和机关纪委。机关党委委员12人，他们是：孙叔林、葛良志、秦其明、李明德、韩乃锦、周兆富、王亚田、白莲蓉、章丽君、张巨功、翁杰明、钟代胜，孙叔林任书记、葛良志任副书记；机关纪委委员7人，他们是：周兆富、林地、李树明、张新平、李世茹、周志宽、刘全保，周兆富任书记，林地任副书记。

在组织建设中，为了适应加强和改善研究所党的领导，坚持和完善党委领导下的所长负责制，在院党委的领导下，院党办对1991年制定的《研究所党委会工作条例》（试行）进行了修订，于7月经院党委会讨论通过，正式颁发实行。这次修订，是以党章为依据，在广泛征求意见的基础上，经院党委会两次讨论，六次修改后定稿。为了修订和贯彻《条例》，院党委于7月18～20日专门召开了各单位书记、所长会议，王忍之、滕藤同志发表了重要讲话，龙永枢同志就《条例》的修订作了说明。修订后的《条例》，对所党委的地位、作用、责任作了更为明确的规定，对于加强我院党组织建设已经并将继续发挥重要作用。

贯彻党的十四届四中全会《决定》，切实加强基层党支部建设。四中全会之后，10月31日至11月2日，院党委召开了全院“贯彻四中全会精神、加强党支部建设工作会议”，四百多位党委书记、支部书记及各所党务干部参加了会议，王忍之、滕藤、龙永枢同志在会上作了重要讲话，5位支部书记发言交流了支部工作经验，与会同志进行了认真讨论。在这之前，院党办对我院基层党支部的状况和党员在新形势下发挥作用的情况进行了广泛深入地调查，先后有八十多位支部书记、党委书记参加了座谈。对调查材料进行了认真分析，提出了对我院党支部状况的估计和加强党支部工作的意见。

1994年在党的建设方面，还注意坚持和健全各种制度。一是每季度召开一次党委书记会议，部署工作、交流经验；二是每季度召开一次所局干部文件传达会议；三是坚持领导干部双重民主生活会制度；四是坚持党员干部脱产轮训制度，努力办好院党校，今年院党校举办了两期党员干部培训班，培训了处以上党员干部49人，还组织到大连、江阴进行了考察；五是坚持党员发展对象培训制度，今年有27名要求入党的积极分子接受了党的基本知识培训；六是注意表彰先进、扶植正气。在纪念中国共产党成立73周年大会上，院党委对我院被国工委评为优秀党员的赵一凡同志、先进党务工作者傅青元同志和先进党支部法学所刑法支部进行了表彰。

（三）加强思想政治工作，保证科研和其他各项工作任务的完成

院党办为了督促、检查院工作会议精神的贯彻落实，深入各所了解情况，编写11期简报，比较全面、准确地反映了全院的动态。5月，又一次深入各所局对政治学习情况、组织建设、群众思想动态等进行了调研，向院党委提交了4份专题调研报告，并会同保卫局下发了维护稳定的通知。院党办协助精神文明领导小组，积极抓精神文明建设和为灾区募集衣被工作。今年全院职工共捐献衣被16410件。

（四）充分发挥统战、工会、共青团、妇工委等组织和部门的作用，调动一切积极因素，保证各项任务的顺利完成

1．**党的统战工作**。2月召开了党外人士迎春茶话会，院领导胡绳、王忍之、滕藤、龙永枢、李英唐等同志参加。3月召开了党外人士院工作会议精神通报会。4月召开了全院统战工作会议，龙永枢同志作了重要讲话。这次会议传达了中央统战工作会议精神，统一了思想，明确了任务，加强了各级党委对统战工作的领导。6月召开了党外人士新时期统战理论研讨会。推荐少文所《格萨尔王传》编写组、民族所助研俄日航丹参加国务院第二次民族团结进步表彰大会，受到表彰。组织民主党派和侨联成员到兴隆天文台、圆明园进行爱国主义教育。中央统战部拨给我院党外人士一套三居室住房，还帮助解决了其他困难。由于工作做得较好，10月份在中央国家机关工委召开的统战工作会议上，我院作了书面经验介绍。

2．**工会工作**。加强组织建设，6月选举产生了院工会第三届委员会、常务委员会和经费审查委员会，全院38个基层工会多数已经换届。指导全院职工积极参与民主管理，促进“职工之家”建设。适应新形势的要求，对工会干部进行培训，8月举办了工会主席学习班，56人参加学习；11月举办了《劳动法》学习班，50人参加学习。积极开展职工文体活动，成功地举办了庆祝建国45周年职工文艺汇演，参加汇演单位33个，节目39个，演职员工

五百多人，全院一千多人观看了精彩的演出。此外，还举办了拔河、春节游艺会、棋类比赛、球类比赛、跳绳比赛等活动。为职工办实事，为我院 37 个单位、716 名青少年、幼儿办理了医疗保险；组织 327 名职工及家属到北戴河、泰安等地休假。主办工会《情况反映》6 期，交流各级工会情况 11 期。采取措施加强了工会财务管理。

3. **青年工作**。组织团员青年学习《邓小平文选》第三卷和《政府工作报告》。组织团员青年参加中国青年志愿者行动，如“四个一爱心志愿行动”、“改革宣传志愿行动”，“三老服务志愿行动”等。组织团员青年参加“远南运动会开幕式”和国庆 45 周年天安门广场保卫工作。酝酿筹备团代会和换届工作。以文体活动为载体，寓教于乐，活跃青年文化生活。承办第一届全国青年优秀社科成果奖评奖活动，参评者 2643 篇论文出自全国 2539 名青年之手，获奖论文 127 篇，作者大部分是目前我国各级实力比较雄厚的青年社科理论骨干。这一活动在全国还是第一次，受到社会上的好评。

4. **妇女工作**。妇工委工作活跃，开展表彰活动，召开妇女问题座谈会。组织妇女知识大奖赛，参赛人数达一千三百多人。

（五）加强自身队伍建设，树立为基层服务意识

院党办自年初组建以来，任免处以上干部 16 人，调出调进 14 人，虽然干部调整、交流幅度较大，但全体同志发挥奉献精神，团结一致，比较好地完成了全年工作任务。加强办文的规范化，共办院党委文件 105 件、公函 94 件、院党办文件 40 件，院机关党委文件 19 件，出《情况简报》20 期、《党的工作通讯》15 期。

纪检监察审计工作

1994 年，院纪检、监察、审计部门，以邓小平同志建设有中国特色社会主义理论和党的基本路线为指导，根据党中央、国务院、中纪委的部署，结合院实际，在加强领导干部廉洁自律、查处违法违纪案件、纠正部门和行业不正之风三项任务方面，特别是查处意识形态领域的违法违纪案件方面，做了积极而有成效的工作。按时完成了审计任务；加强了纪检、监察、审计干部队伍自身建设。为保证和促进我院的改革开放和以科研为中心的各项工作的顺利开展，发挥了积极作用。

（一）认真抓了领导干部廉洁自律工作

1994 年 3 月，中纪委、中组部联合发出《关于对照领导干部廉洁自律规定开好专题民主生活会的通知》，中纪委驻院纪检组、院监察室会同院党办及时在全院进行了部署。

为了开好院党委的廉洁自律专题民主生活会，纪检组、监察室先后对院房产、房修、财务、物资、外事等 5 个部门，就院领导干部用车、购买住房、装修房屋、出境访问、接受礼金和有价证券、贵重礼物情况进行了调查，并写出调查报告供院党委民主生活会参考。从调查了解的情况看，院党委成员在执行中央两个“五条规定”、廉洁奉公方面表现是好的，对

自身的要求是严格的，没有发现违反规定的现象。

自4月下旬起，院属各单位所局级领导干部陆续召开了廉洁自律专题民主生活会。全院共有139名所局级领导干部参加了生活会；院机关的处级干部也参加了生活会。参加民主生活会的同志对照中央制订的关于领导干部廉洁自律的新五条规定和我院制订的关于对副处长以上党政领导干部廉洁自律的八条规定逐项进行了检查。绝大多数所局级领导干部没有违反规定的问题；许多同志在坐车、住房、装电话、接受礼品、出国访问和涉及待遇等一些问题上的严格要求自己，受到群众好评；一些同志主动对廉政建设中的某些失误做了检查。

（二）加大办案力度，查处了一批违法违纪案件

1994年，纪检组、监察室接受群众举报、信访63件，直接调查处理28件，转有关单位处理35件。给予党纪、政纪处分5人。其中考古所原出纳员李龙因挪用公款罪、贪污罪，被东城区人民法院判处有期徒刑七年零六个月；院服务公司印刷厂原负责人徐守宽因贪污罪、受贿罪被东城区人民法院判处有期徒刑八年。在查处案件中，纪检组、监察室以李龙、徐守宽贪污、受贿被判刑为例教育全院职工，使大家认识到新形势下反腐败斗争的重要性、紧迫性、艰巨性，克服"社科院是清水衙门"，没有腐败可反的麻痹心理。下发了某所一名编辑出版发行色情书籍《中国奇技淫巧》受到党内处分的通报，以教育全院职工树立正确的人生观、价值观，增强法纪观念。

1994年，在查办案件中，注意把握了以下几个方面。

1．统一认识，明确指导思想。院各级纪检监察组织及纪检监察干部认真学习中纪委三次、四次全会精神，学习尉健行同志在全国纪检监察系统电话会议上的讲话，使上下形成了查办案件是反腐败斗争的中心环节和突破口，是纪检监察机关主要工作的共识。

2．多渠道抓线索，拓宽案源。纪检组、监察室十分重视做好信访举报工作，把它作为发现案件线索的重要途径。主要领导亲自接待重要来访。采用分工包干的办法，固定人员与各所局建立了工作联系。及时发现了个别人员在境外发表违背四项基本原则的文章；某单位业务人员因参与制作、贩卖淫秽、反动书籍被公安机关收审；某所个别领导违反期刊管理规定，同意主管非法出版物等问题。分别进行了批评教育或通报。

3．提高办案效率，注重办案质量。纪检组、监察室十分强调，要增强工作紧迫感、责任感，使所办案件能够经受住历史的检验。办案人员在加强案件的分析和研究，吃透案情的基础上，认真学习有关法律、法规、党规、政规，使查办的案件扎实可靠，没有出现反复。

4．全面履行纪检监察职能，注意保护干部。1994年，先后接到群众对6个所局级单位的9名所局级干部的举报，纪检组、监察室进行了认真调查核实，对举报失实的问题及时给予澄清，解除了干部的顾虑，保护了他们的工作积极性。同时，指出了某些确实存在的缺点和失误，帮助其改正。

（三）健全组织，加强干部队伍自身建设

在院党委的领导和支持下，抓了全院纪检监察干部队伍建设，初步理顺了体制，充实了人员，健全了组织。纪检组、监察室协助院党委批准40个单位建立了纪委或纪检监察小组，配备兼职纪检监察干部141人，34个单位由一名所局级领导担任纪检监察组织的负责人。

各级纪检监察组织认真学习《邓小平文选》第三卷和党的十四届三中、四中全会精神以及中纪委三次、四次全会精神，用建设有中国特色社会主义理论武装全体干部。

对干部业务素质的提高，主要做了三项工作，一是3月份召开了全院纪检、监察、审计工作会议，院党委副书记滕藤同志在会上作了重要讲话，院党委委员、纪检组长汪文风同志作了工作报告。工作会议使纪检、监察、审计干部对全社会和我院反腐败斗争的形势有了全面了解和正确认识，明确了工作任务。二是6月份召开了院属各单位纪检监察干部业务工作会议，传达贯彻了尉健行同志在全国纪检监察系统电话会议上讲话；讲解学习了中纪委印发的党的纪律检查机关案件检查工作条例、控告申诉工作条例和案件审理工作条例；印发了纪检组、监察室近期查处的5个典型案例。三是参加各类培训、会议，参观，走访，开阔了干部的思路，提高了业务能力。纪检组、监察室还会同院有关部门，组织人员对我院“文化大革命”期间以及历史上遗留的档案材料进行了清理，共整理档案420卷。

（四）完成了全年的审计工作

国家审计署驻院审计局对世界经济与政治所、新闻所、农村发展所、工业经济所、社会学所、欧洲所、语言所7个单位预算内外的财务收支进行了审计，审计总金额1738万元，其中查出违纪违规金额35万元，违纪违规的主要问题是：（1）以拨代报，改变资金性质，造成国有资产流失；（2）用外单位资助款购置设备不入固定资产账；（3）专款不专用。对于这些问题，均按国家有关规定进行了纠正。审计局还参加了院1994年财务大检查和院北戴河培训中心个别人严重违反财经纪律问题的检查工作。

（五）机构调整及干部任免

1. 国务院办公厅国办发（1994）97号通知，中纪委驻中国社会科学院纪检组与监察室、审计室合署办公。

2. 中央机构编制委员会办公室中编办（1994）196号通知，原审计署驻中国社会科学院审计特派员办公室更名为审计署驻中国社会科学院审计局。

3. 中共中央中委（1994）241号通知和中共中央组织部任字（1994）155号通知，李英唐同志任中央纪委驻中国社会科学院纪律检查组组长、中国社会科学院党委委员。免去汪文风同志的中央纪委驻中国社会科学院纪律检查组组长、中国社会科学院党委委员职务。

4. 中央纪委中纪任（1994）29号通知，张联瑜同志任中央纪委驻中国社会科学院纪律检查组副组长。

5. 中央纪委中纪任（1994）78号通知，周兆富同志任中央纪委驻中国社会科学院纪律检查组正局级纪律检查员。

老干部工作

1994年底统计，我院有离休干部863人（本年办理离休手续的33人，病故18人）。其中：第一次国内革命战争时期参加革命的 2 人；第二次国内革命战争时期参加革命的 53 人；抗日战争时期参加革命的 215 人；解放战争时期参加革命的 593 人。副部级干部 8 人；享受副部级单项待遇的 15 人；享受局级待遇的 39 人；享受副局级待遇的 339 人；享受正副处级待遇的 427 人；享受科级以下待遇的 35 人。研究员 180 人；副研究员 243 人；助理研究员 77 人。离休干部中，中共党员 733 人，建立离退休干部党支部 28 个，党小组 5 个。

遵照中央提出的："要切实从政治上、生活上关心离退休老干部，使他们老有所为，安度晚年"的指示，在院党委、院领导和院老干部工作领导小组的领导、关心和重视下，在院职能部门和院属各单位的大力支持和配合下，1994 年的老干部工作不仅在组织上、思想上、工作上努力贯彻落实中央的精神，而且积极组织和开展各项活动，力求为老同志多办实事。主要工作有：

加强领导，及时调整老干部工作领导小组。

随着院、所领导班子的换届，为加强老干部工作的领导，及时调整了院老干部工作领导小组成员。院老干部工作领导小组由现任院党委副书记、副院长龙永枢同志任组长，原任秘书长吴介民同志和现任秘书长郭永才同志任副组长；由院党办、办公厅、人事教育局、管理局、老干部局的主要负责同志作为小组成员。各所（局）也相应调整了老干部领导小组成员，基本上由所党委书记或副书记或副所长挂帅，办公室、人事处等职能部门参加而组成所（局）老干部工作领导小组。院、所两级老干部工作领导小组的调整，从组织上加强了老干部工作的领导，使老干部工作有了可靠的保证。

提高认识，举办老干部工作学习班。

在院党委的关心支持下，于 9 月 11～16 日在山东泰安国家文物局培训中心举办了老干部工作学习班，来自各所（局）分管老干部工作的同志近 50 人参加学习。院党委副书记龙永枢同志、秘书长郭永才同志对办班作了指示。学习班上，吴介民同志代表院领导作了题为《重温中共中央决定进一步做好老干部工作》的讲话。强调要充分认识老干部工作的重要性，激励大家发扬无私奉献精神，耐心细致地做好老干部工作和搞好服务。老干部局工作人员就老干部的政治待遇、生活待遇、医疗、发挥作用等方面的情况和有关政策作了介绍和宣讲。所（局）老干部工作人员和离退休干部代表在会上作了发言。与会同志反映：在当前体制转轨的过程中，通过学习，提高了认识，学习了政策，交流了经验，增长了知识。学习班办得及时、实用，对进一步做好老干部工作有着十分积极的促进作用。

政治上关心，努力发挥老干部优势。

在院所党委的统一安排下，及时向老干部传达中央精神和当前形势。如：中央关于全国经济形势的报告；关于稳定政局的通报；关于全国社会治安情况的通报以及中共十四届四中全会等重要文件。老干部们还认真学习了《邓小平文选》三卷，表示要以鲜明的态度支持改革。

我院许多离休干部虽然离开了工作岗位，但仍孜孜不倦地勤奋耕耘，发挥智力优势，为改革开放献计献策。以老专家咨询服务中心主任丁磬石为首，有何燕凌、李景生、陈荷夫等 82 位老专家、学者参加，以贯彻邓小平同志"换脑筋"指示为主题的《换脑筋》一书达 52 万字，共有 287 个条目，经过一年的努力编纂完成。在今年 3 月召开的全国人代会上受到一些代表的好评（1994 年 3 月 21 日《人民日报》登载了此消息）。

以法学家王舜华为首的老年权益法课题组，不辞辛苦奔波于北京城区、郊区、山东泰安等地，搜集大量的资料和根据，于今年5月召开了老年权益法学术研讨会。在研讨的基础上，经课题组成员精心修改，书稿已送出付印。课题组的研究还受到全国人大常委会立法部门的高度重视，曾专程听取了王舜华等同志的意见和建议。

生活上关心照顾，使老干部愉悦身心、安度晚年。

根据国家规定的关于《事业单位工作人员工资制度改革实施办法》的文件精神，按照院里的统一部署和要求，配合院人教局，年初完成了离（退）休老干部的工资调整和增发工作。4月份又根据北京市的有关标准进行了两次调整和补发。对一些老同志来信来访反映较多的套改中产生的问题，均认真地听取意见，做好接待工作，并且及时向人教局通报，向中央有关部门作了口头和书面的反映。

关心老干部的生活福利。在春节和国庆节给全院每位离休干部发放30元补助和食品。按照中央规定，给副部级干部，一、二次国内革命战争时期参加革命、抗日战争前期参加革命、抗日战争后期参加革命并年满70周岁的老干部以及因病生活不能自理的老干部发放了每人每月70元的自雇费或51元的护理费。给63名红军时期参加革命的老干部发放了每人100元的补贴费。对24名身患严重疾病和有特殊困难的老干部及时给予了补助。坚持了为80岁以上老干部在寿诞之日登门祝寿和重大节日走访慰问老干部的制度。

今年还选择了离京较近的避暑胜地承德作为老同志的健康休养地。从8月14～27日分两批组织了近百名离休干部前往游览休养。

我院离休干部正趋于人数高峰期，已办理离休手续的人数占应离休人数的96%。年龄是高龄期，我院共有70周岁以上的老干部321人（其中80岁以上的52人），占现有离休干部的39%。老干部随着年龄增大，发病率也在增高，今年去世的老干部就有18位，是1982年办理离休以来最多的一年。为此，除坚持正常门诊、巡回医疗和探视外，年初还请了三〇一医院为全院616位老干部进行了体检，对体检中发现有可疑病变的同志作了复查和切除手术，进一步了解和掌握了我院老干部身体健康状况。

为使老同志愉悦身心，增进健康，积极组织院老年体协、门球协会、舞蹈协会、钓鱼协会、棋牌协会及游泳队开展经常性、群众性的丰富多采的文体活动，常年参加各种活动的达百余人。以老干部沙丁为首的老年（中年）服装模特队在我院国庆45周年文艺会演大会上，他（她）们以矫健的步履、古朴典雅的服饰、青春焕发的精神风貌赢得了全场同志的热烈掌声，被评为最高荣誉奖。今年10月份举办了第七届老干部运动会，220多位老同志兴致勃勃地分别参加了游泳、射击、投篮等20个项目的比赛活动。

为支持老同志各方面的兴趣爱好，院老年书画协会组织了书法讲座的录像、现场观摩、讲评等多项活动。举办的我国古典文学《金瓶梅》讲座班受到老同志们的青睐。

服务局（中心）工作

中国社会科学院服务中心，是1993年根据中编办和国管局关于后勤管理职能与服务职能分开的改革要求，为适应建立社会主义市场经济体制的需要，以后勤服务社会化为方向组建的，是院直属的独立核算单位，具有事业单位法人资格。服务中心实行总经理（主任）负责制，中心经理为中心的法人代表。下设房修公司、生活服务公司、小区服务公司、物资公司、汽车运输公司、基建公司、综合管理办公室、社科宾馆、密云绿化基地九个直属单位。中心机关设有办公室、党群工作部、业务部、财务部、工会。

服务中心的主要任务是：搞好服务和经营创收。为科研服务、为职工生活服务、为国家经济建设服务。坚持发展后勤经济、积极开发创收的工作方针。1994 年实现经营开发 286 万元，取得了较大的服务效益和经济效益。

在加强党的组织建设与职工队伍建设方面，1994 年服务中心经上级党委批准，正式成立了机关党委、组建了 8 个党支部。建立了党委工作制度和党支部活动制度。结合工作实际，适时地提出“中心”发展战略和解决实际问题的具体措施，为实现后勤服务深化改革、平稳过渡的方针奠定了思想基础。

在探索后勤服务社会化的管理与经营模式方面，服务中心从实际出发，建立了三种模式的服务经营体制（即服务型、经营型、服务经营交叉型）。服务中心与各分公司、直属单位试行了“服务经营承包责任制”，承包合同中具体提出服务范围、标准、经营创收指标，以及签约双方的责、权、利关系。汽车运输公司、社科宾馆制定了内部岗位责任制；物资公司、生活服务公司、住宅小区公司与下属单位也都签订了《服务经营承包合同》，做到了服务项目分解到人，服务质量标准有量化要求。在制度建设方面，“中心”建立和修订了《服务中心管理工作条例》、《干部聘任办法》、《财务管理暂行办法》、《购买固定资产报批程序》、《安全防范责任书》、《内部财务审计制度》、《职工停薪留职暂行办法》等规章制度，逐步把各项工作纳入制度化轨道。

在强化服务意识，提高服务质量方面，完成了如下工作：（1）房修公司完成了 16 处楼房、22 处平房（22 万平方米）的正常维修，完成了 4 处热力点、6 处大锅炉房设备维修和 12 万平方米供暖设备的维修，完成了高层楼房的 38 部高压水泵、消防泵的保养维修。（2）基建公司完成了西八间房 1 号楼综合服务楼及研究生院的大教室的招标工作，为西八间房 2 号楼住房接通天然气，解除职工扛罐换气之苦。（3）物资公司为我院采购了近四百万元的物资设备。与韩国及国内若干家企业进行联合经营、培养市场经营人员。（4）汽车运输公司各车队全年安全行驶 849100 公里，被东城区评为区级交通安全先进单位，开通了院至方庄的往返班车。（5）小区服务公司重建了崇文门、塔院、车公庄三个住宅区居委会。彻底清除了崇文门、塔院、车公庄、东总布、东厂胡同宿舍楼内各层通道存放的杂物，消除了火灾隐患。（6）生活服务公司改装（包括分机）电话 100 余门，组织全院职工进行了全面体检，膳食科、公务科、印刷厂、幼儿园不断提高服务质量和水平，较好地完成了院各项会议及外事活动的膳食供应和院直机关的印刷任务。（7）综合管理办公室完成了为广西灾区群众募捐的 16410 件衣被和密云绿化基地的绿化工作。（8）社科宾馆全年共接待宾客 10516 人次，北戴河干部培训中心和密云干部培训中心完成了我院职工暑期疗养任务，接待零散游客 300 余人次。

在开发创收工作方面，完成了科研大楼地下室人防层的整修改造工作，年收入为 36 万元，整修改造了利雅餐厅；联合建立了长珠鸿业汽车修理有限公司，年收入为 42 万元。进行了后勤服务机构适应社会主义市场经济环境发展的尝试。

三 院直属单位工作

研 究 生 院

（一）教学情况

研究生院以教学为中心，院本部主要负责马克思主义理论课和外国语课的教学工作。根据国家教委的要求，结合我院的实际情况，马克思主义理论课对博士生、硕士生分别开设了两门，即博士生课为：《马克思主义与当代社会思潮》、《中国国情与社会主义现代化》；硕士生课为《马克思主义经典著作选读》、《科学社会主义理论与实践》。外国语课对硕士生开设一门，对博士生开设两门：第一外国语和第二外国语，语种有英、日、俄、德、法等。六个学部开设了10门专业基础课，各系（所）主要开设专业课和部分专业基础课。

举办学术讲座24次，其中社会主义市场经济与法制建设系列讲座17次，其他讲座7次。研究生院与经济研究所共同举办了“中日市场经济学术讨论会”。中日经济学界专家学者和研究生一百三十余人参加了会议。会议内容包括四个方面：(1) 中国经济体制改革的总体评价；(2) 商品流通体制和企业经济形式；(3) 两国的财政、税收和货币政策；(4) 中日经济展望。

（二）科研成果

研究生院领导及部分教师今年出版专著6种、译著2种、工具书4种，发表论文19篇、译文3篇、一般文章27篇。

（三）外事工作

1994年研究生院领导及教师出访6批6人，研究生出国进修6人。出访和进修的国家是：美国、日本、韩国、俄罗斯、法国、瑞士、印度等。接待来访8批15人。

（四）学术刊物

《中国社会科学院研究生院学报》（双月刊）

创刊于1981年，由本院研究生院主办。本刊是哲学社会科学综合性学术理论刊物。办刊方针是：以马克思主义为指导，坚持理论为社会主义建设和改革服务的方向，鼓励学术创新，培养学术新人。作者中既有知名专家、学者和研究生导师，又有活跃在学科前沿的中青年理论工作者和在校博士、硕士研究生。

从1981年至1994年底，共出版了84期，面向国内外公开发行。本年出版的6期，共发表哲学、经济、文学、历史、考古、法学、政治学、社会学等领域的论文 70 篇，另发表“学术观点摘登”3 篇，新开辟了“导师论学”栏目，发表 3 篇文章。学报主编先后是杨圣明、方克立，编辑部主任先后是张永惠、李尚英。

（五）图书资料建设

研究生院图书馆于 1987 年建成，建筑面积为 2100 平方米。馆楼共分 4 层，一层为采、分、编文献办公室，二层以上设 3 个宽敞明亮的阅览室。书库可藏书 30 万册。1994 年藏书量已达 24 万册，其中中文图书 21 万册，外文图书 2 万余册，过刊 1 万余册；中外文现刊约 1500 种，其中中文期刊 1250 种，外文期刊 250 种。

文献信息中心

（一）组建院图书馆

1994 年 2 月院工作会议决定，深化我院图书系统改革，组建院图书馆，作为我院 1994 年重大改革措施之一。文献信息中心 1994 年的工作重点是完成院党委和院领导交办的这项任务。遵循王忍之同志提出的“精心设计、妥善运作、平稳过渡、更好服务”的 16 字方针，及汝信同志阐述的搞好图改工作的三项标准，为实现胡绳院长规定的 1995 年元月 3 日开放五大阅览室的目标，文献信息中心党委和领导对 1994 年的工作进行了部署和规划。院党委为加强组建院馆的领导工作，成立由汝信、龙永枢、郭永才同志组成的三人领导小组，同时成立了由郭永才同志领导的由科研局、人事局、管理局和文献信息中心等部门领导参加的院图改协调小组，并抽调大楼内一些所的图书馆馆长组成图书馆改革办公室。图改协调小组和图改办每周召开一次工作会议，研究布置工作，并随时向院领导汇报。经过大量调查研究和反复论证，并在广泛听取意见的基础上，于 6 月上旬拟定了《组建中国社会科学院图书馆方案（草案)》及六个实施方案，即《统采工作实施方案》、《统编工作改革方案》、《提新剔旧方案》、《院馆各专业书库布局方案》、《流通阅览方案》和《组建院馆的自动化技术支持方案》。6 月中旬召开了全院图书馆馆长会议，讨论方案，统一认识并进行动员。同时成立了全院图书的统采组和统编组，并开始工作。8 月下旬至 9 月下旬，召开各种类型的座谈会反复征求意见，几易其稿，最后向院党委和院务会议提交了《组建中国社会科学院图书馆方案》。9 月 29 日院党委和院务会议讨论通过并批准了组建院图书馆的方案。10 月 19 日召开了组建院馆动员大会。院领导王忍之、汝信、郭永才同志出席并作了发言。12 月 1～5 日由各所调来院馆工作的 54 位同志陆续报到。经过两天的上岗培训，院馆全体工作人员以饱满的热情和高度的责任感投入了筹建院馆五大阅览室的紧张工作。12 月 25 日院馆五大阅览室筹备就绪。院领导王忍之、汝信、郭永才等同志元旦前参观了五大阅览室。1995 年元月 3 日胡绳同志参观了五大阅览室。院领导对 1994 年组建院馆的工作给予充分肯定并希望今后搞好服务。

1994年在院党委的关怀和直接领导下，通过院馆和中心全体同志的艰苦奋斗，实现了全院图书馆统一采购和统一编目工作；完成了筹建中文报刊、外文报刊、台港澳图书报刊、工具书和新书五大阅览室的工作；新书库基本筹备就绪；在实现图书自动化管理方面迈出了一大步。在组建院馆过程中整理和搬运图书30余万册。由于实现全院图书统一采购，解决了多年来存在的各所重复采购浪费图书经费问题。例如，我院订购外文报刊2468种，重复采购434种，全院重复率为17.6%，科研大楼内各所重复采购率为19.6%。由于外文报刊实行全院统一采购后，消去重复采购的报刊313份，取消利用率不高的报刊172份，节约资金75万余元。外文连续性出版物，统采前科研大楼16个所订购227种，统采后砍掉重复订购及价值不大的111种，节约经费11.4万元，两项合计节约86万元。统采后又增订了186种新报刊。

1994年组建院馆的工作，成功的经验是：

1. **院领导在全院图书系统改革问题上决心大、步子稳，工作抓得准、狠、严格和细致。**决策过程充分体现了民主集中制的原则，院领导亲自两次召开各种书记和所长座谈会听取对图改的各种意见。院领导多次听取汇报，图书系统改革目标订得准确，日程规定得具体，问题考虑得周全，组织严密，政策落实。院党委的及时决策和有力领导是组建院馆的坚强保证。

2. **各部门大力配合。**图改工作涉及方方面面，科研局、人事局、管理局的领导给予了大力支持，及时解决图改工作遇到的困难；各所领导能从全局出发密切配合图改工作，为图改工作顺利进行创造了条件。

3. **群众发动充分。**图书工作改革牵动全院每个科研人员的心，没有广大科研人员的理解、同情、支持和参与，事情是办不成的。在图改方案形成的过程中，召开了各种类型的座谈会，热情介绍图改工作的基本构想，虚心听取广大科研人员的意见，在消除误解、解除疑虑和担心、沟通感情方面做了不少工作，并基本做到了在不影响科研用书的情况下实现图改方案。通过馆长会议、组建院馆动员大会和上岗前集中培训，统一了图书工作人员的思想认识，调动了积极性。全体图书馆工作人员在组建院馆过程中，表现了高度的事业心和责任感，热情高、干劲大，吃苦耐劳，克服种种困难，准时地高质量地完成了组建五大阅览室的任务。

（二）文献信息开发及科研工作

为进一步搞好文献资源的开发，在上年度机构调整的基础上开始着手加强文献信息的加工和整理。首先，根据外文期刊的馆藏情况，划定了进行文献加工的核心期刊，已划定的核心期刊主要包括经济、社会、历史、文化、哲学等学科，以后视建数据库的进展和科研力量再做适当调整。1994年从英、法、德、俄、日等语种、十几个国家的人文社会科学期刊中翻译了5925条论文题录，约59.25万字，并全部输入到计算机里，使刊库初步得到结合，为《国外社会科学论文索引》数据库打下了基础。

鉴于当前学术刊物发行越来越困难，亏损越来越严重的局面，中心停办了《国外社会科学快报》，改办《环球市场信息导报》杂志，在开拓社会科学信息工作满足社会实践需求方面进行了大胆尝试，并探索与企业合作开拓社科信息新领域的途径。

我院的韩国研究中心成立后，中心承接了韩国研究中心机关刊物《当代韩国》的编辑工作。此外，中心还承接了韩国国际交流财团季刊《高丽亚那》中文版的翻译和编辑工作。

1994年文献信息中心科研成果达435.33万字，其中专著两部，9.8万字；学术论文30篇，20.73万字；研究报告11篇，6.79万字；学术资料1部，6万字；译著3部，109.2万字；译文217篇，66.03万字；普及读物，25.3万字；工具书8部，167.6万字；辞条7.67万字；一般性文章39篇，16.21万字。另外，编辑杂志39期，519.7万字。为院重大学术活动拍摄780分钟资料带；60卷照片。

学术交流活动：

接待了韩国、日本、越南、英国、荷兰等国学者25人次。向韩国、日本、澳大利亚、荷兰等国派出留学生及访问学者13人次。

刊物状况：

《国外社会科学》月刊，负责人：殷世才

《国外社会科学论文索引》双月刊，负责人：蔡富有

《中国社会科学文献题录》双月刊，负责人：莫作钦

《环球市场信息导报》月刊，主编：李惠国

中国社会科学出版社

（一）1994年工作小结

关于1994年工作取得的成绩，概括起来主要是：总的完成了全年任务目标；各编辑室策划了一批好的选题，出版了一批好书（共出书227种）；出版周期大为缩短，编辑、生产日见规范化和有秩序；发行虽遇到困难，但也比上年有增长；行政（含人事、财务等）后勤方面也做了不少工作；三产清理了过去遗留的包袱和问题，开始产生经济效益；思想政治工作和党的建设有新的举措和开展，等等。这些成绩的取得，都证明了我们在1993年提出并实施的深化改革措施，取得了成效，证明这些改革措施基本是正确的。如以编辑室为核算单位的双效益目标责任制和编辑室为编印合一的编辑生产体制，从近一年运行看，证明基本是成功的。首先是编辑室从主任到一般编辑观念发生了很大变化，主要是树立了市场观念。其次是编印合一生产体制，解决了我社多年未解决的出书周期过长的老大难问题。这就大大加强了我社图书在市场中的竞争力。这两个变化，突出反映在1995年初首都图书定货会上，我社图书定货额高达900万元，经受了市场的一次集中检验。

1994年工作虽然取得了很大成绩，但在工作中反映出来的问题和矛盾也较集中和突出，首先，是我们1994年出版的图书中，两个效益都好、学术价值较高、社会影响很大的图书还不够多，平常乃至平庸的书仍不在少数；其次是数量增长很快，质量相应下降；第三是宏观管理跟不上，总体上的计划性较差；还有就是发行方面还没有走出一条学术著作发行的新路。以上这些问题，都需要我们高度重视，努力解决。

（二）1995年工作设想

针对1994年工作中存在的问题，根据院工作会议和全国出版局长会议精神，我社1995年工作总的指导思想是：坚持方向，深化改革，加强管理，提高效益，初步实现我社由数量增长为主向优质高效为主的阶段性转变。用一句话说，就是1995年我们要在社会效益中来争取更大的经济效益。图书不是一般的商品，而是带有思想载体的特殊商品，因此我们一方面要按照社会主义市场经济规律来从事图书生产，同时又要按照社会主义精神文明建设要求来指导图书生产，任何时候都要把坚持为人民服务、为社会主义服务的方向放在第一位，遵守国家的法律、法令和出版管理。对我社来说，还要牢记我们是社科院领导下的一家学术出版社，这是我们的特色也是我们的优势，因此我们不能降低档次出书，更不能只顾眼前利益胡乱出书，而必须把社会效益放在第一位，把近期效益和长远效益结合起来，正确处理两个效益的关系，在社会效益中来做经济效益的文章。多年实践结果，证明这是我社唯一一条繁荣发展之路。

具体1995年要抓的工作，社领导经过多次讨论，认为需要集中精力抓好以下四个方面的工作，也就是“四抓”：

一、抓选题。

选题是出版社的生命，关系到出版社的兴衰成败，这一点，我们前几年就已开始懂得。现在的问题是如何抓好选题。根据这几年图书市场演变的启示以及外社及我们自己的经验体会，有三种抓选题的方式：第一是“等”，即我们过去常说的“守株待兔”的等选题方式，人家找我们出书。第二是“求”，即作者有一个好选题、好书稿，我们得到信息去找人家要求给我们出版，这种情况下，如果是真正两个效益好的选题，不是作者要价很高就是我们遇到同别的出版社的竞争。第三是“策划”，就是根据图书市场、作者队伍和自己的优势特色，去策划组织两个效益好的选题。第一第二种方式不是不能碰到好选题，但在目前市场激烈竞争的情况下，是很难碰上好选题的，即使有也要冒一定风险，付出一定代价。只有自己来策划组织，把长期效益和短期效益结合起来，才是抓好选题的一种行之有效的方式。1995年我们每个室都应该策划、开发和组织一两套（本）两个效益好的选题，作为本室的拳头产品。这一目标要落实到室主任负责，并作为对室主任考核的主要目标。当然，社领导要一个室一个室地给予具体帮助。

优化选题。主要是要收缩规模，压缩出书品种。选题方针仍要坚持“少而精”的方针，宁肯少些，但要好些，在优质中求效益，而不是以数量来求效益。对那些学术价值不高、社会效益不大、只因为有几千元亏损补贴、可出可不出的图书，要坚持不出（更不要说格调很低的书了）。不管从保持质量还是从社的财力说，都不允许我们盲目上品种，特别是那些效益不大的品种。对于协作出版，除新闻出版署规定允许的以外（也要对选题进行优化），一般不再搞协作出版。在编辑部门，要坚持国家规定而我们多年行之有效的三审制，随时对选题进行优化。

加强对学术著作出版的导向，修改完善编辑部门目标管理方案，对完成和完不成学术著作特别是院基金资助的学术著作，要有明确的奖罚措施；同时尽快完善我社优秀图书评奖制度并加以实施，并加大奖励力度。

二、抓质量。

首先，是图书选题内容质量，这一点前边已说，不再重复。

其次，是抓编、校和印装质量。这方面准备修订并坚决实施质量管理、监督和奖惩制度。新闻出版署拟订了一个《关于图书质量保障体系的规定》，我们要坚决贯彻并结合自己的情况，修订成一个我社图书生产程序和质量保障体系，加以实施。

第三，是建立图书出版质量评估体系。这是根据院工作会议提出的对科研成果进行评估的思路而提出的新举措，具体设想是每年初，各编辑室将本室上一年出版的图书自己进行评估（哪些是双效益优秀图书，哪些是社会效益好、影响大、学术价值高的图书，哪些是一般的平庸而不该出的图书，等等），然后写出分析报告报社里。社里再组织以学术委员会为主加上生产、发行人员参加的评审委员会，对各室图书进行评估，在此基础上对全社上一年出版的图书进行总体评估，评选出我社的优秀图书（和图书评奖结合起来）和平庸不该出版的图书。建立这一评估体系，目的是改变只管编辑出版图书而不大过问这本书出版后的效益质量如何的状况，使我社图书质量得到监督，并逐年能有提高，多出精品，不出庸品；同时也为人事上实行双向选择聘任制准备条件。

三、抓发行。

首先，是抓发行部内部建设，建立和完善各种有效的责任制和规章制度。

其次，是建立各种有效的推销制和推销方式。如现在正在试行的历史室承包推销《中华杂经集成》方式，也可采取个人推销给奖励提成办法。加强读者服务部的学术服务系统建设，使其成为对学者、读者服务的重要机构。使对外室承担对外图书销售业务并实行经济核算。试验建立社外推销员制度，等等。

第三，是根据我社学术图书销售特点，在全国联系一批有信誉的、销售高档次图书的书店，与之建立紧密的特约经销关系，成为名符其实的我社图书特约经销店。计划 1995 年在全国各省市建立 50～60 家这样的书店，并用合同形式将双方权利义务关系固定下来。我社要求其有一定销售码洋、一定品种和及时回款；对其义务是折扣比一般书店更优惠，优先供货并预告图书出版信息等。如果全国真正有 50～60 家销售我社的这种特约经销店，我社学术图书就有了一个可靠的销售地点和印数，读者也可有一个能买到我社图书的地方。

第四，是加强宣传。现在的商品市场经济是和宣传广告分不开的，图书也是这样。要让读者买到我社图书，首先得知道我社出版了什么书。因此图书广告宣传必不可少，图书广告费也不可省。尤其是我们若联系和建立了上述一批特约经销店，邮购加强，就更需要进行图书出版信息发布。1995 年要在这方面作规划。

四、抓队伍。

首先，是进一步深化人事制度改革，修订双向选择聘任制，进一步使“三定”具体化和制度化，譬如岗位责任制，全社所有岗位责任都应十分明确和清楚，年终考核时就应根据这一岗位责任要求来考核。另外，为了使双向选择聘任制能够有活力，准备在重要岗位试行超编双向选择聘任制，第一步使岗位满员，第二步有人才的还可适当超编，再实行双向选择和到位，以便做到优胜劣汰——优留劣走，使聘任制能成为一种流动的有活力的聘任制度。

其次，是进行岗位培训工作。新闻出版署准备颁发《新闻出版行业持证上岗制度》，逐步做到每个出版岗位都经过培训考试发证才能上岗，犹如汽车司机有本才能开车一样。根据这一精神，我们准备1995年作出规划，有计划有步骤地进行岗位培训，并将作为聘任的一个条件。

第三，是加强各级领导班子建设。首先是社领导要改进工作作风，深入实际，以点带面，具体帮助，讲实话，办实事。其次是处室干部的培养，要通过学习班、研讨班等各种方式，组织处室干部学习国家有关出版方针政策，懂得本社社情和出书方针，提高管理水平。还要注意跨世纪人才的培养，为出版社的进一步发展准备人才条件。

第四，是加强思想政治工作，特别是反腐倡廉和职业道德教育。要知道我们学术出版社也是一个经济实体，每个人都在商品市场大潮中进进出出，因此不可避免地会受到商品市场经济负作用的影响。这一点1994年我社已有表现。因此必须警钟长鸣，时刻抓紧反腐倡廉教育。同时还要有监督措施，社党委考虑准备在党办、人事处内设专职纪检干部来做这一工作。

附表：中国社会科学出版社1993～1994年获奖图书

日　期	书　名	获　奖　名　称
1993	《1992年中国：经济形势分析预测》	中国社科院第一届优秀科研成果奖 《新闻出版报》1992年中国出版界10件大事第一件
1993.9.24	《综合国力论》	第七届中国图书奖
1993.12.8	《简明中国百科全书》	中国社科院第一届年优秀科研成果奖
1994.1	《中国经济体制改革的模式研究》（刘国光主编） 《综合国力论》 《宗教学通论》	第一届国家图书奖 第一届国家图书奖提名奖 第一届国家图书奖提名奖
1994.1	《1994年中国：经济形势分析与预测》	1993年全国十佳经济读物
1994.10	《我与地坛》	奋发文明进步图书奖一等奖
1994	《文化认同与文化变迁》	1994年云南省优秀社科成果著作三等奖

中国社会科学杂志社

（一）组织机构与队伍建设

1. **完成了党政领导班子的换届工作。**新领导班子按照党委领导下的总编负责制的新体制运作，理顺了党政关系，加强了党的领导。

2月1日院领导宣布了杂志社新领导班子的组成名单；5月7日院党委发文，正式批准建立杂志社新党委。

杂志社新一届领导成员是：

总 编 辑：赵振英

副总编辑：宋德金 秦 毅 李存山

党委书记：赵振英

副 书 记：秦 毅

党委委员 赵振英 秦 毅 宋德金 李存山 陈文桂

2 月份，杂志社还调整了处室领导成员。

新进入社室两级领导岗位的 10 位同志，大都具有较高的学位，年富力强，政治素质较好，有开拓进取精神。换届以前，社级领导班子平均年龄为 58 岁，换届以后下降为 52 岁；处室级领导成员的平均年龄比上届下降了 7 岁。这次换届推进了杂志社领导干部的“四化”建设，新班子专业结构比较合理，为不断开创今后工作的新局面提供了保证。

与上届领导班子相比，杂志社新的领导班子在构成上还有一些特点：领导班子成员由 5 人减为 4 人，不再配置专职党务工作的职位，总编辑兼做党委书记，4 个领导成员都是党委委员。在这种情况下，如何正确地贯彻执行党委领导下的总编辑负责制，既充分发挥党委的政治领导核心作用，又保证总编辑充分行使自己全面负责编辑业务和行政管理的职权，就成为一个必须很好解决的问题。其做法和经验是：严格认真地按照所党委和所长工作的两个《条例》办事。一方面，充分发挥党委的领导核心作用，党委必须尽职尽责地完成好《条例》规定的八项任务，总编辑兼党委书记作为党委的一员，必须服从党委集体的决定；另一方面，党委的工作又要以《条例》规定的八项任务为限，不可什么事情都管。同时，对于总编辑在党委领导下正常地行使自己的职权，党委有责任给予支持、配合，以发挥保证作用。杂志社处理的重大问题，都是按照这种领导体制的规范运作的。它理顺了党政关系，便于党政分工负责，团结合作，既能较好地发挥党委领导的政治优势，坚持正确的政治方向和办刊方针，又能较好地发挥专家学者内行领导的专长，实现政治领导和学术领导的密切结合。

2. 学术委员会进行了换届工作。

杂志社的学术委员会是在 1988 年组建的，现五年任期已届满，根据院务会议的决定，本年进行了换届工作。经院务会议审议批准，新一届杂志社学术委员会由 13 人组成：

主 任：赵振英

副主任：丁伟志 李存山

委 员：宋德金 秦 毅 徐宗勉 蓝永蔚 朱成甲 李克敬 阮芳纪 陈文桂

刘瑞祥 宋元强

3.《中国社会科学》编委会成立。

《中国社会科学》是我院 1980 年创办的一个综合性哲学社会科学期刊，经过长达 15 年的经营，其作为我院院刊的地位，已得到了学术界的广泛承认，影响正在不断扩大。为了进一步提高它的权威性和影响，加强它对我国哲学社会科学发展的推动作用和导向作用，并不断改进编辑工作，全面提高刊物质量，经杂志社研究，院务会议同意，决定建立《中国社会科学》杂志编辑委员会。编委会由以下人员组成：

主 任 胡 绳

副主任　汝　信　赵振英（常务）

编委会委员（按姓氏笔划排列）

丁伟志　王家福　孔　繁　刘　坚　汝　信　李京文　李学勤　李　琮　张卓元

陆学艺　何秉孟　余绳武　陈筠泉　宋德金　胡　绳　赵振英　浦　山　钱中文

徐　葵　道　布　靳辉明

建立以胡绳院长为主任、汝信副院长为副主任、一批有资望的学科带头人为委员的《中国社会科学》杂志编辑委员会，是办好这个刊物的一项有重要意义的举措。编辑委员会的职责，首先是研究和贯彻办刊方针，保证刊物坚持正确的政治方向和学术方向；其次是指导刊物的编辑工作，为全面提高刊物的质量出谋划策；再次是向编辑部推荐优秀研究成果，或帮助编辑部审阅稿件。编辑部有责任向编委会报告工作，听取批评建议，但有权最终决定稿件的取舍。

编辑委员会每届任期三年，每年开一至二次会，讨论改进刊物编辑工作的重大问题。

4. 加强队伍建设：精简机构，落实“三定”方案；理顺工作关系，深化体制改革。

杂志社建立之初，承办4个刊物（不包括《国际社会科学》），院里批准设立10个业务室、2个职能处室，108个人员编制。1991年《未定稿》因经费拮据而停办，同年又增设党委办公室（和人事处合署办公）。根据精简高效的原则，削减机构、压缩编制、落实“三定”方案，是完全必要的。1994年8月，院领导根据国家编制委对我院编制的总要求，在听取了杂志社的意见以后，确定了杂志社职能、机构设置和人员编制。按照新规定，杂志社的职能是办好《中国社会科学》中、英文版和《历史研究》等3个刊物，人员编制为61人。在61个人员编制中，有社级领导干部4人，党务人事行政干部9人，图书资料管理人员4人，编辑人员44人。据此，制定了杂志社具体的内设机构、职能和人员编制方案。方案规定，将人事处、党委办公室和行政办公室合并为党务人事行政办公室，职责任务不变，包括三位处级领导干部在内，共9名工作人员。其余10个业务处室，按“满负荷工作法”核定了如下的名额：哲学编辑室4人，经济学编辑室4人，文学编辑室3人，古代史编辑室4人，近现代史编辑室4人，世界史编辑室3人，综合编辑室6人，英文编译室7人，总编室9人，图书资料室4人。人员配置和调整方案，要求三年内实施完成。精简机构、落实“三定”，是几年前便提出但未实施的一项任务，1994年总算迈出了至关重要的第一步。

自主进行出版工作。到1993年年底为止，杂志社编辑的几种刊物均由中国社会科学出版社负责出版，发行工作则由邮局、国际书店和本社发行科分头负责。如果说这种办法当初是合理的和可行的话，那么在建立社会主义市场经济的新情况下，就很不适应了。出版工作不能自主，刊物成本便不能有效控制，成本越高、亏损越多，出版社收取的管理费也越多。每年还须向出版社缴纳至少6万余元的管理费。这不利于扭转亏损局面，不利于提高刊物印制质量。鉴于上述情况，杂志社新领导班子首先调整了社内组织机构，按照编辑、出版、发行一条龙的程序，把原设在行政办公室的发行科划归总编室领导。接着，又把几个刊物的出版工作收归杂志社自管。这样一来，尽管工作开始时遇到了人手不足、周转资金短缺、业务生疏的困难，但由于理顺了工作关系，调动了人的积极性，加强了经营管理，终于达到了预期的目的。

整章建制。为了加强编辑组织工作，从本社社情出发，经过多次酝酿讨论，在集思广益的基础上，制定了杂志社《编辑系列年度量化考核试行办法》、《关于改进编辑工作的几点具体意见》、《关于编辑和其他工作奖励的试行办法》等几个文件。这些文件的实行，对于提高编辑工作的组织管理水平，将竞争机制和激励机制引进到管理工作中来，起了很好的作用。这也是深化我院管理体制改革的一个组成部分。

（二）刊物的编辑与出版工作

1. 主要情况。

在1994年，杂志社共收到来稿2400余件，出版《中国社会科学》中文版6期，《中国社会科学》英文版4期，《历史研究》6期，《国际社会科学》4期，共计20期，约430万字。

在6期《中国社会科学》中文版中，共发表学术论文70篇，综述及述评8篇，调查报告3篇，研究性书评2篇，图书评介39篇，读者评议3篇。在83篇论文、综述、述评、调查报告及研究性书评中，哲学19篇，经济学25篇，语言文学10篇，历史学10篇，社会学4篇，法学8篇，教育学和心理学3篇，政治学3篇，人类学1篇。从学科门类看，属于人文科学的43篇，属于狭义社会科学的40篇；从所占篇幅看，人文科学和社会科学大体各占一半。经济学仍是刊物的“大户”，历史学稿件也比往年增多了。

这一年的《历史研究》共发表论文81篇，学术综述7篇，图书评介12篇。

刊物的印刷方式进行了革新。《中国社会科学》及《历史研究》自创刊以后，一直采用传统的铅字排印法，印刷周期长，质量难以保证。随着印刷技术的革新与发展，改变刊物传统的印刷方式势在必行。从1994年起，《中国社会科学》和《历史研究》改为电脑排版，胶版印刷，较大幅度地提高了印制和文字质量，缩短了出版周期，成本也有所下降，使刊物的整体水平，上了一个新台阶。

为了降低成本和尽量不发篇幅过长的文章，从1994年起，《中国社会科学》中文版每期由14个印张改为13个印张。

2. 改进和加强《中国社会科学》的编辑工作。

为改进《中国社会科学》中文版所做的第一件工作，就是千方百计地开辟稿源，确保发稿的质量。近几年来来稿数量大幅度下降，特别是文学和哲学两个学科的稿件。而且来稿中有新见、高水平的稿件比较少，一般化的文章多。为了摆脱来稿减少给编辑工作造成的困难，动员编辑人员主动联系，四出组稿。在杂志社经费非常困难的情况下，尽可能保证编辑人员的出差经费，还制定了外出组稿约稿的奖励办法，并要求认真妥善地审阅来稿。这些办法收到了一定实效，缓解了来稿下降的被动局面，防止了刊物质量的滑坡。

为改进《中国社会科学》中文版编辑工作所做的第二件工作，就是针对改革开放以来国外学术思想的大量涌入以及“国学热”的兴起，进一步贯彻好以马克思主义为指导的办刊方针和“双百方针”。具体地说，就是在稿件的取舍上，在坚持以发表研究马列主义、毛泽东思想、邓小平理论的作品和以马列主义为指导的哲学社会科学各学科的研究成果为主的条件下，给上述作品以一席之地。不过，要求入选的作品不能是反马列主义的，而且要有相当的学术水平；或者对探明问题有借鉴价值，或者对拓展社会科学研究有所裨益。这样的文章，1994年发表了七八篇。这样做，不但坚持了学术研究的正确方向，也活跃了学术研究的气氛，对促进社会科学的繁荣和发展，产生了积极的作用。

为改进《中国社会科学》中文版所做的第三件工作，就是根据院工作会议精神，突出了刊物对现实性的重大理论问题和实践问题的研究，增强了刊物的现实性。注重刊物的理论性、科学性和侧重基本理论的研究，是本刊的一贯追求，作为院刊，它的这一品格应该继续保持下去。同时，又确实增强它的现实性，以便能更好地为我国哲学社会科学的发展和社会主义现代化建设服务。保持刊物的理论性、科学性同加强它的现实性看来并不矛盾，但真正结合起来又很不易。我们主要做了两件事。一是在刊物的学科结构上，减少了文史哲三个学科的来稿量，增加了经济学、社会学、政治学、法学、人口学等狭义社会科学学科的比重。这种调整起到了加强刊物现实性的作用。二是要求所有的学科都向现实性选题倾斜，从而推动了各学科采发的稿件均不同程度地切入了我国改革开放的两个文明建设中的热点问题。在采发的作品中，既有一定理论意义又有直接实践意义的应用性、对策性文章多了起来。如哲学科目全年采发了19篇文章，突出了对邓小平建设有中国特色社会主义、社会主义市场经济条件下价值观念和精神文明建设的研究；经济科目全年采发了25篇文章，突出了对当前深化经济体制改革直接相关的产权关系改革、建立现代企业制度、加强宏观调控、培育市场体系、经济发展学及复关问题的研究；其他学科的情况也大体如此。

为改进《中国社会科学》中文版所做的第四件工作，就是通过组织热点问题的讨论和增加评论性作品的篇幅来增强刊物的思想性、信息量和活力。首先是对所发论文删繁就简、提炼加工，大力压缩篇幅，结果在刊物减少一个印张的情况下，每期发稿篇目不但没有减少反而增加两篇多，减轻了由于文章太长而造成的沉闷气氛。其次是新推出两个题目的笔谈、一部著作的评论，再加上原来开展的两个讨论还在继续，以及新组织的8篇学术述评、39篇图书评介、3个调查报告和3篇读者评议、作者答辩，大大扩充了刊物的信息量，活跃了学术气氛。

对于《中国社会科学》所采取的上述措施，学术界反映良好。此外，1994年还在提高刊物文字质量、减少差错方面作了不少有效的工作。

3. 做好《中国社会科学》英文版的改版工作。

对《中国社会科学》英文版进行改版的设计并做好改版的早期准备工作，是杂志社1994年改进刊物编辑工作的“重点工程”之一，现已圆满完成此项任务。英文版是1980年我院创办的全国独家英文学术季刊。据初步统计，该刊创办15年来约发表论文八百余篇，图书评介五百余篇，学术综述或述评二百余篇，调查报告一百五十余篇，以及若干其他体裁的作品。这些数字说明英文版在促进我国社会科学的国际交流方面是有成绩的。它以反映中国最新、最高水平的和有代表性的研究成果而深受国内外学术界人士的青睐与欢迎。但是，它也存在着一些问题和面临一些亟待解决的困难。一个问题是，由于80%以上的文稿来自中文版《中国社会科学》和《历史研究》，而且长篇论文占绝大比重，因而使它作为我国对外学术交流的一个窗口，显得信息量不足，所推出的作品不够精粹和有代表性，风格上则显得沉闷有余，缺乏生气与活力。另一个问题是，由于发行渠道单一，本来发行量就小，近几年订数又锐减，目前国外订户只有六百多份，因而影响力很小。第三个问题是，由于成本连年上涨，专家费用陡增，翻译费入不敷出，导致在财力上已难以支撑。因此，英文版要生存与发展，必须进行改革。

从1994年7月起，经过院、社两级反复研究，最后确定了英文版的改版方案。方案规定，英文版由季刊改为集刊，采稿范围涵盖我院主办的所有公开发表的学术理论刊物，逐步做到集我院和全国优秀成果之大成，为此采稿标准要更高，入选文章要更精，篇幅缩小，篇目增多。英文版改为集刊后仍不改其“杂志”的性质，但论文要改编为文摘，增加经济学、社会学、法学、政治学等狭义社会科学类的比重，入选的人文科学的作品应少而精当，扩大学术述评、学术通讯、图书评介、调查报告等栏目的容量，增设热点问题讨论、最新学术动态等新栏目。英文版从1996年开始改版，每年暂出4期，每期10印张、14万字，其中文摘占一半，其他体裁的作品占一半，计划全年采发60篇论文、80篇图书评介、20～30篇学术述评和调查报告。聘请的外籍专家由4人减至1人。考虑到扩大发行量尚需时日，为扩大影响，近两年来拟每期加印一定数量以为我院对外学术交流时赠阅。

目前已按新方案的要求，解除了3位外籍专家的聘书，确定了改版以后的编辑工作流程与组织方式，为今后进一步落实改版方案打下了基础。

4. **获奖情况。**

1994年，共青团中央、中国社科院等单位发起和主办了“第一届全国青年优秀社会科学成果评奖活动”，全国广大青年社会科学工作者踊跃参加，经过反复认真地审议，最后评出一等奖3名、二等奖12名、三等奖22名、优秀奖45名，作者都是35岁以下的青年。其中有九篇文章是刊载于《中国社会科学》和《历史研究》上的。情况如下：

徐显明：《生存权论》，一等奖。刊于《中国社会科学》1992年第5期，责任编辑：陈慧谷。

李培林：《另一只看不见的手——社会结构转型》，一等奖。刊于《中国社会科学》1992年第5期，责任编辑：李克敬。

韩　震：《论维柯的历史哲学》，二等奖。刊于《中国社会科学》1991年第2期，责任编辑：孙麾。

蒋述卓：《佛教境界说与中国艺术意境理论》，二等奖。刊于《中国社会科学》1991年第2期，责任编辑：马自力。

丁　鼎：《古代谶言论略》，三等奖。刊于《中国社会科学》1992年第4期，责任编辑：李存山。

李剑鸣：《两个世界文明汇合与北美印地安人的历史命运》，三等奖。刊于《历史研究》1992年第1期，责任编辑：段启增。

赵世瑜：《明清时期华北庙会研究》，三等奖。刊于《历史研究》1992年第5期，责任编辑：宋元强。

韩　彪：《马克思的运输经济理论和我国的实践》，优秀奖。刊于《中国社会科学》1992年第4期，责任编辑：李文。

贺卫方：《中国古代司法判决的风格与精神》，优秀奖。刊于《中国社会科学》1990年第6期，责任编辑：张志铭。

《中国社会科学》和《历史研究》上有多篇文章在此项评奖中获奖，是和杂志社一贯采取重视和培养青年作者的态度分不开的。在上述文章的编辑加工过程中，编辑部也倾注了自己的才学，使之以尽可能完善的形式问世。

（三）《历史研究》创办 40 周年

《历史研究》杂志从 1954 年创刊到 1994 年，已经走过了 40 年的历程。它在 40 年的风风雨雨中，同新中国史学一道成长，与社会科学事业同步前进。

1953 年秋，正值新中国初期的革故鼎新、百废待兴之际，党中央决定成立历史问题研究委员会，创办《历史研究》杂志，并组成了由郭沫若作召集人的《历史研究》编辑委员会。为创办这个杂志，毛泽东同志首次提出了“百家争鸣”的方针；1956 年，他又明确提出“百花齐放，百家争鸣”。此后，“双百”便成为繁荣和发展我国文学艺术与学术的总的指导方针。

回顾《历史研究》四十年来的历程，大体可以划分为三个阶段：

第一阶段：从 1954 年 2 月创刊到 1966 年 5 月停刊。这是新中国史学取得巨大成就的年代，也是《历史研究》的辉煌时期。在这段时间里，史学界先后就中国古代史分期、中国封建土地制度、中国古代农民战争、汉民族形成、中国资本主义萌芽，以及“亚细亚生产方式”、中国封建社会长期延续的原因、阶级观点与历史主义、历史人物评价、中国近代史分期等问题进行过热烈的讨论。《历史研究》即是开展史学争鸣的一个重要园地。上述问题的讨论，有的是《历史研究》首先发起的，有的是由它的参与而开展起来的。五六十年代的关于若干历史问题的讨论，促进了我国史学工作者自觉地掌握和运用马克思主义的唯物史观研究历史，并为建立和发展新中国的历史科学奠定了坚实的基础。《历史研究》在这一进程中，发挥了一定的作用。毋庸讳言，在这个时期里，我国史学工作者对马克思主义的掌握与运用还难免出现教条主义和简单化的倾向，留下那个时代的痕迹。这也必然在《历史研究》中有所反映。尽管如此，《历史研究》在新中国史学发展史上的地位，是众所公认的。

第二阶段：从 1974 年 12 月复刊到 1976 年。根据毛泽东同志的批示，经过一番筹备，《历史研究》于 1974 年底复刊。处在那个特定的历史时期，《历史研究》也无例外地打上了时代的印记，留下许多值得深思和应当汲取的教训。

第三阶段：从 1976 年到 1994 年。随着以粉碎“四人帮”为标志的“十年动乱”的结束，特别是中共十一届三中全会后我国发生的历史性转变，迎来了我国社会科学的春天，《历史研究》也进入了一个新时期。在本阶段的头两年里，《历史研究》为清理“十年动乱”给我国史学研究造成的危害；为冲破“禁区”，解放史学；为按照史学本身内在的规律来对待史学等方面，做了一些工作。从 1980 年由月刊改为双月刊，逐渐形成了比较稳定的风格。这一时期里，《历史研究》的编辑工作主要做了以下几件事：一是推动“文革”前若干历史问题研究的继续深入开展；二是开拓新的研究领域，如有关社会史、民国史的研究；三是对历史理论和史学理论、方法论的探讨。这些方面，都取得了相当的成绩。

《历史研究》自创刊到 1993 年底，共出版 226 期，载文三千多篇，约五千万字。发行范围，除遍及我国各省市自治区外，还远达日本、美国、德国、俄罗斯、新加坡、香港等二十多个国家和地区。

有关统计数据也反映了学术界对《历史研究》的肯定。北京高校图书馆期刊工作研究会和北京大学图书馆编辑的《中文核心期刊要目总览》一书，据载文量、文摘量、被引量、综合分析和学科专家鉴定五项要素，认定全国历史类核心期刊 32 种，而《历史研究》居第一位。

为纪念《历史研究》创刊40周年，杂志社专门安排了几项重要工作和活动：首先是将《历史研究》1994年第1期和第2期辟为纪念专辑，组织发表了由国内著名史学家撰写的15篇笔谈和27篇论文，在史学界产生了很大的反响。其次是编辑出版了《历史研究四十年》纪念册，总结了《历史研究》创办的历史经验，辑录了若干有珍藏价值的文献资料。再次是召开了有院领导和院内外专家学者一百多人参加的纪念座谈会，在会上，胡绳院长发表了重要讲话，与会者就如何办好《历史研究》、促进史学繁荣交换了意见。这次座谈会，将对《历史研究》的编辑出版工作产生重要的影响。

（四）科研工作

杂志社的编辑人员以编辑刊物为主要任务，但同时也从事一定的、和本专业有关的科研工作。1994年，杂志社的编辑人员共从事了以下几方面的科研工作：

1. 国家社科基金项目。共有6人担任了国家社会科学基金（包括青年社科基金）的课题负责人，各项研究工作正在进行当中。

2. 所级重点项目。从1993年起，杂志社设立了所级重点科研项目，共有7位同志担任了该类项目的负责人，目前各项研究工作正在进行当中。

3. 发表和出版了一批科研成果。计有专著2种，19万字，学术论文19篇，12万字。

第　四　编

科研成果及学术活动

一　一九九四年主要科研成果

经济研究所

《中国劳动力市场培育与工资改革》

园晨、陈东琪、夏积智、信长星、郑国绔

专著

中国劳动出版社　1994年1月

劳动就业是我国本世纪末及下世纪初面对的一个大难题。该书较系统地探讨了我国向市场经济过渡阶段的双轨就业机制；剖析了劳动就业双轨运行引起的矛盾与困境；分析了中国城镇与农村劳动力流动的特色；并对就业机制的改革提出了就业市场化、失业公开化的改革目标。该书剖析了我国工资形成的机制转换以及当前双轨运行格局；指出了以利益刺激为起步的中国经济改革造成了“工资侵蚀利润”；剖析了我国工资机制转换遇到了“财政否决权”的障碍；描述了工资与物价的相互制约与轮番推动；指出工资改革的方向是把工资分配纳入市场调节轨道，并提出相应的改革建议及建立新的工资分配宏观调控机制与设想。

《中国政治经济学史大纲》

张问敏等

专著

中共中央党校出版社　1994年5月

该书概述了1899～1992年90余年的中国经济学的形成、演变历程。介绍和分析了旧中国的马克思主义政治经济学、新民主主义政治经济学、社会主义政治经济学的形成和发展史。重点是分析社会主义政治经济学不同发展阶段的状况，值得思考的问题，以及几个主要理论问题的演变史。由于有中国特色经济学在形成阶段，还没有完整的结构体系。但通过这本大纲的历史分析，可以使读者得出有中国特色经济学必然产生的结论。

《国家干预经济与中日近代化》

朱荫贵等

专著

东方出版社　1994年12月

该书运用比较经济史的方法，对中日两国的两家典型资本主义性质企业（轮船招商局与三菱·日本邮船会社）的发展途径和命运进行了个案分析，并进而探讨两国政府在洋务运动和明治维新中的作用。该书以丰富的资料缕述两家轮船公司自19世纪60年代以迄20世纪20年代长达半个多世纪的发展全过程。作者精心把国家干预问题置于中日两国所特有的历史文化背景之中考虑两家企业各自的特殊性。本书论证了国家干预政策的制定要受各自国家经济基础及社会历史背景的制约，特别要体现国家政治体制的要求，不同的政治体制通过各自的国家干预政策导致不同的经济发展。

《资本难道真的没有旗帜吗》

王振中

论文

《改革》　1994年第10期

该文对于利用外资中出现的“资本没有旗帜”这一典型论点进行了学术探讨。指出外国直接投资的关键点是企业控制，而控制问题的存在自然就会使资本旗帜的民族性显露出来。认为把产业起飞的希望寄托在外国企业并购国内企业上面，不仅是危险的，而且是臆想的。各国对外国企业从事企业并购交易行为都设有制度障碍，借以保护民族工业。同时从实证研究得出，资本运动在知识产权领域讲的是民族主义，首次从知识产权领域探讨了外国直接投资中的“控制”问题。

《论产权结构及其激励机制》

刘小玄

论文

《改革》 1994 年第 2 期

本文通过对企业的名义所有权和实际产权的差异的分析，发现作为企业实际产权的承担者——人力资本在企业组织中的重要意义。在作为各种产权要素投入的综合体——企业中，企业的直接控制者的付出和报酬比其他任何人与企业的剩余价值的波动更为相关。因此，作为与企业资本相联系的名义所有者享有全部资本收益回报是不合理的。在股权分散或国有资产的条件下，名义资本所有权对企业的激励作用是十分微弱的，而实际产权承担者的控制权和相应的合理收益则会对企业产生很大的激励作用。企业是否有较高效率主要取决于这种激励，取决于企业是否有剩余权，取决于其产权要素的收益结构的合理性程度。国有企业的股份有限责任制改造使企业经营者仍无法摆脱行政控制和干预，而国家所有者——政府则可名正言顺地享有全部剩余权，故未解决企业有效率的激励问题。

《民国初年的盐务改革》

陈争平

论文

《中国经济史研究》 1994 年增刊

本文论述了清朝末年由于封建特权势力的把持，中国盐业生产、运销及盐税征收等方面腐败落后状况，以及民国初年中国资产阶级改革旧的盐务制度的尝试，善后大借款合同签订后外国资本主义插手中国盐务改革的情况，总结了民国初年中国盐税征榷制度、食盐运销制度等改革、民族资产阶级精盐业产生和发展的历史经验，指出民国初年的盐务改革是中国社会矛盾发展的必然产物，改革是用较先进的资本主义经营方式取代旧的封建主义方式，是当时社会发展的要求，是中国盐务现代化的开端。民国初年的盐务改革虽然顺应了历史潮流，但并不一帆风顺，它同当时整个中国资本主义现代化一样，有所发展，但又不能充分发展，越是向纵深发展，越是阻难重重。在旧中国半殖民地半封建社会条件下，中国盐务不可能得到彻底改革，更不可能实现全面的现代化。

《非生产性资产分离与企业职工福利的变化》

“非生产性资产处置”课题组

论文

《改革》 1994 年第 2 期

就业福利化是计划经济体制下国有企业制度的典型特征。我国在长期推行泛福利制度的过程中，国有企业内部形成了大量的非生产性资产，这不仅是当前影响国有企业经济效益的重要原因，也是国有企业改革的重要内容之一。但是，对于国有企业职工来说，他们的主要收益一直来源于企业提供的收入和福利。因此，对非生产性资产的分离，将直接影响着职工的心态和行为。本文通过大量的一手调查材料，描述了国有企业福利化的实际水平和股份制改造中非生产性资产的分离形式；分析了国有企业内部福利分布不平衡的结构特征及非生产性资产分离后职工间的福利负担差异；研究对比了不同类型的职工群体之间对非经营性资产的分离在态度、预期和满足程度上的不同变化。提出因企业职工对已享有的各种福利存在着不同的心理依存度和经济承受力，所以在非生产性资产分离过程中，应避免一刀切的处理办法，要考虑到大多数职工在经济和心理上的综合负担能力。建议在处理上应根据各种福利对职工生存影响程度的不同采取相应的方法，在改革的力度和进度上要有所区别。

《国有企业的"社区功能"与股份制改造》

忻文、尚列、张永山、邵俐玲

论文

《经济研究》 1994年第4期

为有效地履行社区的职能，企业不得不将它们的资产分割出一定的比例，用于和企业利润目标非直接相关的领域，人们将这部分资产称之为非生产性资产或非经营性资产。随着改革向纵深发展，企业办社会导致的目标多元化，已愈来愈明显地阻碍着中国市场经济的进一步成长。以往的扩大企业自主权、利改税、承包制和转换企业经营机制等项改革能在一定范围内容忍企业目标多元化的存在，在推行股份制的时候，国有企业的"社区功能"特征已从根本上与股份制的实施背道而驰。文章在湖北、四川、辽宁、吉林和江苏等地的10个城市近40家已经上市或正进行股份制改造的企业的调查的基础上，从国有企业社会保障，福利制度的特征，股份制改造与非生产性资产的分离，非生产性资产分离的障碍，非生产性资产分离的可能性选择等几个方面，进行了理论与实证分析，并提出了政策建议。

工业经济研究所

《从计划经济到市场经济》

周叔莲（研究员）

专著 351千字

经济管理出版社 1994年6月

本书对我国由社会主义计划经济向社会主义市场经济过渡中的一些重大问题进行了探索，全书分以下几个部分：(1) 社会主义经济是市场经济；(2) 商品经济理论的重大发展；(3) 企业要成为独立的市场主体；(4) 建立现代企业制度；(5) 市场经济与产权制度；(6) 市场经济与企业管理；(7) 市场经济与产业政策；(8) 市场经济与区域经济。作者对现代企业制度和产权问题提出了自己的新见解。

《管理学原理》

刘春勤（研究员） 合作者王德中（西南财经大学教授）

教材 215千字

西南财经大学出版社 1994年2月

本书介绍了适用于各行业、各类社会组织的管理基础理论，包括管理的基本职能、性质、原则、形式、方法等。

本书是根据作者长期从事管理研究和教学的实践，适应经济改革需要撰写的，并力图做到以下几点：

(1) 立足于我国实际，继承我国古代优秀的管理思想，反映我国丰富的管理经验，促进我国管理水平提高。

(2) 根据"以我为主、博采众长"的方针，引进西方有代表性的管理理论，供我们参考和借鉴。在引进时，给以适当评论，做到评介结合；有些符合唯物辩证法的观点如系统观和权变观，则贯穿全书。

(3) 按照宗旨、领导、决策、计划、组织、控制、协调、创新等内容建立全书结构体系，以利于管理者认识自己的各种管理职能。

(4) 每章除列出复习讨论题、明确学习重点外，还适应案例教学法的需要，精选了二三个案例。这些案例都是真实情况，只是将某些组织或人员的名称作了改动。

(5) 文字力求简洁，通俗好读，利于自学。

《中国工业化经济分析》

金　碚（副研究员）

专著　252 千字

中国人民大学出版社　1994 年

本书以世界经济发展为大背景，运用翔实的经验资料，对中国工业化进行了系统而细致的实证分析，并且深刻地揭示了一系列内在经济关系及其与政策选择及制度演变的因果联系。

中国所走的是一条十分独特的工业化道路，但是，由于其自身规模的巨大和历史内容的极端丰富性，中国工业化过程中包含了具有世界性意义的普遍规律。本书将理论逻辑与统计分析、体制分析与政策分析结合起来，运用种种分析方法和模型，描述和论证了中国工业化的历史轨迹、主要特征和成败得失，从而使纷繁复杂的具体现实获得了经济理论上较完整的再现，并令人信服地论证了中国只有完成从计划经济向市场经济的转变，才能进一步推进工业化和经济现代化。本书所进行的研究丰富了工业化理论，充实了工业化研究的分析方法，也为研究其他各国工业化提供了一个可以借鉴的分析框架。

本书分为经济发展与工业化，工业化的经济分析基础，经济增长及其结构特征，经济增长中的公私经济关系，物质资源的供给机制，人口资源与劳动就业，筹资与投资，技术进步、创新机制与产业组织，宏观经济特征的历史演变等共九章。

《现代企业制度原理》

张承耀（副研究员）

专著　184 千字

中国铁道出版社　1994 年 4 月

该书提出了“用两只眼睛看企业”的基本企业观，即从资金来源和资金运用两个角度来考察企业资金的静态结构和动态循环。

作者认为，现代企业的所有结构学“出资者所有企业”，“企业所有资产”，一物只能一主，而一个企业可以容纳多主。

该书分析了资本主义国家从个人企业向法人企业过渡的基本趋势，分析了社会主义国家改革的基本趋势和阶段是从国营→国有→混合所有。

作者指出了股份公司的种种矛盾，例如，股份公司法人与股东的矛盾、既有大股东与未来大股东的矛盾、大股东与大股东的矛盾等等。

作者认为，现代企业制度的发展可以分成两个阶段，初级阶段的特征是法人制度、有限等级制度的确立、法人企业取代个人企业和国营企业成为主导的形态；高级阶段的特征是股份公司各种矛盾得以充分的发展，法人成为出资者的主体、支配权市场的形成。初级阶段是法人成为资产的所有者，即企业法人化；高级阶段是法人成为了资本的主要所有者，即股东法人化。

《台湾经济观感》

周叔莲（研究员）

论文　6 千字

《新视野》　1994 年第 2 期

本文对我国台湾省如何搞市场经济、如何搞产业升级、如何扩大出口，进行了评析和介绍，并分析了台湾经济中存在的一些主要问题。

《关于建立现代国有企业制度的几个问题》

周叔莲（研究员）

论文　15 千字

收入《现代企业制度——中国企业改革的

方向》

中国经济出版社　1994 年

本文是作者在国家经贸委召开的“转机建制”研讨班上的学术报告，文章分五个部分：（1）建立现代国有企业制度的意义；（2）建立现代国有企业制度的必要性；（3）什么是现代企业制度；（4）产权改革是建立现代国有企业制度的关键；（5）怎样建立现代国有企业制度。作者认为我国建立现代企业制度在理论上实践上都是可能的，但是也有建立不起来的危险。是不是建成了现代企业制度，要由历史和事实来检验，并提出了检查的主要内容。作者强调参加这项工作的同志要负历史责任，努力按照《关于建立社会主义市场经济体制若干问题的决定》的要求，完成建立现代国有企业制度的任务。

《再论国有企业的产权问题》

周叔莲（研究员）

论文　14 千字

《中国工业经济研究》　1994 年第 9 期

作者在《中国工业经济研究》1993 年第 7 期上发表的论文《关于国有企业产权的几个问题》中，论证了所有制也是一种经济手段的观点。这个观点引起了理论界的热烈争论。本文是对争论中一些不同意见的答复。文章认为，争论的焦点是国有经济和市场经济如何相容的问题。文章进一步论证了：为了使国家所有制和市场经济相容，必须改革传统的国家所有制形式，并发展多种经济成分，打破整个社会的独家所有制或独家所有制占统治地位的格局。

文章还指出，从人类历史看，从我国新民主主义革命和社会主义改革的历史看，从我国社会主义经济改革的过程看，所有制都是作为发展生产力的经济手段起作用的。而且经济科学对所有制研究的成果表明，说所有制是一种经济手段也是有充分根据的。

《关于国有经济的主导作用问题》

周叔莲（研究员）

论文　4 千字

《光明日报》　1994 年 10 月 28 日

文章指出，现代经济中国有经济不是可有可无的，社会主义国家中国有经济的存在和发展更是必要的和必然的。但是国有经济的比重不是越大越好，它是受一系列主客观因素制约的。文章分析了国有经济发挥主导作用的要求和当前存在的问题，并研究了发挥国有经济主导作用要采取的战略措施。文章认为，国有经济发挥主导作用首先要有合理的产业构成，即经营范围内容合适，而现在国有经济在有些产业和企业应该加强却没有加强，在有些产业和企业可以退出也没有及时退出。作者建议把调整国有经济经营范围和产业结构作为一个战略问题，研究哪些部门要由国有经济垄断，哪些部门国有经济要继续经营，同时允许非国有经济经营，哪些部门国有经济可以退出，让非国有经济经营。

《论发挥国有经济的主导作用》

周叔莲（研究员）

论文　4 千字

《中国改革报》　1994 年 10 月 21 日、11 月 1 日、4 日和 8 日

本文由《中国改革报》以《论发挥国有经济的主导作用》、二论、三论、四论分四天刊登。文章认为，国有经济在国民经济中起主导作用应该包括以下一些要求：一是控制国民经济命脉；二是保证社会再生产顺利进行，并有较快的经济发展速度和较好的经济效益；三是保证科技较快的进步；四是绝大多数国有企业要有活力和竞争力；五是和集体经济（包括合作经济）一起保证经济发展的社会主义方向和性质。国有经济只有发

展到一定程度，占有一定比重，才能起到这些作用。不过，这里所说的一定程度和一定比重又不是完全固定不变的。因为国有经济的发展是受多种因素制约的。文章指出：有的人认为国有经济越多就越好能起主导作用。这种观点值得研究。国有经济的发展是受到各种条件的制约的，并不仅仅决定于人们的主观愿望。国有经济的作用也是如此。如果国有经济比重很大，但国有企业普遍管理不好，缺少活力，这样的国有经济未必一定能很好地起主导作用。而在另一种情况下，国有经济的比重不是很大，只维持在必要的水平上，但国有企业普遍又好又活，国有企业的主导作用反而能更好地发挥，国民经济的社会主义方向和性质也就更有保证。文章还说，当前发挥国有经济主导作用的关键是解放思想，关键的关键是实事求是。

《建立现代企业制度，重塑市场体系》

陈佳贵（研究员）

论文　8千字

《中国工业经济研究》　1994年第2期

作者认为，十四届三中全会以前的改革，还只是把企业当作相对独立的商品生产者对待的，改革的措施仍然是扩权让利思路的产物，没有触动传统企业制度本身，企业经营机制还没有发生根本转变，因而企业改革也就没有取得实质性的进展。在我国建立现代企业制度就是要解决传统企业制度的严重缺陷，按照社会主义市场经济的要求，重塑市场主体，使企业成为完全独立的商品生产者。作者认为现代企业制度是适应市场经济的需要而逐步建立起来的，其主要内容应该包括自负盈亏的企业法人制度、纵向授权的企业领导制度、规范化的财务会计制度、利益均沾的企业分配制度和双向选择的企业人事制度。作者围绕上述五个方面进行了系统的论述。本文为我们正确理解现代企业制度的主要特征提供了很好的帮助。为深化国有企业改革提供了有益的启示。

《九十年代乡镇企业发展的特点与趋势》

陈乃醒（研究员）　合作者杨先珍

论文　12千字

《中华工商日报》　1994年11月4日

进入90年代以来，乡镇企业在国民经济中的地位越来越突出，随着经济体制改革的不断深化和对外开放的进一步扩大，乡镇企业的发展出现了一些新的特点和趋势。

新的特点包括：一是发展速度越来越快，90年代前三年产值平均增长36.1%，比1981～1993年产值平均增长率高6.21个百分点；二是企业规模扩大，1993年平均每个乡村企业拥有职工34人，固定资产原值31万元，创产值121万元，比80年代初成倍增长；三是外向型经济发展迅猛，出口商品交货值年均增长69%；四是企业素质进一步提高，职工文化程度提高很快；五是产业结构逐步趋向合理；六是城乡关系逐步协调；七是法制建设有了进展，几年共出台各类法规文件二十余个；八是发展不平衡，中西部和东部相比差距较大。

进入90年代以来，由于政府对乡镇企业的管理采取了一些重大政策，加之外部环境和内部条件的变化，乡镇企业的发展将会出现一些新趋势：（1）乡镇企业更广泛更深入地参与市场；（2）乡镇企业布局由分散走向相对集中；（3）从业人员将进一步离农；（4）产权结构将出现新格局；（5）中西部地区的乡镇企业发展步伐将会加快。

《毛泽东的独特视角："农业就是工业"》

马泉山（研究员）

论文　9.4千字

收入《毛泽东百周年纪念——全国毛泽东生平和思想研讨会论文集》（下）

中央文献出版社 1994年

本文开掘了毛泽东思想宝库中鲜为人知的“农业就是工业”的思想，认为是前人不曾提出的科学命题。为中国工业化道路确立了重要基础，丰富了马克思主义理论。50年代中，毛鉴于斯大林的教训，决心独辟蹊径走中国工业化道路。以他对国内外的观察，发现并揭示了人类经济社会一定发展阶段上农业转化为工业的客观事实。一扫陈见，指出占人口大多数的农民并非工业化的掣肘，而是积极的推动力量。农业不仅支撑工业，而且孕育工业，转化为工业，以致于在一定意义上说农业就是工业。在这一独特视角上形成了富于个性的工业化理论和欲取先弃的政策取向。（1）毛摈弃斯“竭泽而渔”的农业政策，要求为农业本身的积累和国家从农业取得的积累寻找一个适当比例以保证农业扩大再生产。他说先让农业积累多才能为工业积累更多。（2）针对斯高积累政策提出兼顾积累与消费两方面以求得生产和需要的平衡。（3）为此主张先安排农业轻工业再安排重工业。他说真想多发展重工业首先要多发展农业轻工业。今天面临改革开放新条件，但这些思想仍具强烈现实感。重视并善于利用包括农村资源在内的国内外两种资源和以农村市场为主体的国内外两个市场，研究两种资源、两个市场的转换规律，学会驾驭本领，是有待解决的新课题。

《公有制对市场经济的接纳》

马泉山（研究员）

论文 2.5千字

《科技日报》 1994年11月11日

原为1994年中国社会科学院“邓小平有中国特色社会主义经济理论研讨会”入选论文（原文12千字）。

把现今资本主义发达国家的市场经济形式嫁接到我国公有制的躯体上，为发展社会主义生产力服务，是邓小平的理论突破。为此需改革全民所有制的内涵和形式，解决公产权的清晰化与人格化问题。公产清晰化一是承认公有制内部的不同经济主体，相应界定产权；二是按所有权和经营权适当分离原则明晰界定企业法人产权。公产人格化则是走权责利统一落实到个人的路而不是把公产量化给个人。公有制对市场经济的接纳，在现实中将呈现一种既互相兼容又存在摩擦以至冲突的复杂情景。其根源在于体现二者结合必然产生的生产者自利目标和社会目标的矛盾。市场经济激励了公有制生产者的自利动机，一方面改善着公有制的效率，这有利于发展社会主义的生产力和巩固社会主义的制度，有利于实现人民共同富裕的社会目标；另一方面它又可能和上述目标相偏离。市场经济对强者的丰厚奖赏，在我国巨大的就业压力下，存在着转化为私人资本的现实条件。政策正确，它可以成为公有制的有益补充；如果出现根本政策的失误，公有制被逐渐吞噬不是没有可能。所以必须清醒。这同样是深刻理解和完整把握邓小平有中国特色的社会主义经济理论的题中之义。

《“拨改贷”之后的还款与产权——从中国景德镇瓷厂借钱改造说起》

马泉山（研究员） 合作者於石生（中国景德镇瓷厂厂长）

调研报告 5.5千字

《经济导刊》 1994年第3期

通过中国瓷都一家老企业技术改造的历程说明，要搞好国有老企业除抓紧转变经营机制，还必须重视国家必要的资金投入和政策投入。该企业技改前，出力过度，工艺技术和设备老化，走向衰落。为生存发展计，在国家改拨款为贷款情况下以五千万元贷款引进先进技术，实现了产品更新换代，并迅速打开国际市场。却也由此堕入债务陷阱，外商欲乘机以少量资金投入达到控股的目的。这一前景看好的企业几为鲸吞的事实说明：国有老企业走筹资成本甚高的举债之路进行脱胎换骨的技术改造，是难以承受的。弄不好，确实存在要么破产还债要么被人收购的现实危险。这是值得重视的新情况。同时，拨改贷形成的资产的权益与清偿责任彼此脱节的状况也有待解决。现在企业既要负责偿还贷款本息，又要上交利润，苦不堪言；国家则扮演债权人与投资者的双重角色，双倍向企业索取，也背离了市场原则。这样下去，国有企业纵使转换经营机制，照旧活力无望。为此，对于拨改贷以来国有老企业的债务重负，应有合理解决办法。今后，国有老企业耗资大的技术改造项目，国家不宜撒手不管。要历史地对待旧体制下这些企业积累的问题。除设立政策性专门优惠贷款予以支持外，可有选择地批准一些企业发行股票，降低技改的筹资成本。

《我国产业政策面临的问题和选择》

金　碚（副研究员）

论文　4千字

《瞭望》　1994年第26期

与主要处理短期总需求问题的宏观政策不同，产业政策主要处理长期供给问题，更多地涉及“结构”、“组织”等经济现象，对利益结构的影响特别大。而且，产业政策的实施往往是“双刃剑”，有利也有弊，因而具有风险性。所以，产业政策引起的争议最多，各国对产业政策的态度也有很大差异。由于各国的具体情况千差万别，产业政策的具体目标和措施也各不相同。与宏观经济政策不同，产业政策几乎没有什么通行的范例。这也给我国制定和实施产业政策带来了政策理论上的不确定性和降低了国际经验的可移植性。尤其是，我国正处于经济发展和改革的一个特殊的历史阶段，面临一系列特殊的问题，所以，我国的产业政策主要还得由我们自己来探索。文章重点论述了我国的产业政策必须着力于解决的几个问题。

《我国区域经济协调发展战略刍议》

魏后凯（副研究员）

论文　8千字

《天府新论》　1994年第3期

改革以来，由于多方面的原因，我国区域经济基本上呈现出不平衡的发展格局。这具体表现在四个方面：一是区域经济增长趋于不平衡；二是地区内发展差距不断扩大；三是城镇化严重落后于工业化；四是盲目投资、重复建设现象较为严重。从发展趋势看，近中期内，我国区域经济仍将会呈现出不平衡的增长格局，沿海与内地间的发展差距近期内还可能会进一步拉大，为协调地区经济发展，国家必须采取多方面的措施和手段，并按照发展社会主义市场经济的要求，逐步调整中央布局政策和区域政策，以加快中西部工业化的进程。

《荷兰国土规划与规划政策》

魏后凯（副研究员）

论文　10千字

《地理学与国土研究》　1994年第3期

文章在对荷兰国土规划的发展过程进行历史考察的基础上，探讨了荷兰国土规划的协调机制和实施政策手段。荷兰国土规划的关键就是协调。协调的形式，既包括各级政府不同部门之间的水平协调，也包括各级政府间的垂直协调。协调的主要手段是：设立国土规划的协调机构；实行广泛的公众参与；建立国土规划监察员制度；加强中央对地方的宏观控制。同时，为有利促进国土规划的实施，荷兰政府也采取了一些重要的政策措施：包括大力促进边远地区的经济开发；积极疏散兰斯塔德的人口和就业岗位；

合理引导各种产业活动的区位选择。

《对中国乡村工业化问题的探讨》

魏后凯（副研究员）

论文 9千字

《经济学家》 1994年第5期

“离土不离乡”、“进厂不进城”，是当前中国乡村工业化的重要特色。这种“离土不离乡”式的非城镇化的乡村工业化之所以形成并长期存在，是有着深刻的社会和经济根源的。随着时间的推移，这种分散的乡村工业化的局限性开始显露出来，其代价也是相当巨大的。这些代价包括严重浪费土地资源；加剧农村环境污染；缺乏规模经济效益；难以解决农民的身份问题；不利于第三产业的发展；限制了农业的规模经营。因此，从长远的发展趋势看，必须彻底抛弃这种“离土不离乡”的做法，逐步走“离土又离乡”的城镇工业化道路，以符合世界工业化与城镇化同步协调发展的潮流。

《世纪末的再沉思》

张金昌（助理研究员）

论文 4.2千字

《经济师》 1994年第6期

该文首先回顾了中华民族近代所遇到的历史机遇，然后从我国政治经济制度的可塑性、适应性和中国人民的主动性和进取心角度阐述了自社会主义制度确定以来中国所形成的优势，并从经济结构的可调整性、政府的有效性和人的作用三个角度具体论证了社会主义中国同资本主义国家相比目前存在的政治经济制度优势，进而提出我国目前体制改革的总体目标和方向是继续坚持和发挥我们已经形成的社会主义制度优势、充分调动和发挥广大人民群众的积极主动性和创造性，把国有企业和国民经济搞上去，反对进行私有化。

农村发展研究所

《1993年中国农村经济发展年度报告兼析1994年发展趋势》（1994年经济绿皮书）

邓英淘（研究员） 合作者刘建进、杜吟堂、杜志雄、胡斌等

专著 207千字

中国社会科学出版社 1994年3月

本书是继1993年经济绿皮书之后的第二本经济绿皮书。系统地分析了1993年中国农村经济发展的状况，并对1994年农村经济发展的前景进行了探讨。其主要内容和观点包括：（1）农业：1993年农业产出结构的调整较大，全年生产总水平属于增长较快的年份。但存在以下问题：农业生产增幅不小，但农民收入增长不大；农产品总量虽较为丰富，但农民消费水平提高很少；农民储蓄增加较多，但农业投入反而下降。（2）非农产业：1993年农村非农产业的增长速度为历史最高水平，并具有企业规模日益扩大、企业改革逐步深化、科技进步的作用大大提高及外向型经济继续充当重要生长点等特征；但仍存在不容忽视的问题：吸收就业的相对能力仍在下降；发展资金严重短缺等。（3）农村经济与国民经济：1993年中国经济结构素质处于近几年最低水平，全国产业结构非正常偏离度加大的主要原因在于农村产业结构的畸变程度加剧。（4）1994年应采取的措施为：加强财政的支农支出的强度；稳定农技推广队伍；缓解高通货膨胀对农民收入的侵蚀；校正对工业的投资偏向，促进农村第三产业和小城镇综合发展。（5）从长期看，农业比较利益不足和农业劳动力转移速度相对缓慢是农村经济发展中的两个基本问题。

《中国农村金融的变革与发展：1979－1990》

邓英淘（研究员） 合作者徐笑波、薛玉炜、刘建进、胡斌

专著 246千字

牛津大学出版社（中文繁体字本）1994年8月 当代中国出版社（中文简体字本）1994年12月

本专著系统地论述了1978到1990年我国农村金融体系的变化及其有关的重要问题。其内容主要包括：（1）论述了中国金融与农村金融之间的相互关系以及农村金融在中国金融中的地位。指出中国金融的结构特征为：超额贷款、过量和不规范的资金占用、间接金融优势以及国家银行的主导地位。（2）从微观组织功能、资金运营特征等方面分析了中国农业银行、农村信用社、农村内部融资组织以及民间借贷的行为。揭示了正规金融机构融资功能中的矛盾，指出了非规范金融组织产生的必然性。（3）从资金状况和构成、经济效益和经济特征上分析了农村经济主体——粮食企业、农村供销社、乡镇企业和农户的资金行为，说明了农村正规金融机构融资难以满足这些经济主体需求的状况和原因。（4）从纵向、区域、城乡经济和资金流程、农村金融供求行为等方面全面地分析了农村金融和农村经济发展之间的密切关系，提出了农村金融市场的供求模型。（5）在借鉴国际经验的基础上，提出了重构我国农村金融体系的原则、设想和建议。

《跨世纪的难题——中国农业劳动力转移》

韩俊（研究员）

专著 257千字

山西经济出版社 1994年9月

第一章对发达国家的农业劳动力转移进行了分析，以美国、英国和日本为研究对象，分别对其历史过程、特点进行了描述和剖析。第二章认为，农业发展速度及发展模式的选择、资本形成能力的高低和工业化道路的选择，是影响农业劳动力转移过程最重要的宏观经济变量。第三章对中国农业劳动力转移的阶段性演变及现实特点进行了讨论，并把新中国成立以来农业劳动力转移的过程划分为两个先后相继的阶段——停滞阶段和启动阶段。第四章着重探讨农业劳动力转移与农户兼业问题。揭示了农户兼业产生的社会经济根源；论述了我国农户兼业发展的独特背景条件及其社会经济影响。第五章讨论农业劳动力转移与农村工业化问题，把农村工业化置于整个国民经济发展的宏观背景下，揭示其发展的独特背景及动因；讨论其对整个国民经济发展的影响；探讨其进一步发展所面临的若干重大选择。第六章对农业劳动力转移过程中城市化滞后问题，作了定量的描述与分析；对近年来农业劳动力向小城镇转移的态势、动因及影响进行了分析；探讨了我国人口城市化道路的选择；对农村人口城市化过程中的制度创新问题，提出了变革户籍制度的思路。第七章分析了制约我国农业劳动力转移的各种因素，对我国农业劳动力转移的中长期前景作了展望。

《干旱、游牧、草原——中国干旱地区草原畜牧经营》

丁泽霁（研究员） 合作者七户长生（日本）

专著 171千字

农业出版社 1994年2月

本书共收入中日两国学者的研究文章18篇，按专题分为七编。第一编对从游牧经营的历史，从世界的总体概况，以及中国干旱地区草原的基本问题进行了研究。第二编是从总体上研究游牧经营的。第三编典型调查，是从个案上研究游牧经营的。第四、五编分别对有关游牧经营的自然与社会方面

做了专题研究。第四编对于牧草和草原的考察，着重对考察地区游牧的草地基础，以及对草地这个基础的利用和建设问题做了研究；第五编考察了游牧经营体制的改革现状和问题，提出了发展合作制，使游牧经营逐渐向现代经营过渡。第六、七两编又把研究的视野推向更广大的范围来进行观察。第六编中分别对内蒙古和新疆两个地区的畜牧业做了全面研究；第七编更进一步放眼世界，进行了国际比较。

《中国的三元经济结构与农业剩余劳动力转移》

陈吉元（研究员） 合作者胡必亮

论文 14千字

《经济研究》 1994年第4期

该论文对中国独特的“三元经济”结构进行了比较系统地理论分析，并在国际、国内首次把农业剩余劳动力问题放在三元经济结构的框架中进行了理论分析，还据此提出了一些相关的政策建议。文章第一次从理论上突破了国内外学者长期以来从二元经济结构角度分析农业剩余劳动力问题的传统思路与方法，进而摆脱了人们长期以来在农业剩余劳动力转移问题上存在的“农村”、“城市”二元去向困惑，为我国农业剩余劳动力向乡镇企业、小城镇转移的客观现实选择提供了比较充足、系统的理论基础。

《复关与我国农产品价格保护》

张军（副研究员）

论文 8千字

《中国农村经济与社会》 1994年第6期

本文对当前我国农产品价格与国际农产品市场价格进行了比较，并指出：以目前价位的我国农产品有利于参与国际农产品市场竞争，并能够为政府进行价格干预提供广泛灵活的选择。也就是说，我国加入关贸总协定组织，有条件的开放国内农产品市场，将对我国农产品生产带来的好处要大于负面影响。与此同时，该文还指出，在与国际农产品市场接轨时，国家应该从生产者价格支持、市场准入和出口补贴三方面对农产品出口进行干预，尽量采用非关税壁垒的形式对国内农产品生产进行保护，减少禁止性关税，以及利用关贸总协定有关条款对我国农业进行有效保护。

《市场经济建设中的农业政策与宏观调控》

张元红（助理研究员）

论文 6.5千字

《农业现代化研究》 1994年第1期

本文强调在新形势下加强宏观管理和政策调控的必要性，反驳当时流行的“市场万能”和“无为而治”等思想。文章的第二部分阐述了改革后农业调控体系和政策基础所发生的变化。着重强调了四个方面的变化，即：第一，调控对象的变化，农业基本经营组织由三级所有制到家庭经营的转变使调控对象规模缩小，数量倍增，组织程度降低，导致信息收集反馈、组织执行与监测费用大增。第二，激励机制变迁，政治因素作用减少，经济利益取而代之。第三，反应方式更替，由政府间上下传递转为通过市场调控，信号扭曲及时效滞后的可能性增大。第四，影响因素增加，信号增多和资源的流动使得政策效应的预见和精确把握愈加困难。文章第三部分依据新形势下的新情况提出了制定农业政策的基本原则。在指导思想上应从征税农业转为保护农业，在调控方式上以间接为主，在形式上应制度化、规范化和法律化，在实施过程中应重视其可操作性，统盘考虑，协调配套和精确具体。文章最后还指出了当前的工作重点，特别强调了体制建设和保护农民及农业利益两个方面。

财贸经济研究所

《九十年代中国市场消费战略》

杨圣明（研究员） 合作者刘方棫等

专著 285千字

北京大学出版社 1994年

本书用理论考察与实证分析相结合的方法，说明90年代在计划经济向市场经济转变的前提下，中国居民消费的新特点。小康是90年代消费战略目标。对邓小平同志的小康理论，本书作了精辟的论述，并阐明了它是马克思主义消费理论的发展和应用，是当代的马克思主义消费理论。住宅问题是中国居民消费领域中的主要矛盾，应集中力量解决这个问题，使居民的住宅状况明显改善。对于80年代以来的所谓“消费膨胀”问题，本书提出了独特的与众不同的新见解。对于消费者主权的论述，不仅适应市场经济体制的要求，也具有中国的特色。通过消费的国际比较，找出了我国的优势与差距，并提出了相应的对策。

《中国省际贸易》

陶琲（研究员） 合作者王济光、冯雷、王诚庆

专著 240千字

吉林人民出版社 1994年10月

本书是从贸易与投资的角度研究了中国省际之间的投资和商品流通的状况。贸易与投资是现代经济的重要组成部分，它们共同构成了支撑现代国际之间、省际之间经济关系的两大支柱。研究表明，省际投资的发展还将带来省际之间利润平均化、价格均等化和组织垄断化的结果。这种结果必将推进省际之间贸易的进一步展开，推进区际之间经济的全面沟通。而目前我国省际之间的投资状况要相对落后于省际贸易的发展状况，其主要原因来自于我国现行的行政管理体制下所形成的分层次管理系统，从而造成了在资本流动上的关卡和壁垒现象。

本书在第一章中主要研究了区域之间经济差异所形成的地区之间的分工，在区域经济发展中区际贸易的补充作用；第二、三章较为详尽地剖析了中国的省际贸易和省际投资的现实情况；第四、五章中着力分析了省际贸易格局、省际贸易的运行机制和渠道状况，探讨了省际贸易的产品结构和如何推进贸易结构的优化问题。第六、七章研究了省际贸易中的地方政府行为和中央政府行为，探讨了地方政府行为方式对省际贸易政策的影响，及对省际贸易发展水平的制约作用。最后，本书研究了国家产业政策的变动与省际贸易结构的关系。

《流通作用机制与市场经济运行》

王诚庆（副研究员）

专著 180千字

中国商业出版社 1994年6月

本论著分析了流通领域的经济关系及流通过程的作用机制，研究了决定流通发展程度的因素，通过研究以商品流通为核心，由货币、劳务、信息、技术等分支结成的流通体系的运行规律，提出了市场经济运行的本质就是流通体系的一系列机制发挥作用的过程。强调在应用理论研究中、在微观层次上、在市场经济的高级发展阶段上，消费作为再生产的目的其决定作用增强，流通相对于生产不可避免地跃居主导地位。

在宏观经济运行层次上，本论著市场经济条件下产业结构的平衡实现形式，提出我国产业结构的平衡将主要由宏观调控下的流通自动调节而实现，以流通为基础的计划直接调节将起辅助作用；流通在一定程度上可自动调节地区经济结构的协调和平衡；流通对整个国民经济的发展起着显示器、平衡

器、变速器、稳定器、转换器和放大器的作用。提出我国经济体制改革的理论脉络就是处理好计划与市场的关系；我国经济体制改革的实践，就是更充分地发挥市场机制调节作用的过程；我国经济体制改革的目标，就是要逐步确立流通在经济运行中的核心地位，让其发挥基础性调节作用。

《对外贸易集约论》

陈家勤（研究员） 合作者袁文祺、应晓等

专著 250千字

中国物价出版社 1994年12日

本书为国家社会科学基金项目。该著作从集约经营的角度，对我国对外贸易的改革与发展，对如何提高我国外贸宏观经济效益和如何提高我国出口商品的质量、档次和附加价值，并从根本上改变我国出口商品在国际市场上的形象，作了新的探索和研究，提出了若干可行性的政策和措施建议，对于建立适应社会主义市场经济要求的外贸体制和符合国际贸易规范要求的运行机制，是有一定的理论与实践指导意义，在理论和实践方面均处于国内领先地位。

《市场取向的财政改革》

李扬（副研究员）

论文 25千字

收入《走向市场》

上海人民出版社 1994年12月

本文是在对若干省级财政状况调查研究的基础上写成的，分析的重点是我国财政“两个比重下降”现象。提出的主要观点有四：(1) 由于传统体制事实上是财政主导型的，所以，两个比重下降是我国经济改革不得不付出的成本。但是，在改革进入宏观调控体系全面改革的时期，两个比重继续下降将对我国的改革与发展带来不利影响。(2) 本文用“政府收支”的概念替代通常分析中使用的财政收支概念，并指出：它由预算内收支、预算外收支和体制外收支三部分构成。通过对一些省份四级政府收入的分析，本文指出：自改革以来，作为总体的政府收入占GDP的比重实际上并没有下降，但是，中央政府收入所占比重的确是下降了。(3) 基于上述分析，本文认为：财政改革的眼界不应只局限于预算内和预算外收支，而应更广泛地覆盖全部政府收支。因此，振兴财政的首要任务，是依据公共财政的原则，重新界定政府收支概念，整顿政府收支项目。(4) 本文进一步分析了我国财政体制问题，指出：我国现行五级财政体制，特别是笼统地概括在“地方财政”概念之中的省以下的四级财政，存在着很大的问题。从支出职能上分析，省级财政不甚明确，市、县两级财政基本重合，而乡级财政则并不完全必要。基于此，本文提出了简并财政的设想。

《北京乡镇工业结构的十年变化分析》

裴长洪（副研究员）

论文 9千字

《中国工业经济研究》 1994年第4期

随着乡镇工业的迅速增长，工业内部结构也发生明显变化。本文以1982～1992年十年间北京乡镇工业发展为例，分析工业内部结构变化的特点、原因及其与增长的关系，从而对发展趋势及产业政策提供参考意见。

十年间北京乡镇工业结构变化的特点是：重工业原来起点较高，但轻工业发展迅速，比重上升，工业加工度从总体上提高了，轻工业提高比较普遍，而重工业存在行业性不平衡；工业结构的技术集约化趋势已经显现，轻工业资本构成提高快于重工业。北京乡镇工业结构变化的原因是：城乡工业结构差异和城乡垂直分工体系是乡镇工业结构形成及变化的主导因素；资金供给能力是乡镇工业选择行业的重要决定因素；对北京当地市场的依赖性和对城市商业的依附性是乡镇工业结构和工业增长的又一个重要影响因素。90年代北京乡镇工业结构调整的目标和思路是：在策应城市产业结构调整中，抓住机遇，扩张总量，进一步加速轻工业发展，制造业中轻重工业比例大体维持4∶6；轻工业的技术进步应适应市场竞争要求；重工业要逐步改变城乡垂直分工，培育和发展水平分工体系，提高重工业加工度和生产结构多层次化，促进新兴行业发展，粗加工和零配件修造逐步向周边地区扩散。

《从三资企业现状看体制转轨》

裴长洪（副研究员） 合作者马凤琴

调查报告 9千字

《财贸经济》 1994年第11期

我国通过吸收外商投资所建立起来的三资企业，对于改革现有工业企业体制、建立现代企业制度和市场经济体制具有重要作用；同时，三资企业本身的运行也不能脱离整个体制环境的制约，两者之间的相互关系在不同地区、不同产业处于不同的演进阶段，并有着不同的发展规律。本调查分析通过对北京地区14家三资企业的抽样问卷调查和访谈调查提供了有关的信息。

调查结果表明，外商资本进入以后，新型的企业组织形式已经建立和普及，并提供了有力的示范，但产权关系上的模糊观念在一些中方管理人员中还存在；从企业管理来看，企业依法享有自主权，而且自主权比国内非三资企业明显大，但由于企业管理水平而导致管理缺位，形成自主权残缺，在企业与市场的联系上，进口替代型企业在新的保护机制下有缺乏竞争动力的危险，出口导向型企业的技术含量较低，多数是加工贸易型，产品附加值低，在国际分工中处于简单加工和依附地位；企业中的劳资关系比较和谐，但普遍缺乏社会保障制度，一些企业已经建立起来的保障措施却有重蹈企业办社会覆辙的危险。结论是，全社会的体制转轨应当加大步伐，才能充分发挥三资企业促进企业改革的重要作用。

《“复关”与中国农业国际化》

裴长洪（副研究员）

论文 7.5千字

《国际贸易问题》 1994年第4期

在恢复关贸总协定缔约国地位中，按照乌拉圭回合达成的全球贸易协议，我国外贸政策将发生实质性的转变。这是因为，在实行低关税率以后，以往的农业保护政策将面临挑战。不仅是边境保护政策将失去有效性，特别是近几年出现的支持农产品价格上涨的农业保护政策也将失效，同时会因偏离关贸总协定原则而受到约束。因此中国农业政策面临新的选择，即适应新的形势，发扬自身比较优势，改变农业生产结构，积极参与国际分工，通过国际分工利益来提高农业和农民收入。

其基本思路是，按照区域特点实行地区农业生产专业化和产业上的分工，扩大地区间贸易和国际生产要素的交换，同时逐步打破地区内农业自给性特征，特别是粮食的地区性自给自足格局。可以设想，沿海地区和发达地区只维持一个合理界限的粮食自给率，大胆改革农业生产结构，实施国际化的农业新流程：引进新品种、新设想→扩大园艺农业、设施农业→增加高附加值农产品出口→扩大饲料粮及其他土地资源密集产品的进口→发展畜牧水产业和食品加工业→改善饮食结构、降低粮食压力。国际化农业政策在沿海地区和发达地区可望在十年内取得成效。

《强化对外贸易宏观调控体系》

陈家勤（研究员）

论文 6千字

《国际贸易论坛》 1994年第4期

本文就强化对外贸易宏观调控体系的意义、作用和途径三个方面作了论述和探讨。强调在社会主义市场经济条件下，对外贸易要持续、稳定、快速发展，必须强化宏观调控。

作者提出强化对外贸易宏观调控体系的途径在于：

（1）综合利用各种经济杠杆，充分发挥价格机制的功能，包括汇率、关税率、利息率等；

（2）加快完善对外贸易立法；

（3）利用行政手段要从实际出发，掌握一定的力度分寸；

（4）进一步改革外贸计划体制和进口经营管理体制，为外贸宏观调控作用的发挥创造条件。该文获1993年“中国外贸发展与改革”联合征文优秀论文奖。

《四川省茧丝绸业发展现状与战略设想》

陈家勤（研究员）

论文 13千字

《国际贸易论坛》 1994年第1期

丝绸是我国少有的能垄断国际市场的传统出口商品，创汇率极高。然而，近年来丝绸出口宏观经济效益却呈现逐年下降的趋势。因此，如何提高丝绸出口的宏观经济效益和增强出口的国际竞争力，这是我国丝绸业界普遍关心的“热点”问题。

茧丝绸业是一个产业链条关联极为密切的行业。通过调研，作者对制约茧丝绸业发展的主要矛盾及其原因，作了较为深刻的分析。认为提高丝绸出口的宏观经济效益和增强出口的国际竞争力，决非是外贸一个部门所能解决的，而是涉及农工商贸，以及分配、消费诸环节中生产力和生产关系方面的改革与发展中的许多问题，必须进行综合治理才能有效地予以解决。

同时，作者提出四川茧丝绸业发展战略选择，必须实行集约经营发展战略及其对策建议，具有重要的参考价值。

《论中国经济改革的战略决战》

宋则（副研究员）

论文 12千字

《财贸经济》 1994年3月号

本文首次提出了中国经济改革需要进行一场“战略决战”的政策主张。文中论证了“战略决战”的概念、含义和主要依据，分析确认了中国实施经济改革战略决战的总体态势，提出了因势利导，“树立决战意识，实现决战意图”的基本思路和政策建议。文中提出，“战略决战”是指这样一个经济改革阶段，即顺应经济改革的内在展开逻辑和新旧两种经济运行机制力量对比的客观变化，在比较短的时间内，就那些事关改革全局和长远的经济领域和主导环节，采取一系列果敢的较大动作，配套实施重大步骤和系统化决策，由此产生效果显著、最富于实质性的重大变化，以有利于确立社会主义市场经济体制的主导地位和基本框架。因此，(1) 战略决战意味着经济改革的目标指向不再是全局中的某些次要的、局部的战役目标，而是从建立社会主义市场经济总体框架的战略高度立意，在通盘运筹之下所组织实施的综合性、整体性极强的大步配套改革。(2) 战略决战意味着一种审时度势的断然措施，而不再等待和迁就任何有可能干扰、阻碍经济改革全面快速推进阶段的、来自方方面面的各种消极因素，也不再为以往片面出自部门、地区利益而长期纠缠不休的枝节问题所困扰。

《对传统经济体制转向市场经济体制的历史剖析》

宋则（副研究员）

论文 7.5千字

《经济与管理研究》 1994年第1期

本文从若干新的视角分析了社会主义国家原有经济体制的历史成因，对商品、市场经济实行“超越”战略进行了评价，指出了向市场经济体制转变的内在必然性。文中认为，高度集中的经济体制在社会主义工业化初期是不可避免的，有其客观基础和合理性，并占有重要历史地位；而教条主义则把这种体制绝对化，不愿承认它存在着自身难以克服的内在矛盾；无端强化传统体制是教条式社会主义的悲哀，社会主义必须从这种悲哀中走出来，才能获得新的生机。因此，从否定市场经济到肯定市场经济，从教条走向现实，是社会主义在自身发展中必然出现的历史性转折。

《价格模式转换与市场秩序的规范化》

宋则（副研究员）

论文 8千字

《财贸经济》 1994年10月号

本文探讨了价格模式转换与市场秩序规范化之间存在的极强的相关性问题。文中认为，要完成从政府定价到市场定价的价格模式转换，决不仅仅是简单化地“放开”价格，市场运行本身是否有序、规范，对价格的形成同样具有重要作用；放开的价格并不总是等同于合理的价格，价格机制能否有效发挥调节供求、配置资源的功能，还取决于是否存在规范有序、法制化的市场状态和市场环境；价格改革是培育市场的重要条件，但不是惟一条件；放开了的价格，形成于、依托于什么样的市场，也是值得考察的问题。市场秩序规范化和法制化的意义在于，第一，净化市场环境，确保市场价格的真实性，避免扭曲地反映资源的稀缺程度和供求状况，造成价格误导；第二，在市场交易的实践中，强化人们的法制意识，熟悉和接受以自律为特征的市场化行为方式，有利于消除价格模式转换中不必要的冲击和干扰，从而实现平稳过渡；第三，有助于以价格模式转换为先导，加快国内市场同国际市场的对接，使中国的市场体系不仅是自我规范的，而且是符合国际惯例和国际标准的，并能够以良好的市场形象促进中国的对外开放。

《论现代企业制度中的法人财产权》

叶杰刚（副研究员）

论文 5千字

《中国物资经济》 1994年12月

法人实体（企业）一旦拥有由出资者投资形成的财产，即意味着它拥有财产所有权。

然而，有一点尚须明确：从产权关系的角度来说，法人实体（企业）的拥有的“财产权”虽可称作“法人财产所有权”，但这种由法人实体行使的权利（或权能）实质上是在资产信托经营的体制下，出资者财产所有权依照一定的法律手续衍变成的形式，所有权的真正归属主体应是投资者。因为法人财产不是凭空创造出来的，而是由出资者投资而形成的。同理，法人财产权或“法人财产所有权”也不是凭空产生的，而是针对某些具体的资产而言的一种权利。显然，如果没有投资者去投资，从而创造不出一定数量的资财，那么，所谓的法人财产和“法人财产所有权”均无从谈起。据此，可以说，由出资者投资而形成的资产，以及由此而产生的财产所有权（即出资者所有权）乃是企业法人（法人实体）得以拥有法人财产和财产所有权的物质基础和前提条件。

《论物资企业的发展方向》

叶杰刚（副研究员）

论文　5千字

《物资流通研究》　1994年第2期

未来，我国的物资企业既不能单纯地购销物资或单纯地从事单一性的物流活动（如运储物资），也不能分散其人力、物力和财力，将其触角漫无边际地伸向物资流通以外的其他经济领域。正确的做法应当是：在统一商流、物流和信息流的基础上，努力把我国的物资企业发展成为能向社会提供多种、全面、配套性后勤服务的经济组织。具体说就是，物资企业不仅要从事物资贸易活动，而且要围绕物资贸易，根据生产企业的实际需要，提供诸如加工、配送、存储产品、信息咨询等多种服务，使之成为工业生产的社会服务中心。

然而，要想尽快地把专业流通组织的业务活动能力提高到上述水平，靠每个物资企业"单兵作战"恐怕是难以办到的。实践证明，只有通过改革和调整（兼并），把零星的、分散在某一地域内的各种不同类型的流通企业联合成一个整体，从而组建成物资企业集团，才有条件、有能力去完善专业性物资流通组织的服务设施及强化其服务功能。

综上所述，物资企业一方面要在坚持分工和专业化的基础上朝着提供多样、一体化服务的方向不断地完善；另一方面，又须沿着集团化和规模经济的道路发展。

《芬兰旅游业》

张广瑞（研究员）

考察报告　14千字

《旅游调研》　1994年第8～9期

《芬兰旅游业》是作者对芬兰实地考察后写出的一份考察报告。报告中详细地介绍了芬兰旅游业发展的概况、国家旅游行政与行业管理体制与职能、国家旅游发展政策与到本世纪末的发展规划。根据考察的实际，文章就旅游住宿设施的多样化、经营方式、旅游信息中心、专业旅游研究与咨询和发展旨在保护环境的永续旅游等方面提出我国旅游业发展应当借鉴的地方。

《瑞典旅游业》

张广瑞（研究员）

考察报告　12千字

《旅游通讯》　1994年第4～5期

《瑞典旅游业》是作者对瑞典进行实地考察后写出的考察报告。报告中介绍了瑞典及瑞典旅游业发展的概况、瑞典的旅游组织及其职能。根据瑞典旅游发展的实际，就扩大向旅游公众提供信息的渠道、旅游购物退税制与合作建设国内旅游服务设施等方面提出在我国旅游发展中值得借鉴的地方。

《设立投资基金应注意的三大问题》

王国刚（研究员）

论文　4千字

《中国证券报》　1994年12月30日

投资基金能否成为中国证券市场的一个重要力量，在很大程度上取决于投资基金本身的运作状况、功能发挥及发展趋势，而这又受制于设立基金时的思路选择和方案设计。设立投资基金应注意解决好三个问题：(1) 目的。设立基金不应简单追求集资。投资基金的资金来源于各投资者，保障原有的权益是投资者的最基本要求。为此，在设立投资基金过程中，应以有效地保障投资者的权力和利益为首要目标。基金章程、可行性报告、信托契约等文件的设计，基金运作方案的选择，基金运作人才的组合等等，应充分贯彻这一目的。(2) 运作。应注意处理好发起人与管理人的关系。设立基金不应只重视发起人的选择。基金的声誉和运作成效常常与运作人才的能力、才智及社会认同度密切相联，公众对某项基金的信任度常常通过对运作人才的信任度而实现。因此，运作人才的选择比发起人的选择更为重要。(3) 规模。目前已设立和审报的基金，一般规模太小，不利于基金运作中的项目选择和投资组合。基金规模应考虑扩大到5～10亿元人民币，甚至更大些。设计基金规模时，要认真研究投资的项目结构、时间结构和资金结构，要准确把握投资方向、市场状况、投资组合及功能效应。

《“救市”新政策出台是否必要?》

王国刚（研究员）

论文　5千字

《改革》　1994年第6期

1994年7月29日，中国证监会等部门共同推出了引致股市翻转的新政策。自8月1日起，沪深股指飙升。有人认为，此次政策出台符合股市规律，因而是积极正确的。本文认为，这种判断过于简单乐观，此次政策出台问题甚多。

首先，“救市”新政策的形成根据不充分。(1) 股指17个月持续下跌并非资金不足、股市扩容过快所致，真正原因在于，上市公司质量不高和中方机构的行为不规范，使投资者的热情和信任度受挫。(2) 股指下降不会引起“股灾”。其一，目前我国股市对国民经济运行的影响力虽有提高，但仍不大。一年多来，尽管股指下降，但国民经济运行态势良好。其二，从入市各主体的情况来看，“股灾”也未必发生。(3) 股指下降不会影响我国改革与发展的形象。股市仅仅是我国市场经济建设中的一个子项。建立现代企业制度的速度不会因股指下降而受限制。股指下降不足以影响引进外资。其次，“救市”新政策的负效应甚大。(1) 此次政策出台意味着，证监会及有关部门已从制定规划、裁判“比赛”各方转为在某种程度上直接出入“比赛”，这将使下步工作相当被动为难。(2) 此次政策出台，要求给券商融资，这直接冲击了金融整顿中的银行业与证券业相分离政策。(3) 建立国内基金和中外合资基金未必能救市。

《国民：中国资本市场上的重要角色》

王国刚（研究员）

论文　12千字

《经济研究》　1994年第12期

资本市场是市场经济的重要组成部分。十几年来，我国债券、股票和基金等迅速成长，但资本市场的体制性基础架构问题并未根本解决。中国资本市场的成长主要依靠国民力量。改革开放以来，随着个人收入水平的提高，国民手中拥有的剩余货币迅速增加，形成了两个令人瞩目的现象：国民手中拥有的金融资产数额巨大且增长势头迅猛，因而，国民整体拥有了巨额投资能力；国民整体拥有的新增投资能力明显超过政府的财政投资能力。社会主义建设，不仅要依靠国民的劳动和聪明才智，而且要依靠几亿国民的数以万亿元计的投资。促进国民投资，发展资本市场，必须调整政策，为此：第一，要实现三个观念的转变：对公有制的认识不能停留在国有制上，不能认为国民个人投资所形成的只是非公有制关系；对国有资产的认识不能仅停留在企业层次上，应从总量关系上来把握和运作国有资本；对国民投资的认识不能停留在个人直接投资上，应从总量关系上来认识国民的投资能力。第二，协调金融市场中货币市场和资本市场的结构关系，调整国民手中的货币在这两个市场上的投入比例。第三，调整资本市场的内部结构，理顺各方面关系。第四，调整资本市场的运行机理，促进市场经济的充分形成。

《关于云南省瑞丽、畹町边境旅游情况的考察报告》

张广瑞（研究员） 合作者本院财贸所《边境旅游》课题组全体成员

考察报告 6千字

《财贸经济》 1994年第8期

本文系课题组对云南省瑞丽、畹町两口岸城市边境旅游发展实地考察所写的报告。报告中分析了上述两市边境旅游发展的概况和边境旅游对当地经济、社会发展和稳定边疆中所起的积极作用，指出了经营和管理中存在的主要问题，提出了提高对发展边境旅游意义的认识、放宽参加边境旅游人员的区域限制、允许第三国籍公民通过边境口岸、加强市场管理和加强人才培养的建议。

《遵循国际惯例、改善旅游环境》

张广瑞（研究员）

论文

《中旅之窗》 1994年第7期

面对中国国际、国内旅游业发展的新形势，特别是在散客及商务、公务旅游者不断增加的情况下，中国应当下大气力，遵循国际惯例、应用现代科学技术、改善旅游环境、确立与改善增强国家整体旅游形象，提高整个旅游业的竞争力与吸引力。论文提出应在简化入出境手续、完善旅游基础设施与服务设施、改善向旅游者提供信息的方式与渠道、完善与扩大现代化的旅游预订、结算系统和加强国民教育、为海内外旅游者创造良好的社会环境等方面尽快与国际惯例靠拢。

《论中国的金融改革》

何德旭（助理研究员） 合作者刘溶沧等

论文 14.6千字

《金融体制改革》 1994年第5期

文章首先指出，在当时的背景下，加快金融改革步伐，已成为一种无法回避的选择。在此基础上，结合中国的实际，描述了中国金融改革的蓝图框架：建立强有力的中央银行宏观调控体系，建立政策性银行，把国家专业银行办成真正的商业银行，建立统一开放、有序竞争、严格管理的金融市场，改革外汇管理体制，实现人民币的自由兑换，正确引导非银行金融机构稳健发展。同时，文章还对金融改革面临的难点进行了分析：建立以间接手段为主的完善的宏观调控体系，难以一步到位；建立政策性银行，困难重重；发展商业银行，任重道远；资本市场的规范化、国际化，还需假以时日。

最后，文章提出了推进金融改革的若干策略：明确政府在金融改革中的极端重要性，注重金融改革与其他方面改革的相互配套和衔接，警惕金融改革方案的走样、变形，注重对一些已形成的新机制生长点进行扶持和培育，谨慎处理改革与稳定的关系等。

《谈完善资金市场》

何德旭（助理研究员）

论文 7千字

《经济管理》 1994年第3期

在借鉴、比较、分析的基础上，文章首先提出了市场经济体制下资金市场运行的目标模式——“兼容性”资金市场模式。并对这一模式的内涵、特征、功能等作了全面的描述。紧接着，文章对中国资金市场的现状进行了剖析，从子市场、中介机构、主体、管理等方面进行了客观的判断。最后，文章提出了促进资金市场有序发展的措施：塑造真正的资金市场主体——切实解决中央银行的独立性问题，实现专业银行向商业银行的转轨，规范政府的市场行为，硬化企业的资金需求约束，发展非银行金融机构；健全资金市场机制——提高利率机制的灵活性，矫正资金市场的扭曲性竞争，硬化风险约束；加强资金市场管理。

《走向竞争：金融体制改革的重要方向》

何德旭（助理研究员）

论文　6.5千字

《财经问题研究》　1994年第1期

文章从总结我国十多年来的金融体制改革入手，提出改革后的金融组织体系仍具有十分明显的垄断性特征。高度垄断、缺乏竞争的金融组织体系，危害巨大。

文章认为，从发展社会主义市场经济的客观需要出发，必须对这一金融组织体系进行改革。改革方向是：（1）组建政策性银行，分离政策性金融与商业性金融。（2）转换专业银行的经营机制，使其成为真正以利润为主要经营目标的多功能、综合性商业银行。（3）稳步发展非银行金融机构，完善、发展、监管并重，以真正形成多种金融机构并存的局面。（4）积极发展非国有金融机构，包括鼓励开办更多的区域性或地方性商业银行，有计划地引进外资银行，试办民营金融机构，改造城市和农村信用社，积极稳妥地发展城市和农村合作银行。

文章最后提出，在金融机构的设置问题上，要防止片面化和极端化，要设置一定的条件和规范，符合这些条件和规范的，就可以进入金融业。

《1993年粮价上涨引发的思考》

温桂芳（研究员）

论文　7.5千字

《价格理论与实践》　1994年第3期

1993年末粮食市场价格一度出现较大幅度的上涨，原因主要有三：一是南方有的省份粮食减产，供求缺口较大；二是居民对通货膨胀的预期心理的作用；三是这一年的通货膨胀的作用。粮价上涨，是在粮食经营机制和价格机制转换时期的必然现象，是在粮食价格放开由市场调节后，市场机制正常发生作用的必然结果，对此必须有正确的认识。需要从粮食市场价格上涨中吸取的教训是：第一，必须十分重视粮食价格放开后的问题，把改革进一步推向深入。第二，要从新角度认识粮食市场价格波动问题，即粮价波动的一个主要动因是总量供求矛盾已经让位于结构性的供求矛盾，粮价放开并没有解决好粮价问题。第三，应加快粮食宏观调控体系的建设，完善宏观调控体系。第四，国家调控粮食市场和价格，必须建立自动调节市场的机制，应把对粮食的经营任务和对粮食市场及价格的调节任务区分开来，并建立相应的机构来执行。第五，应加快市场建设，建立全国统一、开放和完整的粮食市场。

《以“决定”为指导积极稳妥地推进价格改革》

温桂芳（研究员）

论文　7千字

《财贸经济》　1994年第2期

90年代的价格改革是更深层次的改革。其一，改革已经发生了两个极其重要的转变：一是从80年代的狭义价格改革，转向广义的价格改革并全面推进；二是从商品价格改革为主转为以要素价格改革为主。其二，物质商品价格改革已从80年代主要以破（即散开）为主，转为以立为主，即要从价格的形成机制、运行机制、约束机制和调控机制等方面完善已初步建立起来的社会主义市场商品价格体制。其三，价格改革内部关系的协调，已从狭义价格改革关系转到广义价格改革关系的协调上来。其四，随着改革开放和对外经济联系日益扩大，如何搞好国内市场价格与国际市场价格对接的问题已提到议事日程上来。为此，必须进一步解放思想，转变观念，提高认识，尤其要破除“价格改革已经完成”的错误认识，要在

"决定"的指导下，积极稳妥地推进价格改革。就目前来说，要搞好以下几项工作：第一，处理好"管"与"散"的关系，正确界定"管"与"散"的范围；第二，抓住重点，加速生产要素价格市场化的进程；第三，加强宏观调控，为价格改革的深化创造条件。

《关于治理通货膨胀的几个问题》

温桂芳（研究员）

论文 8千字

《财贸经济》 1994年第6期

改革15年来经济高速增长与通货膨胀相伴而行，其深层原因都可以从经济体制和经济发展模式两方面中找到。只要这些原因还存在，经济高速增长伴随一定程度的通货膨胀的现象就不会消失。因此，对这一客观的经济现象应给予充分的理解，防止因反通货膨胀而影响经济高速稳定的增长，或者单纯强调经济的高速增长而忽视对通货膨胀的治理。在治理通货膨胀时，要特别注意90年代的特点：一是金融市场对通货膨胀的影响增强；二是价格改革对物价上涨的推动力加大；三是通货膨胀的动因已主要不在供求总量失衡方面，而让位于供求结构不平衡；四是通货膨胀发生的经济过热的表现不同；五是农业的基础也不一样；六是居民对通货膨胀的承受力和心理也有所不同；七是国外通货膨胀的影响增大。为此，在现阶段治理通货膨胀必须注意以下几个问题：第一，应区分两种不同的物价上涨；第二，分清货币经济性发行与财政性发行的界限；第三，处理好治理通货膨胀和改革的关系；第四，在经济发展战略上，要处理好经济发展同通货膨胀之间的关系；第五，在治理通货膨胀的方法上，要注意处理好行政手段、经济手段、法律手段运用之间的关系；第六，处理好放开价格与增强宏观调控、经济发展与扩大开放的关系。

《实行新工时制的意义》

郭冬乐（研究员）

论文 2.5千字

《大连日报》 1994年3月23日

许多国家之所以能够实行较短的工时制，主要是劳动生产率较高、经济技术发达的结果。我国加入这一国际潮流的前提，则是通过缩短工时、推行五天半或五天工作制，来提高劳动效率。实践证明，适当缩短工时，有利于调动职工的生产积极性和提高劳动效率，是不容置疑的。因为，现代经济的发展主要依靠科学技术进步，劳动数量(人数、工时)已成为次要因素，缩短工时有利于职工休息和提高职能，以适应现代经济发展的要求。缩短工时是增加劳动者闲暇时间的主要途径，而劳动者闲暇时间及其合理利用，对人的劳动活动和社会经济发展将带来极其深远的影响。闲暇时间的增加及其合理利用，有利于提高劳动者素质，创造更多的社会财富；有利于促进人的全面发展；有利于促进精神文明的建设，建立文明、健康的生活方式；还会创造对服务业的新需求，带动第三产业的发展，这有利于扩展就业，有利于消费结构的合理化和经济结构的现代经济转化。

《利用外资：重点吸引跨国公司》

郭冬乐（研究员）

论文 4千字

《新金融》 1994年第10期

利用外资促进了我国开放型经济的发展，加快了我国经济市场化和国际化进程。但是我国利用外资无论是在结构上还是在数量上，都远远不能适应国民经济发展的要求，因此，如何更多地吸引国际资本，把我国对外开放推向新阶段，已成为摆在我们面前的一个新课题。文章认为，在继续吸引外国中小企业来华投资的同时，更多地吸引大的跨国公司来华投资，应成为今后我国吸引外资的重点。由于跨国公司规模庞大，实力雄厚；以国际经营为特征；集生产、贸易、投资、金融、技术研究、开发和转让及其他服务于一体，具有以生产为主的综合性功能；着眼于高水平、高技术的大型项目，较注重长远利益。今后我国更多地吸引大型跨国公司投资，不仅能保证投资的稳定性，而且能提高我国的引资质量，有助于引导外资投向基础产业和高新技术产业，发展大型项目，有助于引导外商到内地投资，从而优化外商投资的产业结构和地区结构。为此，必须以新的观念，采取新的举措，来适应国际化经营的投资大环境，促进我国吸引国际投资的持续、有效、快速而健康地发展。一是进一步开放市场，发挥市场调节的导向作用；二是进一步开放外商投资的产业领域，发挥产业政策的导向作用；三是深化改革，加快与国际市场接轨。

《市场经济与消费者主权》

郭冬乐（研究员）

论文　2.5千字

《广州日报》　1994年1月4日

建立社会主义市场经济体制和运行机制，对推动我国消费者主权的确立和实现，具有重大意义。因为，在市场经济条件下，消费者可以按照本人的意愿和偏好，到市场上自由选择自己所需商品。消费者的消费支出等于对各种商品及其生产厂家投货币“选票”。这种货币“选票”决定着一种商品、一个企业的命运。在竞争的条件下，生产者和销售者根据消费者在市场上的“投票”情况，了解消费者的需求动向和社会消费的变化趋势，观察市场供求变动规律，调整劳动力和生产资料的使用规模，调整投资额度和方向，研究如何降低成本，提高产品质量，改善服务，增加花色品种，以满足消费者多样化的需求，这就保证了消费者主权的实现。从整个社会角度看，消费者主权的实现使得社会人力、物力、财力资源都被配置到最有效率的部门和地区，保证了资源的有效配置。充分竞争的市场经济——消费者主权的确立和实现——市场有效地配置社会资源。从这个意义上说，市场经济也可以叫作“消费者主权”经济。在发达的市场经济中，侵害消费者利益和主权行为的现象，要比市场不发育、不完善的情况下少得多，要在我国切实维护消费者的利益和主权，根本办法是坚持改革开放，继续深化改革，为大力发展市场经济创造有利条件。

数量经济与技术经济研究所

《1995年中国：经济形势分析与预测》（经济蓝皮书）

刘国光、李京文主编

专著　320千字

经济科学出版社　1994年12月

本书为“经济形势分析与预测”系列之第五本，运用经济模型运算与专家分析相结合，对1993年经济发展及1994年经济走势进行了分析和预测。

《信息化与经济发展》

李京文、郑友敬等主编

专著　248千字

社会科学文献出版社　1994年4月

该书是1993年11月数技经所主办召开的“信息化与经济发展”国际研讨会的论文集，比较集中地反映了当代世界各国信息化与经济发展研究的最新成果。

《技术进步跟踪系统研究》

郑友敬主编

专著　140千字

社会科学文献出版社　1994年6月

本书为国家自然科学基金课题成果，对技术进步的概念与体现、生长源与发展环境、作用过程与动力机制、系统功能与促进增长、系统分析与运行进行了探讨和分析，提出了若干新的观点和思路。

《1991～2010年：中国经济长期发展思路》

李京文等主编、执笔

研究报告　50千字

内部报告　1994年5月（后正式出版定名为《走向21世纪的中国经济》）

该项研究集中了我院经济片及有关所的专家学者，就中国未来16年发展总体趋势、产业结构变化等进行了深入分析研究，为国家“九五”计划及2010年远景目标制定及有关部门决策提供了参考建议。

《我国产业结构的演变》

张守一、葛新权

研究报告　30千字

内部报告　1994年8月

该文为“中国产业结构研究”系列报告之一，在划分产业结构时，按照经济时期与周期划分，为国内第一次采用。文章按照经济周期波动划分了几个周期，在此前提下，分析了国民收入（或GDP）、三次产业投资、劳动力等演变过程，最后，探讨了我国产业结构演变的规律性。

《京沪高速铁路经济效益评价前期研究》

李京文、钟学义、张一凡

研究报告　20千字

内部报告　1994年9月

本报告对京沪高速铁路建设有关经济方面的评价进行了深入系统的分析，最后提交国家计委、科委和铁道部，以供决策参考。

《经济周期·预测实践·企业对策》

刘树成

论文　15千字

收入1994年12月版经济蓝皮书

该文在回顾其周期研究与预测实践的基础上，研究了对该文研究时限内经济周期波动的特点，并探讨了经济周期波动中企业应采取怎样的对策。

《建立现代企业制度与宏观经济发展和调控》

汪同三

论文　10千字

《管理世界》　1994年5月号

该文在分析中国经济发展状况的基础上，提出现代企业制度是微观经济发展的基础，但其应与宏观经济调控和发展相协调。

《正确认识我国工业经济效益的总体趋势》

郑玉歆

论文　10千字

《中国工业经济研究》　1994年第6期

该文主要从利益分配角度着手，分析了改革开放以来引进市场机制后形成的利益分配新格局对工业经济效益的影响。

人口研究所

《中国生育状况研究》

田雪原（研究员）主编　合作者杨子慧（共同主编）

专著　230千字

中国统计出版社　1994年

中国1990年成功地进行了第四次人口普查。为了对普查数据进行开发研究，全国人口普查办列出一些重要招标课题，《中国生育状况研究》为其中之一。该书以1990年人口普查资料为基础，并联系到前三次人口普查以及近几次抽样调查取得的结果，对中国的生育率进行了系统的分析，对由高出生、高死亡、低增长向着低出生、低死亡、低增长方向转变的社会条件，转变的过程和阶段，作出比较详尽的分析。尤其是计划生育政策在人口转变中的作用，给予高度评价。本书分析了当前生育率在城乡之间、地区之间以及不同文化、职业等人口之间的差异，并对未来变动趋势作出预测。特别是结合现实生产力发展水平和改革开放实际，论述了在控制生育率过程中需要继续运用以往成功经验和做法的同时，适应社会主义市场经济体制改革深入，需要认真研究微观方面的问题，积极吸取西方微观人口经济学的合理成分，结合中国实际探索新的路子。文中提出社会附加的孩子成本——效益理论，即为在吸收莱宾斯坦（H.Leibenstein）、贝克尔（Gary S.Becker）理论合理成分基础上，结合中国实际提出的理论，并据此提出加大生育率控制中加大利益调节分量，实现控制机制转变的改革思路。

《中国1992年家庭经济与生育10省市抽样调查报告》

田雪原（研究员）

研究报告　14千字

中国经济出版社　1994年

本报告为课题主持人在完成全国10省市家庭经济与生育抽样调查基础上，所作的分析研究结果。关于该调查，国务委员彭佩云撰文指出：出版的《资料》“填补了这方面的空白，是一项具有开创性的科研成果，对于探讨家庭选择生育子女数量同家庭经济之间的关系，如何运用利益导向原则建立人口调控机制很有意义”。

“报告”论证了调查数据的准确性，通过全国加权汇总结果分析，提出和阐述了当前家庭经济与生育的关键性问题，有些是首次阐述。主要是：生育率变动是经济和社会因素综合作用结果，但社会因素基本特征归根结蒂是由经济因素决定的；10省市调查表明，家庭人均收入与生育率成反比呈一定规律性；计划外和多胎生育集中在农林牧渔劳动者家庭，这是孩子成本低和效益较高的必然结果；孩子成本变动具有养育子女周期延长、质量成本上升的明显趋势；改变技术构成低孩子成本——效益的不利倾斜，根本途径在于发展经济、推进技术进步，但在现今条件下不能“自然而然”的推进，仍需贯彻计划生育基本国策。谋求改革的基本思路是：调整脑体分配、鼓励智力投资，改革养老保险制度、发挥社会附加效益作用，加大超生成本、改变效益失衡，转变生育观念、改革父姓制度。

《改革开放中的人口问题研究》

沙吉才（研究员）主编　合作者曹景椿副主编，田雪原、杨子慧、胡伟略等

专著　450千字

北京大学出版社　1994年9月

本书着重阐述人口在改革开放形势下出现的新情况和新问题，探索和揭示它们所反映的人口变动的新趋势和新特点及其发展规律。全书除了前言、绪论外，分人口自然变动、机械变动、人口素质、劳动就业、女性人口、婚姻家庭、计划生育七个部分16章。第1章人口规模变动分析（包括人口出生率、死亡率和自然增长率），第2章生育率的变动，第3章生育意愿的变化，第4章改革开放对人口增长的影响（着重分析物质利益机制、生活现代化、社会民族等影响），第5章国内人口迁移的态势，第6章国内流动人口的发展，第7章国际（或地区）间的人口迁移和流动，第8章人口城市化的新格局（重点分析人口城市化的加快、多层次多模式的发展、城市地区分布的新格局、流动

人口对城市化的挑战)，第9章人口文化素质的进一步提高，第10章加快人才开发的途径，第11章开创劳动就业的新局面，第12章女性人口的发展（主要分析女性人口发展的机遇与挑战、女性价值、人力资源和就业、女性人口的经济变动和素质发展)，第13章婚姻的变动，第14章家庭的变化。第15章计划生育政策的完善和发展，第16章计划生育管理的新形式（全面论述计划生育在改革开放中面临的新形势、计划生育管理的新形式、坚持和发展中国式的计划生育道路）。

《当代中国妇女地位抽样调查资料》

沙吉才（研究员）主编　合作者熊郁、高嘉陵副主编

数据集　1090千字

万国学术出版社　1994年6月

本资料集系中英文对照，分中、英文出版。这部资料集是经过长期的理论准备，在1991年10月进行的10个省市区抽样调查的基础上，对其中上海、广东、山东、吉林、陕西、宁夏六省市区的主要调查数据进行计算汇总、编辑而形成的。它包括基本情况、文化状况、婚姻与婚姻质量、避孕与生育、就业职业和收入、家庭生活状况与事务管理、性别规范等七部分内容，较为全面地反映了当代中国妇女的地位，特别是家庭地位的现状、特征、趋势和问题，不仅为妇女地位的理论研究和实证研究提供了可靠的资料，而且为妇女工作者提供了有价值的数据。这部资料本身也是我国妇女研究的一项新成果。

《当代中国人口与社会》

战捷（副教授）　合作者孙淑清、李焕然

专著　380千字

中国科学技术出版社　1994年11月

该书依据当代中国人口与社会发展的现实为主线，运用人口学、社会学的理论、技术和方法，对当代中国人口变动中的社会问题和社会发展中的人口问题，从多学科的角度进行了系统的研究和论证。该书对当代中国人口的现状与未来人口发展面临的几大问题，做了超前性的分析与论证；对生育率下降后的人口与社会问题作了详细的分析和论证；对人口迁移与流动的规模、速度和特征，运用以往的数据进行分析和描述，并指出对社会发展的影响；对现代婚姻与家庭的变化特征及问题进行了研究和探讨，并提出新的理论观点；对人口发展与教育的关系作了系统分析，指出人口的发展不仅是数量变化，更重要的是人口素质的变化，人口增长过快，给教育发展带来巨大压力和影响；对人口与资源、环境协调发展的社会问题，做了实证性分析和研究，指出人口快速增长对资源、环境带来的影响及社会问题，指出人口与资源环境必须协调发展；对社会保障规模、水平与人口发展关系作了详尽的探讨，指出中国社会保障事业发展将是在人口众多、经济基础薄弱基础上逐步发展的。

《市场经济条件下的人口问题和人口科学研究》

田雪原（研究员）

论文　10千字

《中国人口科学》　1994年第1期

文章在分析当前市场经济条件下的人口控制不同观点后，提出并阐述了中国自70年代以来人口控制取得的成绩，主要是贯彻计划生育政策的结果；但强调政策因素的作用，并不等于忽视经济因素的影响，当前市场经济体制改革目标的确立影响更不可低估。从本质和长期发展战略考察，市场经济对人口控制和其他人口问题解决的有利影响，主要表现在：市场经济体制的建立必将

大大解放生产力，为人口再生产创造新的物质基础；劳动力市场的形成使人才竞争加剧，诱使家庭由投入孩子数量成本向质量成本转移；市场经济发展使孩子养老保险等效益下降，有利于少生；为了市场竞争，人们投入孩子身上的时间和精力减少，财力也减少；市场经济加速人口城市化进程等，促使生育率下降。在当前又有诸多不利影响和实际问题：在孩子效益方面，出现某些相反方向的倾斜，边际孩子效益升值；在生育行为方面，发生以金钱作标准和金钱与生育交换的倾向；在管理方面，跟不上市场经济变化了的情况。这表明，市场经济对人口生产的影响强度在加大，人口问题的解决需要谋求同市场经济相协调的路子。

《论东方结构型养老保障——来自日本、中国的启示》

田雪原（研究员）

论文　9.6千字

《日本学刊》　1994年第5期

本文为提交“战后日本社会保障国际学术研讨会”论文。文章在世界人口老龄化和中、日两国人口加速走向老龄化过程中，从日本和中国在经济、科技、社会发展上存在差别的比较研究出发，阐述了二者之间的异同，重点分析了具有东方色彩的老年结构型保障体系。即以国家和企业为主的社会供养，以子女赡养为主的家庭供养，以老年人口参与劳动为主的自身供养相结合的三位一体的东方结构型养老保障模式。日、中两国有着基本的共同性，也呈现某种差异，如与家庭赡养相联系的家庭户规模，日本单身户和一对夫妇户比例高出中国许多，中国二代户和三代户比例高出日本许多。日、中两国养老保障模式的雷同，反应了老年人口追求完整人生的价值观，包括子女的有用价值观，老年愿意继续从事力所能及劳动价值观，追求老年进取的发展价值观等，与西方国家迥然不同。认识、研究、总结日、中养老模式，掌握其随着时代发展某些方面变化的规律，不仅为进一步改革和完善两国的养老保障制度所必需，而且对一般发展中国家养老保障制度的建立，对发达国家探索走出养老和社会负担过重的困境，具有一定借鉴意义。

《市场经济与均衡人口》

胡伟略（研究员）

论文　17.5千字

中国人民大学《人口研究》　1994年第3期

全文分四节。第一节均衡人口。通过几何模型，说明人口与经济需求之间，有人口供给不足图像、人口供给过剩图像和人口供求均衡图像三种模型。均衡人口是人口与经济之间从非均衡走向均衡的人口。均衡人口是不同于“适度人口”的一种分析理论和工具。

第二节宏观经济与均衡人口。首先是人口与宏观经济的最低水平均衡阶段，再经过人口与宏观经济的非均衡过渡阶段，后达到人口与宏观经济的高水平均衡。

第三节微观经济与均衡人口。有人口与微观经济的低效率均衡、人口与微观经济的低效率、高效率并存的不稳定均衡和人口与微观经济的高效率均衡三种。

第四节市场经济和人口政策下的人口与经济的长期均衡。有短期均衡、中期均衡和长期均衡三种人口经济均衡状态，与此相适应有短期调节、中期调节和长期调节三种调节对策和手段。

本论文曾提交1994年1月第六次全国人口科学讨论会，受到专家、学者和实际工作者的好评，认为在理论上有很大意义，对实际工作开拓了新视野。

《社会主义市场经济条件下计划生育的理论和管理问题》

胡伟略（研究员）

论文 7.5千字

人民日报社《理论参考》 1994年第8期

全文共分三节。第一节社会主义市场经济下，人口发展的宏观计划性可以和微观计划性相统一。私有制的市场经济下社会生产无政府状态与个别企业有组织有计划并存，但在社会主义市场经济下则可以把人口发展的宏观计划性与微观（生育实体）计划性统一起来。这也有利于计划生育政策的前后连续和衔接。

第二节各级政府的人口计划要与生育实体的人口计划相结合。各级政府的人口计划不能放松，但不必太具体。正式建立家庭人口计划，吸收各国家庭生育计划的经验，加强各种服务工作。

第三节人口控制的行政机制要与市场机制相互补充。完善人口控制的经济法规，实行人口控制的生育合同制，加大人口控制的经济金融调控力度，建立婚姻、生育和人口管理相统一的行政管理体制。

本文曾提交国家计划生育委员会在浙江省温州市召开的社会主义市场经济人口控制研讨会，国务委员彭佩云参加会议。一些新闻媒体曾对此文作过刊载。江苏人民出版社《开拓者论文精萃》第一卷第一篇收载此文。

《中西就业理论与当前失业问题》

胡伟略（研究员）

论文 6千字

世经政所《世界经济调研》 1994年第25期（总第889期）

全文共分三节。第一节就业理论中西均可取舍。西方就业理论首推凯恩斯就业理论，政府运用财政和货币政策，增加投资，刺激消费需求，解决失业。当代美国凯恩斯主义，即新古典综合派就业理论也有可取之处。中国过去奉行“统包统配”计划就业理论，80年代初改为“三结合”就业，现在正向社会主义市场经济就业过渡。

第二节回顾历史中西各国经验。80年代初，西方国家曾经有一次失业高潮。70年代末、80年代初，中国也有一次失业高潮。后来，各自都采取措施，缓解或解决了失业问题。这些经验，都可以互相吸取。

第三节开辟就业中西互有需求。当前，西方国家和中国都有失业问题。西方国家有过剩资本，国内投资场所有限，要向发展中国家投资，缓解国内失业。中国要吸收国外投资，发展外向型劳动密集经济，加快发展，并增加劳动力输出，发展对外贸易，解决就业问题。互有需求，互相合作，对西方国家和中国都有利。

《我国家庭社会保障问题探讨》

胡伟略（研究员）

论文 3.5千字

《人民日报》 1994年10月5日

全文分三节。第一节问题的提出。现行的社会保障制度是以劳动者也就是个人为保障对象的，中国人口太多劳动力也很多，按照以个人为对象的社会保障制度发展，扩大社会保障覆盖面的速度很慢，所以要以家庭为保障对象。

第二节传统家庭观念的转变。传统家庭是家庭对内部成员实行保障，观念十分狭隘。随着现代化事业和市场经济的发展，对家庭成员各方面的保障，从家庭内部转向社会化，是历史发展的必然趋势。

第三节建立家庭的社会保障制度。继续发展现行社会保障制度中对家庭保障的部分，同时建立以家庭为对象的社会保障体制。根据需求和供给的实际，可以在城镇发展正规的家庭社会保障，在农村发展各种非正规的家庭社会保障。这样，可以迅速扩大社会保障覆盖面，建立起有中国特色的（即以家庭为对象的）社会保障制度。

《世界人口与发展前景》

胡伟略（研究员）

论文　3千字

《人民日报》　1994年9月2日

本文是应约而写的专版专论，以庆祝1994年9月5日在开罗召开国际人口与发展大会。

二战以后出现了世界人口爆炸式增长，虽然近十来年许多国家重视控制人口增长，加快发展本国经济，但当前世界人口与发展的关系仍然不够协调。人口问题从本质上讲是一个发展问题，而发展最终是人的发展。

世界人口与发展的关系，笔者分为四个时期：资本主义以前人口与经济发展都极为缓慢；资本主义工业化时期人口与经济发展都比较快；二战以后到90年代，人口与发展出现了两种趋势，即发达国家人口增长很慢、经济高度发达，而发展中国家人口增长快、经济发展缓慢；本世纪末到下世纪人口与发展将出现影响全球并走向协调发展。

当前和今后全球人口总量及其增长应当各国共同努力，加以控制；世界人口与资源、环境的协调已成为全球共同利益所在；人口与发展的协调，正在成为全球各国合作的重要内容；人口老龄化和城市化，正在成为全球发展的趋势。只要各国政府、科学家、人民共同努力，全球人口与发展的前景一定会更好！

《论跨世纪时期中国人口的新特点》

杨子慧（编审）

论文　13.6千字

《中国人口科学》　1994年10月

70年代初期，人口学术界的专家学者曾经为当时的中国人口形势概括了三个特点：即“人口基数大，年龄结构轻，增长速度快”。这个科学概括对中国计划生育的开展乃至后来定为基本国策，都产生了巨大的作用。经过二十多年的计划生育工作，上述三个特点已经发生了显著变化，有的甚至是质的变化。作者通过1990年人口普查资料的分析，以及与前三次人口普查的文献研究，深入揭示了变化的内涵，并将跨世纪时期的人口特点概括为：“低增长率高增长量，人口基数继续扩大，年龄结构开始向老年龄型过渡”。作者认为，低增长率高增长量将持续较长时间，这是中国推行计划生育，人口再生产类型引发诱导型转变必然出现的带有规律性的现象，是转向低出生、低死亡、低增长的初期；但却给人口控制增加了难度；年龄结构开始向老年型过渡，全国将很快进入老年型社会，这又是计划生育的一大功绩，老龄化的超经济到来是值得欢迎的好事，但值得担忧的是老年人口问题将日益尖锐，对发展中的我国来说是个沉重负担，需要说明的是，老年人口问题的日益尖锐并非人口老龄化的结果。跨世纪时期中国人口基数一直处于继续扩大之中，直至2040年总人口达到16亿才能停下来。因此，继续控制人口增长是一项更艰巨的历史任务。

《东西方文化交流与汇合及其对婚姻生育行为的影响》

杨子慧（编审）

论文　14.4千字

《人口与经济》　1994年12月

作者在广泛调查研究的基础上提出：改革开放以来，中国国内出现的东西方文化交流与汇合，可以认为是中国历史上的第二个里程碑；东西方文化交流与汇合对中国传统的婚姻、生育观念和行为提出了挑战，并产生了显著的影响。

东西方文化交流与汇合是广谱性的，作者仅仅撷取了衣、食、住、行、文艺美学五个方面作了背景和内涵性分析。他们已经使中国人的价值观念和行为开始发生变化。就婚姻生育行为而言，作者认为主要表现在三个方面。一是新的生活目标和新的追求正在改变人们传统的生活模式和自我价值观念；二是家庭小型化趋势已经不可逆转，小家庭模式和家庭功能的变化，很可能是第三世界生育率继续下降的出路之一；三是婚姻、性、性关系的传统观念也开始发生嬗变。性神秘观、性禁忌已开始解冻；离婚率上升、涉外婚姻增长很快、不婚文化、不育文化，以及婚外性行为、婚前性行为都有增长趋势，这些都对生育行为产生了这样那样的影响。作者认为，东西方文化交流与汇合对婚姻、生育行为的影响，对于像我们这样积极主张控制人口增长的国家来说，就有着更为重要的意义。这同样是涉及两个文明建设的重大问题。

《人口流动与农村发展的若干问题》

杨子慧（编审）

论文 4千字

《民主》 1994年6月

流动人口的研究以往侧重于对流入地的影响，而对流出地——农村则很少研究。本文根据有关调查资料，扼要论述了当前流动人口的三个特点：流量大、增长迅速；流向、流量过分集中；自发的和有组织的流动并存，以自发为主。同时，从发展角度论述了大量农业劳动年龄人口流向城市和经济发展热点地区，给农村发展带来消极影响，主要有四个方面：(1) 加快了农业劳动年龄人口结构性年龄老化的速度；(2) 农村劳动年龄人口的性别结构出现严重失调；(3) 大量文化素质较高的农村人才流出，使农业第一线的劳动年龄人口文化素质下降；(4) 受人口再生产年龄结构的影响，农村剩余劳动力仍处于增长趋势，农业劳动年龄人口外流还会增长。通过以上分析，为防止问题继续加剧，作者提出了五个对策：(1) 各级政府机关建立常设的、有足够权威的流动人口管理机构；(2) 建立劳动力市场，通过市场实现劳动力供求平衡；(3) 建立劳动力市场的信息服务业；(4) 发展乡镇企业和开辟种植业以外的农业生产领域，就近吸收剩余劳动力和产业转移；(5) 尽快制定“移民法”，把人口迁移和流动纳入法制轨道。

《中国妇女家庭地位研究的理论框架及指标建构》

刘启明（助理研究员）

论文 12千字

《中国人口科学》 1994年第6期

本文在参照国内外数十篇论文的基础上，深入剖析了妇女家庭地位的概念内涵及其特点，对妇女家庭地位、权力及角色作出了理论界定；从理论上提出了妇女家庭地位度量的两个视角，并分别对妇女家庭地位与社会地位的关系、妇女家庭地位的衡量标准、妇女地位与生育率的关系作出了理论假设。以此为基础建立了妇女家庭地位研究的指标体系。

哲学研究所

《逻辑——正确思维和有效交际的理论》

周礼全（研究员）主编 合作者张尚水、张清宇、诸葛殷同等

专著 460千字

人民出版社 1994年4月

除绪论外，正确思维部分包括命题逻辑、谓词逻辑、模态逻辑、条件句逻辑、时

态逻辑、道义逻辑、认知逻辑、命令逻辑、问题逻辑九章。成功交际的理论部分包括语境、言语行为、隐涵、预设、修辞、成功的交际六章；其应用部分包括谈话、讲演、辩论三章。本书所谓交际是指人的语言交际活动，即说话有意图通过话语向听话者传达他的思想感情，从而产生某一或某些后果的活动。全书着重研究成功的交际，即自然语言在语境中的表达、传达作用和语效作用；正确思维仅是成功交际理论的基础。成功的交际通常是指成功的传达，它有时包含听话者的成功理解，有时不包含，甚至不能包含听话者的成功理解。正确的传达、准确的理解、成功的传达和成功的理解，都需要说话者和听话者掌握语形、语义和语用的知识和了解交际语境的情况。就传达讲，说话者特别需要了解听话者本身的特点；就理解讲，听话者特别需要了解说话者本身的特点。

《公孙龙子正名学说研究——校诠、今译、剖析、总论》

周云之（研究员）

专著 134 千字

社会科学文献出版社 1994 年 4 月

全书分为校诠、今译、剖析、总论四编，前三编分别对《公孙龙子》一书中的《名实论》、《指物论》、《坚白论》、《白马论》、《通变论》、《迹府》六篇逐篇进行了校诠、今译、剖析，最后的总论一编则是对《公孙龙子》中的正名学说进行了综合、全面的介绍和总结。作者吸取了历代学者对《公孙龙子》研究的积极成果，对《公孙龙子》六篇的原文作了更具有根据的校诠，抓住了《公孙龙子》中包含的哲学正名和逻辑正名思想逐篇作了更具体的今译和更深入的剖析，力求做到言之有据和前后贯通。在总论部分，作者首先分析了《公孙龙子》六篇之间的思想结构和理论体系，接着论述了《公孙龙子》中包含的哲学正名学说，揭示了《公孙龙子》在哲学上的二元论倾向。第三部分详细论述了《公孙龙子》中的逻辑正名学说，揭示了“唯乎其彼此”的逻辑正名原则，深刻剖析了“白马非马”中包含的种属之名在内涵、外延上的逻辑同异，这正是《公孙龙子》中最具有学术价值的理论创见。作者对《通变论》中的论辩命题及论辩术也作了具体的剖析。本书集校诠、今译、剖析、研究于一体，是作者长期研究《公孙龙子》正名学说的一次总结。

《先秦名辩逻辑指要》

周云之（研究员）

专著 230 千字

四川教育出版社 1994 年 5 月

本书首先从横的方面全面介绍了先秦名辩逻辑在概念、命题、推理、论证和基本规律等方面的逻辑思想和理论成果，从而使读者可以从总体上了解先秦名辩逻辑在理论上的基本线索、主要成果和突出贡献。中国先秦学者对正名和推理的作用早已提出了“名正则治，名倚则乱”、“告诸往而知来者”、“以见知隐”、“以近知远”等理论概括；在概念方面，揭示了语词之名具有“约定俗成”的性质，概念之名则具有“举彼实故”的性质，初步揭示了种属之名的内涵外延区别，并将概念之名划分为达名、类名、私名或形貌之名、非形貌之名等；在命题部分，提出了“尽”、“假”、“或”、“必”、“且”等不同命题性质，提出了“一周一不周”的周延理论；在推理和论证部分，则提出了由故、理、类所规定和组合的“说”式（演绎）推论的基本性质和基本形式，提出了直言、假言、选言和直接推理、演绎类推等基本种类，揭示了某些推类规则和逻辑规律等。这些都进一步证明，中国古代逻辑是世界三大逻辑的源流之一。本书在论及先秦逻辑的每一理论成果时还按历史顺序逐一介绍了先秦各家对同一理论问题的具体论述，从而可以使读者看出先秦各家在每一理论问题上的发展线索和继承关系。张岱年和欧阳中石为本书写了“序”和“引”。

《思维发生学——从动物思维到人的思维》

张浩（研究员）

专著 282千字

中国社会科学出版社 1994年3月

该书从动物心理学、儿童心理学、比较心理学、现代神经生理学、脑科学以及古人类学、古神经生理学、文化人类学、考古学、民族学和民俗学等诸多学科入手，对人类思维的发生发展过程进行了探源性研究。

为了弄清人类思维的发生和发展问题，作者首先深入地研究了动物的脑进化与智力发展的关系，阐明了人类思维能力发生的史前自然进化史，进而又研究了人脑的结构和功能的演化过程，并从发生学的角度论证了思维器官与思维能力发生发展的同步性问题。从而为进一步阐明物质与意识、思维与存在的关系问题，提供了新的科学依据。其次，作者特别重视使用和制造工具的实践活动，在从动物思维转变到人的思维过程中的核心作用。并依据工艺学这个“社会器官”的进化程度，来阐明人类思维是如何从低级向高级、由简单到复杂地发展的。其三，作者在考察原始思维的基本特点时，不仅看到了它的神秘性，而且着重论述了它的真实性、创造性、幻想性和实用性与神秘性的关系，并对原始思维神秘性的根源作出了唯物主义的解释。总之，该书从哲学认识论的高度，阐明了思维活动的生理基础和机制、动物思维与人类思维、思维与语言、思维与实践的关系，从而系统地论述了从动物思维到原始人类的思维、从原始思维到文明思维的发生发展过程及其规律性。

《昭雪汉字百年冤案——安子介汉字科学体系》

李敏生（研究员） 合作者李涛

专著 270千字

社会科学文献出版社 1994年7月

本书评述了一百年来的汉字拉丁化运动的方向是错误的。所谓汉字的发展一定要走拼音化的道路的理论已经被近百年的实践所否定。安子介的汉字科学理论体系推翻了近百年来统治中国文化界的“汉字落后论”，论证了汉字是世界上的优秀文字之一。

本书的上编、中编由李敏生撰文。主要内容：汉字科学的新发展；汉字发展规律——观念化、哲学化进程；汉字的内涵与外延；汉字科学技术属于第一生产力；安子介汉字科学的理论基础——“采生活、科技、历史、人性观点”；安子介汉字科学体系的逻辑方法；安子介的汉字学说与当代脑科学；中华教育腾飞的创举——安子介的汉字教育学说；安子介评“汉字拉丁化”；我们靠汉字统一中国，汉字是中国对人类文明的一大贡献；安子介论“廿一世纪应是汉字发挥威力的时代”；探索汉字发展的逻辑；安子介的扫盲法值得大力推广；废除汉字论和汉字落后论的由来及发展；来自拼音文字国度的消息——不要把拼音方案简单化、庸俗化。

《因明正理门论研究》

巫寿康（副研究员）

专著 117千字

三联书店 1994年10月

本书为作者的博士论文，共分10章，提出如下一些论点：(1) 同品、异品的两种传统定义都与《理门论》的基本理论相矛盾。为避免两种传统定义的矛盾，作者提出一个新定义：和所立法异类的事物叫异品；

宗有法以外，和所立法同类的事物叫同品。(2) 同喻依、第二相。九句因中的第五句因都是归纳成分。(3) 陈那学说是因明史上从或然性推理向必然性推理发展的中间形式。(4)《理门论》已能处理主词不存在的问题。(5)“相违决定”错误出在三支论式背景理论系统的不一致上。(6) 三支论式和三段论的推理、判断、概念、判定标准均不同，是互相独立的两种推理形式。(7) 九句因是内涵判断，以性质为单位，而不是以类为单位。本书论述了《理门论》的理论体系，用数理逻辑为工具研究《理门论》，说明《理门论》基本性质是演绎的，其系统内部是一致的。本书还对当代美国、日本学者在《理门论》研究方面有代表性的成果进行了具体分析，并作出相应的批评。本书作者于1987年完成博士论文，1989年8月病逝。本书是作者去世后由哲学研究所逻辑室同仁帮助整理出版的。

《逻辑百科辞典》

周礼全（研究员）主编　合作者刘培育、张家龙、张尚水、诸葛殷同等

工具书　1000千字

四川教育出版社　1994年2月

本书包括传统逻辑、数理逻辑、哲学逻辑、语言逻辑、归纳逻辑、辩证逻辑、中国逻辑史、西方逻辑史、印度逻辑史九个方面八百多词条，而以介绍现代逻辑为重点，约占全书一半篇幅。现代逻辑是用形式化方法研究推理的科学，主流是数理逻辑，还包括(自然) 语言逻辑和现代归纳逻辑。狭义的数理逻辑包括一阶逻辑、模型论、公理集合论、递归论、证明论五个部分，通常称为经典逻辑；广义的数理逻辑包括哲学逻辑。本书介绍的哲学逻辑各分支有模态逻辑、时态逻辑、道义逻辑、命令逻辑、认知逻辑、问题逻辑、条件句逻辑、内涵逻辑、相干逻辑、直觉主义逻辑、多值逻辑、模糊逻辑、量子逻辑、部分逻辑、自由逻辑、莱斯涅夫斯基系统、弗协调逻辑等。现代逻辑几个重大成果，如塔尔斯基不可定义定理，哥德尔不完全性定理，图灵机、克里普克关系语义，都有较充分的介绍。历史部分收集了当代的最新材料，如：中国20世纪50～60年代的逻辑讨论。中国逻辑学会、格莱斯、柯恩、国际科学史和科学哲学协会逻辑学、方法论和科学哲学分会、国际逻辑刊物等等。全书以汉语拼音为序编排词条，并有分类目录和汉字笔画目录，附有主题词汉语拼音索引和主题词中外文对照表，常用逻辑符号表等。

《东方思想宝库》

卞崇道（副研究员）主编　合作者宫静、蔡德贵、康绍邦（主编）

资料集　43000千字

吉林人民出版社　1994年10月

本书是吉林人民出版社组织出版的世界三大思想宝库（即《西方思想宝库》、《中华思想宝库》、《东方思想宝库》）丛书之一。是一部大型的思想文化类书。本书所采集的是上下数千年的思想文化史料，它涵盖了除中国以外的所有东方各个国家和地区的文献资料。诸如印度、日本、阿拉伯地区（含埃及、巴比伦）、朝鲜、波斯（含伊朗）、越南、泰国、巴基斯坦、斯里兰卡、缅甸、印度尼西亚、马来西亚、新加坡、尼泊尔、土耳其、蒙古等。全书共22篇150多个类目。其篇目是：论人篇、论神篇、论自然篇、论宗教篇、论哲学篇、论政治与法篇、论经济篇、论文化艺术篇、论美篇、论文明与文化篇、论教育篇、论伦理道德篇、论婚姻与家庭篇、论民族与民俗篇、论历史篇、论科学技术篇、论战争与和平篇、论情感篇、论崇拜与礼仪篇、论养生篇、论东西方关系篇、

论儒学在东方篇。每篇均有编者撰写的“引言”，对该篇思想作总括性评介。全书有第一主编卞崇道撰写的“序言”，其题为《采集数千年瑰宝，弘扬东方思想文化》。该序言对东方的宗教、哲学、文学艺术、政治、经济、社会以及人的思想作了概述，并对东方思想文化的整体特征，即结构的多元性、内容的丰富性、体系的开放性作了简要阐述，为运用此书提供指南。

《因明研究》

刘培育（研究员）主编

论文集 343千字

吉林教育出版社 1994年12月

本书是从1989年全国藏汉因明学术交流会上收到的论文和1980年以来报刊上发表的有代表性的论文中选出34篇编辑而成的，是1949年以来中国大陆上所编的第三本因明论文集。(1) 书中收录汉传因明19篇，论述了玄奘所译的陈那因明的体系和推理性质，对因明、逻辑、名辩做了比较研究，讨论了玄奘的“真唯识量”，探讨了因明的认识论问题。(2) 书中收录藏传因明6篇，阐述了藏传因明的作用、基本内容和答辩规矩，揭示了藏传因明的发展和特点，评价了藏传因明的贡献。(3) 书中收录了王森、杨化群、韩镜清依梵文、藏文不同版本汉译的《正理滴论》，评价了法称在印度逻辑史上的贡献。(4) 书中阐述了印度正理论的认识论和逻辑思想。(5) 书中有国外因明学研究状况介绍、中国因明研究40年述要和全国藏汉因明学术交流会述评，书后附1949～1989年因明论者索引。全国政协副主席、中国佛教协会会长赵朴初为本书题诗：“创立真似，安立正理；善穷三量，妙尽二用”。国务院古籍整理出版规划小组组长李一氓同志为本书题写了书名。

《试论原始人类的生活实践与思维》

张浩（研究员）

论文 9千字

《湖北民族学院学报》 1994年第1期

在早期人类的生存活动中，逐渐形成了一些独特的生活习俗和禁忌。它是一面镜子，反映着原始人类思维意识的发展水平；它是早期人类社会的调节器，调整着原始氏族或部落内部的各种关系。无论是原始人类的风俗习惯，或者是他们的各种禁忌，其产生和发展过程，都是为了维护氏族或部落的生存与繁衍。这说明早期人类的风俗习惯与生活禁忌，是在他们已经有了一定的抽象思维能力之后，才逐渐形成的。此时他们已经认识到了个人与类或个体与群体的利害关系，知道不牺牲个体的局部利益，就不能保存类或氏族整体，因此，他们才约定了种种习俗和禁忌，来作为每个氏族成员的日常行为规范。正是这些习俗和禁忌，把原始人类的生产和生活管理起来，使人类远远地摆脱了动物的本能，沿着自己特有的道路迈进。

《马克思对“历史之谜”的科学解答——学习马克思〈1844年经济学－哲学手稿〉札记》

张浩（研究员）

论文 19.5千字

《史学理论研究》 1994年第2期

《新华文摘》 1994年第10期

马克思在《1844年经济学－哲学手稿》中，以研究生产实践与“异化劳动”这对哲学范畴为重心，阐发了诸多闪光的思想，从而对人类社会发生发展的内在动因这个历代哲人和思想家都无法解答的“历史之谜”，作出了科学的解答。在《手稿》中，马克思首先论述了是生产实践把人类从动物界最后分离出来；继之又阐发了随着生产实践的发展，产生了分工和交换，开始有了剩余，于是产生了“异化劳动”的胚芽。生产的进一步发展，原初的异化劳动也发展起来，紧接着是私有制的出现，阶级也随之产生了。在生产发展到“异化劳动”、私有制和阶级存在的这个历史阶段内，由于“异化劳动”和私有制的相互作用，把生产实践不断地向前推进，而当生产实践发展到一定阶段之后，“异化劳动”、私有制和阶级也就失去了存在的理由，人类社会不息地向更高阶段奔去。因此，深入研究《手稿》，对于宣传科学共产主义具有重要的理论意义和现实意义。

《从发生学角度看思维与语言的关系》

张浩（研究员）

论文　9千字

《青海师范大学学报》　1994年第3期

据古人类学、古神经生理学、比较心理学、心理学和脑科学有关学科的研究成果证明，人类的有声语言并不是同人类一起产生出来的，也不是一下子就达到完全成熟的形态的。有声语言是在动物的交际能力的基础上，经过长期的生物演变和文化选择逐步发生的。是工具、劳动和思维活动，带动着萌芽语言的前进；这种前进中的萌芽语言，又反过来帮助思维活动能够比较清楚地认识事物，或推进思维的发展。总之，语言是在人类劳动的基础上，在从猿到人的转变过程中，随着思维的产生而产生，并且也总是随着思维的发展而发展的。历史事实证明，语言的萌芽、形成和发展的过程，同原始先民思维发生发展的阶段，大致呈相伴而行的。因此，我们认为从发生学的角度表讲，说思维先于语言是有道理的。

《试论原始思维的神秘性与实用性》

张浩（研究员）

论文　7.5千字

《齐齐哈尔师院学报》　1994年第3期

对原始人类思维的神秘性和幻想性，人们谈得很多，但是，对如何透过原始人类神秘的幻想和丰富的创造性想象，来研究原始先民思维中的实用性、科学性方面，都没有引起有关学者足够的重视。原始思维是神秘的，但是，原始先民们对神灵的崇敬，仅是出于一定的功利关系。原始先民在进行思维认识活动时，往往把主体和客体之间的价值关系放在首位。比如为了御寒，人们学会了用火和保存火种，学会了用兽皮缝制衣服；为了获得可靠而稳定的食物来源，原始先民们在狩猎和采集活动中，学会了饲养动物和种植农作物，发展了畜牧业和农业生产。如果原始先民的思维活动只有神秘性和幻想，不从客观实际出发，那末，人类就无法生存和繁衍。原始人类的思维，即便在形式上是神秘的、虚幻的，但在这些神秘性和幻想性中，却包含着各种各样的实用性。在神秘性和幻想性中包含着实用性，是原始思维的基本特点之一。

《辩证思维与科学方法论》

金顺福（研究员）

论文　8千字

《哲学动态》（逻辑学研究专辑）　1994年增刊

本文阐述了辩证思维与科学方法论的关系问题。思维方式与科学方法之间存在着不可分割的联系。它们都包含在人类科学认识活动之中，并都随着科学的发展而变化。在历史上曾出现过不同的思维方式和方法论。辩证思维是一种对立互补的综合型思维方式。这种思维方式到了近代经过黑格尔的研究，使它具有了自觉形态，后又经过马克思主义经典作家的研究，最终使它具有了科学形态。到了现代，由于受到许多综合科学的影响，这种思维方式又获得了许多新的特点和内容，而且日益为许多科学家所接受，或在许多科学家的科学和方法论的研究中以一种不自觉的形式被客观地反映出来。爱因斯坦和普里高津思维方式就具有对立互补和综合的性质。

《易图的内涵格解释》

张清宇（研究员）

论文　12 千字

《哲学研究》　1994 年第 3 期

本文用数学中的格论的观点研究易图的数学结构。在第一节中，从偏序集的概念开始，叙述了格、分配格、布尔代数、德摩根格和内涵格等数学概念，两仪图、四象图和八卦图分别被解释成内涵格 2、4 和 8 的哈斯图。在第二节中，用内涵格的积的说法统一了卦图演成的重卦法和邵雍的二分法，说明了两种方法都是在作内涵格的积，虽然体积的因子和次序有所不同，但所得的哈斯图是一样的。在第三节中，用内涵格中的交错运算和交综运算解释易图中的交错卦和交综卦，绘出了六十四卦交错表、交综表、自综卦表和错综卦表。

《名辞逻辑》

张清宇（研究员）

论文　15 千字

《中国哲学史》　1994 年第 1 期

名和辞是我国古代逻辑中两个非常重要的范畴。本文用现代逻辑的方法予以研究，提出了关于这两个基本范畴的名辞逻辑系统 MZ。在第一节中，从确定名和辞的基本含义开始，叙述了名辞逻辑系统 MZ 的语形，精确定义了关系名、名和辞等概念。在第二节，叙述了名辞逻辑系统 MZ 的语义，精确定义了有效辞和语义后承等概念，并列出了一些有效辞和推真规则。在第三节中，首先描述了名辞逻辑系统 MZ 的周延理论，然后陈述了 MZ 的侔式推真规则，中国古代逻辑中的联珠体被解释为此规则的间接应用。在第四节中，用系统 MZ 中的手段对矛盾之说作了一个解释。本文指出，从周延理论本身的发展来看，墨辩和传统逻辑是互补的，补充名在辞中出现的周延理论将使墨辩成为完善的名辞逻辑理论。

《一代宗师金岳霖》

刘培育（研究员）

论文　12 千字

《哲学研究》　1994 年第 4 期

本文包括四节，第一节阐述金岳霖治学历程：由学商业学到政治学，再转到哲学和逻辑学。第二节评述金岳霖在本世纪 20～40 年代完成的《逻辑》、《论道》、《知识论》三部著作和建构的哲学体系。指出《逻辑》一书首次提出必要条件假言命题形式和推理形式，揭示了罗素演绎系统混淆对象语言和元语言的缺陷；《论道》一书是中国现代哲学中最系统完备、最富有创造性的本体论专著，为中国哲学界提供了融会东西方哲学智慧、运用逻辑分析和逻辑论证方法讨论哲学问题的样板；《知识论》一书是中国哲学史上第一次建构的系统完整的知识论体系，为中国哲学在国际哲学论坛上争得了较高地位。第三节阐述金岳霖 1949 年以后在宣传马克思主义和向广大群众普及逻辑知识方面所做的贡献。第四节阐述金岳霖的爱国主义情怀，不断追求进步和优良的学风。

《混沌学与真理论》

陈中立（研究员）

论文　16 千字

《中国社会科学院研究生院学报》　1994 年第 2 期

文章认为，现代科学技术的发展和其他哲学学科的兴起，给现有的真理理论带来了冲击和挑战，现有的真理理论陷入了困境，出现了所谓的“真理危机”。混沌学作为一门崭新的科学，粉碎了拉普拉斯决定论预测的梦想，宣告了经典科学的结束。混沌理论在客观事物到底有没有规律、有什么样的规律等问题上，给人以耳目一新的回答。它认为，支配我们这个世界的，既不是简单的决定论规律，也不是单纯的统计规律，而是具有复杂性的混沌规律。所以，作为正确反映事物本来面目和客观规律的真理，就应该到事物的复杂行为、复杂性中去寻找，到事物的混沌中去寻找。混沌学的思维方式，完全适用于真理论的研究，我们应该从混沌理论的视角去研究真，建构真理论。在混沌与有序的统一中去探求真理，把握真理。

《论“自我”问题的哲学地位》

王湘楠（副研究员）

论文　12 千字

《社会科学》南京　1994 年第 7 期

直至今日，“自我”问题仍然是一个不解之谜：一方面，关于“我是什么”的问题仍是众说纷纭，没有一个公认的答案；另一方面，关于“如何有了我”的问题，更是难以回答，所有可能的答案最后都面临困境。研究自我问题的重要性在于，人是一个小宇宙，对自我问题的理解乃是关于世界之基本观点的集中体现，因而“自我”处于本体论的核心地位，关系着“存在之谜”的解决。再从认识论上看，自我是认识活动之承担者和内心统一的条件，不同的自我模式对应着不同的精神概念，规定着不同的认识论；不深入研究自我问题也就难以深入心理的堂奥和认识的根底。同时，“自我”概念又与“人、心、主体、人格、自己”等概念有着深刻的不同，正确的自我概念乃是自我意识深入发展的基础。

《印度中世纪罗摩奴阇的思想述评》

孙晶（副研究员）

论文　12 千字

《东方论坛》　1994 年第 1 期

罗摩奴阇是印度吠檀多哲学继商羯罗之后的主要哲学家之一，他的哲学被称作“制限不二论”，他也是印度虔诚派运动在理论上的一位先驱。本文详细分析了罗摩奴阇的哲学思想体系，将其分为三部分加以介绍。第一部分介绍了罗摩奴阇的制限不二论的本体论，指出了罗摩奴阇与商羯罗哲学立足点的不同之处。罗摩奴阇是站在有神论的立场上对梵加以描述的，这是区别于商羯罗的抽象性描述。同时，本文还通过把罗氏哲学与商氏哲学的对比，指出了罗氏哲学的非彻底性，提出了其内在的矛盾性。第二部分提出，罗摩奴阇的知识论既是建立在自己的制限不二论的本体论的基础上，又是通过对商羯罗的摩耶说和认识论的批判而发展起来的。这一部分着重于对二者的比较研究，同时还展现出罗氏对商氏的批判。第三部分介绍了罗氏的宗教伦理观，主要分析了罗氏宗教伦理观中最重要的一个概念——信爱。

《商羯罗与示教千则》

孙晶（副研究员）

论文　11 千字

《南亚研究》　1994 年第 1 期

商羯罗是印度中世纪吠檀多哲学的集大成者、著名不二论理论家。商羯罗的思想是富有独创性的，同时又极遵从印度古老的传统。商羯罗一生著述甚多，在公认的商羯罗著作的真品中，大部分为注解一类，而真正称得上商羯罗的独立哲学著作的应该是《示教千则》一书。本文作者认为，尽管按学术界惯例研究商羯罗必谈他的《梵经注》，然而《梵经注》中的一些观点实际上并不能代表商羯罗的本意；因为《梵经》本身所持观点是不一不异论，这与商羯罗的根本立场观点是不符的，因此商羯罗在注解《梵经》时必然难以自由发挥自己的观点。于是，商羯罗自己的独立真作《示教千则》便是研究商羯罗思想的最直接便利、最确实可靠的资料。本文运用一种历史学的、文献学的研究方法详细介绍了《示教千则》一书，并且对其中心思想作出了研究，分析了商羯罗在《示教千则》一书中表述的梵我同一观。

《佛教缘起论辨析》

孙晶（副研究员）

论文 16千字

收入《场与有》论文集

东方出版社 1994年8月

缘起论是佛教哲学的最精华部分，也是佛教全部理论的基础和核心。本文主要分析了佛教缘起论的根本含义及其起源和发展过程。认为：缘起论是佛教对全体人生和整个宇宙的“真实”探求而形成的学说。它的形成和发展经由原始佛教对人生的探求到后期小大乘佛教对宇宙对象认识的不同阶段。本文第一部分讲了佛陀缘起论的主要思想来源，详尽分析了缘起支，并且指出了缘起论的理论缺陷。缘起论虽然是一种辩证法的理论观点，它看到了世界普遍联系的现象，揭示了事物之间内外的相互依存关系。但是，在因果关系上贯穿始终的却是因果铁律，否定了事物之间还存在着偶然性和自由因素，因此是不科学的。本文第二部分主要论述了大乘空有二宗的观点。肯定了中观派龙树在哲学上的贡献，阐述了龙树“八不缘起”的观点，分析了其中的逻辑模式。同时，又对瑜伽行派的缘起新说进行了分析阐述。

马克思列宁主义
毛泽东思想研究所

《从毛泽东到邓小平——中国特色的成功之路》

韩荣璋（研究员）主编

专著 300千字

湖北人民出版社 1994年8月

本书从20世纪中下叶国内外广阔的历史背景出发，论述了中国共产党人以毛泽东、邓小平、江泽民为代表的三代领导集体探索具有中国特色社会主义建设道路的发展过程和理论成就，揭示了马克思主义中国化的艰难历程和中国是有自己特色的社会主义道路的历史必然性，阐明了开创建设有中国特色社会主义道路的社会现实性，及其对当代国际共产主义运动的重要而深远的影响。本书对建设有中国特色社会主义理论的形成和发展过程，提出了较为独到的见解，肯定毛泽东对中国社会主义建设道路的有益探索，为建设有中国特色社会主义的基本理论和实践提供了“基因”和起跳点，并将十一届三中全会以后的探索，划分为理论雏型、理论轮廓、理论体系三个阶段。本书还着力论述了毛泽东的社会主义观与邓小平建设有中国特色社会主义理论的区别和联系。本书为我院重点研究项目的成果。

《公有制主体地位的几个问题》

李延明（副研究员）

论文 6千字

《高校理论战线》 1994年第6期

本文认为，以公有制经济为主体的多种经济成分共同发展有两重涵义：一是多种经济成分并存；二是这些经济成分在国民经济中的地位各不相同，其中公有制经济处于主体地位。这两个方面缺一不可。实行这种生产资料所有制体制，是我国现阶段多层次生产力并存的状况和人民的根本利益所要求的。我们现在建立的不是单经济主体公有制，而是多经济主体公有制，各经济主体的个别劳动只有通过市场才能变成社会总劳动的组成部分。我国各种经济成分更是要通过市场才能联系起来。因此，以公有制为主体的多种经济成分并存的生产资料所有制要求在交换关系层次实行社会主义市场经济，它与以私有制为基础的资本主义市场经济有质的区别。文章认为否定公有制主体地位的观点是错误的，并据理进行了分析。

《对毛泽东探索社会主义商品经济思想轨迹的分析》

王煜（副研究员）等

论文 13千字

收入《全国毛泽东生平和思想研讨会论文集》

中央文献出版社 1994年10月

本文全面考察了毛泽东探索社会主义商品经济思想发展轨迹的四个阶段，指出他在50年代末、60年代初强调发展商品生产和商品交换的思想，对纠“左”起到了积极作用。他根据当时中国的实际，不满足于前苏联的经验，进行了理论思考，提出了一些至今看来仍然十分可贵的理论观点。是他对社会主义理论的贡献。但由于历史条件的限制和实践经验的缺乏，他的探索带有历史的局限性，提出来的一些理论观点，例如对社会主义商品生产和商品交换存在的原因、条件、范围和性质；对价值规律的调节作用；对物质利益原则和按劳分配等问题的认识尚不成熟，尚不彻底。最后，终于阻挡不住“左”的指导思想的进一步发展，导致“文化大革命”中全盘否定商品经济的错误。而这只是他积极探索社会主义发展规律中的错误，要把中国建设成为伟大的社会主义强国是他毕生为之奋斗的事业。

《毛泽东关于社会主义战略目标和发展阶段的构想》

陈立旭（副研究员）

论文 8千字

《社会主义研究》 1994年第3期

本文指出毛泽东在50年代对社会主义战略目标和发展阶段的构想是建立在他对于社会主义“建立”与“建成”概念的区分之上的。他认为我国还刚刚建立社会主义制度，要建成社会主义还要有一定的时间和条件。他在设计社会主义战略目标时，有四个特点：一是放在现有经济基础之上；二是放在赶超世界最发达国家之上；三是注重实现目标的条件；四是注重实现目标的精神因素。他认为社会主义要经历不同的发展阶段，不仅有共产主义和社会主义这两个阶段，而且社会主义也有不发达和较发达两个阶段。他划分这两个阶段的依据是：(1)生产力落后还是发达；(2)生产关系有一个逐步发展的过程。他对不发达的社会主义还进行了阶段划分，这就是十几年；二三十年；五十年；一百年。他对发达的社会主义和不发达的社会主义进行了预测，并提出，共产主义也会有很多发展阶段。

《“序”在系统论中的含义——兼谈系统整体协同运动规律与辩证法原有规律的关系》

孙凯飞（副研究员）

论文 10千字

《哲学研究》 1994年第4期

文章认为，“序”在系统论中不是指一般的规律，而是指系统整体协同运动的规律。它是支配系统整体的规律，与支配部分、个别的规律是有区别的。系统整体协同运动规律深化发展了辩证法规律，它和原有哲学规律的关系是从不同方面、角度去揭示事物运动发展规律的。系统论是整体论和重点论的统一，是整体论和还原论的统一。

世界宗教研究所

《社会主义与中国宗教》

戴康生（研究员） 合作者彭耀

专著 120千字

江西人民出版社 1994年6月

该书系江流主编《建设有中国特色社会主义理论研究丛书》之一种。着眼时代特征，结合国情，初步探索了我国社会主义社会中的宗教理论和实践问题。首先在回顾中国宗教的历史源流与特点基础上，指出新中国成立后中国宗教作为社会的子系统，伴随着社会的巨大变迁并发生了根本变化，并从诸多因素分析了宗教在社会主义社会存在的必然性。书中一方面从理论层面上介绍了我国宗教信仰自由政策；另一方面从多角度论证了宗教与我国社会主义社会可以相适应的内容，这是主流，也同时指出有不相适应方面的支流。提出了宗教在社会主义制度下所具有的五个正面与负面两种社会功能，及其相互变化的因素。专门探索了我国宗教在社会转型期间受到的影响及其自身相应的变化。通过具体分析，指明正确对待与处理宗教问题具有非常重要的意义。书中最后对当代世界宗教的现状及趋势作了论述，提出要放在世界的大视角下考察和分析当代我国宗教问题。在分析了当前中国宗教出现的新现象后，作者着重提出了对我国宗教问题的三点思考与建议。

《近代伊斯兰运动》

吴云贵（研究员）

专著 60千字

中国社会科学出版社 1994年11月

本书以宗教与外部社会环境的关系为框架，就近代以来主要的伊斯兰教运动作了较系统的论述和评价，包括瓦哈比运动、圣战运动、赛奴西运动、苏丹马赫迪运动、伊朗巴布运动、阿赫默迪亚运动、泛伊斯兰运动、伊斯兰现代改良主义运动等。内容涉及各种运动产生的历史背景、代表人物、发展过程、思想倾向、宗教与社会影响等。其中以泛伊斯兰运动和伊斯兰现代改良主义运动两章内容更为详尽和充实。本书系由中国社会科学出版社出版的伊斯兰文化丛书（共13册）之一。

《伊斯兰教法》

吴云贵（研究员）

专著 62千字

中国社会科学出版社 1994年11月

伊斯兰教法是以宗教名义规定的一部集宗教、道德、社会立法于一体的法规，为伊斯兰教教义的集中体现。本书以三章的篇幅评述了伊斯兰教法的基本内容、产生与发展的历史过程。内容涉及早期伊斯兰教法形成、发展概况、教法的理论基础和渊源、相关的法学派和代表人物，中世纪伊斯兰教法的部门（婚姻、继承、商事、刑事、宗教公产等）、体系和司法制度，近现代伊斯兰教法的改革、修定，以及现代法学思想倾向、外来法对传统伊斯兰教法的冲击和影响。本书系由中国社会科学出版社出版的伊斯兰文化丛书（共13册）之一。

《伊斯兰哲学百问》

秦惠彬（研究员）

专著 115千字

今日中国出版社 1994年

本书阐释了伊斯兰哲学的构成及其基本内容。作者认为，广义地说，伊斯兰哲学包括下述三项内容：思辩教义学（凯拉姆）、神秘主义学说（苏非主义——塔萨乌夫）、经院哲学。狭义地说，伊斯兰哲学专指新柏拉图主义、新亚里士多德主义传入伊斯兰思想界以后所形成的、以伊本·西那（阿维森纳）和伊本·鲁世德（阿维罗伊）等人为代表的经院哲学。在思辩教义学中，重点叙述了穆尔太齐赖派及艾什尔里派（特别是该派的原子论世界观）。在神秘主义学说中，重点叙述了苏非主义的理论渊源、动力及构成，对苏赫拉瓦第、伊本·阿拉比及其道统着墨尤多。在经院哲学中，叙述了狭义伊斯兰哲学的形成与发展，其东方的颠峰是伊本·西那，其西方的颠峰是伊本·鲁世德；对理性论和双重真理说论释特详。关于伊斯兰哲学特别是伊本·鲁世德的学说在世界哲学史上的意义，本书也作充分的叙述。

《〈古兰经〉百问》

冯今源（副研究员） 合作者陈广元、铁国玺

专著 165千字

今日中国出版社 1994年9月

《古兰经》是伊斯兰教根本经典。本书从穆斯林角度全面论述这部经典的颁降、内容、传播、影响及研究情况。(1) 论述《古兰经》是怎样一部经典，其产生的社会历史条件及具体经文的降示背景。认为《古兰经》的颁降与伊斯兰教的兴起是公元7世纪阿拉伯半岛政治、经济、社会的迫切需要和必然结果。依据这部经典，穆罕默德对当时阿拉伯社会各个方面实行变革，解放了被压迫人民，使阿拉伯获得新生。一千多年来，这部经典始终影响着全世界穆斯林的精神和物质生活，对阿拉伯传统文化、世界政治、经济和各方面都产生了巨大影响。(2) 系统地论述《古兰经》的内容，包括伊斯兰教的基本信仰、礼仪制度、哲学理论、伦理道德及社会主张。认为这部经典内容博大精深，包罗万象，蕴含了穆斯林最朴素、最深奥的真理。(3) 详细论述《古兰经》经法学的产生、发展、流派，各种著名的经注和译本特别是汉文译本的特点及影响。指出伊斯兰教文化经过一千三百多年风雨，已独立于世界文化之林，对十亿穆斯林发生着直接而深刻的影响。了解这种文化，有助于民族间的相互尊重，和睦相处，同心同德，共同建设我们伟大的祖国。穆斯林学者与阿訇合作，是本书创作的一大特色。书前，中国伊协会长安大伟大阿訇作序。

《美国宗教嬗变论——一个中国人眼中的美国宗教》

段琦（副研究员）

专著 270千字

今日中国出版社 1994年6月

该书系作者在美国大学及神学院学习的两年半期间，根据所学知识、实际见闻及感受写成。书中对美国宗教的概况、宗教自由派、中间派和保守派的分野、特点、各自形成的社会历史背景，着重对60年代以来的发展变化作了介绍。本书用了较大篇幅对美国的犹太教、天主教、新教（影响较大的16种教会）、伊斯兰教、佛教、印度教、黑人教会、华人宗教、印地安人教会逐一介绍了其基本教义、礼仪、团体派别、历史演变、现状及政教关系等情况，并对它们的活动特点作了客观描述。书中专辟一章对美国现有的通灵派与形形色色的新兴宗教，如唯灵论派、神智论派、斯维登派新教会、统一教会、科学学派、艾尔哈德讨论培训会等，根据已有资料及实地见闻作了论述。全书为读者对美国社会复杂的宗教现象及有重要影响的宗教提供了一个总体印象与全面认识的初步线索。

《〈般若心经〉译注集成》

方广锠（副研究员）

资料集 570千字

上海古籍出版社 1994年9月

《般若心经》属佛教般若类典籍，是佛教基本经典之一。从古至今，共译出21次，注疏则超过80种。这些译注有的流传下来，不少已经亡佚。1919年北京刻经处编印的《心经七译本》及《日本大藏经》所收《梵汉般若心经异本集》(收梵、汉《般若心经》11种)，是当时较为完备的资料集。本书则依据传世资料与敦煌遗书，网罗、整理了目前能搜集到的梵、汉译本18种（其中汉文意译本11种，汉文音译本4种，梵文本2种，存疑1种)，唐宋间注疏18种（其中存疑1种)。上述36种译注中，有13种是从敦煌遗书中整理，或据之校勘、录文的。录校本所据敦煌遗书，一般均影印附后。本书并有长篇《前言》，对《般若心经》的价值、流传、收入本书的诸译注情况作了较为详尽的研究，对本书的编辑作了说明。

《伊斯兰世界与当代政治》

金宜久（研究员）

论文　10千字

《战略与管理》　1994年第4期

本文分三个部分阐述战后伊斯兰教与政治的关系。在第一部分中，讨论伊斯兰教在各伊斯兰国家战后的政治生活中如何从隶属地位逐渐地到70年代上升为重要的意识形态；区分它的两大教派（即逊尼派和十叶派）的政治主张，以及它们是如何在新的政治形势下去适应各伊斯兰国家先后兴起的伊斯兰复兴的。在第二部分中，把战后的伊斯兰复兴具体区分为三股相互影响而又相互交织的社会潮流：即民间流传的伊斯兰复兴、以官方为主体的新泛伊斯兰主义和伊斯兰主义（或伊斯兰原教旨主义)。第三部分讨论在当代世界政治格局转变关头，信奉伊斯兰教诸国（伊斯兰会议组织成员国）在政治、经济、地理位置、物产资源等综合实力方面，不管它能否成为冷战后的世界政治格局中的一极（其可能性与不可能性)，均应引起密切注意。

《伊斯兰原教旨主义与当代国际政治》

吴云贵（研究员）

论文　8千字

《战略与管理》　1994年第3期

本文论述了伊斯兰教对当今国际政治的影响，分析了自70年代以来伊斯兰教新的形态、趋向和功能。内容涉及：(1) 伊斯兰原教旨主义运动在北非、中东、中亚迅猛发展的势头及如何理解原教旨主义；(2) 原教旨主义宗教政治化、政治宗教化的基本趋向以及原教旨主义关于国家政权的基本主张，诸如真主主权论、先知权威论、国家有限主权论、政治协商原则等；(3) 分析了当今伊斯兰教两种不同的形态，即精英伊斯兰与大众伊斯兰及其相互关系；(4) 从政治环境、经济环境、文化环境、社会心理四个方面，分析了原教旨主义兴起的根源。

《中国伊斯兰教研究回顾》

秦惠彬（研究员）

论文　7千字

《世界宗教资料》　1994年第4期

本文精炼地阐述了从清代至当今中国伊斯兰教的研究历史，并对各个时期的特点作出了科学的概括。清代的研究，在教内进行，整体方向是“以儒诠回”，即依靠“逻辑”与“理性”证明伊斯兰教与儒学“教有二教，理无二理”。从传统文化中汲取营养是这一时期教义学发展的基本动力。民国时期的研究已跳出清真寺的樊篱，成为社会性的事业。1977年以后，中国伊斯兰教迎来了它的真正春天。这时，中国伊斯兰教研究已成为社会科学研究的一个分支学科，换句话说，中国伊斯兰教在这里是社会科学的研究对象，其阵地理所当然地在理论界。不消说，专业研究工作者应起主力军作用。对于中国伊斯兰教来说，真正意义上的研究，即有组织有计划的社会性规模性的开展工作于兹开始。

《宗教文化与精神文明建设》

卓新平（研究员）

论文　3千字

《中国社会科学》　1994年第3期

本文从中国当前社会转型的时代背景中分析了宗教文化与精神文明建设的关系。指出宗教文化是一种多层面的文化统一体，反映出人的社会和精神生活，与人的价值目标、思想观念和精神境界密切相关；宗教文化本质上表现为人的精神追求和信仰体系，其面世的特点是群体性和个体性都有，民族性和世界性兼备，理性和情感因素均存，社会和心理体验具在，它不仅有其终极关切，也保持着现实思索。认为宗教的终极关切和超脱情怀在精神境界上亦有积极意义，因此应看到宗教文化价值与精神文明建设的内在联系，客观地、实事求是地将其精华视为社会主义文化中的一个组成部分。

《三教圣地——耶路撒冷》

卓新平（研究员）

论文　7千字

《世界宗教资料》　1994年第4期

本文是对耶路撒冷作为宗教圣地而与犹太教、基督教和伊斯兰教这三教之历史关系的概括，以及对耶路撒冷在中东政治中现实处境的分析。全文分为六个部分：(1)“耶路撒冷”之名；(2)耶路撒冷与犹太教；(3)耶路撒冷与基督教；(4)耶路撒冷与伊斯兰教；(5)耶路撒冷的现代发展；(6)耶路撒冷之争及其前景。文中指出，耶路撒冷的前景寄希望于其圣城归属的“象征性”解决，在各方不能作出本质性让步的前提下，耶路撒冷城的三教圣地应突出其“宗教圣地”的意义，即以其旧城为基础而形成一个各教共同的“宗教圣城”，显明其宗教性、象征性、开放性和国际性，并以之作为促成各派接触及和平共处的对话点、共同点和结合点。

《中国宗教改革论纲》

何光沪（副研究员）

论文　9千字

《东方》　1994年第4期

(1)除佛教道教之外，中国还有一种传统宗教，其与儒学关系之深，足以称之为儒教。(2)就内部而言，中国宗教改革的必要性，出于其自身复兴和整顿的需要，而复兴和整顿的需要，又出于衰落和混乱的事实；就外部而言，中国宗教改革的必要性，出于社会文化精神化和有序化的需要，而精神化和有序化的需要，又出于世俗化和无序化的事实。(3)中国宗教的思想观念改革之可能，在于其情感体验中的变化；其组织制度改革之可能，在于其行为活动中的变化。(4)中国宗教改革的方向，在思想观念方面应是：敬天而不祭祖拜物，修行而不遁世出家，贵生而不迷信方术；在组织制度方面应是：民间化、学术化、入世化。(5)中国宗教若不进行改革以发扬其真精神，是没有前途的；中国社会文化若不进行改革以吸纳真宗教精神，也是没有前途的。

《四川大足宝顶山小佛湾大藏塔经目考》

方广锠（副研究员）

论文　33千字

《佛学研究》　1994年年刊（总第2期）

本文对四川大足宝顶山小佛湾大藏塔作了较为详尽的考证。全文分四部分。第一部分“塔名拟议”，辨析了前此对该塔的种种称呼，指出由于该塔以供养如来法藏为主，且修建者赵凤智称其为“十二部大藏经”或“大藏”，根据“名从主人”的原则，可命名为“大藏塔”。第二部分“录文考订”，对塔上经目录文，指出正确的录文顺序，并依据作者所撰《开元录入藏录复原拟目》进行考订。第三部分“目录依据”，指出该塔经目并非如前人所说由赵凤智撰，依据《大周录》、《开宝藏》等，而是依据《开元录入藏录》刊刻，包括了附录部分，最后略有改动。第四部分“研究价值”，认为该大藏塔反映了当时流传的经录崇拜；对《开元录入藏录》原貌及流传形态有研究价值；对大藏经史有研究价值；对研究赵凤智思想亦有一定的价值。

《敦煌遗书中的〈金刚经〉及其注疏》

方广锠（副研究员）

论文　13 千字

《世界宗教研究》　1994 年第 4 期

《金刚经》是印度大乘佛教般若部经典，对中国佛教影响巨大。本文对敦煌遗书中保存的《金刚经》的诸抄本形态及其注疏作了较为全面的整理与研究。文章指出，敦煌遗书中的《金刚经》以罗什译本为主，亦有少量其他译本。既有作三十二分之分判者，亦有不作分判者；文字上与传世本略有不同，保留了古老的形态。抄写形态上，不少敦煌本《金刚经》有不少附属的真言、题记，反映了不同时期对《金刚经》信仰的流变。其中有一批宫廷写本，亦有著名的咸通九年木刻本，具有较高的文物价值。从装帧形式上讲，早期为卷轴装，后期出现册页式，为蝶装后加以线装，为研究中国的书籍装帧史提供珍贵资料。文章整理了敦煌遗书中关于《金刚经》的注疏 15 种，分别罗列其卷号，辨析其流传。对不少卷子作了缀接。其中有的注疏为作者首次发现及研究，对前人已发现的不少注疏也作了新的资料补充。

《敦煌遗书中的〈维摩诘所说经〉及其注疏》

方广锠（副研究员）　合作者许培铃

论文　11 千字

《敦煌研究》　1994 年第 4 期

《维摩诘所说经》是印度大乘佛教典籍，对中国佛教有着深远的影响。本文整理与研究了敦煌遗书中所存《维摩诘所说经》及其诸种注疏的形态。文章指出，敦煌遗书中的《维摩诘所说经》以罗什译本为主，大抵为八九世纪的抄本，与入藏本相比，文字基本相同，偶有差异。文章介绍了这些写卷的诸种题记及其研究价值。文章整理了关于《维摩诘所说经》的注疏 15 种，对其卷号、内容作了介绍，其中 5 种为作者首次发现与整理。对于已被日本《大正藏》第 85 卷所收的诸种《维摩诘所说经》注疏，作者亦逐一考核辨析，多有指正与补充。

《关于印度初期佛教研究的几个问题》

方广锠（副研究员）

论文　12 千字

《南亚研究》　1994 年第 1 期

本文对印度初期佛教研究的若干问题提出个人的观点。包括：（1）定名；（2）时代；（3）分期；（4）初期佛教的基本特征；（5）初期佛教与种姓制；（6）研究课题与方法等六个方面。作者认为，“原始佛教”与“早期佛教”这些名称各有偏颇，拥护采用“初期佛教”这一名称。认为初期佛教从公元前 531 年至前 370 年左右，约 160 年。进而提出目前按印度正统派哲学排序，把佛教的位置放在奥义书之后，从而存在一个时代的错位，其底蕴是对雅利安文化与印度土著文化相互关系的考察有误。作者将初期佛教分作三个阶段，指出它有宗教性、践行性两种基本特性，认为释迦牟尼反对种姓制度并不具有积极的社会意义。文章并将初期佛教研究分解为五个方面的课题，对研究方法提出个人的想法。

《做好伊斯兰教工作是维护社会稳定的重要一环》

冯今源（副研究员） 合作者胡安

研究报告 8千字

收入《1993～1994年中国：社会形势分析与预测》（社会蓝皮书），中国社会科学出版社 1994年1月

（1）1993年中国宗教形势的基本评估：在1992年平稳发展的基础上，继续保持在法律范围内的正常发展和稳定的局势。宗教如何在市场经济体制下找准自己的位置，发挥应有的作用，既保持其纯正信仰，又适应商品化环境，是它面临的新课题。（2）1993年中国伊斯兰教形势基本评估：总体上是稳定的、活跃的、正常的。（3）中国伊斯兰教三大热点问题：即“侮教”与反“侮教”事件；宁夏西吉教派内争事件；新疆南疆民族分裂主义分子利用宗教进行分裂活动事件。（4）分析和对策：必须形成尊重穆斯林特点和习俗的社会风气；正确区分和处理两类不同性质的矛盾，正确区分和处理政治问题、法律问题和宗教问题；弘扬教义中的优良传统，引导穆斯林发展经济、文化、教育，提高素质，适应时代；做好上层人士工作，加强宗教自身建设，引导宗教与社会主义社会相适应。

《试论穆斯林商人在回族伊斯兰教发生、发展中的某种关键作用》

李兴华（副研究员）

论文 8千字

《西北民族研究》 1994年第1期

本文意在阐明回族伊斯兰教中有这样一种特殊景观，即穆斯林商人在这种宗教发生、发展中起着某种关键作用这种历史事实。文共列举了回族伊斯兰教的发生，回族伊斯兰教的普遍，回族伊斯兰教的立足，回族伊斯兰教早期宗教构成，回族伊斯兰教早期统一形式形成，回族伊斯兰教完善成型，回族伊斯兰教完善成型后的内部机制、价值学说、周围关系，回族伊斯兰教近期未来发展等十个方面，来进行具体说明。进而认为：这一特殊景观，使回族伊斯兰教在同中国社会主义市场经济相协调中，不仅具有较之国内其他宗教更多方面的优势，而且也为它自身得以进一步发展和前进提供了一个新的机遇。

《当代中国教会的处境化》

段琦（副研究员）

论文 15千字

《当代宗教研究》 1994年第4期

新中国成立以来，中国教会逐渐摆脱了“洋教”的地位，成为中国人自己的教会（处境化或本色化）。本文从三方面对此作了分析：（1）神学思想的处境化：中国教会结合了本国文化，提出了为中国人易接受的神学思想，包括上帝论、基督论、人类、救赎论、末世论等方面；（2）教会组织的处境化：坚定地走“三自”之路、实行联合礼拜、注重教会自身建设（抵制腐败、发扬民主、提高教牧人员及信徒素质、改善妇女在教会中地位等）；（3）在社会实践上，教会要求信徒遵纪守法、爱国爱教、为社会主义建设做贡献，使教会与社会主义社会相协调。当前中国教会的首要任务是在处境化基础上创造一套适合中国国情的神学体系和教会组织体制。

考古研究所

《中国远古三代政治史》

李健民（副研究员）

专著 140千字
人民出版社 1994年

本书是百卷本《中国全史》的第一卷。作者大量采用历史学、考古学、民族学及相关的最新研究成果，对远古及夏、商、周三代的社会发展规律，重大历史事件、历史人物，各项政治制度，官制、法律、军队和民族关系等，都做了较为系统、全面的叙述，并提出了一些新的见解。本书具有一定的学术性，行文通俗易懂，适合具有中等文化程度的读者及有关专业的大中专学生阅读，也可供专业研究人员参考。

《中国远古暨三代宗教史》

王吉怀（副研究员）
专著 150千字
人民出版社 1994年

宗教，作为一种特殊的社会意识形态，对人类生活的各个方面都产生过强烈的影响。中国远古暨三代，从原始宗教到“人为的宗教”的产生和演变，对正确认识宗教具有十分重要的价值。

本书依据大量的考古资料，分别叙述了中国旧石器时代、中石器时代、新石器时代、夏代、商代及西周时期的宗教形式，力图使读者了解由原始社会的自发宗教向阶级社会的人为宗教的过渡和演变。由于各个时期的宗教形式和内容不尽相同，所以本书也列举了有关的民族学、民俗学、人类学等有关资料，对远古暨三代每个时期的宗教形式，作了详尽的论述，同时，对具有时代性的宗教思想、宗教活动、宗教制度，给予了客观性的评说，提出了宗教与迷信的根本区别，并对不同时代的宗教行为从发生学的角度，给予了历史性的评价。

《中国远古暨三代习俗史》

郑若葵（副研究员）
专著 160千字
人民出版社 1994年

人类社会是习俗诞生与发展的温床和摇篮；人类社会的所有活动，都毫不例外地伴生有习俗。本书利用大量考古发掘文献和材料再现了中国远古暨三代习俗——涉及社团、生产、生活、婚姻、丧葬、宗教礼俗等种种历史现象的风貌。透过这些现象，不难发现中国远古暨三代各类习俗历史的主要发展倾向和特点。

《临潼白家村》

中国社会科学院考古研究所编
专刊 110千字
巴蜀出版社 1994年

1982年10月至1984年5月中国社会科学院考古研究所陕西六队前后四次对白家村遗址作了考古发掘。白家村遗址是渭河流域新发现的一种前仰韶文化遗址。遗址现存面积约12万平方米，发现有房屋居址、灰坑、墓葬、兽坑等遗迹，同时出土了大量文化遗物。这些发现，为研究黄河流域的早期农业文化提供了重要资料。

《殷墟的发现与研究》

中国社会科学院考古研究所编 责任编辑姚岁寒 吴三保
专著 721千字
科学出版社 1994年9月

本书是我国商代后期王都遗址——殷墟近60年（1928～1986）来重要发现与研究的成果总结，系一部综合性殷墟考古专著。书中对殷墟发掘的意义，殷王都的范围与布局，殷墟文化分期，重要遗址（包括王宫、手工业作坊、王陵、平民墓群），文化遗物（包括甲骨文、青铜器、玉石器、陶器、象牙器等），作了全面的阐述；对殷代农业、手工业、社会性质，以及殷王朝与周围方国的文化交流等方面进行了探讨。书内附各类插图280幅，彩色图版16版，黑白图版48版。图文并茂，内容丰富，论述系统全面，具有很高的理论水平和学术价值。

《汉唐与边疆考古研究》

中国社会科学院考古研究所《汉唐与边疆考古研究》编委会编　责任编辑吴铁双

论文集　442千字

科学出版社　1994年8月

本书收入汉唐与边疆考古研究论文27篇。这些论文大多属于作者承担的考古学研究课题成果，他们以自己多年来的考古发掘资料为基础，分别对汉唐时期的重要城市，中国古代的陶瓷、金银、玉器等手工业，建筑考古学，边疆地区考古和古代中外文化交流等进行了论述，提出了不少有意义的学术观点。

本书对从事考古、文物、历史、自然科学史、中外文化交流史工作的人员和研究者具有一定参考价值。

历史研究所

《夏商社会生活史》

宋镇豪（副研究员）

专著　410千字

中国社会科学出版社　1994年9月

本书是1987年度历史所承担的国家社会科学基金项目《中国古代社会生活史》中的一卷，此书作为该课题的开卷，同时又是自成一体的学术著作。全书从环境、居宅、邑聚、人口、婚姻、交通、饮食、服饰、医疗保健、宗教信仰等方面，对夏商社会生活史进行了全方位的宏、中、微观系统论述，界定鲜明，视野开阔，会通多学科交叉的科学研究方法，立足于考古学资料、甲骨金文及文献材料的科学整理，首求新意，试开先导，将夏商社会生活史的研究引向更深层次。归纳其嬗变之迹，探求其演化之途，总结其外在特征和内在规律。是书出版后，不久即又再版，被誉为填补空白的成功之作。

《康熙皇帝一家》

杨珍

专著

学苑出版社　1994年10月

康熙帝玄烨的显赫历史业绩及其丰富多采的一生，向为史学家所瞩目，有关这位历史名君的论著为数颇多，但对其家庭的研究则始终是一个薄弱环节。该书是第一部关于康熙帝家族史的学术专著，也是我国第一部中国古代帝王家族史、第一部中国古代历史人物家庭史的学术专著。该书使用尘封两个多世纪的满文档案，对康熙之家进行多方位分析论证，拓宽康熙帝研究领域，深化了人们对这位历史名君的认识。

《睡虎地秦简日书研究》

刘乐贤

专著

台湾文津出版社　1994年7月

睡虎地秦简《日书》是我国考古学史上首次发现的内容完整且原有标题的《日书》文本，对研究中国古代文化尤其是早期数术史具有十分重要的意义。本书首次对此项出土文献作综合性研究，内容涉及《日书》研究的每一方面。从文献学角度，对《日书》的权威整理本《睡虎地秦墓竹简》精装本的释文、分篇、句读、注释等作了订正和补充，基本上解决了文字、文献方面的问题。从数术史的角度，广泛引用传世和出土文献中的相关数术资料，对《日书》每个单篇所载方术作了深入细致的考辨，揭开了所谓“日书之谜”。首次将《日书》定性为早期的选择通书。首次对《日书》所反映的阴阳五行思想和神话传说做了研究，将其与少数民族的“日书”做了比较研究。此书的价值已为有关学者公认，同时也为进一步研究新出土的类似日书打下了良好基础。

《中国文明起源的比较研究》

王震中

专著

陕西人民出版社　1994 年 11 月

该书从比较研究的角度，研究中国文明的形成过程。在重视人们通常所说的文明要素或标志的同时，更主要的是从农业的起源、发展以及聚落形态的演进为基本线索，将社会结构的变化逐层展开，在社会形态和社会结构的运动与推移中去看人类文明社会的产生与形成。在理论上或是研究方法上此书均有许多创新之处，受到中外学者的好评，赞其“不仅对今后的新石器时代的文化、社会的研究，而且对殷商时代的研究都是一大贡献”。

《唐代的外来文明》

吴玉贵

译著

中国社会科学出版社　1994 年

本书是美国加利福尼亚大学教授谢弗(1913～1991) 撰写的一部名著。谢弗一生从事汉学研究，主要研究领域是唐代的社会、文化史，尤其偏重于唐朝外来文化的研究，在中外史学界享有很高的声誉。原著是一本阅读难度很大的学术著作，论述唐代的外来文明共分 18 类，170 余种外来物品。作者不仅大量引用了汉文正史、政书、类书中的史料，而且充分参考、利用了魏晋至宋代的诗歌、笔记、小说中的史料。后一种史料往往被专业历史工作者所忽略，一方面是因为这类资料非常零散，不易搜寻，更重要的则是这类史料中包含许多夸张、想象、虚构的成分，翻译难度较大。译者逐条核查了大量汉文史料，并纠正了原书的二百多处错误。

《清代皇族人口行为和社会环境》

李中清（美）、郭松义主编

论文集

北京大学出版社　1994 年

本书是由美籍学者李中清教授和郭松义教授共同主编的一本论文集。中国自古就拥有众多的人口，但我们对中国古代人口的具体状况所知者甚少，是书的出版为此做出了贡献。通过对清代皇族统计资料的搜集与整理，应用业已相当成熟的人口学方法，透过那些表面上杂乱无章的数据，本书作者们得出了若干带有规律性的认识。他们发现：在东方中国的历史人口中确实存在着一种与欧洲不同的人口节制机制，即通过婚内对生育的控制而达到人口控制的目的。清代皇族人口中婴儿死亡率的增长和儿童死亡率的减少，则是父母们尤其是低级贵族中的父母们蓄意干预造成的。随着时间推移，皇族内部男女婚龄日渐提高，多妻制与改嫁习俗日趋式微，男女性别比例失调，生育率下降。

近代史研究所

《中国通史》（十卷本）

范文澜、蔡美彪等

专著　约 3000 千字

人民出版社　1994 年 10 月版（10 卷本出齐）

这部逾三百万字的巨著叙述了中国从原始社会到清朝嘉庆时期的政治、经济、文化状况，用历史唯物主义的观点和方法对中国古代史进行了阐释。该书不墨守旧说，也不率意穿凿附会以求新奇。对历史事件和人物的叙述实事求是，不媚俗取容，以事实为根据，从史实中得出结论。此外，注意少数民族在中国历史上的作用，将汉族和少数民族的历史作为中国历史的整体加以叙述，是本书的另一大特点。该书文字流畅、雅俗共赏，既有较高的学术价值，又不失可读性，出版后深受不同层次读者的欢迎。

《十九世纪的香港》

余绳武、刘存宽主编

专著　330千字

北京中华书局、香港麒麟书业公司　1994年4月

该书历时12年始成，是迄今为止有关19世纪香港历史最详尽、最系统的中文专著。该书对19世纪香港史进行了认真的学术探讨，内容包括19世纪香港的政治制度、经济、文化、社会生活，一改过去西方学者撰写香港通史多以港督为中心、美化殖民统治、抹煞香港华人对香港社会发展的巨大贡献的状况，有助于人们了解香港问题的由来和19世纪香港在英国统治下的真实面貌。该书出版后，受到学术界与新闻界极大重视，被当作权威性的历史著作广泛引用，香港中文大学历史系和香港教育署已将该书列为教学参考书。

《梁启超》

耿云志、崔志海

专著　340千字

广东人民出版社　1994年12月

全书对梁启超一生做了全面系统的研究，材料丰富扎实，议论平实公允。对梁启超的思想和政治活动，结合客观的时代背景，既勾勒了其发展变化的轨迹，又重点指出他在各个时期的主要贡献和影响。该书对梁启超一生主要思想、主要活动、主要贡献都作了高度的概括，虽简要而不失全面性和准确性。梁启超是过渡时代的典型人物，这是迄今比较贴切的概括。

《胡适遗稿及秘藏书信》

耿云志主编

资料集　约4000千字

黄山书社　1994年12月

这部共计42卷的恢宏巨著收录了胡适遗稿影印440余件、书信近6000篇，其家属和他人致胡适的书信5400余篇，共计24000多页。该书收编的遗稿绝大部分都未曾发表过，均属极为珍贵的学术文献。其影印的近6000通书信涉及到各党派、政治界、军事界、学术界、教育界、文化界、艺术界等，名流荟萃，其书信内容，包括了民国时期的政治、思想、外交、教育、文化、学术等各个领域的重大问题，是研究中国现代史不可多得的重要史料。本书的出版发行，受到海内外学者的极大欢迎，海内外各大学、图书馆纷纷争购此书，以求一睹为快，影响至深至远。

世界历史研究所

《苏联演变的历史思考》

陈之骅（研究员）主编之一

专著　305千字

中国社会科学出版社　1994年1月

本书为院重点项目，从政治、经济、民族关系、对外政策和党的建设等方面，对苏联演变的原因和教训进行了全面的、历史的剖析。本书认为，苏联演变的直接原因是戈尔巴乔夫执行了一条背离社会主义的改革路线；历史原因是建国七十多年来出现的种种错误和失误而且长期得不到纠正。本书认为，在分析历史原因时，要把它们与社会主义的基本制度区别开，也就是说苏联演变不是社会主义制度有问题。本书总结了苏联演变的主要教训。它们是：社会主义国家必须

坚定不移地把发展经济作为中心任务；社会主义国家只有坚持改革开放才能充分发挥其巨大的生命力和优越性；多民族的社会主义国家必须正确处理民族关系，真正做到大小民族一律平等和共同繁荣；社会主义国家必须奉行独立自立的和平外交政策；坚持和改善共产党的领导和加强党的自身建设是社会主义事业兴旺发达的根本保证；社会主义国家必须正确对待自己的历史。本书的结论是，苏联演变是社会主义发展中的重大挫折，但绝不是社会主义的失败。社会主义最终必将代替资本主义。苏联演变提供的历史启示，将有助于一切社会主义者更好地掌握社会主义的发展规律，增强他们对社会主义事业必然会在全世界取得胜利的信心。

《阿拉伯民族的特性与阿拉伯国家和人民的合与分》

杨灏城（研究员）

论文　11 千字

《世界历史》　1994 年第 5 期

本文针对国内外学者不同的观点，提出：约 8 世纪中叶，以阿拉伯半岛居民为主的阿拉伯民族已经形成。约 9 至 11 世纪，从海湾至大西洋的大部分居民已融合成具有共同语言和文化心理素质的新的阿拉伯民族。它既是早先阿拉伯民族的扩展，又有新的特点。其民族意识和伊斯兰宗教感情密不可分，并在民族解放运动中日益觉醒。但阿拉伯民族不是一个统一的民族，而是一个分裂的民族；它的发育不很健全，表现于方言林立，一些古老民族的特征犹存，民族自我意识不很稳定；地方主义盛行，各国都将本国利益放在民族利益之上。这是阿拉伯国家和人民合与分的原委。

《北京现存好太王碑原石拓本的调查与研究——以王少箴旧藏本和北京图书馆藏本为中心》

徐建新（副研究员）

论文　28 千字

《韩国研究》（杭州大学韩国研究所编）　1994 年 4 月

本文主要分析论证了笔者在北京地区新发现的两种高句丽好太王碑原石拓本的性质、特征，以及这两种拓本对当前的好太王碑研究的影响。文中的主要结论是：(1) 王氏藏本和北图藏本是 1890 年以前，即石灰涂抹碑石时期以前制作的原石拓本，它们明显不同于包括水谷悌二郎拓本在内的 1889 年李云从制作的拓本，是好太王碑原石拓本的又一种类型。(2) 这两种拓本较之李云从拓本更为原始，可能是目前已知拓出年代最早且保存完整的原石拓本。(3) 从拓本的着墨特征看，1883 年制作，现藏日本的酒句景信本可能就是依据上述类型的拓本墨钩而成的。(4) 文中依据新发现拓本提出了数个新的释字。(5) 依据新释碑字对好太王碑文“十年庚子”条的内容做了考证。

《奴隶占有制与国家》

廖学盛（研究员）

论文　10 千字

《北大史学》第二辑　1994 年 11 月

本文主要根据古代希腊罗马的史实，力图说明：(1) 奴隶占有制国家的产生就是奴隶占有制社会确立的标志；(2) 早期奴隶占有制国家的重要特点是，与地缘相比，公民中源于原始社会氏族部落的血缘关系的紧密联系占有更重要的地位；(3) 公民权与氏族部落的血缘关系的紧密联系，决定了公民权、土地占有权和服兵役的义务三者合一；(4) 上述情况决定了，在奴隶占有制国家的早期发展阶段，不可能产生封建地域国家才可能有的那种“农奴制”。

《技术革命冲击下的法国职业妇女》

周以光（编审）

论文　10千字

《世界历史》　1994年4月第2期

19世纪工业化以来的科学技术进步，不仅使政治和经济领域发生深刻变化，其影响也渗入到社会和家庭领域。本文通过分析近现代技术革命冲击下法国职业妇女地位的变化，看出科技的发展、工业社会的形成固然使妇女得益，她们走出家庭，走上社会，在经济上获得了独立。但这只是问题的一面，她们同时是受害者，实际上在近现代的资本主义社会中仍然存在着与以往阶级社会同样的性别歧视和性别压迫问题。与男子相比，法国职业妇女在劳动力市场上的竞争力相对脆弱，这说明她们尚未摆脱有史以来人们为她们规定的、应该固守的传统领域——家庭的束缚。职业妇女是一支可召之即来、挥之即去的劳动大军，说明技术和经济的发展并不能彻底解决妇女解放问题。

文学研究所

《中国古典小说的文体独立》

董乃斌（研究员）

专著　200千字

中国社会科学出版社　1994年2月

本书主要从文学发展的内部规律方面研究中国古典小说文体由孕育到形成及初步发展的历史过程。全书除绪论外，共七章二十四节，从文学与事的关系的几种形态（含事、咏事、述事、演事）切入，论证叙事行为乃是人的本质力量的一种外观，从而在深层次上为小说这种叙事文体找到了发生源。然后，从原始神话、历史载录谈起，渐次论及中国文学史上所有重要文体，如子书、辞赋、诗歌、散文、野史笔记等，揭示出此类文体中隐含的小说因素，揭示小说文体在它们之中孕育成长的漫长过程。本书认为，唐人传奇的出现，是小说文体终于脱离附庸地位而获得独立的标志，系统论述了唐传奇的表现特色，如内容上由政事纪要式向生活细节化的转化，如对可以乱真的“第二自然”之创造、叙事方式和结构的转变、行文语调的多样和谐谑化，以及形象塑造的突破、戏剧因素的介入，等等，由此对中国古典小说的文体特征作了界定。最后对取得文体独立之后中国古典小说的发展趋势与流程作了概述。本书系作者与上海陈伯海共同主编之《宏观文学史丛书》之一种，该丛书为国家“七五”社科规划重点项目。

《中国古代文体丛书·戏曲》

幺书仪（副研究员）

专著　120千字

人民文学出版社　1994年

本书系统、全面地论析和介绍了中国戏曲文体演化的历史及其特征。全书共分五章，分别论述中国戏曲从准备、变化、走向完善、达到高峰和高峰之后的变化的历史过程，指出中国戏曲发展的独特道路和独特演变的方式——从最初百戏杂陈的初级阶段，过渡到以音乐为主体的各种艺术因素的综合，到发展成各种艺术手段的高度完善与融合：一个经历了“两度自我否定的辩证的发展方式”。本书注意到戏曲这一“文体”存在的复杂性，着重从三组关系上来考察它的发展过程及特征的形成。一是注意到戏曲并非单纯供阅读的文本，舞台实践对这一“文体”产生重要的推动、制约作用。二是从中国传统文学“文体”的角度上，关注戏曲与中国抒情、叙事文学之间的密切关系。三是从正统文学与俗文学的关系上，注意戏曲如何在历史过程中成为正统文学和俗文学的“衔接点”，不断从这两者获得变革的活力的状况。

《诗与酒》

刘扬忠（副研究员）

专著 210千字

台湾文津出版社 1994年1月

“诗与酒”在文学史研究中是一个虽有人提出过，但尚未进行全面系统探讨的有趣话题。在我国传统文化的长河中，诗人、诗歌创作与酒文化一直保持着密不可分的姻亲关系。在这个研究领域，已有鲁迅的《魏晋风度及文章与药及酒之关系》和王瑶的《中古文学史论·文人与酒》两篇典范文章在。本书受鲁、王二前辈的教益和启发来继续做这个题目，出于对整个诗歌史的特征和规律的思考，把研讨的范围从他们已论述过的魏晋南北朝扩大到自先秦至晚清的近三千年，从单纯说明酒与文人生活的关系扩大到系统阐释酒与诗词创作、与文人心态和时代精神之关系。全书共六章。第一章为引论，说明诗酒结缘是我国古代一种独特的精神文化现象，酒文化乃是孕育中国古代诗歌的沃土。第二、三、四、五章是本书的主干部分，分先秦至隋、唐、宋、元明清四大阶段，描述古代诗酒结缘史，借以挖掘古代诗人的精神生活讯息，认识民族心态衍变的历史，并找出古代诗歌发展的某些规律。第六章则从文化学和心理学的角度，横向研讨酒文化与诗人心灵的多重契合，破解诗与酒密切结合的奥秘，更深入地了解古诗人的文化心态与审美习性。

《财神信仰》

吕微（吕威）（助理研究员）

专著 190千字

学苑出版社 1994年10月

财神产生于宋代，是汉族民间信仰中产生较晚的一种神祇。群体性和伦理性是财神信仰的两大特征。不同的财神体现了社会各个利益集团的不同经济伦理原则及其理想，而财神以封建官员的形象出现则体现了在官本位的中国，官方作为道德本源被民间社会所普遍认同的程度。

宋元以来的财神信仰是随着城乡民营经济的壮大而产生的，它以传统的信仰形式为官方严格控制下的民营经济提供了价值依据、精神动力及道德保护。中国民间财神信仰的研究对马克斯·韦伯关于东方社会缺乏近代经济伦理的命题提出了质疑。东西方经济伦理的内涵的确有所不同，西方注重人与神之间的承诺（“天职”），而东方更注重人与人之间的和谐（“和气生财”），但赋予经济行为以一定的道德规范则是新教与中国民间信仰的共同倾向。故经济理性是近代世界发展中的普遍主题，不独西方为然。

《面向新世纪的文学理论》

钱中文（研究员）

论文 18千字

《学习与探索》 1994年第5期

80年代我国与欧美的文学理论在研究的趋向上发生了移位现象，即我国文学理论大力介绍欧美的“内在的”研究方法，如形式主义、新批评、结构主义、叙事学、文学语言研究等，竭力想离开社会学、历史主义、伦理道德的分析方法。而80年代欧美文学理论正好相反，则大造声势努力摆脱原有的方法，趋向“外在的”研究。这一有趣的移位现象为双方各自的历史文化条件所制约，同时也为各自文学发展的内在要求所决定。西方学者说，1979年是欧美文论转折的一年，而我国同时期则发生了相反方向的变化。80年代我国文论产生了多种形式，有原有的认识论文学观，有主体论文学观即人类本体论文学观，有以生命哲学为基础的象征论文学观、生产论文学观，以及审美意识形态论文学观。作者认为，各种文学观都有一定的出发点，但在阐释文学现象上，最后一种文学观可能更符合文学实际。文章认为，我国和欧美文论发展的方式不同，但在未来的更新过程中有着许多共同点；在进行对话，不断综合、融合中，蕴藏着理论创造的无限生机。

《文学史家的定位——关于文学史学的思考之一》

董乃斌（研究员）

论文 12千字

《江海学刊》 1994年第6期

本文开宗明义即指出，文学史家的职责不仅在于梳理史实、叙述史实，也不仅在于评论历代作家作品，而且必须自觉探讨文学发展的规律。只有上升到探求规律的层次，文学史才能成为一门科学。然后本文论证文学发展是确有规律可寻，并且这规律是能够为人所认识的。当然，换一个角度，从文学发展的偶然性来看，又存在许多例外，许多无规律现象。但即使如此，文学发展也仍然具有一种无规律的合规律性，而不是全然杂乱无章、混沌无序的。因此，文学史家探寻规律不仅必需，而且可能。本文随后指出，文学史家所描述、所论证的规律，从根本上说，与客观实在是有距离的，它是人对客观实在的一种认识；由于文学史本体这个客观实在处于无限的形成与变化过程之中，人对它的认识即使具有真理性，也只是可以无限逼近历史真实的相对真理，而不可能是穷尽历史真实的绝对真理。所以每一个文学史家既有权提出自己对文学史规律的认识，也应当充分尊重他人对这个问题的见解，以使无数相对真理互补、相加，而逐渐接近历史的客观真实。

《说“戾气”——明清之际士人对一种文化现象的反省与批判》

赵园（研究员）

论文 15千字

《中国文化》 1994年8月第10期

本文以明清之际王夫之、钱谦益等的有关言论为线索，探讨易代之际士人对明代政治所达到的认识及批判深度。关于明代的政治暴虐，已有过大量的描述与研究。本文尤其注重的，是明清之际士人上述批判所取的“士”的角度：士人对明代政治暴虐（如厂卫、廷杖、诏狱，以及薪俸等）的反应及反应方式，这包括了极端的道德主义，自虐式的苦行，自我戕害，以及士习的“躁竞”、“气激”等。本文认为，上述角度的批判，集中体现了明清之际有识之士对当代政治所达到的认识水平。本文还特别注意到上述批判所揭示的士人心性所受损伤，即普遍的残忍与刻核。对暴政所导致的精神后果的有关检讨，包含了士人自身反省所达到的深度。本文经由对上述材料、线索的梳理，对这一特定时期士人的政治批评与士文化批评的思想史意义，作了初步论证。

本文是作者“明清之际士文化研究”中的一个课题。完成于同一时期的，还有《明清之际士人的南北论》（《上海文化》1994年第5期）、《明清之际士人之死以及有关死的话题》（《学人》第6辑，江苏文艺出版社）、《明遗民论》（《学人》第7辑）等。

《“新写实”：现实主义的新天地》

汤学智（副研究员）

论文 10千字

《文艺理论研究》 1994年第5期

本文提出衡量一种文学现象是否成功的三项基本指标：（1）是否具有发生的必然性；（2）是否以艺术的手段扩大了文学的表现力，满足了人们新的审美需求；（3）它所提供的新观念是否符合艺术规律，是否蕴涵着理论生机。据此，认为“新写实”文学既是生活的需求，又是文学自身的需求，也具有世界文学的普遍性；其实践表明，它在内容上突出凡人常事，拓展了表现视野，在艺术上强化环境描写，追求语言通俗化，显示了新的审美境界；它提出的文学创作要向“现实生活原生态还原”的主张富有理论生机。所谓“原生态”，其要义在于确认生活的生命性、全息性、偶然性、混沌性和开放性，从而使认识更接近生活的真实本相。这个概念有如强力激素注入传统现实主义理论机体，促成“现实观”、“典型化”理论以及思维方式的调整，从内部推动着它的改造和深化。提出抓住“原生态”是实现典型化的关键：一部作品典型化的程度，即是其艺术地接近表现对象“原生态”的程度，接近的程度越高，作品的内涵越深广，生命信息越丰厚，典型化的程度也就越高。

《〈花间集序〉的词学观点及〈花间集〉词》

贺中复（副研究员）

论文　15.2 千字

《文学遗产》　1994 年第 5 期

本文笔者选中当代词学专家吴熊和力著《唐宋词通论》这一传统看法的典型，分《花间集序》、《花间集》、花间词三大部分，对当今学术界的观点一一辨正，确立新说：一、《序》：(1) 列举多种依据，纠正他人对欧序原文的错误理解，辨明欧序不是肯定而是否定宫体歌辞；(2) 在指明序文写作特点的基础上，一一揭示其词学观点及价值，从而确立欧序在文学批评史上的地位。二、《集》：(1) 从三大方面揭示《花间集》产生的真实背景，指明《花间集》决非统治者淫奢的产物；(2) 论证《花间集》编纂的目的和作用，并给《花间集》定性，还其本来面目。三、词：驳花间词是宫体与倡风结合的产物。(1) 对晚唐五代产生这种曲词状态的根源做出新的解说：在认真考证，把握词人生平、思想的基础上，辨明花间词人究竟是怎样的一个群体；花间词的产生自有其必然性、合理性：早期词体发展中的特殊机遇；早期文人对词体的初步认识。(2) 证实花间词不同于宫体诗词，并进一步指明：花间佳作继承了民歌、民间词的现实主义精神，这类词自有其植根的牢固基础；文人狎妓词不可与花间词混为一谈；有些词人之作格调更高，不仅不可用宫体、倡风为其定性，也是欧序观点包容不了的。本文最后指出当今学术界评议花间词上的两大偏颇，以明确研究方向。

《五代词说》

贺中复（副研究员）

论文　10 千字

《河北学刊》　1994 年第 2 期

本文实为五代词发展纲要。专门就五代词之兴盛、发展进行全面研究的论文，此前未见。主要观点：(1) 从五代词家词作数量、词人身份、民间词与文人词、词的传播、词集、词坛、词派等多方面谈五代词的兴盛；(2) 以《花间集》结集（940 年）为界把五代词断作前、后两期。改变了前人统而论之的状况，有助清理五代词的发展脉络；(3) 分别论述两期词体特征及其成因，兼顾中原词；(4) 着重指明花间词人对前期词的贡献，纠正前人的错误认识；揭示南唐词兴盛的实质性原因，非议南唐君臣一味寻欢逐乐说，明确“中兴唐祚”的愿望与精神创伤之关系；(5) 肯定并突出了孙光宪在前、后期转变中的重要词史地位。他走着与欧阳炯、和凝不同的创作道路，并突进领先，对冯延巳词有很大启示；(6) 揭示出冯延巳词的精神实质及属性。其词中的“翠袖”、“鲛绡”、“珠泪”等已非倾心描写女性，而是词人吟咏性情的兴象。冯词率先把多方面抒写封建官僚士大夫心境上升为曲词的基本主题；（7）对西蜀、南唐词的风貌，特别是南唐词，从音乐、律诗的方面做出新解说；（8）从前、后期词的对比研究中，得出五代词有长足发展的结论。（本文选入中国人民大学复印报刊资料《中国古代、近代文学研究》1994年第五辑）

《关于钟嵘及其〈诗品〉研究的几个问题》

刘跃进（副研究员）

论文 5千字

《古典文学知识》 1994年第5期

本文是为编写《魏晋南北朝文学编年史》而作的资料准备工作，原是《中古文学文献学》中的一节，单独抽出来整理发表。分三个问题：（1）钟嵘的生卒年及《诗品》作年；（2）《诗品序》的位置；（3）现代校注及诸多理论问题。

《关于〈文选〉编者及其成书年代》

刘跃进（副研究员）

论文 5千字

《古典文学知识》 1994年第1期

本文是为编写《魏晋南北朝文学编年史》而作的资料准备工作，原是《中古文学文献学》中的一节，单独抽出来整理发表。关于《文选》的编者，历来认为是昭明太子萧统，但是近十余年日本学者清水凯夫教授提出，《文选》的实际编者是刘孝绰。本文考察了学术界有关这个问题的争论，认为刘孝绰在《文选》成书过程中确实起到重要作用，但是萧统的决定作用也不能忽视。关于《文选》成书时代有梁代普通年间和大通年间两说，但是都有论证不周之处。本文最后展望了未来《文选》学研究的趋向。

《〈文心雕龙〉成书年代问题的回顾与展望》

刘跃进（副研究员）

论文 5千字

《文史知识》 1994年第5期

本文是为编写《魏晋南北朝文学编年史》而作的资料准备工作，原是《中古文学文献学》中的一节，单独抽出来整理发表。《文心雕龙》的成书年代，过去一直认为成于南齐末年，近年又有不少论著否定传统看法，认为成于梁代初年。本文介绍诸说之后，特别想着重指出，文学史研究当具有一种通识。比如成于梁初说，就有许多材料还存在问题，不能非此即彼。

《从〈洛神赋〉李善注看尤刻〈文选〉的版本系统》

刘跃进（副研究员）

论文 10千字

《文学遗产》 1994年第3期

长期以来，学术界普遍认为现存李善注《文选》是南宋尤袤从六臣注《文选》中抽出来另行单刻。本文根据内证，并参照北京图书馆藏北宋刻本否定这一成说，认为李善注《文选》当是另有渊源，非辑自六臣注本。

《曲尽世态炎凉 极摹人情变态——从新发现的〈忧庵集〉窥探戴名世晚年心境》

刘跃进（副研究员）

论文 13千字

《江淮论坛》 1994年第1期

本文详细论述了清华大学图书馆藏抄本《忧庵集》的文献价值和文学价值，认为这部书最重要的价值在于，它是探讨清初文字狱牺牲者戴名世晚年心境的直接材料，也是考察清初社会风气的一面镜子。在艺术上，它反映了桐城派创作的特色。

少数民族文学研究所

《〈江格尔〉论》

仁钦道尔吉（研究员）
专著　311千字
内蒙古大学出版社　1994年10月

《江格尔》是在中、蒙、俄三国的蒙古语族人民中口头流传的英雄史诗。二百年来各国学者搜集、出版和研究，早已形成了国际“江格尔学”。作者于1990年出版的《英雄史诗〈江格尔〉》是我国研究这部史诗的第一部专著。现在作者又完成了本部论著，这是国际江格尔学研究领域内的一部高层次著作。作者全面系统地研究国内外出版的该史诗的各种版本，参考前人的重要研究成果，在此基础上对各个重要问题，提出了自己的见解。全书分为上编与下编。在上编中，运用国内外已有资料和作者调查掌握的大量第一手资料，系统地论述了史诗的流传方式及时间地点、演唱艺人、演唱风俗和听众的作用，概括介绍了国内外的搜集出版和研究史。在下编里，探讨了它的源流，利用文化渊源、社会原型、词汇与地名、宗教形态、艺人传说、部落迁徙史、史诗演唱艺人的出现七个方面的论据，证明了《江格尔》初具长篇史诗规模的时代，考证它是在蒙古英雄传说和小型史诗基础上形成，反映了蒙古封建割据时期的社会斗争和思想意识。还指出，它初具长篇史诗规模之后，又得到了进一步的发展和充实，分析了这部史诗的整体及其情节结构、人物类型的发展方式和发展过程，论述了它的艺术魅力和艺术传统及其意义。

《〈格萨尔〉与藏族文化》

降边嘉措（研究员）
专著　260千字
内蒙古大学出版社　1994年5月

《格萨尔》是我国藏族人民集体创作的一部伟大的英雄史诗，代表着古代藏族文化的最高成就，是研究古代藏族社会的一部百科全书，在藏族文化发展的历史上，曾产生过重要作用，也是世界文化宝库中一颗璀灿的明珠。但是，在历史上，藏族社会长期实行政教合一的政治制度，在思想文化领域，僧侣贵族文化占统治地位，《格萨尔》这样一部来自民间的英雄史诗，则长期遭受僧侣贵族的排斥和压制。

本书在宽广的文化背景下，运用多学科、多角度的研究方法，从宏观上比较全面、系统地论述了《格萨尔》在藏族文化史上的地位和影响。指出：《格萨尔》对藏族文化的发展，产生过巨大的促进和推动作用，从而在藏族文化史上确立了不可替代、不可抹杀的重要地位。在藏族文化史上没有第二部著作，能像《格萨尔》那样深刻地反映古代藏族社会发展的历史，对藏族文化的发展，产生如此巨大的影响。该书用较大的篇幅，分析了神奇的《格萨尔》艺人，阐述了这些来自社会底层的民间艺术家们在《格萨尔》发展历史上的巨大作用，认为他们是史诗最直接的创作者、继承者和传播者，在他们身上，体现着人民群众的聪明才智和伟大创造精神。

《尹湛纳希评传》

扎拉嘎（研究员）
专著　206千字
内蒙古教育出版社　1994年3月

本书是继《〈一层楼〉〈泣红亭〉与〈红楼梦〉》和《尹湛纳希年谱》之后，作者关于尹湛纳希的第三本研究专著。《评传》在前言、尾声外，设有家世与童年、前期的文学活动与经历、文学创作高峰期的经历与交游、红云泪、一层楼、开鲁本青史演义、开鲁本青史演义纲要、泣红亭、后期的文学活动与经历等九章。《评传》依据《年谱》的考证，以编年为序，对尹湛纳希的家世和生平，主要作品的素材来源或资料来源及思想内容、人物形象和社会历史价值，尹湛纳希在蒙古文学史中的地位，进行了比较全面的研究。专著在探讨尹湛纳希文学道路的运行轨迹时，注意研究他由早期致力仕途向致力文学的转变，他的文学创作的由盛及衰，他的作品与忠信府往事的关系，他的社会交游对他的创作的影响，他在蒙古思想史上的地位等问题，从而勾勒出尹湛纳希其人其事的全貌。

《广西山水传说探美》

刘亚虎（副研究员）

专著 140千字

广西人民出版社 1994年12月

广西山水奇美秀丽，各民族山水传说也丰富多采。本书从文化人类学和美学的角度对这些传说的流传形式、起源、发展、美的形态、文化内涵、艺术和欣赏的特点进行了探讨。它首先描述了广西山水传说的概貌及其流传形式，特别详细地描述了与山水传说相联系的祭祀、巫术及娱乐等活动的情况，然后探讨了它们的起源和发展。它们的内容可概括为两个方面：创造力的礼赞，精神美的颂歌。山水传说把山水的美与生活的美溶为一体，美的形态有优美、崇高、悲剧、滑稽、喜剧等。它们随着山水形态和文化形态的不同而体现多种风格。它们在艺术创造上突出的特点是想象丰富、构思巧妙，艺术表现方式是“空间艺术”与时间艺术的结合。

《英雄的再生——突厥语族叙事文学中英雄入地母题研究》

郎樱（研究员）

论文 9千字

《民间文学论坛》 1994年第3期

英雄再生母题是一个世界性的古老母题。突厥语族文学在叙述英雄身世时，经常出现“英雄娶妻成家——进入地下——经过一番考验与折磨——返回地面”的叙事模式。此论文以大量突厥语族及世界相关民族叙事文学中的英雄入地母题为例，剖析了这一母题的古老文化内涵。

虔信交感巫术的初民认为，作为首领的英雄身强力壮，精力充沛，生育力强，受其感应，部落就会呈现人畜两旺的兴盛景象。反之，英雄力量渐衰，受其影响，部落的人丁牲畜也会日减。“英雄入地”是英雄回归母体的象征。通过考验与折磨，英雄再从母亲的阴道——通往地下的黑暗通道，返回地面。英雄入地及返回地面的经历，是英雄回归母体以求再生的象征。

《盘瓠神话源出北方考》

苑利（编辑）

论文 12千字

《民族文学研究》 1994年第1期

学界历来认为苗、瑶、畲是中国南方的三个少数民族，但笔者通过大量考证后发现：苗、瑶、畲并不是真正的南方民族，而是不折不扣的北方民族。他们远古曾居住在渤海北岸，以后因与黄帝、尧、舜、禹的连年征战，不断南迁，最后变成了所谓的南方民族。通观其原始文化，与百越文化毫不相干。例如盘瓠神话，以往学界大都认为这是一则本格的南方型神话，其实不然。作为这则神话的基本母题，所强调的是人犬结合，即视犬为人祖的犬图腾观念，这一点与吃犬成风的百越文化可谓风马牛不相及，但与视犬如祖的北方犬戎文化却同出一源。盘瓠神话的根本在北方。

外国文学研究所

《肖洛霍夫的艺术世界》

孙美玲（研究员）

专著 280千字

社会科学文献出版社 1994年1月

本书全面系统地论述20世纪最著名的俄罗斯作家肖洛霍夫的创作道路，揭示作家在叙事文学领域开创的悲剧史诗的艺术天地，展现作家在描写顿河哥萨克独具特色的社会和曲折复杂的历史命运所达到的伟大艺术成就。肖洛霍夫是一个争议颇多的作家，本书联系或针对俄国从20年代至今诸家、诸派的评论，就《顿河故事》的思想倾向、艺术特色，《静静的顿河》的主旨，主人公葛利高里的悲剧命运（他的道路、堕入匪帮、返回故土）、死在悲剧中的艺术魅力，《静静的顿河》的结局，聚讼多年的《静静的顿河》的著作权，以及关于《被开垦的处女地》、《人的命运》等作品的众多问题，进行了深入的探讨和细微的艺术分析，作为一家之言，提出了自己的看法。本书作为作者多年研究的成果，广泛开拓，饶有创意，材料丰富，文思流畅，艺术韵味浓郁隽永。

《印度古典诗学》

黄宝生（研究员）

专著 360千字

北京大学出版社 1994年6月

在古代文明世界，中国、印度和希腊各自创造了独具一格的文艺理论，成为东西方文艺理论的三大源头。国内学者对中国古代文艺理论的研究既深且广，对古希腊文艺理论的研究也有一定基础。相比之下，对印度古代文艺理论的研究，还是一片有待开垦的处女地。然而，全面了解这三大文艺理论体系，是文艺理论学科不可或缺的基础。本书是国内第一部系统介绍印度古代文艺理论的专著。全书是按古代印度的“诗学”概念，兼容诗歌理论和戏剧理论。上编“梵语戏剧学”，论述梵语戏剧源流、戏剧学论著、戏剧分类、味和情、情节、角色、语言、风格和舞台演出。下编“梵语诗学”，论述梵语诗源流、诗学论著、庄严论、风格论、味论、韵论、曲语论、推理论、合适论、诗人学和梵语诗学的终结。全书依据大量原始资料，描述了印度梵语戏剧学和诗学的源流、体系和结构，并对印度古典文艺理论种种独特的批评原则、概念和术语，结合具体实例，作了精细的阐释。作者最后指出，印度古典诗学这宗丰富的文学理论遗产值得我们重视，尤其值得我们将它放在世界文学理论的范围内进行比较研究，这样的研究必定能为中国的比较诗学和文学理论建设做出积极的贡献。

《东方现代文学史》

高慧勤（研究员）、栾文华（副研究员）

专著 1170千字

海峡文艺出版社出版 1994年1月

本书是迄今为止较为完备的系统地研究东方各国现代文学和当代文学的一部史论性著作。它运用第一手资料，借鉴了学术界和理论界最新研究成果，概括了建国以来东方现当代文学的研究成果，具有开拓性质。书中论述了东方各国现代时期的政治、经济、思想、宗教等社会因素对文学的发生、发展变化的作用和影响；对东方各国现当代文学的一大批优秀作家及其作品进行了分析和评价，对东方现代文学的许多难点进行了探讨，提出了自己的看法，具有较高的学术价值和理论价值，填补了东方现代文学史一块空白。

《美国文化批评集》

赵一凡（研究员）

论文集 131千字

三联书店 1994年6月

这本集子收编了作者12篇“哈佛读书札记”，涉及美国文化及其最新研究动态，主要包括法兰克福学派的文化批判和欧美学界最新流行的文化批评。文集以相当篇幅评点了阿道诺、马尔库塞、米尔斯与新历史主义学派的学术理论，借其一脉因袭的犀利与凝重，帮助中国读者客观而沉稳地透视美国文明，了解并预见现代化的利弊得失。文化批评新学风，是一种多功能综合批评方法。特征是以新进批评理论为先导，破除传统的人文中心论，超越学科分治界线，强调角度与方法的多样化，追求宽大复合的学术视野，以及广泛积极的读者反应。本集在“丹尼尔·贝尔与当代资本主义文化批评”、“埃德蒙·威尔逊的俄国之恋”、“派瑞·米勒与美国文化根”、“屈瑞林与纽约文人的时代”等文章中对美国的文化批评一一作了介绍和评论。其他文章还有“哈佛教育思想考察”、“霍夫斯塔特与美国政治思想史”、“现代化理论与霍氏改革史观”、“钱德勒与管理革命理论”、“白领·权力精英·新阶级”、“耶鲁批评家及其学术天地”等。最后作者在附录中讲述了自己向钱钟书先生的著作求教，读《围城》的心得体会。

《苏联文学的最后七年》

张捷（副研究员）

专著 233千字

社会科学文献出版社 1994年6月

此书对从1985年苏联开始实行“改革”到1991年苏联解体的七年内的文学过程作了全面的考察和论述。全书共分四章。第一章文学界的“内战”系统的介绍了这一时期文学界内部的矛盾和斗争；第二章文学思想和理论论争对当时出现的各种文学思潮和不同派别之间发生的论争作了分析和评述；第三章文学创作的现状则讲文学创作的情况，具体介绍了创作中出现的不同倾向和有代表性的作品；第四章回归文学对这几年出现的所谓“回归文学”的浪潮作了全面的介绍，并对它在苏联文学史上的地位和对今后创作的影响作了说明和估计。正文后附有简要的文学大事记。本书是在对苏联文学最后七年的发展过程进行跟踪研究，作者对充满矛盾和斗争的文学过程、纷繁复杂的文学现象，以及文学界出现的各种错误观点作了分析批判，对一系列重要的理论问题（例如文学的真实性、全人类价值、传统和创新的关系、社会主义现实主义的历史地位问题等）和文学现象（例如“回归文学”、“新潮文学”、纪实文学等）提出了自己的看法。

《爱·美·死》

李德纯（副研究员）

专著 240千字

中国社会科学出版社 1994年7月

本书是一本从流派和作家作品两个方面研究日本战后文学的专著。在流派论部分，作者以“更新与探索”、“创生与模拟”、“丧失与复苏”几个特点分别介绍了战后的日本小说、诗歌和戏剧，并对战后派、无赖派、现代派、社会派和城市文学等加以论述。在作家作品部分选择了十位重要作家的作品进行分析评论，主要有岛崎藤村的《家》、川端康成的《伊豆舞女》、有吉佐和子的《非色》、原田康子的《挽歌》以及对石川达三、三岛由纪夫、井上靖、司马辽太郎、松本清张和石原慎太郎等作家的创作特点的专章评述。全书的每一章节既是独立文章，合起来又从不同角度勾画出战后日本文学的概貌。书中既从文学体裁区分，分别叙述了小说、诗歌、戏剧的发展变化，也有点有面的对具体作家作品进行了分析；既从作家在作品中表现的内容、主题上指出文学的发展与战后日本社会变化及日本文化传统的关系，也从艺术风格上说明日本作家在保持传统的审美情趣的同时借鉴西方文化所作的努力，取得的成就。

《苏联文学史》

叶水夫主编　李辉凡、吴元迈副主编

专著　3卷　1200千字

中国社会科学出版社　1994年

外国文学研究所集体撰写的《苏联文学史》，前二卷为概论，第三卷为作家论，涵盖了从十月革命至80年代初近七十年苏联文学发展全过程的内容：苏联初创时期，内战年代，社会主义改造和社会主义建设时期，卫国战争时期，战后和“解冻”时期及七八十年代建设时期。在史书的体例和构架上作了新的尝试，摈弃了过去苏联文学史的某些老套式。在内容选择和价值取向方面则坚持马克思主义的历史唯物主义原则。根据上述原则，编撰者在概论部分对苏联各个时期的文学思潮、理论、政策和重大争论作了全面的介绍和阐述，然后再按诗歌、小说、戏剧等不同体裁对各个时期的文学创作进行系统的分析探讨，作出实事求是的评估。在作家论方面，本书设有50位代表不同民族、不同思想艺术流派的作家专章，包括重要的回归作家，分别对他们的创作道路及其思想艺术成就作出简要的论述，确定他们在苏联文学史上的历史地位。此外，在第三卷的书后还附有相当翔实的（约6万字）苏联作家、作品的索引，可供读者和研究者查阅，是一份珍贵的学术研究资料。

《再登巴比伦塔——巴赫金对话理论》

董小英（副研究员）

专著　231千字

三联书店　1994年10月

除语义以外，语言符号携带了三个方面的信息：思维方式、表述方式和交流方式。而由俄罗斯学者米·巴赫金首创的对话理论是研究交流方式的学科。他认为，文本是作者与读者对话的媒介，文本的意义经双方对话才能实现。作者与他人话语的存在是文本对话形式的基础；说者在暗中重复、反驳、讽刺性模拟他人话语时，话语会产生双声语，而文本会由于作者与主人公、作者与读者等多种对话性主体对话关系，使叙述产生或明或暗的对话性形式，从而文体形成独白或对位和复调的不同式样。而民俗的狂欢节给欧洲的作者和读者带来的“狂欢化”意识，是对话性形式“复调”产生的历史根源。该书除了对巴赫金理论做了系统阐述以外，还立足完善理论体系，将其理解的前提“视觉背景”具体化为所知与所设，二者是判断真假值的实际标准。并从叙述体态、语式及结构方面分析了具代表性的外国现代小说，总结了视角与人称的内外三角关系；语句命题与后设命题的明暗关系；情节与故事的链环关系；意象、声音和复调性结构“命题场”的各种文本结构形式，将这些层次中的对话性形式具体化、系统化，指出交流方式对文本形式的影响，旨在深刻解读作品的同时，加深人类自身认知能力的认识。

《叶芝抒情诗全集》

傅浩（副研究员）译

译著　550千字

中国工人出版社　1994年

本书是迄今海内外最完备的一本叶芝诗集，全书包括爱尔兰大诗人、1923年诺贝尔文学奖得主W.B.叶芝正式结集出版的抒情诗作374首的中译文，以及叶芝年表、诺贝尔文学奖颁奖辞和受奖辞、叶芝《对我的创作的总介绍》一文等背景资料。另外，卷首还冠有译者撰写的译者序。

译者序约15千字，分为六部分，结合译者访问叶芝故乡观感及叶芝生平，分别论述了叶芝诗歌创作的民族性、自传性、哲理性、神秘性等特征，以及他在诗歌表现形式和象征主义方面的理论和实践。该序文论据翔实，富于创见，全面而客观地分析和概括了叶芝的艺术发展脉络。

《纪伯伦全集》

伊宏（副研究员）主编

译著 1284千字

甘肃人民出版社 1994年10月

本《全集》收入了具有世界声誉的黎巴嫩诗人纪伯伦（Khalil Gibran，1883～1931）的全部作品及部分代表性画品，全书共分三卷：上卷为纪伯伦用阿拉伯文发表的作品，中卷为用英文发表的作品，下卷为书信及佚文。编者在约三万言的研究性长序中，围绕“纪伯伦的世界和世界的纪伯伦”这一主题，分别对纪伯伦的“文学世界”、“艺术世界”和“情感世界”进行了详细论述。指出这些作品具有“思深、文美、情真”的总体艺术特征。编者在序言和后记中，还对纪伯伦作品在中国的译介和传播过程进行了回顾，肯定了茅盾、特别是冰心在二三十年代发现和译介纪伯伦作品的历史性眼光和先驱者作用。编辑出版此书的目的，是向中国的东方文学爱好者和研究者提供纪伯伦全面完整的形象，因此不但突出了他作为20世纪卓有成就的散文诗诗人在阿拉伯文学、东方文学乃至世界现代文学史上的地位，而且也展示了他作为传统的叛逆者、思想的启迪者的独特贡献。本书还附有比较翔实的纪伯伦年谱及纪伯伦研究中文参考资料索引等，同时编者后记中还对我国纪伯伦研究中遇到的若干重要问题进行了分析探讨。

语言研究所

《语用研究论集》

“汉语运用的语用原则”课题组

论文集 200千字

北京语言学院出版社 1994年7月

“汉语运用的语用原则”课题组侧重研究语言学家提出的语言结构和语言单元在实际语言运用中的一些制约条件和因素。本《论集》共收论文16篇，大致分成四组，每组4篇，依次排列，同类相连。第一组探讨了语用学的理论问题及其跟相关学科的关系；第二组论述了汉语里人称代词、反身代词和称呼的语用条件和制约因素；第三组分析了汉语某些语词的语用和语义特点；第四组考察了某些句子结构的语用或篇章结构特征，以及性别差异对语言运用的影响等。

《福州话音档》

冯爱珍（副研究员）

专著 100千字

录音带 60分钟/盒

上海教育出版社 1994年

《福州话音档》用有声形式表现并保存福州方言。另有文字说明专书。专书内容包括：福州话语音系统；常用词汇；语法例句；构词法举要；长篇语料等。音档附论包括福州方言记略，介绍福州话的分布、形成、历史及使用情况；福州方言概述，主要描写福州话的语音、词汇、语法特点，并有同音字表。

《新编汉语多用辞典》

林连通（副研究员）主编

工具书 1720千字

社会科学文献出版社 1994年1月

该书收录成语、歇后语、习惯语、谚语、格言共两万余条。书内条目丰富，释义简明扼要，书证典型可靠。该词典注意辞书的多功能性，便于读者使用。

《现代汉语规范字典》

李志江（副编审）编

工具书 900千字

社会科学文献出版社 1994年4月

本词典是一部按照国家有关部门公布的一系列规范化规定编辑的辞书。正文按音序排列，书前附有笔画检字表。全书共收汉字10700个左右，繁体字2300多个，异体字约1340个。本书的注释力求准确，除详列现代义外，还酌收了较常见的文言义。举例丰富，包括合成词、成语和句子等，以帮助读者了解字义和用法，理解语素的义项归属，并为组词造句提供参考。

《语言导论》

沈家煊（研究员）主编

译著 420千字

北京语言学院出版社 1994年

《语言导论》的作者是美国著名的语言学家 Victorira Fromkin（维多利亚·弗罗姆金）和 Robert Rodman（罗伯特·罗德曼）。该书自1974年首版之后已再版五次，并先后译成多种文字。

该书经多次修订，及时反映了当今语言学发展的最新成果和趋势，在语音、语法、词汇、社会语言学、心理语言学等各个方面不仅系统介绍了传统的理论观点，同时也突出介绍了许多新的、比较成熟的理论观点。使读者能够比较全面地了解世界语言学的发展状况和水平。该书不仅适合语言学专业的学生阅读，也适合其他相关学科（如哲学、心理学、社会学、人工智能）的研究人员和教学人员参考。

法学研究所

《中国珍稀法律典籍集成》

刘海年（研究员）、杨一凡（研究员）主编 合作者考古学界、历史学界、法学界的二十余名专家、教授

古籍整理 14册 9000千字

科学出版社 1994年8月

《集成》收录散失于我国大陆、台湾和日本、美国、俄罗斯、韩国等海内外各地稀见的中华法律古籍文献近六十种。其中有5册系对文物、历史档案中法律资料的挖掘整理、注释性成果，8册系古籍校勘成果，1册系对西夏天盛律令的译著成果。这些文献均系首次整理校勘，不仅80%以上文献属于孤本、珍本性质，而且大多是各朝具有代表性的重要典籍，史料价值甚高，是近百年来我国法律古籍整理的最重大成果。

该丛书分甲、乙、丙三编。甲编5册，所辑文献主要有：甲骨金文简牍中的法律文献、汉代屯戍遗简法律文献、吐鲁番文书法律文献、敦煌文书法律文献、西夏天盛律令。乙编6册，所辑文献主要有：大明令、御制大诰四编、律解辨疑所载明律、大明律直解所载律文、教民榜文、律条直引、刑名启蒙例、军政条例、宪纲事类、成化二十三年条例、弘治六年条例、吏部条例、弘治问刑条例、嘉靖新例、嘉靖重修问刑条例、宗藩条例、嘉隆新例、皇明诏令、皇明条法事类纂等。丙编3册，所辑文献主要有：殿本大清律例、大清律续纂条例、盛京满文档案中的律令、蒙古律例、西宁青海番夷成例、钦定回疆则例、沈家本未刻稿七种、刑部现行则例等。

《明代条例》

杨一凡（研究员）点校 合作者曲英杰等

古籍点校本 570千字

科学出版社 1994年8月

本书收录自明朝正统至万历一百八十余年间颁布的单行条例13种。（1）《军政条例》，其内容是有关清理军政，勾补、编发军役，根捕、起解逃军等方面的规定和禁例。此条例分别系宣宗宣德四年（1429）、英宗正统元年（1436）至三年（1438）定

例；（2）《宪纲事类》，英宗正统四年（1439）十月刊行，内容均系风宪官的职守、行事规则、礼仪、纪纲禁例及对违背纪纲者如何处置的法律规定；(3)《吏部条例》，弘治十一年（1498）七月吏部奉敕编纂刊行，全书辑有关官吏违碍事例97条；(4)《皇明成化二十三年条例》，收录当时各部、院题奏34条；(5)《皇明弘治六年条例》，收录各部、院题奏29条；（6）弘治《问刑条例》，初颁于明孝宗弘治十三年（1500），计279条；（7）嘉靖重修《问刑条例》，此条例是在修订弘治《问刑条例》的基础上而成，嘉靖二十九年（1550）颁行，计385条；（8）《大明律直引》所附《问刑条例》和《比附律条》，《直引》所附《问刑条例》，系弘治《问刑条例》和弘治十三年后续定的义例、比附律条混编而成，是研究明代《比附律条》和弘治《问刑条例》颁行后刑事法律制定情况的宝贵资料；(9)《大明律疏附例》所载《续例附考》及《新例》，《续例》系弘治十三年颁行《问刑条例》以后至弘治十八年（1505）明孝宗死以前陆续制定的条例，《新例》均为嘉靖年间定例；(10)《嘉靖新例》，收入自嘉靖元年（1522）至嘉靖二十四年（1545）的定例202条；(11)《嘉隆新例》(附万历)，收入嘉靖朝、隆庆朝及万历元年（1573）至六年（1578）定例38条；(12)《宗藩条例》，明嘉靖时吏部尚书李春芳主持修订，其书由目录、题本、世宗皇帝圣旨、条例四部分组成，其中条例正文67条；(13)《真犯死罪充军为民例》，系万历十三年（1585）奏定，其后又于万历年间增补续题。

收入本书的条例，均系明代代表性法规。其中《军政条例》、《宪纲事类》、《吏部条例》、《问刑条例》是通行于多朝、长期实行的法规，其他条例也是各朝因时局变化需要增设的各种新例，在当时发挥过一定作用。

《洪武法律典籍》

杨一凡（研究员）点校　合作者曲英杰、宋国范

古籍点校本　775千字

科学出版社　1994年8月

本书收录明建国初期的重要法律文献10种：(1)《大明令》，明开国之初与《大明律》同时颁布、并行于世的重要法律；(2)《御制大诰》、《御制大诰续编》、《御制大诰三编》、《大诰武臣》，是明太祖朱元璋于洪武十八年（1385）至二十年（1387）间发布的四篇文告，四篇《大诰》作为一种具有教育作用和法律效律的特种刑法，其刑罚之酷烈，在中国法律史上实属罕见；（3）《律解辨疑》和《大明律直解》所载明律。据点校者考证，《律解辨疑》所载明律，很可能是洪武十八九年行用的《大明律》。《大明律直解》所载律文，系洪武二十二年颁行的《大明律》；(4)《教民榜文》，明太祖朱元璋钦定，洪武三十年颁行，其榜文共41条，对老人、里甲、理断民讼和管理其他乡村事务的方方面面做了详尽的规定，堪称是我国历史上一部极有特色的民事和民事诉讼法规；(5)《刑名启蒙例》，明何广撰，作者通过总结实际司法工作经验，阐述了缉捕、审讯、断赃、量刑等所应遵循的要则；(6)《律条直引》，明太祖朱元璋敕六部、都察院编，其内容是解读《大明律》律文和明确“有大诰减等”的量刑标准。这些文献，大体反映了明洪武法律的面貌。借助这些资料，可以厘正史籍中记载洪武法制的不确之处，解开长期困惑人们的一些疑义。

本书书末附录了《大明令》、《御制大诰》、《御制大诰续编》、《御制大诰三编》、《大诰武臣》、《教民榜文》各文献主要版本校对表和《〈大明律直解〉所载明律与洪武

三十年律对勘表》。

《皇明诏令》

杨一凡（研究员）点校　合作者田禾

古籍点校本　530千字

科学出版社　1994年8月

《皇明诏令》，明人傅凤翔于嘉靖十八年（1539）任巡按浙江监察御史、福建按察司副使期间辑成刊行。斯后，浙江布政使司又于嘉靖二十七年（1548）校补重刊。此书收录自小明王韩林儿龙凤十二年（1366）至明嘉靖二十六年（1547）182年间，明代十位皇帝的诏令507篇。其中太祖72篇，成祖73篇，仁宗15篇，宣宗71篇，英宗95篇，景帝20篇，宪宗62篇，孝宗24篇，武宗22篇，世宗53篇。这些以皇帝名义发布、具有最高法律效力的诏敕和文告，内容涉及军国大政、律例刑名、职官职掌、户婚钱粮、赋役税收、钱法钞法、马政漕运、盐茶课程、祭祀礼仪、宗藩勋戚、科举学校、军务征讨、关津海禁、营造河防、外交事务、抚恤恩宥等各个方面，均系明代十朝有关重大朝政要事和法律、制度的决策性文献。这些诏令，许多为诸史所不载，即是像《明实录》这一详记明代典章制度的浩浩巨著，也有不少未曾列入；已记载的，也往往多有删节。因此，《皇明诏令》一书，无论是对于研究明代法律史，还是对于研究明代政治、经济、文化、军事、对外关系史，都有他书不可替代的史料价值。

本书以北京图书馆藏本为底本，参阅《明实录》等多种文献所记明代诏敕校勘、整理而成。

《皇明条法事类纂（正编）》

杨一凡（研究员）点校　合作者李贵连、刘笃才、蒋达涛等

古籍点校本　1540千字

科学出版社　1994年8月

旧钞本《皇明条法事类纂》，64册，50卷。此书明钞本藏日本东京大学附属图书馆。日本古典研究会于昭和四十一年（1966）将其影印。原钞本错、脱、衍文字极多，几乎达到了每页、乃至每段都有错字的地步，文意不通的句子比比皆是。本书是点校者参阅多种文献校勘、整理而成。

《皇明条法事类纂》正编分为八类（五刑类、名例类、吏部类、户部类、礼部类、兵部类、刑部类、工部类）、175目、1276条。内除有正统朝的一条外，均系明宪宗、孝宗两朝各部及都察院等衙门于天顺八年（1464）至弘治七年（1494）31年间进呈的题本、奏本。其中许多题本、奏本，是经皇帝“圣旨”“是”了的“准议”、“准拟”了的“题准”、“奏准”，当时被奉为“例”。例辅律而行，具有法律效力。因此，《皇明条法事类纂》是一部法律文件汇编性文献。

《皇明条法事类纂》的史料价值是：它辑录的材料，全部出自明代档案，其中绝大部分是内容完整的题本、奏本，并多为明代诸史所不载，具有考史、证史、补史的作用。本书不仅对研究成化、弘治两朝的法律制度、法律思想、制例过程及法律实施状况提供了大量生动具体的资料，而且对研究明代中叶经济、社会史的诸方面及宫廷贵族生活、民间习俗、外交关系、少数民族事务等，都有重要的史料价值。

《盛京满文档案中的律令》

徐立志（副研究员）点校　合作者张锐智、李林、尹良培

古籍点校本　200千字

科学出版社　1994年8月

清入关前在东北时期形成的官方满文档案，是研究清早期历史的第一手材料。本书是第一部从满文档案中辑录清入关前律令的

资料性文献，是在吸收国内对这部分档案进行发掘、整理、翻译等成果的基础上，从法律的角度进行辑录、校勘、编纂而成的，内容包括迄今为止发现的清入关前满文档案中的全部律令和其他与法律有关的材料。其主要资料来源如下：(1)《满文老档》。这是用满文书写的清朝最早的档案，起自天命前九年（1607），止于后金崇德元年（1636），其内容多为一般史籍所不载，现存有档案原本和乾隆时重抄本，计约85万字，均有汉文译本。(2)《清入关前内国史院档》。这是清初所设内国史院为纂修国史而辑录的满文档案材料中的一部分，自天聪元年（1627）至崇德八年（1643），共47册，80余万字，也有汉文译本。(3)《盛京满文原档》。这是清初所设吏、户、礼、兵、刑五部保存下来的部分原始档案，共231件，19万字。(4)《盛京满文逃人档》。这是关于逃人案件的专门档案，现仅存一册，1万余字。(5)《盛京满文军情战报档》，现存3.6万字。

《皇明条法事类纂附编》

齐钧（助研）点校

古籍点校本　410千字

科学出版社　1994年8月

《皇明条法事类纂附编》共辑各种题本、题准、奏本等216件。其中吏部10件，户部32件，礼部25件，兵部67件，刑部42件，工部1件，都察院29件，通政司1件，聖谕1件，诏书5件，无部别者3件。大概未系统整理的缘故，这部分编纂工作十分粗糙，书前总目和附编前也均未开列本编的条名目录。

《皇明条法事类纂附编》有着较高的史料价值，它辑录的材料，全部出自明代档案，其中绝大多数是内容完整的题本、奏本，并多为《明实录》、《明史》、《大明会典》及明代诸史籍所不载，部分有记载者，也是行文简略，语焉不详，故它具有考史、证史、补史的作用。此书内容广泛，对研究明代的法律制度、政治制度、经济、军事、民族事务、外交关系，都有重要的史料价值。

《回疆则例》

齐钧（助研）点校

古籍点校本　84千字

科学出版社　1994年8月

《钦定回疆则例》是清代关于少数民族的又一重要法律。其适用范围主要为新疆南部及东部哈密、吐鲁番等地的维吾尔族，新疆西北部、中亚的哈萨克族，以及帕米尔高原以西的布鲁特（塔吉克）人、浩罕（吉尔吉斯）人等。该则例初颁于嘉庆二十年（1815），道光二十二年（1842）修改续纂后重新颁布。目前所见较好的版本为藏于中国中央民族学院图书馆的光绪三十四年（1908）排印本。此本共八卷，134条。此外，还收有自嘉庆十六年（1811）至道光二十二年间关于制订和修改本则例的七个奏章，以及详细的撰者名单。我们采用的就是这个本子。点校中，除个别排印错误及避讳词语校正外，未发现严重错误，故不作校勘记。

《回疆则例》收入《中国珍稀法律典籍集成》丙编第二册。

《中国人权建设》

史探经、韩延龙（研究员）　合作者王家福、刘海年、李步云、刘白驹等

资料性专著　600千字

四川人民出版社　1994年8月

本书由导言和两编组成。

导言扼要阐述了马克思主义在人权问题上的原则立场、基本理论和我国加强人权建设的指导原则，着重论述了人权的概念、人

权的本质属性、人权的普遍性和特殊性、人权的基本内容、个人人权和集体人权、权利和义务的不可分割性，以及人权的三种基本形态。

第一编“人权保障立法”，辑录宪法、法律、行政法规和地方性法规的条文，系统介绍了我国11个方面人权立法的情况和我国公民拥有的各项权利和基本自由。第二编“人权保障实践”设28个专题，以大量实证材料有充分说服力地阐明了我国人权建设在各个方面所取得的重大成就和发展前景，以及我国积极参加国际人权活动的实际情况。

全书由王家福、刘海年主持讨论确定编写主旨和结构安排，史探经、韩延龙统编定稿，本院人权研究中心、国务院有关部委、全国人大办公厅研究室、最高人民法院、最高人民检察院、全国总工会、全国妇联、共青团中央、全国残联、全国老龄委等有关部门的专家学者参加了编写工作。本书是一部学术性、资料性著作，具有一定的权威性和参考价值。

《国际环境法导论》

马骧聪（研究员）主编　合作者胡保林、倪轩、王灿发等

专著　300千字

社会科学文献出版社　1994年2月

全书分三编。第一编总论，论述了国际环境法的概念、渊源、发展、特点，国际环境法学研究，国际环境法的基本原则、环境方面的国际责任及国际环境争端的解决等基本理论问题。第二编国际组织与国际环境法，从各个方面论述了国际组织、特别是联合国及其有关机构对促进国际环境法发展的作用。第三编环境方面的国际条约，分别论述了关于保护大气和气候、水、海洋、南极、生物资源和自然环境及防治废弃物污染、核污染等方面的国际公约以及区域性条约和双边环保条约。该书的特点和价值是：(1) 较全面系统地论述了国际环境法这一新兴的国际法部门的理论及实际问题；(2) 结构合理，既重视国际环境法的理论方面，又注意国际环境立法的实践；(3) 内容丰富、资料翔实，反映了国际环境法的历史发展和现状，包括1992年巴西联合国环境与发展大会后的新发展；(4) 坚持国际法基本原理和我国的外交政策，从多方面论述了我国对国际环境合作的积极态度、原则性立场和贡献以及发展中国家的积极贡献；(5) 正确强调：A. 国际环境法是一个具有许多特点的边缘性新兴法律领域；B. 已形成一系列国际环境法基本原则；C. 保护全球环境必须各国广泛的平等参与，必须尊重各国的主权；D. 发达国家对保护全球环境负有主要责任，必须充分考虑和照顾发展中国家的特殊情况和需要；E. 中国应更积极地参与国际环境合作和国际环境立法，以维护我国和发展中国家的合法权益，为保护人类环境做出更大的贡献。

《革命根据地法制史》

韩延龙（研究员）　合作者张希坡、杨永华等

专著　650千字

法律出版社　1994年7月

本书由前言、四编五十二章组成，全面、系统、概括地论述了新民主主义革命时期革命根据地人民民主法制产生和发展的历史。

第一编论述了中国共产党早期的宪政主张，工农运动中产生的革命政权组织及其各项规章制度，工人运动的兴起和劳动法案的提出，党的土地改革纲领和改革婚姻家庭制度的主张，工农运动中的审判机关和诉讼制度。

第二编论述了土地革命时期红色政权的

建立和新民主主义法制的初创，最早的人民制宪文件，苏维埃政权组织形式和选举制度，土地改革立法和土地制度的变革，劳动、婚姻、财经、刑事立法的内容和评估，司法机关和诉讼制度，新型监所的创建。

第三编论述了抗日民主政权的建立与抗日根据地人民民主法制的发展，各抗日根据地的施政纲领和人权保障制度，政权组织的变化，行政法规和精兵简政，土地、劳动、财经、刑事立法的特点，人民调解制度的新发展。

第四编阐述了解放战争时期人民民主政权的宪法性文件，各级政权组织的新变化，土地政策和土地立法的重大转变，经济管理法规的充实和发展，劳动立法的各项基本规范，司法机关的新体制。

《秦统治者的法律思想》

刘海年（研究员）

论文 35千字

收入《中外法律史新探》

陕西人民出版社 1994年12月

本文分三个部分：（1）历史的回顾；（2）云梦秦简中的法律思想；（3）秦始皇、李斯的法律思想。第一部分主要是秦统治者法律思想形成的历史背景，重点介绍了商鞅变法的有关争论及其历史意义，同时介绍了吕不韦与秦王政的政见分歧和《吕氏春秋》提出的主张。第二部分概括了1975年新发现的云梦秦简体现的法律思想。云梦秦简的内容大部分是法律和法律文书。它体现了秦统治者以法治国的思想，法随时代的变化不断发展的思想，立法、司法统一的主张，严格治吏的主张。此外，云梦秦简还体现了在统治实践中儒法融合的趋向。第三部分阐述了秦始皇和李斯法律思想的几个共同方面，如任能，注意网罗人才，主张集权建立郡县制，提高君主的法律地位，强调以法律手段治理国家和废儒学仁义，行严刑酷法等。文章最后分析了秦始皇和李斯法律思想的矛盾。李斯是韩非的学生，秦始皇也从韩非的著述中学了不少东西，但韩非是学者、理论家，李秦是政治家，政治家对理论在实践中不可能不作某些变通。李斯、秦始皇法律思想的根本矛盾是他们既主张实行“法治”，又坚决奉行“专治”。二者是无法调和的。这也是秦王朝迅速崩溃的重要原因。

《地方立法在建立社会主义市场经济体制中的地位和作用》

刘瀚（研究员）

论文 9千字

《阵地》 1994年第4期

改革开放以来，我国法制建设取得了举世瞩目的成就，地方立法是其突出表现之一。在建立社会主义市场经济体制中，其地位和作用将更加突出。我国的社会主义法律体系，是以宪法为统帅，由基本法律、法律、行政法规和地方性法规组成的金字塔型的规范体系，地方性法规就是这个金字塔的坚实的“基础”。市场的统一性和地方立法的地方性，是矛盾的统一；统一大市场的多样性和地方立法的针对性，使法律体系更为完善；市场规范的统一性和规范效力的等级性，使法律的施行更为有力；地方立法在建立和逐步健全社会保障系统方面有不可替代的作用；地方立法，在保障市场经济所需要的自然环境和社会环境方面，负有重大责任；在社会主义民主政治建设中，地方立法大有作为。因而，应继续加强地方立法，发挥中央和地方两个积极性，推进社会主义市场经济体制的发展的进程。

《国际人权问题热点述评》

信春鹰（研究员）

论文 10千字

《中国社会科学》 1994 年第 6 期

人权问题是当今国际政治领域中的一个热点。联合国的所有成员国都表示接受某些共同的国际人权标准，但是各国的人权观念是不同的。在人权问题上，分歧与分裂举目皆是，分歧背后，是意识形态的对立，是利益的冲突，是文化的碰撞。这些冲突集中表现在以下问题上：(1) 人权的普遍性与特殊性。西方国家强调人权的普遍性，试图将西方的人权模式推行到所有的国家。发展中国家则强调人权保护的特殊性；(2) 人权与发展权。东西方国家对发展权的含义、范围、内容和主体均有不同解释和侧重；(3) 人权与国家主权。这个问题的核心集中于国际人权保护的范围方式；(4) 一般人权与妇女、儿童和属于少数群体的人的人权；(5) 政府人权组织与非政府人权组织。

论文指出，不同的人权观念的并存与合作、理解与沟通，是当今国际人权运动进步的条件。

《市场经济与经济民主》

王保树（研究员）

论文 11 千字

《中国法学》 1994 年第 2 期

经济民主是法治经济之本义所在，也是经济体制改革的必然要求。确立经济民主结构的依据有两个：一是利益归属原则；二是一定的经济民主所反映的社会关系的特性。完善经济民主结构也应包括两个方面：一是经济民主的层次完善；二是经济民主结构的内部协调。社会公正是经济法所追逐的经济民主目标，包括两层意思：一是经济机会均等，即经营主体都有进入市场并进行平等竞争的机会，而不是注重“结果平等”；二是经济平等，即市场竞争条件相同，包括经营主体经济负担合理，取得收益的条件相同。经济法实现公正的方式是政府适当干预：维护市场竞争；组织推动竞争；调节市场。当然，公正不是经济法追逐的惟一目标，经济法也将效率作为其追逐的目标之一。

《寻求效率与公正的平衡》

陈泽宪（副研究员）

论文 10 千字

《外国法译评》 1994 年第 4 期

英国皇家刑事司法委员会在向国会呈交的报告中，提出 352 条改进刑事司法制度的建议。内容主要涉及：关于误判案件的复查；关于避免针对少数民族成员的歧视行为；关于增加警方调查权力和对警察的监督；关于嫌疑人的权利保障；关于案件的预先审查；关于案件材料公开；关于修改法律援助费计算标准规定；关于判刑折扣制度；关于审判制度的改革；关于法庭科学与证据检验；关于上诉法院的工作等。该报告反映了当代英国刑事司法改革的新观念和新动态。其基本点是力图在司法效率与司法公正之间谋求平衡。既增加了嫌疑人、被告人、证人和被害人的权利和保障，又对他们的权利予以限制并设定相应义务。在赋予警察、检察官、法官更多权力的同时，也设计了防止滥用权力和纠正执法错误的监督救济机制。

政治学研究所

《中国政治人》

张明澍（副研究员）

专著 140 千字

中国社会科学出版社 1994 年 1 月

本书是一部关于中国公民政治素质的调查报告，提出“政治人”的概念是概括中国人政治特征的形象而生动的说法。人的政治特征有许多方面，本书研究的是其中最主要的一个方面——政治素质，着重描述和分析了中国政治文化的若干基本问题：公民的政治观、政治态度、政治参与行为、政治和知识及技术的掌握程度，同时剖析了中西政治文化的区别所在，概括了中国政治人的基本特点：即是大多数被调查者对政治予以肯定性的评价，同时又“敬而远之”，这一特点与西方人的政治观相比较，可以用“扬善抑恶”来说明彼此的区别。西方人主张人性恶，因此政治的目的是为了扼制“恶”，而中国人认为政治的目的在于“扬善”。产生这种现象的主要原因是中国人的政治参与观是伦理型的，而非功利型的，中国人不像西方人那样，把政治参与同自身的物质利益挂起钩来，中国人参与政治是为了珍惜国家赋予的神圣权利。本书还采用现代统计学方法，在大量调查资料基础上，对公民政治素质做出定量评价，提出中国政治建设应当从提高中国公民的政治素质出发，中国政治发展进程应当渐进，不能与公民政治素质现状脱节。

民族研究所

《中国民族史》

王钟翰（研究员）主编　杜荣坤（研究员）副主编　合作者肖之兴、蔡家艺、杨保隆、白翠琴等

专著　157千字

中国社会科学出版社　1994年12月

该书是一部以中国有史以来的少数民族为主，联系华夏/汉民族的产生、形成、发展的综合性历史专著。力求找出各个民族的盈虚消长和兴衰治乱的特点和规律，并加以总结、提炼、概括，以期建立起符合中国民族史本身的规律及体系。本书站在民族平等的立场，用历史唯物辩证观点去分析、对待历史上的民族关系和民族问题，打破二千多年来以汉族为主、中原封建王朝为正统的观念；努力发掘和阐述少数民族对于祖国边疆开拓和丰富祖国文化宝库等方面所做出的重要贡献；既反映各少数民族的起源、形成、发展的历史过程及其发展规律，又比较全面和准确地反映了汉族和汉文化在其中所起的主导作用。

《中国的民族与民族问题——论中国共产党解决民族问题的理论与实践》

郝时远（研究员）

专著　210千字

江西人民出版社　1994年6月

本书是院“七五”重点项目“马克思主义民族理论在中国的实践与发展”的最终成果，纳入江流主编的《建设有中国特色社会主义理论研究丛书》之列。

本书在概括论述人类社会民族现象和民族过程发展规律基础上，论述了马克思主义民族理论的基本观点和中国共产党解决民族问题的理论与实践。书中从中国统一的多民族国情历史出发，着重论述了中国共产党从新民主主义革命时期到社会主义建设时期解决民族问题的理论发展和实际成效；运用大量历史文献和现实资料论证了中国解决民族问题的独特道路和成功之处；阐述了党在依据马克思主义民族理论与中国民族问题的具体实践相结合过程中的探索和决择；分析了解决民族问题过程中的经验和教训；提出了“左”的错误与大汉族主义思想的互动关系及其规律性表现的新观点；从冷战后世界民族主义浪潮泛起和苏联解体的教训这一大背景下对我国新形势下民族问题的主要表现和发展趋向进行了探讨，对中国解决民族问题的基本理论特点和内容进行了提炼。

本书结构新颖，具有从历史到现实、从国际到国内的特点，为我国民族理论研究提供了一种新的视野，对党史、国史研究中有关民族工作方面也具有一定的补充作用。

《东北渔猎民族现代化道路探索》

杨荆楚（研究员） 合作者郑信哲、周竞红、刘小幸、孙懿

专著 232千字

民族出版社 1994年9月

东北鄂伦春、赫哲族完全以渔猎为生；鄂温克族从事草原牧业，部分人从事渔猎；达斡尔族主要从事农业，渔猎仍然是重要的副业。新中国成立后，东北渔猎民族获得了很大的发展和进步，但在现代化道路上还存在不少的困难和问题。全书通过对东北渔猎民族的历史和现状的全面分析与研究，从政治、经济、文化、教育和社会发展的各个方面，总结了渔猎民族现代化成功的经验和失败的教训，分析了东北渔猎民族在现代化建设中的有利条件和不利因素，提出加速渔猎民族现代化的对策和建议。书中通过实地调查的典型事例，客观地反映这些民族在现代化道路上取得的巨大进步；同时，真实地再现了渔猎民族传统的生产生活方式给民族现代化造成的特殊困难。书中提出，渔猎民族现代化是一项艰巨的系统工程，需要各个方面给予关注和支持。内蒙古和黑龙江两个省区，都对渔猎民族采取了特殊的政策和措施，实现现代化是大有希望的。中国东北渔猎民族在现代化道路上取得的成绩和进步，引起了日本、韩国、俄罗斯、加拿大等国家学者的兴趣和好评。该书从民族自身发展的历史规律和党的民族政策探索后进民族现代化道路，具有一定的理论意义和现实意义。

《朝鲜语基础语法》

宣德五（研究员）

专著 408千字

商务印书馆 1994年1月

本书从外语教学的实际出发，设计了新的框架。全书由词法、句法两部分构成，书末附有索引。内容包括词类、粘附成分（词缀）、各种类型的句子结构分析。根据朝鲜语本身的语法特点和汉族学习朝鲜语难点之所在，重点分析了粘着于体词、谓词词根（词干）后表示各种语法范畴和语法关系的粘附成分的形式、意义及其用法，分析了各种类型的句子结构。对于一些封闭性的词类也举例详加说明。对一些表示语法意义的常用的固定格式，本书单辟“惯用型”一章详细分析了其构成，说明其意义和用法。

《当今世界热点问题透视》

吴兴旺（助理研究员）主编 合作者谢庆军、吕玉林等

专著 201千字

中央民族大学出版社 1994年3月

随着“两极”格局的解体，当今国际政治与经济关系处于剧烈的变革与动荡之中，地区性和全球性的热点问题接踵而至，各国都面临自二战以来的最严峻挑战和选择。在众多的热点问题中，本书选取了18个较具代表性的热点问题进行介绍和剖析，其中综合性热点问题5个，地区性热点问题13个。这些问题既是重大的学术问题，同时也是颇富趣味性的话题，内容涉及欧洲的一体化进程、德国统一与新纳粹的崛起、前南斯拉夫的民族积怨、独联体的现状与未来，亚洲的儒家文化与“四小龙”、日本的大国走向、中国的社会主义市场经济，美洲的北美自由贸易与一体化、美国的种族主义等，综合性热点有民族主义浪潮、国际恐怖主义与反恐怖斗争、毒品危机与国际扫毒、国际政坛腐败问题和21世纪的全球走向探讨。

《少数民族礼仪》

张继焦（助理研究员）

专著 108千字

中央民族大学出版社 1994年11月

本书突破以往学术界将礼仪仅局限于生活礼仪的观点，认为礼仪包括生活、人生和生产等三大方面，其内容和形式种类繁多。生活礼仪包括交往、待客、用餐、结拜、认干亲等一系列人际交往礼节，以及建新房和搬迁礼仪等，它们反映了人际关系的种种内容；人生礼仪，亦称生命礼仪，指一个人从出生、成年、结婚到死亡等生命历程中，所举行的一整套礼仪，它反映了个人与社会之间的种种联系；生产礼仪，包括与农耕、狩猎、渔猎等生产有关的种种非生产性礼仪内容，比如，春耕礼、收获礼、祈雨礼等，它们反映了人类与自然界的微妙关系。这三大方面的礼仪包括了个人与个人之间、个人与社会之间、个人与自然界之间、群体与群体之间等重要的联系，通过礼仪，我们可以了解到不同民族的社会、文化、价值观、信仰观念、生产能力等。

礼仪最鲜明的特点是它的选择性和稳定性。礼仪的主旨大致为正反两个方面：纳福顺遂和消灾辟邪。

《新满汉大词典》

胡增益、李树兰、王庆丰、奇车山、仲谦、杨震远、那逊巴图、关善保等

工具书　2800千字

新疆人民出版社　1994年

本词典是以中国社会科学院民族研究所为主与新疆锡伯族语文工作者合作、运用现代词典学的理论和方法编写的新满汉词典。收词、词组35000条，280万字。共使用了约60部满文文献，从中搜集材料作为分析词义和词义结构的基础。因此，这部词典拥有本词典的语言材料，而不是把已有的辞书进行综合、编排。由于词的意义往往是在一定的语言环境中才能很好地表现出来，因此在词典中尽可能通过举例的方式说明词的意义和用法。词典容纳的例句近2万个。对一些词除了标明语法类别外，还列出了在使用时出现的特殊语音形式和语法形式。有关官制、行政机构、各种职能部门所使用的专门词语也收入词典并做了简要的注释。在正文以外还提供了《满语常用的附加成分》107条、《用汉语拼音检索的〈简明满汉对照词汇〉》7000条、《用英语检索的〈简明满英对照词汇〉》6000条等六个附录。由于满文不是现行文字，因此在词典正文中，除了词目有满文的传统文字外，其他出现满文的地方都用转写字符。该词典是迄今为止在国内外已出版的满语辞书中字数最多、使用文献最广泛、容纳例句最多的词典。它既是一部工具书又是研究著作，既有实用性又有研读的价值。

《新疆历史词典》

纪大椿（研究员）、杜荣坤（研究员）、白翠琴（研究员）等

工具书　1000千字

新疆人民出版社　1994年

本词典是一部中型专科词典，共收词5000余条。凡历史上西域——新疆的重要部落、民族、山川、地理、人物、事件、宗教、典章制度、社会经济、文献典籍、考古遗存等均予收录；与新疆历史有一定联系的周邻地区及外国人物亦酌情收录。

《朝汉常用词词典》

赵习（副研究员）主编

工具书　600千字

中国社会科学出版社　1994年5月

本词典是供初学朝鲜语的读者使用的工具书。全书收录了朝鲜语中常用的固有词、汉字词、外来语词以及常用的语法形式共一万七千余条。本词典简明实用，体例和释义方法均有不同于我国已出版的同类词典的新意。为了便于读者全面深入认识朝鲜语词汇

的构成，一目了然地分清固有词、汉字词和外来语词，便于读者阅读夹用汉字的朝鲜文读物，词典对约占朝鲜语词汇总数 60% 的汉字词均加注了相应的繁体汉字。对外来语词也依据其来源加注了原文。对多义词处理的独特之处是把本义和转喻、隐喻的词义明确分开，有助于读者对词义的深入理解和正确掌握使用。

《社会主义市场经济与民族关系的几个问题》

杨荆楚（研究员）

论文　14 千字

《民族研究》　1994 年第 5 期

社会主义市场经济对我国民族关系产生了深刻的影响。文章全面论述了社会主义市场经济促进了民族地区社会经济全面发展，边境贸易日趋繁荣，少数民族涌现出一批商人和企业家；同时指出了市场经济使东西部发展差距拉大，造成少数民族心理上的不平衡；开放边贸，敌对势力利用民族宗教问题加紧渗透；汉族与少数民族人口双向流动，民族矛盾增加；市场“竞争”在民族关系上产生了新的矛盾和问题。在分析社会主义市场经济对民族关系产生正反两方面的影响之后，重点研究在社会主义市场经济条件下，我国民族关系的走向：(1) 强化了民族之间的凝聚力和向心力；(2) 加快了劳动力的自由流动，促进民族之间相互学习；(3) 两种不同性质的市场经济在民族关系上有着本质上的差别；(4) 社会主义市场经济一方面全国统一的大市场成为增强各民族凝聚力的强大经济纽带；另一方面，在民族交往中民族矛盾增加，形成了社会主义时期民族问题的长期性、特殊性和复杂性，所以，新时期民族工作的任务是长期而艰巨的。

《试论满汉文化认同的几个问题》

滕绍箴（研究员）

论文　26 千字

《承德民族师专学报》　1994 年第 3 期

本文从大量的史实出发，较系统地论述了满族贵族的正统观与中外一家思想，揭示出中华历代王朝，包括清王朝在内，都是继承“尧舜以来”的“中外一家之统”；满族贵族对其先祖所居住的东北地区，自认“犹中国直省之各有籍贯”一样，是中国固有领土不可分割的重要组成部分；满族贵族在继承中华传统经济、政治体制，即“渐就中国之制”的同时，也对中华固有体制做出了自己的贡献。即在“参汉酌金”中建立起有清一代王朝统治体制；在道德文化方面，以儒家思想为基点，达到不同民族间的思想认同；民族文化间的相互认同；进而结为“谁也离不开谁”的民族全方位认同和密不可分的友爱与团结；在文化领域继承、发展并丰富了以儒家为基础的中华文化宝库，以至清末达到满汉两族“一道同风”，牢不可破的民族更深层次的友好关系。

《关于中国民族学研究的方向与方法问题》

何星亮（副研究员）

论文　6.2 千字

《思想战线》　1994 年第 6 期

本文主要论述中国民族学如何面向 21 世纪的问题。作者认为，在研究方向问题上，应向四个方面转变：(1) 单一型→综合型，即以一个民族为研究对象向以多民族为对象进行综合研究；(2) 描述型→解释型→应用型，即由描述某个民族或某种文化现象向分析各种文化现象产生、发展、变迁规律及其原因等转变，以及向为应用而进行学术研究转变；(3) 历史型→现代型→未来型，即由研究历史上的民族向现代民族研究转变，并研究未来的民族；(4) 封闭型→开放型。关于研究方法问题，作者认为，一是应中西结合，取长补短，逐步形成既与传统方法有别，又与西方方法不同的全新的研究方法。二是多元化，民族学分支学科很多，所研究的对象也多种多样，不同的研究对象不可能用同一种研究方法。

《民族自治地方依法行政的操作障碍与对策》

吴兴旺（助理研究员）

论文　2.5千字

《中国行政管理》　1994年第1期

本文提出，依法行使自治权是民族自治地方政府的重要职能。自治权难以依法落实的障碍主要来自两个方面：(1) 表达国家意志的法律是原则性的，而行政活动是具体化的、操作性的。我们缺乏的正是权威的操作规则。(2) 民族自治地方缺乏行政首创精神。为此，文章提出，民族自治地方依法行使自治权，首先需要解决法律原则与具体操作之间的矛盾，建立国家层次的操作规则和细则；其次，民族自治地方政府要多点开拓意识，依法行政并不是一切行政行为均须照搬法律条款，而是符合法律原则。

《藏族传统文化》

张江华（副研究员）主编　合作者庞涛

人类学专题片　片长88分钟（6个专题）

1993年摄　1994年编辑

1994年编辑完成下列录像片：《土法淘金》（10分钟），青藏高原盛产黄金，尤以沙金为著，古代就有开采。影片记录了甘孜州炉霍县瓦道村一个民间淘金小组，在雅砻江（金沙江流域）的支流鲜曲河边淘金的情形：用锄挖沙土，倒入木齿槽中用水冲淘，沙去而金留于槽内。《康南伸臂桥》（15分钟），在川藏公路南线，从巴塘县以西自西藏八宿、波密及山南局部地区，急流之上常有用成排长木互相叠压，由两岸伸向河心接成的桥梁，形如两臂相伸，故曰“伸臂桥”。《康区藏族农民生活一瞥》（24分钟）、《康区藏族牧民生活一日》（13分钟），这两部影片分别记录了康区藏族农民和牧民普通人家的日常生活，具有浓郁的民族特色和地方特色。《康定天主教徒的宗教活动》（11分钟），康定旧称打箭炉，今天是甘孜州首府，为藏族和汉族及其他民族杂居之地。解放前有法、美等国的传教士在康区活动，康定的天主教即在那时产生，解放后停止宗教活动。近几年来，一些教徒开始恢复活动。影片记录了一个星期天信徒们进行宗教活动的情景：读圣经，唱圣歌，领圣餐等。《更庆寺的时轮金刚法会》（15分钟），德格更庆寺每年春季都要举行时轮金刚灌顶大法会，影片如实记录了1993年5月初举行这一活动的全过程：众僧念经，穿武士服的僧人的舞蹈，主持僧的祈祷等。

上述录像片纪录和保存了民族传统文化。在所内外和国际影视人类学会播放，得到学者肯定，认为有学术价值。

社会学研究所

《我国80个县（市）基本实现小康》

朱庆芳（研究员）

论文　7千字

《管理世界》1994年第6期，本院《学术动态》总第824期

(1) 评价小康县的重要性。全国有2100多个县，人口占84%，国内生产总值占全国61%。广大农民主要聚集在县，中央提出实现小康关键在农村，没有农民的小康就没有全国的小康。因此监测县级小康实现情况具有十分重要的意义。

(2) 制定县级小康指标体系的原则和方法。根据中央提出小康的涵义，选择了重要的有代表性的28个指标，包括社会结构、经济效益、人口素质、生活质量、经济实力五个子系统，具有可比性和可操作性，采用

综合评分法和综合指数法相结合的办法，小康标准是根据十年规划和计委确定的小康目标，或根据过去的速度进行预测，具有科学性和实用性。资料根据是将28个指标布置到各省统计局，由省统计局下达到两千多个县逐级上报，工作量浩大。

（3）评价结果：1991年共有2171个县（市），有辽宁、西藏、海南缺报，报上来的实有2044个，人口9.75亿人，根据28个指标综合评价结果，已实现小康85%的即视为基本实现小康，共有80个，占全部县（市）3.9%。有41个县已提前实现，居前20名，实现目标在106%以上的有：嘉宝、三水、顺义、上海、川沙、金山、青浦、松江、顺德、奉贤、常熟、南海、太仓、昌平、通县、吴江、南汇、昆山、无锡、海宁。

《已接近小康目标城市的比较与评价》

朱庆芳（研究员）

论文 8千字

《城市问题》 1994年3月号

论文共分四部分。

（1）制定城市小康指标体系的必要性。188个地级以上市，在全国社会经济中具有举足轻重的地位，目前全国还没有制定统一衡量城市小康指标体系，因此确定一套适合城市评价的小康指标体系是非常必要的。

（2）制定城市小康指标体系的依据。根据中央提出的小康内涵，应既包括经济又包括社会和人民生活。从城市统计年鉴中选择了32个指标组成指标体系，它包括城市化水平和城市建设、人口素质、经济效益、生活质量、社会秩序和稳定、经济实力六个子系统。

（3）确定城市小康标准的依据和评价方法。标准的依据是"八五"纲要中的速度或过去十年中已达到过的速度和水平进行估算和指标相关性进行预测，也参考了国际小康标准。评价方法是采用综合评分法和综合指数相结合的办法。

（4）评价结果，实现小康目标80%以上的有：北京、深圳、上海、珠海、广州、杭州、佛山、大庆、厦门、长沙10市；实现75～80%之间的有：苏州、江门、大连、南京、天津、成都、昆明、鞍山、武汉、济南、青岛、柳州、沈阳、无锡14个市。共计24个市。

《中国人家庭价值观的变化》

魏章玲（研究员）

英文论文 20千字

收入《国家与文化变迁——东亚视角》（英文）

联合国大学出版社 1994年

在古老的中国社会，父权制家族体系推动着封建集权制的形成和发展。与长期的中央集权制相呼应，大一统的汉文化将维系家庭稳定的"孝"与保卫国家安全的"忠"联系在一起。文中列举了十项父权制家庭体系阻碍中国早期现代化的因素，如传统家庭封闭型的自给自足经济对先进科学技术的排斥，重官轻商的价值观念对经济发展的制约等。

新中国成立后，中国人的家庭观念发生了巨大的变化。在性别观念上，男女平等的思想日渐深入人心，"男主外、女主内"的传统家庭模式开始被打破。在婚恋观上，父母做主的择偶观被自由恋爱所取代。

此外，离婚也不再被视为一种异常行为。在生育观上，"多子多福"和"重男轻女"的观念也在改变。全文共列11种图表。

《农村现代化过程中的传统亲缘关系》

郭于华（副研究员）

论文 16千字

《社会学研究》 1994 年第 6 期

传统亲缘关系在现代化过程中的演变及其角色是研究社会结构性变迁的重要视角。早期的基于西方社会的现代化研究时常把获致性的次级关系和先赋性的初级关系视为相互对立、排斥和取代与被取代的关系；注意到社会变迁多样性与特殊性的研究，则试图寻找传统与现代化的融合及传统持续存在的理由。从权利关系与象征体系的相互依存、互为因果的观点出发，着眼于中国农村社会变迁的实际状况，我们可以看到，亲缘关系与业缘关系、正式组织与非正式组织的交融是一种现实的必然存在；而且亲缘关系作为富有生命力的文化传统和象征体系，其形式在整个社会范围内得到复制和放大；这预示了中国特有的社会发展与文化变革的方式和道路。

新闻研究所

《新闻侵权与诉讼》

孙旭培（副研究员） 合作者王晋闽、张西明

专著 200 千字

人民日报出版社 1994 年 9 月

本书系统地研究和分析了新闻侵权方面的一些重要问题。1987 年《民法通则》实施以来，全国各地状告新闻媒介、新闻工作者侵权的诉讼不断增多。新闻侵权诉讼，向新闻实践和司法实践同时提出了一系列崭新的问题：何谓新闻侵权？舆论监督与新闻侵害名誉权的界限何在？新闻侵权纠纷发生后怎么办？有无司法途径之外的解决新闻侵权纠纷的办法？法院如何确定新闻侵权诉讼的管辖和举证责任？新闻媒介和新闻工作者在涉讼后怎样为自己辩护？新闻媒介及记者又应如何在实践中防止侵权，减少可能的纠纷？

以上诸问题，是本书的主要研究对象。这部著作较全面系统地论述了新闻侵害名誉权、隐私权、肖像权、著作权的确切涵义和表现形式，侵权构成责任要件和责任形式，侵害名誉权的责任分担，如何通过诉讼的形式，或者更正、答辩、调解、仲裁等非法庭审理形式解决新闻纠纷，以及如何在采访、写作、编辑等环节上防止侵权。本书在论述中结合了大量的新闻侵权案例，在具有学术性、理论性的同时，也具有实践性和可操作性。

《新闻学新论》

孙旭培（副研究员）

论文集 310 千字

当代中国出版社 1994 年 7 月

本书是作者十几年来对中国新闻事业进行研究的成果。分新闻自由、新闻立法、新闻改革、新闻理论与实务、当代中国的新闻事业五编。作者在探讨中国的新闻自由之路的基础上，研究新闻立法，然后在新闻自由与法制的总构思下研究新闻改革，提出了新闻体制改革的思路和方案。特别是对社会主义市场经济条件下的新闻事业怎样运作和发展，新闻理论和新闻写作、报道等业务如何发生相应的变化，作了系统的探讨。同时，作者还从新的视角，对四十多年来中国新闻事业发展的历程作了评述。

书中提出：中国以大众传播推行政治，靠人际传播监督政治的传播结构必须逐步改变，大众传播媒介监督政治实现之日，中国的政治民主化将出现一个质的飞跃。要逐步建立以党报为中心，机关报为主体，包括民办报纸在内的新的报业结构。报业也是信息业，应该走向市场，自负盈亏，优胜劣汰。

《进入“地球村”——中国儿童与大众传播》

卜卫（助理研究员）

专著 156千字

四川少年儿童出版社 1994年7月

这部著作通过大量的实证资料和理论分析，说明了媒介传播对我国儿童的影响。它分为四个部分：(1) 描述和解释了中国儿童媒介的发展；(2) 探讨媒介传播在儿童生活中的作用，并论证了传播发生作用的原因和过程；(3) 我国儿童媒介接触的状况分析；(4) 解释传播的效果，并对一些有争议的问题进行了讨论。此书说明：媒介传播难以对儿童产生直接的影响，其中有三组中介条件在起作用，即儿童个人差异、社会差异和媒介接触差异。媒介传播对儿童的影响是这三组条件相互作用的结果。

《中国的现代观念和大众传播媒介》

陈力丹（研究员）

论文 11千字

《报学》 1994年8月号

这篇论文依据十年来我国历次对新闻受众的调查，分析了人们观念的变化与大众传媒的关系。在中国改革开放的过程中，人们的观念也在走向现代化，萌生主体、竞争、效益、求知、创新等等意识。在这种变化中，印刷媒介对观念现代化有促进作用。由于中国文化水平低下的人群比重过大，当他们面临报纸和电视的选择时，自然倾向于后者，并且只注意其中的娱乐性节目。因而调查显示，电视与人的观念现代化不相关甚至负相关。因此，需要开展媒介文化教育，调整大众传播的功能，对娱乐性节目适当地宏观控制。然而，大众传媒对人们观念的影响所占比重不大，它们的作用是很有限的。巩固和发展人们现代观念的最大动力，是不断深化改革开放的实践。

《信息与传通》

陈崇山（研究员）

论文 5.5千字

《新疆新闻界》 1994年第5期

信息是传通的材料。信息的作用在于消除人们头脑中的不确定性。所传播的信息能够消除人们头脑中的不确定性的多寡，是衡量该条信息的信息量大小的标准。信息的质表现在该信息的真实、可靠、有效。信息的价值是指所传播的信息能够消除人们头脑中的不确定性的程度。一般说，信息量大的信息，能消除人们头脑中的不确定性多，信息价值就高，反之亦然。但衡量信息价值的高低，不仅要看信息量的大小，还要看传播速度的快慢。信息价值可区分为高值期、平值期、低值期和负值期。信息到达接收者的时间距离事实发生的时间越近，价值越高，反之亦然。

《"中国质量万里行"系列报道活动及其传播效果的社会评估》

宁新（副研究员）

论文 23.5千字

收入《中国质量万里行》

科学出版社 1994年9月

该文对1992年春中国新闻界开展的"中国质量万里行"大型宣传报道活动进行了全面总结。全文分为"深刻的社会背景和充分的准备"、"万里行激起全方位强烈社会反响"、"万里行活动引发的深层效果"和"总结语"四大部分，以经济学、社会学、新闻传播学的观点，较全面地评介和分析了这次系列报道活动的过程、经验及其产生的良好社会效果，特别是对深层次传播效果进行了理论探讨，并提出一些值得在新闻改革中加以认真思考的问题。

《中国社会新闻的困惑与慌乱》

时统宇（副研究员）

论文

《北京广播学院学报》 1994年第1期

本文对我国当前社会新闻传播的状况作了分析和批评，认为：社会新闻的困惑与慌乱，大体上表现为四种形态：媚俗、猎奇、迎合、浅薄。在“满足读者需要”的招牌下，报纸丧失了内省精神与批判意识，使得近年来绝少有可以传世的新闻作品问世，本来意义上的名记者也已流于空谈。文章指出：新闻的选择和传播同样要接受市场经济的洗礼和淘汰，传媒的粗俗、粗糙、粗鄙只能是自毁形像，自砸牌子，最终倒了读者胃口，失去市场。这只能对中华民族的文化重建产生破坏作用。

《媒介行为与观念现代化》

孙五三（副编审）

调查报告 14千字

《新闻与传播研究》 1994年第3期

1993年，“媒介与社会主义精神文明”课题组就“媒介与人的观念现代化”进行了一次全国性问卷调查。《媒介行为与观念现代化》是调查报告之一。本报告的主要结论是：(1) 在我国，居民使用什么样的媒介、使用频率和他们对媒介内容的选择，与他们的文化程度相关，但是媒介拥有情况与文化程度没有显著相关。(2) 我国居民拥有媒介的数量和使用频率与其观念现代性不存在相关，他们选择媒介内容的范围及兴趣指向与观念现代性显著相关。(3) 居民个人特征中与其观念现代性有关的主要是文化程度，但当媒介介入居民的观念现代化过程时，文化与观念现代性的关系大部分是通过媒介发生的。居住地也是一个与观念现代性相关的因素，但与文化程度相比，它与个人现代性的相关微乎其微。

《交往行为与观念现代化》

孙五三（副编审）

调查报告 11千字

《新闻与传播研究》 1994年第2期

1993年，“媒介与社会主义精神文明”课题组就“媒介与人的观念现代化”进行了一次全国性问卷调查。《交往行为与观念现代化》是调查报告之一。本次调查的主要结论是：(1) 各种交往活动的频率彼此都有显著的正相关关系。(2) 城市的交往水平普遍高于农村，特别是使用通讯工具的交往在城乡之间差异很大。(3) 娱乐性的交际活动在城乡之间不存在差异；(4) 在我国，具有使用印刷媒介能力和条件的居民，其使用印刷媒介的频率越高，参与社会交往也越频繁，交往行为的频繁不仅表现在组织传播中，也表现在一般性的社交活动中。(5) 电子媒介的使用频率与交往行为没有相互的影响。(6) 在更多因素的共同作用中，参与有组织的传播活动和参加社会团体的数目没有表现出显著的对观念现代化得分的影响。

《清末十年官报评析》

李斯颐（助理研究员）

论文 19千字

收入《新闻文化研究》

科学出版社 1994年10月

本文作者对1901～1911年间110余种官报进行统计分析后，认为：清末十年，我国曾形成一个从中央到地方、从国内到国外的纵向四级两类、横向遍布各地的严密的官报网络，其规模为世界近代新闻史中所仅见。它的出现，与清末“新政”密切相关。清政府办官报的目的是“启迪民智、匡正人心”，并且使用官款和派销方式加以支撑，但由于违背办报规律，因此这项活动基本上是失败的。如果从我国近代新闻发展史角度看，官报却又有某些积极作用。它的活动方式是近代型的，对报业先进技术的推广有一定意义；它刊载的一些介绍近代科学知识的文章，有利于民间风气的开化；它的问世标志着我国古代报刊的终结。此外，清政府改禁止报业发展的政策为参与和倡导报业发展，对清末报业高潮的形成是有促进作用的。

《冲突与合作——认识大众媒介与社会关系形态的独特视角》

王怡红（助理研究员）

论文　8.7千字

《新闻与传播研究》　1994年第1期

大众媒介作为信息系统，与社会其他系统之间存在着相互依赖的关系，这种关系既发生冲突也产生合作。冲突与合作是对媒介与社会关系形态的本质性描述，是协调媒介社会关系，使之处于动态平衡的一个颇有认识价值的形态结构，是大众媒介与社会关系之间存在的普遍现象。无论在何种传播体制下，这种冲突与合作的交织关系都是客观存在的，是回避不了的，唯有正确认识这种冲突与合作的内在结构关系，才能为媒介创造一个良好的外部传播环境，从而有助于社会的变革和发展。

《传播学实证研究的方法论问题》

卜卫（助理研究员）

论文　12千字

《新闻与传播研究》　1994年第2期

这篇论文从方法论的角度，对实证方法在传播学研究中的运用进行了初步探讨。首先区分了方法论和方法，指出前者是作为体系的方法，后者是作为工具的方法。实证作为一种工具，可以用来解释和分析传播学研究中的若干问题。但是，这种解释和分析有它的规则和既定的过程。为此，本文提出了“研究圈”概念。“研究圈”由四个要素组成：理论、假说、实证、经验概括。每一个研究可以以不同的要素为起点，但研究的过程和结论要受到起点的限制。如果超越这些限制或违背实证的规则，就容易犯方法论方面的错误。此文通过表格进一步说明了实证方法的两大类型——定性和定量的特点，并提出了实证研究的评估标准。

《西方新闻法制沿革的政治学说背景探讨》

张西明（助理研究员）

论文　15千字

《新闻与传播研究》　1994年第4期

这篇论文从古希腊至当代资本主义等四个不同历史时期，揭示了西方新闻法制沿革的政治学说背景。作者认为，各个时期的政治学说，在相当程度上推动或阻碍着新闻法制的进步与完善。他们中有的阐发了“绝对权力”的政治学说，但更多的是从不同角度阐发了开掘人的理性、尊重人的价值、维护言论表达和意见交流自由的思想。在此基础上，西方社会逐步建立起较为进步、民主和自由的新闻传播体制，进而对新闻事业实行法治，把对公民新闻自由权利的保障制度化，将新闻媒介应当对社会承担的道义的责任上升为法律义务。作者指出，从某种意义上说，西方民主、自由的政治学说和新闻法制理论是全人类的财富，对它们进行认真的剖析、借鉴是必要的。

世界经济与政治研究所

《世纪之交的世界政治与经济格局》

王怀宁（研究员）主编　合作者林水源、黄苏、李向阳等

专著　253千字

中国物价出版社　1994年10月

对战后世界政治与经济格局发展变化的情况与原因作了历史回顾与具体分析，说明世界政治与经济格局从美苏争霸的两极格局向多极化演变的必然性。影响世界政治与经

济格局变化的主要因素是世界社会生产力的发展与国际关系的变化、主要国家政治与经济发展的不平衡，但也不应忽视一些偶然性因素所起的作用。科学技术的发展、国际贸易的增长、国际金融在世界经济中作用的增强，都会通过对各国经济的不同影响而促使世界政治与经济格局的变化。在世纪之交多极化的格局中，主要国家将加强在综合国力方面的竞争，并使经济矛盾上升到更加突出的地位。面对世纪之交世界政治与经济多极化的格局，我国应对不断变化的国际环境有更清晰的了解，并制定出正确的战略决策和应对措施，以提高我国在世界政治与经济中的地位与影响。

《世界市场经济模式综合与比较》

罗肇鸿（研究员）主编 合作者张宇燕、田春生等

专著 230千字

兰州大学出版社 1994年9月

世界市场经济模式综合与比较先从分析市场经济的本质入手，说明市场经济的概念，市场经济存在的第一原则是产权明确化。继则分析市场经济制度起源与演进的过程。然后用五章的篇幅分析市场经济所涵盖的内容，包括（1）市场经济的效率，说明效率的含义，帕累托最优，市场和计划是资源配置的两种基本方式，市场是提高效率的必由之路。（2）市场的缺陷，它无法消除垄断，市场的外部性和无法满足对公共产品的需求。（3）市场经济与宏观调控。（4）市场经济与国有企业。（5）市场经济与社会保障。最后，对世界上现有的市场经济模式进行综合与比较。市场机制包括价格机制、供求机制、竞争机制和风险机制。市场经济理论的发展与演变同经济发展和阶级力量对比密切相关。当前世界上大体有六种类型的市场经济：（1）政府主导型的市场经济，如日本、韩国。（2）有计划的资本主义市场经济，如法国、瑞典。（3）德国的社会市场经济。（4）美国的竞争型市场经济。（5）原苏联东欧国家实行的转轨型市场经济。（6）中国的社会主义市场经济。最后说明国外市场经济对我国的启示和借鉴，如健全市场主体，加快价格改革，完善要素市场，健全宏观调控体系，建立社会保障体制，建立法规体系和监督体系。

《美国农业社会化服务体系——兼论农业合作社》

樊亢（研究员） 合作者戎殿新、王春法、李毅、路爱国

专著 340千字

经济日报出版社 1994年6月

从组织和经营角度来说，美国农业的高度现代化同它的农业社会化服务体系较为发达完善是分不开的。甚至可以说，没有发达完善的农业社会化服务体系，就没有美国农业的现代化。

农业社会化服务体系，从本质上说，就是农业生产的分工体系和新的市场体系。它是随着农业生产商品化的进程而萌发和不断完善的。本书首先分析了农业社会化服务体系与农业商品化的关系，并在此基础上详细介绍了农业社会化服务体系的三个组成部分：农业教育、科研、推广体系，为农业提供服务的私人公司，农场主合作社。其中，特别详细地论述了在为农场主提供服务方面所发挥的特殊功能。此外，书中还详述了农业部在组织、领导、推动美国农业及其社会化服务体系运作方面所肩负的责任。最后，作者基于美国的经验，提出了中国发展农业社会化服务体系、推动农业现代化的建议。在著作正文之外，作为附录，本书详细介绍了美国家庭农场一年四季的劳动生活与经营情况，并提供了有关农业社会化服务的其他

实例和文件以资参考。

《欧州共同体与世界》

沈骥如（副研究员）

专著 288千字

人民出版社 1994年10月

本书是作者的博士论文。经济一体化组织欧洲共同体（1993年底更名为欧洲联盟）的产生和发展，代表了当代发达资本主义国家宏观经济跨国调节的最新成就。本书第一篇（1～3章）题为“欧共体对成员国之间经济关系的调节”，介绍了欧共体开展经济一体化合作的三个主要领域：关税同盟和共同市场、共同农业政策；货币合作与共同体财政，论述了欧共体如何通过经济一体化合作统一成员国市场经济运行条件，实现生产要素在该组织范围内的合理配置，从而促进所有成员国的共同繁荣。第二篇（4～5章）题为“欧共体对国际经济、政治关系的调节”，论述了欧共体如何从自己的整体利益出发，对与不同的国家、国家集团的经济、政治关系实行力度不同的分层次制度化调节。第三篇（6～7章）题为“理论思考”。根据欧共体的丰富实践，以马克思主义为指导，论述了“国家的社会职能”在欧共体成员国不断扩大的历史意义及其对当代国际关系的影响，妥协在当代国际关系中的作用，当代发达资本主义的两重性等问题。第8章为全书总结，介绍和论述了90年代以来欧共体的新进展和马斯特里赫特条约提出的新任务，分析了影响欧洲一体化合作的三个长期性历史因素，探讨了下世纪初欧洲联盟的大致面貌。

《印度市场经济体制》

李毅（副研究员） 合作者司马军

专著 195千字

兰州大学出版社 1994年8月

本书以市场经济的发育为线索切入分析，揭示了印度市场经济体制形成的内部动因和外部环境，以及这一体制的具体运行。创新之处主要有：(1) 在着力从历史的角度对印度经济进行研究的基础上，第一次对印度市场经济的形成和发展作了明确的历史划分，并且揭示了不同历史时期印度市场经济的性质、发育程度和发展特征。(2) 明确提出和有说服力地论述了印度市场经济活动的主体一直是私营企业这一重要命题。指出看一种经济成分在市场经济中的地位，更应着眼于它在经济生活中所起的本质作用。(3) 从对市场经济宏观调控的角度，剖析了经济计划及财政、金融手段这些经济杠杆，在从不发达市场经济向发达市场经济转变中所起的特定作用。同时，对国家宏观调控的层次和所运用的调控手段进行了对比分析。(4) 在研究了印度的市场经济内部的运作之后，分析了其外贸状况，由此探讨了市场发育不完善的国家如何与世界市场接轨的问题。通过对印度市场经济体制的研究，为我国的改革和建设提供一类新的、可供借鉴的发展中国家市场经济发展类型。

《德国市场经济体制》

张精华（助理研究员）

专著 250千字

兰州大学出版社 1994年8月

本书比较详细地介绍了德国社会市场经济体制的起源和发展。全书共分“导言”及十章。导言论述了德国在战后的经济发展形势，在德国经济复兴的过程中，社会市场经济体制开始实行，并产生了良好的效果。从第一至八章，详细论述并介绍了德国社会市场经济体制的具体内容，一方面从历史发展的角度，论述了社会市场经济体制的思想理论渊源和基本原则，另一方面用了七个章节论述了社会市场经济体制中的企业制度、金融制度、财政制度、外贸管理制度、社会保障制度、咨询调控制度及经济立法监督制度等。这些制度的良好运转和相互协调，使社会市场经济体制得以顺利、稳定地向前发展，并取得了举世瞩目的经济成就，最终使德国重新获得统一。因此本书在第九章专门介绍了德国统一后经济体制一体化的措施以及经济一体化的进展效果和存在的问题。针对社会市场经济体制取得的成就，本书在最后一章专门论述了社会市场经济对中国的启示和借鉴以及社会市场经济对中国的适用性原则，指出在中国实行社会主义市场经济体制的过程中，一方面要坚持中国特色，即结合中国的具体情况，另一方面要吸收外国经济发展的合理成分和积极因素，从而加快中国的现代化进程。

《德国经济》

张精华（助理研究员）

专著 90千字

人民出版社 1994年7月

本书简略论述了联邦德国在第二次世界大战后的经济发展道路，即在战争的废墟上建立起成功的社会市场经济体制，并发展成为当今世界经济强国；同时，概要介绍了联邦德国的产业结构和产业结构政策、银行体系和货币政策、财政制度、税收制度、对外贸易制度以及社会保障制度等；结合德国经济发展的特点，本书还介绍了德国企业的集中情况、企业的经营管理制度和经验以及企业集团的管理模式等；此外，本书还论述了德国统一后东部地区的恢复和重建及其遇到的主要困难。

《华人经济统计集》

陈秀英（副研究员）主编 合作者陈龙渊

资料集 120千字

收入《华人经济年鉴》（创刊号）

中国社会科学出版社 1994年10月

华人经济统计集主要收集了中国内地、台湾、香港、澳门和新加坡的有关统计资料，通过加工整理以统计表的形式反映上述国家和地区社会、经济发展趋势和现状。该统计集分为综合、国别和地区两大部分，通过横向比较及本国、本地区自身发展状况，用数据生动地描述这些国家或地区华人经济的发展特点及发展趋势。

本统计集资料翔实、数据可比，资料来源具有一定权威性，是研究华人经济可资参考的工具书。

《1993年发达资本主义国家的经济形势》

王怀宁（研究员）

论文 10千字

收入《世界经济年鉴》

中国社会科学出版社 1994年

1993年，发达资本主义国家的经济形势仍然呈现出低速而不稳定的特点。各个发达资本主义国家经济增长速度之间的差异扩大了，呈现出明显的不平衡性。世界经济的不太景气，加剧了发达资本主义国家在国际贸易和国际金融领域的竞争和矛盾，并进一步推动了地区集团化的发展。由于周期性因素的作用，发达资本主义国家的经济将进一步回升，但回升的速度仍然不会太快。

《已见端倪的亚太经济南北集团化趋势》

周圣葵（研究员）

论文 8千字

《世界经济》 1994年第11期

近年来，世界经济区域集团化趋势出现了一个新特点：突破单一的“北北型”或“南南型”的传统组织模式，由发达国家和发展中国家共同参与的“南北型”区域性经济集团已经建立或正在酝酿之中。这必将对今后的南北关系和世界经济格局产生重大影响。亚太地区虽尚未建立像北美自由贸易区那样的南北区域性经济集团，但泛区域南北经济合作协调机制已初步建立，各种次区域南北经济圈的构想大多开始具体化，南北“共同开发区”和“增长三角”已有所筹划，亚太经合组织西雅图会议发表了设想建立共同体的声明，这一切表明，亚太地区南北经济区域集团化趋势已见端倪。亚太经济共同体构想的具体化进程有可能加速，在整个亚太地区南北经济集团的最终形成未必是无望或遥遥无期的事。

《匈牙利经济转轨的特点及问题》

叶灼新（研究员）

论文 9.3千字

《世界经济》 1994年第4期

本文分析了匈牙利三年多的经济转轨的进程，认为向市场经济转轨有了一定的进展，取得了初步的成效，但仍然存在许多尚未解决的问题。

（1）基本完成价格机制的转变，标志着匈在向市场经济转轨进程中迈出了关键性的一步。其价格体制的改革是一个渐进的过程，自1968年开始改革已有二十多年的历史，1989年后自由价格基本上取代了计划价格，是1989年前价格改革的继续和发展，其做法与波兰、俄罗斯在放开价格方面实行一步到位的做法有区别。

（2）国营企业实行私有化的特点是：第一，坚持国家财产只能出售、不能分配的原则；第二，股份制是国营企业私有化的主要形式；第三，外资在国营企业私有化中占据重要地位。

（3）外贸体制发生了重大变化：第一，实行外贸自由化；第二，外贸重点由东方转向西方，特别是转向欧共体；第三，调整同前苏东国家的外贸关系。

（4）对金融体制进行了改革：以立法形式确定中央银行的地位；已初步形成了资本市场；对银行逐步实行私有化。

（5）形成了新的社会保障体系。

（6）在转轨进程中改革与发展的关系失调。

《美国全球战略重点调整的原因及其前景》

郗润昌（副研究员）

论文 7千字

《世界经济与政治》 1994年第11期

本文认为，在冷战结束之后，美国的全球战略重点，即建立美国主导下的单极世界的战略，其重点仍在欧洲。所谓美国全球战略重点的调整，指的是将这一重点从欧洲逐渐调向亚太地区，主要是东亚地区。

该文认为，美国对其战略重点进行调整，其主要原因，一是国际安全环境进一步发生了有利于西方的变化，欧日在安全保障上更加乞求于美国；二是美欧日战略意图与目标相左，它们间的矛盾与斗争更趋表面化；三是亚太地区在国际竞争中的地位日益上升，美国要抢夺这一地区的战略主导权。

美国这一新构想的举措是，其一，将处理对内与对外事务的战略侧重点从对外转向对内；其二，将处理对外关系中的侧重点从军事与政治转向经济与政治；其三，将全球战略的重点从欧洲转向亚太。

该文认为，美国进行这一战略重点的转移，仅在亚太方面就会遇到来自日本、东盟及中国等的阻力，但只要其调整对日、对东盟及对中国的政策，这一转移还是很有可能实现的。据此，该文建议，中国可从美国有可能完成其战略重点出发，调整自己的对美政策，以适应由于美战略重点变化而带来的新的世界形势、新的亚太形势。

《论毛泽东的外交战略与谋略思想》

郗润昌（副研究员）

论文 7千字
收入《毛泽东对马克思主义发展的贡献》
社会科学文献出版社 1994年12月

本文始作于1993年夏秋间，受院及所领导交办而作。起因是外交部当年要纪念毛泽东同志诞辰一百周年，拟从外交的角度总结我国建国以来的外交成就，并希我院撰写一篇这方面的文章，笔者接受了这一任务。

该文认为，毛泽东的外交战略与谋略思想主要包括五个方面：第一，从总的指导思想上讲，就是坚持无产阶级的国际主义与爱国主义；反对帝国主义、殖民主义与一切反动派。第二，从战争与和平问题上讲，就是坚持反对强权政治与霸权主义，维护世界和平与国家安全。第三，从战略指导思想上讲，就是坚持藐视敌人，并压倒敌人而不被其所压倒。第四，从谋略指导思想上讲，就是坚持利用一切可以利用的力量，结成最广泛的统一战线，以打击主要敌人。第五，从行动的立足点上讲，就是一切从实际出发，独立自主、自力更生，决不依附于他人。该文认为，正是在特定的历史背景下，我国在毛泽东的外交战略与谋略思想指引下，在外交上取得了一系列重大成就，从而大大提高了我国的地位与威望。该文还认为，在两极格局终结之后，邓小平同志所提出的一系列外交指导方针，丰富和发展了这一思想。

《日本“国铁”体制的形成及其改革》

李毅（副研究员）
论文 9千字
《世界经济》 1994年第10期

依据对日本国有企业深入的历史考察，从企业经营体制特征的分析出发，对国铁历史中经历的三种不同类型的企业经营组织及其经营机制作了阐述。在对国铁体制形成的历史环境和历史作用作深入分析的基础上，指出国有企业经营体制的变革是其市场经济发展内在的必然要求。对80年代后半期国铁改组为国家参股制企业的具体运作过程，首次作了系统的、详尽的分析。并对改革后的企业如何在积极参与市场竞争中切实转换经营机制的问题，也作了进一步的分析与论述。通过分析和总结日本国铁改革反映出的现代市场经济条件下国有企业体制变革的某些共同规律，为我国的国有企业改革提供借鉴。

《论干涉主义》

李少军（副研究员）
论文 9千字
《欧洲》 1994年第6期

该文论述了干涉主义的界定，发生干涉的原因，干涉的本质与形式，并特别讨论了新干涉主义。该文认为，在国际政治中，干涉行为得以发生的背景是主权国家体系。所谓干涉，在本质上就是妨碍、反对、取消、破坏国家行使主权的行为。尽管在主权国家体系中不干涉原则是得到公认的原则，但实际上各种国际干涉行为仍可提出不同的合法性理由。针对干涉行为的合法性问题，该文提出了两方面的判断标准，一是干涉行为本身是否合法，二是受干涉者的主权是否合法。对违反国际法的行为进行干涉，对不合法的主权者进行干涉，就可能具有合法性，反之，干涉行为就是非法的。

《冷战后美国亚太战略基础的变化》

李东燕（副研究员）
论文 5千字
收入《亚太风景线》
中国工人出版社 1994年4月

（1）冷战后美国亚太战略基础的变化：冷战时期，美国在亚太地区将安全利益放在首位，其战略基础是抗衡苏联。冷战后，安全利益让位于经济利益，维护亚太地区内部各种力量的稳定与均衡可能成为美国在这一地区发挥作用的基础，其目标是确立在该地区的主导地位。(2) 美国亚太战略目标：一是争夺在未来新秩序中的主导权，防止其他国家取而代之；二是巩固美国同这一地区的关系，并以抬高“亚太价值”来提高它与欧洲的竞争能力；三是在亚太地区推广民主制和市场经济，使该地区在政治制度、价值观念等方面更接近美国。(3) 美国政府实现其亚太战略的途径：在经济上美国将试图掌握亚太地区经济合作的主导权；在军事上，美国将以多种方式加强其在亚太地区的军事存在。

《评冷战后美国的干预政策》

李东燕（副研究员）

论文　8千字

《世界经济与政治》　1994年7月号

本文主要分析了冷战后美国对外干预政策的理论依据、特点以及发展趋势。战后美国成为超级大国，为维护其霸权地位，同苏联抗衡，美国在世界各地进行干预。美国政府认为它在世界政治上有着广泛的利益。此外，“世界联系论”、“大国责任论”、“美国正确论”都是美国政府进行对外干预的依据。冷战之后，美国在对外干预方面面临着矛盾，过多干预怕代价太大，影响国内问题的解决；减少干预又怕削弱其在国际事务中的领导地位。从总体看，冷战之后的干预行动会大大减少。其主要特点是：干预目标多样化；人道主义干预将成为重要内容之一；干预政策中的经济色彩加重。

《东亚地区跨国经营的特点、动因与作用》

杜方利（副研究员）

论文　12千字

《世界经济》　1994年第8期

东亚地区在较短的时间内达到了极为活跃的跨国经营程度，除了诸如资本的积累与积聚达到了输出资本所需的程度、寻求在更大范围内合理有效地配置资源、地区经济的繁荣与发展等一般因素外，还有其特殊的动力：(1) 降低产品成本，优化产业结构，提高国际竞争能力；(2) 纠正贸易失衡，减少贸易摩擦，占领国外市场；(3) 为获取农矿原料、经济信息和高新技术；(4) 本国（地区）政府经济政策的有效支持。该地区跨国经营的特点是：发展速度快；主要集中于临近发展中国家和地区的制造业部门；广泛利用亲缘与地缘关系；实行联合式、当地化经营。该地区的跨国经营在建立和发展地区分工体系、发挥各国（地区）经济的竞争优势、提高与全球经济一体化的程度，以及促进该地区经济持续稳定增长等方面，均做出突出贡献。

《论当代国际关系中的“妥协”》

沈骥如（副研究员）

论文　9千字

《世界经济与政治》　1994年第5期

本文论述了以下四个问题：(1) 正确认识妥协。没有妥协，就没有当代国际关系。妥协是“无胜无负型”斗争的结局形式。由于妥协缓和了利益冲突国家间的矛盾，避免了双方的正面冲突和两败俱伤，因而有利于世界的和平与发展，它是有原则的、积极的、有利于历史进步的。“无原则的妥协”只是投降的代名词，不是真正意义上的妥协。(2) 妥协是国际关系中形成历史合力的机制。(3) 战后国际关系与妥协。国家间斗争的妥协形式，正在成为解决国际纠纷的常规手段，战后，各种双边和多边的国际条约、协议，几乎都是妥协的结果。实现妥协，当事各方必须尊重和照顾谈判对手的合理利益。(4) 恩格斯关于历史合力的原理对于我们运用妥协手段的七条指导意义。

《论世界政治中两大周期运动规律》

耿殿忠（副研究员）

论文 7千字

《北京社会科学》 1994年第1期

本文共有四部分。

第一部分：资本主义体系主要矛盾不平衡发展周期运动规律。资本主义体系主要矛盾是周期性规律运动。迄今为止，这一矛盾已渡过四个周期，目前在第五个周期内运动。这一矛盾每一运动周期分量变和质变两个阶段。资本主义体系主要矛盾不平衡发展周期的更迭都是通过战争实现的。拿破仑战争、普法战争、第一次和第二次世界大战，都是这一矛盾不平衡发展周期的更迭战争。

第二部分：国际共运低潮高潮周期运动规律。

第三部分：两大规律的制约和周期性联系。

（1）资本主义体系主要矛盾每个周期的量变阶段都是国际共运的低潮时期。

（2）资本主义体系主要矛盾不平衡发展两个周期的质变时期，都是国际共运的高潮时期。

第四部分：对国际共运发展前景的分析。

《世界经济政治斗争的主战场从欧洲移向亚太地区》

耿殿忠（副研究员）

论文 7千字

《亚太研究》 1994年第4期

在美苏争霸的两极格局中，欧洲是美苏争夺的主战场。苏联解体，两极格局终结，世界形成多极政治结构，那么，多极格局中世界各极争夺的主战场何在呢？本文主要论述随着世界政治格局的转变，世界经济政治斗争的主战场正在从欧洲移向亚太地区。

本文共五部分。第一部分：亚太地区是多极格局主要矛盾——美日——争夺的主战场；第二部分：亚太地区是东西方矛盾斗争的主战场；第三部分：亚太地区是南北矛盾斗争的主战场；第四部分：亚太地区是当今世界各种矛盾最集中的地区；第五部分：对美日矛盾发展的几点思考。

《比较利益学说与国际贸易的再认识》

刘景竹（副研究员）

论文 9千字

《世界经济》 1994年第7期

比较利益学说由现代贸易理论的奠基人大卫·李嘉图首先提出的，其原理的模型是1×2×2，即考察一种生产要素（劳动）、两种商品和两个国家，强调生产中所费劳动的差异；赫克舍尔－俄林原理的模型为2×2×2，即考察两种生产要素（劳动和资本）、两种商品和两个国家，强调生产中所费劳动的差异和投入资本的差异；以克鲁格曼等为代表的新贸易理论的模型为1×2×2，即考察一种生产要素（技术）、两种商品和两个国家，强调生产中所用技术的差距。赫氏模型是对绝对化的李氏模型的修改与补充，新贸易理论模型弥补了赫氏模型不考察技术因素的不足，但又丢弃了其模型的合理部分。笔者认为，在考察一国的比较优势时，必须将劳动、资本和技术这三种要素统筹兼顾才行，因此，提出3×2×2模型，即考察三种生产要素（劳动、资本和知识）、两种商品和两个国家。利用该模型可以较好地解释近年来现代国际经济关系中大量涌现的新问题和新现象。

《对中国在国际贸易中应避免贫困化增长的几点思考》

刘景竹（副研究员）

论文 9千字

《世界经济与政治》 1994年第10期

这里所说的贫困化增长指的是一个正处于经济增长的开放型国家，由于贸易条件恶化而造成的损失，超过了增加某产品出口所带来的收益，以致国内该产品生产能力越扩大，国家福利损失越大，进而最终导致人均实际收入水平下降的现象。中国要避免陷入贫困化增长的泥潭，首先必须注意不断改善我国的贸易条件。为此，应注意（1）生产要素的扩大和积累。（2）生产要素在各部门间的合理配置。（3）贸易结构的调整。（4）对外贸易政策的适时适度调整。其次，必须注意防止政策扭曲和政策失误。为此，必须做到（1）把发展农业放在国民经济的首位。（2）政府各项客观经济政策的合理性、相对稳定性、连贯性及政策间的协调性。（3）追求国际交换中的比较利益最大化。（4）对外国资本流入的良好管理与诱导。（5）对技术引进的良好指导和管理。针对上述问题，笔者认为，中国应采取人才技术立国为本，出口导向、进口替代齐头并进的综合型三维经济发展战略。

《从激进的社会民主主义到“经济自由主义”——法国社会党经济政策思想剖析》

李玉平（副研究员）

研究报告 4.5千字

《国外社会主义研究动态》 1994年第8期

1981年法国社会党领导人密特朗上台执政，开创了法国经济、社会深刻变革的时代。这场变革，先是从社会党与法共联盟，进行所谓“法国式的社会主义”试验开始，之后转而与右翼联手，全面向“自由经济”体制推进，使社会党的经济政策思想经历了由激进的社会民主主义走向与“经济自由主义”相糅合的演变过程。从近十四年来的实践来看，社会党的经济政策实际上是包容多种经济理论和思想流派的“混合物”，因而使划分“左”或“右”的界线变得模糊了。从社会党上台执政起，其政策思想到具体政策实践前后不一，有很大变化。推行一种“左”或“右”均能接受的经济管理体制和经济政策，即国有经济与私有企业并存的典型“混合经济”体制以及市场（调节）与国家（干预）相结合的市场经济管理模式。

《克林顿访俄后的俄美关系》

高华（助理研究员）

论文 8千字

《世界经济与政治》 1994年第5期

全文共分为三部分：一、俄美关系发展的“新阶段”。指出克林顿访俄签署的《莫斯科宣言》，声称俄美关系已进入“成熟的战略伙伴关系的新阶段”，但实际上双方远未成为联手合作共同解决面临重大国际问题的“战略伙伴”，更谈不上什么“成熟”。二、“新阶段”中出现的新问题。（1）俄政府内阁成员出现重大更动。（2）乌克兰国内民族矛盾愈益尖锐，政治状况日趋恶化。（3）大俄罗斯主义和民族主义势力急剧抬头。（4）俄虽然接受了北约“和平伙伴关系条约”计划，但是俄美实际上貌合神离。（5）俄在波黑问题上的立场与美国和西方相距甚远。（6）“埃姆斯间谍案”曝光。三、今后可能影响俄美关系的七个因素。

文章的主要观点是：虽然1994年1月克林顿访俄后，俄美双方签署的《莫斯科宣言》声称两国关系进入“成熟的战略伙伴关系”，但是在此之后俄美关系非但没有顺利进展，反而摩擦不断，障碍重重。冷战后的俄美“战略伙伴关系”，实际上是一种既有共同利益又有尖锐矛盾，因而既相互利用又相互争夺的特殊关系。可以预见，俄美关系今后仍将龃龉不断，既有合作，又有斗争，在跌宕起伏中向前发展，同时不可避免地出现一些暂时或局部的倒退现象。

《亚太地区区域经济合作的发展模式及其前景》

刘秀莲（助理研究员）

论文　8.5千字

《世界经济》　1994年第10期

以发展次区域经济合作为主，进行多种形式、多层次的经贸合作，成为亚太地区区域经济合作的主流，并呈现以下几种主要发展模式：以经济互补为主导的沿海域型；以贸易为主与经济技术合作相结合的沿边型；全方位开放和联合开发的增长三角型。该地区区域经济合作发展如此迅速，其原因是：(1) 外向型经济的高速发展；(2) 亚洲经济增长能力迅速增强；(3) 欧美经济一体化浪潮的推动。亚太地区区域经济合作中虽然存在着各种利益冲突和矛盾，但合作仍会稳步地向前发展。首先是东盟自由贸易区正逐步向东南亚经济一体化迈进，其次是图们江跨国经济特区开发建设速度将大大快于其他增长三角，最先建成小区域经济一体化。

东欧中亚研究所

《俄罗斯、东欧、中亚经济转轨的抉择》

陆南泉等

专著　220千字

中国社会科学出版社　1994年

本书主要论述前苏联与东欧各国向市场经济过渡的方式方法，比较各种方式方法的利弊、优劣。另外，对其在向市场经济过渡中出现的问题也作了论述。

《东欧经济大转轨》

赵乃斌等

专著　350千字

中国经济出版社　1994年

本书对东欧国家剧变后的经济转轨（从计划经济向市场经济过渡）的诸多方面，如所有制改造（私有化）、金融、外贸、竞争机制、社会保障、农业改革等作了比较详实的介绍和分析，并对进展成效、困难和问题作了阐述。

《东欧诸国的转型及发展前景》

赵乃斌等

专著　235千字

所内白皮资料（1994年）

本书对剧变后的东欧诸国政治经济体制转换方面（包括向多党制议会民主和向市场经济过渡）的一些理论观点和实践情况，对转型的特点和难点作了阐述，并对近期发展前景提出了一些看法。

《西伯利亚与远东的开发及其国际经济合作》

刘清鉴等

专著　220千字

所内白皮资料（1994年）

本书的主要内容和观点是：(1) 该地区的自然资源和经济概况；(2) 经济开发简史；(3) 开发战略的演变；(4) 开发前景预测；(5) 该地区开发方面的中苏、中俄合作；(6) 地区开发的国际合作以及东北亚经济圈的前景。

《乌克兰国情初探》

董晓阳

专著　82千字

所内白皮资料（1994年）

本书主要包括乌克兰宗教、政党、政府、议会、私有化、法律、军事、投资、对外贸易、经济发展与改革、外交政策与战略等系统内容，在许多方面发掘了新材料和提出了一些有意义的看法，是一部系统研究乌克兰的专著。

《俄罗斯经济形势继续恶化，前景莫测》

张森

研究报告 6.5 千字

《东欧中亚情况》 1994 年第 35 期

进入 1994 年以来，俄的生产领域危机出现了更加危险的征兆。具体表现在财政状况更加恶化，金融系统混乱，经济复苏的条件更加恶劣。俄的经济能否摆脱危机，取决于经济改革、结构调整和政治稳定，但经济改革会面临更大的阻力和困难，要求国家放弃对经济的垄断地位是很难的。产业结构在一定时期内难以提上日程。政治虽相对稳定，但潜藏着更尖锐、更复杂的矛盾和斗争。因此，俄今后的经济形势不容乐观，前景莫测。

此文曾受到主管院领导的肯定，被转载于院《国外社会主义研究》第 2 期，并作为江泽民主席访俄背景材料之一上报。

《俄罗斯的对外政治战略》

李静杰

研究报告 4 千字

《东欧中亚情况》 1994 年第 66 期

俄对外政治战略的实质内容：一是“世界大战”，二是独联体内的“超级大国”。决定俄对外政治战略的基本因素：一是民族主义，二是国内改革和发展的需要。俄对外政治战略的重点：一是邻国，二是富国。对外政策中的民族主义有三种表现形式：孤立主义、极端民族主义和温和的民族主义。

《乌克兰同美国的战略关系》

李兴汉

研究报告 3 千字

《东欧中亚情况》 1994 年第 28 期

本文论述了乌克兰前总统克拉夫丘克努力同美国建立战略关系的背景、内容及对这种战略关系前景的分析。库奇马任总统以来的对外政策，证明本文对乌美战略关系前景的分析是正确的。

《对俄罗斯政局演化趋势的几点看法》

邢广程

研究报告 6 千字

《欧亚社会发展研究》 1994 年第 38 期

本文的主要内容是：（1）1994 年俄政局尽管相对平静，但仍潜伏着许多不稳定因素；（2）经过几年的演变，俄新的政治体制开始发挥作用；（3）预测一两年之内俄政局不会有大的动荡，总统和议会选举是俄政治斗争的主要内容。

《东西欧经济关系》

朱晓中

研究报告 3.5 千字

《东欧中亚情况》 1994 年第 44 期

本文论述了东欧国家要求加入北约和欧洲联盟之后，西方国家特别是欧洲联盟对东欧的呼吁作出了积极的反应，制定和实施了一系列扩大双边经济联系的计划，东西欧经济关系已从以西欧的援助为主逐渐向建立和扩大正常的经贸关系过渡。

《新时期中俄经贸合作发展现状、潜力、前景》

马维先

论文 10 千字

《东欧中亚研究》 1994 年第 4 期

本文从中俄间易货贸易、经济技术合作和边境贸易等方面的历史和现状分析了两国发展经贸关系的巨大潜力及目前存在的一些问题，强调指出尽管两国贸易额现在并不大，但从长远看，经贸合作的前景是极为广阔的。

《"和平伙伴"计划与俄罗斯外交》

郑羽

论文 8千字

《欧洲》 1994年第5期

本文重点论述了"和平伙伴"计划的起源、内容及对形成未来的军事安全格局的意义、俄罗斯政府对此采取的一系列防范措施等等内容。

《苏联东欧剧变四年后的思考》

肖桂森著

论文 12千字

《东欧中亚研究》 1994年第6期

本文论述了苏东剧变后左派政党重新上台执政的趋势、原因、政策自我调整及作者的一些思考。

《独立以来白俄罗斯的内政外交特点及其发展前景》

李元华

论文 10千字

《东欧中亚研究》 1994年第6期

本文主要就1991年白俄罗斯独立后的方针政策、政治经济改革、外交政策以及今后的任务和发展前景进行全面论述和剖析。

欧洲研究所

《战后英国外交史》

陈乐民（研究员）、王振华（研究员）、胡国成

世界知识出版社 1994年5月

本书为世界知识出版社组织撰写出版的"战后大国外交史"中的一部。记载了第二次世界大战后英国外交思想的形成、发展和外交政策实践的发展变化概况。本书绪论从英国的历史发展入手扼要地介绍了英国外交的形成、发展和演变的历史概貌，论述了它的特点和发展趋势，指出英国外交与实力变化之间的紧密联系及其实用主义（或称现实主义）的外交传统。正文各章着重论述了英国外交随着国际形势和英国实力的发展变化在战后各个时期所经历的调整和重要发展变化，指出丘吉尔提出的"三环外交"是战后英国外交的基本指导方针；尽管三环的比重和内容发生了重要变化，但从理论上讲英国外交至今仍不能放弃任何一环。英国比起其他欧洲国家，需要更多地照顾各方面的关系。

《戴高乐评传》

周荣耀（研究员）

专著 267千字

东方出版社 1994年

本书揭示了戴高乐成为一个有重大影响的政治家的历史必然性和偶然性，揭示了戴高乐主义的特点、影响和作用，而且将中法两国在60年代国际关系中的地位和影响作了有意识的比较。这是我国学者评价当代西方著名政治家的一次有益尝试。

《西欧公有企业——历史沿革·国家参股·经营管理·调整改革》

罗红波（研究员）、戎殿新（研究员）

专著 272千字

经济日报出版社 1994年12月

在发达的市场经济条件下，公有企业属于现代企业制度。它的产生与发展同国家对经济宏观调控的加强与调控手段的选择密切相关。它适应了国家掌握、控制、调节一个庞大复杂的市场经济的需要，在一定条件下不失为一种有效的宏观调控手段。同世界上任何事物一样，无论是公有企业，还是私人企业，有利也有弊。公有企业和私人企业，在适当的领域、部门和历史时限内，都可以发挥它们特有的优势，而在不适当的领域、

部门和历史时限内，又都表现出一定的局限性。这是看待公有企业以及公私企业关系的基本原则。本书在论述公有企业的客观价值基础上，对英国、德国、法国、意大利、瑞典、西班牙公有企业的经营管理模式及近年来调整改革的具体做法，做了比较详细的评述，对我国国营大中型企业改造具有一定的参考价值。

《区域集团化与经济全球化的关系》

张健雄（副研究员）

论文　8.5 千字

《世界经济》　1994 年第 10 期

经济全球化与区域集团化是当今世界经济中的两个重要现象。二者的本质和关系是国外学术界颇多争议的问题。本文认为，经济全球化具有在全球范围内对资源进行优化配置的优点，自由贸易是全球化的基础。但是，由于发展阶段不同，各国在自由贸易中获得的利益可能是很悬殊的。这一局限性限制了自由贸易原则实施的空间和时间。从空间来说，只有在经济发展程度相当的国家之间自由贸易制度才能使各有关国家得到大致相当的利益。从时间上来说，要在全球范围内普遍实现贸易自由化还必须等到世界各国的工业化程度达到相互一致或接近的水平才有可能。民族国家仍然是世界经济的主体利益单位，经济全球化不应该削弱经济利益的民族性。区域集团化具有一定的排他性，对在全球范围实现资源的优化配置有阻碍作用，但是它是在世界发展不平衡的现实状态下，在全球范围还不能普遍实行自由贸易制度的情况下，对资源优化配置的次优选择。结论是：(1) 对经济全球化不应该无条件的肯定，对区域集团化也不应该完全否定；(2) 经济全球化与区域集团化之间既有冲突的一面，也有统一的一面；(3) 区域集团化是在一些较小范围内率先实现的贸易自由化，因此它是经济全球化的积累过程和中间阶段。

西亚非洲研究所

《正在发生划时代变革的国度——南非政治经济的发展》

杨立华、葛佶、何丽儿（研究员）主编

专著　267 千字

中国社会科学出版社　1994 年 3 月

本书是“七五”国家社会科学基金项目——“南非的种族隔离制度和社会发展”的研究成果。本书在概述南非多种族社会的形成和白人种族主义统治兴衰的同时，剖析了种族隔离制度与南非社会发展的内在矛盾及其走向失败的原因；分析了种族隔离制度所造成的种族矛盾，特别是种族经济不平等对今后南非社会发展的影响；并根据南非社会的特点，探讨种族多样、政治经济分裂的社会实现国家统一和种族共存的途径。笔者认为，南非的旧制度造成的种族矛盾和社会分裂，是世界上少见的，因此，南非所探索的多种族社会共存与和解的道路，对其他因种族、民族纠纷而血战不已的国家是有益的启示，在种族、民族冲突已成为世界性难题的情况下，南非的经验值得关注与研究。

此书荣获西亚非洲研究所 1994 年优秀科研成果奖。

《现代海湾国家政治体制研究》

刘竞、安维华（研究员）主编

专著　221 千字

中国社会科学出版社　1994 年 4 月

该书是国家社科基金研究课题。本书所论述的内容主要是：(1) 现代海湾国家政治体制的演变及其特点；(2) 分别论述了现代海湾国家君主、共和、神权三种政治体制，着重论述现代海湾国家的君主制政体，并对三种政体进行比较研究；(3) 论述宗教、部族、政宪和军队对海湾国家政体的影响；(4) 论述现代海湾政治体制的发展趋势。本书回答了为什么海湾地区是现今世界上君主制国家最集中的地区、为什么政治落后的海湾君主制国家的社会和政局比较稳定、为什么在20世纪70年代还会出现一种神权制政权——伊朗伊斯兰共和国，以及君主、共和、神权三种政体的相互关系和矛盾等一系列问题。

此书荣获西亚非洲研究所1994年优秀科研成果奖。

《非洲社会主义新论》

唐大盾（副编审）主编

专著　332千字

教育科学出版社　1994年5月

该书全面考察了非洲社会主义的产生根源、历史发展、基本理论思想和不同流派的理论与实践，并对非洲社会主义和非洲资本主义两种不同发展道路进行了深入的比较。着重指出非洲社会主义是第二次世界大战后随着非洲民族解放运动的兴起和发展而出现的一种民族主义思潮，同时也是非洲民族独立国家选择的一种发展道路和社会制度。其共同的基本理论基础是“超越阶段”论，即试图超越资本主义，实则是非洲社会必经的、不可逾越的商品经济发展阶段，因而具有“浓厚的空想色彩”。但它是一种“民族社会主义”，在实践中取得了“一些成就”，因此对它不能“全盘否定”。

本书荣获西亚非洲研究所1994年优秀科研成果奖。

《开拓南非市场：环境与机遇》

陈一飞（副研究员）主编

专著　196千字

中国社会科学出版社　1994年2月

本书详细介绍了南非贸易投资环境、南非对外经济关系、南非与中国的市场互补性、开拓南非市场的前景、如何在南非经营以及南非的经济政策与涉外经济法规、组织机构等情况，本书是我国第一本介绍南非经济与市场情况的专著。它的出版为我国企业进入世界十大行业市场之一——南非市场，提供了详情资料，受到企业界的欢迎。

本书荣获西亚非洲研究所1994年优秀科研成果奖。

《中东市场指南》

杨光（副研究员）主编

专著　137千字

企业管理出版社　1994年3月

本书基本论点是，90年代的中东是一个充满机遇的市场，我国应予重视和开拓。作者在综合分析中东商品劳务贸易和金融市场需求、中东国家贸易和金融政策新特点，以及由此带来的贸易和利用外资新机会的同时，从外商投资的安全程度、生产经营条件和优惠待遇三个方面论证了当地投资环境的改善。为了使中国企业打入中东市场时能有较高的可操作性，本书还分专章详细分析介绍了中东15个主要国家的进口商品需求、进口管理规则、营销和促销渠道、商标专利保护、银行体系、证券交易市场、汇兑管理制度、建筑工程招标规则、贷款方式、纠纷仲裁、投资优惠措施、劳动力素质和雇工成本、基础设施状况、投资申请和审批程序、投资热点行业、税收制度、经济特区、对外投资和援助等重要商务信息，以及中东地区的商务礼俗。

本书荣获西亚非洲研究所1994年优秀科研成果奖。

《非洲市场经济体制》

杨德贞（副研究员）、苏泽玉（助理研究

员）主编

专著 237千字

兰州大学出版社 1994年8月

本书对非洲的市场经济体制进行了初步的探索和研究。主要内容包括：非洲不发达市场经济的形成与发展、非洲国家的宏观经济调控、财政和金融体制、企业制度、对外经济关系、不发达市场经济与政治发展、非洲国家发展市场经济的经验教训等。作者认为，非洲的市场经济是一种不成熟的市场经济，表现为市场机制作用不成熟、市场竞争不成熟、与市场经济相适应的产权制度也不成熟。在现阶段中，非洲国家应着重在规范市场主体、建立现代企业制度、建立和完善统一的市场体系、克服市场障碍、转变政府职能、实行谨慎的宏观经济政策几方面做工作。

此书荣获西亚非洲研究所1994年优秀科研成果奖。

《暴戾淫逸博卡萨》

庄慧君（副研究员）、林明扬（副编审，特约研究员）、钱榆圭（副研究员）

专著 140千字

中国社会科学出版社 1994年9月

本书主要揭露中非暴君博卡萨的狡诈、阴险、老奸巨猾，以及如何登上中非政坛，并鱼肉百姓达十余年之久的经历。他所使用的伎俩正是非洲其他政客所惯用的，因此揭露其危害性，对认识非洲政治发展的复杂性具有普遍意义。本书以章回演义为体裁，通过博卡萨的具体形象来揭示奴化教育、传统文化及社会习俗对非洲政治、社会发展的深刻作用和久远影响。60年代非洲的独立为民族主义者实现非洲的解放与发展提供了用武之地，但也为政客们混水摸鱼提供了机会，而他们的阴谋每每得逞绝非偶然。事实上这是产生在特定社会文化环境中的必然现象，具有一定的社会合理性。因此，研究非洲传统文化与发展的关系十分重要。

《白色君主巴列维》

赵增泉（特约研究员）、林明扬（副编审，特约研究员）、郑耀群（编辑）

专著 164千字

中国社会科学出版社 1994年9月

本书乃《世界末代皇帝演义》系列丛书之一。从1878到1980年，前后时间跨度为一百年，对巴列维国王的出生、求学、婚姻、嗜好、政绩，直至下台等情节都加以重点描绘。巴列维国王花费十年时间推行“白色革命”，又用了五年时间实施经济建设，梦想把伊朗建成“世界第五强国”，以便实现“朕即国家”及“千古一帝”的抱负。然而，一场伊斯兰革命，落得个客死他乡的悲惨结局。本书还涉及后妃、首相、将军、刺客和痞子等人物。

《以色列“安全问题”浅析》

余国庆（助理研究员）

论文 4千字

《以色列动态》 1994年第1期

本文分析和阐述了建国后以色列的安全环境、国家安全战略。特别对中东和平进程开始后以色列所面临的安全问题作了充分的论述。作者从边境的安全、国家在国际社会中的安全、居民日常生活三个方面探讨了以色列在国际社会中的处境，使对以色列安全问题的研究深入了一步。

《加纳向“宪法统治”过渡的特点》

高晋元（研究员）

论文 10千字

《西亚非洲》 1994年第1期

文章在介绍加纳向“宪法统治”即多党民主制过渡的三个特点时，对加纳因何能较顺利平稳地实现过渡及国家元首罗林斯一举在1992年大选中取胜的原因，特别是对加纳政坛上七党三大派势力的相互关系和力量对比作了较为中肯的分析。本文也是关于一个非洲国家如何由军人政权转变为多党民主政体的典型报告。

《南非的历史性变革》

杨立华（研究员）

论文 14千字

《西亚非洲》 1994年第1期

作者指出，南非正在经历的历史性变革，是从种族隔离制度向不分种族的民主制度过渡。1993年的多党制宪谈判的突破将为三百多年白人种族主义统治的结束创造条件。作者预测南非人国民大会极可能在未来政府中成为多数党，并执行种族和解与经济稳定过渡政策，因而有可能避免很多非洲国家独立后出现的政策失误。但是，种族隔离制度遗留的不合理的政治、经济结构，将使新政府在建设国家的过程中面临很多严重的挑战，然而种族和解与平等发展的趋势已不可逆转，南非的前景是光明的。作者的预测得到证实。

《试论刚果独立后的政治发展——兼论多党“民主化”的根源及实质》

唐大盾（副编审）

论文 10千字

《西亚非洲》 1994年第1期

本文论述了刚果独立后政党制度由多党制到一党制，再到多党制的变化。作者指出，每次变革主要是经济问题——经济困难引起的。这次刚果“多党民主”变革在一定意义上也是由于经济上的私有化，直接导致政治上的多党“民主化”。作者认为，这次“多党民主”浪潮，没有带来稳定和发展，而是引起更激烈的社会动荡和以部族为背景的政党和政治派别之间的权力斗争。目前，利苏巴及其总统派在刚果已占有明显优势，但要彻底打垮和消除反对派并非易事。因此，刚果也不会恢复过去的一党制或出现军人政权，而是逐渐实现以总统派为主体的多党民主团结政府，这可能是刚果今后政治发展的最好解决办法和结局。

《中东经济自由区的发展及其作用》

马秀卿（研究员）

论文 10千字

《西亚非洲》 1994年第2期

本文分析了第二次世界大战后，随着中东国家民族经济的发展，中东经济自由区不断涌现，经历了初创、勃兴、兴旺三个发展阶段；中东经济自由区大多数属于商贸型和工贸型，少数为综合型；经济自由区的设立和发展，对促进中东国家经济发展与繁荣起了并正在发挥着重要的积极作用，特别是在扩大对外贸易、加速引进外资、推动工业发展、增加就业机会、促进共同繁荣等方面。

《阿以冲突的历史根源、演变与发展趋势》

王京烈（副研究员）

论文 12千字

《中国社会科学院研究生院学报》 1994年第3期

本文论述了阿以冲突错综复杂的基本矛盾，分析了阿以冲突的历史根源，并将其发展过程分为对抗、相持、政治解决三个阶段。作者认为，阿以冲突进入第三阶段后，双方小的摩擦冲突依然不断，但和平解决冲突的趋势已不可逆转。领土问题、水资源纠纷、耶路撒冷归属和难民遣返等仍是双方面难以解决的棘手问题。因此，阿以冲突的全面解决不可能一蹴而就，它将是一个长期过程。

此文荣获西亚非洲研究所1994年优秀

科研成果奖。

《巴勒斯坦自治任重道远》

刘竞（研究员）

论文 6千字

《西亚非洲》 1994年第4期

该论文主要论述1994年5月巴以签署关于实施加沙和杰里科自治宣言协议后的和平进程的形势。作者认为，巴以签署自治宣言协议是一个历史性的突破，但前进的道路上依然障碍重重。作者在分析杰里科的面积、边界和通道、巴勒斯坦警察部署、巴勒斯坦难民重返家园、犹太人定居点等问题的过程中指出，双方之所以分歧很大，核心是"主权"问题。作者还分析了巴解组织和以色列拉宾政府的背后都存在着一个不可忽视的反对力量。它们都对和谈起着重要的影响。

《伊斯兰运动与中东穆斯林国家的政治合法性危机——以埃及和沙特阿拉伯为例》

东方晓（助理研究员）

论文 10千字

《西亚非洲》 1994年第4期

论文分析了从60年代末开始爆发的以中东伊斯兰复兴为特征的宗教——政治运动。指出各个国家政治、社会和经济的环境不同，伊斯兰运动的形式也有很大差异。但该运动实际上对统治当局的政治权威和合法性提出了挑战。文章以埃及和沙特阿拉伯王国为例，在吸收西方宗教政治学理论合理成分的基础上，运用马克思主义理论，对这两个政治体制完全不同、社会环境各异的穆斯林国家所面临的政治合法性危机进行了理论的探索和分析，尤其是将系统论运用于社会科学研究，对穆斯林国家社会结构的分析、为理解政治合法性危机提供了新的视角与方法。作者认为，尽管穆斯林国家在各方面都存在巨大的差异，但社会结构中政治、经济、文化的不和谐，是合法性危机产生的深层原因，也是伊斯兰运动不断向当局提出挑战的原因。

此文荣获西亚非洲研究所1994年优秀科研成果奖。

《大西洋奴隶贸易与西非奴隶制》

徐济明（副研究员）

论文 20千字

《西亚非洲》 1994年第4期

本文探索了16～19世纪大西洋奴隶贸易对非洲西海岸及其内地社会经济发展深层次的影响，指出，大量奴隶输出、贩奴及掠奴战争不是促使这个地区资本主义的发展，而是促进了奴隶制的发展，加速了非洲社会内部的阶级分化。蓄奴成为暴富者投资及敛财的最好形式，也是王室及政治精英们用以加强权力、提高其社会地位的物质基础；同时，使大量自由民降为奴隶。奴隶的来源及使用范围不断扩大。一夫多妻制的盛行成为非洲国家内奴隶制的一大特色。文章根据奴隶输出的数量及年龄结构对本地役使奴隶的规模作了推测和估计，还将整个地区分成三部分，即伊斯兰影响所及的西非地区，未受伊斯兰影响的西非地区以及刚果、安哥拉等中西部地区。对其奴隶制的发展和特点分类作了具体考察。

《多党民主化在非洲的发展》

高晋元（研究员）

论文 8千字

《西亚非洲》 1994年第5期

本文认为，非洲多党民主化变革的起因既有外来因素特别是西方的压力，也有不可忽视的内在因素，如专制腐败、经济恶化、中等阶层扩大等等，忽略任何一面都是片面的。文章根据客观实际，将这场变革的初步结果分为持续混乱、较有秩序和由乱入治三类。认为非洲国家的一党为主多党参政的形式较适合非洲国家的国情。作者还指出，非洲国家部族冲突的主要罪责不在多党民主化，而是政客们出于自私目的有意加以挑动和利用的缘故。作者预测有些国家由于党派间缺乏妥协精神，矛盾激化，政局持续动荡，可能导致军人政变，建立或恢复军人统治，使民主化进程倒退。这一预测已为近两年的非洲事态发展所证实。

《尼日利亚新外汇政策评析——兼评尼日利亚外汇改革的两难处境》

苏泽玉（助理研究员）

论文　6千字

《西亚非洲》　1994年第5期

本文从分析1994年尼日利亚政府推出“新外汇政策”的背景及效果出发，剖析了尼日利亚外汇改革进程中遇到的困难和问题。作者认为尼日利亚外汇改革政策难以推进的深层原因主要是不合理经济结构的制约。出路在于继续深化改革，而不是实行政府统制色彩很浓的“新外汇政策”。同时，作者认为，汇率改革应正确把握时机，分步骤地进行，并辅以各项配套措施，将汇率改革的负作用减少到最低限度。其能否成功最终有赖于合理经济结构的建立。

拉丁美洲研究所

《当今墨西哥教育概览》

曾昭耀（研究员）主编

专著　137千字

河南教育出版社　1994年2月

全书共九章，综合介绍了墨西哥教育的历史沿革、教育立法、教育制度、教育管理和教育经费的一般情况，并就墨西哥的各级各类教育（初等教育、中等教育、高等教育、师范教育、职业技术教育、成人教育、特殊教育）分七章逐一进行了介绍和分析。最后一章“面向21世纪的教育蓝图”集中分析了21世纪墨西哥所可能面临的挑战，并介绍了墨西哥政府当前的对策，主要是介绍了墨西哥政府新颁布的《1989～1994年教育现代化纲要》。该书的主要特点是点面结合，简繁有致，既概括介绍一般情况，也着意个案解剖，使读者既能居高鸟瞰，观其全景，又能身临胜境，细细揣摩。本书的序言为墨西哥学院亚非研究中心贝哈教授所作。她对中国的历史、文化和现状都有较深的了解，所写序言对墨中两国教育的发展及其特点作了简明扼要的比较分析。

《战后拉丁美洲教育研究》

曾昭耀（研究员）主编之一

专著　400千字

江西教育出版社　1994年8月

该书系《战后国际教育研究丛书》之一。着重研究拉美国家教育发展与改革的历程，并尽可能对中、拉教育的发展与改革进行比较的研究。全书共十六章，分三部分。前七章为第一部分，写战后拉美教育发展与改革的进程，是纵的、个案式的叙述，分别阐述拉美教育发展与改革的历史背景、30至60年代一些国家的民众主义教育运动、战后初期一些国家民族民主革命中的教育改革、六七十年代发展主义理论盛行时期拉美的教育改革以及80年代债务危机时期拉美教育的发展情况。第八至十三章为第二部分，写战后拉美地区的各级各类教育，是横的、概括性陈述。最后三章为第三部分，是对战后拉美教育改革的理论思考，并从“发展中国家与教育”、“教育体制改革与市场经济”、“基础教育危机和教育发展战略问题”、“中等教育改革中的职业技术教育问题”、“高等教育改革与大学自治”以及“教育现代化和师范教育改革”等六个方面对拉美教育和中国教育进行了比较分析，总结了战后中、拉教育发展与改革的一些带有共同性的经验教训。

《拉美国家初级产品出口模式及其影响》

苏振兴（研究员）

论文 12.7千字

《拉丁美洲研究》 1994年第6期

大多数拉美国家从19世纪中期至本世纪30年代实行初级产品出口发展模式，即每个国家开发和输出一两种初级产品以进行国际交换。初级产品开发所涉及的温带农牧业、热带农业和矿业，因各自生产规模及覆盖的地域、人口大小不同，使用当地要素多少也不一样，各自产生的社会经济影响就差异悬殊。这种影响主要表现在推动早期工业与城市发展以及生产关系、收入分配关系的变动等方面。文章通过对拉美各国实施这一模式过程的研究指出，这一模式与殖民地时期经济开发方式有连续性。同时，实施这一模式是造成拉美国家之间及国内不同地区之间发展很不平衡的主要历史原因，也是拉美国家财富占有不公、社会分配不合理等问题的历史根源。

《墨西哥加入北美自由贸易协定的利弊》

陈芝芸（研究员）

论文 7千字

《拉丁美洲研究》 1994年第6期

墨西哥作为一个发展中国家，加入“北美自由贸易协定”后，就目前情况看，所获实际利益是显而易见的。首先，关税的减免有力地促进了地区贸易的增长，墨对美出口明显增加。墨美贸易中，墨方仍有逆差，但数字不大，预计到1997年两国贸易可出现平衡。第二，协定的生效明显地增强了外国资本对墨西哥投资的积极性。大量外资流入将刺激经济和就业增长。第三，与世界第一经济大国结盟使墨西哥的国际地位明显提高，对外经济关系迅速扩大。北美自由贸易协定也给墨西哥带来了消极影响，主要表现为墨西哥国内一些尚不具备条件参与国际竞争的地区、部门和企业因经不起外来冲击而陷入困境。广大农民的破产和中小企业的倒闭带来的直接后果是贫富差距进一步扩大，社会矛盾更加尖锐。墨西哥作为发展中国家参加区域经济集团后，总的来说是利大于弊，主要问题是要注意趋利避害，防止因经济过度开放给本国经济和社会带来太大的冲击。在经济集团内部，始终存在一个利益协调问题。发展中国家，仍需为维护本民族的利益坚持不懈地斗争。

《克林顿政府对拉美的政策》

徐世澄（研究员）

论文 6千字

《国际问题研究》 1994年第2期

民主党人克林顿自1993年1月入主白宫以来，围绕“恢复国内经济”和“重振美国”这一中心目标，调整了美国的内外政策，在对拉美关系方面，克林顿政府在总体上延续了布什对拉美的政策，但在某些问题上作了一定的调整。克林顿政府以复苏美国经济为目的，以建立美洲自由贸易区为基石，并以“民主”、“人权”和“市场经济”为原则，进一步发展同拉美国家的关系。克林顿在力促国会批准“北美自由贸易协定”的同时，主张拓宽西半球自由贸易领域，建立西半球自由贸易区。克林顿调整了对中美洲和加勒比的政策，减少对中美洲国家的援助，促进海地恢复民主，对古巴继续采取“以压促变”的政策。在扫毒问题上，克林顿政府扫毒的重点已从国外转向国内，从控制拉美国家的毒品生产和贩运转到减少国内的毒品消费。克林顿政府同阿根廷关系比较密切，对发展同巴西的关系比较重视。但是，美国同阿、巴等国在一些问题上也存在不少分歧和矛盾。

《世界新格局下古巴的形势、对策及前景》

宋晓平（副研究员）

调查报告　17千字

拉丁美洲研究所（白皮书）　1994年1月

本系列报告为拉美所1993年重点科研项目，由两篇调研报告组成。第一篇对古巴四年来的形势进行了分析。前苏联和东欧社会主义政权垮台后，古巴在政治上陷入孤立，受到国际反共反古势力的强大压力，在经济上失去经互会范围内的经济合作体系，同时受到美国日益加强的经济封锁的困扰，经济急剧萎缩，国家生存受到严重威胁。第二篇报告着重分析了古巴的经济调整、改革和开放政策。古巴在被迫实行经济紧缩政策的同时，于1992年开始采取一些经济改革和调整措施，并实行经济对外开放政策。自1993年古巴对经济改革和开放的认识深化，改革开放的步伐加快，全面吸引外资，调整所有制结构，改革经济体制，整顿国家财政，等等。在对外关系方面，开展经济外交，努力打破美国的经济封锁。上述政策收到了一定的效果。在政治上和经济上稳住了形势，古巴的国际处境有明显改善。为摆脱经济危机，古巴尚需进一步深化对经济改革的认识，加大改革力度。

《论冷战后的美拉关系》

张文峰（研究员）

论文　7千字

《世界经济与政治》　1994年第12期

本文主要论点如下：

冷战后美拉关系的变化：(1) 政策上的变化。冷战后美国对其拉美政策进行了战略性的调整；拉美对美国的政策也发生了转折性的变化。(2) 观念上的变化。冷战后美国更加重视拉丁美洲，把它看成一个“非常重要的地区”；在一些拉美领导人看来，冷战后美国已不再是拉美的敌人，而变成朋友和伙伴。(3) 合作基础的变化。冷战期间，美拉合作的基础是政治上共同反共；冷战后则是共同发展西半球的经济。

制约美拉关系的诸因素：一类是可变因素，主要指国际形势、美国形势和拉美形势。一类是不变因素，指在各国对外政策中永远起作用的因素，即国家利益。在分析制约美拉关系的诸因素时，既要重视对可变因素的分析，更要重视对不变因素的分析，因为不变因素即国家利益在对外政策中始终起着决定性作用，而且它本身又包含着某些可变因素。

美拉关系的发展趋势：今后的美拉关系将是既合作又斗争的关系，即在合作过程中充满着控制与反控制、干涉与反干涉的斗争，甚至有时会发生某种冲突。但在一般情况下，冲突和斗争都不会影响美拉合作的主流。

《90年代拉美地区一体化的新发展》

徐宝华（副研究员）

论文　9.6千字

《世界经济与政治》　1994年第11期

随着世界经济区域集团化的发展，拉美各国政府推行雄心勃勃的地区经济一体化计划。近十年拉美政治经济发生的变革为地区一体化合作开辟了极大的可能性。全地区出现了国家元首接连会晤，拉美一体化协会进行战略调整，小地区一体化组织重趋活跃，新的一体化组织相继成立，表现出务实、参与国际经济，通过政治协调促进一体化发展的特点。近几年，拉美地区内贸易呈迅速上升的趋势，也遇到一些困难，但各国本着团结合作，友好协商和区别对待的原则，采取积极措施，加速经贸一体化步伐。当前拉美国家实现自由贸易推动经济一体化的进程不可逆转，在近期内，拉美实现自由贸易中心的地区一体化将会比较顺利地进行，建立美洲自由贸易区的前景不太乐观，因为美国近期内不可能与大多数拉美国家谈判建立自由贸易区问题。

《对巴西经济奇迹的再认识》

吕银春（副研究员）

论文 7.5千字

《拉丁美洲研究》 1994年第4期

巴西经济在1968～1973年期间以年均10%左右的速度飞速增长。其增长的主要原因：一是在经济政策上实行大刀阔斧的改革，二是加大公共投资的力度，三是使国内金融体制国际化，充分利用国际金融市场利率的有利形势大举借债，大力发展国有企业和建设基础设施，试图到2000年成为世界经济强国之一。但由于这一时期，巴西政府负债规模过大（超需求借债），基础设施负债发展，一味追求投资规模和发展速度，再加上国家对经济的过分垄断，使政府的财政负担不堪忍受，再加上重经济发展、忽视社会发展的“蛋糕理论”和“理论的实施”，国富民穷，使两极分化愈演愈烈。其结果是80年代巴西经济十余年的经济衰退，外债和通货膨胀的干扰。笔者认为，对一个发展中国家来说，在国际金融形势有利的情况下，借外债补充国内投资资金不足的方针是正确的。但不能一味追求高投入，一味追求高速度。在高速发展的一定时期，必须有相应的调整阶段。在这一阶段，不应再强调高投入（包括外资投入），而应强调投入的质量、效益、产业结构的调整，及基础设施建设，为下一阶段持续、中速、稳定的发展创造条件。

《论拉美国家的贸易自由化》

江时学（副研究员）

论文 14千字

《拉丁美洲研究》 1994年第2期

自80年代中期起，许多拉美国家相继进行了以贸易自由化为核心的贸易改革。其特征是降低关税壁垒和鼓励出口。事实上，贸易自由化构成了拉美经济改革的主要组成部分。贸易自由化的影响包括以下几个方面：(1) 使资源利用的效率得到提高；(2) 进一步扩大国民经济的开放度；(3) 对就业和财政收入的影响是双重性的，其实际效果决不能一概而论。实施贸易自由化计划的时间和速度是决策者必须认真考虑的两大问题。拉美国家提供的经验教训是：(1) 政府和决策者应具有实施贸易自由化计划的决心和勇气。(2) 正确认识汇率的双重作用。(3) 贸易自由化计划需要一系列相关的措施。(4) 有步骤地实施贸易自由化。(5) 努力提高贸易自由化计划的可信性。(6) 慎重使用同贸易自由化目标相悖的保持手段。

《试论拉美民主化过程中政治结构的选择》

刘新民（助理研究员）

论文 10千字

《拉丁美洲研究》 1994年第5期

本文对本世纪以来拉美国家三次民主化过程中政治结构的改革和演变进行了归纳和总结。提出拉美国家民主化过程中新宪法的制订、政府体制的改革和选举制度的选择都遵循着一定的规律。在此基础上，对拉美国家政治机构选择的根源作了论述。认为，政治结构选择的原因在于某个特定国家的政治现实即利益集团的力量对比。但政治家的主动性仍起着很大作用，就是说，政治改革需要政治家的勇气和智慧。从几十年的政治进程来看，拉美国家政治改革的主要难题有二：(1) 政府体制的改革，即怎样理顺总统与议会在政治决策中的关系；(2) 选举制度的改革怎样才能做到既有利于促进政党制度的民主化，同时又有利于形成一个制度化的政党体系，防止出现一个多党林立、政治混乱的局面。

亚洲太平洋研究所

《东盟的战略调整及与中国的关系》

张蕴岭（研究员）

研究报告　10千字　1994年8月

近年来，东盟根据冷战后的新形势，对其发展战略和对外关系进行了许多重大的调整。这些调整不仅涉及东盟自身，而且也涉及到亚太地区，其影响颇大。本研究报告集中分析了两方面的问题：其一，东盟战略调整的内容和意图；其二，东盟对中国的关系及对策建议。在第一个大问题中主要论述了以下几方面：(1) 东盟由政治组织逐渐将重心转向经济发展与合作；(2) 扩大势力范围，提出建立东南亚共同体的构想，在政治、经济、安全方面实行全面合作；(3) 抓住导向，建立东盟的核心地位，成立东盟地区论坛，并想以论坛为基础建立东亚集体安全体制。在第二个大问题中主要论述了以下几个主要问题：(1) 东盟与中国关系的改善和发展；(2) 东盟通过扩展自己和拉住中国的两重战略，建立防范中国的机制；(3) 对中国与东盟关系的几点建议。本报告是国内较早研究东盟扩大及对与中国关系影响的研究成果。

《世纪之交的角逐与"亚洲纪元"的蓝图》

陆建人（副研究员）

论文　9千字

《世界经济》　1994年第10期

随着冷战时代的结束，美、欧、日为争夺21世纪经济霸主地位的角逐日显突出。事实上，21世纪将是一个多极化的世纪，美欧日三足鼎立的态势将继续保持下去。与此同时，东亚发展中国家将以其非凡的活力和巨大的潜力推动全球经济的发展。东亚地区将成为21世纪世界经济增长的中心。一个富有挑战性的时代——"亚洲纪元"即将来临。"亚洲纪元"的含义主要指21世纪东亚地区将成为世界经济舞台的主角。东亚地区经济将持续增长，区内投资、贸易、技术转移和产业结构调整将处于高度活跃状态，从而促进和带领整个亚太地区乃至全球经济的增长。正是从这一意义上说，21世纪是属于亚洲的。

《东亚经济发展的特点及其成因》

陆建人（副研究员）

论文　8千字

《亚太研究》　1994年第4期

东亚地区的经济发展，具有时空上的连续性和地区发展的整体性特点。时空上的连续性一是指时间上的连续性，二是指空间上的连续性。从本世纪60年代初日本的崛起至下世纪初，包括日本、"四小龙"、中国、东盟和东南亚在内的人口稠密、幅员辽阔的东亚地区，经济增长将持续半个世纪之久，这在现代经济史上是绝无仅有的。从空间上看，东亚经济的发展呈现出明显的连续性，即以日本为起点，自北而南沿西太平洋海岸呈串珠状扩展，构成东亚"繁荣弧线"，并由此形成东亚经济繁荣的高度的地域集中性，这在世界经济史上也是绝无仅有的。东亚经济发展的另一个特点是阶梯性，即东亚各个经济体处于经济发展的不同阶梯上，构成数代新兴工业化经济体依次排列的独特格局。形成这些特点的主要原因是东亚各经济体在出口导向发展战略下形成了"雁形"国际分工体系。

《东亚国际分工体系的形成与发展》

陆建人（副研究员）

论文 6千字

《国际商务》 1994年第6期

东亚地区近三十年来形成和发展起来的“雁行”分工体系是促进该地区经济持续高速增长的重要因素。东亚“雁行”分工体系是建立在东亚“阶梯型”差异基础上，带有较多互补性的新型国际分工体系。其主要特点，一是多边性，二是互补性，三是多层次性，四是垂直分工与水平分工交叉并存。80年代中期后，东亚的国际分工进入了新的发展阶段，突出表现在水平分工的形态进一步朝多样化和高级化方向发展，出现了产业内分工新形式。总的来看，这种分工体系对于提高东亚发展中国家的工业水平是利大于弊，同时增强了东亚地区的经济自力能力，使东亚地区能摆脱90年代初世界经济衰退的阴影而保持一枝独秀的态势。

《华南、香港、台湾经济融合的前景》

陆建人（副研究员）

论文 6.5千字

《港澳经济》 1994年第9期

面对世界经济集团化和亚太经济区域化的挑战，内地、香港、台湾两岸三地的经济融合也在迅速发展中，形成了“华南增长三角”。这是一种小区域经济合作，并且是在国家处于分裂状态下，三地中国人之间自然形成的互惠互利的经济合作。目前，两岸三地的经济融合虽然尚未进入到自由贸易区或共同市场等阶段，但合作的趋势已锐不可挡，前景令人乐观。这种融合过程，开始是自发进行的，而要进一步发展，便需要三方有关机构共同商量协作规划，制定具体方案，并在此基础上经过充分的酝酿与准备，通过“有组织地合作”方式，最终实现大陆、香港、台湾的经济一体化。

《后冷战时期区域经济一体化的政治和经济意义》（英文）

陆建人（副研究员）

论文 5千字

《当代中国思潮》（菲律宾） 1994年第3期

世界经济的区域化最早出现于战后的50年代，至70年代中期形成第一次浪潮。80年代后半期出现世界经济区域化的第二次浪潮。90年代初冷战时代的结束，使世界经济的区域化进入了突变阶段。全球经济正在形成北美、亚太、欧洲及拉美、非洲、中东几大块。特别是欧洲、北美的区域经济一体化发展很快，刺激了亚太经济的区域化进程。冷战后，随着世界两极格局向多极格局的转变，超级大国控制世界经济秩序的时代已结束，一大批发展中国家已经崛起，这在东亚特别明显。亚太地区正在出现全区域、次区域、小区域多种层次的经济合作，其政治和经济意义都很深远。中国华南地区出现了华南、香港、台湾三地中国人的经济合作，这种合作对于维护亚太地区稳定和促进东亚地区经济增长具有积极意义。

《佛教在泰国社会经济发展中的作用》

韩锋（副研究员）

论文 8千字

《亚太研究》 1994年第1期

近些年来，人们在探讨东亚经济发展动因时，经常将儒家思想放在突出地位。这种经济与社会文化相结合的研究方法拓宽了研究的视野，但东亚地区除了儒家思想影响之外，还有佛教、伊斯兰教等。因此，在得出带有普遍意义的结论时应做具体分析。文章对佛教在泰国社会经济发展中的作用进行了探讨。

公元13世纪，泰国素可泰王朝时期佛

教传入泰国，至14世纪逐步取得统治地位。现在泰国为南传佛教的三大中心之一。佛教的作用：(1) 是泰国重要的政治力量；(2) 是泰国人民的精神支柱；(3) 提高了泰国的国际地位。

佛教对泰国社会经济的发展有着不可低估的影响，主要体现在：(1) 维护社会的稳定与安全，为经济的发展提供良好的社会环境；(2) 促进教育的发展，提高泰国人口的素质；(3) 佛教的传统思想对经济的稳定发展有重要影响；(4) 促进旅游事业的发展。

《印度尼西亚“六五”计划展望》

马汝骏（副研究员）

研究报告　7千字

《亚太研究》　1994年第6期

印度尼西亚“五五”计划的多数指标已超额完成。国内生产总值年平均增长率达6.9%，比原计划高1.9个百分点。“六五”计划的主要指标，国内生产总值年平均增长率为6.2%（1995年8月改为7.1%）。主要特点是：仍然寄希望于非石油、天然气部门的发展，建设资金来源主要依靠私人投资，政府继续举借外债，重视解决人口、就业和贫困问题。实施“六五”计划的有利条件：经济调整已见成效；投资环境改善，可继续吸引投资；出口商品较多样化，出口市场趋于多元化；资本货物和工业原材料进口增长较快；自然资源丰富，发展出口加工工业的潜力较大；国内市场需求旺盛等。“六五”计划面临的不利因素：建设资金短缺，外债负担较重，基础设施不足等。在上述两种因素的作用下，印尼经济发展速度不会出现大的波动，将继续保持稳步增长，“六五”建设计划的主要指标是能够实现的。

美国研究所

《国有资产管理·理论·方法·实务》

肖炼（副研究员）

专著　211千字

中国财政经济出版社　1994年

本书为全国首届国有资产管理高级培训班教材，获1994年全国首届国有资产科学理论研讨会二等奖。主要内容包括：(1) 国有资产的产权理论、中介理论及管理模式；(2) 国有资产的配套体系；(3) 国有资产管理实证研究；(4) 国有资产的国际化比较研究。

《冷战后的美国》

王缉思（研究员）

论文　20千字

《美国研究》　1994年第3期

冷战后的美国缺乏一项明确的长期外交战略。美国外交决策的彷徨犹豫和前后矛盾，固然有世界战略格局变化等方面的国际原因，但本文所强调的是其国内根源。美国总统和国会的外交决断能力减弱，参与外交决策的政府机关和影响决策的利益集团越来越多，造成了决策机制的混乱；美国国内价值观念、种族关系、社会关注点、国民凝聚力的变化，也对外交思想产生了冲击。本文最后对美国外交的未来走向也作了一些基本估计。

《试论核裁军的几个问题》

吴展（副研究员）

论文　12千字

《美国研究》　1994年第9期

本文对核裁军的历史作了简明的回顾，并论证在美苏两国签署第二阶段削减战略核武器之后，近期内在核裁军方面不大可能再出新的动作。文章还讨论了在以前的核裁军协议中很少涉及的销毁核弹头的问题，论述了以南亚和朝鲜为中心的导弹和核武器的不扩散问题。

《克林顿政府一年来对华政策的调整》

杨达洲（研究员）

论文 6.7千字

《世界经济调研》 1994年第4期

克林顿1992年竞选时大肆攻击布什政府的对华政策，竞选获胜后自1993年元月入主白宫起，克林顿即对其对华政策逐步作出调整。

本文详细论述了克林顿本人及美国政府在对华政策上的立场的修正，论述了美国政府调整对华政策的各方面原因。

《美国人对西方民主制的贡献——代议制民主》

周琪（副研究员）

论文 16千字

《美国研究》 1994年第4期

美国作为第一个实现代议制民主的国家，对当代西方民主做出过杰出的贡献。这一创造具有两方面的意义：(1) 它打破了封建等级制，坚持认为所有的人不论其出身如何，都是平等的，都有权决定国家制度和管理国家；(2) 它是民主的一种形式，一种适用于具有广大领土和众多人口和社会事务日益复杂的国家的民主形式。美国的建国者们的经验是在一个大国实行民主的经验，它的价值已为代议制在西方国家的普遍推行所证实。

《关于“华莱士惊世之作”的通信》

潘小松（副研究员）

研究报告 2千字

《中华读书报》 1994年第8期

本文就美国作家欧文·华莱士作品行世的社会背景作了阐释，并就其作品的文学性质提出了自己的看法。华莱士的小说盛行于60年代美国，为什么30年后会热销于中国？主要原因当为近十年随着物质生活水准的提高，人们开始关注一些精神领域的问题，婚恋问题即是其一。本文的结论是：华莱士作品应属通俗文学，加给他的“文豪”头衔是不严肃的。

日本研究所

《问题·对策·机制——日本经济发展的经验教训》

“日本经济发展的经验教训”课题组

专著 422千字

经济科学出版社 1994年1月

该书系从我国改革开放和经济建设实践提出的课题出发，探寻日本经济发展中值得我国参考和借鉴的经验与教训。全书分为五个部分：（1）围绕政府与宏观经济管理问题，探讨了政府在市场经济中的职能，战后日本政府干预经济的主要内容，计划在市场经济中的表现与作用方式，日本调节经济波动的机制与调节方式，日本的地区间经济差距及其调节机制等。(2) 围绕金融与资本积累问题，探讨了直接金融市场作用的两面性，间接金融的作用，中央银行与财政的关系，日本证券市场的结构，日本政府对证券市场的管理，对中日两国的积累率、积累效益、积累模式等进行了比较分析。(3) 围绕科技进步与经济发展问题，介绍了战后日本科技体制概况，日本“技术立国”战略的形成过程和实施措施，日本科技发展经验以及“技术立国”战略对我国的启示。(4) 围绕农村与农业问题，介绍了日本农村的各种基层组织、它们的形成与作用，日本农业社会化服务体系的现状及其发展轨迹，探讨了日本农业经营形式的选择及其发展趋势，研究了我国建立农业社会化服务体系和扩大农业经营规模的有关策略。(5)围绕企业经营与企业文化问题，从承包制的角度探讨了日本大中小企业间的关系，剖析了“过劳死”的成因，分析了企业文化在企业发展过程中的作用。

《日中关系：日本走向政治大国的飞轮》

周季华（研究员）

专论　10千字

《和平与发展》(增刊)　1994年第17期

日本虽然认为今后的国际格局将是“美、日、欧三极结构”，但是中国在亚洲具有不可取代的作用，必须让中国参加国际政治对话，为亚洲的稳定做出贡献，孤立中国是非常危险的。其次，尽管中国强调坚持四项基本原则，只要继续实行开放改革政策，必然导致中国走上市场经济的道路，进而加深中国对世界市场的依赖。再次，中国的经济实力正在上升，是东亚地区经济最重要的组成部分，并将越来越成为日本经济不可或缺的国际条件之一。最后，日本要“发挥与经济大国相适应的政治作用”，成为联合国安理会常任理事国，需要获得中国的理解和支持。日本要保持和提高自己在亚洲的政治地位，首先应处理好同中国的关系。另一方面，中国要实现四个现代化，建立富强的社会主义国家，也需要借助日本的经济技术实力。这就形成两国在新时期的战略利益的交汇点。在日本走向政治大国的对外战略格局中，日本仍将十分重视其与美国和中国的关系。海部俊树首相把日美关系和日中关系形象地比作日本外交政策的两只轮子。然而，日本也有人认为，到21世纪，中国必将成为经济超级大国，两国就将进入摩擦的时代。日本将采取的对华政策是联合美国、东盟以及其他亚洲国家，制约中国对外政策中的“非积极因素”。

《大国主义思潮：日本政局动荡的潜流》

周季华（研究员）　合作者王新生

专论　9千字

《亚非纵横》　1994年第3期

战后初期日本社会思潮的主流是“和平民主”。60年代经济高速增长，生活水平提高，“工薪阶层”迅速膨胀，国民中满足现状的“中流意识”滋长起来。“中流意识”反映求稳怕乱、维护现状的心理，形成了“新保守思潮”。新保守思潮不一定是对和平民主思潮的否定，但它模糊了保守与革新两大阵营的界限。在政治上主要表现为：(1)在维护安定繁荣的条件下，对自民党的支持率上升，走中间道路的政党势力增长。(2)在东西方激烈对抗中，对“日美安全条约”和自卫队的存在趋向认同。(3)为经济成就感到自豪，民族优越感增强。80年代初，中曾根首相提出“战后政治总决算”的纲领，要依靠强大的经济实力，进入世界政治大国的行列。他通过政治和财政改革瓦解了全国统一的工会组织，削弱了革新政党的社会基础；通过教育改革，向青年宣传“皇国史观”，灌输大国意识。大国主义思潮在政治上主要表现为：(1)赞成改宪的人数扩大。(2)支持日本参与国际安全事务的人数增加。(3)革新政党的政策主张逐渐向自民党靠拢。(4)政界分化改组的进程加快。于是在1993年7月，自民党内一些激进的“国际贡献派”造反，与在野党联手推翻了执政38年的自民党政府，建立起多党联合政权，揭开了政界改组的序幕。

《日美“新型伙伴关系”——升往政治大国的助推器》

周季华（研究员）

专论　10千字

《现代日本》 1994年第1期

冷战结束后，当初维系日美两国战略同盟的重要因素之一苏联的威胁已消失，而两国的摩擦依然存在，并且新的矛盾又在酝酿，日美关系面临新的考验。日本依然把加强日美联盟关系视为日本走向政治大国不可或缺的前提。美国认为，冷战的结束为美国改变对日政策提供一个机会。阿斯彭战略小组提出“新的对日战略”，主张（1）必须以美国国家利益为基础，兼顾两国的共同利益；（2）必须把经济利益同安全利益结合起来；（3）必须植根于长远战略。并认为美国应该力求把日本置于旨在促进两国经济和安全密切合作的网络之中，让日本在联合国内、在管理世界经济中发挥更大作用，“以此来解决日本上升到大国地位的问题”。日本认为，与日本生死攸关的首先是资源，特别是能源；其次是市场；第三是和平的国际环境；第四是美国对日本的“安全保证”。这反映出新时期日美之间战略利益的汇合点。1993年4月，两国首脑一致表示日美之间要建立“新型伙伴关系”，即以协调两国经济关系为基调，维护两国在政治和安全方面的合作关系。美国积极支持日本成为联合国安理会常任理事国和北大西洋公约组织的“合作国”（准会员国）。看来，这种“新型伙伴关系”正成为加速日本走向政治大国的新的“助推器”。

《冷战后日本的“世界观”种种》

周季华（研究员）

专论 10千字

《日本问题资料》 1994年第1期

日本各界一般认为，当前“世界迎来了历史转折时期中特有的不稳定时期”。基于意识形态的军事对立正转变为基于经济的综合国力的竞争，使各国间的关系一时变得难以理顺。这是冷战结束后的特点。这一时期的任务是克服不稳定所带来的全球规模的问题。值得注意的是民族主义正在高涨和扩散，南北对立将加深，“核技术”失控增加在第三世界爆发核战争的危险性。

日本认为，日美欧三极协调体制在形成。美欧日的经济规模占世界经济的2/3，它们共同的政治价值观和经济信条是当今世界民主化和自由化的主流，“建立90年代国际新秩序的责任必须由日美欧发达国家共同承担”。

日本认为，联合国可能对世界和平发挥更大的作用，并且也被要求加强其功能和扩大其活动领域。然而，没有美国军事力量的有效支持，要维持联合国的法统性也是困难的。世界新秩序将是以美国为中心的集体领导体制，即美、日、德三个经济中心以及联合国安理会五个常任理事国的“正统性能力”的中心。这个“一三五体系”是当前世界的格局。海湾战争的解决，为今后世界新秩序的内容和基础揭示了某种方向。

《走向政治大国的日本》

周季华（研究员） 合作者赵阶琦、冯昭奎、韩镇涉、张舒英、王新生

调查报告 20千字 1994年12月

战后50年来，日本已确立了经济大国的地位，科技水平达到世界先进行列，并拥有强大的自卫武装。这为其成为政治大国做了“物质准备”。80年代，在“战后政治总决算”纲领的指导下，通过教育改革，向青年灌输大国意识，大国主义思潮的抬头则为之做了“思想准备”。同时通过政治、财政改革，瓦解了全国统一的工会组织，削弱了革新政党的社会基础。目前政界的分化改组又在为之做着“组织准备”。日本认为，世界进入多国协调合作的时代，日本必须从“中小国外交”转化为“大国外交”。其做法是以协调日美关系为基础，在“国际贡献”

中增加“安全投入”；改革联合国体制，争当安理会常任理事国；卸下历史的政治包袱，摆脱孤立局面；参与欧洲事务，加强三极协商机制；同时着力拉拢东盟，修好与南北朝鲜的关系，妥善处理日俄关系，以大力改善同东亚国家的关系。由于内外各种因素的制约，日本暂不会成为核政治大国。在“后帝国主义时代”，国际垄断财团主要依靠跨国公司建立其“金融帝国”的霸业。在人类摆脱殖民主义时代的今天，战前的侵略扩张道路已走不通了。对日本这样一个依靠贸易生存的资源小国来说只有维持“没有战争威胁的自由开放的国际社会”，才能保持其国家生存与繁荣。

《小政府发挥大作用的机制与条件》

张淑英（舍妤）（副研究员）

论文 16千字

《日本学刊》 1994年第1期

我国实行改革开放以来，一方面财政收入占国民收入的比重明显下降，另一方面，对增强财政宏观调控能力的要求却在上升。带着改革实践中出现的这一矛盾和问题，作者比较了主要发达资本主义国家的财政规模，揭示了一个值得重视的现象：富有发展活力的国家往往是小政府、小财政。文中对这种现象形成的原因作了理论分析。该文认为：小政府完全可以在宏观调控上发挥大作用。不过，这需要一定的条件。该文以日本为例，探讨了如何以较小的财政规模发挥较强的宏观调控作用的机制与条件，如政府从一般性的投资领域和具体的产业经营活动中超脱出来，只承担那些民间办不了或办不好的事；运用法律手段，对经济进行高层次、高态势的管理等等。

《日本证券市场发展考察》

阎坤（助理研究员）

论文 10千字

收入《国外市场经济运行考察与研究》

中国社会科学出版社 1994年9月

本文是作者承担的国家社会科学基金重点课题中的一部分内容，共分为五个部分。(1) 日本证券市场的发展过程；(2) 日本证券市场的结构；(3) 日本政府对证券市场的管理；(4) 日本证券市场的国际化；(5) 证券市场对日本经济的影响。本文系统地分析了日本证券市场发展的过程、功能及对经济发展的影响，着重强调证券市场在国民经济中的重要地位，并对世界经济发挥着重要的作用。

《战后日本金融体制的特点》

阎坤（助理研究员）

论文 7.3千字

《日本学刊》 1994年第4期

本文是作者承担的所重点课题中的一部分内容。战后日本的金融体制，是在结合本国国情的基础上引进欧美国家先进经验建立并逐步完善起来的，它对日本经济的发展起到了重要的作用，其主要特点如下：(1) 实行长期金融与短期金融的分离；(2) 实行银行业务与证券业务的分离；(3) 实行银行业务与信托业务的分离；(4) 建立被称之为“政策金融机构”的国营银行，为贯彻执行政府的经济政策服务；(5) 实行大企业和中小企业金融机构的分离。

《日本金融国际化的影响及前景》

徐梅（助理研究员）

论文 7.2千字

《日本问题研究》 1994年第1期

日本金融国际化的影响，从积极方面看，主要是提高了经济效率，保证和带动了日本企业走向海外，推动了金融体制改革、增强了日本的国际影响力；从消极方面看，主要是增强了经济的不安定因素，激化了与欧美发达国家的金融摩擦，削弱了政府政策的有效性，出现“金融空洞化”隐患。进入90年代，日本金融业进入一个收缩调整时期，金融国际化随之也将具有以下趋势：首先，金融国际化战略不会改变；其次，金融机构的海外扩张将减速；第三，金融市场限制将继续放宽；第四，日元国际化呈强劲走势。可以预见，日本在经过一段时间的调整后，其金融国际化仍会稳步发展。

台湾研究所

《迎接机遇和挑战并存的新世纪》

姜殿铭（研究员）

论文 4千字

《台湾研究》 1994年第2期

本文通过简要回顾20世纪人类社会发生的重大变化，勾划了在行将进入21世纪时世界面临的基本形势，指出了世界不可能再由个别大国主宰，地缘经济优先将取代地缘政治优先，经济发展出现“南快北慢”、“东高西低”的趋势，以及中国内地、港、台三地的经济合作已使一个新经济体浮现在亚洲的格局。进而分析了中国在21世纪到来时将面临的机遇与挑战，指出如果外部势力入侵和台湾公然从祖国分离出去，将使中国陷入分裂和内战，从而成为世界最大的乱源，给人类和平带来威胁与灾难。还指出，面对机遇和挑战并存的世界，中国人在战略上应当乐观，在战术上则应当谨慎。

《从“台海两岸关系说明书”看台当局大陆政策的本质特征》

余克礼（副研究员）

论文 9千字

《台湾研究》 1994年第4期

台湾当局1994年7月发表的“台海两岸关系说明书”（简称“说明书”）是台湾当局自1987年开放两岸民间交流以来首次发表的“两岸关系政策文件”，也是其“现阶段推动大陆事务的最高指导纲领”，反映了台当局现阶段大陆政策的本质特征。主要表现在以下几方面：一是“说明书”在“统一”或“一个中国”的包装下，制造两岸长期的所谓“分裂分治”局面，实即“两个中国”、“一中一台”，这是台当局现阶段大陆政策的核心和主要特征；二是“说明书”将中国的“分裂、分治”说成是“制度之争”，重新提出“以三民主义统一中国”，表明台当局现阶段大陆政策的实质仍然是继续坚持反共、反对“一国两制”，制造“敌对意识”，抗拒、阻挠和平统一进程；三是“说明书”对“台独”的解释表明，“台独”已被台湾当局吸纳到现阶段大陆政策的体系内，变成与大陆讨价还价的筹码和继续制造“分裂分治”的借口，这是其现阶段大陆政策的一个新的重要特征。

《“台独”势力膨胀的原因及其对台湾政局和两岸关系的影响》

戴文彬（研究员）

论文 9千字

收入《台湾研究论文集》第六辑

华艺出版社 1994年10月

李登辉主政台湾后，海外“台独”分子相继“返台”，民进党将“台独”主张纳入党纲，以分裂祖国领土、建立“台湾共和国”为目标的岛内外“台独”势力合流与膨胀，形成一股影响台湾政局，反对祖国统一，出卖台湾人民利益的反动力量。其膨胀原因主要是美国等强权政治势力推行“一台一中”政策及台湾当局追随美国坚持反共拒统，谋求台湾“独立政治实体”。“台独”已成为台湾社会的“乱源”，对两岸关系的发展产生着直接破坏的作用。

《转型期中的台湾企业集团》

刘映仙（研究员）

论文 20千字

收入《点石成金——台湾百大集团与老板》一书

中国工人出版社 1994年3月

台湾的企业集团（又称集团企业或财团），于60年代中后期在加工出口经济中崛起，二十多年来经济实力迅速膨胀，已发展成为台湾私人企业的主干，并与官营资本和在台外国资本并列为台湾经济的三大支柱，成为国民党和台湾各派政治势力争夺和倚重的一股重要政治和经济力量。据台湾统计资料，年营业额及资产总额均达4亿元新台币以上的企业集团约有100家。企业集团的营业收入占台湾"国民生产总值"的1/3左右。台湾企业集团属于一种"关子企业"，各企业集团内部主要是在生产运转、资金调度、原料采购等方面实行初步的联合，是一种低级垄断形式。随着台湾自由化、国际化经济政策的大力推动，台湾企业集团正在向高级垄断形式发展变化。

《面向九十年代的中华经济协作系统》

殷存毅（副研究员）

论文 8千字

《亚太经济》 1994年第1期

"中华经济协作系统"有关各方（中国内地、台、港）相互交流与合作的一个核心问题是，产业的合理分工与合作。从总体上来说，"中华经济协作系统"是一个欠发达经济的合作区，有关各方都致力于改变技术结构和经济结构的落后性和被动性，以实现经济的现代化。从其内部来看，有关各方相互之间不存在结构性绝对差距，因而也不存在发达国家与不发达国家之间传统的分工关系，如果把垂直分工关系作为"中华经济协作系统"内产业分工或合作的指导思想，具有较大片面性。因此，"中华经济协作系统"产业合作应体现三个特征：（1）开发导向型的产业合作；（2）技术导向型的产业合作；（3）市场导向型的产业合作。

二　一九九四年主要学术活动

中美关系史研究会首届年会暨中美关系史研究学术讨论会

1994 年 3 月 5～7 日，由中华美国学会所属中美关系史研究专业分会与我院美国所在北京共同主办了“中美关系史研究：回顾与展望”学术研讨会，来自全国各地的 70 余位专家与会。会议对不同时期的中美关系史中的重要问题进行了讨论，收到近三十篇论文。

玄奘国际学术研讨会

1994 年 4 月本院亚太所与河南省偃师市政府共同举办了“玄奘国际学术研讨会”。来自印度、尼泊尔、斯里兰卡、日本、德国、韩国等十几个国家的百余名专家学者出席了研讨会。在我国唐代高僧玄奘大师圆寂 1330 周年之际召开这次会议的目的是研讨玄奘在学术文化上的贡献，宣传玄奘的思想和业绩，弘扬爱国主义和国际主义精神，发展我国与周边国家的关系和学术交流。

“社会保障与社会发展”
——中国社会学会 1994 年学术年会

1994 年 5 月 5～9 日在上海浦东召开了以“社会保障与社会发展”为主题的社会学学术年会，来自全国各地的科研、教学、实际部门的一百多名理论工作者与实际工作者出席了会议。会议收到学术论文 170 余篇，入选论文 93 篇。在研讨中，与会代表认真分析了现有社会保障制度，肯定了建国以来我国的社会保障事业在保障城乡广大人民的基本生活、维护社会稳定、促进经济发展等方面发挥的作用和取得的显著成绩。分析了现有的社会保障制度在市场经济体制和社会发展中存在明显的不足和缺陷，一致认为改革和完善现行的社会保障体系迫在眉睫。与会代表认为，社会保障是一项庞大的系统工程，范围大，涉及面广，内容多，政策性强，在改革中要谨慎从事，要与我国的经济发展水平相适应，要与人民的承受能力相适应。研讨中，会议从我国社会发展现状及未来发展趋势，结合我国国情，对养老保险、行业保险、医疗保险、女职工生育补偿、农村的社会保障、民族地区的社会保障、贫困地区的社会保障以及社会救济、社会福利、安置优抚等问题进行了热烈的研讨，提出了积极的微观构想和建议。

“世界经济论坛”第二次研讨会

1994年5月10～11日，我院美国所与《中华工商时报》社和中国民族证券投资公司联合举办了“‘世界经济论坛’第二次研讨会”，地点在北京。与会的专家学者、政府官员和实业家达六十人。

会议从“世界经济论坛”所涉及的问题谈起，对目前世界经济，特别国际金融领域的新现象、新发展进行了研讨，分析了这些新发展对我国引进外资政策，以及整个改革开放政策的意义。

社会主义市场经济和民族问题

——第五次全国民族理论专题学术讨论会暨学会顾问座谈会

中国民族理论学会主办、福建省人大常委会农经委、福建省民族事务委员会协办的第五次全国民族理论专题学术讨论会暨第五次学会顾问座谈会于1994年5月11～16日在福建省福州市、厦门市召开。出席讨论会的有伍精华、江平、汝信、天宝、陈雷、王铎、胡宏、张向明、关山复、张明俊、马玉槐、张声震、李敏、薛剑华、黄光学、沈遐熙、卓加、刁国栋等学会顾问、有关领导及专家学者八十多人。他们来自全国14个省、市、自治区，包括15个民族成分。讨论会得到福建省委、省人大、省政府的重视和大力支持，省长陈明义亲自到会讲话，讨论会还特请中国市场经济研究会会长、中共中央党校教授王珏到会做了关于社会主义市场经济的学术报告。会议收到论文34篇。

与会者一致认为，讨论会开得很成功。大家以“社会主义市场经济和民族问题”为中心议题，围绕我国民族地区如何建立和发展社会主义市场经济，民族问题在建立和发展社会主义市场经济过程中出现的新特点、新变化及其影响展开了热烈的讨论。

讨论主要集中在以下几个问题：（1）关于社会主义市场经济；（2）民族地区如何建立和发展社会主义市场经济；（3）社会主义市场经济条件下的民族关系；（4）关于政策倾斜问题；（5）关于放权问题；（6）关于改革开放与民族区域自治的关系问题；（7）关于国家和发达地区帮助支援的问题；（8）关于所有制形式和股份制问题。

大会还提出了如下建议：

（1）民族地区落后，经济贫困与智力贫困并存，经济要发展，人才是关键。建议像“希望工程”那样，在民族地区搞个“少数民族人才工程”，以解决民族地区人才奇缺的矛盾。并建议中央为民族地区培训一些企业家，把他们派到上海、广州等先进地区学习。

（2）建议搞一个少数民族发展基金，以帮助贫困地区搞项目。这些基金可以给公司、财团，由他们带着管理人员去搞项目，而且这个基金是有偿的。

（3）先进帮助落后是政府的重大责任，对口支援是好办法。对口支援在社会主义市场经济下以什么形式继续坚持，就此问题建议由国家民委、人大民委、政协民委与国务院扶贫基金会合作，中央组织部、统战部协作，进行有计划的工作，让对口支援发挥更大更重要的作用。

（4）关于变更自治地方问题。改变自治地方应通过有关法律手续，不依法不行。自治县改市问题带有普遍性，所以建议国家民委、人大民委和政协民委进行认真的调查研究，拿出解决的方案。

（5）加强马列主义民族观教育和党的民族政策教育仍然是一个重要课题，建议中央党校高级干部学习班开设民族理论课，使每个高级干部对马列主义民族观和党的民族政策及我国民族问题有一个较清醒的认识和理解。各级党校也应该讲民族理论课。民族理论不仅少数民族干部要学习掌握，而且汉族干部更要学习和掌握。

除上述问题外，大家还对民族理论研究提出了许多建设性意见。大家指出，社会主义市场经济为民族理论研究提出新的课题，民族理论工作者应该自觉地调整自己的研究方向，学习经济学，研究西方国家的经济理论和民族问题，扩大视野，拓宽领域，不断完善自身的知识结构。还要发扬民族理论的好传统，深入调查研究，做到理论联系实际。民族理论工作者还有培养壮大自身队伍力量的义务。

“中国·俄罗斯·中亚国家”国际学术讨论会

“中国·俄罗斯·中亚国家”国际学术讨论会，由本院东欧中亚所、美国亚洲研究会和华盛顿大学杰克逊国际问题研究院主办，于1994年5月11～15日在北京召开。

此次会议的代表共有48人，其中美国、韩国、日本、俄罗斯、哈萨克、乌兹别克等6个国家的学者24人；中国学者24人。会议的主要内容是探讨苏联解体对亚太地区国际关系的影响，探讨苏联解体后，俄罗斯和中亚各国之间，以及它们与包括美国在内的亚太地区（主要是东北亚地区）国家相互之间正在建立的新的政治、经济和安全关系，俄罗斯和中亚各国的现状和发展趋势及对亚太地区的影响；新形势下，我国同俄罗斯、中亚各国、美国、日本、韩国等国家加强在东北亚地区的经贸关系等方面的合作前景。

“马克思主义与建设有中国特色社会主义”学术研讨会

由本院马列所主办的“马克思主义与建设有中国特色社会主义”学术研讨会于1994年5月25日在该所召开，中央党校、中央党史研究室、中央文献研究室、中央马列著作编译局、国家教委社科发展研究中心、北京大学等单位的专家学者二十余人出席了会议。会议就如何深入研究建设有中国特色的社会主义理论进行了热烈讨论。

与会学者认为，深入研究马克思主义与建设有中国特色社会主义理论的关系，是一个十分重要的课题，其关键在于要充分认识建设有中国特色社会主义理论的重要意义和历史地位。这一理论，以新的观点和思想回答和阐述了什么是社会主义以及在我国这样一个经济文化比较落后的国家如何建设、巩固和发展社会主义的问题，这是马克思主义基本原理与当代中国实际和时代特征相结合的最新成果，在马克思主义发展史上占有极其重要的位置。将这一理论及其成功实践放到马克思主义发展史和社会主义发展史上来评价，表明社会主义在当代命运的重大课题已经在中国得到初步的解决，表明中国共产党人在事实上推进和发展了马克思主义。这种理论上、实践上的有力回答，在当前世界社会主义运动处于低潮时期具有重要的现实意义。

如何看待中国特色社会主义理论与马列主义、毛泽东思想的关系，与会学者认为，这一科学理论是马列主义、毛泽东思想的重要组成部分，是其在新的时代条件下的坚持和发展。首先，这一科学理论是以马克思主义的世界观和方法论为其理论基石。其次，这一理论中的重要内容，如以公有制为主体、多种经济成分并存和发展；坚持按劳分配为主体、其他分配形式为补充和一部分人先富起来、走共同富裕的道路等理论对马克思主义既有继承，又有创新。邓小平关于解放和发展生产力的论述，就是把长期以来被忽视了的发展生产力这一马克思主义的基本原理结合新的实践加以高扬和发挥。而社会主义市场经济的提出则是马列主义的先驱者们没有讲过的新话，是新发展。中国特色社会主义理论与马克思主义的这种继承和创新的特性，本质上要求我们在推进有中国特色社会主义事业中，既要注重突出、发展中国的特色，敢于创新，走别人没有走过的路，又要坚持社会主义的一般规律，以马克思主义的科学世界观和方法论为指导。既要防止对马克思主义作教条僵化式的理解，也要避免对建设有中国特色社会主义理论作简单片面的解释。与会者认为，马克思主义不是封闭的、僵滞的，而是开放的、发展的科学。有中国特色的社会主义理论，还要随着实践的发展而丰富和发展。当前我国正在进行的以建立社会主义市场经济体制为目标的各种改革和现代化建设实践，将为这一理论的发展提供新的契机和源泉。我们只有进一步解放思想、实事求是，深入实践，深入群众，注意不断总结实践经验，才能从中提炼和概括出新的思想和观点，推进建设有中国特色社会主义理论的丰富、完善和发展。

“中日公务员贿赂犯罪问题”国际学术研讨会

本院法学研究所于 1994 年 5 月在北京举办了“中日公务员贿赂犯罪问题”国际学术研讨会。来自中国最高人民法院、最高人民检察院、中国社会科学院、北京大学、中国人民大学、中国政法大学、日本一桥大学、韩国汉城地方检察厅的二十多位专家、学者共聚一堂，就国家公务员贿赂犯罪的情状、特点、原因与防治，以及贿赂罪的立法完善等问题，进行全方位的比较研究。兹择要述评于下。

1. 中日贿赂犯罪的立法比较。

(1) 关于“贿赂”的范围。中国刑法中的“贿赂”范围仅限于“财物”，即具有实物形式的金钱和物资。在日本，对“贿赂”的解释相当宽泛，包括金钱物资在内的能满足人们需要和欲望的一切利益。(2) 关于犯罪的主体。日本刑法中受贿罪的主体包括公务员、将为公务员之人和曾为公务员之人。中国刑法中的受贿主体，包括国家工作人员、集体经济组织工作人员和其他从事公务的人员，以及全民所有制企业事业单位、机关、团体。根据司法解释，还包括已离、退休的国家工作人员。(3) 关于受贿罪的行为方式。日本刑法中的受贿罪可分为收受贿赂罪、要求贿赂罪和期约贿赂罪。中国刑法只有笼统的索取或收受贿赂的规定。

2. 有关贿赂犯罪的几个理论问题。

(1) 贿赂犯罪的危害。杉原泰雄教授指出，贿赂犯罪会使民众失去对政治、对政府的信心。“如果想把一个政权毁掉，最直接的办法就是让它的官员受贿。”中国学者也一致认为，贿赂犯罪盛行，不仅会助长非法竞争，阻碍社会主义市场经济体制的建立和运行，而且严重败坏党和政府的威信，成为影响社会安定的重要因素。(2) 贿赂犯罪原因。贿赂犯罪是现代社会的一种“综合症”。主要原因如：经济体制转轨时期的失范状态形成的可乘之机；政企不分、行政干预等使权钱交易成为可能；公务员法律制度不完善；监督、打击不力等。(3) 贿赂犯罪的责任追究。日本学者认为，对公务员贿赂犯罪除追究刑事责任外，还应追究政治责任，即把当事人从高官降为一般市民。

3. 中国防治贿赂犯罪的对策建言。

(1) 完善惩治贿赂犯罪的刑事立法。(2) 建立统一、权威的反贪污贿赂专门机构，如“廉政委员会”。(3) 实行公务人员财产申报制度。(4) 制定《新闻法》、强化舆论监督。(5) 适当提高公务人员薪俸，以资养廉。(6) 严格执法。

“古巴的经济开放”学术研讨会

1994 年 6 月 29 日，中国拉丁美洲学会、我院拉丁美洲所和古巴驻华使馆在北京联合召开了“古巴的经济开放”研讨会。中国的拉美问题和古巴问题专家、中国的新闻界以及古巴驻华使馆官员和企业界代表共六十多人与会。与会者对古巴的经济开放政策和投资环境等问题进行了热烈深入的讨论。

自 80 年代末和 90 年代初以来，古巴面临着严峻的经济形势，先后受到三次严重的冲击，使古巴经济急剧滑坡。在这种严峻的形势下，古巴对经济政策进行了较大幅度的调整，实行经济紧缩，修改经济政策的重点，同时提出经济开放的战略决策。古巴在 1982 年外国投资法的基础上，对吸引外资、建立合资企业作出了新的规定，外资可占 50% 的股份，还可视具体情况独资经营；对农村生产组织形式进行重大调整；允许居民持有美元；允许服务业个体经营；整顿国家财政，减少企业财政补贴，提高部分物价，扩大税收，取消部分免费服务项目，以扩大国家预算收入，减少财政赤字；要求地方政府减少对国家的依赖，将产品价格补贴改为对低收入阶层实行生活补贴；严惩非法致富的暴发户。古巴还对外交政策进行了调整，把拉美地区作为其外交重点，积极发展和改善同拉美国家的关系。古巴已作好了同拉美国家在经济和政治上实行一体化的准备，以灵活的策略同美国展开针锋相对的斗争。另外，加强对海外移民的工作。

古巴经济开放取得了可喜成绩。首先以国际旅游业为起点，对外开放逐渐向冶金、石油、食品加工、制糖、建筑材料等领域扩展。但古巴也面临不少困难：(1) 美国的封锁是古巴经济开放的最大障碍。(2) 古巴对外经济地位和国内投资条件尚需进一步改善。(3) 人民群众对改革的理解问题。

古巴十分重视对华关系，特别是对华经贸关系。古巴主要向中国出口蔗糖、柑桔，部分矿产品和医药产品。中国向古巴出口机电设备、运输设备、农机和包括家用电器在内的轻工业产品。中古贸易关系发展迅速，但在投资领域的合作明显不足。主要原因是两国相距遥远，交通运输、通信联络等方面有很多不便。另外，古巴目前处于和平时期的特殊阶段，经济空前困难，外汇有限。中国的政企分开，企业投资自主权扩大，经济利益特别是投资风险成为企业投资决策的主导因素，这也是中古两国在投资领域的合作不尽如人意的主要因素之一。

会上，古巴驻华大使何塞·阿·格拉还发表了题为《古巴目前形势》的讲话。经济参赞拉蒙·科尔塔达·哈科罗以《古巴经济开放》为题，介绍了古巴有关经济开放和吸引外资的法规。从合资形式、审批程序、参股分红、合资企业的权利和义务、税收和财务及劳工等方面介绍了古巴的有关政策。

这次研讨会不仅加强了我国学术界对古巴经济改革和中古关系的研究，而且加强了中古双方的接触和相互了解。

近代中国与民族凝聚力学术讨论会

由《近代史研究》杂志社和广东中华民族凝聚力研究会共同发起，于1994年6月30日在北京召开近代中国与民族凝聚力学术讨论会。来自河北、山西和北京地区的三十余名学者，围绕以下几个问题进行了广泛的探讨和讨论。

（1）民族凝聚力的因素和结构。与会学者均认为，民族凝聚力是由若干因素组成的精神力量。但这些因素是什么，其间的关系如何，则有不同的认识。主要提出了两种看法：一是认为构成民族凝聚力的因素有三个层次，即自然的本原因素层次、人为的文化因素层次、人为的经济物质因素层次。二是认为民族凝聚力有两个基础，即自然方面的基础和民族的认同与亲和力的基础。前者既含有对祖先的追思，更主要地是指对故乡的依恋情结；后者则主要是指长期生活于同一块土地上的群体所形成的共同生活习惯、生活方式、共同的语言和文化心理，在这两个基础之上，产生了国民意识，其中最重要的是主权意识。

（2）中华民族凝聚力的特点。一些与会学者指出，由于国内各民族自身具有本民族的凝聚力，因此中华民族凝聚力（即中国各民族之间的凝聚力）就具有了若干特点，最为显而易见的就是，凝聚力中具有自然性质的那些因素的作用大大减少。但对于文化认同因素所起作用，由于对与之直接相关的问题即古代中国是否已形成为各民族认同的中华文化认识不尽一致，看法也有所不同。

（3）近代中西方碰撞中的中华民族凝聚力。与会学者指出，近代以来，中华民族凝聚力得到极大加强，并发挥了十分重要的作用，最重要的原因是西方国家对中国的侵略，激发了中国人民的爱国热忱，增强了中华民族凝聚力。也就是说，我国的民族凝聚力在近代以来得到加强与外族入侵是分不开的。随着近代中国民族危机的加深，作为一个民族的内在向心力和凝聚力日趋加强，爱国主义、民族主义的呼声不仅是中国一致对外的价值坐标，而且是团结中华民族内部各民族、各阶层，使中国人化解与弥合内部冲突的最有效的工具。在这个意义上说，民族共同体的生存意识和生存危机，构成了中华民族凝聚力在近代中国日趋加强的轴心。也有的与会者指出，只有当民族危机和灾难使近代中国人产生了强烈的民族危机意识时，才会大大增强中华民族凝聚力，促进中华民族意识的形成，推动中华民族觉醒。因此对此种因果关系尚需作具体分析。至于形成民族意识，增强民族凝聚力与向世界开放、搞现代化究竟是一种什么样的关系，尚需作进一步探讨，目前难以取得一致意见。

（4）中华民族凝聚力研究的学术与现实双重意义。与会学者指出，中华民族凝聚力既是一个历史问题，又是一个现实问题，既具有学术意义，又具有政治意义。因此既要从学术理论上探讨，又必须联系实际，同时要看到民族凝聚力自身所具有的十分浓重的自然的、习惯性的、情感的色彩。特别在研究和宣传民族凝聚力时，切不可有盲目性和片面性，搞绝对化。要注意三种关系，即应与科学、进步、文明相联系，相一致；要在中华民族共同体的框架内强调民族凝聚力，要注意中华民族凝聚力与一般民族凝聚力的异与同、区别与联系；要把民族凝聚力与作为最终目标的世界大同联系起来，要讲开放，讲世界化，防止狭隘民族主义和大国沙文主义。

建设有中国特色马克思主义文学理论学术研讨会

由我院文学所《文学评论》及《文艺报》、黑龙江大学等单位共同主办的建设有中国特色马克思主义文学理论学术研讨会，于1994年6月在哈尔滨召开，来自全国各地的近五十名学者参加了会议。

大会以建设有中国特色的马克思主义文学理论这一系统工程为中心议题，对其历史、现状与对策等各个方面的重要理论问题和实践问题进行了广泛、深入地探讨和研究。

大会认为，要建设有中国特色的马克思主义文学理论就要认真总结“五·四”新文学运动以来，马克思主义文艺理论在中国传播与我国革命文艺实践逐步结合的宝贵经验和教训。新中国成立后，我们尽管在理论上有过严重的曲折，但其历史性成就也是不能低估的。“文革”之后，改革开放和小平同志提出的建立有中国特色的社会主义理论，为文艺理论界建设有中国特色的马克思主义文学理论开辟了广阔天地。与会同志对我国当前文学理论建设现状作了客观、全面而有深度的剖析、透视。在深化改革、建立社会主义市场经济的今天，文学理论界思想活跃，观点、方法纷呈，这对文艺创作和建设有着积极的推动意义。然而，也使理论研究面临新的挑战。目前我们的文艺理论研究还没有与实践紧密地结合起来，还不能真正有力地解决当前文艺创作中存在的实际问题。与会同志认为，要想有效地解决目前面临着的许多理论问题和实践问题，关键在于用马克思主义文艺理论来观察一切文艺现象，认真总结文学艺术发展的规律。

建设当代形态的马克思主义文学理论，最关键的就是要使这一理论体系具有中国特色。只有这样，才能区别于其他民族的文学理论，使自己具有世界性、通约性，并为人类文艺实践、文艺理论发展做出应有的贡献。我们的文学理论的建设是在市场经济条件下进行的。目前，市场经济已经带来了许多理论、现实问题需要解释。文化市场有利于文艺工作者观念更新、进一步解放艺术生产力。在文艺创作中引入竞争机制，有利于文艺体制改革。但拜金主义、个人主义、无政府主义的倾向也干扰着文化市场的发展，消除它一是通过法制和道德建设，一是坚持“二为”方向，贯彻“双百”方针。

科研、外事管理研讨会

1994年我院所局班子换届后，科研、外事管理机构人员发生了很大变化，为了使新上岗的同志熟悉业务并探索科研、外事管理工作的改革，科研局与外事局于1994年7月26～30日在京召开了中国社会科学院科研、外事管理研讨会，来自各研究所科研处和科研局、外事局等职能部门的负责同志近九十人参加了会议。汝信副院长出席了会议并作了讲话。

本次研讨会的主题是：贯彻今年院工作会议精神，研讨和交流如何实现我院科研管理工作的规范化、制度化，改进和加强科研管理工作，提高全院的科研水平。

汝信在讲话中说，院里对这次研讨会很重视，认为这对改进我院的科研工作，提高效率，保证院里正在进行的改革顺利进行具有重要意义。这些年来，全院科研和外事工作取得很大成绩，其中包含着从事管理工作的同志们的大量艰辛劳动。他指出，要做好我院的外事和科研管理工作，关键在于实现工作的规范化、制度化；使用现代化手段的先决条件是工作的规范化，而这方面的建设正是本次研讨会的主要目的。

科研局局长何秉孟作了题为《科研管理和科研生产力》的讲话，着重论述了科研管理在由潜在科研生产力转化为科研成果过程中的重要作用，认为，科研管理可以形成新的生产力。外事局局长姜汉章就近年来的外事工作作了总结讲话，指出了目前存在的问题，提出了改进意见。

围绕会议主题，科研局刘白驹、周志宽、葛良志、沈志坤分别就科研计划和课题管理、科研成果管理、社团管理、期刊管理问题作了中心发言。外事局吴岭梅、孙新、卢晓衡分别就外事接待工作、派遣出访工作、对台学术交流工作作了中心发言。

在为期四天的会议中，与会同志结合上述讲话和发言，认真学习了会议文件《中国社会科学院科研管理规章条例汇编》，并就科研和外事管理中的一些问题，如科研管理工作的规范化、科研管理在全院管理工作中的中心地位、科研管理队伍的稳定和提高、成果评估、管理手段现代化等进行了研讨。

7月30日研讨会结束时，何秉孟就科研管理方面的研讨进行了总结，认为本次研讨会达到了预期目的，表现在四个方面：(1) 院领导到会讲话，提高了大家对科研管理重要性的认识，进一步明确了科研管理是全院管理工作的中心；(2) 与会同志对科研管理规章条例有了全面的了解，这将有利于科研管理工作的规范化、制度化建设；(3) 研讨会给大家提供了一个横向交流情况和经验、纵向沟通的好机会，这对管理工作大有好处；(4) 从事科研管理工作的同志十分辛苦，短短的几天会议做到了劳逸结合、适当休整。他还解答了与会同志讨论中提出的一些问题，如科研管理队伍的稳定和待遇问题、科研经费管理归口问题、管理手段现代化问题。姜汉章就外事工作的讨论作了总结。

首都考古专家举行座谈会高度评价尉迟寺遗址发掘成果

首都一批著名史前考古专家于1994年8月4日举行座谈会，对近年发现的尉迟寺遗址给予高度评价。认为这里发掘的三组完整的排式房屋遗迹，是大汶口文化研究的一项重大突破，填补了以往仅见墓葬而缺乏完整居住遗址的空白。

尉迟寺新石器时代遗址位于皖北蒙城县许疃镇毕集村东，遗址的中心部分高出附近地面二三米，上面残留一处寺庙基址，相传是纪念唐代大将军尉迟敬德在此屯兵而建，故名尉迟寺。我院考古所安徽工作队从1989年秋到今年夏先后进行7次考古发掘，在约5000平方米的范围内，共清理出房屋基址28间、墓葬150多座，出土各类珍贵文物数千件。

在这次由蒙城县和我院考古所联合在京举行的专家座谈会上，考古所安志敏研究员、国家文物局黄景略研究员、故宫博物院张忠培教授指出，在以前发掘的众多大汶口文化遗存中，尽管也发现过房屋基址，但数量很少，比较零散，而尉迟寺遗址发现了大型红烧土成排的房屋建筑，规模大，并具有独特的建筑形式和风格，反映了当时的生产力发展水平和社会制度的变化，为研究皖北地区原始社会中晚期状况提供了重要资料，具有重大的学术价值。

北京大学考古学系严文明教授、我院考古所谢端琚研究员认为，尉迟寺遗址属大汶口文化晚期，距今四五千年，从考古迹象看，这批房屋是在短时间内统一建成的大型建筑群体，可以看出当时人们在此居住了相当长的时间，室内陈列的生活器物不少是成套的，有的多达80多件，150多座墓葬中幼儿瓮棺葬约占一半，十分罕见，这些均具有浓郁的地方特色，形成了大汶口文化的一个新的地方类型。如果扩大发掘面积，找出生产和集体活动的场地，了解整个布局，将对大汶口文化先民聚落的研究作出新的突破。

许多专家对蒙城县的抓经济建设同时注意精神文明建设，重视对尉迟寺遗址的保护和利用表示赞扬。安志敏研究员建议遗迹发掘结束后予以回填，在地面上作遗址模拟复原，建立遗址公园，这样既有利于文物保护，而且花钱少，有利于弘扬民族优秀文化遗产。著名古建专家杨鸿勋研究员、中国历史博物馆李文杰研究员等赞同安志敏的意见，并建议对建筑物的红烧土形成的原因和烧成温度进行模拟试验，对房屋墙体中的“木骨”材料情况进行观测分析，这样既有利于学术研究又有助于复原时再现当时的原貌。

“海峡两岸中国传统文化与儒道会通”学术研讨会

我院宗教所和台湾“中华宗教哲学研究社”共同举办的“海峡两岸中国传统文化与儒道会通”学术研讨会，于1994年8月16～18日在北京召开，取得了预期的效果，并为扩大今后双方的学术交流创造了新的契机。

1992年8月，我院宗教所与台“宗哲社”在西安首次合办“海峡两岸道家思想与道教文化研讨会”，获得圆满成功，“宗哲社”方面与我院宗教所交流意愿大增。去年8月，该社理事长李子弋教授来京，寻求再次合办学术会议。本次研讨会的题目，就是当时由我院宗教所提出，并与李子弋教授商定的。之所以提出这个题目，一方面是由于“儒道会通”作为中国传统文化体系中的一个突出现象，具有深远的影响和重要的研究价值，另一方面是考虑到宗教所及所联系的一批外单位学者对这个问题已作过许多探究，台湾学术界近些年对此也有一系列建树，而且在“西安会议”上双方已经接触到了这一题目，只是未能展开；如果这一次能专门就此问题充分讨论，双方必可得出不少相同或互补的见解，既与上次会议保持了某种内在的连续性，又深化了对中国传统文化这个宏大课题的理解和认知，有利于将两岸高水准的学术交流引向更深刻、更实质化的层面。我院和国务院台办对宗教所的想法给予大力支持，批准了宗教所与“宗哲社”的第二次合作。本次学术会议的事实表明，我们的想法和上级的决定是正确的。

参加这次研讨会的我方正式代表19人，列席代表2人（系在校博士研究生），提交论文21篇；台方与会者27人，其中正式代表16人，提交论文13篇。从与会人员的情况看，我方以道教、儒教两个研究室的力量为主，还邀请了北大、人大、中央民族大学、中国青年政治学院和我院历史所的8位学者，既有余敦康、方立天、张立文等年龄较长的知名教授，又有马西沙、李申、陈来等享有声誉的中年专家，还有王卡、陈明、王志跃等崭露锋芒的年轻博士。台方以台湾中央大学王邦雄、曾昭旭教授，台湾大学哲学系主任林火旺教授，及台湾清华大学林安梧副教授为骨干，多为50岁以下的中年学人，这些人近年在台湾学术界甚为活跃，并通过其著作、演讲和时评表现出很强的“中国文化情结”和“社会关怀”意识，是台湾中国哲学文化研究队伍中的佼佼者，也是对抗“台独”势力反中国文化思潮的一支力量。从会议论文的情况看，我方较多地集中在中国哲学史、思想史和宗教史专题研究的范畴，论证精密，开掘较深；台方论题则呈“散点透视”，方法明显受到西方影响，角度新颖，视野较宽。随着讨论的深入，双方不约而同地超越了具体论文的局限，引申出了对儒道思想理念在中国历史文化架构中的定位及其对现代社会发展作用的整体思辨。学者们坦诚相见，直抒胸臆，相互问难，相互启发，使研讨会的气氛沉浸在中国知识分子特有的厚重历史责任感和现实使命感当中，会下，我方学者普遍认为：这次台方学者论文的总体水平较“西安会议”整齐，而更主要的，是讨论中的气氛使人感到，中国文化传统的魅力只有中国人自己把自己的昨天、今天和明天联结起来思考的时候，才能深切地体会。两岸学者在这方面的契合是十分宝贵而无可替代的。因此，这次研讨会在一定程度上形成了两岸的中国学人在品味民族精神文化源泉的同时对未来中国文化运势的一次共同展望。出现这样的局面，是在意料之中，又是令人欣喜过望的。它标志着本次学术交流达到了主要的目的。

我院刘吉副院长出席了研讨会开幕式并致词；汝信副院长出席了台方为会议闭幕举行的宴会。全体代表8月17日下午参访了著名的道教胜地白云观；部分台方人员还游览了故宫、长城和明十三陵。

“中亚地区经济发展进程”国际学术讨论会

“中亚地区经济发展进程”国际学术讨论会，由我院东欧中亚所、新疆社会科学界联合会、新疆社会科学院、美国国际研究和交流协会主办，于1994年8月28～30日在乌鲁木齐召开。

此次会议的代表共计50人，其中美国、哈萨克、吉尔吉斯、塔吉克、土库曼和乌兹别克等6个国家学者24人，中国学者26人。会议的主要内容是探讨中亚各国和中国新疆地区当前的经济形势、改革状况和发展趋势，中亚国家的私有化问题、发展战略、地区合作和经济一体化；中亚地区的对外贸易关系以及与此有关的立法和基础设施、中亚国家和中国的经贸关系；外国在中亚地区的投资情况和外资企业的经营活动；中亚地区的国际政治和安全环境。

第五届中日韩三方东北亚问题学术研讨会

1994年9月1～3日，由“韩国开发研究院”（KDI）和韩国“世宗研究所”主办，日本“综合研究开发机构”（NIRA）和我院世界经济与政治所（IWEP）参加，在韩国首都汉城召开了第五届中日韩三方东北亚问题学术研讨会。

鉴于以往历届研讨会的经验和目前朝鲜半岛形势的重要性，韩国、日本、中国三方均对此次会议表现出高度的重视，单从各方派遣的代表便能窥视一斑：韩国方面作为东道主，不仅“韩国开发研究院”和“世宗研究所”这两个最有名的半官方决策咨询机构（相当于副部级）的三位所长和副所长全程与会，而且特请韩国内不同领域的一些最有名望的专家出席各专题讨论。例如，专门研究朝鲜半岛政治、军事和安全问题的金德重博士，负责经济事务的副总理的高级顾问俞正镐先生，以设计韩国国有大公司私有化方案闻名的宋大熙教授，韩国产业组织学会会长李奎亿博士，汉城国立大学世界经济研究所所长宋丙洛教授，汉阳大学商学院院长权宁熏教授，汉城大学金东建教授等诸多著名学者。日本方面的与会者有：日本“综合研究开发机构”的理事长星野进保（原政府副部长）和两位副理事长及国际交流部部长，前日本驻韩国和印尼大使须之部量三教授，以研究经济非国营化和非管制化著名的南部鹤彦教授和著名文化人类学者石毛直道教授等。中国方面派出了以世界经济与政治所副所长徐更生教授为团长、全国政协委员李琮教授为顾问、包括世界经济与政治所理论室、国政室、发展室的几位学者及我院亚太所韩镇涉教授在内的代表团。

最早由日本 NIRA 发起，每年一度在日韩中轮流举行，主要是专家学者（包括少数政府官员）参加的三边学术研讨会，自 1990 年至今已是第五届。其目的是，及时追踪并共同研究国际社会，特别是东北亚地区的重大时事，促进三国人文和社会科学学者之间的广泛而深入的学术交流。根据三方的意见，研讨会每年都要根据具体情况，设立专门的主题。1994 年会议的主题是：“中日韩三国对全球化时代的政策反应和相互合作”，在这一主题下，分为四个课题：(1)“东亚在世界新秩序中的政治和外交作用”；(2)“东方社会、文化和价值观的积极特征和对全球和谐的推动”；(3)“地区经济一体化的出现及中日韩三国的政策反应”；(4)“市场经济的发展和公共企业的改造”。研讨的程序是，在预定的单元内，每一议题由中日韩三方各出一位报告人作专题发言，然后请事先安排好的一位评论者加以评论，再由全体与会者自由提问或发表见解。会议的这种安排反映了国际上通用的研讨方式。

纵观整个会议过程，可以看出以下几个重要特点：

(1) 此次学术研讨会是在朝鲜民主主义人民共和国主席金日成去世不久后召开的（尽管会议时间及议程一年前就已确定），东道主又是韩国政府的两个最高级的“智囊团”，因而与会者普遍十分关注朝鲜半岛局势的最新发展，尤其是朝鲜在新领导人金正日执政下发生的各种情况。

(2) 通过会下和会场外的交流，了解了一些正式场合不易了解的信息，增进了彼此的了解和沟通。例如，像近年来中国政治家和学者出席国际会议经常会碰到的情况一样，外国人对生机勃勃成长的中国既有赞扬，也存有不了解和担心甚至某些批评，如中国的人口政策、在人权问题上的立场、军备问题、地区差距、政治及社会稳定问题等，鉴于其与会议主题无直接的联系，我方学者一般都是在会场外以灵活的和更易于让对方理解的方式给予说明。

(3) 作为学术研讨会，这次会议确实起到了广泛沟通学者的联系、比较全面深入地思考问题、心平气和地交换看法的目的，尤其是，它还向真正有研究兴趣的人提供了对“悬疑问题”作进一步理论探讨的清单。此次研讨会的多数与会者是专家教授，亦有少数前政府高级官员。凡参加研讨的人，都采取了认真陈述、虚心听取、平等参与、争取理解的态度。毫无疑问，中日韩三国的社会制度、意识形态、历史文化、价值观念存在许多差异，有些是重大的不同，与会者并不讳言这些分歧，也不希望掩饰自己的立场，但从不以居高临下、咄咄逼人的姿态出现，绝大多数发言者是在相互尊重和尽量理解其他国家学者观点的前提下提出问题和自我解释，而且会议上的观点分歧丝毫不影响会议下的学者联谊。

总之，此次会议正如东道主“韩国开发研究院”院长黄仁政先生在会议闭幕时发言所说：三国学者间的这种学术思想交流，产生了比单个国家的“内部沟通”更大更多的激励、趋同或启发效应，其价值无论怎样估计都不为过。

外国文学学会第五届年会

1994年9月20～23日在北京召开外国文学学会第五届年会。主办单位是中国外国文学学会。会议的中心议题是“面向21世纪的外国文学”。大会分大会发言和小组讨论两部分。在开幕式上外国文学学会常务副会长、外国文学所所长吴元迈做了长篇发言，就建设外国文学研究的中国学派，加强外国文学评论，发展跨学科和交叉学科的研究及世界文学的多元新格局等问题作了阐述。在大会发言中，代表们分别就俄罗斯文学现状、拉美文学近况、法国文学、东方文学的教学与研究、女性文学的发展以及在我国的译介略况、东方文学在21世纪的展望、美国文学研究会的工作、外国文学翻译出版问题以及当前外国文学研究工作的困境和摆脱的对策等作了专题发言。在分组讨论中，代表们还对当前外国文学研究和翻译介绍中存在的“浮躁”情绪和短期行为提出批评，认为面临世纪之交的时刻，应把20世纪外国文学流派和思潮之间的相互关系找出一些规律性的东西来。同时希望外国文学界更密切关心中国作家的写作实践，把自己的工作同本国文学的发展前途联系起来。建立一套中国的话语系统和批评语境，建立一种平民批评风格，同时要加强国际交流。下一世纪东方社会商品经济的发展将促使东方文化的复兴，东西方文化的冲突和亚洲意识的形成将是其一大特征。最后大家还谈到市场对文学的冲击。大会还对学会组织机构作了相应调整，增加了新生力量，并对今后学会工作的开展，加强与各语种、地方学会联系等进行了讨论。

第三届全国古代汉语学术研讨会

第三届全国古代汉语学术研讨会于1994年9月22～26日在南昌大学举行。会议由我院语言所古代汉语室和《中国语文》杂志社参与主办。到会的学者七十余人，提交论文45篇。会议对宣读的论文进行了讨论。对近两年来古代汉语研究的成果、古代汉语教学等方面进行了深入的探讨。

黄兴学术讨论会

由我院近代史所与美国黄兴基金会联合举办，于1994年10月4～6日在北京召开黄兴学术讨论会。美国黄兴基金会董事长薛君度教授出席了会议。与会的三十余位专家学者围绕黄兴的历史地位和作用进行了广泛热烈的讨论。

与会学者认为，要对黄兴的一生进行恰如其分的历史评估，首先要弄清黄兴的活动轨迹。在这方面尽管已出版了《黄兴集》、《黄兴未刊电稿》、《黄兴年谱》以及《黄兴年谱长编》等资料，但黄兴活动的真实轨迹的某些环节仍若隐若现，许多资料有待于发掘，许多环节有待于充实。此次与会学者提供的一些论文，或填补了某项空白，或弥合了黄兴活动中的某个重要环节。

孙中山和黄兴的分歧与冲突，是所有黄兴研究者都无法回避的问题，也是全面评价黄兴的一个重要方面。会议所提供的论文几乎都或多或少地触及到这个问题，讨论也甚为热烈。这些文章从不同角度、不同侧面探讨了孙黄在宋案、二次革命、建立中华革命党以及对待袁世凯等问题上激烈的分歧与冲突。一种观点认为孙黄分歧的主因在孙不在黄，理由是孙中山惯于空想，自以为是，且具有极为浓厚的专制主义情结；另一种意见则认为孙中山在这些分歧与冲突中固然负有重要责任，但平心而论，孙中山之所以这样做也有他的现实依据和客观原因，决不应一概从人格方面进行评估。大多与会者认为，研究孙黄只是认识孙黄、理解孙黄，决不应抬甲贬乙，更不能以贬损孙中山来人为地抬高黄兴。孙黄都是辛亥革命的领导人，他们之间是合作关系，他们的目的都是为了中国的共和与民主，他们之间的冲突只是革命领导集团内部的分歧，并不是对立营垒中的根本冲突，正是这种分歧与冲突才真正造成领袖集团内部的互补关系。

在传统的研究中，人们基本沿袭“孙氏理想，黄氏实行”的说法，以为黄兴只是一位伟大的革命实践家，并没有像孙中山那样提出什么完整的理论体系。会议提供的若干论文则从理论的角度总结黄兴的思想，并得出相当有益的启示和结论。如有的文章深入分析了黄兴早年的军事思想及其来源，有的论述了黄兴的“人道”思想，有的系统分析了黄兴在民国建立后的一系列经济主张和见解等。

“基督教文化与现代化”国际学术研讨会

由我院宗教所和爱德基金会共同主办的“基督教文化与现代化”国际学术研讨会，于1994年10月10～14日在北京召开并取得了圆满成功。

来自宗教所以及院内外其他11个单位的25位专家学者，与11个国家、地区及国际组织的20位海外代表，在划分为14个单元的三天大会交流中，围绕基督教与东西文化交流、基督教与民族文化、基督教与现代科学、基督教与经济发展、现代化对基督教的挑战、基督教与后现代化等六个议题，分别就42篇论文（其中海外20篇）展开了讨论。论文的作者结合中国和世界范围的历史与现实，从各个角度切入基督教文化在现代化进程中的定位问题，得出了很多互有异同和颇具启发性的看法，引起与会者的广泛思考和踊跃发言，将讨论推向一个又一个高潮。不少学者在会上因时间所限，感到言犹未尽，又在晚上自发地聚集一堂，继续各抒己见。整个会议一直充满浓厚而热烈的学术空气。有的外国学者是首次来华，原对会议能够提供什么样的学术环境心中无数，中国学者客观、严谨的治学作风和活跃、坦诚的交流态度很快打消了他们的疑虑，使他们对在改革开放方针指导下中国学术界的自主研究和开阔思路留下了深刻印象，增加了对中国和中国学者的亲近感。

这个研讨会是宗教所第一次与国内基督教界合作举办国际会议，也是我院第一次召开有关基督教研究的国际会议，会议的操作有相当难度，讨论内容也可能易于涉及一定的“敏感性”。宗教所党政领导对这项工作十分重视，早在一年前就成立了由卓新平副所长负责的会议筹备领导小组，组成了得力的会务工作班子。多次与爱德基金会负责人和代表进行会商，对邀请人选、会议开法、经费使用等一系列具体问题达成了一致；院外事局有关同志也适时加以指导，提供了必要的政策性和技术性帮助，保证了会议按照预定计划顺利进行，善始善终，未出现任何政治事故或生活意外。对于与会的海内外基督教人士，我们的教外学者给予了充分的尊重，同时也就某些观点阐明了自己的立场，如对所谓“文化基督徒”的提法表示异议等；由于这样的讨论完全是平实的、思辨的和朋友般的，因而获得了教内学者的真诚理解，没有产生丝毫副作用。与会学者还在不少问题上达到了不同程度的共识，彼此对一系列研究成果作出了良好评价。事实证明，关于基督教本身的高水平的学术探讨，可以超越信仰上的区别，在不同背景的学者之间深入地开展起来，从而形成具有深远文化意义的一种思想对话，促进精神财富的共同积累。

在闭幕式上，中外学者纷纷发言称赞会议的成功。他们指出，通过交流，加强了对基督教文化和现代化相关的许多问题的理解和认识，拓宽了视野，增进了友谊。他们希望能有更多的机会就大家感兴趣的某些专题继续进行探讨。

会后，宗教所与爱德基金会代表就会议论文选的编辑出版事宜达成了初步意向，双方都对今后进一步合作的前景表示乐观。

我院汝信副院长出席了研讨会开幕式并致辞。国务院宗教事务局局长张声作、中央统战部二局局长叶小文等有关方面负责人应邀出席了汝信副院长代表我院举行的欢迎宴会。新华社报道了会议开幕的消息。10 月 12 日，与会中外学者还参观游览了慕田峪长城和房山云居寺。

世界历史研究所成立 30 周年庆祝会

1994 年 10 月 14 日上午，在我院近代史所学术报告厅，隆重举行庆祝中国社会科学院世界历史研究所成立 30 周年大会。院领导、院部各职能局领导，有关兄弟所的代表、院外学者专家、所友和离退休同志，以及本所职工，共计约二百人参加这次盛会。庆祝大会由雷中庆同志主持。会上宣读了胡绳院长的亲笔题词“为了走出中国自己的路，也要从世界各国的历史中吸取经验”。王忍之同志代表院领导作了重要讲话。廖学盛所长作了“为了更美好的明天而拼搏——庆祝世界历史研究所成立 30 周年”的报告。关山复、陈翰笙、戴逸、程西筠、赵忠信、马克尧、于沛等同志先后讲话，祝贺 30 周年所庆。大会收到端木正教授、齐世荣教授以及世界近现代史学会等 8 个学术团体的贺信与贺电。

第八次现代汉语语法学术讨论会

第八次现代汉语语法学术讨论会于 1994 年 10 月 22～24 日在苏州大学举行。会议由我院语言所《中国语文》杂志社和现代汉语研究室参与主办，来自全国各科研单位、高等院校的三十余人出席了会议，会议收到论文 34 篇。提交这次会议的论文大多针对现代汉语语法中的具体问题，在前人论述的基础上进行了更为深入的研究。许多论文具有相当的深度，既有事实的描写，又有理论的探讨。会议对宣读的论文进行了热烈讨论，有对观点的商榷，有对事实的补充，也有从不同角度提出解释。一些年轻同志也在会上大胆地发表了自己的看法。这次讨论会的部分论文将选编成《语法研究和探索》（八）作为“中国语文丛书”出版。

第六届近代汉语学术讨论会

第六届近代汉语学术讨论会于1994年10月25～28日在武汉湖北大学举行，会议由我院语言所近代汉语室参与主办。到会的有全国近代汉语学术界的老中青专家五十余人，提交会议论文45篇。本届会议提交的论文较前五届相比，在研究方法与理论探讨方面有所提高。总的说来，近代汉语待开拓与待深化的领域还很广阔。理论研究方面也待进一步提高，以期取得新的突破。与会的美国、韩国、新加坡学者分别介绍了自己国家汉语研究的现状。我院语言所近代汉语室、北京大学、贵州大学分别介绍了各自单位近期研究成果与下一步研究方向和科研题目，受到与会青年学者的欢迎。

“世界新格局中的东亚与欧洲”国际研讨会

1994年10月31至11月2日，由我院欧洲所、亚太所联合举办的“世界新格局中的东亚与欧洲”国际研讨会在北京召开，有12位外国学者和近三十位中方学者出席了会议。

东亚经济的高速增长为世人瞩目，世界大变局后欧洲的一系列新问题迫切需要及时深入研究。东亚和欧洲的发展变化不仅会使本地区发生重大变化，而且对世界的发展也会产生巨大影响。由于上述原因，此次会议期间，代表们围绕着“东亚经济增长的特点和趋势”、“东亚发展及其影响”、“东亚、亚太的发展及问题”、“欧洲发展的特点及趋势”、“欧洲发展及其与东亚、亚太的关系”、“欧洲发展及其内部关系的趋势及问题”、“东亚与欧洲发展比较”、“东亚、欧洲与冷战后的国际关系”等议题进行了探讨。

第六届中国民族语言学会年会

中国民族语言学会第六届年会于1994年10月31日至11月4日在湖南长沙举行，会议实到78人，来自湖南、湖北、广东、广西、贵州、云南、四川、陕西、江苏、河北、新疆、甘肃、北京等13个省市自治区的蒙、藏、维、朝、满、壮、苗、瑶、侗、土家、彝、纳西、景颇、佤、傣、汉等16个民族的学者欢聚一堂，认真探讨少数民族语言文字研究工作中的理论问题和实际问题。

10月31日上午，会议在长沙青园宾馆举行开幕式，我院民族所副所长道布致开幕辞。湖南省民族事务委员会副主任龙尚明等在开幕式上致辞。在开幕式上，还宣读了马学良会长等的贺信。

会议普遍反映，此次会议人数虽比以往历届年会少，但有以下几个特点：第一，论文涉及的领域比以往历届会议广泛；第二，讨论的深度比以往更加深入；第三，中青年学者的论文比历届比例大。

这次会议共收到学术论文74篇。其中讨论民族语文工作的论文共16篇（包括大会交流的3篇），总体来看，介绍经验、总结理论都有一定的深度。讨论社会语言学方面的文章有8篇，均具有一定学术价值。属于描写语言学方面的论文共22篇。这些文章对已有的同类文章的观点提出质疑，并摆事实、讲道理进行讨论，这种实事求是的态度值得提倡，这样做有利于活跃民族语言研究的学术空气，有利于学术的发展和进步。历史语言学也是本次会议的热门话题之一，共收到论文20篇，大多是对某一语言现象通过多语种的历史比较，对其演变脉络进行探索，或对其本质特征进行揭示。类型比较研究方面的论文有4篇。这类比较对于提高语言教学和发展类型语言学研究具有重要意义。计算语言学和实验语音学方面的论文也有4篇，用现代化设备开展少数民族语言研究，是最近几年才发展起来的，经过努力，已取得初步成果，这是十分可喜的现象。

会议期间，学会向全体会员汇报了学会四年来的工作，酝酿了理事会改选事宜，听取了会员和与会代表对学会工作的意见和建议。

“2000年中国经济前景分析与预测”国际研讨会

“2000年中国经济前景分析与预测”国际会议于1994年11月11～13日在北京香山饭店召开。该会议由中国社会科学院和中华人民共和国财政部主办，由我院数量经济与技术经济所与国家财政部世界银行司承办。

包括诺贝尔经济学奖获得者美国斯坦福大学K.J.阿罗教授、宾夕法尼亚大学L.R.克莱因教授，世界计量经济学会主席让·J.拉丰教授，中国社会科学院特邀顾问刘国光教授，中国社会科学院副院长王洛林教授、汝信教授，国务院研究室副主任王梦奎教授，人民大学前校长黄达教授，数量经济与技术经济所所长李京文教授在内的来自中国、美国、法国、英国、日本、加拿大、俄罗斯、澳大利亚以及世界银行、国际货币基金组织、联合国发展计划署、福特基金会等国际机构的六十余名高级专家学者出席了研讨会，并在会上做了精彩发言。王洛林副院长、汝信副院长分别代表会议主办单位致开幕词和作了大会总结发言。

会上代表们就2000年中国经济发展前景，90年代中国经济增长的特点及面临的挑战，经济结构转换与体制转换的特点，中国经济与国际经济的关系及相互影响，为使中国经济实现持续、稳定、快速增长应采取的政策与改革等重大理论与现实问题进行了深入而广泛的探讨。

许多代表就中国改革开放以来15年的经济发展和未来发展前景预测进行了总结和预测。代表们在对过去15年总结回顾中，认为中国经济建设取得了巨大的成就，1978～1993年中国GDP年均增长9.3%，人均GNP年均增长7.5%，增长率在世界各国中位居前列。在经济总量高速增长的同时，产业结构也发生了较大的变化。第一、二、三次产业的比重由1978年的分别为28.4%、48.6%和23%转变为1993年的21.2%、51.8%和27%，代表们指出劳动力与资金投入是增长的两个最重要的因素，同时产业结构的变化是中国经济发展的重要动力之一。会议代表认为中国未来经济发展将有一个光明的前景，尽管存在着一些困难，90年代将实现9%的年均增长，2000～2010年仍将保持年均7.5%的增长速度。我院宏观经济预测组分别应用实际汇率（1990年）和购买力平价计算了2000年和2010年的中国

GDP 值，两个方法结果均表明届时中国 GDP 总量均有较大增长，处于世界前列，国外学者对中国未来经济增长作的预测表明，以中国、世界其他地区分别以年均 8.5% 和 4% 增长，中国在世界总产出所占的比重将由 1990 年的 1.6% 分别提高到 2000 年的 2.9%、2010 年的 5.3%，世界其他地区特别是东亚各国及地区为适应中国的迅速发展需要作出调整，中国未来 15 年之所以能坚持如此高的增长率，主要基于宽松的国际环境，改革十几年打下的物质基础及正反两方面的经验教训，有利于自觉遵循利用经济规律、结构效益长期发挥作用，巨大的消费需求的推动以及区域间递推发展模式等原因。

会议对当时中国经济发展中存在的较为突出的通货膨胀问题进行了深入的探讨，除认为货币超经济发行、结构性调整等发展中国家所具有的形成通货膨胀的共同成因和特点外，还从农业、国有企业、投资规模、货币政策等发展阶段因素和体制转轨等特别的深层次的原因进行了分析。并指出通货膨胀必须严格控制在一定界限下面，否则会严重影响经济发展，并导致社会和政治问题。

会上代表们在对中国经济发展进行实事求是的回顾及科学预测的基础上，就中国经济高速发展中涉及的中国经济发展与世界各国的关系、投资的激励、全要素生产率、投资率、积累率、地区差距、经济发展类型、外贸发展、经济稳定、金融体制改革、国有企业改革、收入分配、地区差别、社会环境等方面的问题进行了精辟的阐述及深入的分析。

会议受到了各方面的关注，新闻媒介向国内外进行了广泛传播，并将会议成果上报了党中央和国务院有关领导部门。江泽民总书记在 1994 年全国经济工作会议上，引用了会上两名诺贝尔经济学奖获得者关于通货膨胀问题的意见。

会后出版了该会议的论文精选——《中国经济——2000 年分析与展望》。

“有中国特色社会主义民主政治与政治体制改革”研讨会

由中国政治学会、我院政治学所、江苏省社会科学联合会和江苏省政治学会联合举办的“有中国特色社会主义民主政治与政治体制改革”研讨会于 1994 年 11 月 12～16 日在扬州召开。讨论了以下两个方面的问题：

其一，关于建设有中国特色社会主义民主政治问题。与会者认为，民主政治是我国社会主义现代化建设的战略目标之一。它同共产党人的群众观点相统一，与社会主义的内在属性相吻合，同市场经济的不断发展相适应，与整个社会的现代化和法制化相衔接。民主政治又是历史的、具体的、相对的，受一定的经济、政治、文化条件的制约，并为一定的经济、社会发展服务。推进具有中国特色社会主义民主政治建设，不能脱离实际，不能超越阶段。发展社会主义民主作为社会主义政治制度的自我完善过程，从政治制度上讲，它与对敌对势力和敌对分子的专政紧密相联；从组织原则上说，它又与集中相联系；它与社会主义法制相统一，人民行使自己的民主权利受法律保护，按照法律程序在法律允许的范围内进行；发展社会主义民主不能照搬其他社会主义国家的模式，也不能搞资本主义国家“三权鼎立”那一套；发展社会主义民主是一个渐进的过程。

有的主张加强社会主义民主政治建设要同社会主义市场经济联系起来考虑，必须从政治角度看问题，在经济利益日趋多元化的情况下，坚持政治一体化。

还有的认为，社会主义市场经济与民主政治存在着决定其共生共存的内在根据。在建立社会主义市场经济体制的进程中，要积极推进民主政治建设，促进社会主义民主政治与社会主义市场经济的协调发展。

其二，关于政治体制改革。与会者认为要弄清楚以下几个问题。

1. 关于政治体制与政治制度的关系。部分学者认为，政治体制和政治制度既有区别又有联系。区别表现在二者在国家政治生活中的地位和作用，具体内容以及稳定程度不同。联系表现在二者任何一方都不能绝对地独立存在，在现实生活中，总是彼此联系在一起。

2. 关于政体改的必要性和必然性。与会者认为，我国的改革事业已进入了一个新的历史时期，呈现出若干新的特点和发展趋势，引发了许多深层次的矛盾，需要从更广阔的政治领域和社会领域寻求新的解决办法，由此将不可回避地提出全面深化政治体制改革的迫切任务。政治体制改革的必然性是由社会主义经济发展的一般规律、社会主义政治发展的一般规律和社会主义革命和建设的具体发展进程决定的。

3. 关于政治体制改革的目标和内容。与会者认为，我国各方面改革要达到的总目的，是要有利于巩固社会主义制度，有利于巩固党的领导，有利于在党的领导和社会主义制度下发展生产力。为实现这个总目的，在政治体制改革方面，要达到三个目标：第一，党和行政机构以及整个国家体制要增加活力；第二，要克服官僚主义，提高工作效率；第三，要充分调动人民和各行各业基层的积极性。

有些学者主张，政治体制改革的目标应该有两个：第一，政治体制改革要适应经济体制改革的要求；第二，政治体制作为相对独立的存在形式，有其自身发展的内在要求和规律，要不断地予以改革、完善，以便适应社会主义政治制度的本质要求，有利于社会主义民主政治的建设和发展。

也有的主张把政治体制改革的长远目标确定为建设高度民主、法制完备、富有效率、充满活力的社会主义政治体制。

关于政治体制改革的内容，一种意见认为，第一要解决党如何领导的问题；第二是权力下放；第三是精简机构。

有的学者主张政治体制改革的内容应为：(1) 适应政企分开，塑造市场主体和加强宏观调控的需要，进一步精简机构，裁减冗员；(2) 适应新的经济体制需要，对政府权力进行整合，解决政府权力错位问题；(3) 在对党政权力进行体制改革的基础上，进一步明确党政职责，规范党政机关及其工作人员在市场经济中的政治行为；(4) 适应社会主义市场经济的发展和需要，提高国家对现代市场经济运行规律的驾驭能力，对市场经济发展趋向的引导能力，对市场经济中利益关系的协调能力，对市场竞争秩序的保护能力，对市场法律规范的制定、执行能力；(5) 顺应社会主义市场经济发展规律，完善权力制约机制，规范公民个人的政治行为，增强全社会对市场经济的参与力量和维系力量，使政治体制改革有整体性突破。

另外，与会者就“关于政治体制改革的原则”、“关于政治体制改革与社会稳定的关系问题”等问题也进行了讨论。

古代都城考古研讨会

为了贯彻中国社会科学院关于学科调整的精神，考古所第三研究室于1994年11月25～30日在河南洛阳召开了中国古代都城考古研讨会。所领导和有关发掘队专家应邀参加会议。

研讨会上与会者本着科学求实、大胆探索、规划蓝图的宗旨，畅所欲言，切实提出并解决了许多重要学术课题，成效显著。考古所十余个长年从事中国古代都城发掘的考古队对以往工作进行了回顾，总结了近四十年来都城考古发掘和研究的经验和教训，并对今后的工作提出了可行性的计划，明确了科研方向。莅会学者热烈讨论了都城考古在中国考古学研究和考古研究所科研工作中的地位和作用；古代晚期都城（汉代以后）的构成因素；确定早期都城（夏、商、周）的主要标志；早期都城与晚期都城的关系，都城考古目的和指导方针等问题。进而深入探讨了中国古代都城发展演变规律，城址和都城考古的研究方法和相关理论，基本上达成了共识。此外，大家还对都城考古科研手段现代化和人才培养问题提出了富有建设性的意见。

通过这次研讨会，大家更加明确古代城址和都城考古是中国考古学的重点课题，是考古研究所的重要科研项目。这次研讨会是考古研究所学科调整中的一项重要举措。

“当代马克思主义研究现状及发展趋势”学术讨论会

由我院马列所主办的“当代马克思主义研究现状及发展趋势”学术讨论会于1994年12月6～9日在北京召开。参加会议的有全国部分院校及研究机构的马列所、科学社会主义研究所的负责同志和专家教授近三十人。中国社会科学院党委书记王忍之、副院长刘吉出席了会议，并就当前形势下如何在马克思主义理论研究工作中坚持和发展马克思主义做了报告。与会者认为，从世界范围看，马克思主义和社会主义无疑遭受到了挫折。如何在低潮时期进行马克思主义研究工作，是理论工作者的一项重要任务。马克思主义在历史上曾几次处于低潮时期，这正是我们结合历史和现实研究马克思主义，进而发展马克思主义的重要时机。当前首要的是坚持马克思主义的基本原理和恢复马克思主义的活生生的创造精神。马克思主义是真理，必须始终坚持和坚信马克思主义，不能丢掉这面旗帜。社会主义在一些国家受挫，不是马克思主义本身的问题，恰恰是抛弃、背离马克思主义的结果。同时，马克思主义必须发展和创新，必须与时代特点紧密相联，不断地从社会实践中获得营养，用新的结论丰富自己，以新的理论形态回答时代的课题。马克思主义理论工作者不仅应该研究理论本身，更应研究现实和时代。近百年来世界的变化、现代资本主义社会的状况、科学技术的发展对社会的巨大影响，乃至自然科学本身，都应成为马克思主义理论工作者深深关注的领域。只有面向时代和现实，马克思主义才能发展和创新。与会者一致认为，邓小平建设有中国特色社会主义理论是马克思主义在当代中国的理论创新和重要发展。研究和宣传这一理论，并使之在理论上更加系统化，是我们的一项重要而迫切的任务。与会者认为，坚持和发展马克思主义，要靠马克思主义本身真理的力量，要靠无数信仰马克思主义的人的奋斗努力。随着时代的发展，马克思主义一定会重新焕发青春，社会主义一定会复兴。

与会同志还就各地理论研究工作的状况和问题、理论队伍的建设、马克思主义基本理论研究与现实问题研究的关系等问题进行了交流和讨论，并研究了建立全国马克思主义学会等问题。

“1994年拉美形势”讨论会

1994年12月，我院拉丁美洲所在北京召开了“1994年拉美形势”讨论会。来自北京的拉美问题学者、专家五十多人出席了会议。与会代表对1994年拉美国家进行的多层次、多形式经济调整、区域经济一体化、政治民主化进程和突出的社会矛盾等问题进行了深入的讨论。

1994年，拉美多数国家政局相对稳定，曾发生的两件举世瞩目的大事——古巴移民潮和海地危机基本平息。十几个国家顺利地进行了大选，各国正在积极探索政治改革的道路。各国的改革进程有所不同，但大多数以修改宪法为中心，改革选举制度、司法机构、缩短总统和议员的任期规定，以及采取各种政治改革措施，以促进经济改革的深入进行。1994年拉美政治形势的另一个引人注目的现象是社会矛盾更加突出，政府官员贪污腐败，贫富悬殊状况严重，罢工不断，引发新的暴力冲突。墨西哥恰帕斯农民武装暴动；巴拉圭首都发生历史上规模最大的农民示威；玻利维亚拉巴斯百万市民和工人罢工罢市；厄瓜多尔工人和农民抗议政府的经济政策；阿根廷、智利的首都都发生了工人游行示威。社会问题已引起拉美各国领导人和一些地区机构的重视。

1994年拉美多层次、多形式的经济调整进一步深入，经济改革促进了经济形势的良性发展。拉美国家的经济调整与改革继续朝着私有化和市场化方向发展。在减少政府对经济活动干预的同时，加强了对宏观经济的调控。不断降低关税，开放市场，改善投资环境，大力吸收外资和引进先进技术，进行税收改革，增收节支，减少财政赤字，抑制通货膨胀，经济持续平稳增长。金融形势进一步好转，对外经济关系十分活跃。拉美国家的经济调整可分为三种类型：（1）以智利为代表的国家，已顺利实现了发展战略的转换和经济结构的调整，并基本上形成了对经济的宏观监督和调控机制。（2）多数拉美国家已经实现了稳定经济的目标，保持了经济的持续增长，但仍面临着调整发展战略和经济结构的艰巨任务。(3) 尚未实现经济全面稳定的国家，这些国家经济刚刚走出低谷、经济稳定的基础仍十分薄弱，如巴西。另一些国家经济出现了新的混乱和衰退，如委内瑞拉。

1994年拉美国家在发展对外经济关系方面十分活跃。1994年1月“北美自由贸易协定”正式生效。拉美一些国家正在竭尽全力向“北美自由贸易协定”靠拢。另外，拉美国家还争取扩大同欧洲联盟的经济关系，注重发展同亚太地区和中国的关系，积极争取加入亚太经济合作组织。1994年拉美国家在推动地区经济一体化方面有明显进展，例如南方共同市场将于1995年1月正式成立。

第五编

学术人物

一 中国社会科学院博士学位研究生导师

系 别	专业名称	姓 名	审批日期	备 注
马列系	科学技术哲学（自然辩证法）	于光远	1983.02.07	
	科学社会主义	苏绍智	1983.02.07	解聘
		靳辉明	1986.07.28	
哲学系	马克思主义哲学	邢贲思	1983.02.07	
		赵凤岐	1983.02.07	
		王锐生	1986.07.28	
		陈中立	1993.12.17	
	中国哲学	方克立	1986.07.28	
	西方哲学	徐崇温	1985.12.03	
		贺 麟	1983.02.07	
		王玖兴	1983.02.07	
		汝 信	1983.02.07	
		杨一之	1984.01.13	
		叶秀山	1985.12.03	
		梁存秀	1985.12.03	
		陈元晖	1983.02.07	
		涂纪亮	1986.07.28	
		贾泽林	1993.12.17	
	逻辑学	沈有鼎	1983.02.07	
		周礼全	1983.02.07	
		张家龙	1993.12.17	
	美学	李泽厚	1983.02.07	
		朱 狄	1993.12.17	
	宗教学	王 明	1983.02.07	
	科学技术哲学（自然辩证法）	查汝强	1986.07.28	
		邱仁宗	1986.07.28	
		龚育之	1984.01.13	导师资格转走
		金吾伦	1993.12.17	
宗教系	中国哲学	孔 繁	1985.12.03	
		余敦康	1985.12.03	

续表

系别	专业名称	姓名	审批日期	备注
		牟钟鉴	1993.12.17	外单位资格挂本院
	宗教学	任继愈	1983.02.07	
		王　森	1986.07.28	
		杜继文	1986.07.28	
		杨曾文	1985.12.03	
		马学良	1983.02.07	
		吕大吉	1990.10.05	
		金宜久	1990.10.05	
		唐　逸	1993.12.17	
经济系	政治经济学	骆耕漠	1983.02.07	
		孙尚清	1983.02.07	导师资格转走
		杨坚白	1983.02.07	
		刘国光	1983.02.07	
		董辅礽	1983.02.07	
		吴敬琏	1985.12.03	
		戴园晨	1986.07.28	
		马家驹	1986.07.28	
		赵人伟	1990.10.05	
		孙冶方	1983.02.07	
		唐宗焜	1993.12.17	
		张曙光	1993.12.17	
	中国经济思想史	巫宝三	1983.02.07	
		朱家桢	1990.10.05	
	外国经济思想史	朱绍文	1983.02.07	
		黄范章	1985.12.03	导师资格转走
		樊　纲	1993.12.17	
	中国经济史	张国辉	1986.07.28	
		彭泽益	1983.02.07	
		宓汝成	1986.07.28	
		严中平	1983.02.07	
		吴承明	1983.02.07	
		李文治	1983.02.07	
		汪敬虞	1983.02.07	
		聂宝璋	1986.07.28	
		经君健	1990.10.05	

续表

系 别	专 业 名 称	姓 名	审批日期	备 注
		刘克祥	1993.12.17	
工经系	工业经济	汪海波	1985.12.03	
		陈栋生	1986.07.28	
		周叔莲	1984.01.13	
		吴家骏	1985.12.03	
		马 洪	1983.02.07	
		林 凌	1990.10.05	外单位资格挂本院
	企业管理	孙耀君	1986.07.28	
		蒋一苇	1984.01.13	
		韩岫岚	1993.12.17	
农经系	农业经济	刘文璞	1985.12.03	
		何乃维	1986.07.28	
		王贵宸	1986.07.28	
		詹 武	1983.02.07	
		王耕今	1983.02.07	
		夏振坤	1990.10.05	外单位资格挂本院
		陈吉元	1993.12.17	
财经系	财政学	王绍飞	1984.01.13	
		何振一	1990.10.05	
		刘溶沧	1993.12.17	
	商业经济	张卓元	1985.12.03	
		王振之	1986.07.28	
		刘明夫	1983.02.07	
		高涤陈	1985.12.03	
		贾履让	1990.10.05	
		姜君辰	1983.02.07	
		杨圣明	1993.12.17	
		陶 琲	1993.12.17	
	国际贸易	袁文祺	1993.12.17	
数经系	技术经济	徐寿波	1986.07.28	
		李京文	1990.10.05	
		郑友敬	1993.12.17	
		刘天福	1993.12.17	
	数量经济学	乌家培	1985.12.03	
		张守一	1990.10.05	

续表

系　别	专　业　名　称	姓　名	审批日期	备　　注
		周　方	1993.12.17	
		贺菊煌	1993.12.17	
投资系	投资经济	薛葆鼎	1983.02.07	
		林森木	1986.07.28	
		田江海	1990.10.05	
世纪系	世界经济	王怀宁	1985.12.03	
		陈翰笙	1984.01.13	
		罗元铮	1984.01.13	
		罗肇鸿	1985.12.03	
		罗承熙	1986.07.28	
		李　琮	1986.07.28	
		钱俊瑞	1983.02.07	
		谷源洋	1993.12.07	
		江春泽	1993.12.17	外单位资格挂本院
法学系	法学理论	吴大英	1986.07.28	
		刘　瀚	1990.10.05	
		刘步云	1993.12.17	
	宪法学	王叔文	1984.01.13	
		张友渔	1983.02.07	
	民法学	王家福	1986.07.28	
		郑成思	1993.12.17	
		梁慧星	1993.12.17	
		王保树	1993.12.17	
	国际法	刘楠来	1993.12.17	
社会学系	应用社会学	陆学艺	1990.10.05	
		费孝通	1983.02.07	
		刘珺珺	1990.10.05	外单位资格挂本院
		张　琢	1993.12.17	
		李培林	1993.12.17	
		李汉林	1993.12.17	
民族系	民族学	杨　堃	1983.02.07	
		汤正方	1990.10.05	
	语言学	傅懋勣	1983.02.07	
	少数民族语言	王静如	1983.02.07	
		孙宏开	1990.10.05	

续表

系 别	专 业 名 称	姓 名	审批日期	备 注
		道 布	1990.10.05	
		欧阳觉亚	1990.10.05	
		王 均	1983.02.07	
		胡 坦	1993.12.17	外单位资格挂本院
	中国民族史	翁独健	1983.02.07	
		陈 述	1983.02.07	
		多杰才旦	1993.12.17	外单位资格挂本院
外文系	文艺学	吴元迈	1990.10.05	
	英语语言文学	朱 虹	1985.12.03	
		卞之琳	1983.02.07	
		袁可嘉	1986.07.28	
		董衡巽	1986.07.28	
	俄语语言文学	陈 燊	1986.07.28	
		张 羽	1986.07.28	
		夏仲翼	1986.07.28	外单位资格挂本院
		李辉凡	1993.12.17	
		童道明	1993.12.17	
	法语语言文学	罗大冈	1983.02.07	
	德语语言文学	冯 至	1983.02.07	
		叶廷芳	1993.12.17	
文学系	文艺学	蔡 仪	1984.01.13	
		钱中文	1986.07.28	
		杜书瀛	1993.12.17	
	中国现当代文学	唐 弢	1983.02.07	
		王士菁	1983.02.07	
		濮良沛	1986.07.28	
		马良春	1990.10.05	
		张 炯	1993.12.17	
		杨 义	1993.12.17	
	中国古代文学	曹道衡	1986.07.28	
		余冠英	1983.02.07	
		陈毓罴	1985.12.03	
		蒋和森	1986.07.28	
		邓绍基	1990.10.05	
		吴世昌	1983.02.07	

续表

系别	专业名称	姓名	审批日期	备注
		刘世德	1993.12.17	
少民系	少数民族语言文学	仁　钦	1993.12.17	
语言系	语言学	林茂灿	1993.12.17	
		刘　倬	1993.12.17	
	现代汉语	李　荣	1983.02.07	
		熊正辉	1986.07.28	
		吕叔湘	1983.02.07	
	汉语史（古代汉语）	刘　坚	1985.12.03	
历史系	史学史	尹　达	1983.02.07	
	历史文献学（古文献学）	张政烺	1983.02.07	
		李学勤	1985.12.03	
	专门史	孙毓棠	1983.02.07	
		张泽咸	1990.10.05	
	中国古代史	胡厚宣	1983.02.07	
		王毓铨	1983.02.07	
		杨向奎	1983.02.07	
		林甘泉	1986.07.28	
		田昌五	1986.07.28	导师资格转走
		杨希枚	1986.07.28	
		郭松义	1993.12.17	
		陈高华	1993.12.17	
近代史系		蔡美彪	1984.01.13	
		瞿同祖	1984.01.13	
	中国近现代史	余绳武	1986.07.28	
		李宗一	1985.12.03	
		李　新	1983.02.07	
		黎　澍	1983.02.07	
		刘大年	1983.02.07	
		丁名楠	1984.01.13	
		王庆成	1986.07.28	
		陈铁健	1990.10.05	
		耿云志	1993.12.17	
世界史系	世界近现代史	陈之骅	1985.12.03	
		刘思慕	1983.02.07	
	世界地区史、国别史	黄绍湘	1983.02.07	

续表

系 别	专 业 名 称	姓 名	审批日期	备 注
		万 峰	1986.07.28	
考古系	考古学	张长寿	1986.07.28	
		安志敏	1983.02.07	
		苏秉琦	1983.02.07	
		王仲殊	1983.02.07	
		徐苹芳	1986.07.28	
		夏 鼐	1983.02.07	
苏东系	国际政治学	刘克明	1986.07.28	
		张文武	1990.10.05	
		邢书纲	1990.10.05	
		吴仁彰	1993.12.17	
		陆南泉	1993.12.17	
美国系		资中筠	1993.12.17	
欧洲系		宦 乡	1983.02.07	
亚太系	东方哲学	黄心川	1990.10.05	
		王守华	1993.12.17	外单位资格挂本院
	世界地区史、国别史	季羡林	1984.01.13	导师资格转走
人口系	政治经济学	许涤新	1983.02.07	

注：以上223名博士生导师为国务院学位委员会审批。审批的时间是：1983至1993年。

二　一九九四年度国家级有突出贡献的中青年专家

李根蟠　1940年8月生，男，汉族，广东新会人。1963年7月毕业于中山大学经济系。现任经济研究所《中国经济史研究》编辑部主任、研究员，中国经济史学会古代史分会副会长，中国农业史学会副会长。

李根蟠同志具有很强的科研和编辑工作能力，对我国原始社会经济史和古代农业经济史的研究造诣颇深。在原始社会经济研究方面，他结合我国南方若干少数民族的实地调查，合著了《中国南方少数民族原始农业形态》一书，对原始农业形态作了全面的研究，并在此基础上，进一步把民族学材料及考古、文献等材料结合起来，对原始社会分期、农业起源等一系列问题进行了研究和探讨，合著了《中国原始社会经济研究》一书。在农业史研究领域，他是70年代末80年代初农业现代化讨论中最早反对照搬外国模式、全盘否定传统农业的学者之一，他既重视生产关系研究，又重视生产力研究；既重视微观分析，又重视宏观把握；同时又注重考古发掘和民族学材料的相互参证，突破了以往只注意农业和汉族地区研究的局限性，首次系统研究了农牧分区格局的形成、演变及其相互关系，系统论述了少数民族在我国农业史上的贡献，提出了中国古代农业是“多元交汇”体系的论点，对拓宽中国农业史研究领域和视野，进一步揭示我国农业发展的机制和规律，具有重要的学术意义。同时在编辑《中国经济史研究》上努力把该刊办成品位高、学风正、理论性强、信息量大的刊物，并组织了关于传统农业与小农经济、近代经济史中心线索、传统市场与市场经济等重大问题的讨论，对推动中国经济史学科的研究和发展起到了积极的作用。

杨圣明　1939年7月生，男，汉族，山东金乡人。1961年8月毕业于南开大学经济系，1966年9月中国科学院经济研究所研究生毕业。现任财贸经济研究所所长、研究员，中国价格学会常务理事，全国农产品价格学会副会长。

杨圣明同志在宏观经济理论、消费理论和价格理论等方面有较深的造诣。他是我国消费经济学的主要学科带头人之一，他的《中国消费品市场发育与完善》及《我国城乡居民消费结构分析》等科研成果多次获奖。他在国内首次提出消费体制及其改革的理论和对策。提出了在微观上，消费、收入、储蓄三者大体同步增长；在宏观上，消费基金与国民收入大体同步增长的合理消费标准。并提出了人均个人消费基金、人均消费基金（个人消费基金与社会集体消费基金之和）、人均劳动福利基金（消费基金与非生产性积累之和）三种含义的消费水平同时并用的理论，并在1986年就曾预测到90年代我国消费结构将是从温饱型转向小康型，从限制型转向疏导型，从半供给型转向自理型，从自给型转向商品型，从雷同型转向多样型的特点。在价格理论研究方面，他提出了价值内涵的四个方面及其不同时期的侧重点，提出了地区价值概念和地区价值制度及多元化的双轨价格形式。概括了引起通货膨胀的十种原因，归纳为十种学说，并且较为准确地预测到了1993和1994年的通货膨胀率。在抑制通货膨胀方面，他提出的加强农业、控制成本、提高利率等建议已受到学术界及政府部门的重视。目前正在向中央提出1995年控制通货膨胀的建议。

刘长林　1941年1月生，男，汉族，河北高阳人。1963年北京大学哲学系毕业。现为哲学研究所研究员，中国孔子基金会学术委员会主任，美芝灵国际易学研究院易学研究所所长。

刘长林同志在中国哲学研究方面成果突出。他的专著《中国系统思维——文化基因透视》通过对整规宇宙、统筹管理、辩证论治、圜道审美、生态农学等中国传统文化的代表门类的分析，证明系统思维是中国古代思维方式的主干，同时展现中国系统思维独具的特点。该书对中国古代不同文化门类之间的横向联系所作的比较研究具有首创性，受到学术界的赞誉。这是一本对中国古代系统观念作系统发掘的首部专著。他的专著《内经的哲学和中医学的方法论》重新考证了《内经》成书于西汉中期，从系统论观点对气、阴阳、五行进行了研究，发现并证明《灵枢·外揣》系《内经》方法论之纲领文献，解决了长达两千年至今争论不休的关于“三焦”是否“有行”的问题。对“同病异治”、“异病同治”的现象，辩证论治和辨病治疗的本质区别，首次作了方法论的解释。概括了中医学的特殊方法，明确了中医学的研究对象。该书被誉为中医领域的第一部哲学专著，在国内外引起了较大反响。他在总题目为“信息与进化”的有关信息哲学理论研究的四篇系列论文中，提出了信息的哲学定义，对信息运动如何推动物质进化作了尝试性解释，并给全息论以哲学论证，将生物基因理论推广，提出了一切系统发育均显基因型和表现型特征之见解。论证了内容与形式、有限与无限、必然与自由在信息领域的特殊表现，对传统的一些辩证法观点提出了若干质疑。这些在信息哲学理论方面的研究被学术界公认为一派（反映派）观点的代表。

蒋大椿　1940年4月生，男，汉族，安徽无为人。1963年安徽大学政治系毕业，1966年中国科学院近代史所研究生毕业。现为近代史研究所史学理论研究室主任、研究员，兼中国史学会历史理论分会副会长。

蒋大椿同志长期从事史学理论研究，对马克思主义史学理论学科建设做出了显著成绩。他发表的《历史主义与阶级观点研究》、《唯物史观与史学》等专著和一批有关史学理论的论文，在史学界颇有影响。他是新时期国内最早提出史学理论有自己特定的研究对象，而不同于历史唯物主义和史学史，历史学应当建立自己的专业理论，并将史学领域的理论研究划分为“历史理论”和“史学理论”的学者之一；他是最早提出文明史不仅是阶级斗争的发展，而应包括更加广阔的内容，并对此作了系统阐发的学者之一；他对唯物史观作了正本清源的研究，从新的角度考察了唯物史观的理论渊源，提出了独到的见解；他集中考察了唯物史观与历史学的辩证关系，论证了唯物史观究竟有哪些核心原理至今仍对历史研究具有普遍指导作用，以及马克思主义历史理论体系不同层次与历史学的相互关系；在史学功能的问题上，他提出了基础历史学与应用历史学的划分，并探讨了二者的含义及辩证关系；关于史学方法论，他提出的当代我国的历史科学应建立以唯物史观基本原理为指导的、多层次、多角度、相互联系并互为补充的多样化统一的史学方法体系，是国内目前最有代表性的见解之一。史学界评论他所提出的一系列见解，“昭示”了“我国龙史科学的基本观念在变动”，是“在历史学理论研究上所取得的丰硕成果”，反映了“我国史学工作者在理论研究方面取得的显著成绩”。

赵一凡　1950年8月生，男，汉族，江苏滨海人。1982年获得中国社会科学院研究生院文学硕士学位；1984年获得美国哈佛大学史学硕士学位；1989年获得哈佛大学哲学博士学位。现为外国文学研究所副所长、副研究员，兼中国外国文学学会秘书长，中华美国学会理事。1991年被评为国家级有突出贡献的回国留学人员。

赵一凡同志长期从事难度较大的当代西方新学理论研究，他发挥文、史、哲综合研究的个人优势，推动国内对当代西方文化批评理论的了解和研究，文笔洒脱、清新。已完成了国家社会科学基金重点项目主题《美国文学研究思潮1960～1990年》的研究，以及《美国文化批评》、《欧美新学鉴析》等文集，主持翻译了美国文化思想名著《资本主义矛盾》、《美国历史文献》、《爱默生集》等。现承担院重点科研项目“法兰克福学派之后”的研究工作。

专家们认为，在国内中青年一代学者中，赵一凡同志在西方文化和文论研究领域始终保持领先地位。

杨　义　1946年8月生，男，汉族，广东电白人。1981年7月获得中国社会科学院研究生院文学硕士学位。现为文学研究所研究员，兼中国社会科学院学位委员，中国小说学会理事，中国现代文学研究会理事。1991年被国务院授予“有突出贡献的硕士”称号。

杨义同志获文学硕士学位以来，刻苦钻研、勤奋写作，十几年来已出版发表学术专著四种，论文千余篇，总计发表论著三百万字。编辑学术资料一部，作品选本一部，发表译著（与人合译）一部；已完成并交出版社的专著一部、论文集两部。

杨义同志在近十年的时间里，以主要精力进行小说史的系统研究，他的三卷本《中国现代小说史》是在阅读两千余现代文学原版书和大量报刊材料，与老作家及其后人进行近百次学术通信的基础上写成的。它采取新的文学史体例和历史审美视角，分总论、流派论、作家论三个方面，梳理自晚清，尤其自“五四”以来小说观念、思潮、流派、文体的发展线索，梳理中国现代小说发展与古典文学、外国文学的内在联系。见于标题的流派近三十个，作家一百一十多人，涉及的作家六百余人。大量流派、作家、作品、史料是第一次见于史著，于探源析流中提出一系列独到观点，从而自小说史角度牵动了整个文学史格局的重新调整，许多论述有填补文学史空白的价值，受到学术界的重视与好评。第一卷已被国家教委定为高校文科教材。该书先后两次获奖。《鲁迅小说综论》和《文化冲突与审美选择》两本专著也具有较好学术价值。近年来，杨义同志将治学范围进一步拓展到整个中国文学史的小说问题研究上。拟打通时代，在小说史论与小说学方面有所建树。

白　钢　1940年1月生，男，汉族，江苏睢宁人。1964年南京大学历史系毕业。现为政治学研究所政治理论研究室主任、研究员，兼中国政治学会理事、中国农民战争史研究会副理事长。

白钢同志在政治学与历史学的跨学科理论研究中，取得了多方面的创造性成果。他主持的国家社科基金重点项目——10卷本《中国政治制度史》的编写工作，创造性地进行跨学科研究，克服了以往用官制史代替政治制度史的通病，着力于政体运行机制即治理形式的探索，建立了以动态研究替代静态缕述的新的中国政治制度史的科学体系，被学术界誉为“里程碑式”的著作。他还以历史唯物主义为指导，创造性地综合运用政治学与历史学的理论与方法，写出了第一部皇帝论——《中国皇帝》，在对两千年间先后粉墨登场的332个皇帝个案研究的基础上，全面考察皇帝现象，系统探索皇帝形态，受到了学术界的好评，被称为“对于政治制度史研究来说，是很重要的突破”。他还以严肃的科学态度，用“左图右史”的形式，与陈高华等合作主编了《中华文明大图集》，为弘扬优秀传统文化，建设有中国特色社会主义文化，做出了突出的贡献。图集下分始祖、神农、铸鼎、通市、社稷、文渊、世风、颐寿八部，把古代文明尽收其中，被学术界誉为“是展示中国文化传统的杰作”，“是对爱国主义教育的一项重要贡献”。在中国农民问题的研究中，也取得了许多进展式的突破，他的《中国农民问题研究》(专著)，提出了“农民战争调整了封建上层建筑与经济基础的矛盾；改变了土地配置关系，迫使新上台的封建统治阶级不得不改变前朝的政策，完成由‘杀鸡取卵’向‘养鸡下蛋’的转变”等等观点，成为农民战争史研究中的具有代表性的观点，受到学术界赞许。

黄长著 1942年5月生，男，汉族，四川重庆人。1964年四川外语学院俄罗斯语言文学系毕业。现任文献信息中心副主任、研究员，联合国教科文组织项目评估专家，全国社科规划办图书馆、情报与文献规划评审组组长。

黄长著同志在国外语言学研究领域成果较为突出。他的《世界语言的分类》对世界诸语言的分布与分类提出了不同于传统的见解，受到国内外专家的高度评价。他为《中国大百科全书·语言文学卷》撰写了《世界诸语言》和《印欧语系》，并参加了此卷的编纂定稿工作。该卷主编季羡林教授说“在当前中国，他可以说是这方面的权威学者”。他编著的《各国语言手册》融研究与描写为一体，被称为“中国学者自己编写的第一部专门描述各国（地区）语言分布及分类状况的工具书”。该书获1991年全国首次社科情报成果个人奖。他对社会语言学中的双（多）语现象、语言接触、语言与社会和文化之相互关系的研究也取得了重要成果，其中，《从某些外语专名的汉译看海峡两岸语言使用的差异与统一》一文引起很大反响。在社科文献信息工作方面，他曾多次代表我国出席联合国教科文组织召开的亚太地区社科情报网络地区专家会议，担任联合国教科文组织国际社科信息文献委员会执行委员，在多次国际会议上发言或提交的论文均获较高评价。他还起草了大量的社科信息调研报告，其中有些对国家有关部门的决策起了重要作用。他在推动我国社科文献信息事业及加强学科基本建设，在开拓国际联系方面做出了突出的贡献，被誉为“一专多能之难得英才”。

戎殿新 1942年1月生，男，汉族，河北正定人。1964年毕业于北京广播学院。现任世界经济与政治研究所世界经济史研究室主任、研究员，欧洲学会意大利研究会常务理事，外国经济史研究会理事、副秘书长。

戎殿新同志作为新中国第一个用马列主义观点系统、深入研究意大利经济的学者，在这一领域具有相当的知名度和一定的权威性。他多次对意大利经济进行过长期实地考察，在研究战后资本主义发展新特点和分析总结意大利经济迅速发展经验的基础上，着重介绍和研究了意大利国家参与、中小企业群、落后地区开发、经济国际化等问题。他撰写或参与编写的《意大利经济政治概况》、《意大利工业化之路》等专著，均为我国这一学科领域的开拓性著作，受到学术界和实际部门的广泛重视。作为主要撰稿人之一，戎殿新同志在《世界经济史》这部本学科的奠基之作，以及参与主编的《美国农业社会化服务体系》、《各国农业劳动力转移问题研究》、《世界合作社运动史》等著作中，为推动外国部门经济史和专题史研究做出了一定贡献。此外，他与人合作翻译的以人物为线索的意大利近代史《缔造意大利的精英》中文版的出版发行，被意驻华大使称为在中意文化交流方面“开创了一个新的时期”。

由于戎殿新对意大利经济的出色研究，意驻华使馆 1992 年 9 月 30 日正式照会我外交部，决定拟授予他“意大利共和国勋章”(授勋仪式因意政局方面的原因尚未举行)。

谈世中　1942 年 1 月生，男，汉族，上海市人。1964 年毕业于北京经济学院。现任西亚非洲研究所副所长、研究员，国务院发展研究中心亚非发展研究所特约研究员，中国亚非学会秘书长，中国非洲问题研究会常务理事。

谈世中同志长期以来坚持以马克思主义为指导，努力从事发展经济学和非洲经济问题研究，出版和发表了上百万字的专著和学术论文，取得了突出成绩。他最主要的学术贡献是：在他主持的国家“七五”重点项目《发展中国家经济发展理论与实践》中，提出了“不发达商品经济”的新概念，并以此构建了发展经济学的理论体系，为创建马克思主义发展经济学创造了条件。我国著名世界经济学专家王怀宁评价本书时指出：这是我国学者近年来研究发展经济学的一个重要收获。这本书还对我国实行社会主义市场经济作了一定的探讨，从而对我国实行社会主义市场经济有一定的参考价值和借鉴意义。谈世中同志除积极参加国家、院重点项目研究外，还多次受国家部委和地方政府的委托，积极参与国家和一些地方经济项目的研究和论证，为四化建设和对外开放服务。他多次应邀参加“第三世界经济学家讨论会”等国际学术会议。他为这些会议提供的学术论文被国际学术界同行认为是达到了理论联系实际的“新的高度”。

谈世中同志对发展经济学研究的开拓性还表现在，他在一些学术论文中提出的“国家民族垄断资本主义”的新概念，“少数发展中国家可以在不久将来进入发达国家行列”，以及发展中国家对外开放具有两重性等论点，不仅受到学术界高度重视，并且被后来的事实所证实。

三 一九九四年度院级有突出贡献的中青年专家

姜广辉 1948年5月生，男，汉族，吉林长春人。1981年毕业于中国社会科学院研究生院，获历史学硕士学位。现任历史研究所中国思想史研究室主任、副研究员。

姜广辉同志十多年来刻苦治学，在中国思想史研究上取得较好成果。他参加国家“六五”重点项目《宋明理学史》的撰著，执笔南宋魏了翁、真德秀章，明清王船山、傅山、颜元、李塨诸章，用力甚勤，颇具特色。自著《颜李学派》、《理学与中国文化大观》书稿一部。此外，他还发表了五十多篇有关思想史、哲学文化史等学术论文，涉及儒、释、道以及近代中西学术等广泛领域。在宋明理学研究方面，他的成绩尤为显著。如他对“道学”一词源起的考辨，对阳明心学的评析，对理学与反理学的批评，对“实学”的争论等等，都有自己独到的见解，在海内外颇有影响。研究之余，他先后担任《中国哲学》责任编辑和执行编委及《朱子学刊》主编，参加编辑出版十余辑，约四百万字。

吴恩远 1948年8月生，男，汉族，四川重庆人。1981年12月四川大学历史系毕业，1984年12月中国社会科学院研究生院毕业，获硕士学位，1990年10月获博士学位。现任世界历史研究所副所长、副研究员。

吴恩远同志在当前我国研究苏联和俄国历史的中青年学者中成绩较为突出，并有一定发展潜力。他的工作显著特点是始终注意使历史研究为建设有中国特色社会主义事业服务，在吸收当代新的史学研究方法（诸如历史比较法、将社会学与史学结合）和掌握较为充实的材料基础上，以马克思列宁主义为指导，从历史学的角度来透视剖析80年代以来，特别是1986年戈尔巴乔夫执政后，苏联以及独联体历史中出现的新现象、新问题，积极发表见解。他撰写的《苏共二十七大对国际问题提法的变化》（论文），提交的《对罗马尼亚的考察报告》（内部报告），参与撰写的《苏联剧变研究》（专著）、《苏联演变的历史思考》（专著）等成果，为中央领导同志和中央决策部门提供了有益的参考意见和材料，也在社会上产生了好的影响。

李景源 1945年7月生，男，汉族，河北宝坻人。1968年中国人民大学哲学系毕业，1981年获中国社会科学院研究生院哲学硕士学位，1988年获博士学位。现任哲学研究所副所长、研究员。

李景源同志在认识论的研究中辛勤耕耘。他运用发生学方法研究认识个体发生和系统发生，赴云南的丽江地区和西双版纳地区，对纳西族、基诺族、傣族、布朗族等少数民族的原始记事、原始艺术、图腾崇拜、创世神话进行了广泛的考察和收集，检验并充实了国外关于原始思维的若干假说。他的《史前认识研究》一书较早地提出了人类认识发生史的研究框架、原则和方法，开始了一个新的研究领域。他能自觉地把基础理论研究和现实问题研究统一起来，用现实问题研究带动基础理论研究，在原理原著研究中强调做新的开掘和转化工作，为解决现实课题提供新的思想和方法。由他主持完成的院重点课题《马克思主义哲学与现时代》荣获院级优秀科研成果奖，社科基金项目《毛泽东方法论导论》等，在理论上有突破和创新，开启了该领域研究的新视角。

何光沪 1950年9月生，男，汉族，贵州贵阳人。1981年中国社会科学院研究生院毕业，获哲学硕士学位，1988年获哲学博士学位。现为世界宗教研究所宗教学原理室主任、副研究员。

何光沪同志对我国宗教学研究的发展方向提出系统的理论思考，认为应“突破具体宗教研究的局限，转向宗教学研究，转向对作为整体的宗教的多学科、多角度的综合研究”。他全面搜集、清理了现代西方宗教学、哲学、神学和科学思想中的宗教哲学学说，在其《多元化的上帝观：20世纪西方宗教哲学概论》一书中，对宗教哲学在宗教学中的整体地位，宗教哲学的研究对象、框架、程序及其主要特征和发展趋势等提出了一系列重要见解，被专家评价为“为我们建立自己的宗教哲学体系提供了主要的理论范畴和合理的逻辑构架”。此外，他为打破学术封闭状态，发展我国宗教学事业，自觉投身于当代西方宗教学最新成果的译介中。主持翻译的《宗教与世界》丛书，已出版22种。

信春鹰 1956年10月生，女，汉族，内蒙古扎鲁特旗人。1978年吉林大学法律系毕业，1981年毕业于中国社会科学院研究生院，获法学硕士学位。现为法学研究所港澳台法研究室主任、研究员。

信春鹰同志坚持把科研工作同国家现实改革的需要结合起来，她在法理学、港台法、人权理论等研究领域均取得突破性进展，有些领域已居于领先地位。她参加撰写的国家“七五”重点项目《政治体制改革与法制建设》一书，荣获我院优秀科研成果奖。其中她提出的行政管理法制化的各项建议是决策的重要参考，其正确性已为行政机构改革的实践所证实。在港台法研究中，先后承担国务院台湾事务办公室交办的多项研究项目，主持撰写调查研究报告多篇。《涉台立法技术问题研究报告》受到中央领导同志的肯定和赞扬。1992年她被选调参加国务院台办和国务院新闻办公室发布的《台湾问题与中国的统一》（白皮书）的撰写工作，她是六人起草小组中惟一的一位法学专家。在人权理论的研究中，信春鹰同志进行了开创性研究，在国内外有相当影响。1993年曾以民间专家的身份应邀参加维也纳“国际人权大会”。

王缉思 1948年11月生，男，汉族，广西博白人。1983年获北京大学国际政治系法学硕士学位。现为美国研究所所长、研究员，兼中国国际文化交流基金会理事，北京对外经济贸易委员会顾问，中华美国学会常务理事，北京外国问题研究会副会长。

王缉思同志长期从事国际政治理论和美国外交方面的研究和教学工作，他将科研与教学相结合，取得了突出的成绩。他注重分析美国外交思想的传统特点对美国对华政策关系的影响，对中美关系如何受世界战略格局的影响和中美关系的沿革，对有重大现实意义的政策性问题，都有独到的研究。其主要代表作有：译著《国家间政治》，论文《美国外交思想传统与对华政策》、《中美安全概念比较》、《美国人眼中的“大中华”》、《冷战后的美国》。在教学方面，他在国内首次单独开设了“美国对东亚的政策”、“国际关系理论比较研究”和“中国对外政策”，其中前两门课程曾获北京大学优秀教学奖。

周荣耀 1946年生，男，汉族，江西建湖人。1970年毕业于北京大学，1982年获中国社会科学院研究生院硕士学位。现为欧洲研究所副所长、研究员，兼中国欧洲学会理事。

周荣耀同志在欧洲国际关系和法国对外政策研究方面成果突出。他在《未来欧美关系》一文中，提出正如东方国家的结盟关系已不存在一样，现有的结盟组织只能是国家间如何加强合作的协调机构，指出应当在这个意义上来加强对集团化、全球化的研究。其专著《戴高乐评传》是对当代西方政治家进行综合评价的有益尝试，在国内学术界还不多见。他主持撰写的《当代法国》一书，已被多所外语院校选为教学参考书，法国驻华使馆参赞称之为中国迄今为止关于法国最全面、最有深度的一部书。在取得丰硕研究成果的同时，他还长期兼任党政领导工作，主持制订了所内大部分重要规章制度，包括“管理改革条例”和“量化考核条例”等。

蔡 昉 1956年9月生，男，汉族，江西萍乡人。1990年获中国社会科学院研究生院经济学博士学位。现为人口研究所副所长、研究员，兼农业部软科学委员会委员，中国技术经济研究会贫困人口和生态专业委员会副理事长，中国农业经济学会理事。

蔡昉同志在农村经济发展和改革、发展战略比较和经济理论研究方面成果突出。他在土地制度、规模经营、流通体制改革、乡镇企业发展和农业劳动力转移等领域有较深入的研究，其成果得到国内外的关注。在宏观经济的发展与改革方面，他与合作者对于中国渐进式改革道路的描述和分析，被世界银行主要负责人认为是对世界银行的传统观点的一个冲击。其成果曾获我院及省部级一等奖以上成果奖励两次。1990年被国家教委、国务院学位办表彰为“做出突出贡献的中国博士学位获得者”。在科研组织管理方面，他主持制定了可实际操作的科研人员考核办法等规章制度。

沈崇麟 1945年8月生，男，汉族，浙江宁波人。1987年获荷兰社会研究学院硕士学位。现为社会学研究所副研究员。

沈崇麟同志在运用计算机技术进行社会学计量研究方面有较深造诣，在国内社会学界居领先地位。他参加撰写的《中国城市家庭——五城市家庭调查报告和资料汇编》一书，作为国内第一项标准量化研究课题，具有开创意义，在国内外引起相当大的反响，该书获社会学所建所十周年科研成果二等奖。他参加撰写的《计算机在社会学研究中的应用例解》是国内社会学量化研究的第一项经验总结，达到了在全国社会学界推广计算机技术的目的。以他为负责人的《中国百县市国情调查》数据库课题组，经过四年多的艰苦工作，完成了三十多个调查点一万多份问卷的数据工作，该数据库建成以后，将是我国除人口普查数据外，规模最大的社会科学数据库。他编著的《实用社会学计算机技术》系统地介绍了社会学研究中的应用计算机技术，是国内社会学界第一部有关著作。

郝时远 1952年8月生，男，蒙古族，内蒙古武川人。1976年毕业于北京钢铁学院，1982年获内蒙古大学蒙古史专业史学硕士学位。现任民族研究所副所长、研究员，兼国家民族事务委员会民族问题研究中心研究员，中国民族理论学会理事长，中国世界民族研究会副会长。

郝时远同志长期从事民族历史、民族理论和政策、民族关系、世界民族等多方面的研究工作，其成果涉及面广、数量多。他在由翁独健教授主编的《中国民族史纲要》中独自撰写的《近代民族关系和中华人民共和国的建立》，是目前在国内有关近代民族关系史研究中居领先地位的著述。该书1993年获中国社会科学院优秀科研成果奖。他的论述元代监察制度的三篇系列论文，在国内外元史学界的专题研究中居领先地位。他设计、论证、主持了有关民族理论政策、世界民族问题的院及全国“七五”、“八五”哲学社会科学重点项目，写出了一百多万字的具有学术价值和实际意义的有关专著。在科研管理方面，他于1986年提出并组织编印《民族研究所科研论著纲要》，已编印7册。这项工作已作为中国社会科学院研究所工作条例中的一项规定在全院实行，在科研管理工作中取得了明显的成效。

朱　玲　1951年12月生，女，汉族，安徽寿县人。1978年10月毕业于西北大学历史系，1981年11月武汉大学经济系硕士研究生毕业，1988年8月联邦德国霍恩海姆大学农经系博士研究生毕业。现任经济研究所政经室主任、研究员，国务院扶贫办顾问，全国贫困地区干部培训中心顾问，劳动学会理事。

朱玲同志对农业经济、乡村发展及政治经济理论有较深入系统的研究。作为主要负责人之一参加了《中国城乡居民收入分配研究》和《以工代赈政策研究》两项社科重点课题的研究。在中国城乡居民收入分配的研究中，她率先引用了一些国外正在使用的统计方法，如决策行为分析工具Probit模型、基尼系数分解法等，探讨农村收入分配不均等的因素。用分差分析论证地区差别对农民收入不均的影响，得出近年来乡村基尼系数增长的主要原因是非农产业收入分配不均等的结论，这一研究在国内该领域处于领先地位。在贫困问题这一经济学的新研究领域中，注重采用第一手资料，深入贫困地区调研，率先对以工代赈与缓解贫困的关系作了较全面的考察研究，开拓了经济学、社会学和营养学的交叉研究领域，将中国预防医学科学的理想膳食模式评分方案引入社会经济分析，把国际规范方法和中国独到的操作经验相结合，从而得出“贫困人口获得温饱最低热量标准的成本比较”等一系列新结论。上海三联书店与上海人民出版社专家们认为她的这一研究“在很大程度上标志着中国实证经济学的新突破”。她的英文专著《中国农村经济改革和农民收入》被国外书评视为当代中国农民行为与农村经济发展的前沿性研究。

汪同三　1948年7月生，男，汉族，湖北蕲春人。1985年中国社会科学院研究生院数量经济与技术经济系硕士研究生毕业，1990该系博士研究生毕业。现任数量经济与技术经济研究所所长助理、研究员，中国数量经济学会理事。

汪同三同志具有很强的科研能力，尤其对数量经济学领域的研究造诣颇深。在国家重点软科学课题“技术进步与产业结构变化的研究”这一国内外经济学界尚未深入涉足的前沿研究项目中，作为科研骨干，接受了定量分析与预测方法研究与应用的重任，攻克了当今国内外处于学科最前沿之一的“大道模型”理论与方法在中国应用的这一难关，为整个研究项目的定量分析与预测提供了关键的方法工具，并在此基础上进行了实证分析与预测，为项目的成功做出了突出贡献。由于我国数量经济学起步较晚，与西方国家存在着相当大的差距，为尽快能与西方一流经济学家在方法论上进行平等交流，他向世界银行申请承担在中国建立进行经济分析与预测的重点机构的援助，并在从事预测方法的理论研究和模型研究过程中，不仅吸收了美国著名经济学家R.克莱因指导下的中国模型作年度经济分析与预测，还利用英国著名经济学家亨得利的协整模型进行季度经济分析与预测。提高了经济预测水平，并且与美国、英国及其他发达国家的一流学者建立了广泛的联系与学术交流，使中国的数量经济学不再仅仅是向西方学习，而且可以进行技术交流与合作开发，真正的走上了世界水平，并成长为数量经济学领域与世界高水平专家对话的代表人之一。

金 碚 1951年4月生，男，汉族，江苏吴江人。1982年6月毕业于南京师范大学政教学，1984年9月南京大学经济系硕士研究生毕业，1989年9月中国人民大学经济系博士研究生毕业。现任工业经济研究所研究室主任、副研究员，中国社会科学院金融研究中心副主任，中国工业经济管理研究与促进会理事。

金碚同志长期着力于研究中国的经济发展，是国内较早从事增长经济学和发展经济学教学和研究的学者之一。他的博士论文《经济发展与宏观筹资》研究了中国经济发展中的资金积累和运用等问题，达到了较高的学术水平，《中国社会科学》发表了专文评论该书在研究方法上有新的突破。1994年出版的专著《中国工业化经济分析》在我国工业化问题的研究上处于领先地位。他对改革的重大理论问题也进行了深入细致的研究。他在《社会主义初级阶段与经济体制改革》一文中指出，我国的改革必须走渐进的道路，改革与发展必须密切结合。1992～1993年，金碚同志参加了长江三峡工程资金筹措问题的研究工作，他经过细致调研、系统分析，写出了详细的调研报告和政策建议，受到了国务院三峡办专家们的肯定和重视并采纳。1985年以来，金碚已出版学术专著八部，参加了二十多部集体科研著作的写作，发表论文和研究报告一百多篇。1991年中国人民大学授予他“在社会主义现代化建设事业中做出突出贡献的博士学位获得者”荣誉证书。

吕 政 1945年7月生，男，汉族，安徽金寨人。1990年中国社会科学院研究生院工业经济系博士研究生毕业。现任工业经济研究所副所长、研究员，国防科工委管理与政策指导委员会委员，中国工业经济研究与开发促进会副理事长。

吕政同志在工业经济研究工作中，长期坚持理论联系实际，坚持为经济改革和经济发展服务。1990年他在英国出版的《资源政策》杂志上发表的关于中国钢铁工业发展与铁矿石进口的英文论文，受到联合国工发组织的重视。关于市场需求对我国工业增长的影响，他的独到见解对正确认识市场经济条件下我国工业增长的规律和形势有重要的理论意义和实践意义。关于如何搞好大中型企业的研究，他着重论证了必须着眼于转换企业经营机制，在1991年初提出必须下决心把国有大中型企业推向市场，而不应当依靠倾斜和保护政策，同时，要通过发展第三产业来解决国有企业多余劳动力出路问题，这些意见和建议已被中央有关政策所吸收。同时他还对我国军事工业的改革和发展进行了探索性的研究，他的许多学术观点受到国防科技部门的重视，并被聘为中国国防科技工业管理与政策指导委员会委员，经常参与我国国防科技工业政策咨询与研究。

李 周 1952年9月生，男，汉族，上海市人。1982年1月毕业于北京林业大学林业系，1986年北京林业大学林业经济系硕士研究生毕业，1993年6月中国社会科学院研究生院农经系博士研究生毕业。现任农村发展研究所副研究员，林业部科技司科技查新咨询专家，中国生态经济学会理事。

李周同志长期从事农村发展经济学和林业经济学的研究工作，坚持用马克思主义和有中国特色社会主义理论作指导，著述颇多，这些年来完成专著两本，译著三本，并写出论文、研究报告、调研报告二百余篇。他在《林业经济学》中提出的我国速生丰产林总规模以及应将薪炭林作为速生丰产林体系的一个组成部分的观点，已被林业部采纳，并已运用到实践之中。提出的林纸结合模型，找到了林纸两个部门合作在利益分配上的可选择区间。1991 年进入生态研究室后，对学科发展方向作了系统整理。在《我国传统农业改造的理论与政策问题分析》一文中，他根据土地生产率和人均拥有耕地面积之间所具有的负相关关系和各国农业资料拟合回归方程，并通过由该方程求出的我国“理论上的”土地生产力与实际土地生产率的比较得出：相对于农业资源禀赋，我国实际土地生产率并不高的结论。提出了改善农业发展条件的关键是发育市场，使农民有可能根据市场信息调整资源配置，将其拥有的比较优势充分发挥出来，并得到更多的收入的观点。

四 一九九四年晋升正高级专业技术职务人员

厉以平 1945年7月生，江苏仪征人，研究员。主要学术专长是经济思想史，现从事经济思想史比较研究。1968年7月毕业于北京师范大学历史系，1981年8月本院研究生院经济系研究生毕业，获经济学硕士学位。1984年4月至今在本院经济研究所工作。1994年11月获日本国“环日本海学会”海外咨询委员职务。中国社会科学院韩国研究中心理事和中国改革开放论坛学会理事。

主要代表作有：《中国现代化历程和国民性格刍议》（论文）、《新经济史学在日本：前工业化社会研究述评》（专著）、《西方世界的兴起：新经济史》（独译）、《韩国实学派经济思想述略》（论文）及《新经济史学的启示》（论文）等。

李伯重 1949年10月生，云南昆明人，研究员。主要学术专长是中国经济史和中西比较史，现从事中国古代经济史研究。1981年9月毕业于厦门大学历史系，获硕士学位，1985年5月厦门大学历史系博士研究生毕业，获博士学位，1992年2月在美国密西根大学获博士后证书。1993年12月至今在本院经济研究所工作。中国经济史学会理事和中国东方文化研究会历史文化分会常务理事兼副会长。

主要代表作有：《唐代江南农业的发展》（独著）、《发展与制约：明清江南生产力研究》（独著）、《控制增长，以保富裕：清代前中期江南的人口行为》（论文）、《Agricultural Development in the Yangzi Delta，1644～1850》（独著）、《“天”“地”“人”的变化与明清江南的水稻生产》（论文）等。

王礼琦 1935年2月生，湖北洪湖人，研究员。主要学术专长是中国现代经济史，现从事中国现代经济史研究。1963年7月毕业于武汉大学外文系。1963年9月至今在本院经济研究所工作。

主要代表作有：《琼崖革命根据地的经济斗争》（合著）、《国民经济恢复时期是否存在照搬苏联的经济模式的问题》（论文）、《日本侵占海南岛和海南人民的抗日斗争》（合著）、《中华人民共和国经济档案资料选编（1949～1952）综合卷》（编辑）及《中原解放区财政经济史资料选编》（编辑）等。

林泉水 1939年10月生，福建安溪人，研究员。主要学术专长是对外开放经济理论，现从事政治经济学研究。1964年7月毕业于厦门大学经济系。1964年7月～1977年在中国科学院近代史研究所工作，1978年至今在本院经济研究所工作。全国港澳经济研究会理事。

主要代表作有：《生产力的国际化与开放型经济》（论文）、《内地与台港澳经贸合作的若干问题》（论文）、《经济特区的建立与发展》（论文）、《香港繁荣稳定的根本保证——“一国两制”》（论文）及《首钢建立开放型经济的考察》（论文）等。

陈乃醒 1945年10月生，安徽淮南人，研究员。主要学术专长是劳动工资、中小企业，现从事工业经济研究。1970年毕业于中国人民大学工业经济系，1981年8月本院研究生院工业经济系硕士研究生毕业。1981年至今在本院工业经济研究所工作，现任该所工业发展研究室主任，中国乡镇企业协会学术委员会副主任委员，中国劳动学会理事，甘肃省永昌县人民政府经济顾问，中国社会科学院中小企业研究中心副主任。

主要代表作有：《中国乡镇工业经济学》（专著）、《中国劳务市场的组织与管理》（主编）、《中国乡镇工业发展政策导向研究》（合著）、《市场工资论》（论文）。

苏全义 1937年8月生，河北滦县人，编审。主要学术专长是政治经济学，现从事政治经济学研究及编辑工作。1962年7月毕业于唐山工程技术学院地质系。1991年5月由唐山工程技术学院调到本院工经所经济管理出版社工作至今。

主要代表作有：《〈资本论〉和社会主义经济》（责任编辑）、《从计划经济到市场经济》（论文）、《社会主义统战理论教程》（主编）、《宣传工作知识全书》（分主编）、《经纪业务和经纪人知识大全》（副主编）。

邓一鸣 1935年11月生，河北永清人，研究员。主要学术专长是农业劳动力转移、粮食流通、体制改革，现从事农村经济研究。1962年9月毕业于北京农业大学农经系。1982年由大兴县农林局调到本院农村发展研究所工作至今。农村经济研究会秘书长，农村经济管理研究会副秘书长，中国饲料协会理事。

主要代表作有：《中国农业剩余劳动力利用与转移》（专著）、《粮食流通：市场主体运行国家宏观调控》（专著）、《论二元经济时期农业增长与就业结构转换》（论文）。

张广瑞 1944年9月生，河北献县人，研究员。主要学术专长是国际旅游发展比较研究，现从事旅游经济研究。1968年毕业于北京外国语学院英文系。1981年至今在本院财贸经济研究所工作。中国旅游协会理事，中国国内旅游协会常务理事，中国未来旅游研究会常务理事，中国社会科学院研究生院硕士研究生导师。

主要代表作有：《世界旅馆 旅馆世界》（专著）、《饭店英文实务手册》（合著）、《中国旅游经济研究》（合著）、《面对21世纪的选择——中国旅游发展战略》（合著）、《关于中国旅游业的几点思考》（论文）、《对发展国内旅游的几点认识》（论文）、《遵循国际惯例，改善旅游环境》（论文）。

温桂芳 1945年8月生，广东花县人，研究员。主要学术专长是价格、收入分配，现从事财贸经济研究。1969年毕业于北京大学经济系，1982年北京大学经济系研究生毕业，获硕士学位。1982年至今，在本院财贸所工作，现任室主任。中国农产品成本与价格研究会常务干事，中国生产资料成品与价格研究会理事。

主要代表作有：《价格模式转换的理论与实践》（合著）、《价格学》（合著）、《论我国价格改革的新阶段》（论文）、《论建立“统分结合、分级分类管理”的工资管理体制》（论文）、《按照社会主义市场经济的要求深化粮食流通和价格的改革》（论文）。

王国刚 1955年11月生，江苏泗洪人，研究员。主要学术专长是金融学、企业制度，现从事经济学研究。1984年毕业于福建师范大学政教系硕士研究生，1988年7月中国人民大学经济学系博士研究生毕业。1994

年至今在本院财贸经济研究所工作。中国社会科学院金融研究中心副理事长。1993年5月在南京大学工作期间，获南京市“十大杰出青年”称号。

主要代表作有：《股份经济学教程》（独著）、《结构·效率·取向》（独著）、《经济政策学概论》（主编）、《产业经济管理学》（主编）、《社会主义经济的经典理论》（主编）、《现代货币银行学概论》（合著）、《国民：中国资本市场上的重要角色》（论文）。

刘维新　1936年5月生，河北武强人，研究员。主要学术专长是城市经济、房地产，现从事财贸经济研究。1965年毕业于北京电视大学中文系，1980年中国科学院干部管理学院管理系毕业。1982年至今，在本院财贸所工作，曾任科研处长。中国城市经济学会副秘书长，中国房地产协会建设金融专业委员会副主任委员。

主要代表作有：《中国土地租税体系研究》（专著）、《论城乡土地统一管理》（论文）、《论耕地保护与城市发展的关系》（论文）、《论房地产与经济发展的关系》（论文）、《我国乱占滥用土地现象禁而不止的原因及对策》（论文）等。

郑玉歆　1945年11月生，河北固安人，研究员。主要学术专长是数量经济学，现从事数量经济研究。1968年毕业于清华大学自动控制系，1981年本院研究生院工经系研究生毕业，获硕士学位。1970～1979年先后在黑龙江勃利县化肥厂、北京燕山石化总公司向阳化工厂从事技术工作，1979～1981年在本院研究生院工经系读研究生，1981年至今先后在本院工业经济研究所、数量经济与技术经济研究所工作。其中1983～1985年为美国密西根大学经济系访问学者。现任所长助理兼数量经济理论方法研究室主任，中国数量经济学会常务理事，中国社会经济系统工程学会常务理事，中国信息经济学会理事。

主要代表作有：《宏观经济学高级教程》（合译）、《中国生产率变动趋势之研究》（合著）、《体制转换中的中国工业生产率》（合著）、《正确认识我国工业经济效益的总体趋势》（论文）。

吴元樑　1938年3月生，上海市嘉定人，研究员。主要学术专长是科学方法论与社会系统论，现从事马克思主义哲学研究。1962年10月毕业于中国人民大学哲学系，1978年9月～1981年8月在本院研究生院取得哲学硕士学位，1988年在本院研究生院取得哲学博士学位。1962年11月～1963年8月，在新疆维吾尔自治区建工局设计院工作，1963年8月～1974年12月在新疆大学政教系工作，1981年8月至今先后在本院中国社会科学出版社和哲学所工作，现任哲学所马克思主义哲学史研究室主任。

主要代表作有：《社会系统论》（专著）、《科学方法论基础》（专著）、《当代社会科学发展的方法论特征》（论文）、《论市场经济和社会公益事业》（论文）、《论解放生产力和发展生产力的辩证法》（论文）。

殷登祥　1939年3月生，江苏南通人，研究员。主要学术专长是科学技术和社会与天文学哲学，现从事科学技术哲学研究。1962年9月毕业于北京大学哲学系，1962年9月～1966年9月在中国科学院哲学所攻读自然辩证法专业研究生（由哲学所和北京大学哲学系联合招收），1966年9月至今在本院哲学研究所工作。中国自然辩证法研究会天文哲学委员会副主任，中国STS研究会筹委会副主任。

主要代表作有：《试论STS的对象、内

容和意义》（论文）、《论 STS 及其历史发展》（论文）、《大爆炸宇宙学和哲学现代化》（论文）、《天文学·宇宙学·哲学》（论文）、《STS in China》（论文）。

李　曦　1934 年 4 月生，山西昔阳人，研究员。主要学术专长是先秦哲学，现从事中国哲学史研究。1956 年 6 月～1963 年在中国科学院哲学研究所工作，1963～1964 年在中央文史哲经编写组工作，1965 年 4 月至今在本院哲学研究所工作。中国哲学史学会副秘书长兼《中国哲学史》杂志常务副主编。

主要代表作有：《〈乘马〉篇考证》（论文）、《〈牧民〉为管仲遗著》（论文）、《再论〈牧民〉为管仲遗著》（论文）、《三论〈牧民〉为管仲遗著》（论文）、《〈形势〉篇考证》（论文）、《释德清〈庄子内篇注〉研究》（论文）。此外，为《中国哲学大辞典》、《周易大辞典》、《历史唯物主义大辞典》、《世界哲学大事年表》等撰写条目二十余万字。

张　浩　1934 年 1 月生，山西阳城人，研究员。主要学术专长是认识论和思维发生学，现从事哲学原理研究。1964 年 8 月毕业于武汉大学哲学系，1964 年 8 月至今在本院哲学研究所工作。

主要代表作有：《思维发生学》（专著）、《思维发展心理探源》（论文）、《马克思对“历史之谜”的科学解答》（论文）、《略论原始思维的实用性》（论文）、《思维的“化石”——论初民的生产实践与思维的物化》（论文）、《原始思维产生发展的自然历史过程》（论文）。

滕守尧　1945 年 2 月生，山东昌邑人，研究员。主要学术专长是美学，现从事美学研究。1969 年毕业于北京大学西语系，1978～1981 年在本院研究生院取得哲学硕士学位，1981 年至今在本院哲学研究所工作。中华美学学会副秘书长。

主要代表作有：《艺术社会学描述》（专著）、《中国怀疑论传统》（专著）、《文化的边缘走向对话的审美文化》（专著）、《视觉思维》（译著）、《西方艺术哲学家传·艺术哲学卷》（主编）。

周国平　1945 年 7 月生，上海市人，研究员。主要学术专长是现代外国哲学，现从事哲学研究。1967 年 7 月毕业于北京大学哲学系，1978 年 10 月～1981 年 7 月在本院研究生院取得哲学硕士学位，1984 年 9 月至 1989 年 1 月在本院研究生院取得哲学博士学位，1981 年 9 月至今在本院哲学研究所工作。

主要代表作有：《尼采与形而上学》（专著）、《只有一个人生》（专著）、《人与永恒》（专著）、《博士论丛》（合编）、《胡塞尔的意义理论》（论文）。

宋祖良　1946 年 12 月生，上海市人，研究员。主要学术专长是黑格尔及海德格尔哲学，现从事德国近现代哲学研究。1970 年 2 月毕业于北京大学中文系，1978 年 10 月～1981 年 7 月在本院研究生院取得哲学硕士学位，1981 年 7 月～1984 年 9 月在本院哲学研究所工作，1984 年 9 月～1987 年 7 月在本院研究生院取得哲学博士学位，1987 年 7 月至今在本院哲学研究所工作，1989 年 4 月～1990 年 3 月被派赴德国鲁子大学黑格尔档案馆进修。1994 年任中国外国哲学史学会常务理事兼秘书长。1991 年被国家教委、国务院学位委员会授予“做出突出贡献的中国博士学位获得者”荣誉称号。

主要代表作有：《拯救地球与人类未来——海德格尔的后期思想》（专著）、《海德格尔的思想之路》（译著）、《海德格尔分析时代的科技》（译著）、《费希特与谢林哲学体系的差别》（合译）、《雅斯贝尔斯》（合译）。

李延明　1945年2月生，江苏常熟人，研究员。主要学术专长是科学共产主义学说，现从事马克思主义基本原理研究。1969年7月毕业于中国人民大学国际政治系，1970年2月～1979年8月先后在中国人民解放军空军司令部、军事科学院、国务院研究室工作，1979年8月～1987年10月在中共中央书记处研究室工作，1987年10月～1994年4月在本院政治学所工作，1994年4月至今在本院马克思列宁主义毛泽东思想研究所工作。中国政治学会理事，中华人民共和国国史学会理事。

主要代表作有：《在历史的序列中——对人类社会发展阶段的探讨》（专著）、《论新闻自由》（论文）、《汇流对社会发展线索的影响》（论文）、《对社会结构的重新认识》（论文）、《论人民主权》（论文）。

郑天星　1937年10月生，山西洪洞人，研究员。主要学术专长是编辑出版宗教学术刊物，现从事宗教学研究。1963年7月毕业于北京外国语学院俄语系，1963年9月～1965年7月就读于北京外国语学院外交部高级俄语翻译班，1965年9月～1973年4月在外交部工作，1973年5月～1978年4月在大连外国语学院工作，1978年5月至今在本院世界宗教研究所工作，现任《世界宗教研究》杂志主编。

主要代表作有：《当代佛教》（论文）、《苏联剧变与苏联宗教政策》（论文）、《马克思恩格斯论无神论、宗教和教会》（编译）、《列宁论无神论、宗教和教会》（编译）、《今日萨满教的理论及其历史问题》（论文）。

郑光贵　1940年8月生，四川南充人，研究员。主要学术专长是田野考古，现从事夏商考古研究。1963年8月毕业于西北大学历史系，1966年6月本院考古所研究生毕业。1966年6月至今在本院考古研究所工作。现任该所二里头考古队队长，中国考古学会会员，中国建筑学会建筑史分会学术委员，先秦史学会会员。

主要代表作有：《二里头陶器集粹》（考古专刊），发表《二里头遗址与夏文化》、《中国古史的年代学问题——探索夏文化关键之一》、《试论偃师商城即盘庚之亳殷》、《二里头遗址陶器分期初论》等论文。

刘庆柱　1943年8月生，河南南乐人，研究员。主要学术专长是考古学，现从事汉唐考古学研究。1967年7月毕业于北京大学历史系考古专业。1972年6月～1979年3月在陕西省咸阳地区文化局文物管理委员会工作。1979年4月至今在本院考古研究所工作，现任该所副所长，中国秦文化研究会常务理事。

主要代表作有：《汉长安城未央宫发掘报告》（合著）、《汉杜陵陵园遗址》（合著）、《前汉皇帝陵的研究》（合著）、《汉长安城的宫城和市里布局形制述论》（论文）、《再论汉长安城布局结构及其相关问题》（论文）。

曹淑琴（女）　1936年11月生，辽宁辽阳人，研究员。主要学术专长是考古学，现从事商周青铜器考古研究。1963年8月毕业于北京大学历史系考古专业。1963年9月至今在本院考古研究所工作。

主要代表作有：《殷周金文集成》第十七册（专著）、《中华文明史话》中《青铜器》分册（专著）、《中国远古暨三代科技史》（合著）、《灵石商墓与丙国铜器》（合著)、《西周时期王室财政之管见》(论文)。

温明荣 1936年12月生，河北宣化人，编审。主要学术专长是考古杂志编辑，现从事甲骨文研究。1962年10月北京大学历史系考古专业毕业。1962年10月至今在本院考古研究所工作。

主要代表作有：《安阳殷墟发现的“易卦”卜甲》(合著)、《浅谈卜辞中的“丁”》(论文)、《也谈殷卜辞中的上甲等系》(论文)、《卜辞分期论丛》(合著)、《小屯南地甲骨学》(合著)获院优秀科研成果奖。

孟世凯 1935年4月生，四川西昌人，研究员。主要业务专长是甲骨文，现从事先秦史研究。1959年毕业于四川大学历史系，1959年至今在本院历史研究所工作，现任《先秦研究动态》主编。

主要代表作有：《甲骨学小辞典》(专著)、《中国历史大事本末·先秦史卷》(专著)、《夏商史话》(专著)、《中国文字发展史》(专著)、《甲骨文合集》第二、十三册释文(专著)等。

周绍泉 1940年5月生，辽宁沈阳人，研究员。主要学术专长是徽学与明清史，现从事中国史研究。1964年7月毕业于辽宁大学历史系，1973年7月于中国科学院历史所研究生肄业。1973年8月至今在本院历史研究所工作。中国明史学会理事。

主要代表作有：《窦山公家议校注》(合编)、《徽州千年契约文书》(合编)，发表论文《试论明代徽州土地买卖的发展趋势》、《明清徽州祁门善和程氏仁山门族产研究》、《明清徽州亩产量蠡测》、《明清徽州契约与合同异同探究》等。

陈祖武 1943年10月生，湖南茶陵人，研究员。主要学术专长是清代学术史，现从事中国古代史研究。1965年毕业于贵州大学历史系，1981年本院研究生院历史系毕业，翌年获硕士学位。现任本院历史所副所长，中国实学研究会副会长。

主要代表作有：《清初学术思辨录》(专著)、《中国学案史》(专著)、《清代人物传稿》(二、四、六、七、九册，合著)、《明清实学思潮史》(中卷，合著)、《明史纪事本末杂识》(论文)等。

樊克政 1942年4月生，山西沁水人，研究员。主要业务专长是清代思想文化，现从事清史研究。1963年7月毕业于西北大学历史系。1963年10月至今在本院历史研究所工作。

主要代表作有：《龚自珍生平与诗文新探》(专著)、《宋明理学史》下卷(合著)、《中国历史大辞典·思想史卷》(合著)，论文《关于龚自珍生平事迹中的几个问题》、《陆陇其理学思想初探》等。

孙开泰 1940年5月生，四川纳溪人，研究员。主要学术专长是先秦思想史，现从事中国思想史、哲学史、文化史研究。1963年8月毕业于云南大学历史系，1963年10月至今在本院历史研究所工作。

主要代表作有：《中国春秋战国思想史》(专著)、《吴起传》(专著)、《中国哲学史》(合著)、《齐文化概论》(第九章)、《孟子事迹考辨》(论文)等。

辛德勇 1959年8月生，辽宁开原人，研究员。主要学术专长是历史地理考据、古文献学，现从事历史地理学研究。1982年毕业于哈尔滨师范大学地理系，1984年陕西师范大学历史系硕士研究生毕业，1988年陕西师范大学唐史研究所博士生毕业。1992

年10月至今在本院历史研究所工作，现任研究室主任。

主要代表作有：《隋唐两京丛考》（专著）、《古代交通与地理文献研究》（论文集）、《日本学者研究中国史论著选译》（第九卷、合译），论文《唐长安城坊建置丛考》、《论西渭桥的位置与新近发现的沙河古桥》等。

傅崇兰　1940年12月生，山东东平人，研究员，主要学术专长是城市史、城市规划、建设，现从事城市规划、区域规划、人口预测研究。1964年8月毕业于曲阜师范学院，1964年8月至今在本院历史研究所工作。现任本院城市发展与环境研究中心主任。

主要代表作有：《拉萨史》、《世纪之交城市建设——天津十年建设纪实》、《广州城市发展与建设》（合著），发表论文《天涯何处无芳草》、《关于中国现代化国际大都会的理论探索》等。

赵云田　1943年12月生，北京市人，研究员。主要学术专长是清代民族管理与边疆开发。现从事中国近代史研究。1967年毕业于北京师范学院，1981年中国人民大学清史研究所硕士研究生毕业。1983年至今在本院近代史研究所工作。

主要代表作有：《中国边疆民族管理机构沿革史》（专著）、《清朝治理蒙藏地区的几个问题》（论文）等。评定副研究员后，完成专著3部，合著专著5部，发表论文二十余篇，共计146万字。

徐辉琪　1941年5月生，山东临朐人，研究员。主要学术专长是民国史。现从事中国近代史研究。1964年毕业于西北大学历史系。1964年9月至今在本院近代史研究所工作，现任该所科研处处长，中国抗日战争史学会副秘书长，中国近现代史料研究学会副秘书长。

主要代表作有：《略论孙中山与民初政党政治》（论文）、《李烈钧与“护法各省联合会议”》（论文）、《辛亥革命时期妇女的觉醒与对封建礼教的冲击》（论文）等。六年来完成各类成果72万字，另合作主编著作一部，合作主编丛书一套，编辑论文集两部。

庄建平　1939年5月生，江苏常州人，编审。主要学术专长是中国近代史史料学。主要从事编辑和研究工作。1964年毕业于南京大学历史系。1964年8月至今在本院工作，现任近代史研究所《近代史资料》室主任，中国史学会副秘书长，中国近代史史料学学会副秘书长。

主要代表作有：《近代史资料》（总73～86号）主编、《抗日战争》（主编之一）、《太平天国诸王传》（合著）、《凌十八起义的历史地位和作用》（论文）、《中国近代史资料出版概述》（论文）。晋升副编审后完成各类成果总量九十余万字，编审一千七百余万字。

宋士堂　1934年1月生，山东蓬莱人，编审。主要从事编辑和研究工作。1959年毕业于山东大学历史系。后在中共中央政治研究室、马列主义研究院和光明日报社工作。1979年4月至今在本院近代史研究所工作。中华炎黄文化研究会理事。

主要代表作有：《孙中山宋庆龄社会主义思想论》（专著）、《社会主义思想史》（合著）、《瞿秋白是我党最早提出无产阶级对民主革命领导权问题的》（论文）、《论“五四”后廖仲恺的社会主义思想和实践》（论文）、《刘少奇的社会主义思想和实践》（论文）。评定为副编审后，完成各类成果总量一百余万字，编审一千一百余万字。

林荣贵　1940年11月生，广东饶平人，研究员。主要学术专长是辽史、东北民族史。现从事边疆史、疆域史研究。1967年毕业于北京大学历史系，1981年本院研究生院民族系硕士研究生毕业。1981年9月至今在本院工作，现任中国边疆史地研究中心边疆史地研究部主任，中国民族史学会、中国蒙古史学会会员。

主要代表作有：《辽朝经营与开发北疆》(专著)、《中国古代边疆政策研究》(合著)、《中国民族关系史纲要》(合著)。

丘立本　1934年6月生，广东澄海人，研究员。主要学术专长是东南亚历史、华侨华人史。现从事世界历史研究。1962年7月毕业于北京大学历史系，1965年7月北京大学历史系英国史专业硕士研究生毕业。1965年至今在本院世界历史所工作，中国华侨历史学会副会长，中国东南亚研究会常务理事。

主要代表作有：《东南亚华人研究学术思潮的演变》(论文)、《马来西亚现代化与民族问题》(论文)、《大英帝国从殖民地撤退前后》(合著)、《东南亚历史词典》(合撰)。几年来总共发表论文、译文、编译、编写工具书、编审一百七十余万字。

周以光　1940年6月生，浙江吴兴人，编审。主要学术专长是法国现代史。现从事世界史编辑与研究。1963年毕业于北京大学西语系。后在北京外国语学院进修、任教。1979年6月至今在本院世界历史研究所工作，现任《世界历史》编辑部室主任，法国史学会会员，二战史学会会员。

主要代表作有：《法国妇女获得参政权的漫长道路》(论文)、《技术革命冲击下的法国职业妇女》(论文)等。晋升副编审以来完成各类成果二十余万字，编审一千余万字。

毛崇杰　1939年12月生，湖北钟祥人，研究员。主要学术专长是西方美学，现从事美学研究。1962年9月毕业于南京大学地质系，1981年7月毕业于本院研究生院，获文学硕士学位。1962年9月～1978年在中国科学院科学出版社、地质研究所工作，1981年7月至今在本院文学研究所工作。中华美学协会会员，马克思主义文艺理论学会会员，中外文论学会会员。

主要代表作有：《20世纪西方美学主流》(合著)、《美不是一种使用价值》(论文)、《逃避崇高，也躲闪卑污——痞文学与新写实小说之美学错位》(论文)、《从受虐到自虐——当世中国文人魂的一路旅程》(论文)、《蔡仪与西方美学》(论文)等。

古继堂　1934年6月生，河南修武人，研究员。主要学术专长台湾文学，现从事中国文学研究。1964年8月毕业于武汉大学中文系。1964年9月～1985年1月在中央调查部工作，1985年2月至今在本院文学研究所工作。台湾暨海外华文文学研究会常务副会长，中华炎黄文化研究会新文学学会理事。

主要代表作有：《台湾新文学理论批评史》(专著)、《台湾青年诗人论》(专著)、《台湾爱情文学论》(专著)、《台港澳暨海外华文新诗大辞典》(主编)等。

石昌渝　1940年7月生，湖北武汉人，研究员。主要学术专长是古代小说，现从事中国古代文学研究。1962年7月毕业于湖北武汉华中师范学院中文系，1981年8月毕业于本院研究生院，获文学硕士学位。1981

年9月至今在本院文学研究所工作。中国《三国演义》学会常务理事、秘书长，中国《红楼梦》学会常务理事、副秘书长，中国《水浒》学会常务理事、副秘书长。

主要代表作有：《中国小说源流论》（专著）、《〈金瓶梅〉五十三回至五十七回辨——〈金瓶梅〉版本系统再认识》（论文）、《古本小说丛刊》（合编）、《新编中国文学史》（合著）、《古代文体丛书小说》（专著）等。

张大明　1937年2月生，四川射洪人，研究员。主要学术专长是30年代文学、现代文学思潮，现从事中国现代文学研究。1963年7月毕业于四川大学中文系。1963年9月至今在本院文学研究所工作，现为该所现代文学研究室主任，中国作家协会会员，中国现代文学研究学会会员，中华文学史料学会理事。

主要代表作有：《三十年代文学札记》（专著）、《不灭的火种——左翼文学论》（专著）、《中国现代文学思潮史》（合著）、《关于左联时期的几个理论问题》（论文）、《马列主义文艺思想在中国的传播》（论文）、《现代派在中国文坛》（论文）等。

陆永品　1936年生，安徽宿县人，研究员。主要学术专长是先秦两汉文学和唐宋诗词，现从事中国古典文学研究。1963年7月毕业于上海复旦大学中文系。1963年7月至今在本院文学研究所工作。中国作家协会会员，中国屈原研究会常务理事，中国寓言文学研究会常务理事。

主要代表作有：《诗词鉴赏新解》（专著）、《楚辞论析》（合著）、《史记论文·史记评议》（点校整理本）、《唐宋诗词新论》（论文）、《道家的产生及其发展》（论文）、《庄子是中国小说之祖》（论文）等。

王行之　1934年2月生，山东临沂人，编审。主要学术专长是编辑业务、老舍研究，现从事文学编辑工作。1960年9月毕业于山东大学中文系。1960年9月～1970年11月在全国文联《戏剧报》工作，1970年11月～1974年2月在人民出版社工作，1974年2月～1980年11月在人民文学出版社工作，1980年11月至今在本院文学研究所工作。中国老舍研究会副会长。

主要代表作有：《老舍著作年表简编》（专著）、《我论老舍》（论文）、《老舍的语言艺术观》（论文）、《话说〈金瓶梅〉》（专著）、《老舍剧作全集》1～4卷（合编）、《我的文学观》（主编）等。

赵一凡　1950年8月生，江苏盐城人，研究员。主要学术专长是欧美文学与文化理论，现从事英美文学研究。1973年毕业于安徽大学外语系，1981年毕业于本院研究生院，获文学硕士，1986年毕业于美国哈佛大学文理研究院，后获哲学博士。1981年至今在本院外国文学研究所工作，现任副所长，美国文学研究会常委理事，中华美国学会常务理事，中国外国文学学会秘书长。

主要代表作有：《美国文化批评集》（论文集）、《欧美文论思潮》（专著）、《资本主义文化矛盾》（译著）、《爱默生文集》（译著）、《美国历史文献》（编译）等。

吴岳添　1944年11月生，江苏常州人，研究员。主要学术专长是法国文学流派，现从事法国文学研究。1968年7月南京大学外文系毕业，1981年7月毕业于本院研究生院，获文学硕士学位，1985年12月～1987年9月在法国巴黎高等社会科学研究院进修。1981年9月至今在本院外国文学研究所工作，曾任科研处处长，现任南欧拉美文学研究室主任，中国法国文学研究会副会长。

主要代表作有：《法国文学流派的变迁》（专著）、《远眺巴黎》（文集）、《社会学批评概论》（译著）、《苔依丝》（译著）、《马丁·杜加尔研究》（主编）等。

陈九瑛（女） 1934年1月生，湖南常德人，研究员。主要学术专长是保加利亚文学研究。1960年7月毕业于保加利亚索非亚大学语言文学系。1960年10月至今在本院文学所及外国文学研究所工作。

主要代表作有：《重轭下的悲歌——保加利亚爱国诗歌研究》（专著）、《东欧文学史》（合著）、《东欧戏剧史》（合著）、《巴甫洛夫美学论文选》（译著）等。

高慧琴（女） 1934年12月生，辽宁旅大人，研究员。1957年9月毕业于北京大学东语系。1957～1964年在国际书店进口部工作，1964年冬～1978年5月在中国图书进口公司编选处工作，1978年6月至今在本院外国文学研究所工作。中国作家协会会员，中华日本学会常务理事，中国日本文学研究会副会长兼秘书长。

主要代表作有：《东方现代文学史》（主编）、《日本古典文学中的悲剧意识》（论文）、《忧伤的浮世绘——川端康成的艺术世界》（论文）、《论石川达三的"社会派"小说》（论文）等。

黄雪贞（女） 1940年12月生，福建永定人，研究员。主要学术专长是汉语方言研究，现从事汉语语言研究。1964年8月毕业于广州中山大学中文系。1964年8月至今在本院语言研究所工作。中国语言学会会员，全国汉语方言学会会员。

主要代表作有：《梅县方言词典》（工具书）、《梅县话音档》（专著）、《江永方言研究》（专著）、《客家方言的词汇和语法特点》（论文）、《客家方言声调的特点》（论文）、《中国语言地图集》（合著）等。

曹剑芬（女） 1938年9月生，江苏沙洲人，研究员。主要学术专长是现代语音学和方言、音韵学；现从事语言学研究。1964年7月毕业于南京大学中文系。1964年8月至今在本院语言研究所工作。1987年9月～1989年3月在美国洛杉矶加州大学语言学系进修。中国语言学会会员，中国声学会会员，中文信息处理学会会员。

主要代表作有：《现代语音基础知识》（专著）、《论汉语普通话的轻声》（论文）、《吴语（吴方言）发声型考察》（论文）、《汉语普通话音节时长变化模式》（论文）、《汉语两音节框架内的时长结构》（论文）等。

林一安 1936年3月生，福建闽侯人，编审。主要学术专长是西班牙葡萄牙拉美文学研究，现从事外国文学编辑工作。1959年8月毕业于北京外语学院西班牙语系。1961～1978年在北京外国语学校任教，1978年10月至今在本院外国文学研究所工作。中国西班牙葡萄牙拉丁美洲文学研究会常务副会长，《世界文学》副主编，《外国文学评论》编委。

主要编辑代表作：《世界反法西斯文学书录》（西葡拉美卷主编）、《葡萄牙文学丛书》（主编）、《加西亚·马尔克斯研究》（主编）、《拉丁美洲文学爆炸的小字辈现象》（论文）。

韩敬体 1940年2月生，河南柘城人，编审。现从事词典编纂工作。1964年7月毕业于北京大学中文系。1964年8月至今在本院语言研究所工作，现为词典室主任，中国语言学会会员，中国辞书学会常务理事及第一副秘书长。

主要编辑成果有：《古今汉语实用词典》（合作主编）、《新编实用汉语词典》（主编）、《汉语新词新义词典》（主编）、《反义词词典》（主编）等。此外，还发表了《近年来我国辞书编纂出版工作述评》、《我国辞书事业在新时期的发展》等文章。

傅宽芝（女）　1940年7月生，山东潍县人，研究员。主要学术专长是刑事诉讼法学、检察学，现从事刑事诉讼法研究。1964年毕业于北京政法学院，1967年中国科学院法学研究所研究生毕业。1979年至今在本院法学研究所工作。北京市检察学会常务理事，中国法学会、中国检察学会会员。

主要代表作有：《比较检察制度概论》（副主编）、《刑事诉讼法新论》（合著）、《公诉制度研究》（论文）、《论排除违法取得的刑事证据的效力》（论文）、《关于免予起诉制度的思考》（论文）等。

崔勤之（女）　1944年2月生，北京市人，研究员。主要学术专长是企业法、公司法研究，现从事商法、经济法研究。1966年毕业于北京政法学院政治系，1982年本院研究生院毕业，获法学硕士学位。1968～1979年在广东省工作，1982年至今在本院法学研究所工作。1990～1991年曾赴日本东京大学法学部进行客座研究。现任法学研究所商法、经济法研究室副主任，北京市经济法学研究会常务理事，中国法学会会员。

主要代表作有：《中国企业法论》（合著）、《经营法学》（合著）、《全民所有制工业企业法通论》（合著）、《社会主义商品经济法律制度研究》（合著）、《市场经济与股份有限公司的公开制度》（论文）等。

陈云生　1942年6月生，北京平谷人，研究员。主要学术专长是宪法研究，现从事宪法学研究。1966年毕业于北京政法学院法律系，1981年本院研究生院毕业，获法学硕士学位，1987年获法学博士学位。1968～1976年在广西工作，1981年至今在本院法学研究所工作，1991～1993年曾赴美国西北法学院、伯克力法学院、哈佛法学院进修。中国法学会宪法学研究会干事，北京市法学会会员。

主要代表作有：《民主宪法新潮——宪法监督的理论与实践》（专著）、《民族区域自治法精义》（主编）、《权利相对论——权利和义务价值模式的建构》（专著）、《宪法学基本原理》（合著）、《成文宪法的比较研究》（译著）等。

吴新平　1951年10月生，陕西勉县人，研究员。主要学术专长是比较研究，现从事宪法学研究。1977年毕业于西安外国语学院英语系，1981年本院研究生院毕业，获法学硕士学位。1981年至今在本院法学研究所工作。中国法学会宪法学研究会干事、副秘书长，北京市法学会宪法学研究会理事，《外国法译评》杂志主编。

主要代表作有：《香港特别行政区基本法导论》（合著）、《澳门特别行政区基本法导论》（合著）、《中华人民共和国法律通解》（合著）、《台湾公司法》（合著）、《美国法典·宪法行政法卷》（主编）等。

张令杰　1935年1月生，浙江宁波人，编审。主要学术专长是刑事法学，现从事法学研究。1960年9月毕业于北京政法学院政治系，1989年9月至今在本院法学所工作。

主要代表作有：《现代实用刑事法律词典》（合著）、《新中国民法研究综述》（合著）、《论无罪推定原则》（合著）、《程序法的几个基本问题》(论文)。此外，编审稿件六百五十余万字。

潘世强　1935年3月生，广东南海人，译审。主要学术专长是政策科学，现从事政治学研究。1953年毕业于上海复旦大学英文系。1954～1965年常驻国际学联作翻译，1971～1983年分别在国家旅游局、国家体委、外交部、中联部、团中央国际联络部作翻译，1983年至今在本院政治学研究所工作，1985和1989年曾作为访问学者赴美国、加拿大访问。中国行政管理学会理事，全国政策科学研究会理事。

主要代表译作有：《公共行政学》、《中央情报局》、《缪云台回忆录》、《布哈林与布尔什维克革命》(合译)、《里根传》(合译)等。

果洪升　1936年10月生，北京市人，研究员。主要学术专长是民族理论，现从事民族问题理论研究。1961年毕业于中央民族学院历史系，1961年至今在本院民族研究所工作。中国民族理论学会常务副会长，中国法学会民族法学研究会常务理事。

主要代表作有：《中国与苏联民族问题对比研究》(主编)、《苏联剧变研究》(合著)、《当代中国政治学》(合著)、《社会主义市场经济与中国民族问题》(主编)、《邓小平具有中国特色的解决民族问题的思想与道路》(论文)。

罗贤佑　1949年6月生，河北广宗人，研究员。主要学术专长是蒙元史及中国北方民族史，现从事民族史研究。1969年毕业于北京大学西语系，1981年本院研究生院历史系硕士研究生毕业。1981年至今在本院民族研究所工作。中国民族史学会常务理事。

主要代表作有：《元代民族史》(专著)、《中国民族关系史纲要》(合著)、《中国历史民族政策研究》(合著)、《中国民族史人物辞典》(合著)、《中国民族史大辞典》(合著)。

高尔锵　1934年5月生，上海市人，研究员。主要学术专长是语法理论，现从事塔吉克语研究。1954年毕业于北京大学。1981年至今在本院民族研究所工作。是我国第一个也是唯一的一个塔吉克语专家。现任中国民族语言学会会员。

主要代表作有：《塔吉克汉词典》(专著)、《塔吉克语的名词与格功能》(论文)、《塔吉克语动词语态特点》(论文)、《塔吉克语句子结构》(论文)。

蔡家艺　1938年10月生，广东普宁人，研究员。主要学术专长是蒙古史及西北民族史，现从事民族史研究。1964年毕业于中山大学历史系。1964年至今在本院民族研究所工作。

主要代表作有：《中国民族史》(合著)、《宋辽金民族史》(合著)、《卫拉特蒙古史入门》(合著)、《何秋涛的西北史地研究》(论文)、《浅论〈蒙古游牧记〉》(论文)、《关于明朝辖境内的蒙古人》(论文)。

穆立立(女)　1934年3月生，吉林伊通人，研究员。主要学术专长是前苏联和欧洲民族，现从事世界民族研究。1955年毕业于北京俄语学院。1978年至今在本院民族研究所工作。中国世界民族学会副会长，中国东欧中亚学会理事。

主要代表作有：《欧洲民族概况》(专著)、《民族矛盾与苏联演变》(合著)、《民族矛盾与苏联的解体》(合著)、《从双边到多边》(论文)、《苏联民族危机探源》(论文）。

萧家成 1935年2月生，湖北武汉人，研究员。主要学术专长是语言民族学，现从事民族学研究。1956年毕业于中央民族学院语文系。1956年至今在本院民族研究所工作。中国民族语言学会、中国民族学学会和中国世界民族学会理事。

主要代表作有：《勒包斋娃——景颇族创世史诗》（译著）、《〈勒包斋娃〉的意义与价值》（论文）、《景颇族的亲属称谓和婚姻制度》（论文）、《"两种生产"理论及其民族学内涵》（论文）、《论民族学术语及其体系》（论文）。

曹雨生 1936年7月生，江苏溧水人，研究员。主要学术专长是语言信息处理，现从事计算语言学研究。1959年毕业于西北工业大学。1978～1985年在本院语言研究所工作。1985年至今在本院民族研究所工作。

主要代表作有：《语言使用情况的计量分析》（论文）、《计算机常用词语义结构框架初探》（论文）、《微机国际音标系统》（论文）、《藏语句法结构规则模型（算法）探究》（论文）。

修世华 1937年9月生，山东龙口人，编审。主要学术专长是古代汉语、编辑学及民族学，现从事编辑学和民族学研究。1965年武汉大学中文系研究生毕业，1966年至今在本院民族研究所工作。中国民族学学会理事。

主要代表作有：《"民族过程"一词在汉语中行得通吗?》（论文）、《论怒江勒墨人的父系家庭公社》（论文）、《关于"共同心理素质"的思考》（论文）、《中国少数民族饮食文化》（合著）。

单光鼐 1945年10月生，四川重庆人，研究员。主要学术专长是社会问题、青年问题研究，现从事社会学研究。1968年毕业于北京农业大学，1982年本院研究生院毕业，获哲学硕士学位。1968～1979年在贵州教书，1982～1985年在本院青少年研究所工作，1985年至今在本院社会学研究所工作。中国青少年犯罪研究会副秘书长，中国警察学会学术委员会委员，中国预防性病、艾滋病协会理事。

主要代表作有：《中国娼妓——过去和现在》（专著）、《中国青年发展报告》（合著）、《社会学》（合著）、《转型中的中国社会》（合著）等。

孙旭培 1944年12月生，安徽怀宁人，研究员。主要学术专长是新闻理论和新闻法，现从事新闻学研究。1968年7月毕业于安徽大学外语系，1978年10月～1981年8月在本院研究生院取得文学硕士学位，1981年10月～1983年5月在人民日报社工作，1983年6月至今在本院新闻研究所工作，现任该所副所长，中国公共关系协会理事。

主要代表作有：《新闻学新论》（专著）、《新闻侵权与诉讼》（专著）、《中国大陆传播研究的回顾与前瞻》（论文）、《舆论监督与新闻立法》（论文）、《新时期十年中国新闻媒介的功能与运作》（论文）、《新时期新闻业的十大特点》（论文）。

周圣葵 1938年12月生，江苏江阴人，研究员。主要学术专长是世界经济专业，现从事发展中国家经济研究。1964年7月毕业于北京大学东语系印地语专业。1964年7月至今在本院世界经济与政治研究所工作。第三世界研究中心副秘书长，国家经济体制改革委员会特约研究员，世界经济与政治研究所、江苏省江阴市社会经济发展研究咨询中心副秘书长。

主要代表作有：《南北经济区域集团化与我国的对策》(合著)、《90年代南北矛盾焦点的转向》(论文)、《亚洲四小龙起飞的始末》(合著)、《传统工业化发展战略》(论文)、《发展中国家经济的发展与问题》(论文)。

王逸舟　1957年7月生，湖北武汉人，研究员。主要学术专长是国际政治专业，现从事当代国际关系研究。1982年7月毕业于湖北大学。1985年9月本院研究生院硕士研究生毕业，1988年7月该院在职博士研究生毕业。1988年7月～1992年5月在本院马列研究所工作，1992年5月至今在本院世界经济与政治研究所工作。

主要代表作有：《当代国际政治析论》(专著)、《波兰危机》(专著)、《论"太平洋时代"》(论文)、《制约主权的十个因素》(论文)。

郭进贤　1935年11月生，河北冀县人，研究员。主要学术专长是国际金融专业，现从事国际金融研究。1961年8月毕业于北京对外贸易学院对外贸易经济系国际金融专业。1965年4月～1971年11月在中共中央调查部美国研究所工作，1979年4月至今在本院世界经济与政治研究所工作。中国国际金融学会理事，中国人民银行总行中国金融出版社《国外金融论著译丛》编委。

主要代表作有：《世界证券市场》(合著)、《当代国际债券市场及前景》(论文)、《马克思的股票理论与当代现实》(论文)、《当代国际信贷市场及前景》(论文)、《世界货币秩序问题》(译文)。

林振淦　1937年6月生，福建永泰人，编审。主要学术专长是世界经济专业，现从事世界经济的研究和编辑工作。1962年9月毕业于南开大学经济系。1962年9月～1969年11月在中共北京市委党校工作，1978年10月至今在本院世界经济与政治研究所工作。

主要代表作有：《个体工商业经营管理指南》(合著)、《小型经济概论》(合著)、《个体经济存在的原因和发展趋势初析》(论文)、《马克思主义的分配理论与社会主义实践》(论文)、《战后资本主义国家工人生活状况》(论文)。

章永勇(女)　1936年2月生，安徽歙县人，研究员。主要学术专长是国际问题研究，现从事南斯拉夫研究。1963年6月毕业于北京外语学院俄语系研究生班。1963年12月～1978年10月在外文局外文出版社俄文室工作，1978年10月～1980年10月在中国人民大学科社系资料室从事翻译工作，1980年11月至今在本院东欧中亚所工作。

主要代表作有：《南斯拉夫的变迁》(合著)、《南斯拉夫大解体中的民族问题》(合著)、《旷日持久的波黑战争》(合著)、《南斯拉夫理论建设与实践之一斑》(论文)。《东欧概览》(合著)获本院1993年优秀科研成果奖。

刘清鉴　1939年12月生，河北保定人，研究员。主要学术专长是国际经济专业，现从事东欧中亚经济研究。1965年7月毕业于北京外语学院。1965年8月～1980年12月在中共中央对外联络部工作，1981年1月至今在本院东欧中亚所工作。

主要代表作有：《西伯利亚与远东的开发及其国际经济合作》(主编)、《苏联政治经济体制七十年》(合著)、《苏联改革大思路》(合著)、《机遇与挑战——论中国与中亚国家的经贸关系》(论文)、《当前中亚经济及改革的新特点剖析》(论文)。

乔木森 1941年12月生，河南孟津人，研究员。主要学术专长是俄罗斯农业经济，现从事俄罗斯经济研究。1964年毕业于郑州大学，1964～1980年在中联部苏联东欧所工作，1980年至今在本院东欧中亚所工作。中国国外农业经济研究会理事，中国农业经济学会理事。

主要代表作有：《苏联社会主义经济建设道路回顾》(专著)第四章：《前苏联的农业集体化》、《苏联在农业中大力推行租赁承包制》、《前苏联的农业集体化》，发表过《关于俄罗斯的农业私有化问题》、《东欧和独联体国家的农业转轨及其存在问题》等多篇论文。

李正乐 1941年5月生，湖北宜城人，编审。主要学术专长是编辑，现从事俄语、俄国政治方面的文章编辑和研究工作。1966年2月毕业于武汉大学外语系。1966年3月～1979年2月在中共中央对外联络部工作，1979年3月至今在本院东欧中亚研究所工作。

主要代表作有：《重评苏联二十年代的“一国胜利”论和“同时胜利”论之争》(论文)、《苏联的危机：成因和出路》(论文)、《列宁的政权建设思想的主线——全部政权归苏维埃》(论文)、《戈尔巴乔夫岂能败给斯大林体制?》(论文)、《俄罗斯人在想什么——社会调查结果》(译文)。

周荣耀 1946年4月生，江苏建湖人，研究员。主要学术专长是国际关系，现从事国际政治研究。1970年毕业于北京大学国际政治系，1982年在本院研究生院毕业，获法学硕士学位。1982年至今在本院欧洲所工作，现任该所副所长，中国欧洲学会理事。1994年被本院授予“有突出贡献中青年专家”称号。

主要代表作有：《戴高乐评传》、《西方外交思想史》(合著)，发表《戈尔巴乔夫的新思维与国际关系》、《欧洲共同体初期的内外关系》等多篇论文。

罗红波（女） 1946年3月生，江西萍乡市人，研究员。主要学术专长是意大利经济、政治，现从事西欧经济研究。1970年8月毕业于北京广播学院外语系。1970～1982年在中央广播事业局国际台工作，1982年至今在本院欧洲研究所工作。其中1979～1981年在意大利卡拉布里亚大学社会经济系进修。欧洲学会理事，意大利研究委员会常务理事、秘书长。

主要代表作有：《意大利工业化之路》(合著)，译著《缔造意大利的精英》(合译)。发表《对战后西欧城乡差别的考察》、《意大利产业结构的调整与改革》等论文多篇。

徐济明 1940年4月生，江苏江阴人，研究员。主要学术专长是非洲政治、历史，现从事国际问题研究。1963年7月毕业于上海复旦大学历史系。1963年9月后在中国科学院亚非研究所工作（其间1964年研究所划归中联部，1978年划归本院称西亚非洲研究所)。现任该所非洲政治研究室主任，中国非洲史研究会副秘书长、理事。

主要代表作有：《非洲社会主义新论》(专著)(主编)、《试论黑非洲的村社制度》(论文)、《论黑非洲本地资产阶级》(论文)、《黑奴贸易的盛行》(论文)、《非洲社会的历史变革与非洲社会主义产生的根源》(论文)。

张文峰　1935 年 7 月生，河北临漳人，研究员。主要学术专长是美拉关系。现从事拉美国际关系研究。1960 年 8 月毕业于北京师范大学中文系。1960 年至今在本院拉丁美洲研究所工作，其中 1964～1967 年在中联部外语训练班学习、1978～1979 年在北京第二外国语学院进修西班牙语。

主要代表作有：《战后拉丁美洲政治》(合著)、《拉丁美洲历史词典》(合著)。主持编纂《毒品问题与国际社会》(专著)、《战后拉美国际关系》。发表《中拉关系的回顾与展望》、《试析美国对拉美的新“大棒政策”》论文多篇。

王宽成　1937 年 1 月生，河北唐山人，研究馆员。主要学术专长是图书馆管理，现从事图书情报研究。1961 年毕业于北京大学图书馆学系。1961 年 9 月至今在本院拉美研究所工作，现任该所图书馆馆长，中国图书馆学会、中国拉丁美洲学会会员，中央国家机关和科学院系统图书馆学会理事。

主要代表作有：《北京各类型图书馆志》(合著)、《战后四十年拉丁美洲中文论文资料索引和书目（1945～1985)》(合编)、《浅谈当前中国社会科学院研究所图书馆建设》(论文)、《专业研究所图书馆建设及其发展趋势》(论文)、《加强文献开发　深化为科研服务》(论文)、《拉丁美洲图书馆事业的领航国家——哥伦比亚》(论文)。

王树英　1938 年 7 年月生，河北安国人，研究员。主要学术专长是印度社会文化，现从事印度社会文化研究。1965 年 7 月毕业于北京大学东语系。1965～1978 年在北京大学东语系任教，1978～1983 年在本院南亚所工作，1983～1985 年在印度尼赫鲁大学进修，1985 年至今在本院亚洲太平洋研究所工作。中国南亚学会理事。

主要代表作有：《印度文化与民俗》(专著)、《宗教与印度社会》(专著)、《印度》(专著)，并发表《印度少数民族结构及政府的政策》、《印度民俗的特点》论文多篇。

蒋立峰　1945 年 9 月生，江苏泰兴人，研究员。主要学术专长是政治学，现从事日本政治及中日关系方面的研究。1968 年毕业于北京大学东方语言系，1981 年 7 月本院研究生院历史系硕士研究生毕业。1981～1987 年在本院世界历史研究所工作，1987 年至今在本院日本研究所工作，现任研究室主任，中国日本史学会常务理事、中日关系史分会副会长。

主要代表作有：《日本天皇列传》、《日本军事思想研究》(合著)、《高技术与日本的国家战略》(合著)，主持编纂《日本政治概念》。此外，还发表《日本侵华战争的军事战略分析》等论文数篇。

许振中　1943 年 8 月生，黑龙江齐齐哈尔市人，教授。主要学术专长是知识产权研究与教学及俄语翻译，现从事经济法研究和教学工作。1965 年 7 月毕业于沈阳师范学院外语系，1982 年 7 月在本院研究生院法学系毕业，获法学硕士学位。1988 年 7 月～1989 年 8 月在前苏联乌克兰基辅大学法律系学习，1982 年至今在本院研究生院工作。中国法学会会员。

主要代表作有：《商品市场法律手册》(合著)、《广告与商标字》(独著)、《中国经济法学通论》(合著)、《企业法制》(合著)、《论广告法的基本原则》(论文)、《知识产权的几个问题》(论文) 及《谈商标的设计及其法律保护》(论文) 等。

赵光远　1943 年 3 月生，黑龙江哈尔滨市人，教授。主要学术专长是民族与文化研究，现从事中国民族史研究。1967 年 9 月毕业于中央民族学院历史系，1981 年 9 月在本院研究生院民族系毕业，获历史学硕士学位。1982 年 9 月至今在本院研究生院工作。中华日本学会理事和中国契丹、女真研究会会员。

主要代表作有：《民族与文化——中国传统文化诸形态》（主编）、《文明的运势——中日民族性诸形态比较研究》（主编）、《中日文化比较讲座》（主编）、《〈家庭、私有制和国家的起源〉研究》（主编）等。

李尚英 1942 年 3 月生，辽宁锦县人，编审。主要学术专长是清史及编辑工作，现从事清史研究及编辑工作。1966 年 7 月毕业于北京大学历史系，1981 年 10 月在本院研究生院历史系毕业，获历史学硕士学位。1981 年 10 月至今在本院研究生院学报编辑部工作。厦门郑成功研究会和中国明史研究会会员。

主要代表作有：《明与后金对辽沈地区的争夺述评——兼论毛文龙与毛家军》（论文）、《紫禁城之变》（独著）、《八卦教的渊源、定名及其与天理教的关系》（论文）、《中国古代农民战争的历史作用》（论文）及《民间宗教常识答问》（独著）等。

王宏周 1939 年 11 月生，河南巩县人，研究员。主要学术专长是国际政治与经济，现从事国际政治与经济研究及编译工作。1964 年 7 月毕业于北京大学西语系。1964 年 8 月至今在本院工作，现任文献信息中心传统学研究室主任。

主要代表作有：《多极结构与三角框架》（专著）、《冷战后时代的美国与亚太地区》（专著）、《评美国对外政策的“新干涉主义”思潮》（论文）、《绿色政治》（译著）及《西欧社会主义》（译著）、《五角大楼内幕》（译著）等。

张聿忠 1941 年 3 月生，江苏徐州人，编审。主要学术专长是情报学，现从事文献信息和编辑工作。1964 年 7 月毕业于南京大学历史系。1984 年至今在本院文献信息中心工作。中国社会科学情报学会《情报资料工作》副主编。

主要代表作有：《社会科学情报服务》（论文）、《我国社科情报工作的现状及发展趋势》（论文）、《社会科学情报研究主攻方向论略》（论文）、《当代中国社会科学手册》（副主编）、《中国社会科学学术论文文摘》（副主编）及《社会科学信息工作述略》（述评）等。

白锡堃 1941 年 5 月生，北京市人，译审。主要学术专长是哲学社会科学文献的研究和翻译，现从事哲学社会科学文献的研究及翻译工作。1965 年 7 月毕业于北京外国语学院德语专业。1986 年 4 月～1988 年 3 月在联邦德国科隆大学进修。1983 年 4 月至今在本院文献信息中心工作。

主要代表作有：《欧洲的环保工作》（综述）、《哈贝马斯与马克思》（综述）、《社会市场经济若干问题（一）、（二）》（综述）、《自然、技术、生态》（独译）、《法国的绿党》（独译）及《俄国的影子经济、形式、规模和威胁》（独译）等。

吕其苏（女） 1941 年 11 月生，江苏丹阳人，研究馆员。主要学术专长是信息检索语言，现从事图书馆和情报学研究。1964 年 7 月毕业于北京大学图书馆学系，1964 年 9 月～1978 年 2 月在第三机械工业部航空标准化所工作，1978 年 3 月至今在本院文献信息中心工作。

主要代表作有：《社会科学检索词表》（主编）、《社会科学情报理论与方法》（合著）、《关于分类法与主题法一体化问题：对编制社会科学叙词表工作的几点看法》（论文）、《浅论社会科学叙词语言的分面理论和方法》（论文）、《社会科学情报检索》（论文）。

喻锫丹　1937年12月生，四川荣昌人，编审。主要学术专长是工业经济和经济文化，现从事编辑工作。1964年6月毕业于成都大学工业经济系，1979年4月～1985年5月在本院工业经济研究所工作，1987年9月至今在本院中国社会科学出版社工作。中国发展战略学研究会常务理事兼横向联合发展部部长，《中国横向经济年鉴》总编辑。

主要代表作有：《世界经济年鉴》（总编辑）、《中国横向经济年鉴》（总编辑）、《生产率与中美日经济增长研究》（编辑）、《系列经济蓝皮书——1995年中国经济形势分析与预测》（终审）、《系列经济绿皮书——1995年农村经济预测报告》（终审），五年来责任编辑书稿1100万字，复审1800万字，终审700万字。

黄德志（女）　1937年11月生，湖南长沙人，编审。主要学术专长是美学研究，现从事哲学研究及编辑工作。1963年毕业于湖南师范大学中文系。1978年10月至今在本院中国社会科学出版社工作。中华美学学会技术美学学会理事，中国现代文化学会理事。

主要代表作有：《中国系统思维》（责编）、《中国涉外知识全书》（副主编）、《美学和未来美学：批评与展望》（责编）、《广义符号学及其在设计中的作用》（责编）及《中华道教大辞典》（常务副主编）等。几年来主编编辑近九千万字，撰写文章、书评和辞务十余万字。

谢振清　1936年7月生，广东兴宁人，译审。主要学术专长是翻译及编纂汉英英汉社会学科词典，现从事英语翻译和审核社会学科论著。1962年毕业于南京大学外文系，1981年2月至今在本院中国社会科学杂志社英文编译室工作。

主要代表作有：《汉英英汉经贸大词典》（主编）、《评〈介绍发展社会学〉》（书评）、《汉英英汉社会科学大词典》（主编）、《中国的政治、社会和文化》（编辑）、《现代中国的国家与社会》（编辑）等。六年来，翻译社会科学书及论文16篇，审核编发稿件近三百万字。

傅军胜　1938年10月生，河北栾城人，编审。主要学术专长是经济理论，现从事编辑工作。1966年7月毕业于中国人民大学经济系。1991年8月至今在本院中国社会科学杂志社工作。全国社会主义经济学史研究会常务理事。

主要代表作有：《社会主义经济的结构运行和管理》（主编）、《我国消费结构研究》（副主编）、《社会主义经济学史》（合著）、《治理整顿与深化改革》（合著）、《论劳动力市场及目标模式》（论文）、《商品经济与按劳分配的矛盾及解决途径》（论文）等。六年来，总计初审稿件一千余篇，二审稿件105篇，编发稿件75篇。

温伯友　1938年10月生，吉林大安人，研究员。主要学术专长是世界经济、科研管理，现从事国际关系、科研管理研究。1964年毕业于吉林大学政治经济学专业。1964～1988年在本院世界经济与政治研究所（含哲学社会科学学部世界经济研究所）工作，1988年至今在本院科研局工作，现任副局级学术秘书，中国世界经济学会副秘书长。

主要代表作有：《中印在建立国际新秩序中的合作前景》（论文）、《1991年世界经济基本特征与1992年走势》（研究报告）、《和平共处五项原则与国际关系》（论文）。

姜汉章 1938年3月生，江苏射阳人，译审。主要学术专长是国际关系，现从事对外学术交流管理工作。1964年毕业于南京大学外文系俄罗斯语言文学专业，1965～1978年在中联部先后从事编译、研究等工作。1978年至今在本院外事局工作，现任局长，中国农业国外经济研究会副会长，中国社会科学院韩国研究中心、俄罗斯研究中心、德国研究中心副理事长。

主要代表作有：《当代国外发展考察与研究》（主编）、《蒋介石评传》（合译）、《我的一生与中国》（译校）、《致父母》（译著）、《卡尔·考茨基及其观点的演变》（译著）。

第　六　编

一九九四年重要规章条例

一 中国社会科学院住房管理办法(试行)

(一九九四年一月二十六日 院务会议讨论批准)

为加强我院住房管理,根据国家和北京市有关房屋管理的规定,结合我院实际情况,制订本办法。

第一章 总 则

第一条 凡属我院产权的住房,均按本办法执行。

第二条 任何单位和个人,在管理和使用住房上,都必须遵守本办法,接受房管部门的管理。

第二章 住房管理机构和管理体制

第三条 院机关事务管理局房产处是全院住房的管理部门;房产处依照本办法对全院住房实行管理。

第四条 全院住房管理体制,分院直管住房和委托代管住房两种。院直管住房指由院房产处直接管理的住房;委托代管住房指将我院产权住房委托当地房管部门或院属其他单位管理的住房。

第三章 住房租赁管理

第五条 凡属我院产权的住房,均须建立租赁关系,办理"住房租赁合同"。院房产处为出租方,住户为承租方。

第六条 承租方的权利和义务:

1. 对承租的住房有使用权。
2. 提出维修的权利和配合维修的义务。
3. 按规定及时足额交纳房租。
4. 妥善保管并爱护住房及其装修设备,未经批准,不得私自拆改。
5. 不得将承租房转租、转让、转借、空闲和私自交换。
6. 遵守有关住房的各项政策、法规,接受房管部门的管理。

第七条 出租方的权利和义务:

1. 负责按租金标准、住房条件和有关规定核定租金。当住房条件或租金标准有变动时，及时予以调整。

2. 负责对出租房的检查、维修，保障居住安全和正常使用。

3. 承租方提出换房并符合换房规定时，出租方应予办理有关手续。

4 当承租方有下列行为之一时，出租方有权终止合同，收回住房，另行分配。触犯法律的，诉经法院处理。

(1)擅自将住房转租、转让、转借、私自交换、出卖或变相出卖使用权的；

(2)擅自改变住房使用性质的；

(3)利用住房进行非法活动的；

(4)拖欠房租三个月、拖欠供暖费二年的；

(5)住房无故空闲三个月的；

(6)全家迁往外地的(含出国、出境)。

第八条 承租人自愿解聘调离我院工作，配偶又非我院职工，院应立即收回住房。暂时不能交出住房的，应按每平方米使用面积 70 元缴纳租赁保证金和高额租金(第一年按现行月租金 10 倍收取；第二年按现行月租金 20 倍收取)。若拒不执行此规定或二年后仍不交出住房的，院有权依法收回。

第九条 承租人因私出国(出境)满一年的(含离退休人员)，因公出国逾期不归按自动离职处理的，配偶又非我院职工，院应立即收回住房。暂时不能交出住房的，应按每平方米使用面积 70 元缴纳租赁保证金和高额租金(第一年按现行月租金 10 倍收取；第二年按现行月租金 20 倍收取)。若拒不执行此规定或二年后仍不交出住房的，院有权依法收回。

第十条 凡承租我院产权住房的，承租人夫妻双方均去世一年后即终止租赁合同，由院房管部门收回住房或降低标准另行安置。暂时不能交出住房或迁至新居的，将按每平方米使用面积 70 元缴纳租赁保证金和高额租金(第一年按现行月租金 10 倍收取，第二年按现行月租金 20 倍收取)。若拒不执行此规定或二年后仍不交出住房或迁至新居的，院有权依法收回住房。

第十一条 分得新房应退原房而不退的。对原住房第一年按当时执行月租金 10 倍加收租金，自其工资中扣除；第二年按当时执行月租金 20 倍加收租金，自其工资中扣除。二年后仍不交出原住房，院有权依法收回住房。

第十二条 对抢占住房的，职工所在单位勒令迁出，并给予处分。若拒迁，所在单位与房管部门、保卫部门依法收回住房。

第十三条 上述第七条第四款和第八条、第九条、第十条、第十一条由承租人所在单位执行，院房产部门、保卫部门配合。收回的住房和租赁保证金、高额租金由其单位自行分配、使用和保管。房产部门对收回住房的单位，将酌情给予奖励。对应收而未收的，则按房屋居住面积扣除其单位的分房指标。

第十四条 住房租金标准按照北京市统一住房租金标准执行。

第十五条 租金的收缴和管理。住房租金由院房管部门统一组织收缴或由委托代管单位收缴。租金按规定由院房管部门单列科目管理，用做冲抵房修经费。

第四章 住房交换管理

第十六条 为方便职工生活，在自愿的原则下，可以进行交换。

第十七条 交换住房应具备的条件：

1. 对现住房享有承租权；
2. 有承租人的书面申请并附有所在单位的意见；
3. 住房产权单位同意换房；
4. 承租人应缴纳的费用均已结清；
5. 住房内的装修设备经房管部门检查确认完好无损。

第十八条 换房双方应按原住房月租金的 1/5 缴纳换房手续费。换房手续费上缴财务部门。

第十九条 房产部门同意换房后，换房双方应持“住房租赁合同”、户口簿、身份证及有关证明到院房管部门办理换房手续，并交押金 500 元，换房手续办妥后方可迁出、迁入。双方按要求迁入、迁出后退还押金。未办理换房手续擅自交换的，按本办法第七条第四款执行。

第五章 住房装修设备管理

第二十条 住房的装修设备是住房的必备条件，承租人必须爱护使用，精心保管。修缮部门应及时予以维修、保养。

第二十一条 住房室内的一次性装修设备更换由住户自费解决。一次性装修设备系指室内的门窗玻璃、灯头、灯泡(灯管)、电开关、电插座、电视插座、水龙头、门锁、壁橱锁、门窗配件、洗脸(手)盆、便桶盖圈、水表、电表、厨房、卫生间瓷砖等设备。

第二十二条 楼梯间、门道、走廊、电梯、供暖设备、上下水管道、配电箱、消防设备、垃圾道、住宅庭院的通道及公共厕所等共用部位的装修设备，住户应爱护使用、保管，不得拆改，防止丢损。

出现下列情况，住户应负责修复或赔偿：

1. 有供暖设备的房屋，因住户自行关闭节门或开敞门窗造成暖气片、管线冻裂；
2. 因使用不当，乱扔杂物造成下水管线、垃圾道损坏或堵塞；
3. 因超负荷用电或任意拆改、添装电气设备造成电线烧毁或其他设备受损；
4. 共用部位的设备人为损坏，由楼房同一层住户或平房院同一庭院住户共同负责修复或赔偿。

第二十三条 收取赔偿费的标准和办法。原则按修复所需工料费的标准由院房管部门收取。

第二十四条 住户不得擅自对住房及其装修设备进行装修、拆除、改造，确属必需时，住户本人应提出书面申请，经院房管部门确认不影响房屋结构、不扰乱居民生活，方可批准并缴纳押金 1000 元。申请人必须按批准的要求进行施工，如有违反，轻者按修复所需工料费的(当时市场价)5～10 倍处以罚款；严重者终止合同，收回住房。

第二十五条 楼房内的共用部位,如楼道、走廊、候梯间、防火阳台等住户不得占用,不得堆放家具或杂物。否则,院房管部门有权强行清理和处理。

住宅庭院,住户不得私搭乱盖建筑物。如确属必须,须向院房管部门书面报告,经批准后方可施工。否则,院房管部门有权责令拆除或强行拆除。

第六章 住房维修管理

第二十六条 住房的维修由院房管部门统一安排和管理。

第二十七条 我院住房维修分三大类:

1. 零修保养工程系指对住房及装修设备进行日常保养、检修及排除运行故障。此项工作,院直管房由房修公司负责,委托代管房由托管单位负责。

2. 大中修工程系指对住房进行翻建、扩建、改建、加固等。此项工作由院房管部门统筹安排。

3. 设备更新和技术改造工程系指对使用到一定年限的设备和技术性能落后的设备进行更新和技术改造。此项工作由院房管部门统筹安排。

第二十八条 维修经费的管理,由院房管部门每年年初根据取费标准、房屋情况、经费情况提出计划。经机关事务管理局讨论,报院后勤例会批准。财务部门拨专款,院房管部门按计划落实。

第二十九条 维修住房,住户必须协助配合,不得以任何借口和形式进行阻碍。违者负责赔偿工料损失,并视情节处以罚款。

第七章 住房资料管理

第三十条 住房资料统一由院房管部门负责保管。它包括产权证书、房屋接撤管通知单及其资料、房屋平面图、结构竣工图纸、洽商记录、各种管线图纸资料及院内外各单位签定的协议书、公函等。

第三十一条 住户资料档案。凡承租我院住房的住户实行每户一档,档案包括下列内容:

1. 住户登记卡片。住户登记卡片在办理进住手续时由住户填写。

2. 换房资料,包括换房申请、所在单位意见、协议书。

3. 供暖协议书。

4. 住户住房及周围环境草图。

5. 房屋及装修设备变动记录。

第八章 附　　则

第三十二条 本办法由院机关事务管理局负责解释。

第三十三条 本办法自一九九四年三月一日起试行。过去的有关规定若与本规定不符,均以本规定为准。

二　中国社会科学院关于授予海外学者荣誉称号和聘任客座职务的暂行规定

（一九九四年三月十一日　院务会议通过）

为了促进学术交流，提高科研水平和教学水平，做好我院授予海外学者荣誉称号和聘请担任客座职务的工作，特制定本规定。

一、根据科研、教学工作的需要，我院将慎重地有选择地授予海外学者以名誉教授、名誉博士等荣誉称号，或聘请他们担任客座研究员、客座教授职务。

二、被授予荣誉称号者，应是在某一学术领域有突出成就，在国际学术界有较高威望，或在两国科学合作或友好往来中有较大影响，并愿为我院科学研究、教学工作做贡献的著名研究员、著名教授或友好人士。

被聘请担任客座职务者，应是在某一学科领域有较高学术水平，愿意为推进完成某一方面科研任务做贡献的著名学者。客座职务一般任期一至三年。

三、海外学者荣誉称号，以院的名义授予，证书由院长签发。经院批准，研究所可聘请客座研究员，聘书由研究所所长签发；研究生院可聘请客座教授，聘书由研究生院院长签发。

四、授予荣誉称号和聘请担任客座职务，须经院务会议审批。审批的程序是：由所长办公会提出名单，经所学术委员会论证后通过，主送人事教育局，抄送科研局、外事局，由人事教育局会同科研局、外事局审核后，报院务会议审批；授予名誉博士，经院学位委员会审议通过，报院务会议审批，呈报国务院学位委员会批准。

各单位报告内容一般应包括海外学者姓名、简历、著作、有关学术水平和成果的评价材料；同我国科学文化交流情况、对我院或所事业发展的贡献；所学术委员会和所长的意见。聘请客座职务的，还应注明受聘者从事科研、教学的任务以及聘请的意义和任职时间等。

五、由我院授予荣誉称号和聘任客座职务的专家、学者来华研究、讲学等活动，费用由双方协商解决。

六、本规定自院务会议通过之日起执行，由人事教育局负责解释。

三　中国社会科学院对不称职专业人员处理的暂行规定

（一九九四年三月十一日　院务会议通过）

为完善专业职务聘任制度，根据国家人事部人职发（1990）4号文件精神，结合我院实际，制定此暂行规定。

专业技术职务的聘任原则是优升劣降，对考核中定为不称职的人员，视具体情况给予缓聘、低聘、解聘处理。

一、处理办法

1. 因不胜任现专业技术职务岗位工作，不能完成专业技术职务条例规定的现岗位工作任务，在考核中定为不称职的，留职试用限期改进或缓聘一年。连续两次考核不称职的，予以低聘或调整工作岗位。

2. 因工作中或学风上发生明显失误或严重错误，在考核中定为不称职的，留职考察或缓聘一年，限期改正。一年后仍未改正者予以低聘。

3. 因不执行院里的规章制度，不履行岗位职责，不完成专业技术职务条例规定现岗位的工作任务，在考核中定为不称职的，予以低聘，情节严重者予以解聘。

4. 留职试用、留职考察、缓聘、低聘期不计入晋升高一级专业技术职务任职年限。

二、工资待遇

1. 留职试用、留职考察及缓聘人员在其限期内，津贴按最低档发（如未分设档，可减半发）；低聘人员至少降低一档工资，相应津贴按最低档发（如未分设档，按减半发）；解聘人员的待遇按人事部关于《全民所有制事业单位辞退专业技术人员和管理人员暂行规定》（人调发[1992]18号）执行。

2. 被定为不称职期间不予晋升职务工资。

三、工作安排

1. 因不胜任现专业岗位工作定为不称职的人员，所在单位可调整其工作，本人也可自行联系工作。

2. 不接受留职试用、留职察看、缓聘、低聘者，不服从工作调整者，自谋职业，限期调出。超过限期作解聘处理。

四、审批程序

1. 副高级（含副高级）以下专业人员的留职试用、留职考察、缓聘、低聘和解聘，由所在单位考核领导小组提出书面意见，所长办公会议审批，报院人事教育局备案。

2. 正高级专业人员的留职试用、留职察看、缓聘、低聘和解聘，由所考核领导小组提出书面意见，所长办公会议讨论同意后，报院人事教育局审核，呈主管院领导审批。

3. 当事人接到有关通知后，如有异议，可在 15 日之内，向院人事教育局申请复议一次。

4. 被解聘人员从批准解聘之日起三个月内，由所在单位办理辞退手续，发给本人《辞退证明书》。

五、附则

本规定自院务会议通过之日起执行。由人事教育局负责解释。

四　中国社会科学院评选院级有突出贡献的中青年专家暂行条例

（一九九四年三月十一日　院务会议通过）

第一章　总　　则

第一条　为了表彰和鼓励在社会科学研究事业中做出了突出贡献的中青年专家，鼓励多出成果、多出人才，繁荣社会科学事业，决定建立中国社会科学院院级有突出贡献中青年专家的评选制度。

第二条　院级有突出贡献的中青年专家，应是在社会科学研究和科研管理工作等岗位上的专业人员。

第三条　院级有突出贡献的中青年专家评选工作每两年进行一次，每次评选 10 至 15 名，与选拔国家级有突出贡献的中青年专家同步进行。

第四条　评选工作必须按条件从严掌握，确保质量。

第二章　选拔条件

第五条　院级有突出贡献的中青年专家必须热爱社会主义祖国，拥护党的基本路线，坚持四项基本原则，坚持改革开放，在社会科学事业中坚持马克思主义指导，坚持实事求是的学风，有良好的职业道德，年龄不超过 50 岁，有副高级以上专业职务，在本专业领域或科研管理方面做出了突出贡献的中青年专家。

第六条　在社会科学领域里取得创造性成果，具有重大科学价值或应用价值，达到国内领先水平；获国家级奖；获部委级一等奖。

第七条　运用管理科学在管理中做出重大改革并取得显著实效，为管理科学化和管理科学的发展做出突出贡献的专家。

第三章　专家评审委员会

第八条　院级有突出贡献的中青年专家由院组织的专家评审委员会评审。院专家评审委员的组成由院务会议讨论决定。

第九条　专家评审委员会 25 人，评委要有学科代表性，每四年换届一次。

第四章　选拔程序

第十条　院级有突出贡献的中青年专家由所办公会议提名，学术委员会评议推荐。

第十一条　推荐人选确定后，填写《有突出贡献的中青年专家呈报表》报院人事教育局。人事教育局会同科研局确定初选名单，提交专家评审委员会。

第十二条　专家评审委员会对推荐人选进行评议，并以无记名投票方式得出结果，报院务会议批准。

第五章　奖励和待遇

第十三条　院级有突出贡献的中青年专家享受下列奖励和待遇：

1. 发给《中国社会科学院有突出贡献中青年专家证明书》；
2. 晋升1档工资；
3. 各单位分房时，给予适当照顾；
4. 优先解决夫妻两地分居；
5. 优先吸收参加课题研究及学术交流活动；
6. 优先安排休假疗养活动；
7. 在选拔政府特殊津贴时给予优先考虑。

第六章　附　　则

第十四条　证书由院统一印制、统一编号。

第十五条　本条例自院务会议通过之日起实施。由院人事教育局负责解释。

五　中国社会科学院人才交流开发中心工作暂行条例

（一九九四年三月十一日　院务会议通过）

第一章　总　　则

第一条　为适应改革开放和社会主义市场经济需要，加快我院机构和人事制度改革，拓宽人员流动渠道，促进人才合理流动，特制定本条例。

第二条　中国社会科学院人才交流开发中心（以下简称“中心”）经院务会议批准成立，管理全院人员流动工作和人才交流开发培训工作。

第二章　隶属关系和机构设置

第三条　“中心”由院人事教育局主管，为非行政性机构。

第四条　“中心”下设三个业务部门：

1．人才交流部；

2．人才开发培训部；

3．《人才信息》编辑部。

第五条　“中心”设主任1人，副主任1～2人。所设业务部门不占用院行政编制，工作人员由人事教育局调整配备。

第三章　工作职责

第六条　承办全院人员流动和交流工作。建立由院属各单位人事部门组成的人才交流信息网络，建立全院人员流动信息库，向院内各单位和院外有关单位提供人才需求信息，推荐人才。

第七条　在全院定期举办流动人员人才交流洽谈活动，为各类流动人员在院内外交流创造条件。

第八条　接受院属各单位（含下属公司、“中心”等单位）委托，承办人才招聘工作。

第九条　为我院自费出国留学人员回国择业提供服务。

第十条　承办流动人员短期职业培训工作

第十一条　接受单位和个人委托，负责接转、储存流动人员的人事档案及人事关系。

第十二条 编辑《人才信息》刊物，向院内外有关单位发布人才交流开发信息；刊登单位和个人委托发布招聘、推荐人才和求职广告；介绍人才交流开发工作中其他有关事项。

第四章 流动人员范围和条件

第十三条 “中心”接受下列人员的交流工作：

一、因机构变化、缩减编制要求交流的人员；

二、现任工作与本人专业特点不相适应要求交流的人员；

三、自费出国留学人员；

四、因工作需要从社会上招聘的人员；

五、以上四种流动人员必须是身体健康，能够坚持正常工作。男同志年龄不得超过 55 岁，女同志不得超过 50 岁。

第五章 交流工作程序

第十四条 个人提出对外交流的人员，按干部人事管理权限，向所在单位人事部门提出书面申请，经批准后报“中心”办理交流登记手续。

第十五条 流动人员所在单位人事部门向“中心”提供流动干部的有关材料和证明，经“中心”审核后，办理有关手续。

第十六条 “中心”按流动人员情况，向院内外有关单位推荐，落实接收单位后，由“中心”为其办理各项调动手续。

第十七条 “中心”接受单位委托，从院外招聘所需人员，由委托方提出招聘人才条件，并直接与被聘人签订聘用合同。

第十八条 停薪留职、自费出国和从院外招聘等流动人员在“中心”办理登记手续后，可由“中心”为其办理存档业务。

第六章 财务管理及收费标准

第十九条 “中心”对流动人员管理实行有偿服务。其财务接受人事教育局和院财务部门领导。“中心”将按上级财务规定向有关部门提供财务账目、报表，自觉接受有关部门的审计和监督。“中心”收费项目及标准参照国家和地方人才交流部门的标准另外制定执行。

第七章 附 则

第二十条 本暂行条例自院务会议通过之日起施行。由人事教育局负责解释。

六 中国社会科学院晋升专业技术职务考试暂行规定

（一九九四年三月十一日 院务会议通过）

依照《全国各类专业技术职务试行条例》的规定和人事部《关于在专业技术职务评聘工作中严格掌握外语条件的通知》（人职发[1991]4号）的精神，为了使我院晋升专业技术职务考试制度化、规范化，特制定本规定。

一、考试范围

凡需经我院评审或委托外单位代评晋升中、高级专业技术职务者，除按有关规定可不参加考试和免试外，均需参加晋升专业技术职务考试。应考科目考试及格者，获得申请评定专业技术职务资格。不具备申请以上专业技术职务条件者，不得参加考试。

二、考试科目

1. 晋升中级专业技术职务考试的科目是：马列主义基础理论、外语。

2. 晋升高级专业技术职务考试的科目是：外语。

3. 图书、出版、文博、档案专业，从事中国古代问题研究的科研人员，运用非母语少数民族语言工作，晋升中、高级专业技术职务，均可根据岗位职责需要选考外语、古汉语或少数民族语言。

4. 外语教师和翻译晋升中、高级专业技术职务者，考第二外语。

5. 破格晋升高级专业技术职务者，加试第二外语。

三、考试内容

1. 马列主义基础理论考试包括哲学、政治经济学（资本主义部分）和建设有中国特色社会主义理论及有关政策三部分。

2. 外语考试：晋升中级专业技术职务包括语法词汇、阅读理解和翻译三部分；晋升高级专业技术职务包括阅读理解、翻译两部分。

四、考试要求

晋升专业技术职务考试属水平考试，主要根据《全国各类专业技术职务试行条例》规定的专业技术人员任职条件和其实际工作需要，测试应试人员马列主义基础理论知识和运用语言的能力。凡第二外语考试，其水平均低于第一外语一个档次。古汉语考试要求达到准确断句、分段，准确理解意思。

五、免试

1. 在国外学习，获硕士以上学位者，晋升高级专业技术职务；获学士学位者，晋升中级专业技术职务，可免试外语。

2. 一九六六年以前入学的大学本科生或研究生晋升专业技术职务，可免试外语。

3. 凡晋升副高级专业技术职务外语考试通过者，晋升正高级专业技术职务时，可免试外语。

4. 特殊学科、特殊情况的要求免试者，需报人事教育局审议，并经院领导批准。

六、考试组织

1. 晋升专业技术职务考试每年五月进行一次，实行统一组织、分级管理。由人事教育局制定考试规定，组织命题、考试、阅卷及颁发成绩单；各所(局)人事部门组织报名、审核报名条件、成绩备案。

2. 报考及免试实行二级审定，由个人向所在单位人事部门提出申请，提交有关证明材料，经所(局)领导审核批准后，报人事教育局复审。

3. 各类考试试题，由人事教育局聘请有关专家编拟，院主管领导审定。

4. 凡考试及格，其成绩对晋升相应专业技术职务持续有效；考试成绩、免试证明等材料均由各单位人事部门存档备案。

5. 晋升初级专业技术职务，由各所(局)按有关规定组织马列主义基础理论、外语(古汉语)考核。

七、附则

1. 以往有关晋升专业技术职务考试文件内容凡与本规定不符，均以本规定为准。

2. 本规定自院务会议通过之日起实行。由院人事教育局负责解释。

七 中国社会科学院关于离开领导岗位的所局级干部待遇问题的暂行规定

(一九九四年三月二十五日 院党委会通过)

为进一步完善我院干部管理制度,处理好离开领导岗位的所局级干部的待遇问题,结合我院实际,作如下暂行规定:

一、因达到国家规定的离退休年龄,经组织决定免职离开领导岗位,按离岗前职级办理离退休手续,离退休后享受国家规定的有关待遇。

二、任职满一届(五年)或累计任职满五年,经组织决定免职离开领导岗位,保留原职级待遇。

三、任职不满五年,因超过院规定的任职年龄,经组织决定免职离开领导岗位,但尚未到离退休年龄,保留工资、医疗待遇,规定参加和阅读按离岗前职级相应的会议和文件,其他待遇按新岗位执行。

四、任职未满一届(五年),在职期间胜任或基本胜任本职工作,因本人申请辞职,经组织同意离开领导岗位,分别按以下两种情况处理:一是任职满三年的,保留原工资,此后的工资晋升,按新工作岗位对待,已办有蓝卡的保留蓝卡医疗待遇;二是任职未满三年的,原则上不保留原职务级别和有关待遇。

五、因不称职而被免去领导职务的,按对不称职人员处理的有关规定执行。

六、因犯错误而被免去领导职务的,原则上不再享受被免职务的有关待遇。

七、本规定未尽事宜,由院党委根据具体情况决定。

八、本规定自印发之日起实行。由人事教育局负责解释。

八　中国社会科学院研究所学术委员会工作条例(修订)

(一九九四年四月二十九日　院务会议通过)

第一条　为了充分发挥研究所学术委员会在科研工作中的作用,特制定本条例。

第二条　学术委员会是研究所权威性的学术指导和学术评议机构。

第三条　学术委员会在所务会议领导下开展工作,其职责是:

1. 掌握本学科情况,每年对学科现状和发展趋势作出分析与预测;

2. 审议研究所年度科研计划和中长期科研规划;

3. 对研究所的学科设置和调整、人才培养、学术交流、图书资料建设和学术信息工作提出意见与建议;

4. 评估重要科研成果的学术水平;

5. 推荐优秀科研成果的出版;

6. 评选优秀科研成果;

7. 推荐奖励取得突出科研成就的人员;

8. 受理专业技术职务评审中的申诉,必要时,可要求研究所专业技术职务评审委员会复议一次。

第四条　学术委员会由7~15人组成,必要时,可适当聘请少数所外(在京)学术界有代表性的专家学者。学术委员会设主任1名,副主任1~2名。主任、副主任由学术委员会选举产生。科研处为学术委员会的办事机构。

第五条　学术委员会每届任期五年,在任期内如有人员变动,须报院审批。

第六条　学术委员会实行民主集中制的原则,在讨论决定涉及本条例第三条中6、7、8款的重大问题时须由全体学术委员会三分之二票数通过。

第七条　学术委员会要坚持原则,秉公办事,排除各种不正之风的干扰。

第八条　学术委员的条件:

1. 坚持以马克思主义为指导,拥护党的基本路线,热爱社会主义祖国;

2. 学术造诣深,具有指导科学研究和培养人才的水平和能力;

3. 治学严谨,作风正派,办事公道;

4. 具有高级专业技术职务;

5. 年龄一般不超过65岁。

要注意选拔50岁以下德才兼备的专家学者担任学术委员。

第九条　学术委员由所内具有中级专业技术职务以上(含中级)的人员民主推荐,所长提出名单,与科研局、人事局协商后提交所务会议讨论决定,并报院务会议审批。由院长向学术委员颁发证书。

第十条 学术委员不得将学术委员会内部不应公开的情况扩散出去;违者视情节轻重予以批评,直至给予撤销其学术委员资格的处分。

第十一条 研究所学术委员会可根据实际情况,制定工作细则,报科研局备案。

第十二条 本条例也适用于研究生院、文献信息中心、中国社会科学杂志社和中国社会科学出版社等单位。

第十三条 本条例自院务会议批准之日起实行。

第十四条 本条例的解释权在科研局。

九　中国社会科学院招标课题管理条例(试行)

(一九九四年四月二十九日　院务会议通过)

第一章　总　　则

第一条　为确保高质量地完成课题研究,院每年采取招标方式落实一部分重点研究课题。

第二条　鼓励科研人员深入实际,和围绕改革开放、“两个文明”建设的重大理论问题和实践问题,开展多学科、跨学科研究。

第三条　适当提高资助强度。课题资助金额分两部分:(1)总额的70%～80%作为课题的实施经费拨付课题组使用;(2)总额的20%～30%预留科研局,作为成果鉴定、奖励和支付不宜公开出版成果稿酬之用。

第四条　课题招标贯彻自由申请、公平竞争、择优资助的原则。

第二章　招标课题的发布与申请

第五条　招标课题由院确定后,科研局负责招标的具体组织工作。

第六条　根据需要,科研局以公告方式发布《招标课题指南》,受理申请时间为两个月。

第七条　《招标课题指南》应对所招课题的主要研究内容、完成时间、成果质量要求和资助金额(参考数)等作出要求。

第八条　投标人应符合以下条件:(1)课题主持人应系我院人员并具备与招标课题相关的先期研究成果;(2)课题组成员的知识结构符合招标课题的要求。

第九条　投标人根据《招标课题指南》,经所在单位同意,自由选择投标课题,但主持人或课题组主要成员不得同时参加两项课题的投标。已承担招标课题尚未完成的人员,不得参加新的投标。

第十条　投标人须填写《招标课题申请表》,并在规定时间内完成投标事宜。

第三章　招标课题的评审与批准

第十一条　科研局对投标人资格和《招标课题申请表》进行初审。

第十二条　经初审合格的投标申请,交专家评议组评议。评议组由科研局根据评议需要临时邀请相关专家组成。每项投标申请的评议专家不少于五人。

第十三条 评议组须对投标申请的以下内容作出评定:(1)课题研究设计方案的合理性;(2)主持人的协调、决策、创新能力和现有科研任务及完成情况;(3)课题组成员结构的合理性;(4)经费使用投向的合理性。

第十四条 评议采取会议方式进行。根据需要,科研局可以通知投标人到会对自己的申请方案作出说明。

第十五条 评议组对投标申请综合评议后,进行无记名投票,得票最高且达到评议组成员票数二分之一以上者为中标人;招标课题只有一个投标者,得票数不得少于评议组成员票数的三分之二。

第十六条 评议结果须报经院审查批准。

第四章　招标课题的实施

第十七条 投标申请批准后,科研局与中标人应签订《协议书》。《协议书》应载明:研究课题名称、主持人和课题组成员、主要研究内容、研究计划和步骤、完成时间、成果形式、成果验收标准、资助金额和使用投向等。

第十八条 课题主持人是中标人的法定代表,主持课题的研究工作。

第十九条 科研局应及时将资助经费(课题实施经费)拨付招标课题主持人所在单位,并监督、检查其使用投向,对违反规定者有权追回资助经费。

第二十条 课题主持人在《协议书》确定的使用范围内,自主决定经费的开支,但不得违反财务制度。

第二十一条 课题主持人须每半年就课题进展情况向科研局作出书面报告。对因特殊情况无法继续研究的课题,可以申请撤销;对研究内容、人员、完成时间不作变更就无法完成的课题,也可以申请变更《协议书》的有关内容。

第二十二条 科研局负责检查、监督招标课题的研究进程,对确无可能完成的课题有权撤销;对变更协议的申请,有权批准或否决。

第二十三条 招标课题完成后,课题主持人应写出课题总结报告交科研局。

第五章　验收与奖惩

第二十四条 科研局根据《协议书》内容,组织相关专家对招标课题成果进行验收,并确定档次。验收档次分为优秀、合格、不合格。

第二十五条 对成果验收优秀或合格者,科研局根据验收档次,返拨一定比例预留资助经费作为奖励;在人员晋级、成果评奖中,予以推荐。

第二十六条 对成果验收不合格或无正当理由不能按时完成课题者,科研局给予通报,追回剩余经费,在三年内限制课题主持人参加新的投标,并将其情况记入本人学术档案。

第六章 附 则

第二十七条 本条例自院批准之日起生效。

第二十八条 本条例的解释权归科研局。

十　中国共产党中国社会科学院研究所委员会工作条例

（一九九四年七月二十九日　院党委会通过）

第一章　总　　则

第一条　本条例根据《中国共产党章程》结合中国社会科学院具体情况制定。

第二条　中国社会科学院研究所实行党委领导下的所长负责制。

所党委对研究所执行党的方针、政策和各方面工作的重大问题进行讨论并作出决定，同时保证所长充分行使自己的职权。

第三条　所党委必须坚决贯彻执行党的基本路线，在政治上、思想上、行动上同党中央保持一致，充分发挥党委的领导核心作用、党支部的战斗堡垒作用和党员的先锋模范作用。

第四条　所党委必须坚持以马克思列宁主义、毛泽东思想和邓小平建设有中国特色社会主义理论为指导，坚持解放思想、实事求是的思想路线，以科研为中心，理论联系实际，深化改革，促进社会科学的繁荣和发展，为社会主义物质文明和精神文明建设服务。

第五条　所党委要认真贯彻执行党的“双百”方针和知识分子政策，培养和发扬优良的学风，正确处理人民内部矛盾，努力创造有利于科学研究和人才健康成长的良好环境和条件。

第六条　所党委要坚持民主集中制，实行集体领导和个人分工负责相结合的制度。凡属重大问题都要由党委会集体讨论决定；党委成员要认真执行党委会的决议，根据分工切实履行自己的职责。党委成员之间，在工作中，要相互理解，相互尊重，相互支持，维护党委会的团结和统一。

第七条　所党委要贯彻执行群众路线，加强调查研究，倾听群众意见和建议。要充分发挥工、青、妇等群众组织和全所工作人员在研究所工作中的民主参与和民主监督作用。

第二章　党委的组织机构

第八条　所党委会由党员大会选举产生，院党委批准；必要时也可由院党委直接组建，任命所党委成员。每届任期五年。

根据具体情况和实际需要，部分研究所可建立联合党委。

所党委对院党委和本单位党员大会负责，执行院党委的决定和党员大会的决议，定期向院党委和党员大会报告工作。

第九条　所党委会的组成，根据本单位规模和实际工作的需要，一般可为五至七人，个别规模大的所可设九人。

党委成员必须具有三年以上党龄，具备《中国共产党章程》第六章第三十四条所要求的各项基本条件。

第十条 党委书记、副书记由所党委会选举产生并报院党委批准，必要时也可由院党委任命。

第十一条 所党委的办事机构为党委办公室，规模小的所可设党委秘书。

第十二条 研究所设党的纪律检查委员会或纪律检查委员。纪律检查委员会书记由所党委副书记或委员兼任。纪律检查委员由所党委委员担任。

第三章 党委的职责、任务

第十三条 研究所党委的职责和任务主要是：

1. 贯彻执行党的路线、方针、政策和院党委的决定；
2. 加强党的思想建设、组织建设和作风建设；
3. 讨论通过关于研究所的科研发展方向、机构设置以及长远和年度科研计划、人才培养计划、对外学术交流计划、财务计划；
4. 贯彻落实院的各项改革措施，研究决定本单位的改革方案；
5. 负责本单位的思想政治工作；
6. 负责本单位的干部工作，研究决定人事工作中的重大问题。
7. 负责本单位的保卫工作；
8. 对工、青、妇等群众组织实行领导，支持其独立自主地开展工作；
9. 做好本单位的统战工作。

第十四条 所党委要加强党支部建设，健全党支部会议制度和工作制度，加强对党员的教育和管理，积极慎重地做好发展党员工作。党支部在完成本单位工作任务中，要充分发挥保证和监督作用。

第十五条 所党委要加强对党员组织生活的管理。党员的组织生活会至少每季度召开一次，汇报和检查履行党员义务的情况，交流思想，开展批评与自我批评。

所、局级党员领导干部每半年召开一次民主生活会，就在贯彻执行党的路线、方针和政策，遵纪守法，联系群众，勤政廉政，思想作风，道德品质等方面的情况进行检查，开展批评与自我批评。

第十六条 所党委要加强党的纪律检查工作。严格执行《中国共产党章程》、《关于党内政治生活的若干准则》及中央关于廉洁自律的规定等纪律条规，经常进行党风、党纪教育和检查，认真查处违纪案件，及时帮助教育和处理不合格党员，保持党组织的纯洁性和先进性。

第十七条 所党委要密切联系群众，关心群众生活，维护群众的正当权益。

第十八条 加强对共青团的领导，做好青年工作。要重视团干部的选拔和培训，认真加强青年思想政治教育，积极支持团组织适应青年的特点和需要，生动活泼、富于创造性地开展工作。

第四章 思想政治工作

第十九条 所党委要围绕科研加强思想政治工作，保证正确的政治方向和科研工作方向。要努力改进思想政治工作方法，提高思想政治工作水平。

第二十条 所党委要组织党员和全体职工认真学习马克思列宁主义、毛泽东思想，学习建设有中国特色社会主义理论和党的路线、方针、政策及决议，用建设有中国特色社会主义理论武装全体党员和群众。所党委要做学习的模范。

第二十一条 所党委要抓好对党员和全体职工的形势教育和爱国主义、集体主义、社会主义教育，加强社会主义精神文明建设，不断提高全体职工的思想觉悟和政治素质。

第二十二条 所党委要长期不懈地进行坚持党的基本路线教育，反对资产阶级自由化和各种错误倾向。经常进行法制和保密教育，注意同国内外敌对势力的破坏活动作斗争。

第二十三条 所党委要引导党员和广大职工积极支持和参与改革，正确处理改革、发展、稳定的关系和个人与国家、局部与全局、眼前利益与长远利益的关系，保证改革顺利进行，维护政治稳定。

第五章 附 则

第二十四条 本条例适用于研究所联合党委及其他院直属事业单位党委。

第二十五条 本条例由院党委负责解释。

十一　中国社会科学院博士后工作暂行规定

（一九九四年八月二十六日　院务会议通过）

为了进一步做好博士后科研流动站的建立和管理工作，根据《国务院批准国家科委、教育部、中国科学院关于试办博士后科研流动站报告的通知》和全国博士后科研流动站管理协调委员会（简称全国博士后管委会，下同）的有关规定，特制定本暂行规定。

第一章　设站的条件及审批程序

第一条　申请设立博士后科研流动站必须具备的条件：

1．有博士学位授予权，且已招收过博士生，并有一定数量的高水平的博士生导师和相应的学术梯队；

2．有稳定的研究领域，学术气氛浓厚和活跃，本学科科研工作处于国内领先水平，承担着国家或院级重点科研项目；

3．有良好的科研工作条件，有丰富的图书资料；

4．有住房且提供必要的家俱，并能解决博士后配偶的工作；

5．单位领导对博士后工作重视，有明确的管理人员。

第二条　申请设站单位填写《申请设立博士后流动站报批表》，报人事教育局，由人事教育局会同科研局进行初审，报主管院领导审定后，提交院务会议通过，呈全国博士后管委会批准。

第二章　博士后研究人员进站的申请与审批

第三条　凡年龄在40周岁以下，在国内外获得博士学位，品学兼优，身体健康，未分配工作（或分配工作不满一年，征得所在单位同意）的优秀青年，均可申请到我院做博士后研究人员。

设站单位培养的博士研究生，毕业后不得申请进本单位做第一站博士后研究人员。

由于条件的限制，我院暂不接收外籍人员进站做博士后。

第四条　凡申请进我院博士后科研流动站做博士后研究人员，须提交：

1．本人申请书及所在单位同意申请的证明；

2．两位本学科博士生导师的推荐信；

3．博士学位证书复印件或有关学位说明；

4．博士学位论文或有关学术著作；

5. 设站单位指定的县以上医院的体检合格证明。

第五条 设站单位应组成专家组，对申请者的政治思想、道德品质、科研能力、学术水平和已取得的科研成果进行评议，并写出审查报告。经所长办公会同意后，将《博士后研究人员登记表》，连同单位的审查报告一并报人事教育局，经人事教育局审核并经主管院领导批准后，报全国博士后管委会核准，并办理有关进站手续。

第六条 设站单位及具备博士后研究条件而尚未设站的单位在能提供住房的情况下，可以接受优秀留学回国博士做博士后研究工作的申请，不受名额的限制；接受单位将申请者填写的《留学博士回国做博士后登记表》及博士学位证书复印件，两位（至少包括一位国外的）博士导师的推荐信以及单位的报告一并送人事教育局，经人事教育局审核并经主管院领导同意后，报全国博士后管委会批准。

第三章 博士后研究人员在站期间的管理工作

第七条 博士后的研究方向和研究课题，首先在力求结合设站单位承担的国家或院重点课题的前提下，由本人提出，并征求设站单位有关专家意见后，报设站单位领导批准；其次设站单位可根据自身研究力量、学科分布，将属新兴学科、薄弱学科、边缘学科、交叉学科的项目列题，供博士后选定。

第八条 经批准进站的博士后研究人员应同设站单位签订工作协议书，规定双方的责任、权利及其他应遵守的事项。协议书的具体形式及内容由设站单位自定。

博士后研究人员需拟定课题进度计划，设站单位据此监督检查。博士后研究课题如需变更，须征得设站单位领导批准。

第九条 博士后研究人员在站工作期间，一般应分配到研究室，参加科研活动和政治学习。博士后所在单位，应根据签订的协议和研究课题进度计划，每半年跟踪检查一次，并写出阶段性书面考评意见，向所长办公会报告。

第十条 博士后研究人员的工作期限一般为两年。如提前完成了科研项目，由本人申请，经设站单位批准，可以提前离站，但实际工作时间不应少于21个月。如在两年内未完成研究项目，可申请延期，延期一般不超过半年。延期需由博士后本人提交书面申请，合作导师签署意见，设站单位同意。上述情况均需报人事教育局及全国博士后管委会备案。

第十一条 博士后研究人员在站期间不得长期出国；如出国进行短期学术交流或参加学术会议，需经人事教育局批准。出国时间一般不得超过三个月。

第十二条 未经人事教育局批准出国或经批准不按期回国的博士后研究人员，在国外停留半年以上，则按自动退站处理。设站单位应及时将情况上报人事教育局及全国博士后管委会。同时应请其配偶及时退出原住房，并将他们的所有关系转回原地。

第十三条 博士后研究人员在站期间，其表现不适于继续做博士后研究工作时，设站单位应劝其离站，并报人事教育局及全国博士后管委会备案。

第十四条 博士后研究人员在站期间，因病连续请假达半年以上者，应停止工作，待其恢复健康后，由国家人事部专家司或其他有关部门和地方的人事干部管理部门另行安排工作，也可以由本人自行联系工作单位。配偶应回原单位工作，子女也应同时转回原地。

第十五条 博士后研究人员的专业技术职务任职资格的评审,应按国家和中国社会科学院的有关文件规定办理。凡申请高级职称任职资格的博士后研究人员,应填写《博士后研究人员专业技术职务任职资格申请表》,由设站单位按正式职工专业技术职务的评审办法和审批程序办理。

第四章 博士后研究人员的经费及待遇

第十六条 博士后研究人员的日常经费,由博士后管委会拨给,用于补助科研工作的经费和本人的生活福利费用(包括工资、奖金、公费医疗、困难补助、探亲等项费用)。博士后经费由设站单位统一掌握,单独立账,专款专用。设站单位可根据工作需要,提取不超过3%的经费,用于单位组织博士后集体活动和管理工作的必要开支,对博士后出站时未使用完的日常经费,必须严格管理,只准用于设站单位的博士后工作。设站单位领导应对博士后经费的使用情况进行监督和检查。翌年一月底,设站单位应将当年博士后经费开支情况分别向人事教育局和全国博士后管委会报告。

第十七条 博士后研究人员属国家正式职工,在站工作期间应计算工龄,并按规定享受设站单位同职级正式职工同等的工资、福利待遇。设站单位应发给他们正式的工作证、医疗证、图书阅览证等有关证件,职务一栏填写“博士后”。

第十八条 博士后研究人员的工资按全国博士后管委会规定的标准发给。

博士后研究人员可享受每月100元的生活补贴,用以购买书籍、资料及缴纳房租等。生活补贴从博士后日常经费中列支。博士后人员从终止工作的次月起,停发生活补贴。

第十九条 博士后研究人员进站半年后,可根据工作需要申请博士后科学基金资助金。科学基金资助金的申请、使用、管理,按全国博士后管委会的规定执行。

第五章 博士后研究人员流动期满工作分配

第二十条 博士后研究人员工作期满离站时,应提交研究工作总结、研究成果报告和发表论文情况,包括发表时间、刊登论文的刊物名称、字数等书面材料。设站单位应组成专家组,对他们的学术水平、业务能力及科研成果进行全面的考核、评定,并提出使用意见。考核评定的结果应送报人事教育局和全国博士后管委会备案。

第二十一条 博士后研究人员工作期满要求分配固定工作的,应填写《博士后研究人员工作期满分配工作登记表》(一式四份),由设站单位签署意见后送人事教育局审核,报全国博士后管委会批准,由设站单位为其办理工作调动手续。博士后如系现役军人,其工作安排须通过解放军总政治部。

第二十二条 凡要求到第二站做博士后研究的人员,应在工作期满前三个月按到第一站工作的申请办法,向其所去设站单位申请。

第二十三条 博士后研究人员工作期满要求到国外做博士后研究工作或出国进修的,原则上应先分配工作,然后由接收单位按国家的有关规定审批并办理出国手续。

第二十四条 博士后站用房仅供在站博士后及其配偶和未成年子女使用,其所有权属人事教育局。

博士后工作期满必须及时迁出。如占房不迁，取消有关设站单位当年博士后招收名额，并在院分房时，从分配面积中加倍扣除。

第六章　博士后流动站的组织管理

第二十五条　中国社会科学院博士后科研流动站工作，在主管院长领导下，由人事教育局牵头、协同科研局、管理局共同管理。人事教育局负责博士后站建设规划、办理审批手续、制定规章制度、检查监督设站单位贯彻执行博士后工作的方针政策、规章制度情况；组织经验交流；牵头协调各有关部门解决博士后研究人员在工作和生活中遇到的问题。科研局协同人事教育局审查申请设站单位及学科条件，并会同人事教育局负责对博士后科研课题审查，负责受理博士后科研课题经费申请。管理局负责我院博士后站用房规划、分配管理。重大问题由主管院长主持召开院职能部门负责人会议解决。具体办事机构为人事教育局二处。

第二十六条　各设站单位是负责博士后工作实际机构。主要任务是落实国家对博士后的有关政策、规定，贯彻执行各项具体制度，负责博士后的招收、录用、考核、检查等工作，并为他们办理进、出站有关手续。

第七章　附　　则

第二十七条　本暂行规定自公布之日起实行，由人事教育局负责解释。

十二　中国社会科学院关于行政管理岗位非领导职务管理的暂行规定

（一九九四年十月二十九日　院务会议通过）

第一章　总　则

第一条　为加强我院行政管理岗位非领导职务的管理，根据我院有关文件规定，并参照国家公务员暂行条例，特制定本暂行规定。

第二条　院属各单位行政管理职务部门，可设置非领导职务。

第三条　我院非领导职务包括：副主任科员、主任科员、副处级调研员、正处级调研员和副局级调研员。

第二章　任职资格与条件

第四条　基本条件：

我院担任非领导职务的工作人员，必须能贯彻执行党的路线、方针、政策，坚持四项基本原则，坚持改革开放，有事业心和责任感，做到工作实绩，廉洁奉公，遵纪守法，作风正派，全心全意为科研服务。

第五条　资格条件：

1．担任副主任科员以上职务，应具有大专以上文化程度。

2．晋升主任科员、正处级调研员职务，需分别任副科级、副处级职务两年以上；晋升副主任科员、副处级调研员、副局级调研员，需分别任科员、正科级、正处级职务三年以上。

3．晋升上一级非领导职务需在本岗位近两年任职期间年度考核连续为优秀，或近三年中一年优秀二年称职以上（在未执行考核条例之前，可根据近两年的实际表现综合考核）。

第三章　职位设置与职数核定

第六条　院机关职能局室一般一个部门可设副局级调研员一名。职能处（室）编制在四人以上的，可设正处或副处级调研员一名；编制在七人以上的不超过两名；也可参照上述比例，根据工作需要将职数在局、室内综合调剂使用。

第七条　研究所原则上不设副局级调研员岗位。编制在一百人以下的单位可设正处或副处级调研员一名;编制在一百人以上的可设正处或副处级调研员不超过二名。

第八条 处级调研员岗位设置,应由各单位根据工作需要提出要求,报人事教育局核定;副局级调研员岗位设置需经院务会议审定。

第九条 因年龄或健康原因,不再担任领导职务的,可改任同级调研员职务,不占职数限额。院属各公司和院机关各职能部门的下属挂靠单位,原则上不设调研员职务。

第四章 审批聘任程序

第十条 晋升副主任科员、主任科员职务,由各单位在广泛征求群众意见的基础上,根据干部任职条件、职数限额和工作需要,并依据考核情况按干部管理权限进行审批和聘任,填报《聘任科以下行政职务登记表》报人事教育局备案。

第十一条 晋升正、副处级调研员职务由各单位根据干部任职条件、职数限额和工作需要,并依据考核情况进行研究,提交党委会审定;院直机关经征求机关党总支(支部)意见,由局长办公会议审定。由人事部门填报《干部任免审批表》连同考察材料和任职报告,按干部任免权限报人事教育局办理审批或备案。

第十二条 晋升副局级调研员职务,应由各单位根据工作需要、任职条件和职数限额向院提交任职请示并填写《干部任免审批表》,经人事教育局进行考核,报院党委会审批。

第十三条 各级非领导职务被批准后即享受国家规定的有关待遇。调出、离退或其他原因离开本岗位的,按有关政策或规定执行。

第五章 附 则

第十四条 本规定由人事教育局负责解释。

第十五条 本规定自下发之日起执行。

十三　中国社会科学院关于管理人员考核的暂行规定

（一九九四年十月二十九日　院务会议通过）

第一章　总　　则

第一条　为了正确评价管理人员工作实绩，建立和加强激励、监督机制，为管理人员的职务和工资调整以及奖惩、培训、辞退等提供依据，按照中组部、人事部对干部考核的要求，特制定本规定。

第二条　我院凡从事管理工作的行政、党务、后勤人员，包括从事管理工作又兼做业务工作的管理干部均应按本规定参加考核。

第三条　管理人员每年考核一次，一般每年年底或翌年初进行。考核要坚持客观公正的原则，实行领导与群众相结合、年度考核与平时考核相结合。

第四条　各所党委对考核工作要加强领导，做好思想工作。

第二章　考核内容和标准

第五条　管理人员的考核内容包括德、能、勤、绩四个方面，重点考核工作实绩。

德，是指政治、思想和道德品质的表现。

能，是业务知识水平和工作能力。

勤，是指工作态度和勤奋敬业的表现及出勤情况。

绩，是指工作的数量、质量、效益和贡献。

第六条　考核标准以管理人员的岗位职责和所承担的工作任务为基本依据。各所局可根据实际情况制定量化考核标准。

第七条　管理人员的考核结果分为：优秀、称职、不称职三个等次。各等次的基本标准是：

优秀：正确贯彻执行党的路线、方针、政策，模范遵守法律和各项规章制度，业务熟练，工作积极、主动、勤奋，有改革创新精神，成绩突出。

称职：正确贯彻执行党的路线、方针、政策，模范遵守法律和各项规章制度，熟悉或比较熟悉业务，工作积极，能够完成工作任务。

不称职：违背党的路线、方针、政策，违犯法律、法规和严重违犯纪律，不能适应工作要求，或工作责任心不强，不能完成工作任务，或在工作中造成严重失误。

第八条　管理人员的考核要切实依照考核内容，实事求是，客观公正。被确定为优秀等次的人数,控制在不超过本单位管理人员总数的百分之二十。

第三章 考核方法和程序

第九条 考核的基本程序是:

1. 准备。被考核人个人准备年度工作总结,填写管理人员考核表。

2. 述职。所、局干部在处室以上干部会上述职,并通知上级人事部门列席会议;处以下干部在本人所在部门述职,并通知主管所局领导列席会议。述职内容包括:本人履行岗位职责的情况,主要工作完成情况和工作实绩;自我评价;存在的问题和改进措施等。

3. 民主评议。对被考核者的述职进行民主评议。还可结合个别谈话、书面评价、无记名投票等方式进行。

4. 鉴定评等。在群众评议和听取主管领导意见的基础上,由考核小组作出综合性评价,写出评语,评定考核等次,经所党委审定,填入干部年度考核表。

考核小组成员的评价,采取个人回避的方式,由考核小组其他成员依据考核情况集体作出。

第十条 将考核结果以书面形式通知被考核人。被考核人如对考核结果有异议,可进行说明或提出申诉。

第四章 考核结果的使用

第十一条 管理人员在严格考核的基础上,被确定为优秀、称职等次的,实行定期升级增资制度,并发给一定数额的奖金,具体按照下列规定办理:

一、凡正常履行工作职责、连续两年考核为称职以上的人员,按国家规定可晋升一个工资档次。考核升级增加的工资,一般从下一年度一月起执行。

二、年度考核被确定为称职以上等次的,按国家规定分别以其本年度十二月份工资额(职务工资、津贴)为标准,发给一个月的奖金。

三、年度考核被评为优秀等次的,发给一次性奖金。连续二年或三年被评为优秀等次的,分别按当年年度考核优秀的奖金标准给予二倍或三倍的奖励(从院长基金中拨款)。

四、从事管理工作又兼作科研工作的管理干部按其本人的工资系列晋升工资。

五、考核称职以上人员享有职务晋升和被评为各种荣誉称号的权利。被评定为优秀等次的享有优先权。

第十二条 在年度考核中被确定为不称职等次的,按照下列规定处理:

一、当年考核被确定为不称职等次的,予以降职或低聘。降职或低聘决定按照干部管理权限由任免机关在三个月内作出。降职或低聘人员自作出降职或低聘决定之日起,一年内降低一档工资,津贴按各所局规定的标准发放。一年后,经考核被确定为称职以上,可予以恢复。因严重违纪被评定为不称职的,也可解聘。

二、连续两年被确定为不称职等次的,应予以解聘。被解聘人员自批准解聘之日起三个月内,由所在单位办理解聘手续。

第十三条 年度考核工作结束后,将考核材料按干部管理权限,交人事部门存档。

第五章 考核机构

第十四条 各单位在年度考核时要设立非常设性考核小组,考核小组由党委和行政领导成员、有关部门负责人和各类人员代表组成,经所党委会审批,报人事教育局备案。

第十五条 考核小组的职责是:

一、组织、领导本单位年度考核工作;

二、审核主管领导人写出的考核评语并提出考核等次意见;

三、审核被考核者对考核结果有异议的复核申请。

第十六条 各单位的负责人、处室领导、考核组成员,必须按规定要求,实事求是地进行考核。对在考核过程中有徇私舞弊、打击报复、弄虚作假行为的,要给予严肃处理。

第六章 附 则

第十七条 各单位根据本规定制定出本单位管理人员岗位职责。

第十八条 本规定由人事教育局负责解释。

第十九条 本规定自院务会议通过之日起施行。

十四　中国社会科学院关于对不具备规定学历的专业人员评聘专业技术职务的规定

（一九九四年十月二十九日　院务会议通过）

为进一步完善专业技术职务评聘工作制度，根据人事部人职发(1990)4号和我院(92)社科人字63号文件精神，对不具备规定学历的专业人员评聘专业技术职务作如下规定：

一、从1993年起，不具备规定学历的人员需取得国家教委承认的相应学历方可获得评聘专业技术职务的资格。

二、1992年以前已进入专业岗位，不具备规定学历的专业人员，除参加院组织的晋升（中、高级）专业技术职务考试以外，须具备以下条件方可获得评聘专业技术职务资格。

1．申报中级专业技术职务：

年龄在40周岁以上，同时，须高中毕业后在本专业岗位工作11年以上，或大专毕业后在本专业岗位工作7年以上。

并具备下列条件之一：

(1)近两年连续考核优秀；

(2)获所级以上优秀科研成果奖。

2．申报副高级专业技术职务：

年龄在45岁以上，同时，须高中毕业后在本专业岗位工作16年以上或大专毕业后在本专业岗位工作12年以上。

并具备下列条件之一：

(1)近两年连续考核优秀；

(2)作为主要参加人的科研课题获所级以上优秀科研成果奖。

三、过去有关不具备规定学历的专业人员评聘专业技术职务的规定，凡与本规定不一致的，均以本规定为准。

第　七　编

一九九四年统计资料

一　一九九四年全院各类人员情况统计

单位：人

单位＼项目＼人数	合计	专业人员					行政人员	工人
		小计	高级	中级	初级	未定职		
总　计	4384	3471	1575	1302	484	110	430	483
1. 经济研究所	184	154	66	64	21	3	12	18
2. 工业经济研究所	106	94	33	45	15	1	4	8
3. 农村发展研究所	94	86	35	38	10	3	4	4
4. 财贸经济研究所	90	83	40	34	7	2	3	4
5. 人口研究所	49	44	12	22	8	2	4	1
6. 数量经济与技术经济研究所	97	85	35	34	11	5	3	9
7. 考古研究所	190	162	75	58	26	3	13	15
8. 历史研究所	180	166	94	48	19	5	7	7
9. 近代史研究所	188	151	78	57	12	4	11	26
10. 世界历史研究所	109	96	53	38	3	2	7	6
11. 文学研究所	182	162	99	47	13	3	9	11
12. 少数民族文学研究所	49	41	19	20		2	4	4
13. 外国文学研究所	133	118	62	41	14	1	9	6
14. 语言研究所	127	113	52	42	15	4	4	10
15. 哲学研究所	197	178	105	57	12	4	10	9
16. 马列主义毛泽东思想研究所	56	49	24	21	4		3	4
17. 世界经济与政治研究所	150	134	62	51	17	4	8	8
18. 美国研究所	51	47	15	26	6		2	2
19. 东欧中亚研究所	142	115	61	27	23	4	11	16
20. 日本研究所	52	44	19	16	9		6	2

续表

单位 \ 人数 \ 项目	合计	专业人员					行政人员	工人
		小计	高级	中级	初级	未定职		
21. 欧洲研究所	46	40	17	13	8	2	2	4
22. 西亚非洲研究所	66	55	26	24	5		10	1
23. 拉丁美洲研究所	80	66	33	23	7	3	11	3
24. 亚洲太平洋研究所	63	58	32	22	2	2	1	4
25. 世界宗教研究所	98	92	44	31	13	4	1	5
26. 法学研究所	136	120	57	45	14	4	6	10
27. 政治学研究所	33	29	11	11	6	1	1	3
28. 民族研究所	200	175	76	55	29	15	14	11
29. 社会学研究所	85	79	34	37	5	3	4	2
30. 新闻研究所	48	36	10	20	4	2	9	3
31. 文献信息中心	124	114	46	53	13	2	4	6
32. 中国社会科学出版社	119	83	20	33	24	6	12	24
33.《中国社会科学》杂志社	68	58	27	16	8	7	5	5
34. 研究生院	139	80	28	29	20	3	24	35
35. 郭沫若纪念馆	29	14	4	5	4	1	13	2
36. 办公厅	55	13	2	9	2		38	4
37. 科研局	30	26	16	6	4		3	1
38. 人事教育局	29	13	4	8	1		14	2
39. 外事局	47	36	12	14	9	1	8	3
40. 财务基建计划局	43	30	3	17	9	1	11	2
41. 老干部局	19	3	1	2			16	
42. 保卫局	16	2		1		1	14	
43. 院党办	24	6	4			2		18
44. 纪检监察	16						16	
45. 服务总局	260	71	5	21	45		23	166

续表

项目 / 人数 / 单位	合计	专业人员					行政人员	工人
		小计	高级	中级	初级	未定职		
46. 院领导与待分配人员	22	12	12				9	1
47. 中国人文科学发展公司	14	7	1	4	2		4	3
48. 计算机室	16	5	2	3			1	10
49. 中咨公司	7	4	1	3			2	1
50. 社会科学文献出版社	22	18	6	9	3		2	2
51. 审计办	4	4	2	2				

二　一九九四年

单位名称	预算数	实际				
		小计	工资	补助工资	职工福利费	离退休人员费用
总计	128746	125583	23662	3820	9679	15034
1. 经济研究所	3718	3704	983	134	402	1090
2. 工业经济研究所	1931	1745	562	52	177	385
3. 农村发展研究所	1928	1487	481	63	114	381
4. 财贸经济研究所	1667	1533	468	53	151	363
5. 人口研究所	950	965	244	45	51	78
6. 数量经济与技术经济研究所	1434	1341	477	89	134	92
7. 考古研究所	4057	3811	1098	118	379	560
8. 历史研究所	3877	3579	1001	171	592	779
9. 近代史研究所	3648	3552	1052	158	494	854
10. 世界历史研究所	1895	1831	616	71	185	471
11. 文学研究所	3322	3253	1177	178	597	693
12. 少数民族文学研究所	733	697	281	39	96	97
13. 外国文学研究所	2498	2492	874	61	425	649
14. 语言研究所	2127	2070	664	90	218	437
15. 哲学研究所	3281	3323	1172	128	426	699

科学事业经费预决算情况

单位:千元

支出					决算数为预算数的%
公务费	设备购置费	修缮费	业务费	其他	
13838	13322	21569	21089	3570	97.5
450	179	148	298	20	99.6
161	96	59	252	1	90.4
171	15	75	184	3	77.1
164	65	64	189	16	92
95	184	20	246	2	101.6
212	40	22	267	8	93.5
381	128	80	1059	8	94
301	48	16	652	19	92.3
599	16	4	347	29	97.4
175	73	30	202	8	96.7
164	49	8	373	14	98
74	23	2	84	1	95.1
142	34	37	260	10	99.8
131	304	23	182	21	97.3
249	251	42	337	19	101.3

单位名称	预算数	实际				
		小计	工资	补助工资	职工福利费	离退休人员费用
16. 马列主义毛泽东思想研究所	947	906	296	41	79	143
17. 世界经济与政治研究所	2630	2483	844	88	355	624
18. 美国研究所	751	711	220	35	60	210
19. 东欧中亚研究所	3304	3079	720	115	436	552
20. 日本研究所	739	666	232	42	71	110
21. 西欧研究所	723	730	240	42	64	110
22. 西亚非洲研究所	1234	1027	351	45	131	242
23. 拉丁美洲研究所	1410	1413	412	53	289	269
24. 亚洲太平洋研究所	1092	1115	468	43	142	124
25. 世界宗教研究所	1633	1542	533	83	158	257
26. 法学研究所	3262	3316	758	108	218	538
27. 政治学研究所	608	633	174	36	111	158
28. 民族研究所	4220	4032	1174	121	330	996
29. 社会学研究所	1260	1317	473	72	165	183
30. 新闻研究所	893	817	264	23	80	206
31. 文献信息中心	3295	3373	844	106	386	625
32. 研究生院	4294	4312	711	365	385	382
33. 中国社会科学出版社	1207	1207				
34.《中国社会科学》杂志社	2055	2015	360	84	184	335

续表

支出					决算数为预算数的%
公务费	设备购置费	修缮费	业务费	其他	
106	88	5	136	12	95.7
149	17	51	333	22	94.4
60		1	120	5	94.7
589	287	78	296	6	93.2
82		6	121	2	90.1
97	67	2	103	5	100.8
94		39	114	11	83.2
89	69	43	185	4	100.3
93	69	8	156	12	102.1
200	28	28	248	7	94.5
284	18	1186	190	16	101.7
79	11	10	50	4	104.1
340	207	5	847	12	95.5
107	51	12	248	6	104.5
86	79	1	61	17	91.5
183	104	41	1068	16	102.4
1236	673	110	－229	679	100.4
	33			1174	100
161	53	6	316	516	98

单位名称	预算数	实际				
		小计	工资	补助工资	职工福利费	离退休人员费用
35. 郭沫若纪念馆出版委员会	397	411	144	39	41	42
36. 院直机关	33865	34205	2928	716	1468	1280
37. 综合会计室	11					
38. 科研局	5040	4603				
39. 外事局	4626	4677				
40. 财务处(年末结余数)	860					
41. 当代中国研究所	4062	4500	300	38	66	22
42. 计算机室	243	171	66	32	20	
43. 保卫局	215	183				
44. 图改办	6803	6760		42		

续表

支出					决算数为预算数的%
公务费	设备购置费	修缮费	业务费	其他	
101	8	4	29	3	103.5
5025	1922	18986	1057	823	101
			4603		91.3
			4677		101.1
1040	1392	314	1312	16	110.8
28	5		16	4	70
62	18		83	20	85.1
81	6618		19		99.4

三　一九九四年职工工资总额构成

单位：千元

单位名称	全年工资总额	其中		
		基础工资与职务工资	各种奖金	未冲销津补贴
总计	27775	22141	694	4940
1. 经济研究所	1346	1073	23	250
2. 工业经济研究所	684	611	12	61
3. 农村发展研究所	525	454	25	46
4. 财贸经济研究所	585	429	11	145
5. 人口研究所	574	365	14	195
6. 数量经济与技术经济研究所	311	260	6	45
7. 考古研究所	1272	1124	7	141
8. 历史研究所	1215	1072	35	108
9. 近代史研究所	1131	944	27	160
10. 世界历史研究所	648	423	23	202
11. 文学研究所	1125	752	53	320
12. 少数民族文学研究所	302	262	6	34
13. 外国文学研究所	988	887	23	78
14. 语言研究所	878	678	16	184
15. 哲学研究所	1250	785	41	424
16. 马列主义毛泽东思想研究所	372	243	7	122
17. 世界经济与政治研究所	996	894	9	93
18. 美国研究所	284	249	6	29

续表

单位名称	全年工资总额	其中		
		基础工资与职务工资	各种奖金	未冲销津补贴
19. 东欧中亚研究所	825	749	37	39
20. 日本研究所	349	275	7	67
21. 欧洲研究所	278	183	6	89
22. 西亚非洲研究所	476	415	8	53
23. 拉丁美洲研究所	442	290	21	131
24. 亚洲太平洋研究所	520	475	10	35
25. 世界宗教研究所	622	424	13	185
26. 法学研究所	943	826	40	77
27. 政治学研究所	218	121	5	92
28. 民族研究所	1278	1144	32	102
29. 社会学研究所	555	479	11	65
30. 新闻研究所	309	249	7	53
31. 文献信息中心	821	727	19	75
32. 研究生院	870	754	21	95
33. 中国社会科学出版社	772	694	18	60
34.《中国社会科学》杂志社	392	350	15	27
35. 郭沫若纪念馆	197	181	4	12
36. 院直机关	3054	2008	55	991
37. 当代中国研究所	289	249	19	21
38. 计算机室	79	43	2	34

四　一九九四年派遣出国人员统计(一)

单位:人次

交流学科 \ 主管处室	合计	联络处	欧洲处	亚非处	美大处	国际处
总　计	847	96	181	341	133	96
哲　学	59	7	17	29	4	2
经济学	257	14	66	103	57	17
政治学	5	2	0	3	0	0
法　学	26	3	8	10	2	3
社会学	46	10	8	9	6	13
民族问题	25	2	6	13	1	3
文　学	39	11	7	18	3	0
语言学	16	4	1	8	1	2
史　学	93	30	15	34	11	3
宗教问题	18	6	0	10	2	0
国际问题	111	1	43	46	18	3
新闻学	13	3	0	8	2	0
图书情报	8	0	4	4	0	0
综　合	37	3	5	6	19	4
其　他	94	0	1	40	7	46

一九九四年派遣出国人员统计(二)

单位:人次

交流方式＼主管处室	合计	联络处	欧洲处	亚非处	美大处	国际处
总　计	847	96	181	341	133	96
学术访问	320	27	110	141	31	11
合作研究	48	0	10	12	25	1
讲　学	22	11	1	8	2	0
进　修	53	0	1	11	2	39
双边讨论会	172	42	34	66	30	0
国际会议	152	13	13	68	17	41
工作访问	58	3	6	22	25	2
其　他	22	0	6	13	1	2

五 一九九四年邀请来华人员统计(一)

单位:人次

主管处室 交流学科	合计	联络处	欧洲处	亚非处	美大处	国际处
总 计	1203	230	123	495	197	158
哲 学	41	3	15	20	3	0
经济学	263	42	22	98	41	60
政治学	15	4	3	2	6	0
法 学	70	0	16	49	5	0
社会学	38	14	3	12	9	0
民族问题	15	0	0	12	0	3
文 学	40	0	3	33	4	0
语言学	27	0	4	2	21	0
史 学	143	33	14	70	8	18
宗教问题	55	26	4	2	0	23
国际问题	114	3	21	12	26	52
新闻学	2	0	0	2	0	0
图书情报	19	0	0	19	0	0
综 合	68	18	1	37	12	0
其 他	293	87	17	125	62	2

一九九四年邀请来华人员统计(二)

单位:人次

交流方式 \ 主管处室	合计	联络处	欧洲处	亚非处	美大处	国际处
总　计	1203	230	123	495	197	158
学术访问	468	46	91	255	72	4
合作研究	28	0	0	16	12	0
讲　学	27	13	6	2	6	0
进　修	41	0	0	20	21	0
双边讨论会	229	165	0	64	0	0
国际会议	153	0	0	0	0	153
工作访问	92	3	16	29	43	1
其　他	165	3	10	109	43	0

六 中国社会科学院一九九四年藏书情况

单位名称	合计（百册）	新购图书(册)			新购期刊(册)
		小计	中文	外文	外文
总计	53798				
1. 经济研究所	6743	1205	1144	161	154
2. 工业经济研究所	275	16	16		
3. 农村发展研究所	141	438	393	45	
4. 财贸经济研究所	171				
5. 人口研究所	76				
6. 数量经济与技术经济研究所	110				11
7. 考古研究所	1629	1033	906	127	66
8. 历史研究所	7060	3378	3378		79
9. 近代史研究所	5803	3010	3010		80
10. 世界历史研究所	1112	1062	516	514	34
11. 文学研究所	432				50
12. 少数民族文学研究所	2326				
13. 外国文学研究所	2252				98
14. 语言研究所	1955				37
15. 哲学研究所	2288				29
16. 马列主义毛泽东思想研究所	483				40
17. 世界经济与政治研究所	1248				258
18. 美国研究所	491				53
19. 东欧中亚研究所	690	480	225	255	74
20. 日本研究所	834	129	82	47	76

续表

单位名称	合计（百册）	新购图书(册)			新购期刊(册)
		小计	中文	外文	外文
21. 欧洲研究所	273				20
22. 西亚非洲研究所	310	367	289	78	80
23. 拉丁美洲研究所	542	509	101	408	63
24. 亚洲太平洋研究所	256				115
25. 世界宗教研究所	931				116
26. 法学研究所	2412	3294	3200	94	81
27. 政治学研究所	619	1016	961	55	29
28. 民族研究所	4200	2630	2323	307	92
29. 社会学研究所	622				23
30. 新闻研究所	574	1141	1122	19	14
31. 文献信息中心(院图书馆)	3387	7871	5907	1964	1236
32. 中国社会科学出版社	428	321	321		
33.《中国社会科学》杂志社	1013	387	387		
34. 研究生院	2112	3429	3323	106	

七　中国社会科学出版社一九九四年图书出版情况

门　　类	出版图书种数(种)		总印数(万册)	总印张(千印张)	新出图书排版字数(万字)	定价总金额(万元)
	合计	其中新出				
总　　计	227	177	111.88	17778.57	6838.30	1667.42
使用《中国标准书号》部分合计	227	177	111.88	17778.57	6838.30	1667.42
马克思主义、列宁主义、毛泽东思想	1	1	0.30	20.63	16.00	3.30
哲　学	37	26	12.92	1965.60	853.10	171.42
社会科学总论	3	3	0.88	127.99	392.20	12.09
政治、法律	22	19	13.07	1516.09	780.00	149.74
军　事	7	7	3.57	258.75	206.10	43.38
经　济	32	30	13.61	2772.40	1319.90	348.80
文化、科学、教育、体育	6	5	5.10	674.72	216.40	45.90
语言、文字	6	6	1.63	175.88	181.80	22.19
文　学	44	20	34.66	5144.22	539.40	345.59
艺　术						
历史、地理	61	52	24.40	4636.54	1795.20	408.44
环境科学	1	1	0.15	83.60	114.80	10.20
综合性图书	7	7	1.59	402.15	423.40	106.37

八 社会科学文献出版社一九九四年图书出版情况

门类	出版图书种数(种) 合计	其中新出	总印数(万册)	总印张(千印张)	新出图书排版字数(万字)	定价总金额(万元)
总计	77	77	22.44	3072.66	3285.90	268.51
使用《中国标准书号》部分合计	77	77	22.44	3072.66	3285.90	268.51
马克思主义、列宁主义、毛泽东思想						
哲学	6	6	1.20	156.75	172.30	13.37
社会科学总论	4	4	0.63	143.07	393.70	11.91
政治、法律	10	10	2.47	312.17	309.10	19.25
军事						
经济	18	18	6.49	603.23	461.90	49.41
文化、科学、教育、体育	7	7	3.85	383.09	257.90	33.20
语言、文字	3	3	2.30	291.72	114.30	30.52
文学	9	9	1.35	177.74	271.10	14.18
艺术						
历史、地理	17	17	3.05	716.02	1135.50	71.19
农业科学						
综合性图书	3	3	1.10	288.87	170.10	25.48

九　经济管理出版社一九九四年图书出版情况

门　类	出版图书种数(种)		总印数(万册)	总印张(千印张)	新出图书排版字数(万字)	定价总金额(万元)
	合计	其中新出				
总　计	160	152	141.98	21232.36	6655.64	2125.71
使用《中国标准书号》部分合计	160	152	141.98	21232.36	6655.64	2125.71
马克思主义、列宁主义、毛泽东思想						
哲　学						
社会科学总论						
政治、法律	1	1	0.50	126.88	81.40	9.00
军　事						
经　济	158	150	139.38	20893.48	6538.24	2095.86
文化、科学、教育、体育	1	1	2.10	212.00	36.00	20.85
语言、文字						
文　学						
艺　术						
历史、地理						
农业科学						
综合性图书						

第　八　编

一九九四年大事记

一九九四年大事记

一　月

1.20　王忍之同志主持了美国财政部部长本特森题为“美中关系及前景”的讲演会并讲话。王忍之同志在讲话中指出，中美两个大国有着广泛的共同利益，中美双边关系的改善不仅仅是两国人民和政府的共同愿望，也将促进亚太地区以至全世界的和平与繁荣。出于中美两国在历史、文化、经济、社会等方面的不同，双方对一些问题的看法不尽相同，在这种情况下，正确的选择是求同存异，努力使分歧不成为发展双边关系的障碍。我们期望在双方共同努力下，中美两国的关系能得到发展。

1.14～22　龙永枢同志主持召开两次院办公会议，讨论修改并原则通过了我院《住房管理办法》、《院用车管理办法》、《关于对不称职专业人员处理暂行规定》和《关于人才交流中心管理条例》。

1.20　汝信同志出席我院与台湾师范大学联合举办的“海峡两岸孙逸仙思想与儒家人文精神学术讨论会。

1.20～21　院党委召开全院各所局党委书记会议，孙叔林同志传达中央国家机关第八次党的工作会议精神。会上，大家交流了开展党的工作的情况和经验，并就1994年党的工作安排和《所党委工作条例》进行了讨论。王忍之、滕藤、龙永枢同志到会听取了意见。会议结束时，滕藤、龙永枢同志作了重要讲话。

1.25　郭永才同志主持召开院保密委员会全体会议，宣布了各委员的分工并提出了下一步工作任务，经院领导同意，调整后的院保密委员会如下：主任郭永才（院秘书长），副主任秦其明（办公厅主任）、周建勋（保卫局副局级调研员）、李树明（办公厅机要档案处处长）；委员葛良志（科研局副局长）、李明德（外事局副局长）、廖自力（人事局副局长）、朱锦昌（管理局局长）、谷峰（保卫局副局长）、孙叔林（院党委办公室副主任）、周兆富（机关纪委副书记）；保密办公室主任李树明（兼）。

1.26　王忍之同志主持召开院务会议。会上，人事教育局汇报了我院工资改革情况及套改中的若干问题；讨论通过了管理局提交的《住房管理办法》，并对人事教育局提交的《关于对不称职专业人员处理暂行条例》提出了进一步修改的意见。

1.27　龙永枢同志召集五个联合党委书记、十位所长进行座谈，就联合党委成立后如何加强领导、集中人力物力发挥优势、促进科研工作等问题进行了研究和讨论。有关职能局负责人参加了座谈。

1.28　龙永枢同志出席第四届院机关党委和机关纪委举行的最后一次联席会议，孙叔林同志就五年来的工作进行了简要总结。龙永枢同志在会上作了讲话，同时宣布今后院党委将直接领导各所党委。

1.31　王忍之同志主持召开我院有中国特色社会主义理论研究中心会议，宣布成立由院聘任21位委员组成中心学术委员会。委员会成员是：王忍之、刘吉、陈筠泉、靳辉明、于祖尧、冒天启、陈佳贵、陈吉元、杨圣明、李京文、吴大英、王保树、李培林、郝时远、吴云贵、张炯、林甘泉、张海鹏、李琮、徐葵、朱崇利。王忍之任委员会主任，刘吉、朱崇利任委员会副主任。

二　月

2.1　院党委办公室举行党外人士迎新春茶话会，胡绳、王忍之、汝信、滕藤、龙永枢、汪文风等院领导和我院党内外全国政协委员、北京市人大代表、各民主党派负责人、侨联负责人以及党外知识分子代表共三十多人参加了会议。胡绳、王忍之、龙永枢同志分别就大家关心的问题作了讲话。

2.2～3　王忍之同志两次主持召开院党委会议，讨论1994年院工作会议报告，研究院工作会议的开法及有关问题。

2.5　滕藤同志邀请我院部分中青年科研人员座谈。与会同志分别就我院如何培养跨世纪的社会科学研究队伍，如何使中青年科研人员迅速成才等问题发表了意见。

郭永才同志和办公厅主任秦其明、人事教育局局长单天伦等同志，到陈翰笙老先生家，祝贺他97岁生日，并为他献了花篮。

2.7　王忍之同志主持院党委会议，审议通过我院《人才交流开发中心暂行条例》、《关于流动人员人事档案管理的暂行办法》、《评选院级有突出贡献的中青年专家暂行规定》、《晋升专业技术职务考试暂行规定》、《授予外籍学者荣誉称号聘任客座教授的暂行规定》及《用车管理办法》。

2.15　王忍之同志列席国务院第五次全体会议，听取布置对八届人大二次会议《政府工作报告征求意见稿》征求意见等有关工作的情况。

刘国光同志应新加坡前总理、东亚政治经济研究所理事长吴庆瑞邀请，赴新作为期十天的学术访问。并作题为“1994年中国经济改革所面临的困难”的报告。

2.18　胡绳、滕藤同志会见日本学术振兴会会长滨田敏男一行。胡绳同志对滨田敏男的来访表示欢迎，对双方以往的友好合作表示满意，并期望进一步发展这一良好关系。

2.19　胡绳同志出席了意大利议会参议长斯帕多利尼著、并由我院学者罗红波、戎殿新翻译出版的《缔造意大利的精英》一书的首发式。胡绳同志称赞此书的发行对于推动中意间文化交流、增进两国相互了解有积极意义，他祝愿中意之间的学术交流今后进一步发展。

王忍之同志主持召开我院有中国特色社会主义理论研究中心学术委员会会议，就有中国特色社会主义理论研究的选题进行了讨论。刘吉同志出席了会议。

2.21　我院1994年工作会议隆重开幕。江泽民、李鹏同志分别于2月20日和2月8日为大会题词。江泽民同志的题词是：“加强学习，总结经验，坚持理论联系实际，把中国社会科学院建设成马克思主义坚强阵地”。李鹏同志的题词是：“以研究有中国特色社会主义理论为崇高使命”。朱镕基、丁关根同志也分别来信、来电话，祝贺院工作会议召开。王忍之同志主持开幕式，胡绳同志向大会作工作报告。院领导、与会代表及我院副研以上科研人员和副处以上干部出席了会议。

2.22 院工作会议举行全体大会，王洛林同志主持会议，汝信、龙永枢同志围绕工作报告提出的战略目标，分别就科研工作和人事工作发表了讲话。院领导胡绳、王忍之、滕藤、刘吉和院工作会议代表及各所科研处长、人事处长、办公室主任约三百多人参加了会议。

2.23 上午，院工作会议继续举行全体会议。刘吉同志主持会议，滕藤、郭永才同志分别就分管工作发表了讲话。院领导王忍之、汝信、王洛林、龙永枢、汪文风和与会代表及各所办公室主任、人事处长、科研处长近三百人参加了会议。

2.24 王洛林同志参加李铁映同志主持召开的“通货膨胀对经济发展的影响问题”座谈会，工经所所长张卓元也参加了会议。

汝信同志出席国务院学位委员会会议，研究博士后工作管理办法。

2.25 我院1994年工作会议圆满结束。汝信同志主持会议，王忍之同志作总结报告，龙永枢同志对下一步传达贯彻工作会议精神作出部署。院领导胡绳、汝信、滕藤、王洛林、刘吉、郭永才、汪文风和院工作会议代表出席了会议。

2.28 王忍之、汝信、滕藤、王洛林、刘吉同志分别参加院各学科片的职称评定会议。

三　月

3.3 院党委召开我院党外人士情况通报会。龙永枢同志主持会议并向大家介绍了院工作会议召开的情况；院党办主任张显清通报了院工作会议精神。与会者对胡绳同志的报告、各职能部门制订的有关制度措施办法以及我院的统战工作等提出了一些意见和建议。

3.7 汝信同志出席由我院哲学所召开的“刘及辰先生学术思想座谈会”，并在会上作了讲话。

3.8 龙永枢同志出席我院召开的庆“三八”妇女表彰大会。

3.9 胡绳同志主持了阿塞拜疆总统阿利耶夫在院学术报告厅的演讲会。阿利耶夫着重就阿中两国的发展前景谈了看法，他希望今后两国社会科学家相互交流、增进了解、加强友谊，把阿中两国的友好合作关系推向新阶段。

3.10 龙永枢同志到人事教育局宣布人事教育局领导班子任免决定，单天伦任局长，廖自立、韩乃锦任副局长。

滕藤同志听取院党校工作汇报并作出两点指示：(1)院党校应着眼于培养新生力量，重点培养接班人。一是新上岗的正副所长、正副书记；二是在岗副处级和研究室副主任以上的干部，都要有计划地在党校学习，并将学习情况作为考察干部的一项重要内容，要与行政职务任免结合起来，形成制度。(2)党校学习要与实际相结合。今年要侧重学习中央领导同志给我院的题词、来信、来电精神，特别是江泽民、李鹏同志的题词。要请一些高水平的理论研究人员围绕如何以马克思主义为指导与贯彻好双百方针的关系进行研讨，这个问题相当重要，是社科院的核心问题。

3.11 院直机关临时党委举行第一次会议。龙永枢同志在会上宣布了院党委关于组建院直机关临时党委的决定。该临时党委由孙叔林、秦其明、葛良志、韩乃锦、李明德、朱锦昌和张巨功七人组成，孙叔林为书记。会议就院直机关各单位党支部、总支换届改选和筹备召开院直机关党代会等问题进行了讨论并作出了相应决定。

3.11 王忍之同志主持召开院党委会，研究贯彻落实院工作会议精神的若干问题。

3.12 院党委召开所（局）党委书记、所（局）长会议，传达中央政治局常委会 1994 年工作要点、国务院关于下达 1994 年国民经济和社会发展计划（草案）的通知。同时还传达了江泽民、李鹏、朱镕基、丁关根同志在全国宣传思想工作会议上的讲话和全国党员教育工作会议精神。龙永枢同志主持了会议。

3.13 滕藤同志应菲律宾社科理事会的邀请，赴菲参加亚洲社科联执行理事会会议。1993 年 9 月在日本召开的亚洲社科联第十届双年度大会推选我国为亚洲社科联 1994 至 1995 年度副主席，滕藤同志代表我院担任此职。这是我院首次进入亚洲社科联领导机构。（腾藤同志访菲后，还将顺访香港两天，与香港树仁学院、科技大学等单位探讨学术交流与合作事宜。）

3.14 王洛林、龙永枢同志召集我院部分青年学者以“两会”（八届全国人大二次会议和全国政协八届二次会议）为内容的座谈会。

3.16 王忍之、汝信、郭永才同志召集院科研大楼 16 个所党委书记和所长会议，布置图书馆合并工作并讨论组建中国社会科学院图书馆方案（草案）。

院党校第六期学员班举行开学典礼。院属 19 个所（局）的 20 位处以上干部参加了本期学习。龙永枢同志参加典礼并在会上宣布了院党委的决定，任命滕藤同志为院党校校长，张显清、张鸿岳同志为党校副校长。

3.18 胡绳、汝信同志会见韩国国际交流基金会财团理事长孙柱焕一行，双方就感兴趣的问题进行了交谈。

王忍之同志主持召开有中国特色社会主义理论研究中心学术委员会会议。与会者讨论了“中心”有中国特色社会主义经济、政治、文化、民族、国际等理论研究课题。刘吉同志出席了会议。

3.21 我院亚太研究所、院韩国研究中心和对外经济贸易合作部贸研所及大韩民国贸易振兴公社联合举办“中韩关系学术研讨会”。来自我国和韩国的专家学者三十多人参加了会议。汝信同志出席会议并作了讲话。

刘国光同志赴马来西亚参加太平洋经济合作理事会（PECC）第二次大会。中国太平洋合作全国委员会是 PECC 的成员组织，刘国光同志为该委员会副会长。

3.24 王忍之同志会见全国妇联书记处书记康玲一行三人，就’95 世界妇女大会有关事宜进行了交谈。

王忍之、汝信同志出席了内蒙古呼伦贝尔盟举行的“民族自治区改革开放试验区”专家论证会。王洛林同志向大会发了贺信。

郭永才同志主持召开院图改办碰头会。会上讨论了六项议题：（1）关于图改办机构和人员设置问题；（2）有关院科研大楼 16 个单位图改方案初稿及出台时间问题；（3）在全院图改工作起步时期，建议文献信息中心领导全力投入和支持院图改工作，并要有两位领导直接参与这项工作；（4）尽快草拟院图书馆计算机中心设置方案；（5）建议由文献信息中心负责拨出一台 386 计算机和一个办公室，为全院的统采工作计算机化服务；（6）在考虑我院图书馆改革思路时，需要把创收工作考虑进去。

院召开 1994 年纪检、监察、审计工作会议，滕藤、汪文风同志出席了会议。会上，滕藤同志作了讲话；汪文风同志总结回顾了我院 1993 年的纪检、监察、审计工作，部署了 1994 年的任务。会议还传达了李鹏总理 3 月 7 日在国务院反腐败工作会议上的讲话和中纪委三次全会上的报告。院属各单位党委书记及纪检、监察负责人共三十多人参加了会议。

3.25 王忍之同志主持院党委会，讨论了五项议题：（1）人事安排；（2）“三定”工作安排意见；（3）换届离岗所（局）级干部待遇和离退休问题；（4）部分研究员按国家规定缓退问题；（5）工改中关于职称待遇的几个问题。

郭永才同志主持召开院保密委员会第二次会议。院保密委员会副主任周建勋、李树明同志传达了中央和国家机关保密工作会议精神，与会者结合我院实际情况对当前工作提出了一些建设性意见。郭永才同志在会上提出了具体要求。

院科研局和人口研究所共同邀请日本国立公众卫生院保健统计人口学部长林谦治教授和厚生省人口问题研究所人口构造学部长大江守之教授来我院作学术报告，他们分别就日本人口老龄化的发展进程、现在所面临的人口出生率低下、社会保险体制不堪重负、劳动力供给不足等问题及解决对策、人口与环境研究情况作了介绍。

3.26 我院世界经济与政治研究所举办我院第三世界研究中心成立五周年庆祝会。我院和一些在京国际问题研究单位的负责人和学者参加了会议。会议就第三世界及发展中国家的政治结构、经济发展、历史沿革、对外交往、地区冲突、一体化和区域集团化等问题进行了讨论。会议同时还举行了“第三世界的各种发展模式”学术研讨会。院领导滕藤同志出席了会议。

王洛林同志出席由院财贸研究所主办的纪念“中国社会科学院对外贸易国际金融研究中心”成立一周年暨学术讨论会。

3.30 汝信同志出席由中宣部召开的座谈会。会上，根据江泽民同志关于“经过深入调查研究，争取用三年时间，提出精神文明建设的总体规划、阶段性目标和具体措施”的指示精神，就制订精神文明建设总体规划及当前需要着重研讨的一些问题展开了讨论。

汝信、龙永枢、郭永才同志会见香港新亚洲基金会主席范芷安。双方就青少年阅读书籍合作出版等问题进行了商议。

龙永枢同志主持召开院办公会，讨论我院机关编制方案。院各职能局负责人参加了会议。

我院人文公司与香港新亚洲基金会签订了筹建东方文化科技开发有限公司的协议书草案。该协议书约定，双方共投资 500 万人民币，经营范围包括编辑书籍、图书进出口、彩色印刷以及其他文化开发等内容。郭永才同志出席签字仪式并作为见证人签字。

郭永才同志主持召开院图改办第二次会议。会上，郭永才同志传达了王忍之同志关于图书馆改革的指示。会议讨论了图书经费调整方案及院图书馆系统的创收设想。

3.31 滕藤同志与我院部分近年留澳回国科研人员座谈。

月底在莫斯科召开的俄罗斯科学院年会上，我院数量经济与技术经济研究所所长李京文和语言研究所名誉所长吕叔湘当选为俄科学院外籍院士。俄科学院是俄最高科研机构。

四　月

4.3 院领导汝信、滕藤、龙永枢、汪文风、郭永才及院属各单位负责人在密云县参加植树活动。

4.4 汝信同志出席“学科调整和学科建设”座谈会。座谈会由院办公厅、《中国社会科学院通讯》编辑部和科研局《社会科学管理》编辑部联合召开。邀请了院内十几位专家学者，就我院学科设置的现状、存在的问题及如何进行调整等发表了意见。

4.5 我院主管的中国国际文化书院和意中协会、意大利特伦托大学共同举办“卫匡国与中西文化交流国际学术研讨会”开幕。我国和意大利、德国、美国及香港的专家学者约一百人参加了会议。汝信同志出席会议并作了讲话。

4.6 龙永枢同志主持召开院办公会，讨论我院1994年经费预算方案。

4.8 中央国家机关召开1993年度精神文明、社会治安、绿化美化、计划生育、爱国卫生、交通安全工作总结表彰大会。我院被评为北京市计划生育红旗单位和首都绿化美化先进单位，研究生院被评为中央国家机关的先进单位。

4.11 刘吉同志会见日本经济同友会中国委员会访华团一行，向他们介绍了我国宏观经济预测和企业改革等方面的问题。

4.11 第一届全国青年优秀社会科学成果奖评选揭幕新闻发布会在我院召开。此次评奖活动由我院与共青团中央联合主办，院青年社会科学研究中心承办，胡绳同志任组委会名誉主任委员，汝信同志与共青团中央书记处第一书记李克强任主任委员。10月份将在北京举行颁奖大会。

4.13 王忍之同志出席中国青年研究会成立大会。

我院召开全院统战工作会议。各所党委书记或副书记、从事统战工作的党务或人事干部以及各职能局直属总支（支部）书记，共六十多人参加了会议。院领导滕藤、龙永枢出席了会议。会上传达了1993年11月3～7日中央召开的全国统战工作会议精神，汇报了我院五年来统战工作情况；部分所介绍了本所统战工作的经验。龙永枢同志对如何贯彻全国统战工作会议精神，加强各单位的统战工作，尤其是在新形势下做好统战工作问题作了重要指示。

龙永枢同志出席我院今年第二次所局党委书记会议。会上，龙永枢同志总结了全院第一季度的工作并布置了第二季度的工作任务，同时还征求了部分所党委书记对工作安排等问题的意见。张显清同志主持了会议。

4.14 滕藤同志会见台湾政治大学国际关系研究中心主任、研究员林碧炤，双方就感兴趣的问题交换了看法。

龙永枢同志到国家计委与有关人员谈我院绿化基地问题。

郭永才同志和院直部分负责人会见辽宁社科院考察团，向他们介绍了我院工作会议精神及今后院改革方案等问题。

4.15 王忍之同志主持召开院务会议，审议今年院财务预算方案。

滕藤同志会见“美国良知呼吁基金会”主席阿瑟·施奈尔先生。滕藤同志向客人介绍了我院近年来学术研究发展状况以及我国实行社会主义市场经济的情况。

4.19 滕藤同志主持召开俄罗斯问题座谈会。以《真理的追求》1994 年第 3 期发表的“（英）大卫·科兹：苏联经济改革的本质：从社会主义改革到向资本主义过渡”的文章为题，就前苏联演变的深刻原因及教训进行了研讨。与会者一致认为，继续深入研究和探讨前苏联 70 年的发展和演变原因及教训，以及俄罗斯的现状和发展趋势，对建设有中国特色社会主义从理论到实践关系极大，意义深远。为此，有必要成立俄罗斯研究中心，将我院有关单位和人才进一步联合起来，协调课题，分工合作，形成研究优势。

4.20 院图改办召开扩大会议，郭永才同志主持会议，龙永枢同志出席会议并作了讲话。

4.23 我院农村发展研究所与院办公厅联合召开“（1993～1994 年）农村经济形势分析绿皮书”研讨会，滕藤、王洛林同志出席会议。与会者就三个问题展开了讨论：（1）对 1994 年乃至 1995 年农村经济形势的总体判断；（2）农村改革与发展中存在的突出问题；（3）农村下一步改革与发展的思路与对策。

4.26 龙永枢同志主持召开院办公会。会议讨论了以下几个文件：（1）《院招标课题管理条例及 1994 年招标课题指南》；（2）《关于开展学科情况调研，制订学科调整方案的通知》；（3）《研究所学术委员会工作条例》；（4）《关于成立所属研究中心的规定》。上述文件待科研局根据与会同志提出的意见和建议加以修改后，将报院党委会审议。

4.27 王忍之、滕藤、龙永枢、汪文风等院领导出席院机关党代表大会。院直机关各职能局和院直属机关、公司共 62 名代表通过充分酝酿，经差额选举，选出孙叔林、葛良志、王亚田、白莲蓉、李明德、张巨功、钟代胜、翁杰明、秦其明、章丽君、韩乃锦、周兆富同志为机关党委委员；选出周兆富、李世如、李树明、刘全保、林地、周志宽同志为机关纪委委员。代表们还就 1994 年机关党委工作安排提出了修改意见。原机关党委书记孙景超列席会议。

五　月

5.5 我院法学研究所在院学术报告厅召开“中日公务员贿赂犯罪问题”国际学术研讨会。汝信同志出席开幕式。这次会议旨在针对中日公务员贿赂犯罪问题，展开理论与学术上的探讨，以共同促进对公务员贿赂犯罪问题的解决与预防。

5.7 汝信、龙永枢、郭永才同志召开会议，讨论决定社会科学文献出版社由院主办，成为院直属单位。

刘吉同志会见香港大学校长王赓武一行，双方就感兴趣的问题交换了意见。对方还同我院研究生院交换了关于合作培养两地研究生的意向。

5.8 汝信同志出席全国社会学会年会、第五次全国民族理论专题学术讨论会和中国民族理论学会会议。

5.11 滕藤同志会见美国福特基金会董事会代表团一行，宾主就发展双方交流与合作等共同感兴趣的问题进行了交谈。

郭永才同志主持召开“事业单位经费体制改革”课题组第一次座谈会。该课题是受财政部委托，经院领导同意并作为院重点课题进行研究，由财贸研究所何振一研究员主持的。座谈会上，与会者就事业单位经费管理体制中存在的问题及改革的必要性等问题进行了讨论，初步提出了事业单位经费体制改革的设想。

5.12 胡绳同志主持宴会，欢迎参加由我院东欧中亚研究所举办的“中国与俄罗斯和中亚国家关系”国际讨论会代表团，滕藤同志在宴会上致词。这次讨论会就中国与俄罗斯和中亚国家的政治安全和贸易关系、东亚经济合作、俄罗斯及中亚诸国与亚太经济一体化前景等专题进行了讨论。

5.13 胡绳同志会见法国国家科研中心总主任费朗索瓦·库里斯基教授，宾主回顾了中法社会科学交流的历程，并就两机构间进一步增进和扩大交流与合作等事项交换了看法。双方再次重申希望尽快签订两机构间正式交流协议，法方为此邀请我院派团于9月份访法。

5.16 我院少数民族文学研究所与中国通俗文艺研究会、中国民间文艺家协会共同举办“庆祝贾芝同志从事革命文艺活动六十周年座谈会”。李鹏总理为贾芝同志题词。院领导龙永枢同志参加会议。

5.17 院办公厅召开《中国社会科学院年鉴》工作会议，部分编委、联络员及编辑人员参加会议。办公厅主任、《年鉴》副主编秦其明向与会人员通报了《年鉴》编辑工作的准备过程、编纂体例和组织领导等方面的情况。《年鉴》主编吴介民出席会议并作了讲话。

5.21 龙永枢同志与人事教育局有关人员对“三定”调查情况进行综合分析。

5.23 院计划生育办公室举行计划生育座谈会，传达贯彻全国计划生育工作会议精神。院计生委主任秦其明出席会议并作了讲话。

5.25 汝信、郭永才同志参加我院图书改革协调会议，听取院图书改革办公室成立以来的工作情况汇报。

5.26 我院世界经济与政治研究所举办建所30周年庆祝大会。院领导汝信、滕藤、汪文风及一些单位的负责人参加了会议，滕藤同志在庆祝会上讲话。

滕藤同志会见新西兰著名经济学家、新西兰亚洲2000年基金会董事长弗兰克·霍尔姆斯勋爵一行，并用英语主持了贵宾与我院经济片、国际片部分中青年学者参加的学术座谈会。

5.27 滕藤同志主持我院研究生院与香港树仁学院合作培训研究生协议签字仪式。经国家教委批准，两院将从1994年6月1日开始，在香港地区招收培养社会学专业在职兼读硕士学位的研究生。

5.30 王忍之同志主持院党委中心学习组第一次学习讨论会。会上，胡绳同志以“什么是社会主义和怎样建设社会主义”为主题作了中心发言，与会的中心学习组成员围绕主题进行了热烈讨论。

六　月

6.2 应朝鲜社会科学院邀请，王忍之同志率我院代表团访问朝鲜社会科学院、主体科学院、金日成综合大学、国际经济大学和国际问题研究所等学术单位，双方还就两院学术交流协议（草案）进行了商谈。

6.4 院党委召开党委书记会议。会上，龙永枢同志就学习中央关于粮食购销问题宣传提纲和朱镕基副总理在全国粮食价格改革工作会议上的总结讲话作出部署。郭永才同志传达了中央关于进一步加强稳定工作紧急通知的精神。

6.7 王洛林同志会见美国斯坦福大学资深教授、兰德公司总裁、美国国防部前副部长亨利·罗恩教授。之后，王洛林同志主持座谈会，由亨利·罗恩教授向我院经济片、国际片 7 个研究所的所领导及科研人员介绍了美国著名思想库——兰德公司的情况。

6.8 我院首次召开安全保卫工作会议，院属各单位的专、兼职保卫干部共 52 人参加了会议。院领导滕藤、郭永才到会并讲话。

汝信同志会见韩国汉城大学教授金荣国一行，双方就第 3 次汉城韩中学术讨论会的有关事宜进行了磋商。

6.10 滕藤同志赴比利时参加国际科学院联盟第 68 届大会。会议结束后，滕藤同志赴港澳地区访问，与香港大学和澳门基金会分别签订交流备忘录。

6.13 院图改办召开院图书工作改革会议。院属统一划拨图书经费的 30 个图书馆馆长及图改办有关人员参加了会议，汝信同志出席了开幕式并就我院图改工作作了讲话。

6.15 胡绳同志接受中央电视台记者采访，就中日甲午战争一百周年问题回答了记者提问。

我院召开保密工作会议，院保密委员会副主任秦其明传达了中宣部副部长龚心瀚和国家保密局局长沈鸿英在部署检查《新闻出版保密规定》执行会议上的讲话。院保密委员会主任郭永才要求与会同志结合本单位的实际，认真学习，深刻领会讲话精神，搞好我院即将开展的保密自查工作，为迎接国家保密局抽查做好准备工作。

6.16 王忍之、汝信、龙永枢同志召集有关人员讨论部分所级学术委员会名单。

汝信同志会见荷兰原财政大臣、欧共体前副主席安德森教授为团长的荷兰教育科学代表团一行。双方就开展合作项目的有关事宜进行了交谈。

6.17 汝信同志主持召开我院自行增列博士生导师会议。郭永才同志及科研局、人事教育局和研究生院的负责人参加了会议。

郭永才同志出席院精神文明工作会议，会议传达了中央国家机关精神文明建设工作会议精神，并就我院开展创建文明单位活动作出了部署。

6.21 汝信同志应韩国精神文化研究院邀请，赴韩国访问并出席“儒教文化的普遍性与特殊性”国际会议。

我院举办新时期统战理论研讨班。研讨班上传达了全国统战工作会议精神，通报了我院统战工作会议情况，讨论了新时期如何发挥民主党派和党外知识分子作用的问题。

6.22 王洛林同志主持香港政府经济顾问邓广尧先生一行与我院经济片学者座谈会。会议就中国经济发展形势、沿海及内地差距、财政金融体制改革和产业结构调整等问题进行学术交流，对香港学者提出的问题给予了介绍和解答。

6.23 王忍之同志主持我院澳大利亚、新西兰与南太平洋研究中心成立仪式。该中心是研究澳大利亚、新西兰及南太平洋国家经济、政治、社会、文化及对外关系的学术性机构，其宗旨是联合院内外研究澳大利亚、新西兰及南太平洋问题的专家和学者，促进研究、增进了解、加强合作，为我国改革开放和发展社会主义市场经济服务。

6.27 院纪检组召开纪检监察干部业务工作会议，滕藤、汪文风同志出席会议并作了讲话。

6.28 胡绳、王忍之同志参观为纪念沈从文先生从事中国古代服饰研究 30 年而举办的“巴楚服饰艺术展”。

6.29 汝信、龙永枢、郭永才同志出席院工会第三次代表大会。汝信同志为大会题词：“祝贺院工会第三次代表大会圆满成功”！郭永才同志在会上讲话。会议选举产生了院工会第三届常务委员会，郭永才同志当选为院工会主席，张虹同志为副主席。

七　　月

7.1 我院召开纪念“七·一”表彰大会，院领导王忍之、龙永枢和汪文风出席了会议。会上，龙永枢代表院党委，对分别荣获国家机关党工委授予的“优秀共产党员”、“优秀党务工作者”和“先进基层党支部”称号的赵一凡、傅青元同志及法学研究所刑法室党支部进行了表彰。

7.2 王忍之同志主持院党委会。会议就我院“三定”方案、研究所学术委员会组成人选、我院自行增列博士生导师的报告及研究所党委工作条例进行了审议。

7.12 滕藤同志召集亚太、世经政等研究所的专家学者，就朝鲜问题进行了座谈。

龙永枢同志代表我院参加国家机关党工委组织的吊唁金日成主席的活动。

7.14 中国史学会召开参加第 18 届国际历史科学大会的中国史学代表团准备工作会议，王忍之同志出席会议并在会上宣布了代表团组成名单。

滕藤同志出席由中国扶贫基金会、中国社会科学院和来自台北的台湾民间学术研究机构亚洲与世界社联合举办的“中国中西部经济发展研讨会”，并在会上作了讲话。

7.16 滕藤同志出席我院党校第六期干部进修班毕业典礼，并向学员圆满完成学业表示祝贺。

7.17 郭永才同志随“中国中西部经济发展研讨会”考察团，赴陕西省商洛地区考察我院扶贫基地经济发展情况。

7.18～20 院党委召开全院党委书记、所长联席会议，讨论贯彻《中国共产党中国社会科学院研究所委员会工作条例》、《中国社会科学院研究所所长工作条例》。龙永枢同志就修改《中国共产党中国社会科学院研究所委员会工作条例（试行）》作了说明，然后分组进行讨论。会议期间，滕藤和龙永枢同志分别到各组听取与会同志的意见。王忍之、滕藤同志作会议总结，就贯彻落实两个“条例”发表了意见。王忍之同志还对我院下半年的工作作了部署，提出了要求。

7.26 汝信同志参加我院举办的科研及外事管理研讨班开幕式并在会上发表讲话。

滕藤同志主持召开座谈会，邀请东欧中亚研究所、亚太研究所、拉美研究所和世界历史研究所的有关专家学者，座谈俄罗斯和乌克兰问题。

7.27 滕藤同志主持召开社会主义问题跟踪研究协调小组会议，讨论《社会主义跟踪问题研究的初步方案与实施意见》。

7.28 龙永枢、郭永才同志主持后勤工作碰头会。会议听取了院部大院开发协调小组关于贡院东西街开发情况的汇报，研究我院偿还财政部开发创收短期贷款的问题。龙永枢同志参加院服务总公司成立一周年纪念大会并在会上讲话。

7.29 胡绳同志主持召开院务会议，审议人事教育局提交的“关于建立社会科学院院士制度”及“关于因公出国人员审查的补充规定”、“关于博士生导师和重点课题主持人延长离退休年龄的处理意见”和“对不具备大专以上学历人员晋升专业技术职务的处理意见”。

7.30 滕藤同志召集世经政研究所和欧洲研究所的部分法国研究方面的专家，就法国问题进行了座谈。

郭永才同志到中国社会科学出版社、杂志社，听取贯彻落实《新闻出版保密规定》的自检情况汇报。

八　　月

8.1 王忍之同志主持召开有中国特色社会主义理论研究中心会议。

汝信同志主持学术报告会，韩国经济企划院官员、前韩国副总理李经植在会上作了题为“韩国经济发展经验”的报告。报告会前，汝信同志会见了李经植，双方进行了简要的交谈。

8.2 龙永枢、郭永才同志召开我院扶贫工作领导小组会议。会上传达了中央国家机关扶贫工作会议精神，汇报和介绍了中国中西部经济发展研讨会及与会的台湾和香港代表去商洛考察的情况，会议对如何落实国家“八五”扶贫攻坚计划，如何进一步开展我院的扶贫工作进行了重点讨论。

8.5 汝信同志出席在我院召开的中韩学术会议。我院学者黄心川教授和李相文教授分别就“中韩文化交流的历史回顾”及“中韩经济合作与存在的问题”作了报告；韩国学者严永锡和金雄世也分别就“韩中经济合作的评价与展望”及“韩中文化交流的发展方向”作了报告。

8.8 王洛林同志率我院经济片6位学者赴台，参加由我院和台北一家学术机构及一家报社共同主办的“台湾中小企业与大陆乡镇企业之发展”学术研讨会。会上，王洛林同志就“大陆中小企业发展趋势”作了报告。

8.9 滕藤同志出席院党办与院党校联合召开的会议，研究我院党校下学期招生、教学和社会调查等方面的工作计划。

8.10 科研局召开1994年招标课题评审工作会议，对我院1994年的投标课题组织评审组进行评审。根据院务会议决定，从今年起首次对部分院重点课题试行招标，目的是在我院工作中进一步建立竞争和激励机制，鼓励科研人员积极承担对我国改革开放和社会主义现代化建设以及学术发展有重要意义的课题，特别是难点、热点问题研究，并生产出高质量的成果。我院今年共有15个所的25个课题投标，根据院招标课题管理条例规定程序，经过初审、投票人答辩、专家综合评议及评审无记名投票，其中有10个所的12个课题中标。以上12个课题拟资助课题经费68万元人民币。

8.12 王忍之、汝信、滕藤、龙永枢同志听取人事教育局单天伦、韩乃锦同志汇报关于选拔国家级、院级有突出贡献中青年专家、选荐1994年度享受政府特殊津贴人员工作的实施意见、关于增设博士后流动站等方面的工作情况。

我院哲学研究所、复旦大学哲学系、英国皇家哲学所及澳大利亚社会科学和人文科学院共同举办中英暑期哲学学院讲习班。汝信同志会见了中英澳暑期哲学学院第五期讲习班外国教师。

8.15 汝信同志会见越南国家社科人文中心副主任黎友层一行三人，就双方合作与学术交流等问题交换了意见。

我院世界宗教研究所与台湾中华宗教哲学研究社，共同举办“海峡两岸中国传统文化与儒道会通学术研讨会”，双方共派50名专家学者参加研讨会。两岸同仁分别就中国传统文化与“儒道会通”等问题展开了热烈的讨论。刘吉同志出席开幕式并致辞，会议闭幕后，汝信同志出席晚宴和与会代表见面。

8.17 王忍之、汝信同志听取科研局关于院学科调整试点单位哲学研究所、农发研究所和历史研究所的工作情况汇报。根据院工作会议确定的研究和制定学科调整方案的精神，院里决定在哲学研究所、农发研究所和历史研究所进行试点。目前试点单位已经提出了各自学科调整的初步意见，对此，有关院领导给予了肯定并提出了修改意见。

我院召开部署选拔1994年度国家级、院级有突出贡献的中青年专家及享受政府特殊津贴人员工作会议。汝信同志出席会议并讲话。

8.18 郭永才同志与管理局及有关部门研究密云绿化基地投资建设问题。最近，国家计委拨来专款120万元，用来建设我院的密云绿化基地。

郭永才同志会见台湾八大巨商之一、《台湾时报》主编王玉发先生和台湾亚洲与世界社主任魏萼，商谈台方赴商洛扶贫项目的后续活动和其他业务事宜。

8.22 受国务院台办和海峡两岸关系协会委托，我院与台湾促进中国现代化学术研究基金会联合举办“海峡两岸中国现代化学术研讨会”。刘吉同志出席了会议。与会者就国民现代化与管理现代化两个议题展开研究，并就编辑《经济现代化》、《社会现代化》、《家庭现代化》和《教育现代化》四个专题论文集达成了一致意见。

8.24 汝信、刘吉同志同科研局和哲学研究所共同研究哲学研究所学科调整方案。

滕藤同志召集科研局、外事局、外国文学研究所、哲学研究所、宗教研究所、世界历史研究所和西亚非研究所的负责人及研究波斯文化的专家学者，讨论如何开展波斯文化研究中心的工作，及进一步把波斯文化的研究同阿拉伯地区的政治、经济、宗教和历史的研究结合起来。

8.25 我院召开全院开发创收工作会议。院领导龙永枢、郭永才及院属各单位主管行政工作的负责人、办公室主任和开发创收部门的经理共七十多人出席会议。管理局副局长王亚田主持会议，管理局局长朱锦昌就我院开发创收管理试行办法作了说明。郭永才同志作了中心讲话。会议进行两天，会议期间，与会同志进行了分组讨论和大会交流，会议结束时龙永枢同志对我院开发创收工作发表了讲话。

8.26 院党委和院务会召开联席会议，征求与会同志对中办发 13 号文件的意见；讨论通过“博士后工作暂行规定”、“有突出贡献中青年专家评委会人选”、“新闻研究所、宗教研究所学术委员会人选”等议题。会议由王忍之同志主持。

滕藤同志会见台湾“中央研究院”历史语言研究所所长管东贵，双方就两岸在历史考古学、民族语言学方面的研究现状和今后加强双方之间交流与联系交换了意见。

8.27 王洛林同志赴乌鲁木齐出席我院与新疆社科院、新疆社科联及美国国防研究与交流协会联合举办的“中亚地区经济发展进程”国际研讨会。会议分别就中亚地区当前经济形势和改革纲领、转换中的贸易模式及其经济基础设施、国际政治环境等问题进行了讨论。

郭永才同志主持召开院精神文明建设协调领导小组会议，讨论我院创建精神文明单位活动安排，并对募集衣被工作作出具体部署。

8.30 王忍之、汝信、龙永枢、郭永才同志听取文献信息中心领导关于组建我院图书馆总体方案的汇报。

龙永枢同志召集会议，就我院管理体制改革课题设计方案进行了讨论，并对如何实施这一课题研究提出了具体意见。院办公厅、科研局、人事教育局、外事局、管理局、党办等单位负责人及课题组的有关同志参加了会议。

刘国光同志应邀出席由胡锦涛、温家宝同志主持的专家学者座谈会，征求对中办发 13 号文件的意见。

8.31 汝信同志出席在外交部召开的为迎接联合国成立 50 周年国家委员会会议。明年是联合国成立 50 周年，根据联合国有关决议的要求，经国务院批准，我国于去年 2 月正式成立了纪念联合国 50 周年国家委员会。我院领导汝信为该委员会副主任。我国将在 1995 年举行一系列纪念活动，届时我院也将参加有关活动。

九　月

9.1 院工会召开第三届第二次常委会议，重点研究了我院国庆 45 周年文艺汇演及常委分工等方面的问题。郭永才同志出席会议并讲话。

9.5 我院召集院科研大楼内 14 个单位主管图书工作的所领导，对我院图书改革方案暨组建我院图书馆的方案进行论证。汝信同志主持会议，王忍之、龙永枢、郭永才同志出席，文献信息中心代主任、院图书改革办公室负责人李惠国向与会同志介绍了方案出台的经过、要点、实施步骤以及指导思想、遵循的原则和要解决的问题；院图书改革办公室的刘精力、刘明正同志分别介绍了我院图书经费使用情况和全院实行统一采编所带来的优越性；各所领导代表本单位对院图书改革方案及一些具体问题发表了意见。王忍之同志在会上作了讲话。

9.7 我院研究生院举行1994～1995学年开学典礼，王洛林同志出席会议并致辞。研究生院党委书记、副院长廖世伦，研究生导师代表王怀宁，新生代表邓红洲，在校生代表程越分别在会上讲话。我院今年招收博士生89人，分布在经济系、工经系、农经系、财贸系等15个系。招收硕士生37人，分布在哲学系、经济系、法学系、新闻系等17个系。

9.9 我院召开全院党委书记、所长、科研处长会议，布置学科调整工作。汝信同志主持会议，王忍之、王洛林、龙永枢同志出席会议并讲话。哲学研究所、历史研究所、农村发展研究所领导在会上介绍了他们关于开展学科调整的经验。科研局局长何秉孟就学科调整中要抓住的重点环节以及具体工作安排等问题作了说明。王忍之同志在讲话中主要强调三点：（1）要明确学科调整的指导思想；（2）要把确定学科调整文字的过程当作一个研究过程，要领导重视，充分动员、深入研究、广泛听取意见；（3）不但要确定重点学科，而且要明确每个学科的研究方向和重点，要有相应的实施措施。王忍之同志最后强调，现在要下力量把学科调整抓一抓，把重点课题抓一抓，争取今年拿出一批高质量的科研成果。

汝信同志主持学术演讲会，由台湾师范大学三民主义研究所所长、教授赵玲玲女士作题为“中西哲学会通之过去与未来”的讲演。

9.12 龙永枢同志赴兰州参加西北五省社科院院长联席会。

我院举办老干部工作学习班。老干部工作领导小组副组长吴介民出席会议并就进一步做好老干部工作发表了讲话，他代表院领导和老干部工作领导小组，向勤勤恳恳为老干部工作的同志表示亲切的慰问和衷心的感谢。会上，老干部局各处室的负责同志分别介绍了关于落实老干部政治、生活待遇的情况及有关政策等方面的问题。

9.13 王洛林、刘国光同志出席由我院数技经所和英国“牛津中国经济”（OCE）在京合办的“中国经济发展分析与展望”国际会议。会议讨论中国当前及今后一段时期内经济的发展趋势，增进外国机构和企业对当前中国经济形势及其发展趋势的了解。

9.14 郭永才同志主持召开院办公会，会议讨论并原则通过了科研局起草的《关于加强和改进我院期刊工作的几点意见》。与会的各职能局领导对文件提出了修改意见。

9.15 滕藤同志参加中央党校省部级领导干部专题研究班学习。

9.16 汝信同志召集院办公自动化领导小组及具体工作班子和专业技术人员会议，正式宣布院办公自动化领导小组成立。汝信同志任组长，郭永才、朱锦昌任副组长，小组成员由解延德、黄浩涛、廖自力、李明德、张卫峰组成。会上，办公厅副主任解延德介绍了院办公自动化的工作情况和框架设想，与会同志积极发表了意见，统一了指导思想和建设原则，对实现办公自动化表示出高度热情和认真负责的态度。汝信同志在会上作了讲话。

科研局组织召开全院期刊工作会议，各单位主管刊物的所领导和部分刊物编辑部代表参加会议。葛良志同志主持会议，汝信同志到会作了指示。何秉孟同志就科研局《关于加强和改进我院期刊工作的几点意见》作了说明。与会同志认真讨论了我院今后一个时期关于“加强领导，提高水平，集中力量，保证重点，改善管理，减少亏损”的办刊二十四字方针，以逐步解决部分刊物质量及学术地位下降、编辑队伍不稳定、亏损越来越大等困难与问题，力争把我院的刊物办成一流水平。

9.18 汝信、郭永才同志会见香港新亚洲文化基金会主席范止安，双方商谈了相互合作等事宜。

9.19 王洛林同志主持召开经济片所长会议。会议的主要议题是对今年上半年各所的科研工作执行情况进行检查。刘国光同志在会上作了讲话，并对经济片的科研工作提出了希望。王洛林同志也肯定了各所的工作，并提出拟在年底前召开同样的会议，讨论一些带有共性的问题。

9.20 我院所局领导干部管理工作研讨班开班。王忍之、郭永才同志出席并讲话，着重强调了举办此次研讨班的重要性。会上，院各职能局有关同志分别介绍了我院关于科研、外事、人事和行政管理工作的重要文件、规章制度及主要办事程序和有关注意事项。与会同志结合工作实际，对我院各项规章制度提出了一些建设性意见。

9.23 院工会、院团委、院妇工委联合举行庆祝建国45周年文艺汇演。王忍之、龙永枢、汪文风、郭永才等院领导同参加院所局级领导干部管理工作研讨班的同志及广大职工、科研人员一起观看文艺演出。龙永枢同志代表院党委、院领导讲话，祝贺文艺汇演隆重开幕。我院共有三十多个单位、26个节目、五百多人参加这次文艺演出。文艺汇演组委会分别评出集体、个人、舞蹈一、二、三等奖。王忍之、龙永枢、汪文风、郭永才等院领导为获奖单位发奖。

9.26 我院召开档案工作会议，院属各单位办公室主任和档案干部百余人参加会议。会议由办公厅主任秦其明主持，院领导龙永枢到会并作讲话，办公厅副主任崔智友传达了全国档案工作会议精神，并结合我院档案工作的现状和面临的新形势，提出了贯彻落实全国档案工作会议精神的意见。

9.29 院党委、院务会召开联席会议，讨论并原则通过科研局提交的《关于加强和改进我院期刊工作的几点意见》和《院图书改革方案》及其他议题。

十　月

10.8 王忍之同志主持捷克总理克劳斯先生在我院的讲演会，克劳斯总理介绍了捷克经济体制改革的情况。

10.10 院中心学习组召开学习邓小平同志党建思想的论述和《中共中央关于加强党的建设几个重大问题的决定》讨论会，与会同志围绕四中全会精神和我院的实际工作，畅谈了自己的学习体会。

我院世界宗教研究所与爱德基金会共同主办的“基督教文化与现代化国际学术研讨会”举行开幕式，汝信同志出席并致辞。这次会议分别就基督教与东西文化交流，基督教与民族文化、基督教与后现代化等六个议题进行了研讨。此会是我院与国内基督教界合作举办的第一次国际学术活动，已引起了海内外学术界和传播界的重视。

10.11 我院召开“经济形势分析与预测1994年秋季座谈会”，对今明两年的经济形势进行分析预测。会议由技经研究所所长、俄罗斯科学院院士李京文主持，王洛林同志出席会议并讲话。王洛林同志指出，当前中国经济形势总体上讲是好的，但也存在一些需要重视的问题，在此时对未来经济发展趋势进行分析预测并提出政策建议，具有十分重要的意义。

10.12 院党办召开部分所党委书记座谈会，座谈如何贯彻《中共中央关于加强党的建设几个重大问题的决定》精神。会议由党办主任张显清主持，龙永枢同志到会听取了大家的发言并作了讲话。与会同志围绕《决定》精神，就社会主义市场经济条件下党建工作面临的形势和任务，坚持和健全民主集中制、加强和改进党和基层组织建设及培养和选拔领导干部等方面的问题谈了各自的看法，并对如何在我院传达贯彻十四届四中全会精神提出了意见和建议。

王洛林同志出席我院工经研究所“《中国工业经济》创刊十周年、经济管理出版社建社十周年暨工业经济改革与发展研讨会”，并在会上讲话。

10.13 郭永才同志召集办公厅、科研局、人事局、外事局、管理局、院图改办以及边疆史地研究中心等部门的负责同志，就边疆史地研究中心计划单列、归口管理的运作机制问题进行了研究。

10.14 我院召开有突出贡献中青年专家评审委员会工作会议，对研究所推荐的42位有突出贡献的中青年专家候选人进行了评议。

10.17 院召开现职所局长、党委书记会议，会议由龙永枢同志主持，汝信同志传达中共十四届四中全会精神和江泽民同志在四中全会上的重要讲话。

10.19 汝信同志赴汉城参加韩国学术院举办的“过去一百年历史的回顾”学术讨论会，并向会议提交题为《亚洲殖民主义的终结与民族主义的兴起》学术报告。

龙永枢同志主持院办公会议，审议修改人事教育局提交的我院“关于管理人员考核的暂行规定”、我院“关于行政管理非领导职务管理的暂行规定”等。

郭永才同志赴武汉参加中南地区社会科学院院长联席会议。

龙永枢同志召集办公厅、科研局、人事教育局和法学研究所、新闻研究所的领导和有关同志开会，研究9月28日《北京青年报》对我院失实报道问题的处理意见。与会同志分别对事实的确认、处理的方式和途径进行了认真的讨论。

我院召开组建院图书馆动员大会，王忍之、汝信同志出席会议并讲话。文献信息中心李惠国同志向与会同志介绍了组建图书馆方案的具体内容。

10.22 在京历史学者一百多人集会，隆重纪念《历史研究》创刊40周年。胡绳、龙永枢同志分别在会上作了讲话。

10.23 我院召开“邓小平建设有中国特色社会主义经济理论研讨会”。王忍之、王洛林、刘吉、龙永枢同志和来自全国各地的五十多位专家学者出席了会议。会议收到的论文内容基本涵盖了邓小平建设有中国特色社会主义经济理论的各个领域。其中有相当一部分论文具有一定的理论价值和实践价值。会议期间，与会专家学者围绕国有大中型企业改革、国民收入分配和私营企业问题进行了深入讨论。王忍之、刘吉同志分别在会议的开幕式、闭幕式上讲话。

10.26 我院和共青团中央联合举办、福建省泉州市闽泉大厦独家赞助、我院青年社会科学研究中心承办的第一届全国青年优秀社会科学成果奖总评委会召开。会议由成果奖总评委会主任汝信副院长主持。与会委员在从严把握学术标准和实际应用价值的基础上，对经学科专家小组、学科片评委会评审出的一、二等奖论文进行了认真的讨论。这次有3篇论文被评为一等奖、12篇二等奖、22篇三等奖、42篇优秀奖。

10.27 王忍之、汝信、王洛林同志出席院学位委员会会议，审议并通过我院新增补的博士生导师。

刘吉同志应日本学术振兴会邀请，对日本进行为期两周的访问。并对“新技术革命对社会的影响”等问题进行专题考察。

我院召开动员大会，部署1994年税收财务物价大检查工作。郭永才同志出席会议并讲话。

10.28 王忍之同志主持召开院党委会和院务会联席会议，审议修改并原则通过了我院增补博士生导师审查资格的意见和世经政研究所聘任日本经济学家下河边淳为名誉教授的请示；我院1994年度有突出贡献中青年专家和享受政府特殊津贴的人选；我院关于行政管理人员考核办法和行政管理岗位非领导职务管理的暂行规定及我院关于对不具备规定学历的专业人员评聘专业技术职务的规定等议题。

刘国光同志应日本青山院大学邀请赴日本参加“二十一世纪的中国”国际研讨会。会议期间，刘国光同志作了题为《中国经济体制改革、成就、难点和二十一世纪的展望》的报告。

10.31 院党委召开全院党支部书记工作会议。王忍之、滕藤、龙永枢同志出席会议并分别在会上作了讲话。

滕藤同志与世经政研究所所长谷源洋等研究人员，讨论1994年世界形势年终总结报告的起草工作。近年来，世经政研究所每年年底都向中央提交当年的世界经济形势和政治形势报告，并对明年的形势进行预测和展望。

十 一 月

11.2 汝信同志在院学术报告厅主持讲演会，邀请韩国亚洲－太平洋和平财团理事长金大中先生作以“东北亚时代和韩中合作的方向”为题的讲演。讲演会后，胡绳同志代表我院授予金大中先生我院名誉研究教授称号。

11.3 王忍之同志赴江苏省江阴市，出席我院世经政研究所与江阴市共同创办的“社会经济发展咨询中心”成立大会。

滕藤同志应英国文化协会邀请，对英国进行为期十天的学术访问，届时，他将就我院对英国学术交流、高层次人才培养等事项与有关单位进行商讨。

龙永枢同志邀请我院部分科研人员举行座谈，听取对我院深化改革的意见和建议。

会上，龙永枢同志向与会同志介绍了院工作会议以来出台的一系列改革措施和主要工作。他说，围绕今年初院工作会议提出的我院改革发展的战略目标，我院先后进行了课题清理、学科调整、课题招标、图书以及人事等深化改革工作，同时还就医疗、住房等项工作的改革进行了研究论证。他希望大家能对这些工作的实施情况发表意见，并就明年我院进一步深化改革的问题提出建设性的意见。与会同志认为，今年是我院改革步子迈得最大的一年，各项工作在改革中呈现一派生机。明年应在巩固今年改革成果的基础上，继续深化改革，加强管理，提高水平，努力形成能够充分调动科研人员积极性的激励机制。

11.5 世经政研究所举行仪式，授予日本著名经济学家、东京海上研究所理事、东北道北太平洋研究中心顾问下河边淳为该所名誉教授。王洛林同志在仪式上讲话并向下河边淳颁发了聘书。

11.8 胡绳同志接受中央文献研究室、北京电视台《周恩来与文艺》摄制组采访。

11.9 汝信同志出席院中华社科基金推荐课题专家评审会议。会上，汝信同志要求评委从全局出发，从课题的学术价值、学科发展的意义和承担人的竞争力等方面考虑推荐项目，以便我院在全国项目评审中获得更高的中标率。科研局副局长黄浩涛对推荐课题评审工作作了具体说明。

11.10 龙永枢同志召集会议，听取院图书馆改革人事工作小组关于院图书馆人员安排的情况汇报，并就有关人事问题进行了讨论和研究。院人事教育局副局长韩乃锦、文献信息中心党委书记刘铁、文献信息中心副主任张保民及图改人事工作小组的部分人员参加了会议。会上，刘铁同志就近期院图书馆对各所图资人员去留和拟由各所调入院图书馆的人员情况等问题作了汇报。与会者对有关人事问题进行了讨论和研究。

11.12 郭永才同志赴澳大利亚签订我院与澳大利亚社会科学院、人文科学院的学术交流协议，同时访问有关学术机构。

11.15 王洛林同志赴韩国参加“中韩论坛”学术研讨会。

11.16 机关事务管理局召集院属各单位办公室主任会议，传达国务院下发的《严格控制消费基金过快增长和加强现金管理的通知》和王忍之、汝信同志的指示精神，并就严格执行通知中的有关规定向各单位提出了具体要求。

11.19 滕藤同志召集部分专家座谈，商讨国外社会主义跟踪研究课题“东欧中亚 1994 年形势”总结的有关问题。东欧中亚研究所、世经政研究所、世界历史研究所及科研局等单位的有关同志参加了会议。

11.24 汝信、王洛林、刘吉和汪文风等院领导出席由我院文献信息中心主办、北京大光明电器有限公司协办的《环球市场信息导报》新闻发布会。

王忍之同志会见以国家档案局二司副司长刘淑英为领队的档案工作考核组一行。经考核，我院办公厅档案处获得“优秀”。

十二月

12.1 世界宗教研究所举行建所30周年庆祝会，胡绳、王忍之、汝信、刘吉同志分别为庆祝会题词，刘吉、汪文风同志到会祝贺；刘吉同志在会上作了讲话。胡绳、王忍之、汝信、刘吉同志的题词分别为：“以历史主义的科学态度研究宗教”、“继承前人科学成果，开拓宗教研究新境界”；“开展宗教研究，繁荣精神文化”；“基伊佛天道，齐兴我中华”。

12.2 王忍之同志向我院副部级以上领导干部（含离退休）传达中央经济工作会议精神。

12.5 院召开所局级（含离退休）领导会议，王忍之同志在会上传达了中央经济工作会议精神。会议由郭永才同志主持，滕藤同志出席了会议。汝信同志就我院制定院士条例的有关情况，向国务院副秘书长刘奇葆作了介绍。

12.6 王忍之、刘吉同志出席我院马列研究所召开的“当代马克思主义研究现状及发展趋势”学术讨论会并在会上讲话。

院计生委召开计划生育工作年终评比总结大会。管理局局长、院计生委副主任朱锦昌在会上作了题为《探索做好计划生育工作的新途径》的总结报告。会议还就院属45个所局单位的计划生育目标管理达标情况进行了认真检查和评比。全院共有24个单位获计生工作评比一等奖，16个单位获二等奖，4个单位获三等奖，1个单位获鼓励奖。

龙永枢同志会见以中央国家机关党工委宣传部副部长文建国为组长的中央国家机关党工委调查组成员。调查组是来我院检查贯彻落实党的十四届四中全会《决定》和中央国家机关党工委第九次工作会议精神的。

12.8 我院和共青团中央共同举办的第一届全国青年优秀社会科学成果奖颁奖大会在人民大会堂举行。中共中央政治局常委、国务院总理李鹏为大会和全国青年理论工作者题词：“开展社会科学理论研究，培养跨世纪学科新秀。”中央政治局委员、国务委员李铁映写来贺信，向获奖者表示热烈的祝贺，并向全国的青年理论工作者表示衷心的问候。他希望广大青年理论工作者以积极投身于建设有中国特色社会主义为崇高使命，为推动有中国特色社会主义建设做出切实的贡献。全国政协副主席、我院院长胡绳、中央宣传部常务副部长郑必坚、共青团中央书记处常务书记刘鹏、协办单位福建省泉州市副市长李天乙出席会议并讲话。汝信同志主持会议。

12.13 龙永枢同志会见由中央国家机关计生委负责人马继红、王志解率领的考察组一行。经检查，我院在人口控制目标、节育目标、宣传教育目标、计划统计目标、工作管理目标方面均达标，取得满分。这项成绩的取得，使我院计划生育工作进入了中央国家机关部委前五名。

12.14 我院召开首届妇女问题学术研讨会，会议由院妇工委副主任、民族研究所研究员严汝娴主持，院妇工委主任、语言研究所党委书记李莉，院妇工委副主任、老干部局副局长章丽君及院妇工委委员、院属各单位妇工委负责人和我院妇女问题研究的专家学者近百人参加了会议。院党办主任张显清出席会议并在会上讲话，祝贺会议的召开。

12.17 王洛林同志向经济片及世经政所副处级以上干部及副研以上研究人员传达了中央经济工作会议和国家计划工作会议精神。

我院召开防火紧急会议，各所局办公室主任参加会议，会议由院防火委员会主任朱锦昌同志主持，郭永才同志出席会议并讲话。

12.19 院党委会及院务会研究了"关于中国社会科学院专业职务核岗方案"及筹备1995年院工作会议的设想。

12.21 刘吉同志召集哲学学科片领导研究学科调整问题。

12.23 胡绳、王忍之同志出席《胡乔木回忆毛泽东》及《胡乔木文集》第三卷出版座谈会，会议由我院和中央文献研究室、中央党史研究室、当代中国研究所联合召开。王忍之同志主持会议，胡绳等领导同志在会上讲话。

12.28 中纪委驻院纪检组召开全组人员会议，欢迎新任纪检组长李英唐同志到任。前任组长汪文风和李英唐同志分别在会上作了讲话。